〈境域〉の実践宗教

——大陸部東南アジア地域と宗教のトポロジー

本書は、日本学術振興会より平成二〇年度科学研究費補助金「研究成果公開費」の交付をうけて刊行された。

目　次

執筆者一覧（掲載順）

小林　知　京都大学東南アジア研究所・助教
小島敬裕　京都大学大学院アジア・アフリカ地域研究研究科
長谷川清　文教大学文学部・教授
村上忠良　大阪大学世界言語研究センター・准教授
林　行夫　京都大学地域研究統合情報センター・教授
ピニット・ラーパターナーノン　チュラロンコーン大学社会調査研究所・主任研究員
高橋美和　愛国学園大学人間文化学部・教授
加藤眞理子　京都大学大学院アジア・アフリカ地域研究研究科
原田正美　大阪大学・非常勤講師
西本陽一　金沢大学文学部・准教授
速水洋子　京都大学東南アジア研究所・教授
楊　光遠　云南民族大学東南アジア言語文化学院・教授
兼重　努　滋賀医科大学医学部・准教授
サオワニー・チットムアット　トンブリー・ラーチャパット大学・准教授
王　柳蘭　京都大学大学院アジア・アフリカ地域研究研究科・助教
吉田香世子　京都大学大学院アジア・アフリカ地域研究研究科
髙岡正信（翻訳）　タイ地域研究者・フリーランス

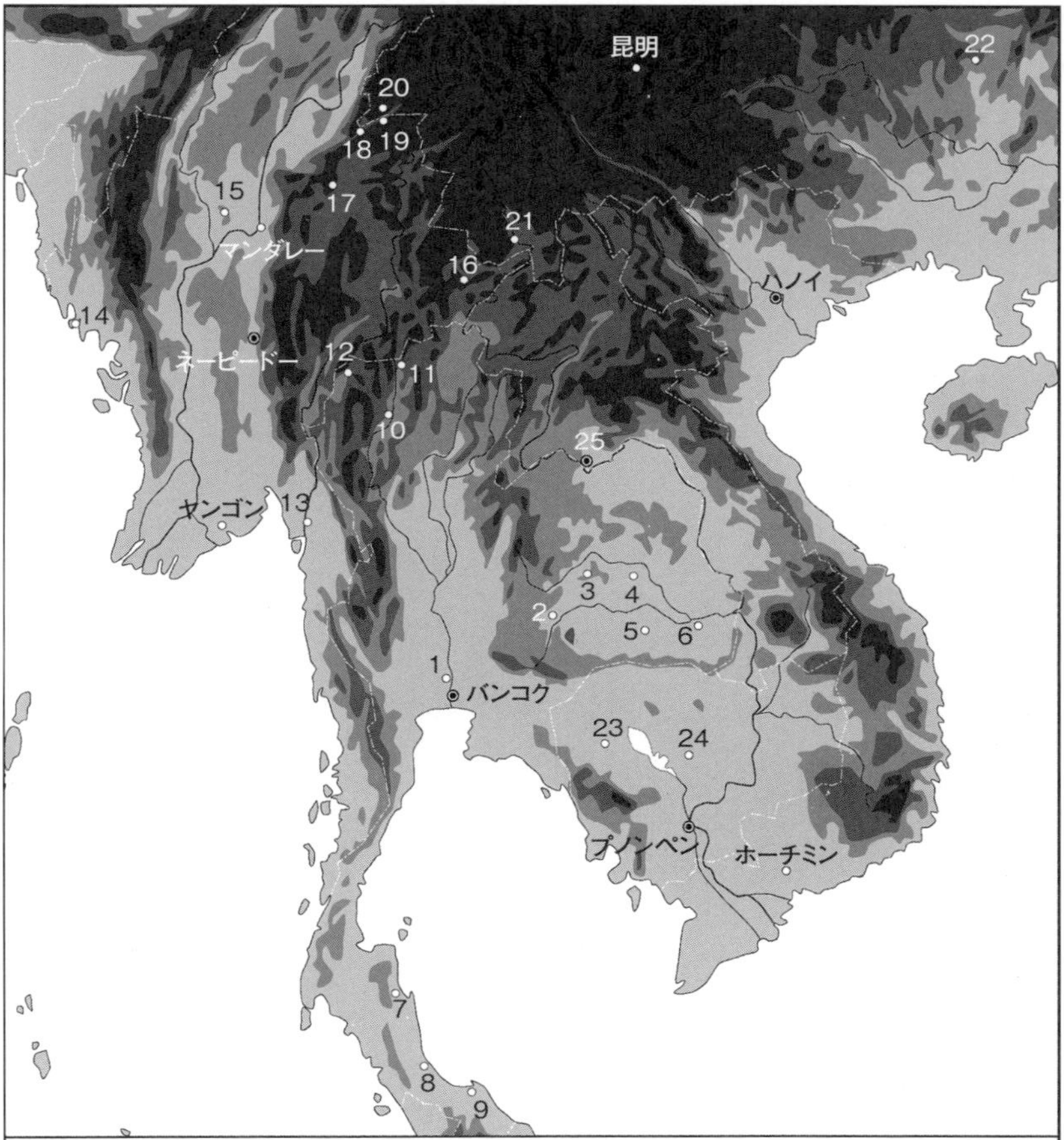

タイ

1：パトゥムタニー県（第 5 章）　2：ナコンラーチャシーマー県（第 6 章）　3：コンケン県ウェンノーイ郡（第 8 章）　4：ローイエット県（第 6 章）　5：シーサケート県ムアン郡（第 5 章）　6：ウボンラーチャタニー県ワリンチャムラープ郡（第 5 章）　7：ナコンシータマラート県（第 14 章）　8：ソンクラー県（第 14 章）　9：パタニー県（第 14 章）　10：チェンマイ県チェンマイ市（第 15 章）　11：チェンマイ県メーアイ郡（第 10 章）　12：メーホンソーン県ムアン郡（第 4 章）

ミャンマー（ビルマ）

13：カレン州パアン（第 11 章）　14：ヤカイン州シットゥエー（第 9 章）　15：ザガイン管区モンユワ（第 9 章）　16：シャン州チャイントン（第 2 章）　17：シャン州ナンサン（第 2 章）　18：シャン州ナンカン（第 3 章）　19：シャン州ムセ（第 3 章）

中国

20：雲南省徳宏タイ族ジンポー族自治州瑞麗市（第 3 章，第 12 章）　21：雲南章西双版納タイ族自治州景洪市（第 3 章）
22：広西チワン族自治区サンジャン（三江）トン族自治県（第 13 章）

カンボジア

23：バッドンボーン州バノン郡（第 7 章）　24：コンポントム州コンポンスヴァーイ郡（第 1 章）

ラオス

25：ヴィエンチャン（巻末付録資料：ラオス）

本書に関連する調査地

凡例

1　本書におけるそれぞれの原語（現地語）表記は、以下の方針によっている。

1-1　原語のカタカナ表記

タイ語、ラオ語

・文字綴りに依拠しつつ、現地での発音を重視する。
　例：ルアンパバーン（Luang Phrabang → Luang Phabang）
・音節最後にくる ng 音はすべて「ン」に統一する。
　例：メコン（Mae Khong）
・地名・人名の表記については、慣用の確立しているものは基本的にそれに従う。
　例：バンコク（Bangkok）、サリット（Sarit）
・有気音・無気音の表記は濁音化を施す区別をしない。
　例：委員会（<u>kh</u>ana <u>k</u>amma<u>k</u>an）→カナ・カマカーン

ビルマ語

・文字綴りに依拠せず、現地での発音を重視する。表記は大野徹監訳『ビルマ文学史』（井村文化事業社、1992、vi-vii 頁）での凡例に従うが、以下の例外をもうける。
・軟口蓋鼻音はガ行で表記する。
　例：フゲットゥイン（Hngettwin）
・声調は第一声調を無符号とし、第二・第三声調は長母音符号で表示することを基本とするが、一部の地名については慣用に従って表記する。
　例：ムセ（Muhse）
・人名冒頭に冠称をつけることが一般的な場合は慣用に従って表記する。
　例：ウー・ヌ（U Nu）

カンボジア語

・文字綴りに依拠しつつ、現地での発音を重視する。
　例：トアンマユット（Thoammayut）
・音節最後にくる ng 音はすべて「ン」に統一する。
・m 音については、語中は「ン」、語尾では「ム」とする。
　例：コンポントム（Kampong Thum）
・人名の表記について、慣用の確立しているものはそれに従う。
　例：シハヌーク（Sihanouk）
・地名表記は現地での発音を重視する。慣用として定着している表記も、必要に応じて併記する。
　例：バッドンボーン（Bat Dambang ＝バッタンバン）
・有気音・無気音の表記は濁音化を施す区別をしない。

中国語

・現代標準中国語音に準拠する。
・音節最後にくる n および ng 音はすべて「ン」に統一する。
　例：ナンシャン（南商＝ nanshang）
・有気音、無気音の表記は濁音化を施す区別をしない
　例：クワンカー（広卡＝ guangka）
・地名表記については、下記「6-2」に従う。

カレン語

・ポー・カレン語についてはミャンマー・パアン郡東部ポー・カレン語方言の発音、スゴー・カレン語についてはタイ側のスゴー・カレン語の発音と乖離しないように表記する。カレン州ポー・カレン語の固有名詞については、加藤昌彦「カレン」（『世界民族事典』弘文堂、2000）に従う。

ラフ語

・文字綴りに依拠しつつ、現地での発音を重視する。

1-2　原語の翻字

タイ語、ラオ語

子音、母音の表記、有気音、無気音に関する区別は LC（Library of Congress Orientalia Proceeding Committee）を基本としつつ、以下の方針をもうける。
・声調記号、グロッタル・ストップ、その他の特殊記号を省略する。
・長音、促音を省略する。
・「チ」音については、無気音を c、有気音を ch で表す。
　例：師（a<u>c</u>an）—無気音、チー川（Mae Nam <u>Ch</u>i）—有気音
・「ウ」音については、二種を区別する。
　例：ウボンラーチャタニー（<u>U</u>bon Ratchathani）、ムアン・都市・まち（m<u>ue</u>ang）
・「ニャ」音は nya とする。

ビルマ語

John Okell による A Guide to The Romanization of Burmese（The Royal Asiatic Society of Great Britain and Ireland, 1971, pp. 66–67）の Conventional Transcription に依拠しつつ、以下の方針をもうける。

・声調記号を省略する。
・th の有声化については dh と記す。

カンボジア語

Franklin Huffman の Franco-Khmer Transcription System を基本としつつ、以下の方針をもうける。

・無読文字を省略する。
例：クマエ（Khmaer → Khmae）
・語末の s 字で h と発音するものは、s 字のまま記す。
例：ミアッ（meas）
・地名については、1998 年に行われた全国センサスの英文報告書で用いられた表記を優先する。
・寺院名称や僧侶の役職名など、パーリ語起源の語彙については基本的に現地での読音を優先して表記する。語源を示す必要がある場合はパーリ語の綴りを翻字する。

中国語および「少数民族」言語

・漢語については中華人民共和国で使われる「漢語拼音方案」（1958 年制定）に従う。
・徳宏タイ語については喩翠容・羅美珍『傣語簡志』（民族出版社、1980 年）ならびに孟尊賢（編）『傣漢詞典』（雲南民族出版社、2007 年）に依拠してローマ字表記する。
・三江県のトン語については邢公畹『三江侗語』（南開大学出版社、1985 年）に依拠してローマ字表記する。
・漢語の声調記号は省略する。タイ語、トン語については必要に応じて声調記号を付す。
・地名についてはローマ字表記を入れない。

ラフ語

Paul Lewis (compl.), *Lahu-English-Thai Dictionary*（Chiang Mai: Thailand Lahu Baptist Convention, 1986）の表記法にしたがう。

1-3　原語の翻訳

日本語で直接訳出しにくい意味をもつ語は、原則としてカタカナで表記し、初出に限って現地語読みを（　）内に示したうえで日本語をあてる。なお、中国語の場合は漢語表記のみとする。日本語をあてる場合、必要に応じて本文中に訳注を付すか、注記で説明を加える。パーリ語からの借用語は必要に応じて原語を［P］で示す。

例：ヘットナムカン・キンナムカン（*het namkan kin namkan* 共働共食）、
例：タンケイッ（*thankeit* 要諦）、ターダナー（*thadhana* 教法、[p] sāsana）
例：国泰民安（国が泰平で民の暮らしも平安であること）

2　度量衡

2-1　タイ、ラオス

面積：1 ライ（rai）＝ 1600 m²（0.16ha）＝ 4 ンガーン
1 ンガーン（ngan）＝ 400 m²
1 タラーンワー（tarang wa）＝ 4 m²
容積：1 タン（thang）＝ 20ℓ ［タイ公用］
1 ブン（bueng）＝約 26-30ℓ ［東北タイ、ラオス常用］
1 カソープ（kasop）＝約 140ℓ＝約 7 タン ［東北タイ常用］

2-2　中国

面積：1 ムー（mu）＝ 1 畝＝約 666.7 m²（0.06667ha）

3　通貨

各国での単位および調査期間中（2003 〜 2005 年）のおよそのレートを以下に示す。
日本円への換算は本文中で「（当時＊円）」と示すほかは、原則的に略す。

タイ：	バーツ（baht）1 バーツ＝約 2.85 〜 3.00 円
ミャンマー：	チャット（kyat）1 チャット＝約 0.10 円
カンボジア：	リエル（riel）1 リエル＝約 0.03 円
中国：	元（yuan）1 元＝約 15 円
ラオス：	キープ（kip）　1 キープ＝約 0.012 〜 0.015 円

4　年代

原則として西暦で記す。ただし、法令や口述の記載では仏暦を先に記して西暦を（　）内に示す。なお、各国における仏暦（現行）の西暦換算は以下のようになっている。

タイ・ラオス：西暦年＋ 543 年
例：仏暦 2552 年＝西暦 2009 年
ミャンマー・カンボジア：西暦年＋ 544 年
例：仏暦 2552 年＝西暦 2008 年（＊ミャンマーで頻用される「緬暦」では 1370 年）

また、ラオスおよびミャンマー、カンボジアの仏暦新年は 4 月を始月とする。本書巻末の付録資料 1「ラオス・サンガ統治法」発布年の西暦の記載もこれにしたがう。

5　行政区分

タイ

cangwat ＝県、amphoe ＝郡、king amphoe ＝副郡、tambon ＝区、muban ＝村
thetsaban ＝市

ラオス
khwaeng ＝県、mueang ＝郡、ban ＝村
kamphaeng nakhon ＝「首都／中央直轄市」（2003 年迄）、nakhon luang ＝首都（2003 年以降）、khet phiset ＝特別区
ミャンマー
pyine ＝州、taing ＝管区、hkayaing ＝県、myonei ＝郡、yatkwet ＝地区、kyeiywaoksu ＝村落区
カンボジア
khaet ＝州、srok ＝郡、khum ＝区、phum ＝村
reachtheani ／ krong ＝市、khan ＝区、sangkat ＝地区
中国
sheng/zizhiqu ＝省 / 自治区、diqu/zizhizhou ＝地区 / 自治州
shi ＝市、xian/zizhixian ＝県 / 自治県、xiang/zhen ＝郷 / 鎮、cun ＝村

6　地名表記について

6–1　巻頭の「全体地図」の地名は、各国の国語に基づいてカタカナおよび漢語で表記する。
6–2　中国の地名表記については以下の方針を原則とする。ただし、種々の事情により、第 12 章（楊論文）に限ってこの方針に従わない場合がある。
(1)　省／自治区および主要都市
初出のみ現代標準中国語音に基づいてカタカナでルビをふる。
　　例：雲南《ユンナン》省、広西《クワンシー》チワン族自治区、昆明《クンミン》
(2)　県／自治県および市など
現代標準中国語音に基づいてカタカナ表記し、原則として初出のみ（　）内に漢語表記を付す。
　　例：トンハイ（通海）、シーサンパンナ（西双版納）タイ族自治州
(3)　郷、鎮、村
現代標準中国語音に基づいてカタカナ表記し、原則として初出のみ（　）内に漢語表記を付す。
　　例：チャンホン（章鳳）鎮フーロン（戸弄）村、ムンシュウ（勐秀）郷クワンカー（広卡）村
6–3　各論文での地名は、現地で使われている国語や民族言語に基づいて表記することを原則とするため、同一の州、県、地域の名称表記が、調査対象地域ごとに異なってくる。読者への便宜のため、複数の名称で表記されている地名の対称一覧を以下に掲げる。

【地名表記対照一覧（アイウエオ順）】
・シップソーンパンナー（タイ語、ルー語）＝シーサンパンナ（漢語読み）＝西双版納（漢語）
・ターキーレック（タイ語、シャン語）＝ターチーレイッ（ビルマ語）＝ターチーリー（漢語読み）＝大其力（漢語）
・チェントゥン（タイ語、クーン語）＝ケントゥン、ツェントゥン（シャン語）＝チャイントン（ビルマ語）＝チントン（漢語読み）＝景棟（漢語）
・チェンラーイ（タイ語）＝シェンハーイ（ルー語）
・チェンルン（タイ語）＝チェンフン（ルー語）＝チンホン（漢語読み）＝景洪（漢語）
・ナンカン（ビルマ語）＝ナムカム（シャン語）＝ラムハム（徳宏タイ語）＝南坎（漢語）
・ムセ（ビルマ語）＝ムーツェー（シャン語）＝ムージェー（徳宏タイ語）＝木姐（漢語）
・モーラミャイン（ビルマ語）＝モーラメン（シャン語）＝マオタンミエン（漢語読み）＝毛淡棉（漢語）

序文　大陸部東南アジア地域の宗教と社会変容

林　行夫

一

本書は、タイ、カンボジア、ミャンマー（ビルマ）、ラオス、中国西南部をふくむ東南アジア大陸部の諸地域を中心に、宗教の制度と実践をさまざまな「境域」から照射し、宗教と社会が織りなす動態を浮き彫りにしようとする論文集である。対象となる宗教は、同地域での圧倒的多数派である上座仏教（以下、仏教）のほか、イスラーム、キリスト教である。編者と執筆者の多くは地域研究や人類学を専攻する研究者で、いずれも長期にわたる定着調査の経験をもち、対象地域の言語に精通している。それぞれの論考は、信徒の日々の暮らしのなかの実践、各国および各地域での宗教に関わる法制度の現況、そして国境周辺部の信徒社会の現状をあきらかにしている。

タイトルの「実践宗教」とは、狭義には、経典やテキスト、法制度や聖職者が表象する規範的な宗教ではなく、それぞれの信徒の日常生活においてしばしば慣習として語られ、人びとの身体に刻み込まれる、いわば、行われつつ築かれている宗教活動である（Leach 1968, 田辺 一九九三）。このような実践宗教に着眼することで、特定の宗旨や国家、地域を超えて拡がる信徒社会の連続面と断絶面を統一的に捉えることができる。さらに、ある宗教とその信徒にかんする地域相関的な比較研究を促すとともに、信徒が生きる地域を地理的に固定された均質な空間として捉えるのではなく、それぞれの行為主体が経験する時空間、あるいは「場」と読みかえることになる。

また、「境域」とは、一義的には国境地域、あるいは複数の国民国家に跨る空間的な境界地域をさす。同時に、国家と地域、都市と農村、実践と制度、声の文化と識字文化といった社会学的な分析単位の「外縁」を含意する。とくに異文化の事象では、論述上、対置法的ないし二元論的な分析指標がよく使われるが、そのような指標や単位の狭間ないし閾《いき》に視座をとることで、実践宗教と制度を動態的な関わりのなかに捉えることができる。「境域」では、いかなる現象についても、特定のヘゲモニーをもつ言説や分析単位において主題化されて完結するよりも、そうした言説や単位が相互に作用して複層的にリンクする局面が顕わになる。ミクロな生活世界の実践宗教は、それを包摂する国家制度や識字文化との関わりのなかでたちあらわれる一方、すべての行為者に刷り込まれたようにみえる国家の制度や言説が、生活世界においてしばしば融通無碍なまでに読みかえられ、実践のなかにその姿形をまったくとどめない場合もある。

東南アジア研究では、大陸部の仏教、島嶼部のイスラームというように地域と宗教を二分する。同地域の宗教と社会の研究は、基本的に、平地と山地、多数派と少数派、仏教と非仏教、中心と周縁、さらには制度と実践という二項対立的な図式を通奏低音としていた (cf. Hayami 2003)。このような鳥瞰図は、地域と宗教の複雑な実相を長い歴史的時間のなかでマクロに捉える点では有効である。他方で、宗教を生活世界と切り離された自律的な理念や思潮とみなし、多様な信徒の活動を特定の言語集団や地理空間に固定しがちである。複層的な構造をもつ信徒社会の動態的な諸相、さらには思索の対象ではなく、情動をもって生きられている宗教のかたちとその宗教を生きる個人の姿がみえにくくなる。悪くすると、わかりやすい論理の構造を外在的に自明のものとして、ミクロな世界の内実を捨象してしまう。

本書では、国家単位の宗教制度はもとより、その宗教を生きる者がおかれている多様な局面と「場」に留意する。それは、研究者の住む世界とは異なる地政学的空間に暮らしつつも、同時代を生きる人びととして直に向き合うべき研究が、グローバリゼーションの名の下で正当化される分業過程で、対象とする社会や住人を研究者にとって都合のよい類型にしてしまう錯誤を客体化し、払拭するためでもある。宗教をはじめとする人びとの実践は、たとえそれがミクロな生活世界のものであっても、政治や経済活動と連動しており、構造的に変化するより広い社会状況や権力関係と無縁ではない。同時に、それらは国家や地域間、民族間関係や師弟関係を座標系とする関わりあいの「場」を生成して発現している。実践宗教とは、独自の生きざまであり、「今、ここ」を生きるためのそれぞれの方位をもつ活路なのである。副題にトポロジーを付した由縁である。

ところで、大陸部東南アジアの宗教と社会の研究に、西南中国（云南）をふくめることは、そこでの臨地調査が可能となった一九九〇年代以降きわめて一般的なこととなった。それは、現実の社会の動向そのものを反映してもいる。メコン川で結ばれてきた同地域では、人、モノ、カネがいっそう頻繁に往来するようになった。まもなく、各国を縦断する道路（回廊）建設も完成する。同地域で多数派を占める仏教徒の社会を対象とするとき、この地理空間の設定はより多くの比較材料を掘り起こすことにもなる。本書は一九七〇年代以降、外国人の調査研究が事実上実施できなかった国や地域の宗教に関わる資料と論考をおさめる。宗教活動を停止ないし破棄することを歴史的に経験した西南中国とカンボジアを扱う四編の論考、さらに現在もこの種類の調査が困難なミャンマーを扱う二編は、いずれも従来の経験的研究の空白を埋めるものとなっている。

二

このような研究をめざした背景について簡単に述べておきたい。

編者は、一九八一年以来、タイ系のラオ人が暮らす東北タイを中心に、東南アジア大陸部の上座仏教徒社会を訪れてきた。一九九〇年以降は、比較のための広域調査をラオス、西南中国（西双版納、徳宏地区）やカンボジアで実施し、人類学の立場から人びとの日常生活で活きられている実践宗教の現実を捉えようとしてきた。この時期に、仏教徒が卓越するこれらの地域で遭遇したのは、次のようなことである。それは、一方では同じ上座仏教徒、あるいは同じ民族集団の拡がりと重なりあいで国境を往来するという「連続面」をみせながら、当該地域の人びとが経を詠む音声や発音、身体技法をふくむ実践を指標にして仏教を差異化し、実践内容については互いにほとんど関心を示さないという「断絶面」を併せもつという事実であった。すなわち、盛んな人の往来と交流で大量のモノや情報が流通しながら、それぞれエスノセントリックなまでに自他を差異化する実践仏教を築いている。

また、国家規模での実践の断絶を歴史的に経験した西南中国やカンボジアにおいて、それぞれの仏教徒がその後いかにして、何によって、どのような「復興」を果たしてきたのか、その一端を垣間見たことは、同地域の仏教徒の核心的な実践である積徳行の社会的な局面をほりさげる契機となった。同時に、国家主導の制度が未だ整わぬ状況におかれた仏教徒の実践を目の当たりにしたことは、地域や国家ごとの宗教の制度過程にたいする関心を導くとともに、それまで編者が自明視していた、一国ないし一地域をフィールドとする調査研究上の視点を再考する機会ともなった（Hayashi 2002, 2003）。

周知のように、冷戦体制下において一時代を画した東南アジアの宗教・社会研究は、主にタイとインドネシアを中心とするものであり、その成果は今日にいたる調査研究の範型をなしてきた。同時に、隣接諸国での研究蓄積が不十分なままに、東南アジア大陸部で多数派を占める上座仏教徒の社会を考察することは、歴史的に植民地や社会主義を経験することなく王権を維持するタイを伝統的、規範的なモデルとして類推、演繹する傾向もうんだ。これは致し方のないことでもある。その結果、地域にねざす経験的な調査研究の蓄積の不足を知りつつ、その欠落を補うため、あるいはその事実を不問にしつつ、先行研究の知見を前提にして通りすがりの観察から新たな民族誌を紡ぐことになる。しかし、そのようなグラフィーなき民族誌は、たとえいくばくかの理論的な貢献を果たしえたとしても、健全なものとはいえない。

そうした状況にあっても、仏教徒に限った経験的研究は一九六〇年代から七〇年代にかけてのM・スパイロやS・

タンバイアが等閑視していた地域史を補うかたちで、とりわけ、タイの林住の遊行僧や仏教遺跡について進展をみた。なかでも、N・タンネンバウムらによる東南アジア上座仏教徒社会を包括的に捉えようとする論文集（Tannenbaum and Kammerer [eds.] 2003; 1996）、北タイのシャン人社会の宗教民族誌は農村仏教をオーラリティの実践として捉え直すことに大きく貢献した（Tannenbaum 1995）。編者の見解では、このような視点を供給したのはポストモダンの洗礼を受けた一九九〇年代以降のヘレティカルな民族誌的研究ではなく、考古学の成果や碑文資料から仏教の社会的拡がりや身体感覚的な実践を読み込み、経典も広義の実践とみて、僧俗の組織や制度に肉薄しようとしたG・ショペンやS・コリンズら一部の仏教学者であったように思われる（Schopen 1984, 1997; Collins 1992, 1998）。彼らは、オリエンタリスト的な視座の下で仏教を認識対象として捉えようとしてきたブッドロジー（仏教学）を、仏教徒社会そのものへの社会学的理解とその地域性を深めることで乗り越えようとした[1]。したがって、従来の成果の上に、こうした研究の進展状況にも立脚しつつ、人びとが活きる時空間としての地域ないし「場」にねざす実践と実践主体（人）を読み込む宗教と社会の研究、さらには地域間の比較研究を進める必要があった。

もちろん、そうした試みは本書の母胎となった研究プロジェクト（後述）が最初のものではない。それもまた、同じ地域と異なる時代にむきあった先達が築いてきた流れのなかにある。戦後日本の東南アジアの宗教の経験的研究を牽引した岩田慶治や石井米雄らは、大陸部東南アジア研究に今日もおおきな足跡を残している。仏教以前の土着宗教から個別にして普遍的な人間の宗教性に迫る岩田の「カミ」の人類学（一九九五）、石井のパイオニア的な上座仏教の制度（サンガ）研究（石井　二〇〇三［一九七五］）は、欧米のスパイロやE・メンデルソン（ビルマの精霊・仏教研究）、タンバイアらの業績（Spiro 1967, 1970; Tambiah 1970; Mendelson 1975, 1991）とともに、時を隔てて内外にさまざまに継承発展されている。

とりわけ、一九八八年より国立民族学博物館において組織された共同研究「上座部仏教圏の宗教と社会」と、翌年一九八九年から九一年にわたって実施された科学研究費による調査プロジェクトは、スリランカ、西南中国（西双版納）

を含めた仏教文化圏の宗教と社会を人類学的に検討するものであった。いずれも、田辺繁治が組織したこれらの研究は、実践の多様な局面についての経験的研究と、理論的視点を飛躍的に進展させるとともに、E・リーチ以来の実践宗教研究を継承発展する点で画期的なものであった（田辺編 一九九三）。ただし、当時はまだカンボジアやラオスで実践宗教について集約的《インテンシブ》な臨地調査を行うことはできなかった。ミャンマーも一九八八年以来の軍政が民主化運動の旗手アウンサン・スーチーを幽閉した直後で、正面口からの調査は望むべくもなかった。

田辺による一連のプロジェクトの研究成果の公表から約一二年を経る間に、同地域では猛烈な速度で近隣諸国間の政治経済的な距離が縮まった。その意味でも、実践宗教の変容と田辺のプロジェクトではあまり重視されなかった個々の地域での宗教の制度的な側面についてのデータを更新ないし補うことを目的とする研究が必要となった。時間は調査研究の環境を大きく変えていた。カンボジアやラオスでも条件が整えば長期定着調査が可能となり、西南中国の徳宏地区でも調査が許可されるようになった。そして、調査の対象地である現地においても新たな世代の研究者がうまれていた。国内でも、それぞれの地域や民族の出身者による調査研究が進められていたのである。一九九〇年前後の調査研究状況とは、まったく異なる時代が到来していた。

編者が二〇〇三年度より主宰した科学研究費によるプロジェクト（「東南アジア大陸部・西南中国の宗教と社会変容」）では、内外を問わず、当初から若いスペシャリストを組みこむことにした（林編 二〇〇六）。さらに、実践仏教を中心としながらも、その多数派宗教としての制度と実践を異なる視点から浮き彫りにするために、タイ中心ではあるが、国境地域で少数者の宗教となっているイスラームとキリスト教について研究する人類学者と歴史学者を加えた。メンバーは、日本人一〇名、タイ、中国、カンボジアの研究者それぞれ一名を加えた計一三名である。タイ、ラオス、カンボジア、ミャンマー、中国西南地区、ベトナムを調査対象国とし、現地でのフィールドワーク、資料蒐集、国内での研究会を実施した。当面の成果としては、ラオス、カンボジアで宗教関連の法制度資料を収集する一方で、国境地域すなわち中国＝タイ＝ミャンマー国境においてそれぞれの仏教徒社会、ムスリム社会、タイのキリスト教徒の地域組織、ミャンマー山地民社会の宗教運動について、それぞれ新たな資料と知見を得たことがあげられる。

三

ラオスの仏教サンガ統治法と関連資料、タイのムスリム制度資料をおさめた付録をふくめ、本書の一五編のうち一一編が仏教関係の論考である。これは、仏教徒が人口学的に卓越する調査対象地域の状況をそのまま映している。国民国家を単位とすれば、仏教は大陸部諸国では国教ないしそれに準じる多数派の宗教である。歴史的に、仏教は東南アジアが今日に至る国家の基本形を整える一一世紀から一四世紀にかけて王権の庇護を受け、王の支配を正当化する政治文化であり、世俗権力が統御する対象でもあった。時間差はあるが、現代でも出家者の集まり（サンガ）を管轄する機関は国家という制度である。

歴史的王権ないし王都の仏教が、ひとつの「範型」として当該地域の社会文化的な中心をなしてきたことは史実である。しかし、それはすべての仏教徒社会を代表するものではない。柳田國男がいうような「史外史」にあっては、王都という強力な光点の外縁、あるいはそこから遠ざかる政治空間で、出家者の師弟関係や儀礼をはじめとする実践が集落や地域の履歴、民族間関係を刻印しつつ、多様な仏教徒社会を築いてきた。両者を総体としてみると、仏教徒社会は、統制する世俗権力の中心から様々なレベルに生じる狭間にそれぞれの実践主体を包摂する「異種同類」の集合体として浮かびあがってくる。すなわち、歴史的王権と近代の国民国家は、パーリ三蔵経典の整備やサンガ法の制定、教義知識の統一などを通じて多様な実践の主体をその版図内に囲い込む流れをみせる一方で、その「天蓋」の下では、国家や地域を越えて移動する人びと、社会変容のただなかにおかれた人びとがそれぞれの実践を培ってきた。今日では、より整った制度が発動する言説や論理と一見矛盾するようにみえるが、同地域におしよせる市場経済と消費文化の波が、制度としての仏教を近代的な意味での倫理や癒しの技術へと収斂させる影響力をおよぼしつつ、以前にも増して制度の隙間の領域を顕在化させ、ローカルな実践を活性化させているという構図がみてとれる。

こうした認識を共有する本書の諸論考は、それぞれの国民国家が築く宗教制度を視界におさめつつ、複数の国家、民族、社会階層の境界を跨ぐような場における実践を描こうとしている。すなわち、いずれも近年の各地における上座仏教徒社会の多様な動態を、国家、地域、集落、出家者、在家社会といった諸単位の外縁(境域)において捉え、制度と実践主体の位相を浮き彫りにしようとしている。

ミクロな地域社会での長短期のフィールドワークに基づき、長らく東南アジア研究の経験的研究の空白域であったカンボジアでは、その基本的な宗教制度と村落仏教の実践、在俗女性修行者の活動がとりあげられている。また、国境地域での仏教徒社会の諸相(中国・徳宏、北タイのシャン)、「開発僧」「都市仏教」および女性による「声の実践」(いずれも東北タイ)、合同宗派会議後のビルマ仏教の制度状況と少数民族カレンの実践仏教、さらに実践としての経典仏教(ミャンマー)を対象に、国家と地域、仏教をめぐる制度と実践の入り組んだ重層関係を通して、同類にして異種なる仏教徒社会を編成している様態とそれぞれの局面で遭遇している社会変容の過程が描かれている。国家は隣接する国家との間に国境をつくり、国家の制度は、その綻びのなかに常に制度を背景とする非制度的領域を胚胎させる。国境は国家の版図を正当化するが、国境上の「地域」をもうみだす。また、制度と実践、僧と俗、森と生活世界、多数者と少数者いずれにおいても、その現実はそれぞれが交差するところに生起する。本書がおさめた論考は、ミクロな観察に基づきながらも、そのような動態を照射している。

それぞれの論考の主題は多岐にわたる。カンボジアや中国云南省徳宏のみならず、従来の研究でほとんど主題化されることがなかった現実にもナイーブな視線を注いでいる。女性の出家を認めないことでしばしば男尊女卑の制度と批判される同地域の上座仏教徒社会にあって、俗人の立場で女性が果たすアクティブにして境界的な役割について報告するタイとカンボジアからの事例もそうした論考である。欧米にルーツをもつフェミニズム神学の主導によって、女性仏教徒の出家を制度的に推進しようとする動きが世界的なたかまりをみせている現在、ローカルな実践が女性の仏教を差異化するようにして編成する局面を、制度的弱者の戦略という視点ではなく地域の文脈に即してみておくことは、近未来により開かれた議論を拓くものとなろう。

本論集全体を貫くものに、「境域」から照射される制度の位相と実践の様態、およびその基盤へのアプローチがある。一枚岩的な国家の統制という権力作用と、それにたいして従属ないし同質化しつつ、相互に差異化して個別に増殖する主体が担う多様な実践と信仰の姿形をほりおこす。実践は制度を設計する立場にある在地の識者の言説から演繹されるものではないことはもとより、歴史的な制度とも無縁ではない。実践は、同じ国家や地域、民族においても、それぞれの信徒が包摂されつつ築いている「環境」の産物としてあらわれている。

国家がマネージする制度的な観点からすれば、同地域では少数者として言及されるムスリムやキリスト教徒にとって、国王や国家という世俗の支配権力を後ろ盾にしてきた仏教は間違いなく多数派の宗教である。(2) ところが、その仏教徒の現実は制度が表象するような均質性を驚くほど欠いている。実践の様態(モード)は、信徒自信がおかれる環境の歴史と、主体(仏教徒)の経験に基づく戦略に依存する。なによりも仏教とその信徒社会に埋めこまれている構造的な要因が、そのような多様な実践をうむ契機ともなっている。たとえば、(一)世俗社会に依拠せざるをえない出家仏教の存立構造、(二)文字よりも口承によるパーリ聖典や仏教知識のあり方、そして、それらの一帰結として生じる、(三)身体観や師弟関係の社会的展開などである。

（一）に関しては、サンガ構成員の流動性とその社会学的局面についてすでに四半世紀前に石井が指摘していたことである。

〈タイ〉仏教サンガが……一部の特権的僧籍者によって構成されるエリート集団ではなく、タイ人庶民層がその成員の大半を占める集団であるという事実である。その中核的成員を一般成人男子仏教徒から調達するサンガの存在は、それゆえ、これら非エリート層によっておおきく規定されることになる（石井 一九八四：二九七）。

これは、アクターの役割のみで仏教徒社会を捉えるときに忘れられがちな、重要な局面である。さらに仏教にとどまらず、東南アジア大陸部の仏教以外の宗教を考察する際にも意義をもつ観点である。すなわち、聖職者にもなり俗人でもあるという互換構造あるいは僧俗のメンバー間の周流を内包する宗教の社会的現実は、聖職者が固定し、聖と俗を明瞭に二分するキリスト教やイスラームとは異なる。その意味で、端的にいえば、来世に関わる出家主義の仏教の現実態は、現世で展開される世俗社会での人びとの経験に根ざして構成されている。

（二）については、実践の様態をみることなく識字文化のコモンセンスにつかり、旧来のオリエンタリスト的な聖典研究に専念してきた仏教学者が正面から対象化してこなかった局面である。周知のように、パーリ語には独自の表記文字がない。聖典はパーリ語を音声として受容した民族のそれぞれの文字言語で音写したものである。仏陀の説法が、ガーター詩の伝承を継ぐ韻文経典となり、後に散文経典となっていく歴史的経緯をもつにせよ、上座仏教徒社会では、経典を校訂する「結集」は、詠みあげられることで行われてきた。また、今日もなお、新月と満月ごとに布薩堂で行われているパーティモーク（詠みあわせる戒条に照らした行動の説罪）も同根の実践である。すなわち、パーリ仏教には、漢字で結ばれるような東アジア仏教徒の共同体がない。同様に、アラブ語やラテン語のような文字が記す聖典を共有するムスリムやキリスト教徒のような信徒共同体を構成しえない。パーリ仏教に帰依する人びとは、文字媒体ではなく音声として唱和される「聖典」で共同体をなしている。経を同じように合誦する「声の共同体」を基本とするのである（cf. 兵藤 二〇〇〇、二〇〇二）。いうまでもなく、印刷文化の普及によって、いずこの仏教徒社会でも識字文化の上に近代的な教育システムを築いているが、今日でも音声は他の儀軌作法とともに、〈教派〉を相互に差異化する指標でありつづけている。同時に、コリンズが指摘したように音声の文化は文字に依拠する「詠みの文化」として持続している（Collins 1992）。この局面は、パーリ語の経典と仏教徒社会の拡がりが、論理的には地域、民族、社会階層を単位として無数に生まれる集団の、互いに混じりあうことのない「重なり」として生じていることを想起させる点で重要である。

（三）したがって、同地域の仏教徒社会は、その経を音として「身体化」する生身の人間を必要とする。識字文化を自然的態度で生きる現代の日本人には、口伝による音声文化はメッセージの伝達においては曖昧な手段にみえる。しかし、オーラリティないし音声の文化には文字の文化とまったく異なる知識の蓄蔵や継承についての考えがある（オング 一九九一［1982］）。そこには、身体技法、さらには身体そのものを知識の器とみなす観念が介在する。さらに、戒の授受において示されるように、知識の「属人主義的」なありかたがみられる。戒とは、それを与えられた僧侶の身体に、修行（遵守し続けること）で戒としてとりこまれていく。自らの身体に育んできた者のみが、戒を他者に分け与えることができる。受けるほうも、それを自らの身体内に「持つ」。ある教えに帰依し信奉するということは、自ら身体をさしだしてその教えを身体の一部とすることなのである。したがって、法灯の連なりとは、ちょうど身体に知識を「受胎」して育みつつ継承されている事態を意味する。仏教徒にとって、僧俗を問わず仏教に帰依することは、程度の差こそあれ、そうした戒や知識を修行の年月を重ねて身体内に「鋳込む」ことである。このような意味での身体を媒介する知識によって結ばれた師弟関係は、民族、地域、社会階層ごとに配列されるとともに、人びとの移動によって信徒の連なりや教線をなし、さらにそうした関わりのなかで、常に「なまもの」として教え（知識）は継承されていく。

これにたいして、文字で記された知識は、同じ知識といっても大きく意味が異なる。身体を介する必要がない知識は、上に述べたような人と人の関わりや連なりをたやすく超える。そのために、文字の運用は音声よりはるかに簡便である（Anderson 1989: 20）。近代的な法制度の施行も、そうした識字文化に基づく制御を意味する。しかし、知識のあり方がこのように異なる以上、信徒の法的統制は常に部分的なものとなる。また、B・アンダーソンがそうしたように、識字文化のあり方をパーリ仏教徒の歴史にあてはめることは、その実践の現実を見誤らせてしまう。近年の西双版納やカンボジア仏教の復興では、文書としての経典に先んじて積徳行を中心とする儀礼が再開され、仏典や註釈書はいわば「教材」としてかなり後になって整備されている（Hayashi 2002）。この事実は、身体技法をかなめとする瞑想実践さえも文字資料を前提にしているとみなす、今日の上座仏教研究でごく一般化された見解（Gombrich 1988, Carrithers 1983）とは異なる視点を要求する。

地域と時代を越えて仏教徒が実践の根幹とするものを地域の文脈から検討していけば、文字におとしこまれた経典の位置づけも、より広い裾野をもつ仏教徒社会の実践の一部としてたちあらわれてくる。たとえば、書写された聖典は、修行をはじめとする実践作法を導き伝えるテキストという以上に、それを写し編纂する者の宗教的、社会的行為の結果として位置づけられた。東南アジアの歴史的な仏教王権は、遷都や王朝交代のたびに経典の校訂を主導してきた史実はよくしられている。ここでの経典は、読まれる対象というより、支配者の権力を臣民にたいして正当なものとする守護仏とともに、王権の文化的シンボルすなわち「神器」のひとつであった。もちろん、聖典が果たすこのような鎮護的役割は上座仏教徒社会に限られたものではない。しかし、声の文化で継承されてきたパーリ聖典の位置づけからすれば、現世を生きるための生命力を持続する東南アジア仏教は、書写をふくむ行為を契機にして発現する点で、仏陀以後の識者による仏説を次々と聖典化してきた、識字文化を基礎とする東アジアの仏教のありかたとはおおきく異なるものであることを示唆している。

四

各章の論考は、制度と実践についておよそ次のような位置づけをもつ。すなわち、長谷川、小島、サオワニーは宗教活動を統制する制度に焦点をあて、林と小林は制度を実践とともに記述する。速水、村上、西本、王、兼重は、地政学的な境域に焦点を定めてそこでの実践の諸相、民族アイデンティティとの関連を考察している。そして、民族、僧俗の境域に焦点をあてて仏教徒のローカルな実践に着目するのが、高橋、楊、ピニット、加藤である。また、原田は、従来の仏教の教理学や旧来の制度にひきよせられる識字文化の観点からではなく、ミャンマーにおいて読まれる経典や高僧の宗教書を実践の過程として捉えて分析している。そうした議論の視点と力点のバランスを考慮して、本書を三部構成とした。すなわち、「国家と制度の〈境域〉」「僧界と俗界の〈境域〉」「アイデンティティの〈境域〉」である。以下、きわめて概括的に各部の内容を章ごとに紹介しておく。

第一部　国家と制度の〈境域〉

小林は、一九七〇年以降のカンボジアが経験した内戦とポル・ポト時代の後の仏教再興の過程、僧俗関係を自らの長期にわたる村落定着調査で得た資料に基づいて明らかにしている。小島は、ミャンマーで全国のサンガ（僧団）が国家の管理統制下におかれる一九八〇年の「全宗派合同サンガ大会議」以降の仏教諸制度や政策から明らかにするとともに、その制度下の多様な実践を自らの臨地調査で得た資料に基づいて記述する。長谷川は、中国とビルマの国境地域における仏教復興の過程、宗教政策と宗教実践、サンガや寺院のネットワーク、ローカルな実践主体と国家とが選択的に交渉する過程、ローカリティの創出を歴史地域的な文脈から検討している。村上は北タイとミャンマー連邦シャン州の間の国境域のタイ系民族のシャンに注目し、国家仏教化と調査地域での実践の具体相に注目する。国家の仏教の制度化や中央集権化が人びとの仏教実践をいかに築き、また人びとの実践が国家の制度をどのように捉えなおしているかを検討している。林は、近年大きく揺れ動いた「タイ仏教」制度とともに、過去十数年の間に東北地方農村に増えつつあるタマカーイの寺院施設と信徒、それらをとりまく地域住民の観点から、タイ仏教の実践の多様性と制度とのかかわりを考察する。

第二部　僧界と俗界の〈境域〉

ピニットは、タイにおける開発の時代の前後に生まれた「開発僧」の役割とその変容を、四半世紀にわたり参与観察を続けてきた東北タイ農村における社会変容の文脈において論じる。高橋は、カンボジアの俗人修行者、特に出家と在家の境域におかれる女性修行者にとっての修行、仏教寺院の役割を記述している。加藤は、東北タイの女性の声の宗教実践としてサラパンをタイ国の社会変容の文脈でとりあげ、女性の実践の変容とサラパンの変化を描きだす。これにたいして、原田はビルマの「経典仏教」の実践的な局面に着眼する。三蔵経典そのものとその解釈によって作成された高僧による要諦や指南書などは、英国植民地勢力に抗いながら歴史的に変動するビルマ社会に生まれた経典仏教の制度となっている。聖典をもつ仏教は識字文化のひとつであるが、同時に詠まれる文化としても存在する。原田は加藤と対をなして、歴史的な上座仏教の実践をその地域の経験とともに浮き彫りにしている。また、出家できない女性が主に実践主体として関わっている。女性は、俗人社会での実践の核心的な局面を担っていることが明らかにされている。

第三部　アイデンティティの〈境域〉

西本は、仏教徒を圧倒的多数派とするタイにおいて、非主流派宗教であるキリスト教をタイ宗教制度のなかにとらえ、山地民キリスト教徒ラフのアイデンティティを描いている。速水は、ミャンマーのカレン州の仏教徒ポー・カレンに着目し、多様な民俗宗教や聖者信仰をビルマの正統派仏教との関わりのなかで紹介し、タイ側への移動のなかでカレンであることの主張をもつ宗教実践として記述する。楊は、徳宏地区のドゥアン族の集落を訪れて実施した聴取調査に基づいて、俗人篤信家、儀礼を中心にその実践の詳細を描く。近隣の徳宏タイ族との交流をもちながらも、特異な結界（布薩）のありかたを記述している。兼重は、同じタイ語系民族であるが、雲南省西双版納や徳宏で支配的な上座仏教文化圏に属さない三江トン族自治県のトン族社会の探橋儀礼を扱いつつ、仏教僧が介在しない積徳行と功徳概念を検討している。サオワニーは、タイ＝ムスリムである自身の立場から、その系譜の概要とともに中部と南部の二つのムスリム社会の歴史と現状を描きつつその多様性と近年の問題の所在を示唆し、同国のイスラーム関連法制度資料を呈示している（巻末付録二）。王は、中国を祖籍にもつ雲南系ムスリムを対象に、宗教施設の建築に着目しながら、彼らが定着した北タイでイスラーム環境をいかに構築していくのか、当該地域に同じく移民として定着したインド・パキスタン系との社会関係も考慮にいれつつ、その形成過程を浮き彫りにしている。

本書は仏教国タイ、ミャンマーにおいて少数者扱いされている民族の少数者の宗教（イスラームとキリスト教）についての論考を三編おさめるが、そこでも仏教徒と同様に、民族アイデンティティや地域に密着する実践がみられる。すなわち、そのムスリムやキリスト教徒もまた、その地域やコミュニティが経験する歴史と社会関係によって多様な姿をみせている。ムスリムは制度上の少数派を生きることを余儀なくされてきたが、サオワニーが述べるように、当該の住民、信徒は、外部の観察者がしばしば採用する指標としての宗教において、制度上の少数者という意識を抱いているわけではない。むしろ、タイの地方仏教実践と同様に、身体と地域に根ざした核をもっている。この局面は、上にのべた仏教徒社会の多様な展開と共通する側面である。すなわち担い手がおかれた環境の産物、適応の結果だけではなく、生きるための方途、活路としての実践宗教のかたちがみえる。

なお、西本が扱うキリスト教徒ラフ、速水が描くミャンマーの仏教徒カレン、楊の仏教徒ドアンは、それぞれの国家においても、東南アジアからみても少数民族である。他方で、長谷川がとりあげる徳宏タイ、兼重のトンは、いずれもラオ、シャンとともに大陸部東南アジアではメジャーなタイ語系支派でありながら、中国という国民国家では「少数民族」となる。その結果、国家と宗教、民族文化の統制のモードや意味も異なることに留意する必要がある。

五

扱う地域、主題とも多岐にわたる本書は、同時に多くの制約も抱えている。副題は東南アジア大陸部をうたうが、ベトナムの宗教にかんする論考をおさめていない。前述のような関心から、編者は一〇年越しでベトナム南部のクマエ・クラオム（クメール・クロム *khmae klaom*）の上座仏教徒の調査を企図していたが、実現できなかった。他方で、儒教文化および大乗仏教が支配的なベトナムをふくむ東南アジア大陸部宗教を実践から制度をカバーして全体的に論じる視点を、まだもてないでいることもその理由のひとつである。

もとより、二カ国以上に跨る地域での調査経験をもつ寄稿者の記述には、明示的に地域比較の視点がとられているが、それぞれの論考は、調査地における調査時点での「現在」を記述することを第一の課題としている。その意味では、前述の調査プロジェクトの目的は達成されている。個々の事例を注意深く吟味して統合し、比較分析を行うのは次の段階である。むしろ、調査対象地域のさまざまな〈境域〉から捉えられた諸事例が、この地域における多様な実践宗教の位相を示すことに本書の役割をとどめている。いずれも個人の課題としてのみならず、続く世代にたいしても新たな展開を期したい。というのも、そのような比較分析は、従来のように研究者が単独で行う作業にとどまるものではないという、地域横断的な調査研究の環境そのものが提起する事情がある。

冒頭で一九九〇年代以降大陸部東南アジア研究のフィールドが拡張したと述べた。現地の人びととの相互作用を欠いては、当該社会での宗教や儀礼の専門家が語り制度が表象する言説の外部にいる人びとの実践にアクセスすることはできない。異邦人には異国の日常生活世界はことほどさように遠い。実践宗教の研究はまずその地を訪れて、人びとと暮らしをともにした経験に基づいて見聞することが肝要となる。その意味でも、日本をふくむ外国の研究者にすれば、冷戦体制で許されなかった経験的研究が可能となることは慶賀すべきことである。

ただし、そうした「門戸開放」は、閉ざされていた国や地域での調査環境が、冷戦期も継続したタイでの調査環境のようになったことを意味するわけではない。研究者と対象地域についての関係、そこで生じる知識や情報のみならず、研究者の立場と研究対象そのものの状況が個別のものである。その結果、状況は多面的なものとして顕われている。すなわち、西南中国をふくむ大陸部東南アジアという地政学的な括りとは裏腹に、門戸開放後の研究活動は、同質的な時空間上で行われているわけではない。研究活動は研究者個人の能力や資質以上に、研究が「研究」として成立する土俵、アカデミズム、そしてフィールドそのものの状況が関与する。

タイやインドネシアの研究にみるように、大陸部東南アジアの研究をめぐるアカデミズムは、冷戦体制、ベトナム戦争以前から欧米の学界を頂点とし、その影響力は今日もなおグローバリゼーションの名の下に続いている。外国人にはタイのみ調査可能な国であった冷戦期の大陸部東南アジアの研究には、他国のデータの蓄積におおきな遅滞が生じた。しかし、冷戦時代に外国人研究者と無縁になった特定の地域や主題についての情報や知見は、各国ごとの政策や制度の需要に応じるかたちで促進されてきたとはいえ、在地の人間が担う研究の一部をなしてきた。その実態や成果は国ごとに異なるものの、当然のことながら欧米と欧米に馴染んできたわが国の学術上の言説と連続性をもたないことが多い。逆にいうと、新たなフロンティアとなっている。

他方で、今日のラオス、カンボジアではこうした「在地の研究者」とその関連機関を通して、かつての宗主国がアカデミズム上の啓蒙主義によりその復権を果たすか、研究プロジェクトを主導しようとしている。自ら欧米路線をとって「先進国」入りをめざす今日の中国にも、市場参入と並行して欧米アカデミズムへの同調すなわち従属への志向が一部にみられる。そうした動向は、特定地域の調査環境ないし研究対象のズレを顕在化させている。だが、そのような事態は、研究そのものの停滞の帰結ではなく、アカデミズムを含む国際的な市場開放、観光や産業開発にともなう文化政策によって引き起こされている。

異国の社会や文化、とりわけ個人の次元にいたる宗教を描こうとする外国人の描線は、意図せぬ結果として、その描き手が視座の中立性をあたかも自動的に保証されるような異国人であること、さらに自国の社会が受容する主流アカデミズムによる被拘束性というグリッドを得て「研究」という表象世界と直結する。その成果の読み手は、多くがその表象の世界に糧を得る人びとであり、調査対象地域を生きる在地の研究者や当の住民ではなかった。欧米の影響は強いものの、地球規模で平準化するかにみえるアカデミズムのあり方も、従来の研究者が夢想した地平を必ずしも共有するわけではない。研究が表象世界の一部となるチャネルは、フィールドが開かれた一九九〇年代以降、いっそう複合的なものになったのである。近年の地域研究は実践的な方向を喧伝するが、それは現地への還元という、かつての先進国側の人道主義や便宜を越えて、異国の地域の社会や文化をめぐる知識のあり方が外部のみならず内部とその相互作用によって複層的になったことこそを反映しているように思われる。極論すれば、「健全にも」、一九九〇年代以降の同地域の調査研究環境は歪《いびつ》なものとなった。均整のとれた研究が地域研究として制度的に認知される一方で、より多声的になった状況を受け入れることは、特定の地域での経験的研究を進める上で、とりわけ必要なことになると思われる。

また、調査を伴う研究はいうまでもなく訪れる国や地域での諸方の条件が整わなければ実現しえない。観光で訪れることはできても、一九八八年に生まれた軍政（国家法秩序回復評議会 ＳＬＯＲＣ）下のミャンマー、中国の国境地帯の一部では、国策と直結する宗教はセンシティブな問題であり、概数にすぎない統計資料でさえも当該機関で入手することは難しい。また、きわめて自由な調査が許されているタイにおいても、南部地方は、当時のタックシン政権による強圧的な施策の結果、二〇〇三年以降は連日のように学校の放火と続発するテロ事件のために、外国人による調査が事実上不可能となった。そうしたことは、本書の課題に沿っていえば、それぞれの当該地域の実践宗教を形づくる環境をなしてもいる。

幸いにも本書の母胎となった研究プロジェクトは、自身の地元での調査研究を進めてきた在地の大学教員をカウンターパートにすることができた。外国人の参画が許されない環境で、彼ら／彼女らの見方によるデータを共有することも、それが外国人側の研究というグリッドと鋳型が異なるものの、当該地域の実践宗教をめぐる環境を認識する上で重要であると考えた。本書はそうした論考三篇を翻訳論文としておさめた。

このような対象地域そのものの現実を映して、本書のタイトルに求められる議論の地平はなだらかに整序されたものではない。むしろ、それぞれの環境の産物としての実践宗教の姿形は、描き手の立ち位置、捉え方によって異なることを現実の諸相のもとにさらけだしている。それは、生活世界に立脚する実践宗教研究をめぐる現実でもある。宗教を研究する機関や専門家、宗教という西欧近代の定義ではなく、人びとの経験知に依拠するという意味での実践宗教をめぐる研究は、歪な地平から新たに出発すべきとすることが、そのような論考をおさめた本書の意図でもある。

最後になるが、本書では、二二七条の具足戒をもつ出家者を僧侶（比丘）、十戒を把持する見習僧（沙彌）として統一した。その他の寺院施設や法制度についても、可能な限り表記を統一した。しかし、国境地域で複数の国を跨ぐ地名、同じ民族言語でありながら異なる表記となる語句などについての統一は困難をきわめた。そうした語については、巻頭の「凡例」において一覧で示したほか、それぞれの論文での初出時に簡単な説明をする方針をとったが、遺漏があるかもしれない。多方面からのご叱正を乞う次第である。

註

（1）本文脱稿後に、編者はMcDaniel（2008）とVeidlinger（2006）を手にした。手法は異なるが、いずれも九〇年代以降欧米の宗教学（仏教学）に根づきつつある「経典の実践」（textual practices）を地域の文脈で検証しようとした研究成果といえる。

（2）タイ・ムスリムについては、本書第一四章の参考文献のほか、近年英語に翻訳されたM. Gilquin（2005 [2002]）が包括的である。また、東南アジアのキリスト教については寺田編（二〇〇二）が便利である。

参照文献

Anderson, Benedict. 1989. *Imagined Communities*. London: Verso.

Carrithers, Michael. 1983. *The Forest Monks of Sri Lanka: An Anthropological and Historical Study*. Delhi: Oxford University Press.

Collins, Steven. 1998. *Nirvana and other Buddhist Felicities: utopias of the Pali imagiarie*. Cambridge: Cambridge University Press.

Collins, Steven. 1992. "Notes on Some Oral Aspects of Pali Literature." *Indo-Iranian Journal* 35 (1992): 121–136.

Gilquin, Michel. 2005. *The Muslims of Thailand*. Chiang Mai: Silkworm Books. (translated by Michael Smithies: *Les musulmans de Thailande. Bangkok: Institut de Recherche sur l'Asie du Sud-Est Contemporaine* [IRASEC]. 2002)

Gombrich, Richard. 1988. *Theravada Buddhism: A Social History from Ancient Benares to Modern Colombo*. London & New York: Routledge.

Hayami Yoko. 2005. *Between Hills and Plains*. Melbourne and Kyoto: Trans Pacific Press and Kyoto Univerisity Press.

Hayashi Yukio. 2003. *Practical Buddhism among the Thai-Lao*. Melbourne and Kyoto: Trans Pacific Press and Kyoto Univerisity Press.

Hayashi Yukio. 2002. "Buddhism Behind Official Organizations: Notes on Theravada Buddhist Practice in Comparative Perspective." in Hayashi Y. and Aroonrut Wichienkeo (eds.), *Inter-Ethnic Relations in the Making of Mainland Southeast Asia and Southwestern China*. Bangkok: Amarin Printing and Publishing, pp. 198–230.

林　行夫　二〇〇〇　『ラオ人社会の宗教と文化変容』京都大学学術出版会。

林　行夫（編）　二〇〇六　『東南アジア大陸部・西南中国の宗教と社会変容——制度・境域・実践』（平成一五–一七年度科学研究補助金基盤研究（A）課題番号15252003研究成果報告書）。

兵藤裕己　二〇〇〇　『〈声〉の国民国家・日本』ＮＨＫ出版。

兵藤裕己　二〇〇二　『物語・オーラリティ・共同体』ひつじ書房。

石井米雄　二〇〇三（一九七五）　『上座部仏教の政治社会学——国教の構造』創文社

石井米雄　一九八四　「ラタナコーシン朝初頭における王権とサンガ——『三印法典』〈サンガ布告〉を中心に」『東南アジア研究』二二（三）、二九六–三〇六頁。

岩田慶治　一九九五　『岩田慶治著作集（全八巻）』講談社。

Kammerer, Cornelia A. and N. Tannenbaum (eds.) 1996. *Merit and Blessing in Mainland Southeast Asia in Comparative Perspective*. New Haven: Yale University Southeast Asian Studies.

Leach, Edmund R. (ed.). 1968. *Dialectic in Practical Religion*. Cambridge: Cambridge University Press.

McDaniel, Justin Th. 2008. *Gathering Leaves and Lifting Words: Histories of Buddhist Monastic Education in Laos and Thailand*. Seattle: University of Washington Press.

Mendelson, E. Michael (ed. by Ferguson, J. P.) 1975. *Sangha and State in Burma*. Ithaca: Cornell University Press.

Mendelson, E. Michael (Tarn, N.) 1991. *Views from the Weaving Mountain*. Albuquerque: University of New Mexico Press.

オング、W・J著、櫻井直文他訳　一九九一　『声の文化と文字の文化』藤原書店（Ong, Walter J. 1982. *Orality and Literacy: The Technologizing of the World*, Methuen & Co. Ltd.

Schopen, Gregory. 1997. *Bones, Stones, and Buddhist Monks*. Honolulu: University of Hawai'i Press.

Schopen, Gregory. 1984. "Two Problems in the History of Indian Buddhism: The Layman/Monk Distinction and the Doctrines of the Transference of Merit," *Studien zur Indologie und Iranistik* 10(1984): 9–49.

Spiro, Melford. 1996 [1967]. *Burmese Supernaturalism*. London: Transaction Publishers.

Spiro, Melford. 1970. *Buddhism and Society*. New York: Harper & Row.

Tambiah, Stanley J. 1970. *Buddhism and the Spirit Cults in North?east Thailand*. Cambridge: Cambridge University Press.

田辺繁治　一九九三　「序章――実践宗教の人類学」田辺繁治編『実践宗教の人類学――上座部仏教の世界』京都大学学術出版会、三―三二頁。

田辺繁治（編）　一九九三　『実践宗教の人類学――上座部仏教の世界』京都大学学術出版会。

Tannenbaum, Nichola. 1995. *Who can compete against the World?* Ann Arbor: Association for Asian Studies.

Tannenbaum, Nicola. and C. A. Kammerer eds. 2003. *Founders' Cults in Southeast Asiay*. New Haven: Yale University Southeast Asian Studies.

Veidlinger, Daniel M. 2006. *Spreading the Dhamma: Writing, Orality, and Textual Transmission in Buddhist Northern Thailand*. Honolulu: University of Hawai'i Press.

寺田勇文（編）　二〇〇二　『東南アジアのキリスト教』めこん。

第一部
国家と制度の〈境域〉

第一章

ポル・ポト時代以後のカンボジア仏教における僧と俗

小林　知

一　はじめに

インドシナ半島の南端に位置するカンボジアの人口の九五パーセントは、カンボジア語（クメール語）を話し上座仏教を信仰する仏教徒である[1]。同国には、イスラム教やキリスト教を信仰する人びともいる。しかしその数は少ない。カンボジアの現在の憲法は、上座仏教を国教と述べている。この点でも、上座仏教と他の宗教の位置づけは明確に異なる。カンボジアに近接するタイ、ラオス、ミャンマー（ビルマ）といった国々でも、上座仏教を信仰する人びとが人口のマジョリティーを占めている。中国雲南省南部のタイ系民族の居住地域を含め、これらの国と地域を、東南アジア大陸部の上座仏教文化圏と呼ぶ。カンボジアは、それを構成する上座仏教徒社会のひとつである。

上座仏教は、遅くとも一三世紀前後には東南アジア大陸部に伝わり、人びとの間にひろまったといわれている[2]。上座仏教は、パーリ語の三蔵経を共通の聖典としている。そのため、教理についての見解には国と地域を越えた共通性がある。すなわち、カンボジアの仏教徒もタイの仏教徒も、寺院に起居して修行生活を送る僧侶や見習僧のために食事を準備したり、土地を寄進して寺院を建立したり、その内部に建造物を建てたり、仏陀が教えた戒を守って自らの生活を律したりすることによって、功徳が得られると述べる。そして、そのようにして功徳を得ることが、それ以後の人生に良い結果をもたらすと信じている。

ただし、このような宗教的規則にもとづいて行われる実践の形は、地域ごとに多様である。例えば、上座仏教の教えは出家者に女性との接触を禁じる。そのため、俗人女性が料理を盛った椀を出家者に寄進しようとするとき、タイでは

写真 1−1　食物を寄進する男女（コンポントム州，2002 年 3 月）

まず、出家者が用意した布のうえに椀を載せる。そして出家者は、その布の端を握って手前に引き、椀を受け取る。しかしカンボジアでは、女性が手ずから直接出家者に椀を渡す（写真1−1）。手が触れあわなければよいという考えである。以上は出家者と俗人のあいだの相互行為の例であるが、パーリ語の発音や、出家者による戒の遵守の仕方などでも、それぞれの国と地域で歴史的に形成されてきた特徴として、異なった形の実践がみられる。

共通性のうえに立った多様性としては、世俗権力が策定した仏教制度にも目を配る必要がある。カンボジア、タイ、ラオス、ミャンマーといった東南アジア大陸部の国々において、上座仏教徒が全国人口の大多数を占めている点はさきに述べた。そして、それらの国と地域の為政者たちは、仏教徒が行う活動を、社会の動静に無視できない影響を与えるものとして管理しようとしてきた。詳細は後述するが、このようにして出家者や在俗仏教徒の活動に対して為政者が加える統制の形にも、上座仏教徒社会のそれぞれで独自の形がある。

上座仏教徒の行動とそれが形づくる特徴的な社会構成は、「僧と俗」という理念的な枠組みを用いて整理することができる(3)。まず、上座仏教の宗教的世界は、出家者と在家者からなっている。

出家者とは、具足戒と呼ばれる二二七の戒をまもる僧侶（比丘）を指す。在家者は、老若男女の俗人である。十戒をまもる見習僧は、厳密には、在家者の範疇に入る。出家者たる僧侶は、俗世のしがらみを断ち切り、涅槃への到達を目標とする修行生活に入った男性である。それは、自らを救えるのは自らの行為のみであるとする自力救済の仏教思想を体現している。しかし、そのようにして俗世から隔絶した世界に位置づけられる出家者の生活は、俗人による支援を必要としている。上座仏教の出家者は、生産活動を行わない。よって、俗人から食物を贈られて初めて生が維持できる。さらに、出家して僧侶となる男性の大多数は、一定期間の後に僧籍を離れて世俗社会に戻り、結婚し、家族を養って人生を終える。このような事実は、仏教秩序と世俗秩序の補完的な結びつきを明らかにしている。

出家者と在家者のあいだには、功徳という宗教的観念によって支えられた関係がある。上座仏教徒は、自らの境遇が、バランスシートのようにして計算される功徳の多寡によって定まると考える。功徳は様々な手段から得られる。食物や物品を出家者に寄進することのほか、戒の遵守や瞑想修行によって自らの生活を律したり、他人と仏陀の教えについて議論したりすることからも功徳が得られる。男性が出家して僧侶になることは、当人だけでなく、その父母にも大きな功徳をもたらす行為と言われている。つまり、仏陀・仏法・仏僧の「三宝」を支援する行為は全て、功徳の獲得に結びつく。そして、出家者の集団であるサンガは、「三宝」のなかでも特に、現実世界において具体的な働きかけが可能な対象という点で、身近かつ重要な功徳の源泉である。

さきに述べたように、出家者の生活は、俗人からの支援のうえで初めて成りたつ。俗人は逆に、出家者という存在を通して功徳に接近する。以上のような出家者（僧）と在家者（俗）の双方向的なつながりは、それぞれの理念上の独立性よりも、相互補完的な影響関係を示唆している。そのため、両者の間柄は、「相即不離」とよく表現される。

他方、「僧と俗」という枠組みは、世俗の政治権力と仏教サンガの関係を焦点として、上座仏教徒社会の社会編成の特徴に関する重要な議論を生んできた。それは、世俗権力（伝統王権、国家）が、良き仏教徒でありサンガの最大の擁護者としての自身を民衆にアピールすることで、その支配をモラリティのうえで正統化してきたという分析である。また、仏教の擁護者という立場から、清浄性の維持という名目のもと、サンガの活動を統制してきたという指摘である。

例えば、石井米雄が行ったタイ・サンガの政治社会学的研究によると、一三〜一八世紀のスコータイ朝からアユタヤ朝にかけてのタイでは、王が数多くの寺院を建立し、物資をサンガに寄進していた〔石井 二〇〇三（一九七五）〕。サンガは、仏陀が教えた正しいダルマ（＝正法）の嗣続者であると考えられ、それを支援することは、正しいダルマの存続へ貢献することを意味した。また、そのような行為を通して、王は仏教の擁護者として民衆に認識され、その支配が正統化された。ただし重要なことに、サンガと王の関係には可逆的な側面があった。つまり、サンガを介したダルマの存続への貢献に支配の正統性の基礎をおく王にとって、サンガは、正法を正しく継承した清浄な状態にある必要があった。この論理は、王に、その清浄性を恢復させるという名目でサンガの諸活動に介入し、統制を施す糸口をあたえた。在俗仏教徒である王は、出家者に対して膝を折り、地面に額をつけて礼拝する。しかし一方で、仏教を擁護する最大の権力者として、サンガを管理する立場にもあった。

本章は以下で、上座仏教徒社会としてのカンボジアの一九七〇年以降の歴史経験と現状を分析する。その第一の目的は、内戦とポル・ポト時代の後のカンボジア仏教の再興の過程を具体的な形で跡づけることにある。またさらに、カンボジアの事例を通して、上座仏教徒社会一般に通じる僧俗関係の性質について理解を深めることもねらいとしている。

今日のカンボジアでは、都市・農村を問わず、仏教寺院が遍在している。すでに述べたように、同国の人口の九割以上は上座仏教徒である。彼（女）らは、結婚式や葬式といった人生の節目になると、僧侶を家に招いて儀礼を行う。また、様々な年中行事の際に寺院へ足を運び、功徳を積もうとする。そこには、上座仏教徒としての生き生きとした宗教活動の息吹がある。しかし、カンボジアの人びとの仏教実践は、後述するように、一九七五年四月から一九七九年一月まで続いたポル・ポト政権下でいったん途切れた。同政権は、宗教活動を禁止しただけでなく、仏像や寺院建造物を破壊した。また、国内にいた全ての出家者を強制的に還俗させた。本章の第一の目的は、この一九七〇年代半ば以降のカンボジア仏教の断絶とそれ以後の再興の過程を、制度と実践の両面に目を配りながら跡づけることにある。

一方、本章は、ポル・ポト時代の断絶の後のカンボジア仏教の再興過程の検討から、上座仏教徒社会における僧俗関係の内実を明らかにする。「僧と俗」という枠組みによって捉えられた宗教と世俗権力の関係の研究は、東南アジアではこれまで、タイを中心として進められてきた。そこでは、仏教の擁護者として王がサンガへ及ぼした支援と統制の両面の影響が、具体的な史資料によって明らかにされた。また、一九世紀から始まった近代国家建設の過程で、王や国家が、サンガの組織形態を中央集権化し、国内の仏教徒の実践を均一化しようとしたことが論じられた（e.g. 石井 二〇〇三〔一九七五〕）。しかし、タイは、東南アジアで唯一植民地化を経験しなかった国である。そこで概念化された「僧と俗」の関係は上座仏教国における国家と宗教のあり方の理念型であり、現実態としての僧俗関係は、より大きな社会変動のなかでこそ本質的な形で照らし出されると考えられる。ポル・ポト時代以後のカンボジア仏教の制度と実践の再編を、「僧と俗」という枠組みにおいて分析し、その特徴を明らかにしようとすることの意義は、この点にある。

では、問題の背景として、ポル・ポト時代以前のカンボジア仏教について述べることから始めたい。

二　ポル・ポト時代以前のカンボジア仏教

一九世紀の東南アジアでは、近代国家形成の動きが本格化した。カンボジア仏教、タイ仏教といった国家を単位とした仏教の創出に向かう宗教文化の変化が始まったのも、その時期である。カンボジアにおいては、一八五四年、当時シャムと呼ばれた隣国タイからタマユット派が導入されたことが、その動きの発端といわれる[4](Harris 2005: 106–107)。タマユット派は、タイのラタナコーシン朝第四代王であるモンクット(Mongkut)が、登位(一八五一年)の前の二七年間を僧籍で過ごした際にタイ仏教の在来派と区別して創始した、パーリ語仏典への回帰を主張する復古的改革派の宗派である。

九世紀に興ったアンコール王朝の最盛期に東南アジア大陸部の広い領域を支配したカンボジアの王権は、一五世紀になると勢力を弱め、一七世紀以降は隣国タイとベトナムの政治的影響下におかれた[5]。そして一九世紀になると、カンボジア王室の子弟の多くは、バンコクで生活し、タイの文化に親しむようになった[6]。カンボジアへのタマユット派の導入は、そのようにして隣国との間を行き来した王族が行ったものであった[7]。

タマユット派は、カンボジア語でトアンマユット派(Thoammayut Nikay)と呼ばれた。そして、その導入を境として、カンボジア国内で従来行われていた仏教実践を担う出家者たちが、マハーニカイ派(Maha Nikay)と一括して呼ばれるようになった[8]。国内のサンガと寺院はマハーニカイ派が圧倒的に多く、トアンマユット派は、王族とその取巻きを支持者とする少数派であった。

両派の間にはさらに違いがあった。すなわち、トアンマユット派が、教義解釈においても実践の形においても、隣国で確立した一定の様式を共有する均質的な集団として形成されていたのに対し、当時のマハーニカイ派は、個々の寺院を中心としたローカルなコミュニティのなかで活動が組織され、宗派としての内部の指揮系統が不明瞭だった[9]。しかし、その後二〇世紀初頭から一九四〇年代にかけて、マハーニカイ派のサンガにおいても教義解釈と実践の制度化が進んだ。それは、フランスの植民地支配の影響下で生じた変化だった。

カンボジアは、一八六三年から一九五三年まで、途中日本軍政期の中断を挟みながら、フランスによる植民地支配を受けた。この植民地支配においては、タイの政治的・文化的影響をカンボジアから排除することがひとつの課題であったといわれる(e.g. Edwards 2007: Chap 7)。一九世紀のカンボジアでは、事実として、多くの僧侶がタイへ向かい、バンコク等の寺院でパーリ語や仏教教義を修めていた。そのような状況をみて、フランス人の行政官は、パーリ語学校（一九〇九年、一九一四年）、王立図書館（一九二五年）、仏教研究所（一九三〇年）などの宗教・文化施設をカンボジア国内に創設した[10]。そこには、カンボジアおよび仏領インドシナの地理範囲内で仏教徒の活動を充足させることにより、カンボジアの出家者と在俗信徒の仏教実践を、タイの影響から切り離そうという意図があった[11]。

以上のようなフランスによる介入の影響下で、マハーニカイ派の内部における教義解釈とサンガ組織の体系化の動きが始まった。それを主導したのは、首都プノンペンのマハーニカイ派の名刹ウナロム寺（Wat Unnalaom）に止住した、チュオン・ナート師（Chuon Nath 1883–1969）とフォッ・タート師（Huot Tat 1891–1975）というふたりの学僧であった。彼らは、カンボジアの寺院で当時行われていた標準的な実践に飽きたらず、フランス語を学ぶなどの独自の活動をしていた。そして一九一〇年代から、仏陀が教えた律（*vinaya*）の遵守を、カンボジアで従来されてきた形ではなく、三蔵経を再検討したうえで正しいと彼ら自身が信じるようになった新しい様式に改めることを主張し、伝統的な実践の刷新を訴えた（Huot Tat 1993: 11–12）。

ナート師とタート師は、一九二二年とその翌年に、ベトナムのハノイにあったフランス極東学院を訪れてサンスクリット語の講義を受けた。このような経歴から分かるように、ふたりは、フランスの働きかけが生みだした環境のなかでヨーロッパ発の仏教学に触れ、自文化としてのカンボジアの仏教伝統を対象化する視点を身につけていた。そして、国内の寺院と仏教徒の大多数を占めるマハーニカイ派のサンガと在俗信徒の実践を改革しようとした。

ナート師ら刷新派の僧侶たちの主張の根幹は、カンボジアの仏教徒の実践を、仏陀が教えた正しい形に戻すことにあったと指摘されている（Edwards 2007: 115）。例えば、仏陀の直接の言葉が記されたものとして三蔵経に最高の価値を認める一方、仏陀の前世譚を物語ったジャータカ等の大衆的な経典類からの影響を排除しようとした。そして、僧侶と見習僧のあいだにあった厳しい序列関係を見直し、両者が比較的平等な立場で僧院生活を送り、協力して仏法の修練に取り組むことを奨励した。また、経典の学習においては、単なる暗記ではなく、意味内容を理解することを重視した。そのため、儀礼の場では、パーリ語の経文だけでなく、そのカンボジア語訳文を合わせて朗唱するよう指導した。

　隣国からの影響を排除しようとしたフランスの植民地支配は、以上のように、二〇世紀初めのマハーニカイ派のサンガに大きな変化を生みだした。しかしそれは、思わぬ形で、支配者としての自らの立場を危うくすることにもつながった。すなわち、カンボジアでは一九四〇年前後に、植民地支配からの独立をめざす気運が高まった[12]。そして、その独立運動のなかで、ナート師らの指導を受けた刷新派の僧侶やその周辺の在俗の知識人たちが大きな役割を果たした[13]。このことは、一九四二年七月二〇日にプノンペンで行われたカンボジアで最初の反仏デモの様子が端的に示している（Harris 2005 137–141）。デモは、カンボジア語のローマ字表記化やグレゴリオ暦の導入など、フランスの植民地政府が当時進めようとした文化政策を非難したという嫌疑で逮捕された、二名の僧侶の釈放を求めて計画されたものだった。仏教研究所が一九三六年から発行していたカンボジア語新聞「ナガラワッタ」の紙上などでデモへの参加が呼びかけられ、一〇〇〇名を越える人びとが集まった。そして、その約半数は、ウナロム寺などに止住した刷新派の僧侶たちであったという[14]。

　この事件以後、反仏運動に結びついているという理由で、マハーニカイ派内部の刷新派の僧侶たちを問題視する意見がフランス人行政官のあいだに強くなった（Edwards 2007: 238）。そして、デモから約一年が経った一九四三年九月に、カンボジアで最初の「サンガ法」が公布された[15]。

　ここでいう「サンガ法」とは、王による勅令のひとつであるが、世俗的な世界の事象に対して定めた法律と同等の意義・形において、世俗権力が仏教秩序（サンガ）の内側の組織構成やルールを定めたところに重要性がある。「僧と俗」という理念的な枠組みを取り上げれば、さきに述べたように、世俗秩序と仏教秩序は相互に独立したものといえる。しかし、東南アジア大陸部の各地では、一九世紀にはじまった社会変化のなかで、王や国家が法的資格をもって仏教秩序を規制するようになった。タイでは、一九〇二年の「サンガ統治法」を嚆矢とし、その後関連する国家法が数多く制定された。ラオスでも、一九五九年には法を通したサンガへの規制が始まった[16]。

すでに述べたように、カンボジアには、一九世紀半ば以降、マハーニカイ派とトアンマユット派というふたつの宗派があった。ただし、多数派のマハーニカイ派のサンガは、全国を統一する組織機構が定まっていなかった。一九四三年の「サンガ法」は、サンガ内部の組織構成とともに、各々の役職に就く僧侶に求められる資質や任命方法を明文化し、カンボジアにおける仏教サンガの全国的な機構を初めて明らかにした。すなわち、マハーニカイ派とトアンマユット派のサンガは、それぞれの首長たる最高位の大管僧長のもと、位階構造の中央執行組織を持つよう決められた。また、各州に一名の州僧長とその補佐役の僧侶、各郡に一名の郡僧長とその補佐役の僧侶、各寺院に一名の住職とその補佐役の僧侶といったように、世俗行政組織の序列構造に対応した形で、サンガ中央の執行組織と末端の寺院を連結する指揮系統のヒエラルキーを定めていた。

ナート師は、一九四八年に、マハーニカイ派サンガの大管僧長となった。このことは、刷新派がマハーニカイ派のサンガのなかで確固たる地歩を築いたことを示す[17]。他方、一九五三年の植民地支配からの独立後、上座仏教はカンボジアの国教となった。その後内政を一手に掌握したノロドム・シハヌーク（Norodom Sihanouk）は、自らの政治思想を仏教の語彙で説明し、サンガに対して盛んに寄進を行った。同じ時期、ナート師の指導のもとで、サンガ内部の諸規則がより細かく整えられた。さらに、カンボジアで最初の国語辞典の編纂（一九六七年出版）、パーリ語＝カンボジア語対訳三蔵経の編纂（一九二九〜一九六九年）などの文化事業が相次いで結実し、ナショナルな宗教としてのカンボジア仏教の形成が進んだ。

一九六九年のカンボジアには、マハーニカイ派とトアンマユット派を合わせて三三六九の寺院があった。同年の国内の僧侶・見習僧の数は、全国人口のほぼ一パーセントにあたる六五〇六二名であった。

三　カンボジア仏教の断絶と再興

1　内戦による荒廃とポル・ポト政権下での断絶

カンボジアでは、一九七〇年三月にロン・ノル（Lon Nol）将軍を中心としたグループがクーデタを起こし、親アメリカのクメール共和国を建てた。この政府も、上座仏教を国教とした。失脚したシハヌークは、共産主義勢力とともに民族統一戦線を結成し、国民に反政府闘争を呼びかけた。こうして国土は二分され、内戦が始まった。

ある資料によると、一九七〇年三月から一九七三年六月までの間に、戦争の影響で九九七の寺院が破壊された（Yang Sam 1987: 58）。この時期は、また、民族統一戦線をつくった共産主義勢力の側も、仏教を擁護する姿勢を示していた。そして、実効支配した地域の出家者を組織化し、活動のなかで積極的な役割を担わせようとした。つまり、この時期のカンボジアには、内戦前の組織を引き継いだロン・ノル政府側のサンガとは別に、もうひとつの出家者組織が存在していた。[18]

その後、一九七五年四月に始まったポル・ポト政権の支配の下で、カンボジアの人びとの生活は劇的に変化した。都市居住者の農村への強制移住、市場・貨幣の廃止、大規模な農業土木事業の推進といった同政権が行った諸政策や、一五〇〇万人に上るといわれる大量の死者を生みだした当時の状況に関しては、数多くの報告がある。[19] 宗教については、仏教儀礼などあらゆる活動が禁じられた。仏教僧侶は、生産活動に係わらないことを理由に、社会の寄生虫と批判さ

写真 1–2　ポル・ポト時代に破壊された布薩堂（コンポントム州ストーン郡 KT 寺, 2001 年 1 月）

れた。僧侶であることを理由に殺害されたという指摘もある（Chanthou Boua 1991）。多くの寺院で建造物や仏像が破壊され、壁に描かれた仏画が廃油で黒く塗りつぶされた（写真 1–2）。これらの事実は、同政権が、仏陀の教えに対する人びとの信仰の行動だけでなく、心中の思いや宗教的な観念そのものも否定しようとしたことを示唆する。そして一九七六年には、内戦期からその活動へ協力・参加していた僧侶を含む国内の出家者の全てに還俗が命じられた。在俗信徒の活動の停止に続き、出家者が消滅し、カンボジアの仏教は制度と実践の両面で途絶えた。

一九七九年一月、ベトナム軍に支援された救国戦線の攻撃でプノンペンが陥落し、ポル・ポト政権の幹部と兵士らはタイ国境付近へ逃走した。救国戦線のメンバーは、その後、親ベトナムの社会主義政権を建てた。ただし、この新政府は、ソビエトなど東側陣営の一部の国々を除いて国交を開けず、冷戦構造のなかで国際的に孤立した。アメリカ、中国、日本、タイなどは、タイ＝カンボジア国境に拠点を移したポル・ポト派ら反政府勢力を支援した。結果として、カンボジアは再び内戦に陥った。

2　世俗権力による統制とサンガ組織の「復古」

ポル・ポト政権は、カンボジアから出家者を消し去った。よって、それが崩壊した後のカンボジア仏教の再興においては、出家者の復活が緊急の課題であった[20]。

この点について、今日のカンボジアでは、ポル・ポト政権の後を継いだ社会主義政権（人民革命党政権）が一九七九年九月一九日にウナロム寺で得度式を準備し、そこで出家者が復活したという見解が公式となっている[21]。例えば、在野のカンボジア人研究者リー・ソヴィー（Li Sovir）は、著書のなかで次のように記述している。

一九七九年一月以降、国家が仏教の信仰を認めるとすぐに、かつて仏教徒であった国民は様々な仏教儀礼を行い始めた。ただし当時は、まだ仏教僧侶がいなかったため、仏教について深い知識を持つ老人らを招き、僧侶の代役にみたてて儀礼を行った。また同じ時期、ポル・ポト時代を通して僧侶の黄衣を隠匿していた人物が、自分はポル・ポト時代も出家者であることを止めたことがないと宣言して、再び黄衣を身にまとい、僧侶として振る舞うこともみられた。ルナセー（筆者注：人民革命党政権の政府中枢機構の名称）は、このような出家をめぐる秩序の乱れを問題と考えて、ベトナムから僧侶を招き、政府公認の得度式を行うことを決めた。

カンボジア政府の要請を受け、ベトナム政府が派遣してきた僧侶は九名だった。コン（Kong）という名の僧侶が、授戒師として得度式を差配するはずだった。この僧侶は、一九七五年まで、プノンペンのマハーモントレイ寺（Wat Maha Montrey）に止住していた。しかし、プノンペンに着いた後に死んでしまった。ベトナムから招聘した僧侶のなかには、ターチ・ミン（Thach Minh）という名のベトナムの大乗仏教の僧侶もいた。彼は得度式に加わらず、使節の監査役を務めていた。

最終的に、ジーウ・ニーム（Yiv Ngim）という名の僧侶を授戒師として、ほか六名のベトナムから来た上座仏教僧侶が参加し、得度式の儀礼が行われた。

この最初の得度式では、七名のカンボジア人男性が出家した。（中略）……七名が得度式を終えた後、ベトナムから来た授戒師は、カァウト・ヴァーイ（Kaoet Vay）師（筆者注：出家した七名のうち一名）を新たな授戒師に任命し、以後カンボジアで得度式を指揮するよう指示した。しかしカァウト・ヴァーイ師は高齢であり、得度式を開催するたびにプノンペンへ来ることが難しかった。そこで結局、一度指揮しただけで、得度式における授戒師の役割をテープ・ヴォン（Tep Vong）師（筆者注：出家した七名のうち一名）に譲った。

以後、最初の七名以外にも、テープ・ヴォン師を授戒師としてカンボジア人男性が得度し、僧侶となっていった。しかしその際、仏教サンガの準備に向けた国内の状況がまだ完全に整っていないという認識に立ったルナセーは、カンボジア仏教に従来あったマハーニカイ派とトアンマユット派という宗派の別を設けないよう指導した。また、仏教関連の業務を遂行するために、僧侶中央組織（*preah sâng mchchim*）の設置も決定した。（Li Sovir 1999: 2–3）

上座仏教の宗教的規則は、得度式の儀礼のなかで、出家希望の男性に戒を授ける授戒師の役割を担う僧侶一名と、その補佐役の僧侶四名の出席を要件とする。ポル・ポト時代以後のカンボジアは、この点で特異な状況であり、授戒師となるべき先輩僧侶がいなかった。そこで人民革命党政権は、隣国ベトナムの領内で暮らすカンボジア人の上座仏教僧侶を招聘し、得度式を行った。[22]

リー・ソヴィーの記述は、第一に、一九七九年九月の得度式に係わる以上のような概況を説明している。しかし、それはまた、政府がそのような形で得度式を準備した理由が、私度僧の出現によって出家をめぐる秩序が乱れたからだと述べていた。[23] さきにふれたように、現在のカンボジアでは、一九七九年九月の公認得度式を出家者の復活の起点とみなす意見が一般的である。しかし、実際の僧侶の復活は、最初に私度、次いで政府の準備下でという順番でみられた。このことは、後述するように、上座仏教徒社会における僧俗関係の本質に係わるたいへん重要な示唆を含んでいる。

先輩僧侶を介さずに出家を宣言した私度僧と、政府がそれをどう扱ったのかという点に関して、実は、一九九三年とその翌年にプノンペンとその近郊地区の寺院を調査した林行夫が貴重な聞き取り記録を残している(林 一九九八、Hayashi 2002)。すなわち、林は、調査の過程で、現在公式とされているものとは別の得度式が、一九七九年四月にプノンペン近郊の一寺院で行われていた事実を明らかにした。その得度式に授戒師はおらず、儀礼は、ポル・ポト時代に破壊を免れた仏像を前にして行われた。その儀礼は、上座仏教の宗教的規則から外れた形であった。しかし一方で、地元の行政責任者が出席し、公式な体裁が整えられていた。

だが結局、そこで僧侶となった人物は、後に改めて別の得度式に参加し、出家をやり直すことになった。すなわち、人民革命党政権は、自らがベトナムから僧侶を招聘して実施した公認得度式で出家し、その後授戒師として任命されたテープ・ヴォン師のもとで得度をやり直すよう、強く命じた。政権は、出家者の再生産を軸として進むポル・ポト時代以後の宗教秩序の再編を、自らが管理するひとつの系譜の下にまとめようとしたのである。

ところで、出家者の復活に関する以上のような政府の管理姿勢は、得度式を差配する授戒師と、出家を希望する男性の資格の規定にも及んでいた[24]。すなわち、授戒師となる僧侶は、政府が任命するものとされ、得度式の儀礼を執行するのに必要な知識をもつだけでなく、宗教に対するのと同様に革命に対して忠実であり、法に適った清い経歴であり、派閥主義をさけて選出された人物であることが条件とされた。また、各々の授戒師は、居住する州以外で得度式を開催することが禁じられた。他方、出家を希望する男性は、過去に出家を経験しており、いまは妻子をもたず、革命の利益を損なったことがない五〇歳以上の人物と規定された。内戦前のカンボジアでは、出家して一〇年以上が経過し、適当な知識と品格をそなえた僧侶が広く授戒師として認められた。また、二〇歳を過ぎた健常者で、パーリ語の基本的な文言を覚えた男性は誰でも出家することができた。つまり、一九八〇年代のカンボジアでみられた僧侶の復活は、内戦前と大きく異なった環境のなかで進んだものだった。

一九八〇年代の状況と過去との違いは、ほかの形でも指摘できる。まず、復活した僧侶には、マハーニカイ派、トアンマユット派という宗派の別がなかった[25]。また、仏教の宗教秩序に帰属するものとして、世俗から独立した形で存在した出家者組織は、政府の行政機構の一部に組み込まれていた[26]。

人民革命党政権は、国家建設のごく早い段階に公認得度式を準備し、国内に出家者を復活させた。ポル・ポト政権が途絶えさせた仏教の再興を助け、仏教の擁護者としての自らの立場を明確にすることは、政権が、自らの支配の正統性をカンボジアの人びとに納得させるうえで、重要な方途であった[27]。しかし他方で、出家行動を厳しく制限し、出家者組織を政府機構から独立した形で認めなかった。このような管理を政府が行った理由のひとつは、国内の男性人口が出家という手段によって世俗を離れ、徴兵や徴用といった国家の要請に応えなくなる事態を避けることにあったと考えられる。当時、政府は、ポル・ポト派ら反政府勢力と内戦を続けていた。そのような状況のなかで出家行動を自由化し、世俗的任務を放棄する男性を多く生みだすことは、国力の維持という点で好ましくなかった[28]。

カンボジアの人びとの仏教徒としての活動が活発になり、再興が本格的な形で進むようになったのは、結局、人民革命党政権が国際社会への復帰を模索し始めた後だった。冷戦構造の雪解けに伴い、同政権は、一九八九年に社会主義を放棄した。そして、国名を改め、新しい憲法のなかで上座仏教を国教と明記した。出家行動の年齢制限も撤廃され、一年のうちに国内の出家者数が二倍以上へ増えた。

サンガ組織の準備も政府主導で始まった。人民革命党政権の中枢機構であるルナセーは、一九九〇年六月二六日付けで「指導 07/90 KChRS」を公布し、中央から地方に至る仏教僧侶の管理機構の準備に着手することを明言した。そして同年、ルナセーの宗教行政部門にいたマイ・ジャム（May Yam）氏（一九二五—二〇〇五）が中心となって新たなサンガの規定を細則まで含めて記した小冊子『カンプチア国の仏教の建設』を起草し、刊行した（小林二〇〇六c）。

生前に行ったインタヴューによると、ジャム氏は一五歳で出家した後、一九五二年から一九六九年までチュオン・ナート師の秘書を務め、当時のサンガの中央組織の仕事をよく知っていた。もともと一生僧籍にとどまるつもりでいたが、ナート師の死去に直面して還俗を決意し、その後結婚して家庭を持った。そして、ポル・ポト時代を生き延びたところでルナセーから誘いを受け、宗教部門で働き始めた。一九八〇年代は、日本など諸外国からの使節団の受け入れや、散逸した仏教経典類の収集と再版、仏教関連の法令類の整備などに力を尽くした。

ジャム氏は、ナート師の秘書をしていたという経歴と豊富な仏教知識のため、宗教部門でも一目おかれていた。『カンプチア国の仏教の建設』は、そのジャム氏が、ナート師の時代のサンガの諸規則に関する記憶をたどりつつ、同時に、社会主義を掲げた人民革命党政権の当時の政治方針を踏まえて著わしたものだった。結果として、その内容は、経歴書の提出の義務化などといった形で世俗行政側との緊密な連携を強調している点や、マハーニカイ派とトアンマユット派という宗派の別に言及していない点を除き、住職・郡僧長・州僧長などの役職僧の権限や資格規定、サンガ中央の執行組織が特徴とするヒエラルキー構造などの部分で、内戦前の規則をそのまま用いていた。また、サンガの年次会議の開催や仏教教育の再開に向けた文言も記していた。

その後、一九九一年末にシハヌークが帰還すると、王族からの支援を特徴とするトアンマユット派と、一般大衆の支持を集めるマハーニカイ派という宗派の区別が復活し、両宗派がそれぞれの首長を頂点に抱き、双頭型のヒエラルキー構造をもつサンガ機構が再現した[29]（小林二〇〇六a、五五一―五五六）。一九九二年には、大管僧長による州僧長の任命がマハーニカイ派で行われた。同年、サンガの年次会議も再開し、一九六二年の年次会議で定められたサンガの諸規定をそのまま踏襲するという申し合わせが確認された。このようにして、ポル・ポト時代に断絶、人民革命党政権時代には一方的な形で統制を受けたカンボジアのサンガは、一九九〇年代に入り、一九六〇年代のナート師の時代の組織形態と規則の「復古」という形で再興した。

3　社会復興のなかの村落仏教

これまでみてきたように、ポル・ポト時代以後のカンボジア仏教の再興は、一九八〇年代の社会主義政権下と一九八九年の体制移行後とで状況が大きく異なっていた。社会主義時代は国家が宗教活動を直接に統制した。体制移行後は、国家による管理が弱まり、宗教信仰の自由が尊重されるようになった。一九九〇年前後には、内戦以前の特徴を踏襲した仏教制度が整えられた。実践面においては、一九九三年に国連が主導して行った統一選挙が社会の安定に寄与したことが大きい。それによって、農村の人びとの経済活動が拡大と多様化を遂げ、宗教儀礼も活性化した。仏教年中行事の規模が大きくなり、一九七〇～八〇年代に難民として海外に移住したカンボジア人がもたらす寄進金などを用いて、ポル・ポト時代に破壊された寺院建造物の再建が急ピッチで進んだ。

筆者は、二〇〇〇年から二〇〇二年にかけてカンボジアの国土のほぼ中央にあるトンレサープ湖の東岸に位置するコンポントム (Kampong Thum) 州コンポンスヴァーイ (Kampong Svay) 郡サンコー (San Kor) 区で住み込み調査を行った。同区は、首都から二一〇キロメートルほど離れている。国道が区内を横切るようにして走り、その中途に市場がひとつある。住民の大半は世帯を単位とした水稲耕作と漁業によって暮らしを立てていた。また、市場の周辺には、商業取引に従事する人びともいた。

調査をとおして筆者が聞き取ったサンコー区の人びとの個人史は、カンボジアの他の地域に住む人びとのものと同様、近年まで続いた社会の混乱の様子を具体的な形で伝えるものだった。サンコー区は、一九七〇年の内戦の勃発と同時に、民族統一戦線の勢力下におかれた。当初、生活はほぼ平常通りであった。[30] しかし一九七四年になると、統一戦線とロン・

ノル政府軍が相次いで強制移住を命じ、住民のほぼ全てが母村を追われた[31]。一九七五年四月、人びとは強制移住先からサンコー区へ戻った。しかし、その多くは、母村ではなく、荒蕪地に新たな居住地を開いて生活するよう命じられた。

一九七九年一月、サンコー区にいたポル・ポト政権の革命組織の幹部らは、救国戦線の軍隊が東から到着する前に西へ向かって逃げていった。一方、住民たちは母村をめざした。彼(女)らは、村に戻ると、まず集落内の家屋や屋敷地の権利関係を内戦前の状況に照らして再承認した。その後の生活の再建を支えたのは、人びとが内戦以前から身につけていた経験と知識だった。主食の米を生産する水稲耕作は、最初、政府が指導した集団生産体制のもとで行われた。しかし、地元の行政責任者と住民はいち早くそれを解散させ、一九八四年頃には、各世帯が個別に農地を所有し、耕作を行う、伝統的な形へ戻った[32]。

経済活動は、村とその近辺にとどまらなかった。一九七九年から一九八一年の間、サンコー区の住民の一部は、衣料やタバコなどの物資を仕入れにタイ国境まで自転車で出かけ、それを国内の東部地域まで運搬して転売するという、きわめて広域的な交易活動に従事した。ただし、地域の治安状況は流動的だった。ベトナム軍がカンボジア領内から撤退した一九八九年前後、サンコー区では政府軍とクメール・ルージュ軍の交戦が度々生じた。しかし最終的に、一九九三年の統一選挙を境に治安が改善した。そして、一九九〇年代半ばから、地域住民の生活は、急速な社会経済的変化の時代を迎えた[33]。

サンコー区には、内戦の前、三つのマハーニカイ派寺院があった。そのうち、今日の国道沿いの市場の近くにあるSK寺と、市場から三キロメートルほど南西に位置し、水田に囲まれているPA寺は、ともに長い歴史を持ち、地元住民の宗教活動において中心的な役割を果たしてきた[34]。これらの寺院に止住していた僧侶らは、一九七四年に、周辺村落の村人らとともに強制移住の対象となり、州都へ移住した。そして一九七五年にサンコー区へ戻ると、自ら進んで還俗した。サンコー区の周辺には、一九七〇年代前半の時期に、統一戦線の活動へ積極的に協力した僧侶もいた。それらの僧侶は、当初寺院内で生活を続けていたが、一九七六年に、革命組織の命令に従う形で還俗した。寺院内の建造物は、籾米の貯蔵庫などとして利用されたものを除き、多くが破壊された。

一九七九年になると、サンコー区の人びとは、寺院の境内に破壊を免れた仏像を安置し、儀礼活動を再開させた。最初の二年間は、SK寺やPA寺でかつて住職を務めたことがあり、その後還俗して結婚し、家庭をもちながら、地元の宗教行事のなかで引き続き重要な役割を担ってきた老人男性らが、儀礼の諸場面で僧侶の代わりをつとめた。そして一九八一年に、ようやく、七〇~七五歳の年齢層の地元男性四名が政府主催の得度式に参加して出家し、SK寺とPA寺に分かれて止住した。サンコー区で第二の出家者があらわれたのは、一九八八年末だった。そして、出家行動に関する年齢制限が一九八九年に撤廃されると、寺院の出家者数は急増した(35)。

ポル・ポト時代以降の最初の一〇年間、政府は、出家という宗教的行動を直接管理した。ではその管理下で僧侶となったのは、どのような人物だったのだろうか。サンコー区で最初に出家したのは、七〇歳以上の年齢層の地元男性だった。当人らは調査時すでに亡くなっていたが、子供たちによると、それらの男性はみな独身時代にいちど出家していた。そして還俗後に結婚し、稲作などをして地元で生活していた。さらに、一九八一年に再び出家することを決心した時、子供らはみな結婚していた。要するに、農村に生まれた一男性として人生を過ごし、子供らがすべて独立した時、仏教への帰依を願う気持ちが改めて強くなった。それが、彼らの出家の理由だという。

サンコー区とその周辺地域を中心とした筆者の調査によると、ポル・ポト時代の前後で、人物としての出家者の連続性は低い。すなわち、コンポントム州のコンポンスヴァーイ郡とストゥンサエン(Stueng Saen)郡の計三九の寺院を二〇〇〇年に訪問調査した時、ポル・ポト時代が始まる一九七五年まで僧侶であって、一九七九年以降直ちに再出家した人物は、一名しかいなかった(36)。ポル・ポト政権によって強制的に還俗させられた元僧侶の大多数は、一九七九年以後、再び得度していないのである。

写真1–3　仏像の前で正座するLT氏（2001年10月）

サンコー区出身のLT氏（一九二二年生）の個人史は、一九七五年まで僧侶であった人物のその後の一例として興味深い（写真1–3）。彼は、二二歳のときにサンコー区のPA寺で得度し、瞑想などの仏教実践に熱中した。内戦が始まった頃は、サンコー区の西隣の郡の一寺院の住職になっていた。しかし、一九七五年に還俗を余儀なくされた。そしてポル・ポト時代に、革命組織の命に従って結婚した[37]。その後、三名の子供をもうけ、また、戦乱の中で親を失った孤児四名をひきとって育てた。LT氏は、ポル・ポト時代さえなければずっと僧侶でいたのだが、と筆者に向って話した。しかし、だからといって、子供や孫に囲まれた現在の生活に葛藤がある様子ではなかった。LT氏は、三〇年近くに渡った出家生活のなかで、様々な形の伝統的な儀礼を準備し、指導するために必要な仏教知識と技能を習得していた。そしてその秀でた能力のため、地元住民の多くから敬われる存在だった。

カンボジアの人々の生活は、ポル・ポト時代に、従来の形を根底から覆されるような変化を経験した。ただし、今日のそれが、ポル・ポト時代以前との確固とした連続性のうえで成りたっていることは、重ねて強調されるべきことである。しかし、過去との連続には様々な形がある。例えば、集落内の家屋や屋敷地に関する所有関係は、かつての権利が再承認されたため、ポル・ポト時代以前の状況と直接的につながる。他方で、出家者の復活は、より間接的なつながりによって支えられていた。つまりそれは、ずっと以前に出家し、ポル・ポト時代が始まる前に還俗していた男性が、長期の世俗生活の後に再び得度することで達成されていた。

また、以上は、「僧と俗」という上座仏教徒社会の構成原理が、究極的には「俗」に基礎をおくものであることをよく示していた。ポル・ポト政権は、既存のものとしての「僧」を消滅させた。しかしそれは、元僧侶をふくむ在家の市井の人びとのなかから再び生み出されたのである。

四 「僧と俗」の現在

1 出家行動の新しい変化

ポル・ポト時代の禁止に加え、その後一〇年間続いた政府による規制は、カンボジアの男性人口のなかに出家経験に関する空洞を生じさせた。そして、内戦が終息した後の一九九〇年代のカンボジア社会では、内戦前の状況を知る年長者と、その後に成長した若年者とのあいだで、宗教的知識についての世代間ギャップが表面化した[(38)]。また、その種のギャップを挟んで向かい合う様々な背景の人びとの交渉のもとで、仏教実践の再構築が進んだ(e.g. Kobayashi 2005)。

同じころ、国内情勢の安定にともなって、カンボジアの人びとの経済活動は瞬く間に国外とのつながりを深めた。カンボジアのＧＤＰは、一九九三年以降数年の間、平均して七パーセント代の高い成長を記録した。一九九七年に生じ

表1−1　カンボジアの上座仏教寺院・出家者数の変遷

年	寺院数	出家者数（人）
1969	3,369	65,062
1970 〜 75	no data	no data
1975 〜 79	no data	no data
1979 〜 81	no data	no data
1982	1,821	2,311
1983 〜 87	no data	no data
1988	2,799	6,497
1989	2,892	9,711
1990	2,900	19,173
1991	no data	no data
1992	2,902	25,529
1993	3,090	27,467
1994	3,290	39,821
1995	3,371	40,218
1996	3,381	40,911
1997	3,512	45,547
1998	3,588	49,097
1999	3,685	50,081
2000	3,731	50,873
2001	3,798	53,869
2002	3,907	55,755
2003	3,980	59,470
2004	4,060	59,738
2005	4,106	58,828
2006	4,135	57,506

（出所）宗教省仏教局による聞き取りから筆者作成．
（注）1970 〜 81 年，1983 〜 87 年，1991 年に関してはデータなし．

た政変のため、いったん〇・七パーセントまで落ち込んだが、一九九九年からは再び五パーセント台の高い成長率を維持している（MBNi & Promo-Khmer 2004）。このような経済の好況は、外資による縫製産業と、世界遺産アンコールワットを目玉とした観光業の発展に負うところが大きい。例えば、縫製産業での雇用者数は一九九九年に一一三〇一一人だったが、二〇〇二年には二二八三四〇人まで増加した。カンボジアを訪れた観光客の数は、一九九九年には三六七七四三人であったが、二〇〇二年には七八六五二四人まで増えた。

以上の事実は、近年のカンボジアの人びとの生活が、急速に進む社会経済的な変化のなかにあることを示唆している。そして、仏教徒としての人びとの実践も、いま新たな変化をみせ始めた。その最も明らかな例は、出家者数の減少である。すなわち、表1-1が示すように、ポル・ポト時代以後一貫して増加を続けてきたカンボジアの出家者数は、二〇〇四年をピークとして減少へ転じた。二〇〇五年から二〇〇六年にかけては、一年のうちに一三〇〇名余りも少なくなった。

繰り返し述べてきたように、東南アジア大陸部の上座仏教徒社会において、男子の出家行動は、基本的に、一時的な脱俗を意味する。出家行動のこの特徴は、一時出家の慣行といわれ、教育の問題と関連づけて古くから論じられてきた。上座仏教において、出家行動は功徳を獲得する一手段である。僧侶はまた、涅槃に至ることを目標とした修行者である。しかし、上座仏教徒社会における仏教寺院は、宗教的な施設であるだけでなく、占星術や医学など実践的な知識の宝庫でもあった。男性は、出家後の僧侶としての生活のなかで、識字を初めとした知識・技術と仏教教義にもとづく宗教的なモラリティを身につけるよう期待された。そして、一生涯を通じて僧侶であり続ける者は少なく、大多数は還俗し、出家中に身につけた知識を社会にひろめる役割を担ってきた。

以上のような出家行動と教育の伝統的なつながりは、今日のカンボジア政府の宗教省の役人氏やサンガの役職僧なども、よく理解している。そして、出家後に僧侶・見習僧が受けることのできる教育制度を整備し、拡充させることが、出家者数の安定した確保につながると説明する。[39] しかし、教師の育成やカリキュラム・教授法の改正に向けた動きは、資金不足という理由によってなかなか具体化しない。

カンボジア政府は、一般教育の就学形態として、初等課程（小学校）六年、中等課程前期（中学校）三年、中等課程後期（高校）三年、高等課程（大学）四年という体系を一九九〇年代に定めた。他方、政府は、出家者が主な生徒となる仏教徒教育の学校制度も整備してきた。[40] それは、内戦前のカンボジアにあったトアンマヴィネイ（*thommaviney*:「ダルマと律」の意味）と仏教徒学習（*putthika saksa*）という二つの教育課程の再興である。前者は、カンボジア語を用いて仏教の基本的な教理を学ぶもので、三年間で修了する。後者は、パーリ語、サンスクリット語、律、仏教史などの仏教関連科目のほか、数学、国語、地理、歴史など、世俗の一般学校で生徒が履修する科目を同時に学ぶものである。こちらの課程は、修了と入学の試験を受けて、初等、中等、高等という階梯を進学することができる。

ただし、今日の仏教徒学習には、それが青写真としていたはずの内戦前のシステムと大きく異なる点がある。それは、課程年数の短縮である。資料によると、一九六〇年代の仏教徒学習の就学年数は、初等課程が三年、中等課程が四年、高等課程が前期・中期・後期を合わせて一〇年（各三年・四年・三年）であり、全課程の修了には一七年という長い期間が必要だった（Ministry of Religious Affairs 1961）。そして、仏教徒学習の再開が検討され始めた一九八九年の時点で、政府関係者は、内戦以前の課程・就学年数をそのまま復活させることを想定していた[41]。しかし最終的に、宗教省は、初等課程三年、中等課程前期三年、中等課程後期三年、高等課程を四年として、従来よりもかなり短縮した形で仏教徒学習の就学課程を定めた。

この課程年数の短縮は、関係者への聞き取りによると、世俗教育の就学年数とのあいだの調整をねらいとしていた。すなわち、現行の仏教徒学習では、最初の初等課程の三年間で世俗教育課程の四～六学年に学ぶべきカリキュラムの受講が義務づけられている[42]。そして、中等課程以降も、制度上対応した世俗教育課程の一般教育科目の授業が行われている[43]。さらに、宗教省と教育省のあいだでは、仏教徒学習と世俗の一般学校の対応する課程の修了証明書に同等の価値を与えることが二〇〇一年に決められた。出家して仏教徒学習の教育課程に進めば、世俗学校へ通うよりも少ない経済的負担で政府公認の学業修了証を取得できる。そのため、特に農村部の貧困世帯の男子などにとって、この就学年数の改訂は大きな価値を持つ。そこには、今日の社会状況に即した形へシステムを変更し、出家行動に対する人びとの評価を高めようとする政府の意図がみえる。

しかし、以上のような制度上の工夫にもかかわらず、仏教徒学習は、今日厳しい状況に直面している。すなわち、宗教省がとりまとめた統計によると、仏教徒学習の初等課程を開講する学校・クラス・就学者の数も、出家者数の減少に先んじて二〇〇四年度から減り始めた[44]。仏教徒学習では、パーリ語、サンスクリット語、律などの仏教関連科目と、一般の学校で学ばれる世俗教育科目が合わせて教えられる。そのなかで、世俗教育と共通する科目については、公立学校で教鞭を執る教師を雇うことができる。しかし、仏教関連科目は別である。それらを担当する知識と能力を持つ人物は、今日のカンボジアで非常に少ない。そして、そのほとんどは高齢者である。すでにみたように、ポル・ポト時代は出家行動が禁じられていた。社会主義時代にも大きく制限されていた。つまり、カンボジアでは、仏教知識の次世代への継承を促す環境が長らく整っていなかった。そして、それを原因として、仏教関連科目を担当する教師が不足し、さらに、仏教徒学習を開講する学校数が減少している[45]。一九七〇年の内戦勃発から約二〇年間にわたって出家行動が規制され、仏教教育の整備が顧みられてこなかったという歴史が、いまになって影響をあらわしているのである。

内戦が勃発する前の一九六九年のカンボジアで、出家者数は全国人口の約一パーセントを占めていた。現在、その数は〇・五パーセントに達していない[46]。一方、表1-1が示すように、寺院数は現在も右肩上がりの増加を続けている。下降に転じた出家者数と上昇を続ける寺院数という対照的な特徴は、積徳を願う仏教徒としてのカンボジアの人びとの実践の、近年の現実を浮き彫りにしている。

2　「僧と俗」の修辞の復権

他方、今日のカンボジアの権力者は、みな一様に、仏教の積極的な支援者として自らを位置づけ、アピールしている。仏教寺院の布薩堂の落成式など、盛大な規模で行われる仏教行事には、王族や有力政治家の出席が欠かせない。そしてその姿が、テレビニュースの一幕として、毎日全国に向けて放送されている。

そのなか、一九九八年七月に行われた選挙の後で生じた政治的混乱は、出家者の政治参加という上座仏教徒社会における古典的な問題を、改めて鮮明に浮かび上がらせた。それは、一九九三年に行われた統一選挙後の二度目の国政選挙であり、一九八〇年代から国内政治を実質的に支配してきた人民党（旧人民革命党）、前回選挙で第一党となった王党派のフンシンペック党、従来のカンボジア政治の腐敗を歯に衣を着せぬ様子で批判し、選挙期間中に急速に支持者を集めたサム・ランシー党の三つ巴の争いとなっていた。開票後、人民党の勝利がいったんアナウンスされた。しかし、フンシンペック党とサム・ランシー党は集計作業に人民党の不正行為があったと主張し、結果を認めなかった。八月末には、「民主の広場」と名づけられた国会前の空き地にフンシンペック党とサム・ランシー党の支持者が集まり、群衆となって座り込みを行い、デモ行進をした。その先頭には、一群の僧侶がいた。警察官や軍の兵士は、人民党の命に従って催涙弾を発射し、警棒で追い回し、集まった人びとを解散させようとした。新聞の一面には、兵士によって足蹴にされる僧侶の写真が掲載された。そして、人民党を支持する政府高官らは、デモに参加したのは「ニセモノの僧侶」であると非難した。

このような政府の批判は鵜呑みにできない。仏教僧侶は仏教秩序のなかで修行に励む身であり、世俗の政治に係わるべきではないという批判は、確かに、教理として正しい。しかし、出家者の政治参加をめぐっては、カンボジアでも、その他の上座仏教徒社会においても、歴史上類似した事件が数多くある。[47]植民地支配下にあった一九四二年のプノンペンで反仏デモに参加した僧侶がいたことは、さきにみたとおりである。仏教僧侶を、世俗から隔絶した宗教的秩序に生きる修行者としてのみ位置づけ、政治と宗教の垣根を越える行為としてデモへの参加を非難する意見は、仏教徒として生きる人びとの現実を踏まえていない。

一九九八年のカンボジアでみられた以上のような状況は、世俗権力がその清浄性を維持するという名目でサンガに介入し、統制を行うという、上座仏教徒社会における「僧と俗」の定型的な関係を示すものといえる。ただし実は、このケースにおいては、近年新たに生じた僧俗関係のねじれも関連していた。それはつまり、一九九三年に国連が主導して行った選挙で、カンボジアの歴史上初めて、出家者が投票を行っていたという事実である。[48]

出家者が選挙に参加して投票すべきかどうかという問題は、一九九八年、二〇〇三年の国政選挙の準備期間においても議論がみられた。マスメディアをとおして出家者の投票行為を肯定する意見を述べた論者は、現行のカンボジア憲法に記されている「全ての市民（citizen）が投票する権利を持つ」という条項を引用し、出家者も一市民と考えられるので、当然憲法が保障する権利を行使すべきだと主張した。さらに、一九九三年の選挙では投票へ参加した僧侶が実際に多く存在した事実を挙げ、それが、今日の社会状況に即した現実的な選択であると強調した。このような意見は、内戦期に海外へ移住し、一九九〇年代になって帰国した外国育ちの知識人や政治家に多かった[49]。さらに、出家者のなかにも、若年者を中心として、選挙権の行使を自らの権利として主張する者がいた。

一方、出家者の選挙参加を否定する意見には、ふたつの出所があった。そのひとつは、サンガの長老僧など仏教秩序の内部からの声であった。それは、出家者である僧侶は、仏陀が教えた律をまもり、その中道の精神を体現すべきであり、世俗の人とは異なる行動規範に従うものだと主張した。そして、たとえ憲法に権利が述べられていても、選挙に加わらないことが出家者としての正しい振る舞いであると述べた。同様の意見は、寺院に集う在俗の知識人や、与党の人民党の政治家とその支持者からも聞かれた。しかし、人民党の関係者らがそう発言する場合、社会に大きな影響力を及ぼし得る出家者という存在を政治の舞台から排除しておきたいという、政治的な思惑も重なっているようにみえた[50]。

以上のような状況は、「僧と俗」の修辞の復権と特徴づけることができる。ポル・ポト政権はカンボジア仏教を断絶させた。それは、清浄性の恢復あるいは維持という、上座仏教徒社会において為政者がサンガ統制のために用いてきた常套的な論理に依拠せず、直接的な形で宗教的秩序を否定しようとした行為であった。ポル・ポト政権の後を継いだ人民革命党政権も、程度の違いはあれ、世俗的な要求を貫徹させるという姿勢において、ポル・ポト時代と同じ性格の政策をとった。ただし一九九〇年代になって、カンボジアの世俗権力は仏教の擁護者としての姿勢を復活させた。そして再び、清浄性をめぐる修辞を建前として用い、サンガに影響を与えようとしている。

さらに、出家者の政治参加という古典的な問題が、「市民としての権利」といったカンボジア社会にもともとなじみのない言葉で語られていることは、「僧と俗」の多重化とでも呼ぶべき、今日的な新しい状況を示唆している。言うまでもなく、その背後には、グローバル化という現代世界の抗しがたい潮流がある。現在のカンボジアの国家は、一九九三年に国連主導の選挙で成立したという経緯からして、外部世界との関わりに大きく依拠している。一九九〇年代のカンボジア社会の復興は、国際機関やNGOの介入が支えた部分が大きい。また、かつて難民として海外へ移住したカンボジア人とその子弟が、母国の社会・文化とのあいだに紐帯を取り戻そうとする動きも活発化している。出家者の選挙権をめぐる論争は、国際的な孤立状態からグローバルなネットワークのなかへと針路を転じたカンボジアの現代史のなかで必然的に生じた、価値をめぐる衝突の一事例といえる。

一九七〇年以降長きにわたった社会の混乱からの影響は、仏教関連の教育システムにおける教師不足などの形で今日も残っている。しかし、過去との関連からだけでは捉えられない新しい状況のなかでの具体的な変化に注意をはらうことも、上座仏教徒社会カンボジアの今日の実相を理解するうえで不可欠である。(51)

五　むすびにかえて

上座仏教を、その教理からみる者は、出家主義にもとづく達人の宗教と呼ぶ。そのような見方は、世俗から超越した形で存在する仏教秩序（サンガ）を連想させる。しかし仏教秩序は、現実として、世俗秩序と「相即不離」の関係の下にある。乞食に生きる出家者は、在家者の支援無くして修行生活を送ることができない。サンガはまた、伝統的に、為政者による庇護と監視の対象となってきた。

ポル・ポト時代にいったん途切れたカンボジア仏教のその後の再興の過程は、上座仏教徒社会における「僧と俗」の本質的な特徴をふたつの形で示していた。まず、そこには、清浄性の論理を必要としない、世俗による仏教秩序の直接的な統制がみられた。それは、東南アジアの上座仏教徒社会の社会編成の特徴として従来指摘されてきた、仏教の正法を嗣続するサンガとそれを擁護する世俗権力者という僧俗関係の基本から大きく外れたものであった。そして、政教の分離といった概念が示す宗教秩序と政治権力との切り分けが、近代に生きる我々の側の観念的な工夫に過ぎないことを具体的に示し、また、近代国家と伝統王権の区別を越えて、政治と宗教との関係を歴史的に考察することの重要性を示唆していた。

第二に、本章は、ポル・ポト時代以後のカンボジアにおける仏教実践の再興が、出家行動を中心とした在俗信徒による「僧と俗」の往還によって支えられていたことを明らかにした[52]。ポル・ポト政権は、カンボジアの大地から出家者を消し去った。しかし、政権が崩壊したとたん、人びとは再び寺院に集って宗教儀礼を行った。そして、私度僧という形で仏教秩序の恢復がはかられた。市井のレベルでみられたその動きは、最終的に、人民革命党政権の介入によって一元化され、権力が「正しい」と認める正統的なカンボジア仏教の復活の系譜が創りだされた。しかし、政府の公式発表が覆い隠そうとしたその状況は、実践の多様性と多層的な交渉の世界が構成する「僧と俗」の現実態の本質を浮き彫りにしていた。

以上のような歴史的経緯を支えていたのは、ポル・ポト時代以前から仏教徒として生き、その活動と信念を身体化していた在俗の人びとである。仏教徒である個々人の人生の歩みとその連鎖という観点に立つと、ポル・ポト政権が断行した宗教活動の禁止と出家者の強制還俗という政策は、上座仏教徒社会としてのカンボジアにさほど大きなインパクトを与えなかったということができる。再び繰り返すが、東南アジアの上座仏教徒社会における出家行動は、一時的な脱俗を意味し、出家して僧侶となった人物の大多数は、一定期間後に世俗へ戻る。ポル・ポト政権によって強制還俗させられた男性は、その後結婚し、子どもを育て、世俗社会の一員として生きている。そして彼は、仏教徒である。他方でコミュニティには、青年時代にかつて出家したことがあり、その後還俗し、結婚し、家族を養いながらポル・ポト時代を生き延びた人物がいた。そして、その一部が、子供の養育といった世俗的な役割から解放された後、出家して僧侶となった。このように考えると、ポル・ポト政権によって強制的に還俗させられた男性の存在も、一九八〇年代の時代状況のなかで再び出家することを選んだ男性の選択も、極言すれば、上座仏教徒社会の通常の論理の範囲内の出来事なのだともいえる。

ポル・ポト政権の支配は、カンボジア仏教の制度と実践を途絶えさせることができた。ただし、生きられた伝統としての仏教は断絶させることができなかった。生きられた伝統としての仏教は、世俗権力者や知識人、サンガの役職僧が述べる「正しい」仏教のなかにではなく、仏教徒として世俗に生きる人びとの、人生そのもののなかにある。

註

（1）二〇〇一年のカンボジアの人口は一三〇九万九四七二人である（MBNi & Promo-Khmer 2004: 35）。そしてその九五パーセントは、上座仏教を信仰する仏教徒である。仏教徒以外の約半数の人口はチャム・ムスリムで、キリスト教徒は全人口の一パーセントに満たない。

（2）現在のカンボジアの土地には、七世紀頃の扶南を筆頭に、インド文化の影響を受けた伝統的な王権が多く存在した。それらは、ヒンドゥー教と大乗仏教の宗教文化を主に受け入れていたといわれる。東南アジアへの上座仏教の伝播と浸透の具体的なプロセスについては不明な部分が多い。しかしカンボジアでは、遅くとも一三世紀末にはその受容がみられたといわれる（Chandler 1996: 69）。

（3）カンボジア語には、「僧と俗」の概念に対応するプッティチャッ（*putthichak*）とアナチャッ（*anachak*）という語彙がある。前者は「仏教秩序／僧界」、後者は「世俗秩序／俗界」と意訳することができるが、カンボジア語辞典は、そのふたつを、社会を構成する車の両輪であると説明している（Buddhist Institute 1967）。

（4）カンボジアへのタマユット派の導入時期は、一八五三年（Edwards 2007: 103）とも、一八六四年（e.g. Yang Sam 1987: 16）ともいわれる。

（5）ポスト・アンコール期のカンボジアについては、北川（二〇〇六）が詳しい。

（6）この時代のカンボジアの王室とタイ文化との関係は、笹川（二〇〇六）を参照されたい。

（7）カンボジアへのタマユット派の導入は、アン・ドゥオン王（Ang Duong）が、クメール人のタマユット派僧侶パン（Pan）をバンコクから招くことで実現した。アン・ドゥオンの息子で、後に王位を継承したノロドム（Norodom）とシソワット（Sisowath）も、青年期にバンコクのタマユット派寺院で得度している（Edwards 2007: 103）。

（8）タイでも、タマユット派が生まれる以前から存在した実践を踏襲する仏教宗派は、マハーニカイ派という名称で呼ばれている。

（9）当時のカンボジアのサンガと社会の様子については、例えば、カンボジア人研究者ヴォン・ソテラの研究を参照されたい（Vong Sotheara 2006）。

(10) 具体的には、まず、一九〇九年に最初のパーリ語学校がシアムリアプで開かれた。しかし一年で閉鎖した。その後、一九一四年に再びプノンペンでパーリ語学校が開校された。そこでは、フランス人がサンスクリット語や仏教史の教師を務め、西洋で体系化された仏教学の成果が教えられた。一九二五年に開設された王立図書館は、仏教経典やその注釈書を含むカンボジア語書籍の印刷と販売を行い、印刷文化の発展に寄与した。一九三〇年に開設された仏教研究所は、カンボジア仏教の知識の集積と体系化、そしてそれを地方へ普及させる役割を担う重要なセンターであり、三蔵経のカンボジア語訳編纂事業などが行われた（Edwards 2007: Chap 4, 7, 8）。

(11) 実際に、仏教研究所は、一九二七年にカンボジア語の総合文芸雑誌『カンプチアソリヤー』、一九三六年にカンボジア語新聞「ナガラワッタ」の刊行を開始し、カンボジア・ナショナリズムの生成期を支える出版文化の形成と発展に寄与した。

(12) この時期に反フランスと独立の気運が高まった一因は、バッドンボーン、シアムリアプのふたつの州が一九四一年にタイへ割譲されたことにある。

(13) 一九三五年から仏教研究所で働き、「ナガラワッタ」の編集に係わっていたソン・ゴク・タン（Son Ngoc Tanh）がそのひとりである。

(14) デモ自体は、僧侶を含めたさらに多くの逮捕者をだした後、短時間で終息した。僧侶たちは、強い日差しを避けるために傘をさしていた。そこでこのデモは、後に、「傘の戦争」と呼ばれた（Bunchan Mul 1982）。

(15) この「サンガ法」の詳しい内容は、石井（一九八一）を参照されたい。サンガに関する法律規定がこの時期に導入された背景としては、仏教僧侶とナショナリスト運動との関係を問題視するフランス人植民地行政官の意向が働いたことが考えられる。ただし、史料の具体的な検証は今後の課題である。

(16) タイ、ラオスを含めたサンガ法の検討については、石井（二〇〇三（一九七五））のほか、本書第三章、第五章および付録一を参照されたい。

(17) ただし、サンガ内には、刷新派が主張する教義解釈や実践の改変に反発し、伝統的な様式をまもろうとする守旧派も根強く存在していた。言い換えると、この時期のマハーニカイ派のサンガでは、刷新派の主張を基礎としたナショナルな宗教としての制度化が進む一方で、制度化されない形で実践の多様性が担保されていた。

(18) ただし、その組織機構などの詳細はまだ明らかでない。筆者がコンポントム州コンポンスヴァーイ郡サンコー区で聞き取りを行った一男性は、当時、出家して地元寺院に止住していた。そして、一九七三年に、統一戦線の誘いをうけてシアムリアプ州のクーレーン山の山頂で行われた出家者の集会に参加したことがあるという。共産主義勢力による出家者の組織化の試みについては、ベン・キアネンもプレイヴェーン州の事例について述べている（Kiernan 1985: 345）。

(19) ポル・ポト政権下のカンボジア社会の状況については、例えば、キアネンの網羅的かつ包括的な分析を参照されたい（Kiernan 1996）。

(20) ポル・ポト政権を倒した救国戦線は、それが一九七八年一二月にベトナム領内で結成されたときから、将来の政府政策として国民に信仰の自由を保障することを議論していた（Slocomb 2003: 179）。そして、一九七九年の新政府の設立時、閣僚評議会官房室のなかに宗教担当局を解説し、仏教とイスラム教のふたつの宗教に対する復興の支援を検討・計画した。

(21) 今日の宗教省の布告やサンガ機構の関係文書などは、一様に、一九七九年九月一九日の公認得度式がポル・ポト時代以後のカンボジアにおける出家者再生の起点であると述べる。それはまた、一九九〇年代初めの時期にカンボジアで調査を行った人類学者が、第一に指摘したことでもある(Keyes 1994; 林 一九九五a、一九九五b、一九九七、一九九八; Hayashi 2002)。

(22) 今日のベトナム領メコンデルタ地域には、カンボジア語を話し、上座仏教を信仰する人びとが、一〇〇万人以上の人口規模で住んでいる。カンボジアの人びとは彼(女)らを、カンプチアクラオム(「下のカンボジア人」の意)と呼ぶ。

(23) 実際、当時の国内には様々な形で私度僧がみられたようである。一九八二年に出された政府の布告のひとつは、一九八一年六月から一〇月までの期間に、一九八名の私度僧が政府の指導によって「自主的還俗」を果たしたと記している(小林 二〇〇六b、五九一頁)。

(24) これらの規制に関する政府の布告については、拙稿を参照されたい(小林 二〇〇六b)。

(25) 宗派の別を認めない一方、この時期の政府文書は、「革命的僧侶」といった社会主義政権に特徴的な表現を用いていた。

(26) 当時の出家者組織が伝統的なサンガと異なっていた事実は、組織内部の役職が、内戦前のサンガで用いられた語彙ではなく、世俗の行政機構の役職に類似した名称で呼ばれていたことからも指摘できる。ちなみに、その組織の首長に任命されたテープ・ヴォン師は、当時、救国戦線の中央委員会の一員であり、一九八一年五月に選出された議員にも名を連ねていた。

(27) このような人民革命党政権の性格については、古田が指摘している(古田 一九九一、六一二頁)。

(28) 調査では、一九八〇年代の一寺院に止住する僧侶の数は最大四名に制限されていたとも聞いた。内戦の影響で流動的な政治情勢が続くなか、当時の政府としては、宗教者である僧侶が民衆に対して持ち得る影響力をコントロールする必要が大きかったといえる。

(29) ただし、本章の第一稿を脱稿したのち、「復古」を超えた新しい動きも最近のカンボジアのサンガで生じていることが明らかになった。すなわち、二〇〇八年三月にカンボジアを訪問したとき、ある役職僧から、マハーニカイ派の大管僧長であるテープ・ヴォン師が、マハーニカイ派とトアンマユット派の両宗派を統べる最高位に就いたと知らされた。詳細は未確認であるが、これは、従来のサンガにはなかった新しい組織形態が実現したことを意味する。仏教サンガが、時々の政治・社会状況を反映して刷新される存在であることを例証するものであり、興味深い。

(30) ただし、アメリカ空軍機が飛来し、爆撃を行い、それによって道路交通が分断されて米が販路を失うといった形の戦争の影響が徐々にあらわれた。

(31) サンコー区の住民の強制移住の経験とその後の集落の再編過程については、拙稿を参照されたい(小林 二〇〇五)。

(32) ポル・ポト時代以後、農地所有がいかに再確定したかについては、拙稿を参照されたい(小林 二〇〇七)。

(33) 例えば、一九九八年から、首都近郊に建てられた縫製工場への若年女性の出稼ぎが急増した(小林 二〇〇四、三〇六—三〇八頁)。

(34) サンコー区のSK寺とPA寺の歴史とポル・ポト時代以後の実践の変化について、詳しくは拙稿を参照されたい(Kobayashi 2005)。

(35) 一九八九年前後は、若年者の出家に、徴兵回避の一手段としての意味合いもあった。一九九〇年のPA寺には九〇名以上の僧侶・見習僧がいたというが、近年その数は二〇名前後に落ち着いている。このギャップは、徴兵回避の意図にもとづいて出家希望者が殺到していた、一九八〇年代末の特徴的な状況を示唆する。

(36) 当時のコンポントム州の州僧長が、その唯一の例である。この点を精確に検討する上では、ポル・ポト時代以後に得度し、その後筆者の調査までに死去した僧侶も検討の範囲に含めるべきである。しかし残念ながら、筆者は、全三九寺院をカバーする形でこの側面の情報を得ていない。しかし、把握したケースのなかでは、一度還俗して妻帯していた男性が、再び出家したパターンが圧倒的に多い。他方、今日の宗教省や地方の宗教局の役人のなかには、一九七五年まで出家していた人物が多い。彼らは、長期の出家経験を買われて、一九八〇年代に政府役人としてリクルートされた人びとであるが、妻帯し、在家者として生活している。彼らが今日まで、再び出家するのではなく、世俗世界のなかで生きる道を選んでいるという事実も、ポル・ポト時代以後にあらわれた出家者の性格を考える上で興味深い。

(37) ポル・ポト時代は、革命組織が人びとの生活の末端にまで管理を行き渡らせていた。結婚もそのひとつであり、両親や当事者の意向とは無関係に、革命組織が選んだ相手がある日突然紹介され、そのまま夫婦となることが一般的であった。

(38) 筆者の調査村の三五～四四歳(二〇〇〇年三月時点)の年齢層の男性人口には、出家経験者が全くみあたらない(Kobayashi 2005: 510)。一方、五〇歳以上の年齢層の男性のほぼ六割は出家経験をもっている。

(39) この問題については、サンガの側も危機感をあらわにしている。例えば、二〇〇五年の第一四回サンガ年次会議のあとにマハーニカイ派が出した「僧令」(*sângprokas*)は、政府に対して、僧侶を正規教師として採用し、全国の仏教徒学校に派遣して仏教教育の振興に努めさせる事業を支援するよう要請を述べている(小林 二〇〇六a、五六〇頁)。

(40) 仏教関連の教育制度は、サンガの再編と期を一にして一九八九年から整備が始まった。具体的には、同年一二月二日、人民革命党の政府高官の出席のもと、プノンペンのトゥルトムポン寺(Wat Tuol Tum Poung)にて、ポル・ポト時代以後最初の仏教徒初等学校(*sala putthika batom seksa*)の開校式典が行われた。

(41) 一九九〇年に政府が刊行した小冊子『カンプチア国における仏教の建設』は、仏教徒学習の課程について、内戦以前と同様の就学年数を記している。

(42) 世俗教育の初等課程へ入学する児童の年齢は、六歳である。一方、仏教徒教育の初等課程への入学者は一三～一五歳の見習僧が中心である。よって、見習僧らは通常、世俗教育の初等課程の一～三学年で学ぶべき基礎教養を既に習得しているものと考えられる。したがって、仏教徒教育の初等課程は、世俗教育の四年次のカリキュラムから始まる。

(43) すなわち、前期では世俗教育課程の七～九学年、中等課程後期では世俗教育課程の一〇～一二学年、高等課程では世俗教育の大学に相当する四年間という形で、制度上の対応に即して世俗教育課程の一般教育科目の教授が行われる。

(44) 詳しくは、拙稿を参照されたい(小林 二〇〇六a、五一六頁)。

(45) 教師不足という理由のほかに、経済的な問題による学校の閉鎖もみられる。政府が公的支援を行っているとはいえ、仏教徒学校の運営費全てが国費から捻出されているわけではない。よって例えば、宗教省の仏教徒学習局が発表した資料によると、二〇〇四年度に全国の仏教徒学習初等課程で教鞭を執った教師八八八名のうち、政府雇用の正規教師（*krou kropkhan*）は八九名（一〇パーセント）のみで、時間給の契約教師（*krou kechsonya*）が二三二名（二六パーセント）であった。そして、残りの五六七名（六四パーセント）は、仏教徒学習課程を開講した個々の寺院に集まる仏教徒が、寄進した金の一部を用いて雇ったボランティア教師（*krou smatchett*）であった。つまり、仏教教育の活動は、現状として、それを支える個々の寺院コミュニティに相応の経済的負担を強いている。仏教徒学校を開校した寺院の人びとが直面する様々な困難については、高橋（二〇〇〇）も具体的な事例を報告している。

（46）他方、少しずつであるが、近年のカンボジアではキリスト教の信徒数が増加している。そこには、キリスト教団体が提供する無償の職業訓練や英語クラスへ参加することに魅力を感じる若年層の人びとの存在がある（小林 二〇〇六 a、五四八―五五〇頁）。

（47）本章の第一稿を脱稿した後、二〇〇七年にミャンマーで生じた政府に対する仏教僧侶の抗議行動は、出家者の政治参加がはらむ問題を、一九九八年のカンボジアのケースよりもさらに鮮明な形で世界へ知らしめた。暴力的な手段によって鎮圧された抗議行動の実態は未だ明らかでないが、当時のミャンマー政府が、「ニセモノの僧」といった清浄性の論理をめぐる修辞を用いたことは事実である。また、歴史をさかのぼれば、スリランカの仏教界などにおいても、出家者の政治参加の例を多くみつけることができる。

（48）筆者が、コンポントム州の調査地周辺の寺院で、止住する僧侶に質問を重ねたところ、一九九三年の選挙には参加したが、一九九八年の際にはそれを取りやめたと答えた僧侶が多かった。

（49）アメリカから発信される短波放送のカンボジア語プログラムに登場する識者のなかには、出家者の選挙参加を肯定する論者が多かった。また、フンシンペック党、サム・ランシー党の関係者のあいだでも、出家者が投票することで党の得票が拡大すると考え、肯定論を主張する声が強かった。

（50）出家者である僧侶が投票を通じて政治へ係わることについての議論は、本章の第一稿を脱稿した後、大きく変化した。すなわち、マハーニカイ派の大管僧長であるテープ・ヴォン師は、一九九〇年代をとおして選挙への参加反対を繰り返し主張してきたが、二〇〇六年に、一転してその権利を認める僧令を公布した（政府組織ルナセーの機関誌 *Renase 7 Thnu* の二〇〇七年号、三七頁を参照）。これを、宗教指導者としてのヴォン師の教理解釈の変化と理解するだけでは、現実の単純化であろう。ヴォン師は、脚註（26）で述べたように、一九八〇年代から人民革命党（現在の人民党の前身）の政治機構内に職位を得ていた。その後も現在に至るまで、人民党を指示する発言を繰り返している。よって、その師がいまになって僧侶の選挙権を認め始めた背景としては、開発独裁タイプの政治支配を続ける人民党が、近年その地歩を固めたことに自信を深め、もはや僧侶を政治の舞台から排斥する必要性を感じなくなったという事情が推測できる。実際、人民党は、最近になって、ルナセーという一九八〇年代にみられた政治機構を復活させている。そしてそのメンバーには、多くの僧侶が名前を連ねていると聞く。

（51）例えば、脚註（29）で言及したように、サンガの組織形態においても、過去との関連だけでは考えられない新しい動きが生じている。

（52）この点については、カンボジア、ラオス、雲南省での調査経験をもとに仏教実践の本質は何かという点について考察した林の研究もぜひ参照されたい（Hayashi 2002）。

参照文献

Buddhist Institute. 1967. *Vachananukrom Khmae (Dictionanire Cambodgien)*. Phnom Penh: Buddhist Institute.

Bunchan Mul. 1982. "The Unbrella War of 1942 (translated by Chanthou Boua)." Ben Kiernan and Chanthou Boua(ed.), *Peasant and Politics in Kampuchea, 1942–1981*. London: Zed Press.

Chandler, David P. 1996. *A History of Cambodia. Second edition updated*. Boulder: Westview Press.

Chanthou Boua. 1991. "Genocide of a Religious Group: Pol Pot and Cambodia's Buddhist Monks." P. Timothy Bushne et al., *State Organized Terror: the Case of Violent Internal Repression*. Boulder: Westview Press.

Edwards, Penny. 2007. *Cambodge: The Cultivation of a Nation*. Honolulu: University of Hawai'i Press.

古田元夫　一九九一　『ベトナム人共産主義者の民族政策史　革命の中のエスニシティ』大月出版。

Harris, Ian. 2005. *Cambodian Buddhism: History and Practice*. Chiang Mai: Silkworm Books.

林　行夫　一九九五ａ　「カンボジア仏教の復興過程に関する基礎研究――現地調査報告資料」『カンボジアの社会と文化　現地調査報告資料』（平成五―六年度文部省科学研究費補助金国際学術研究）、二九〇―三八九頁。

林　行夫　一九九五ｂ　「復興するカンボジア仏教の現在」『大法輪』六二（三）、一四六―一四九頁。

林　行夫　一九九七　「国教への道程――カンボジア仏教の再編をめぐって」『カンボジア研究』五号（東京外国語大学アジア・アフリカ言語文化研究所）、二一一―二五三頁。

林　行夫　一九九八　「カンボジアにおける仏教実践――担い手と寺院の復興」大橋久利（編）『カンボジア　社会と文化のダイナミックス』古今書院、一五三―二一九頁。

Hayashi, Yukio. 2002. "Buddhism Behind Official Organizations: Notes on Theravada Buddhist Practice in Comparative Perspective." Hayashi Yukio and Aroonrut Wichienkeeo ed., *Inter-Ethnic Relations in the Making of Mainland Southeast Asia and Southwestern China*. Bangkok: Amarin Printing and Publishing Public Company Limited, pp. 198–230.

Huot Tat. 1993. *Kalyanamit roboh khnhom keu samdech Chuon Nath [My Soulmate the Venerable Samdec Chuon Nath]*. Reprinted edition. Phnom Penh: Buddhist Institute.

石井米雄　一九八一　「カンボジヤのサンガについて」『佛教研究』九（國際仏教徒協會）、一五―三一頁。

石井米雄　二〇〇三（一九七五）　『上座仏教の政治社会学――国教の構造』創文社。

Keyes, Chales. 1994. "Communist Revolution and the Buddhist Past in Cambodia." Chales Keyes et al., *Asian Visions of Authority: Religion and the Modern*

States of East and Southeast Asia. Honolulu: University of Hawaii Press, pp. 43–73.
Kiernan, Ben. 1985. *How Pol Pot Came to Power*. London: Verso.
Kiernan, Ben. 1996. *The Pol Pot Regime: Race, Power and Genocide in Cambodia under the Khmer Rouge, 1975–79*. New Haven and London: Yale University Press.
北川香子　二〇〇六　『カンボジア史再考』連合出版。
小林　知　二〇〇四　「カンボジア・トンレサープ湖東岸地域農村における生業活動と生計の現状――コンポントム州コンポンスヴァーイ郡サンコー区の事例」天川直子（編）『カンボジア新時代』（アジア経済研究所 研究双書 五三九号）、二七五―三二五頁。
――――　二〇〇五　「カンボジア、トンレサープ湖東岸地域における集落の解体と再編――一村落社会の一九七〇年以降の歴史経験の検証」『東南アジア研究』四三（三）、二七三―三〇二頁。
――――　二〇〇六 a　「現代カンボジアにおける宗教制度に関する一考察――上座仏教を中心として」林　行夫（編）『東南アジア・西南中国の宗教と社会変容　制度・境域・実践』（平成一五―一七年度科学研究補助金・基盤研究(A)［一］課題番号一五二五二〇〇三研究成果報告書）、五三三―五六六頁。
――――　二〇〇六 b　「Li Sovir 編著『カンボジア僧侶の歴史』を読む」（「カンボジア語資料解題」）林　行夫（編）『東南アジア・西南中国の宗教と社会変容――制度・境域・実践』（平成一五―一七年度科学研究補助金・基盤研究(A)［一］課題番号一五二五二〇〇三研究成果報告書）、五八八―五九四頁。
――――　二〇〇六 c　「『カンプチア国の仏教の建設』」（原文：カンボジア語）林　行夫（編）『東南アジア・西南中国の宗教と社会変容――制度・境域・実践』（平成一五―一七年度科学研究補助金・基盤研究(A)［一］課題番号一五二五二〇〇三研究成果報告書）、五九五―六〇八頁。
――――　二〇〇七　「ポル・ポト時代以後のカンボジアにおける農地所有の編制過程――トンレサープ湖東岸地域農村の事例」『アジア・アフリカ地域研究』六（二）、五四〇―五五八頁。
Kobayashi Satoru. 2005. "An Ethnographic Study on the Reconstruction of Buddhist Practice in Two Cambodian Temples: With the Special Reference to Buddhist *Samay* and *Boran*." *Tonan Ajia Kenkyu* (*Southeast Asian Studies*) 42(4): 489–518.
Li Sovir. 1999. *Provatt preahsâng khmae [History of Khmer monks]*. Fonds pour l'Édition des Manuscrits du Cambodge. École Française D'Extrème-Orient.
MBNi (Media Business Network International) & Promo-Khmer. 2004. *Cambodia in the Early 21st Century*, published under the auspices of the Royal Government of Cambodia. Phnom Penh.
Ministry of Religious Affairs. 1961. *Centers of Buddhist Studies in Cambodia*. : Phnom Penh: Ministry of Religious Affairs, the Royal Government of Cambodia.
笹川秀夫　二〇〇六　『アンコールの近代　植民地カンボジアにおける文化と政治』中央公論社。

Slocomb, Margaret. 2003. *The People's Republic of Kampuchea, 1979–1989: The Revolution after Pol Pot.* Chiang Mai. Silkworm Books.
高橋美和　二〇〇〇「カンボジア仏教は変わったか――コンダール州における仏教僧院復興過程の諸側面」『愛国学園大学　人間文化研究紀要』二、七三―八九頁。
Vong Sotheara, 2006. "The Role of Khmer Monks during 16th –19th Centuries." 林行夫編『東南アジア・西南中国の宗教と社会変容――制度・境域・実践』（平成一五―一七年度科学研究補助金・基盤研究Ⓐ［一］課題番号一五二五二〇〇三研究成果報告書）、六五二―六八五頁。
Yang Sam. 1987. *Khmer Buddhism and Politics from 1954 to 1984.* Newington: Khmer Studies Institute.

第二章　現代ミャンマーにおける仏教の制度化と〈境域〉の実践

小島敬裕

はじめに

本章では、現代ミャンマーにおける政治権力(または国家)と上座仏教の関係について考察する。[1] まず国家が上座仏教といかに関わっているかという問題について、全国のサンガ(僧団)が国家の管理統制下におかれることになった一九八〇年「全宗派合同サンガ大会議(Gaing Paungzon Thanga Asiaweipwegyi)」以降の仏教関係の諸制度や政策の分析から明らかにする。次に、国家によって様々な制度が構築された後、上座仏教はどのように実践されているか、フィールドワークで得られたデータにもとづいて明らかにする。特に制度の意図するものから「それる」、あるいは「ずれる」ような実践に注目し、制度と実践の関わりを明らかにしようとするものである。

上座仏教は、ミャンマー・タイ・ラオス・カンボジアなどの東南アジア大陸部を中心とする地域において信仰されてきた。一一世紀から一四世紀にかけて上座仏教を受容した東南アジア大陸部の各地の王は、古代インドのアショーカ王の統治に倣い、上座仏教を保護するとともに、「正統」な仏教のあり方を決定し、それ以外の「異端」仏教を排除する役割を果たした。ただし王によるサンガへの統制は、王都とその周辺部に限られており、王権支配の及ばない地域におけるサンガは、在家信者の支持を受けて独自の実践を継承していたものと考えられる(石井 一九七五:一五四; Mendelson 1975: 57)。

一九世紀に入ると、現在の東南アジア上座仏教諸国のうち、ミャンマー・ラオス・カンボジアは植民地化され、ミャンマーの王権は喪失、ラオス・カンボジアでは王制は存続するものの、植民地体制の支配下におかれることになる。国家の中央集権化を進め、独立を維持するとともに、王が仏教を保護するという王朝時代以来の伝統的関係を今日まで維持しているのは、タイ一国に限られている。

その後上座仏教諸国では、近代化の過程において、国家による中央集権的な統治機構が整備されるとともに、「法律」や「勅令」の制定によるサンガの全国的な組織化が進む。その結果、各地で独自の実践を築いていたサンガは、国家による管理体制下に組み込まれることになる。タイでは一九〇二年、国王によって上座仏教諸国で最初のサンガ法が制定された。タイは一九三二年に立憲君主制国家となったが、その後一九四一年、一九六二年(一九九二年に一部改正)にも政府によってサンガ法が制定されている。タイに隣接するカンボジアやラオスでは、旧王政時代にそれぞれサンガ勅令が制定された(2)。ミャンマーにおいても、ネーウィン(Ne Win)政権期の一九八〇年に全宗派合同サンガ大会議が開催され、サンガ機構が成立することになる。

本章の具体的な目的のひとつは、なぜ全宗派合同サンガ大会議の開催が必要であったのかという問題を明らかにすることである。その際に注意しなければならないのは、合同会議の開催とサンガ機構の成立は、他国のサンガ統制の事例と同類に見えるが、ミャンマーの合同会議は最も遅い一九八〇年に開催されているという点である。またミャンマーのサンガ機構では、他国と異なり、公認九宗派の存続が公認されている(3)。それゆえ、なぜこうした相違が見られるのかという点についても明らかにする必要がある。

また一九八八年の民主化運動後に誕生した国家法秩序回復評議会(State Law and Order Restoration Council: SLORC)政権は、ネーウィン政権期の政教分離政策から一転して仏教への関わりを強めている。ではなぜこうした政策変更が行われ、具体的にどのような政策が実施されたのかについて明らかにされなければならない。

しかし先行研究において、上記の問題が明らかにされてきたとはいいがたい。合同会議の開催や、その後に成立した制度を扱った先行研究としては、生野（一九八二）やティンマウンマウンタン（Tin Maung Maung Than 1988; 1993）、高谷（一九九〇）などが存在する。またＳＬＯＲＣ政権以降の宗教政策については、平木（一九九五、一九九八ａ、一九九八ｂ、一九九八ｃ、一九九九、二〇〇〇など）や奥平（二〇〇五）などが挙げられる。これらの先行研究では制度や政策の概略が紹介されるにとどまるばかりでなく、その背景分析も不十分だった。そこで本章では、ビルマ語一次資料や宗教省（Thadhanayei Wungyi Htana）内部資料を利用し、制度や政策の詳細を明らかにする。また宗教省関係者やサンガ長老への聴き取りにもとづいて、会議開催の背景や制度成立の意図を明らかにする。[4]

さらに本章が、仏教関係の制度と、制度の意図するものから「それる」または「ずれる」実践の両者に注目するのは、従来の上座仏教と社会の関わりをテーマとした先行研究が、常に宗教か政治かのどちらかに偏って進められる傾向があったためである。たとえばスパイロの人類学的宗教研究においては、仏教関係の法制度と地域における宗教実践とのかかわりについてはほとんど触れられなかった（Spiro 1967; 1970）。しかし本章では、現代の上座仏教が国家の構築する制度と関わっている以上、実践を理解するためにも制度をおさえておくことは必要であるとの立場をとる。

一方、政治権力と上座仏教の関係について扱った代表的な研究としては、タイを事例とする石井米雄の研究が挙げられる（石井 一九七五）。石井は、タイの王朝時代において正法に基づく統治を行う正法王が理想とされており、「国王がサンガを擁護し、サンガは正法を嗣続し、正法は国王による支配の正統性原理として機能する」という三者関係が成立していたとする（石井 一九七五：八一）。そして国王によるサンガへの「擁護」には、托鉢によって修行しなければならないサンガへの物質的支援を行う側面と、僧侶の持戒によってサンガの清浄性が保たれるよう、サンガを統制する側面が存在し、国王とサンガは相即不離の関係で結ばれていると指摘した（石井 一九七五：一二八―一四四）。

石井の研究は、タイ以外の上座仏教諸国における政治権力と仏教の関係を説明する際にも適用されてきた。しかし現在に到るまで王室を保持し、王が仏教を擁護するという関係の保たれているタイとは異なり、王権を喪失したばかりでなく、社会主義を経験した諸国においては、別の議論が必要となる。それゆえ本章では、ミャンマー独自の社会的・歴史的文脈から政治権力と仏教の関わりを明らかにすることを目指す。

また石井が依拠しているのは、ジャータカを始めとする各種仏典、タイ古代法の集大成である『三印法典』、三回にわたって制定された「サンガ法」などである。それゆえ、政治権力とサンガの関係を主として法制度のレベルで論じており、地域において実践される仏教と政治権力の関係についてはほとんど明らかにしていない(5)。

これに対し、人類学者のメンデルソンは、歴史的事実やフィールドにおける現実に注目し、ミャンマーにおけるサンガと政治権力の関係の実態をとらえた(Mendelson 1975)。メンデルソンは、政治権力によるサンガへの強権的な支配であり、僧侶(*hpongyi* または *yahan*)に戒律を守らせ仏教を「浄化」する、という名のもとに実際に行われてきたのは、政治権力によるサンガへの強権的な支配であり、「浄化」という言葉は政治権力によって用いられてきた自己正当化のレトリックに過ぎないとする。一方のサンガは必ずしも政治権力の存在を必要としない。なぜなら在家信者からの寄進によってサンガは存続しうるからである。それゆえ、管理統制を試みる政治権力に対し、サンガは多くの宗派(*gaing* または *nikaya*)に分裂することによって政治権力による統制を阻んできた。そしてミャンマーでは独立後もサンガが国家による管理統制下におかれなかったのは、こうしたサンガのセクト主義(sectarianism)が要因となっているのだと分析する。

本章では、メンデルソンの視点に則り、政治権力側の言説を相対化するとともに、ミャンマーにおける政治権力と仏教の関係の社会的・歴史的現実をとらえようと試みる。以上のような視点に基づく研究は、ミャンマーではネーウィン政権期に経験的調査が中断されたこともあり、行われてこなかった。それゆえ本章が初の試みとなる。

本章で直接用いた資料は、二〇〇三年九月一〇日~一〇月一九日、二〇〇四年三月二日~三月三〇日、同九月一五日~一〇月四日、二〇〇五年三月一日~二五日の四回、合計約四ヶ月にわたって実施した現地調査で得られたものである。ヤンゴン・マンダレーでは仏教関係の諸制度に関する一次資料を収集するとともに、宗教省関係者、サンガ機構の長老、公認各宗派の僧侶らに対し、制度制定の背景や運用の実態に関する聴き取り調査を行った。また国家仏教大学（Naingngandaw Pariyatti Thadhana Tetkadho）の学生僧、教員僧に対し、大学での教育や活動に関する聴き取り調査を行った。さらにシャン州・カチン州では少数民族の仏教実践や、非仏教徒少数民族への布教活動に関する調査を行った。(6) 聴き取りはいずれもビルマ語で行った。

なお筆者は、一九九九年六月から二〇〇三年三月まで、約三年半、ミャンマーに居住し、その間二度の一時出家を経験しているため、本章ではその滞在経験によって得られた知見も援用している。

一　「全宗派合同会議」以前（一八五三～一九八〇）

1　王朝時代から植民地時代にかけて（一八五三～一九四七）

最初に明らかにしなければならない問題は、ミャンマーのサンガ機構はなぜ一九八〇年の全宗派合同サンガ大会議開催に到るまで結成されなかったのか、なぜ会議開催が必要とされたのかという問題である。この問題について明らかにするためには、王朝時代に遡って考察する必要がある。

ビルマ王朝時代においても、王が仏教に対する積極的な支援を行うとともに、仏教の「浄化」を目指して僧侶に戒律の厳守を要求し、政治的正統性を示すというアショーカ王時代以来の王権概念が存在していた（Smith 1965; Sarkisyanz 1965; 奥平 一九九〇）。たとえば一九世紀のミンドン（Mindon）王［在位：一八五三～一八七七］は、仏教の「浄化」を目指して僧侶に戒律の厳守を要求した。また一八七一年には第五回仏典結集を開催して三蔵経典の校合に基づく正統経典を確定させるとともに、大理石版に刻記させている[7]。

ミンドン王のこうした行動は、第二次英緬戦争（一八五二）の結果、下ビルマを割譲するという事態に直面したため、「正法王」であることを示すことによって、自らの政治的権威の強化を試みたものと考えられる。しかし戒律解釈をめぐる見解の相違によって、シュエジン（Shweigyin）派、ドワーラ（Dowara）派などが仏教主（*thadhanabaing*）を中心とする長老会議トゥーダンマ（Thudanma）から分裂し、特に植民地化によって王権の及ばなくなっていた下ビルマには多くの宗派が誕生した（Mendelson 1975: 102–111）。現在の公認九宗派の多くも、この植民地化に直面した時代を起源としている。

その後一八八五年の第三次英緬戦争に敗れたビルマはイギリスの植民地となり、国王不在の時代を迎える。イギリス植民地政府は、王朝時代と異なり、仏教に対して積極的には関与しなかったため、多くの宗派が存続することになった。また植民地化されたミャンマーでは一九世紀前半から少数民族に対するキリスト教の布教が言語集団ごとに開始され、民族意識の形成に大きな影響を及ぼしていた（Brant and Mi Mi Khaing 1961）。さらにイギリス植民地政府は多数派のビルマ族によって占められる「ビルマ本州」を直接統治下に置いたのに対し、少数民族の居住する「辺境地域」は自治権を完全には剥奪せず、イギリスの間接統治下に置いた。このような形で進められた分割統治による民族の分断は、現在まで続く民族間対立の起源となる。一九四七年に制定された憲法において仏教の国教規定が設けられず、「連邦国家は、仏教が国民の大多数の信奉する特殊的地位をそなえた宗教たることを承認する。」（第二一条第一項）と規定されたのも、非仏教徒の反発に対するアウンサン（Aung San）の配慮によるものであったと言われている（Smith 1965: 230–231）[8]。

2　ウー・ヌ政権の仏教保護政策（一九四八〜一九六二）

独立を目前にして暗殺されたアウンサンに代わり、一九四八年の独立後、最初の首相に就任したのはウー・ヌ（U Nu）であった。ウー・ヌは、反植民地運動のイデオロギー的基盤であった社会主義を国家統治の基本理念とし、議会制民主主義による漸進的な社会主義化を目指した。

一方で仏教は社会主義と矛盾しないと主張し、仏教に対する支援を積極的に行った。まず一九五〇年には宗教行政を担当する宗教省を設立し、仏教評議会法（Bokdathadhana Ahpwe Et-upadei）、パーリ語大学および講師法（Paliretkadho hnin Danmasariya Et-upadei）、パーリ語教育組織法（Pali Pinnyayei Ahpwe Et-upadei）など仏教振興を目的とする法律を続々と制定した。また一九五四年から一九五六年にかけて、仏滅二五〇〇年を記念する第六回仏典結集を国家事業として開催している。これはミンドン王の第五回仏典結集にならい、王朝時代の伝統を復活させたものであった。ウー・ヌは自らを、仏教的な理想王であるとされる転輪聖王（Setkya-min）になぞらえたと言われており、王朝時代の仏教王権の伝統を継承することによって政治的正統性を示そうとしたものと考えられる（Smith 1965; 田村 一九八七）。

一九五〇年代後半の政治経済的混乱を収拾できなくなったウー・ヌは、一九五八年に、ネーウィン大将を首班とする選挙管理内閣に政権を譲るが、選挙公約のひとつに仏教国教化を掲げて一九六〇年の総選挙では勝利を収め、首相に復帰する。選挙公約に基づいて、ウー・ヌは一九六一年に仏教国教化法案を議会に提出し、法案はいったん議会を通過して成立する。しかし植民地時代に増加した非仏教徒少数民族の反発によって事態は紛糾し、ネーウィンのクーデターを導く一因となった。

3　ネーウィン政権と仏教（一九六二〜一九七七）

ウー・ヌ時代末期の国政の混乱を収拾させるため、軍部は一九六二年にクーデターを起こし、ネーウィン大将を議長とする革命評議会（Tawhlanyei Kaunsi）が全権を掌握した。革命評議会は、発足直後に発表した「ミャンマーの社会主義への道（Myanma Soshalit Lanzin）」と題する基本綱領において、ウー・ヌと同様に社会主義を国家統治の基本方針としたが、議会制民主主義はミャンマーの国情に合わないとして否定した。その後一九八八年までの二六年間にわたり、国軍を中心とした社会主義的な政治経済体制が続くことになる。ここでは一九八〇年全宗派合同サンガ大会議に到るまでのネーウィン政権の仏教に対する基本的な関わり方について述べておく。

ネーウィン政権の宗教政策の特徴は、ウー・ヌ政権と異なり、仏教とは一定の距離をおいたことである。しかしこうしたネーウィン政権の政策転換は、政権が仏教を敵視しているものとサンガ側には受け止められ、一九六三年、一九六四年と相次いで僧侶による反政府運動が発生している。これに対してネーウィンは一九六五年一月にミャンマー連邦革命評議会法一号を公布し、ウー・ヌ時代に制定された仏教保護関係の法律をすべて停止した（Smith 1965: 299–306）。

一方で革命評議会は、（一）僧侶が戒律に従って修行するよう相互に監督すること、（二）戒律に関する紛争・事件を戒律に従って解決すること、（三）偽僧侶と正しい僧侶を容易に区別できるようにすること、の三点を目標として、一九六五年三月に全宗派合同サンガ大会議を開催した。ヤンゴン郊外のフモービー（Hmawbi）で開催された会議では、具体的には（一）サンガ機構の設立、（二）サンガ裁判制度、（三）僧籍登録証の発行、の三点に関する原案が提案された（Keilatha 1980: 4–5）。

しかしこの原案は、出席した僧侶の反対多数によって承認されなかった。僧侶が反対した理由について公文書には説明が見られないが、一九六五年当時、宗教省幹部であったH氏は、筆者の聴き取りに対して次のように述べた。「ネーウィンが政教分離を唱えていたため、特に上ビルマの僧侶たちは政府が仏教を敵視していると感じ、賛成しなかった。また上ビルマの僧侶と下ビルマの僧侶は対立していたため、全員の意見を一致させることは困難だった。」翌四月に政府は、政治的活動を行ったことを理由として、原案に反対した九二名の僧侶を逮捕している（Silverstein 1966: 101）。

こうした状況から考えると、フモービー会議の開催は、サンガを国家による管理下に置き、僧侶による反政府活動の抑止を目指したものといってよいだろう。しかしサンガ側にはネーウィン政権のサンガ統制に対する強い警戒感があり、サンガ機構結成の試みは失敗に終わったものと考えられる。

以後、革命評議会は仏教に対して表面的には関わらず、世俗の統治に専念することになる。宗教政策に関連しては、一九七二年の行政機構改革に伴い、宗教省が新たに設立された内務宗教省（Pyihteyei hnin Thadhanayei Wungyi Htana）傘下の宗教局（Thadhanayei Uzi Htana）として改組された。また一九七四年には新憲法が施行され、それにもとづく人民議会（Pyidu Hlutdaw）の開催によって、括弧つきながらも「民政移管」が実現している。この一九七四年憲法においても、宗教に関しては、「国民は宗教信仰の自由を有する」（一五六条 a項）、「宗教組織および宗教を政治目的で利用してはならない」（同 c項）との記述が見られるのみである（PKWH 1977: 76）。

しかしその直後、政府は再び宗教と関わらざるをえない事態に直面する。まず挙げられるのは、一九七四年一一月にウー・タン（U Thant）前国連事務総長の葬儀をめぐって学生と政府の間に争いが起こり、それが契機となって発生した反政府デモに僧侶が参加した事件である。この事件の他にも、ストライキや反政府運動が続発したのは、社会主義経済体制の行き詰まりや、一九七三年の石油危機といった要因が重なり、経済状態がきわめて悪化していたためだと考えられる（高橋 二〇〇二：二一七）。

また一九六〇年ごろに結成されたシュエインチョー・ガイン（Shwei Yin Kyaw Gaing）と呼ばれる宗教集団の信者が、一九七〇年代後半には全国的に増加し、信者の中には軍人や政府の役人も含まれていた。そのため政府は一九七九年にこれを非合法化し、責任者を逮捕している（生野 一九八二：八二）。このガイン（*gaing*）と呼ばれる集団は、占星術、錬金術、呪符、呪文、薬などに関する技術を修得して超能力を得たとされる人物（ウェイザー *weikza*）を信仰する集団をさす（Mendelson 1961; 土佐 二〇〇〇）[9]。こうした個人的なカリスマ性を持つ人物を中心とするガインの活動は、中央集権的統治体制にとって危険だと認識されていたものと考えられる。

さらに救世主であると主張して布施を受け取る僧侶や、婉曲に政府批判を行った説法のカセットテープを販売する僧侶も、この頃には出現している（Aung Kin 1981: 103）。

以上のような、国家統治にとって危険な存在ともなりうる政治僧や、超自然的な「力」を信仰するガインの活動を統制するために、政府は全宗派合同サンガ大会議の開催を目指したのではないかと考えられる。当時、内務宗教省幹部として会議開催に尽力した前述のH氏は、筆者の聴き取りに対して次のように述べた。

> ウー・ヌ政権時代の議会制民主主義の失敗に見られるように、中央集権的な体制を築かなければ国家は崩壊する。トップが独裁者にさえならなければ、ミャンマーにとってはやはり中央集権的な体制のほうが適している。そのためネーウィン政権は、ミャンマーに居住するあらゆる国民の組織化を目指した。他の国民の組織化は一九七〇年代までには終了していたが、その中で唯一、組織化ができなかった僧侶を、国家の管理下に収めるために、全宗派合同会議の開催を目指した。

この証言に見られるように、サンガを国家の中央集権的な体制に組みこみ、統制することを目的として、全宗派合同サンガ大会議の開催が目指されたのである。

4　会議の開催準備（一九七八〜一九八〇）

上述のH氏は、当時の内務宗教大臣セインルイン（Sein Lwin）らとともに、全国の著名な高僧や主要宗派に対して、一九七八年から会議参加への説得を開始したと証言する。実際、会議開催のための具体的な動きが見られ始めるのは、一九七八年以降のことである。

まず政府は一九七八年七月に、敬意を表すべき僧侶に対し、国家の名において僧階（*bwe*）や賞与を授与する旨の通知を出している。僧階とは、最高位のアビダザマハーラタグル（Abidaza Maha Rahta Guru 国家の崇高な象徴、偉大な教師）と、第二位エッガマハーパンディタ（Etga Maha Pandita 学識に優れた者）であり、ネーウィン政権に入ってからは授与が中断されていたものを一六年ぶりに復活させたものである。[10] これは、「世俗主義」をとっていたネーウィン政権の政策転換をサンガに対して示し、合同会議開催に向けてサンガの合意を取り付けようとしたものと言えよう。

一九七九年の後半からは、合同会議開催のための具体的な動きが表面化する。まず一九七九年八月四日の国家評議会において、当時の国家評議会議長ネーウィンは、「サンガに国家が介入するのではなく、サンガ自身によってサンガの問題を解決することを目指す」ために、以下の二点の指令を下している。（1）僧侶が戒律に従って行動するようにすること。（2）サンガ内の紛争を解決するためにサンガ内の選出によって選ばれた僧侶による裁判所を組織して解決すること（Keilatha 1980: 5）。

これを受けて内務宗教省は一九七九年九月から具体的な会議の開催準備に入り、まず会議開催の原案を作成するサンガ運営委員（Thanga Wunhsaung）六六名が選出された。六六名の宗派別内訳は、トゥーダンマ五八名、シュエジン派（Shweigyin gaing）五名、マハードワーラ派（Mahadwara gaing）二名、ムーラードワーラ派（Muladwara gaing）一名となっている。この定数は一九七八年から一九七九年にかけて内務宗教省が実施した全国の僧侶の統計結果に基づき、宗派ごと、州・管区ごとの僧侶数に応じて比例配分されたものである（Keilatha 1980: 6–11）。

六六名のサンガ運営委員は一九八〇年二月一日より会議開催のための具体的な準備を開始する。まずサンガ運営委員の委員長には、バゴーミョーマ（Bago Myoma）師が選出された（Keilatha 1980: 83）。バゴーミョーマ師が選出された経緯については明らかにされていないが、事前に政府によって選ばれていた可能性が高いと考えられる。師の姪にあたり、バゴーミョーマ師と親しかったK氏（七二歳）は、師から直接聞いた話として、以下のように証言する。[11]

内務宗教大臣セインルインは最初、三蔵憶持師（Tipihtakadara）として著名だったミングン（Mingun）師のところへ委員長就任の要請に赴いた。ところがミングン師が、自分より法臘（*wa* 僧侶として雨安居を過ごした年数）が多く、五〇年にわたって教理教育にあたっているバゴーミョーマ師のほうが適任であると推薦したため、セインルインはバゴーミョーマ寺院を訪れた。バゴーミョーマ師も、ミングン師は友人であったため、要請を受け入れた。

これを裏付ける資料は存在しないが、当時八三歳で、六六名のサンガ運営委員の中で法臘がもっとも多いこと、そして五〇年にわたってバゴーミョーマ寺院という大規模な寺院で教育に従事したということは、大きな意味を持っている。なぜなら、上座仏教を受け入れた東南アジア諸地域では、法臘をサンガ内の秩序、序列の指標とすることが広く行われてきたためである。それゆえ、自分より法臘が多い僧侶に対してはもちろん、得度が一日でも早い僧侶に対しては敬意を払わなければならないと言われており、法臘の多い僧侶のほうが必然的に指導的立場に立ちやすくなる。また長年僧侶への教育に従事した長老は、師弟関係によって結ばれた弟子たちが全国に多数、存在することになる。つまり政府は、バゴーミョーマ師をトップに据えることによって、サンガ機構に求心力を持たせようとしたのだと考えられる。

次いで内務宗教大臣セインルインは、サンガ運営委員に対し、サンガ機構の設立に関する原案作成を要請した。原案作成のための参考資料としては、他の上座仏教諸国（タイ、カンボジア、ラオス）のサンガ機構図、王朝時代のサンガ機構に関する文書、ウー・ヌ政権時代のサンガ関連法、廃案となったフモービー会議原案などが配布された（Keilatha 1980: 78–82）(12)。ただし当時、内務宗教省幹部であったH氏は、ミャンマー社会主義計画党の「党組織基本規則・手続き（Pati Hpwesipon Ahkyeihkan Simin Lokhtonlokimya）」をもとに、彼自身が原案を作成したと証言しており、サンガによって原案が作成されたことを建前としながらも、政府側の意向が踏まえられていた可能性は十分に考えられる。

サンガ運営委員は全宗派合同サンガ大会議に提出する原案を作成すると、それぞれの出身地に原案を持ち帰り、現地の僧侶に対して原案の説明会を開催するとともに、意見聴取を行うという作業を二回にわたって行い、修正された第三次原案が最終原案とされた。サンガ運営委員に代表を輩出していない宗派に関しては、各宗派の長老を内務宗教省に招き、宗派所属の僧侶に対して説明を行うよう要請した。当時のサンガ構成員一〇万九〇三二中、説明会に直接参加したのは八万四四五七名、委任状を提出したのは一万九〇六〇名で、計一〇万一五一七名に対して説明を行ったとされる（Keilatha 1980: 130）。内務宗教省の統計によれば当時の僧侶数は一〇万九〇三二名とされており、僧侶全体の九三パーセントが何らかの説明を受けたことになる。一九六五年フモービー会議の開催が失敗に終わったにもかかわらず、一九八〇年全宗派合同サンガ大会議の開催が成功をみたのは、こうした周到な準備によるところも大きいと考えられる。

会議直前の五月二三日には、当時のネーウィン大統領がサンガ運営委員長らを訪れ、政府は必要な援助を行うことなどを申し入れている（Keilatha 1980: 111–112）。会議開催直後からは会議の成功を記念して政治犯への恩赦が開始され、一九六二年のクーデター後に海外逃亡していたウー・ヌも帰国を許された（Aung Kin 1981: 107）。また政府によってマハーウィザヤ・パゴダ（Maha Wizaya Hpaya）の建設も開始される。「世俗主義」を標榜していたネーウィンの心境の変化について、内務宗教省幹部としてネーウィンと親しい関係にあった前述のH氏は、以下のように証言する。「ネーウィン自身はもともと社会主義者であり、仏教に対する信仰心はなかった。またサンガ機構の結成を目指してはいたが、その実現に対しては半信半疑だった。しかし合同会議開催が成功したため仏教に帰依するようになり、その後自らも一時出家を経験している」。このようなネーウィン自身の仏教に対する感情の変化もあり、会議開催を境として政府も仏教への関与を開始するのである。

残る問題として挙げられるのは、フモービー会議が失敗に終わった大きな要因であるサンガ内の対立に、政府がどのように対処したかということである。H氏の挙げる上ビルマと下ビルマの僧侶の対立以外にも、ミャンマー各地には多くの宗派が存在し、政治権力による介入を拒んできた。こうした宗派をいかにして「合同」させたのか。またどのような制度によってサンガは統制されていくのか。以下で検討してみたい。

二　「全宗派合同会議」の開催と仏教関係の諸制度（一九八〇〜一九八八）

1　全宗派合同サンガ大会議の開催

一九八〇年五月二四日から二七日にかけて、ヤンゴンのガバーエー・パゴダ（Gabaei Hpaya）境内で、仏教の「浄化（*thanshin*）、永続（*titan*）、普及（*pyanpwayei*）」を目的とする第一回全宗派合同サンガ大会議が開催された。会議には各宗派、郡ごとの僧侶数の比例代表によって選出された公認サンガ代議員（Thanga Thanmuti-ya Thanga Kozahle）一二三五名のうち一二一八名が出席した。(13)

まず会議に出席した公認サンガ代議員の中から選出された僧侶によって国家中央レベルでのサンガ機構が成立し、そのトップにあたる国家サンガ大長老委員長には、会議開催準備のためのサンガ運営委員長を務めたバゴーミョーマ師が就任している。

また会議では、サンガの「憲法」に相当する「サンガ組織基本規則（Thanga Ahpweasi Ahkeikan Simin）」、「基本規則」の運用について示した「サンガ組織手続き（Thanga Ahpweasi Lokhtonloknimya）」、サンガ裁判について規定した「戒律に関する紛争・事件の解決手続き（Winidanmakan Adigayon Hmuhkinmya Hpyeshin Hsonhpyatyei Hsainya Loktonloknimya）」が承認された[14]。

ここで注意しておきたいのは、ミャンマーの「サンガ組織基本規則」（以下「基本規則」）は、タイ・ラオス・カンボジアの「サンガ法」または「勅令」とは位置づけが異なる点である。他の三国ではいずれも国家法として位置づけられているが、「基本規則」はあくまでサンガ機構内の「規則」であり国家法ではない。サンガ機構結成の目的のひとつとして、「サンガの成員が戒律に基づいて修行を行い、止住するために、サンガの成員どうしが管理、監督を行えるようにする」（「基本規則」一二条b項）ことが挙げられているように、当初はサンガの国家権力による介入は極力避け、サンガによるサンガの自己管理が目指されたのだと考えられる。こうした特徴が見られるのは、一九六五年フモービー会議の際に見られたようなサンガの強い反発に配慮したためであろう。

以下では、「基本規則」「手続き」（TUH 1985; 1996）のほか、国家サンガ大長老委員会の意志を国内各寺院まで浸透させるために随時発行される「指示文書（*hmyunkyahlwa*）」（以下「指示」）（TUH 2003a）、各レベルのサンガ長老の任務を具体的に示した『サンガ長老の手引き（Thanga Nayaka Letswe）』（TUH 1992a）、サンガ裁判の手順を詳述した『判決の手引き（Wineikhsaya Letswe）』（TUH 1998）などの資料に基づき、サンガ制度の詳細についてまとめておく。

2　公認九宗派の認定

全宗派合同サンガ大会議で制定された基本規則には、「ミャンマー連邦社会主義共和国サンガ組織において、一九八〇年二月一日金曜日までに、内務宗教省宗教局に登録されたサンガ各宗派の存続を許可する」（七条）、「（公認九）宗派は、各自の宗派組織をそのまま存続させることができ、各宗派の規則に従うことを認める」（一〇条）という条項が設けられ、公認九宗派に対してある程度の自治権が承認されている。また公認九宗派のうち八宗派は特別宗派（*thikkya gaing*）と呼ばれ、それぞれ宗派長（*thadhanabaing*）を中心とする組織体制を維持している（地図2-1参照のこと）[15]。

地図2-1から明らかなように、下ビルマに分布する宗派が多いのは、ミンドン王の治世以降、下ビルマは英領化され、王権が及ばなかったためだと考えられる（Mendelson 1975: 81–118）。唯一の例外は上ビルマのマンダレーに宗派長が存在するシュエジン派であるが、これはミンドン王が創始者のシュエジン師に帰依していたため、特別に独立を認められたものである。特別宗派以外の残余を包括的に総称したのがトゥーダンマであり、トゥーダンマ独自の宗派長は存在しない。なお、公認九宗派以外にも存在していた多数の小宗派は、公認九宗派のいずれかに加入するよう政府に迫られ、多くはトゥーダンマに編入されていくことになる。この事態については後述し、さらに考察する。

こうした公認九宗派の存続を認めるのは、ミャンマーのサンガ機構の大きな制度的特徴である。それでは、なぜこのような制度が成立したのだろうか。以下、当時の内務宗教省関係者や小宗派の僧侶への聴き取りから考察してみたい。

当時内務宗教省幹部であったH氏への聴き取りによれば、他の内務宗教省幹部とともにそれぞれの出身地の高僧の説得にあたり、その結果多くの僧侶が合同会議の開催に同意したが、特に政治権力とは一線を画してきた小宗派の反発は強かったという。

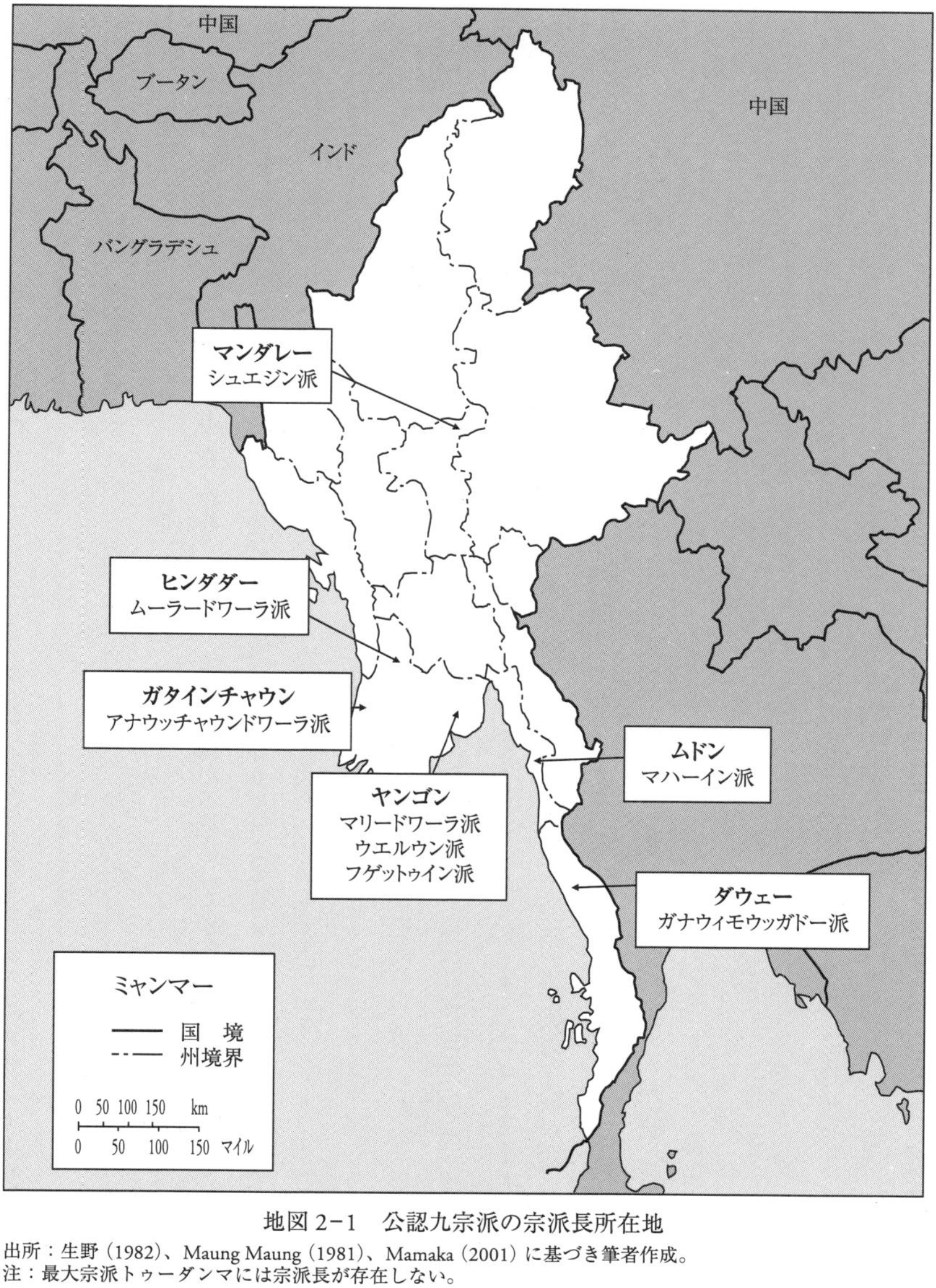

地図 2−1　公認九宗派の宗派長所在地

出所：生野（1982）、Maung Maung（1981）、Mamaka（2001）に基づき筆者作成。
注：最大宗派トゥーダンマには宗派長が存在しない。

実際、合同会議への参加の経緯について、シュエジン派長老委員会副委員長、国家サンガ大長老委員を務めるK師（六五歳）は以下のように証言する。

政府による全宗派合同サンガ大会議開催の意図は、サンガをひとつにまとめ、統治を容易にすることにある。シュエジン派は仏教に関することのみに集中しており、もともと政治に関わる意志はなかった。そもそもシュエジン派には八〇年以前から独自の内部組織が整備されており、僧籍登録も実施、戒律も厳守して従えない者は還俗させるため、会議に参加する必要はなかった。だが会議に参加しなければ宗派長を逮捕すると当時の内務宗教大臣セインルインが宣言し、また宗派としての独立を認めるという条件を政府側が提示したため、やむなく参加した。

以上に挙げたシュエジン派のほか、筆者が聴き取りを行ったマハードワーラ（Mahadowara）派、ウエルウン（Weluwun）派、フゲットゥイン（Hngettwin）派の僧侶も、政府による強制的な圧力がかけられたため、やむなく会議に参加したと証言している。しかし政府の側も、反発する宗派に対して妥協した結果、公認九宗派の存続が認められたのではないかと考えられる。

この制度的特徴は、メンデルソンの言うミャンマー・サンガの「セクト主義」が根強く存続していたことを物語っているだろう。

3　サンガの組織規定

それでは合同会議後、全国のサンガはどのような組織体制に組みこまれることになったのだろうか。ここでは「基本規則」、サンガ組織手続き（以下「組織手続き」）に基づき、サンガの組織規定について明らかにする。なお「基本規則」に関しては小島（二〇〇五a）または小島（二〇〇六：三八〇―三九四）、「組織手続き」に関しては小島（二〇〇六：三九五―四三一）を参照するとともに、図2-1も参照されたい。

選出方法

各レベルのサンガ機構の構成員の選出は、国家レベルの組織から開始されるため、ここでは国家レベルの選出方法から説明していくことにする。

まず各宗派、各郡（myonei）の僧侶数の比例代表によって、合同会議に出席する公認サンガ代議員（一二〇〇～一三〇〇名）を選出する（組織手続き八、九条）。その中から各宗派、各州・管区（pyinei・taing）の僧侶数の比例代表によって国家中央サンガ運営委員会（Naingngandaw Baho Thanga Wunhsaung Ahpwe）（二〇〇～三〇〇名）を選出する（組織手続き三、一五条）。国家中央サンガ運営委員の中から委員長一名を選出し、委員長は副委員長六名、書記長一名、副書記長六名を指名する（組織手続き一八、二一条）。

国家中央サンガ運営委員会の委員長、副委員長、書記長、副書記長は、そのまま国家サンガ大長老委員会（Naingngandaw Thanga Maha Nayaka Ahpwe）の委員長、副委員長、書記長、副書記長となる（組織手続き二六条）。国家サンガ大長老委員長は、各州・管区、各宗派の国家中央サンガ運営委員の中から三三名の委員を選出して国家サンガ大長老委員会（四七名）を結成し、国家中央サンガ運営委員会議の承認を受ける（組織手続き二五、二七条）[16]。

国家教戒師（Naingngandaw Owadasariya Ahpwe）は、各宗派、各州・管区の公認サンガ代議員、あるいはそれ以外の法臘の多い僧侶の中から国家サンガ大長老委員会によって指名され、国家中央サンガ運営委員会議の承認を受ける（組織手続き三二、三三条）。

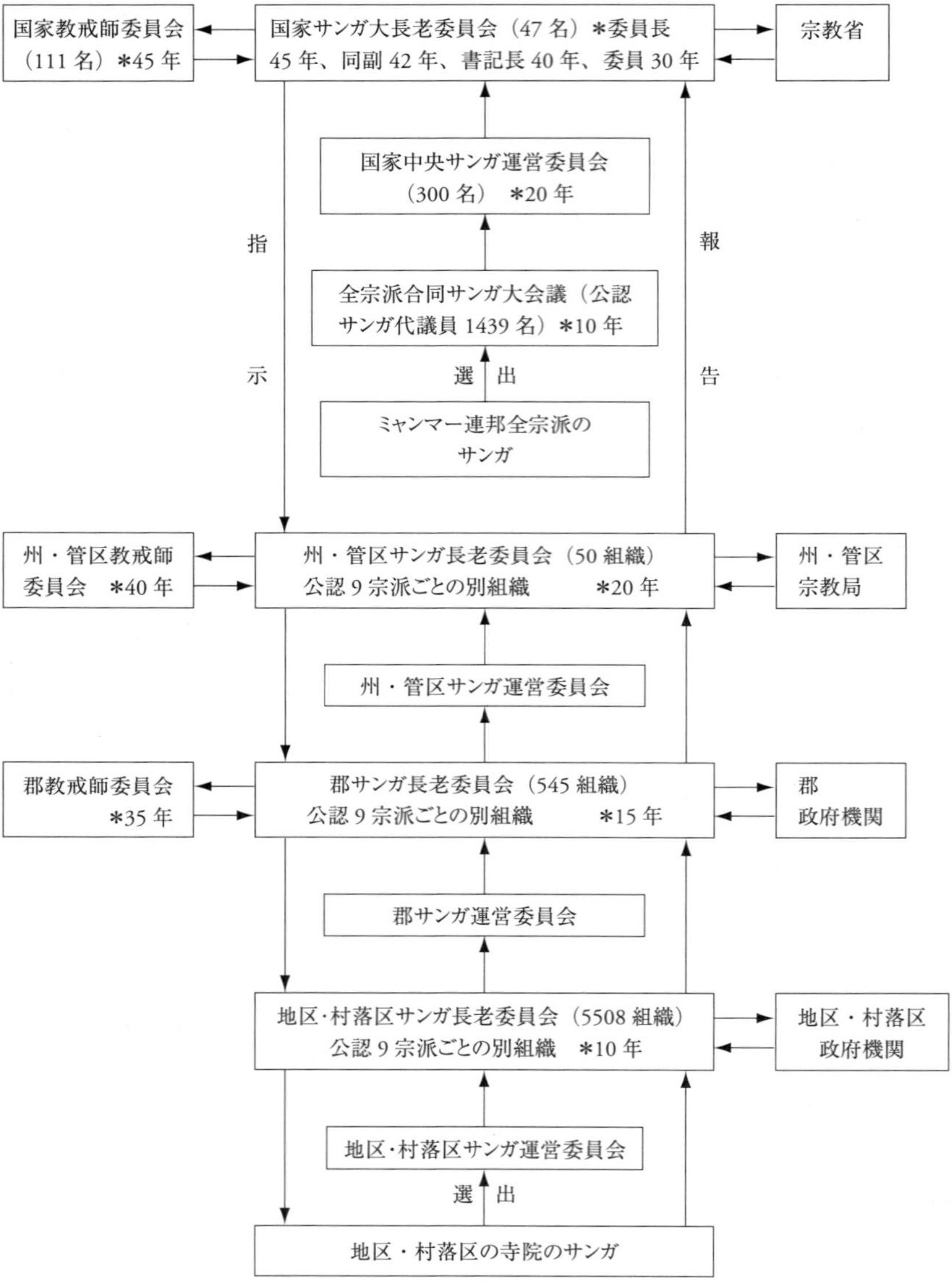

図2-1　サンガ機構各レベルの連絡表

出所：TUH（1996：付表；2003b：57-58）に基づき筆者作成。
注：＊印のあとの年数は、必要とされる法臘（出家年数）を示す。

表 2-1　国家レベルのサンガ機構の宗派別定数

	寺院数	僧侶数	見習僧数	大長老	運営委員	教戒師
トゥーダンマ	46297	142361	210389	41	264	68
シュエジン派	2537	13463	19363	3	21	17
マハードワーラ派	662	2312	2318	1	5	7
ウエルウン派	469	1434	1235	1	3	4
ムーラードワーラ派	386	1199	1158	1	3	2
フゲットゥイン派	142	527	521	0	1	1
マハーイン派	46	398	433	0	1	1
ガナウィモウッガドー派	112	351	628	0	1	1
アナウッチャウンドワーラ派	44	156	166	0	1	1
合計	50655	162190	236201	47	300	102

出所：TUH（1996：付表）より筆者作成.
注：寺院数，僧侶数，見習僧数は 1994 年度統計による．2002 年度統計によれば，全国の寺院数は 52954，僧侶数は 192459，見習僧数は 268278 に増加している（TUH 2003b：57）.

なお以上の国家レベルの三委員会に関しては、地方レベルとは異なり、宗派ごとの組織を結成することは認められておらず、公認九宗派出身の構成員によって単一組織が結成されている（組織手続き六条）。第四期（一九九五～二〇〇一年）における国家レベルのサンガ組織の宗派別定数は、表2-1のとおりである。

国家レベルの組織が結成されると、次に地方（地区・村落区 yatkuet・kyeiywa-oksu、郡、州・管区）レベルの選出に入る[17]。

地区・村落区内に存在する寺院の住職（*kyaunghtaing hsayadaw*）は全員、その地区・村落区のサンガ運営委員（Thanga Wunhsaung）となる（基本規則二一条）。その中から地区・村落区サンガ長老委員会（Thanga Nayaka Ahpwe）の委員長を選出する（組織手続き三八、三九条）。委員長は書記長、および委員の名簿を作成し、地区・村落区サンガ運営委員会議の承認を受けた後、地区・村落区サンガ長老委員会を結成する（組織手続き四一～四三条）。そして委員長、または書記長を、ひとつ上のレベルである郡サンガ運営委員として選出する（組織手続き四六条）。

郡レベルでも地区・村落区レベルと同様の手順を経て郡サンガ運営委員の中から郡サンガ長老委員が選出される（組織手続き五六～六一条）。郡サンガ長老に選出された場合は地区・村落区サンガ長老委員会からは自動的に外れる（組織手続き五三条d項）。そして郡サンガ長老委員のうち一名を、ひとつ上のレベルの州・管区サンガ運営委員として選出する（組織手続き六四条）。
以上と同様の手順を経て州・管区サンガ運営委員会、州・管区サンガ長老委員会が組織される（組織手続き七三〜七八条）。

また郡、州・管区レベルにおいては、サンガ長老委員会が、サンガ運営委員、あるいは法臘の多い僧侶の中から教戒師を選出し、サンガ運営委員会議の承認を経て教戒師委員会を結成する（組織手続き六七、六八、八二、八三条）。

以上の各委員会は、地方レベルにおいては宗派ごとに設置することが認められている（基本規則一五条b項、一六条b項、一九条b項）。その定数は、宗派ごと、地域ごとの僧侶人口の割合に応じて決定される（組織手続き付表一〜五）。なお教戒師委員会に関しては郡レベルでは最高五名まで、州・管区レベルでは最高九名までと規定されている（組織手続き六七、八二条）。

資格

図2-1を見れば明らかなように、サンガ機構の上位になるほど法臘の多いことが要求されている（組織手続き一三条a項、一七条a項、二一条a項、二三条a項、二四条a項、三一条a項、三四条a項、三八条a項、五五条a項、六九条a項、七二条a項、八四条a項）。こうしたシステムをとっているのは、前述したように、法臘が自分より多い僧侶に対して、敬意を払わなければならないという慣習が存在するからだと考えられる。つまり法臘数の多少によってサンガ内の僧侶は序列化されるため、法臘の多い僧侶を上部組織に置くことによって、上部組織の指示に実効力を持たせているのである。

もうひとつ重要なのは、上部組織になるにつれて教理を熟知した人材が求められていることである。サンガ長老に要求される資格を見ると、地区・村落区レベルでは戒律を熟知し、厳守していることのみが条件として挙げられているが（組織手続き三八条b項）、郡レベルでは戒律の厳守に加えて教学寺院の長老委員であること（組織手続き五五条b項）、州・

管区レベルでは教理、三蔵に精通していること（組織手続き八四条b項）が求められている。国家中央サンガ運営委員になると講師試験（Danmasariya Sameibwe）のいずれかのレベルに合格していること、あるいは教学寺院で教理教育にあたっていることが条件とされている（組織手続き一七条g項）。講師試験とは、後述するように僧侶が教理を学んで受験する教理試験の中でも非常に難易度の高い試験であり、特に国家レベルでは高いレベルでの教理知識が求められていることを示している。

つまり、戒律を厳守しているのみならず、法臘が多く、高いレベルの教理試験に合格しているという二つの条件を満たしていることがサンガ機構のヒエラルキーを上昇する必要条件となっているのである。ただ上記の二条件は、制度上の必要条件ではあるけれども十分条件ではない。国家サンガ大長老委員会の初代委員長バゴーミョーマ師、二代目委員長ミンジャン師ともに、国家中央サンガ運営委員の中では法臘がほぼ最多であり、著名な学僧でもあった。ところが、二代目ミンジャン師の死去に伴い、二〇〇五年三月に三代目委員長として選出されたマグェー（Magwei）師（八二歳）は、国家サンガ大長老委員の中で法臘数が五番目にあたっている[18]。マグェー師が選出された理由について、筆者が宗教省宗教局幹部のM氏に聴き取りを行ったところ、「人望があり、政府との関係も良好だったため」だと説明された。この証言にみられるとおり、個人の資質や政府との関係といった条件も考慮されうるということを付記しておきたい。

任務

サンガ機構の各レベルの任務は、組織手続き九三条から一二六条に見られるように、サンガ関係の規則・手続きなどの制定・伝達、僧籍登録、サンガ裁判の開催など多岐にわたっている。僧籍登録、サンガ裁判に関しては後述するため、ここでは「基本規則」、「手続き」の制定および各寺院・僧侶への伝達過程について述べておく。

「基本規則」「手続き」の改正、補充、削除の原案は、国家サンガ大長老委員会が作成し、国家中央サンガ運営委員会に提出する（組織手続き二二〇、二二四条）[19]。国家中央サンガ運営委員会の承認を受けると、「手続き」の場合はここで成立するが、「基本規則」については、全宗派合同サンガ大会議の承認を受けた際にのみ成立する（組織手続き二二三条）。「基本規則」はサンガ機構の「憲法」に相当するため、全宗派合同サンガ大会議は、最高議決機関として位置づけられていると言えるだろう。

以上の過程を経て「基本規則」「手続き」が承認されると、国家サンガ大長老委員会は州・管区サンガ長老委員会に伝達し、さらに郡、地区・村落区サンガ長老委員会へと伝達されていく（組織手続き九六条 c 項、一〇一条 c 項）。地区・村落区サンガ長老委員会が地区・村落区内に止住する僧侶、見習僧に周知させ（組織手続き九三条 c 項）、中央レベルの決定が全国のサンガ全員に周知されるというシステムになっている。

なお郡、州・管区、国家中央サンガ運営委員会議を開催する際には教戒師が出席し、会議の際に助言を与える役割を果たす（組織手続き一〇〇条、一〇六条、一一六条）。

会議

各レベルのサンガ運営委員会議、長老委員会議は、下部組織からの提案、および上部組織からの指示を聞き、それらに関する組織としての行動について審議するために開催される。審議が終了すると、必要に応じて下部組織、あるいは各寺院に指示が出される（組織手続き二〇〇条）。各レベルのサンガ運営委員会議は少なくとも一年に一回（基本規則五五、五七、六〇、六三条）、地方レベルのサンガ長老委員会議は少なくとも三ヶ月に一回（基本規則六七～六九条）開催されることになっている。

国家サンガ大長老委員会は、三グループに分かれて四ヶ月交代で業務にあたっているため、各グループの四ヶ月に一回の交代時期に全体会議を開催し、それぞれのグループの業務報告と引継ぎが行われる（組織手続き一一八、一一九条）。

全宗派合同サンガ大会議は、基本規則三四条では五年に一度開催されると定められ、実際一九八〇年、八五年、九〇年、九五年の四回開催された。しかし一九九五年に基本規則の第二回改正が行われ、サンガ全体に関係する重要な審議事項が現れた際のみ会議を開催すると改められたため（基本規則八〇条）、九五年の第四回大会議以降は開催されていない。

この制度改正の理由について、公文書には具体的な説明が見られないが、筆者が宗教省宗教局幹部のM氏に聴き取りを行ったところ、以下のような回答を得た。「全宗派合同サンガ大会議の開催には政府の資金援助をせざるをえず、これを行うと政府が仏教を支援していることになり、他宗教（特にムスリム、クリスチャン）や外国政府からの批判を避けるために、開催しなくなった」。前述したように、ミャンマーにおいて非仏教徒の反発を招くことは、国内統治が困難となる事態にもつながりかねない。また近年ミャンマーは、アメリカを始めとする国際社会からも信仰の自由が侵害されているとして非難されており、それへの対処策であったことも十分に考えられる。さらにサンガ組織基本規則は一九八五年、一九九五年の二回にわたり、実態に即して改正されてきたため、定期的に大会議を開催して改正を行う必要性がなくなったのではないかとも推測される。

任期

前述したように、一九九五年までは五年に一度全宗派合同サンガ大会議が開催されており、その際に選出された公認サンガ代議員によってまず国家レベルの各組織を結成、次に地方レベルの各組織を結成するという手順を踏んでいたため、各組織の委員の任期は五年であった[20]。実際、第一期（一九八〇年〜一九八五年）、第二期（一九八五年〜一九九〇年）、第三期（一九九〇年〜一九九五年）と五年ごとに各レベルで新組織が結成されている。

しかし一九九五年の第四回全宗派合同サンガ大会議以降は合同会議が開催されなくなったため、国家レベル、州・管区レベル、郡レベルのサンガ長老委員の任期は「通常六年である。六年が経過した際、二五パーセントを新旧交代しなければならない。この方法で三年に一回、実施しなければならない」（基本規則八六〜八八条）と改められた。この条文は理解しにくいが、具体的には、一九九五年の合同会議から六年が経過した二〇〇一年までを第四期（一九九五年〜二〇〇一年）とし、第五期（二〇〇一年〜二〇〇七年）からは、三年ごとに二五パーセントずつの入れ替えが行われていくという方式がとられている（組織手続き一六三条b項）。つまり任期は最短で三年、最長で一二年ということになる。

以上のような三年ごとの二五パーセント入れ替え制度導入の理由について公文書には説明されていないが、筆者の聴き取りに対して宗教省宗教局幹部のM氏は、「大長老の中には、高齢で委員としての任務を遂行できない状態であるにもかかわらず、権力の座にしがみつこうとする委員もいる。こうした状態が続くと、若くて有能で、意欲的な僧侶が上部組織の構成員になれなくなるため、長期にわたって地位を独占できない制度に変更した」と説明した。上述したように、上部組織の命令に実効性を持たせるため、サンガ機構の上位ほど法臘の多さが求められる制度が制定された。しかしこの制度を採ることによって、必然的に上位になるほど実務能力が低下するという事態も発生する。そうした高齢の僧侶の交代を促し、実務能力の向上を目指したのが、一九九五年からの二五パーセント入れ替え制度導入の要因であったと考えられる。

各レベルのサンガ運営委員、公認サンガ代議員については任期が特に定められていない（基本規則八一〜八四条）。しかし各レベルのサンガ長老委員が三年ごとに二五パーセントずつ交代していくということは、その空席を補充する必要上、サンガ運営委員も三年ごとに二五パーセント程度は交代しているものと考えられる。

なお、国家、州・管区、郡教戒師の任期は規定されていない（基本規則九〇条）。

4 僧侶・寺院の登録

以上のように、国家レベルから各地区・村落区レベルに到るまでサンガの組織体制が築かれた大きな目的のひとつは、サンガを国家の管理体制下に組み込むことであった。しかしサンガの全国的組織を持たなかったミャンマーでは、一九八〇年の合同会議以前は、寺院数、僧侶数の把握すら不可能な状態であった。そのため出家であることを示す明確な指標が必要となり、タイやスリランカの制度を参考にして考案されたのが、「ワーゾー月僧籍表（Wazo Thanga Sayin）」と「僧籍登録証（Thadhanawin Hmattan）」である。以下、この二つの制度について概説しておく。

「ワーゾー月僧籍表」とは、各寺院に止住する僧侶の名簿である。僧侶は七月頃のワーゾー月から一〇月頃のダディンジュッ（Dadingyut）月までの雨安居期間中の移動が禁じられているため、止住する寺院を変えることができない。そのため、雨安居入りのワーゾー月に、各寺院に止住する僧侶を把握しようとするものである。まず各寺院に、郡サンガ長老委員会からワーゾー月僧籍表が配布される。住職は当該寺院で雨安居を過ごす僧侶、見習僧全員について僧籍表に記入し、それを郡サンガ長老委員会へと提出する。郡サンガ長老委員会は不適格な僧侶が含まれていないことを確認した上で署名すると、郡人口管理・国民登録局がサンガ長老委員会から僧籍表を回収する。郡人口管理・国民登録局は僧籍表を州・管区宗教局に送付し、州・管区宗教局からさらに国家サンガ大長老委員会、州・管区サンガ長老委員会、入国管理・人口省の人口管理・国民登録局に送付するという手続きがとられる（PTWH 1981）。これは一九八〇年に初めて実施されて以来、現在に到るまで毎年行われている。

一方の「僧籍登録証」とは、僧侶のＩＤカードにあたり、僧侶であることを証明するものである（組織手続き二二七条）[21]。一八歳以上の見習僧、および僧侶に対して発行の手続きが取られ、まず地区・村落区サンガ長老委員会が郡サンガ長老委員会に対して報告する（組織手続き二二八条）。郡サンガ長老委員会は、郡入国管理・国民登録局に対して僧籍登録証の発行を請求する（組織手続き二二九条）。郡入国管理・国民登録局は、入国管理・人口省の入国管理・国民登録局に報告し、僧籍登録証が発行されることになる（PTWH 1981）。指示二五（一九八一年六月二四日）によれば、僧籍登録証は一九八一年から発行が開始されている。

なお、一八歳以下の見習僧、および高齢の一時出家僧（*donlaba*）に関しては、ワーゾー月僧籍表には登録されるものの、僧籍登録証は発行されず、住職・授戒師（*upitze*）が発行した得度記録（*yethkyok*）と国民登録証を保持することになっている（組織手続き二三二条）。ただし各寺院の住職、および宗教省関係者への聴き取りによれば、一時出家かどうかの見極めが難しいため、実際は二〜三年様子を見てから僧籍登録証の発行を申請するという。また僧籍登録証を取得した場合、一二歳以上のミャンマー国民が携帯を義務づけられている国民登録証は返還しなければならない。僧籍登録証の取得後に還俗した場合は、再び国民登録証を取得することになる。なお、僧侶がサンガ裁判で有罪と判決された場合には、僧籍登録証は没収される（組織手続き二三三条）。

僧侶の登録とともに行われたのは寺院の登録である。しかしあらゆる「寺院」が公認されたわけではない。それでは、公認されるかどうかはどのような基準によって判断されたのであろうか。以下、指示三三（一九八一年一二月七日）に基づいて寺院の公認基準について述べておく。

まず寺院が政府公認の寺領地（*thadhanamyei*）に建設されている場合は無条件で寺院として公認される。問題は寺領地でない政府所有地や個人所有地、在家信者が寄進した土地、仏塔の境内に建設された「寺院」である。そうした建物を寺院として認定するかどうかの決定を下すため、国家サンガ大長老委員会は、国家、州・管区レベルのサンガ機構から三名、郡レベルの政府組織から二名の計五名からなる調査委員会（Sisityei Ahpwe）を結成させた。調査委員会の主な判断基準は、まず住職が戒律を厳守しており、経典学習、説教、瞑想などの任務を果たしていること。次に、俗人の住居より広い一定の面積を持ち、境内は塀で俗人の居住地とは隔てられていること。そして俗人の家屋とは異なった、寺院にふさわしい建物が存在すること。以上の条件を満たした場合のみ、寺院として認められたのである。寺院としてふさわしくないと認定された場合には、止住する僧侶に対し、調査委員会が退去を命ずることになっていた。

さらに寺院から俗人を退去させることも、第一回〜三回の全宗派合同サンガ大会議で再三説かれ、指示も三回にわたって出されている。ヤンゴン市内中心部のT寺院の住職への聴き取りによれば、一九八〇年以前には多くの貧しい人々がT寺院の境内に住み着いていたが、寺院内の雑務なども行っていたため、僧侶も黙認していた。しかし一九八〇年以降、政府機関の協力を得て、そのような俗人を強制移住させたという。

以上のような制度改革に共通するのは、僧俗の境界を明確化させるということであろう。[22] そして国内に止住するあらゆる僧侶、国内に存在するあらゆる寺院は、少なくとも制度上は国家による管理体制下に置かれるとともに、僧侶としての修行形態も規格化が目指されるのである。しかしそのことは、後述するように、かならずしも実践面での統一を導出したわけではない。

5　サンガ裁判制度

全宗派合同サンガ大会議の開催の大きな目的のひとつは、仏教の「浄化（*thanshinyei*）」すなわち、僧侶に戒律を厳守させることであった。上座仏教において、僧侶は二二七条の戒を遵守することが義務づけられており、二二七戒の中でも四つの大罪（*parazika* 性交、盗み、殺人、すぐれた修行者であると虚言すること）を犯した場合にはサンガからの追放、一三条の大罪を犯すと一定期間の別住、その他の軽罪を犯した場合は告白によって許される、といった罰則規定が設けられている。しかし僧侶が罪を認めないケース（*anuwadadigayon*）や、寺院や寺領地の所有権争い（*wiwadadigayon*）もしばしば発生する。

こうした問題を解決するのは王朝時代においては王に任命された仏教主を中心とする長老会議トゥーダンマの役割であったが、植民地時代の一九三五年より僧侶も世俗の裁判所で裁かれるようになったため、トゥーダンマ会議の存在意義は失われていた（Mendelson 1975: 189–193）。そのため独立後の一九四九年にはウー・ヌ政権によってサンガ裁判所法（Wineikhsaya Htana Et-upadei）が制定され、世俗の裁判所とは別のサンガ裁判所の設置が試みられた。しかしトゥーダンマが主導権を握っていたため、シュエジン派やドワーラ派の反発を招くことになる。そのため一九五四年にはサンガ裁判・サンガ法廷法（Wineikhsaya hnin Wineikhsayahkon Et-upadei）に改正され、裁判官は原告と被告の宗派に応じて選定されるようになるが、この制度はトゥーダンマの僧侶にさえ支持されず、さほど実効力を持たなかった（Mendelson 1975: 239–245）。

その後一九六三年から一九六四年にかけて僧侶による反政府運動が発生すると、一九六五年にネーウィン政権は実効性のないサンガ裁判所法を廃止し、サンガ裁判制度は失われていた。一九七五年に内務宗教省の指示によって、内務宗教省、および世俗の裁判所が裁判を担当していたが、一九八〇年以降は、サンガによるサンガ裁判が実施されることになる。

ここでは「戒律に関する紛争・事件の解決手続き」（以下「解決手続き」）によって、サンガ裁判制度について述べておく（小島［二〇〇六：四三一—四五〇］参照のこと）。

まず留意しておきたいのは、刑法に触れる場合、または国家が原告となる場合は、世俗の裁判所で裁判を行い、刑法には触れないがサンガ内の戒律に触れる場合、あるいはサンガ内の紛争が発生した場合のみ、サンガ裁判が実施されることである（解決手続き二一条）。また異なる宗派間、あるいは僧侶・見習僧と俗人の間で発生した所有権争い、教理に関する論争、国家中央サンガ運営委員・国家教戒師が被告となった場合については、郡サンガ長老委員会が国家サンガ大長老委員会に審理を依頼する（同五条）。

上記以外の紛争・事件に関しては、原告・被告が所属する宗派のサンガ裁判委員会（Thanga Wineikhsaya Ahpwe）が郡レベルから順に判決を担当する。

〈郡サンガ裁判委員会〉

裁判を担当する律護持師（Winido）は、郡内に止住する僧侶の中から選出され、法臘一〇年以上、戒律に関する知識が豊富で、自らも戒律を厳守していることが条件とされている（同六〜一〇条）。律護持師の定員は、郡内に止住する僧侶数に応じて規定されている（同一三条）。ただし律護持師は、郡、州・管区、国家の各レベルのサンガ長老委員、あるいは教戒師との兼任はできない（同二〇条）。

以下、具体的な裁判手続きについて述べる。まず原告は郡サンガ長老委員会に対し、告訴状を提出する（同三条）。郡サンガ長老委員会は告訴状を受理すると、被告に告訴状を送付し、釈明書を提出させる（同五条）。また律護持師の表の順番に従って順送りに律護持師三名（あるいは五名）、補欠二名を含む郡サンガ裁判委員会を組織し、判決を依頼する（同二四条a項）。

サンガ裁判委員会は、各自の裁判を開始する旨を関係政府機関に報告し、政府機関は適当な裁判所を準備するとともに必要な支援を行う（同二七条）。

サンガ裁判委員会は、原告の訴えを被告が認めた場合、審理を行わず戒律に基づいて解決することができる。所有権に関する紛争の場合は、原告と被告の間で調停を行い、両者が同意した場合、同意書に署名をさせて解決したとみなす。この調停は、審理に入る前に、最大三回まで行うことができる（同三七条）。原告の訴えを被告が認めなかった場合、あるいは調停に失敗した場合は審理に入ることになる。

まず原告、被告の両者から提出された証人、証拠品、供述書、証言などを精査した後、原告の告訴状、被告の釈明書に請求された判決の棄却、承認を行う。サンガ裁判委員全員の意見が一致しない場合は、委員の多数決によって判決する。反対の律護持師は、判決文に反対の旨を記して署名するものとし、各委員で異なる判決を下すことはできない（同四二条）。サンガ裁判委員会は判決文を原告、被告の前で朗読し、判決文を手渡す（同四三条）。また判決を下した後五日以内に郡サンガ長老委員会に事件記録を提出する（同四五条）。

サンガ裁判委員会の判決が下りると、その判決が執行されるよう、郡サンガ長老委員会は、郡政府機関の執行委員会に依頼する。戒律違反によって還俗処分の判決が下された場合は、被告を還俗させる。被告が見習僧になることを希望する場合にはサンガ裁判委員会の許可を得させる（同五八条）。

〈州・管区サンガ裁判委員会〉

郡サンガ裁判委員会の判決を不服とする原告・被告は、関係する州・管区サンガ長老委員会に上告書を提出することができる（同四六条）。州・管区サンガ長老委員会は、州・管区内にある、一審判決を行った郡とは異なる郡の律護持師三名（または五名）、補欠二名からなる州・管区サンガ裁判委員会を組織する（同四九条）。州・管区サンガ裁判委員会は、郡サンガ裁判委員会の判決が適切であった場合、一審判決を支持し、上告を棄却する。一審判決が適切でない場合には再審を行う（同五〇条）。

〈国家サンガ裁判委員会〉

州・管区サンガ裁判委員会の判決を不服とする原告、被告は国家サンガ大長老委員会に上告書を提出する（同五一条）。国家サンガ大長老委員会は、事件が発生した地域以外の国家中央サンガ運営委員三名（または五名）、補欠二名からなる国家サンガ裁判委員会を組織する（同五四条）。国家サンガ裁判委員会は、州・管区サンガ裁判委員会の判決が適切であった場合には上告を棄却し、判決が適切でない場合に再審を行う（同五五条）。

また上述したように、同一宗派内での紛争に関しては、各宗派内の律護持師によってサンガ裁判を開催することになっているが、問題となるのは、宗派間の紛争、あるいは僧侶と俗人の間で発生した紛争に判決を下す場合である。そうしたケースについては、国家サンガ大長老委員会が、関係する州・管区内に止住する律護持師のリストの中から、できる限り多くの宗派を含んだ律護持師三名（または五名）、補欠二名を選び、州・管区サンガ長老委員会に対して、サンガ裁判委員会を組織するよう指示する（二四条b項）。州・管区サンガ裁判委員会の決定を不服とする場合には、国家サンガ大長老委員会に対し、上告書を提出することができる（同二四条 g項）。

なお、国家サンガ裁判委員会の判決が、戒律、解決手続き、判決の手引きと矛盾することが明らかである場合や、教理に関する論争の解決にあたっては、国家サンガ大長老委員会が国家中央サンガ運営委員の中から適当な人数で国家特別律護持師委員会（Naingngandaw Thihkya Winido Ahpwe）を組織する（同五六条d項、五七条 e項）。

さらに国家中央サンガ運営委員、国家教戒師が被告となった場合には、国家サンガ大長老委員会の裁判小委員会が、国家中央サンガ運営委員をメンバーとする国家特別サンガ裁判委員会（Naingngandaw Thihkya Thanga Wineikhsaya Ahpwe）を結成し、判決を依頼する（同五七条）。

なお、国家サンガ裁判委員会、国家特別律護持師委員会、国家特別サンガ裁判委員会の判決に対しては上告できないことになっている（同五六条 a項）。

6　戒律違反に対する規制の強化

以上のようなサンガ機構内部での裁判手続きが決定されると、これを受けて人民議会は、一九八〇年人民議会法第三号「戒律に関する紛争・事件の解決法（Winidanmakan Adigayon Hmuhkinmya Hpyeishin Hsonhpyatyei Hsaingya Upadei）」を可決した。この法律には、サンガ裁判委員会の判決に基づき、各レベルの政府機関が執行すべき任務について述べられている（TUH 1985：付録）。

しかしこの法律には具体的な罰則規定が存在しなかったため、サンガ裁判委員会によって還俗判決を受けたにも関わらず、僧侶が刑罰を受けず、そのまま僧籍にとどまるといった事態も生じた。そのため人民議会は「戒律に関する紛争・事件の判決の保護法（Winidanmakan Adigayon Hmuhkinmya Hhpyeishin Hsonhpyathkyetmya go Kagwe Saungshauk di Upadei）」（一九八三年人民議会法九号）を可決し、サンガ裁判委員会の判決や指示に従わない者に対しては六ヶ月から五年の禁固刑が科せられるという規定が設けられた（Sao Htun Hmat Win 1983）[23]。

ただ上記の法律は、あくまで裁判にかけられた場合の罰則規定であり、裁判にかけられない僧侶の戒律違反に対しては有効とならない。なぜなら所有権争いの場合は原告・被告ともに存在するが、戒律違反の場合は、それを訴える原告が存在しなければサンガ裁判が成立しないからである。そのため「サンガ組織手続き」には、「地区・村落区内の僧侶の戒律違反を発見、または噂を聞いた場合、原告不在でも該当する宗派の地区・村落区サンガ長老委員会で取り調べ、訓戒を行い、それに従わない場合は、郡サンガ長老委員会が調査を行い、決定を下す」との規定が設けられている（組織手続き九三条 g〜l項）。しかし依然として戒律違反は減少しなかったようで、国家サンガ大長老委員会は郡サンガ長老委員会に対して指示六五（一九八四年八月八日）を発布し、寺院の住職を通じて僧侶の戒律違反の抑止に務めること、抑止できない場合には政府機関の支援を受けるべきだとする規定が設けられた。

こうした指示が出されたのは、他寺院の僧侶の戒律違反を咎める地区・村落区のサンガ長老が存在しなかったか、あるいは仮に訓戒を行っても従わない僧侶が多かったからだと考えられる。前述したように、一九八〇年の全宗派合同サンガ大会議の開催当初は、サンガの問題はサンガ内で解決する、ということが政府によるサンガ統制の大原則であった。そのため戒律違反の取締りはまず住職によって、それが有効でない場合にはサンガ機構による取締りが試みられた。しかしサンガ機構による取締りも実効力を持たなかったため戒律違反は相変わらず減少しなかった。それゆえ政治権力と

サンガ機構の協力によって取締りが強化されるという方向へ向かっていくのである。(24)

7　教育改革

第一回全宗派合同サンガ大会議の決議事項のひとつとして挙げられた教育改革の基本方針（（一）僧侶の倫理の向上、（二）三蔵経典の精通、（三）パーリ語能力の向上、（四）ミャンマー語能力の向上）に基づき、一九八二年の国家中央サンガ運営委員会議において、国家サンガ大長老委員会が提出した「教理教育計画（Pariyatti Pinnyayei Simangein）」が承認された。具体的には図2-2のような教育システム計画が示され、基本試験上級に合格した場合、（一）教学寺院で教理学習を進め、講師試験、三蔵憶師選抜試験（Tipihtakadara Yuehkyeiyei Sameibwe）合格を目指す、（二）国家仏教大学に進学、（三）住職学校（Kyaunghtaingpongyi Thindankyaung）に進学、の三つの進路を選択するという制度が設けられた（TUH 1982a: 39–40）。

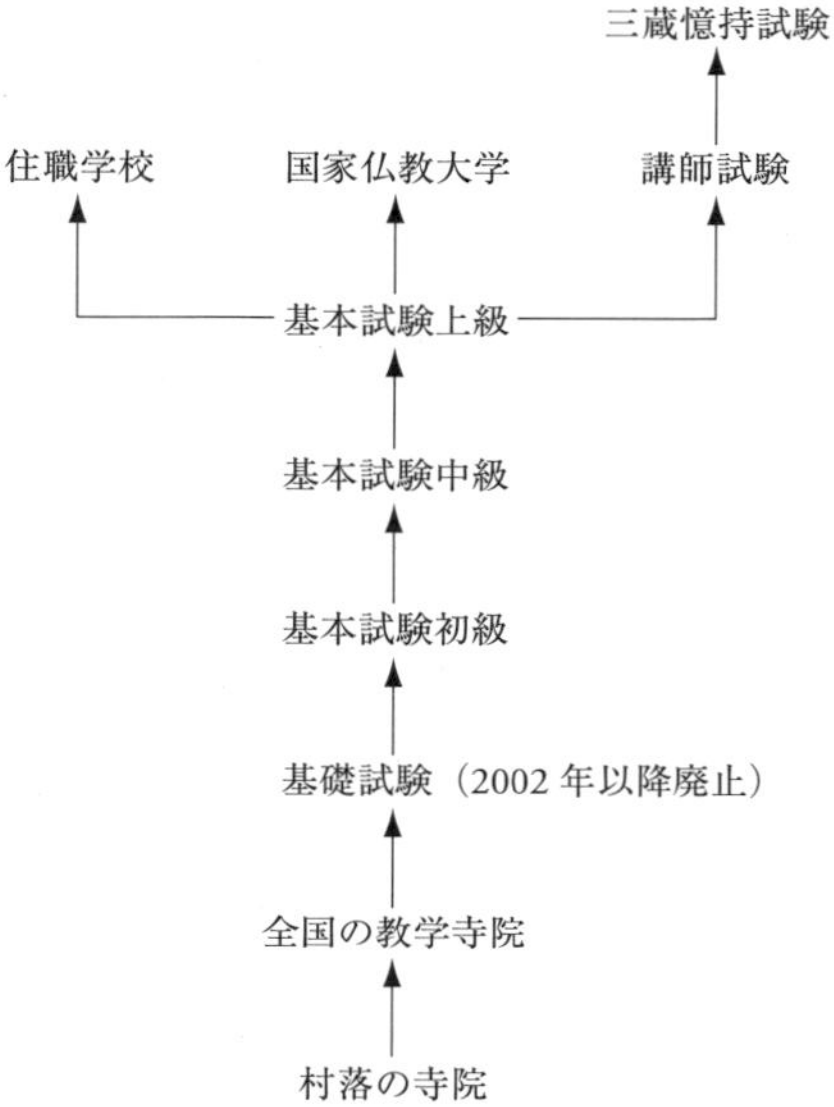

図 2−2　「教理教育計画」にもとづく僧侶教育システム

出所：TUH（1982b）に基づき筆者作成。

（一）の教理試験は、王朝時代より王が主催する基本試験（Pahtamabyan Sameibwe）が行われてきたが、一八八五年の王朝時代の終焉とともに一時中断する。しかし一八九五年には再開され、独立後の一九五〇年以降、合格者に対し、政府から賞金と上級試験用の経典が授与されるようになる。その後現在に到るまで、基本試験初級（Pahtamangedan）、中級（Pahtamalatdan）、上級

(Pahtamagyidan)、その上に位置する講師試験、そして最難関の三蔵憶持師選抜試験が政府によって開催されている。[25] このうち一九八〇年以降に行われた改革としては、一九八五年より基本試験初級の下に基礎レベル(Ahkyeipyu Muladan)が設けられているが、この試験は基本試験初級と試験範囲が重なる部分が多かったため、指示九〇(二〇〇一年九月五日)によって二〇〇二年度から廃止されている。

(二)の国家仏教大学は、国家サンガ大長老委員会によって一九八六年にヤンゴン校、マンダレー校が開校され、一九八九年から学生の受け入れを開始した。[26] 設立の目的は、「教学寺院で講師試験の受験レベルにまで達している者は極めて少ないため、その少数の僧侶に対しては国家仏教大学で教育にあたり、残りを各教学寺院で教育することによって、より効果的に教理教育を進めること」であると教理教育計画には説明されている(TUH 1982a: 9)。つまり教理を熟知したエリート僧侶の養成機関だと言える。学士課程と修士課程が存在し、修了者には仏教学士(Thadhanatetkathila Danmasariya)、仏教修士(Thadhanatetkathila Maha Danmasariya)が授与される。[27]

(三)の住職学校は一九八三年にヤンゴンに開設されたのを皮切りに、一九八六年にはザガイン、一九八七年にはマンダレーと、一九八〇年代に三校が開設された(TUH 2004a)。入学資格は、法臘が七年以上で、政府基本試験上級、または私立試験機関の試験のいずれかのレベルに合格すること、合格していない場合は入学試験に合格することが条件になっている(TUH 1982b: 17)。設立の目的としては、戒律(*thila*)、禅定(*thamadi*)、知恵(*pinnyayei*)の三つの条件に満たされた僧侶の養成、道徳心に満ちた在家の育成、地方の子供たちに対する世俗教育の実施などが挙げられている(TUH 1982b: 3–4)。そのため、経典学習のほか、結界方法の実地指導、仏教史、布教方法、僧院管理運営方法、説法の仕方、政府小学校の教科などに関する教育が行われている(TUH 1982b: 19–23)。ただしミャンマーには住職の任命制度は存在しないため、二年間の学習期間を終了すれば全員が住職となれるわけではなく、各自の主体的努力に委ねられている(平木二〇〇〇:一〇六—一〇七)。

以上の他に行われた制度改革として挙げられるのは、国家サンガ大長老委員会の教育小委員会によって、国内で出版される仏教関係の書籍の原稿がすべて検閲され、その承認を得て初めて出版が許可されるようになったことである。それでは、承認の判断は何を基準として行われるのであろうか。まず「基本規則」には、「上座部（*hteirawada*）とは第一回仏典結集から第六回仏典結集までの六回の仏典結集において承認されたパーリ聖典、注釈書（*ahtakahta*）、復注（*diga*）などを始めとする三蔵経典をさす」（二条e項）との定義がなされている。また「組織手続き」にも、国家サンガ大長老委員会は「三蔵経典と一致しない説法、記述、教育、展示などの調査、決定、禁止を行うことができる」（一一〇条i項）との規定が見られ、三蔵経典に基づくかどうかが判断の基準とされていることがわかる。

また教理に関する判決を行う国家特別律護持師委員会は、一九八〇年から一九九八年までに、僧侶や在家信者によって説かれた一一の教理に対して異端判決を下し、国内においてその教理を説くことを禁止している（TUH 2003b）。

これらの事実は、仏典結集版の三蔵経典に則り、国家サンガ大長老委員会が正統であると承認した教理解釈のみを「正統」な仏教とみなし、それ以外の教理解釈に基づく実践を排除しようとする方向にむかったことを示している。こうした他の上座仏教諸国にもみられる動きは、仏教の制度上の均質化を目指すものであった。

三　SLORC政権以降の仏教政策（一九八八～二〇〇五）

1　統制の強化

一九八〇年代中盤以降、経済の低迷が続くと、長い軍政に対する反発から一九八八年に学生を中心とする民主化運動が発生する。デモには一部の青年僧侶も参加している。また学生グループは武装少数民族勢力とも結びつき、少数民族と政府軍の戦闘も激化する。

こうした事態の収拾を目的として国軍のソーマウン（Saw Maung）大将を委員長とする国家法秩序回復評議会（State Law and Order Restoration Council: SLORC）が一九八八年九月に全権を掌握する。SLORCは一九七四年憲法を停止し、民主化運動で国民が強く求めた複数政党制の導入と総選挙の実施を約束した。さらに経済体制についても、社会主義体制から市場経済体制への移行に向けて積極的な姿勢を見せた。その後一九九〇年五月に、SLORC政権は公約どおりに総選挙を実施すると、アウンサンスーチー（Aung San Su Kyi）を書記長とする国民民主連盟（National League for Democracy: NLD）が全議席中の約八〇パーセントを獲得して圧勝した。しかしSLORCは政権移譲を拒否し続けたばかりでなく、NLDの当選議員を続々と逮捕した。

こうした状況下において、一九九〇年八月八日の民主化運動二周年記念日より、マンダレーの僧侶団体を中心に、デモ、政府からの寄進や公式行事参加の拒否などを主戦略とする反政府ボイコット運動が発生する。一九八八年の反政府デモへの参加が一部の僧侶にとどまったのに対し、このボイコット運動は全国的な広まりをみせる(伊野 一九九一)。

このような僧侶の政治活動への参加は、ミャンマーでは決して珍しいことではない。僧侶は世俗社会からは切り離された存在ではあるが、同時に地域社会や国家と密接な関わりを持っているのである。しかし僧侶が政治活動に参加することは、反政府活動が正当化されることにもつながるため、政府にとっては都合が悪い。それゆえデモに参加した僧侶の多くが政府によって逮捕されるという事態が生じることになる。

まずSLORCは一九九〇年一〇月に指令六/九〇を発令して、公認九宗派以外の僧侶団体を廃止するとともに、「仏教の名を借りた政治活動」を禁止した。これは反政府デモを扇動したとされるサンガ統一協会(Thanga Thametgi Ahpwe)などの団体を非合法化し、その取締りを狙ったものである。またその翌日には反政府活動を行う僧侶を取り締まるための戒厳令(指令七/九〇)を発令した。その結果ボイコット運動は中止されたが、一一月に入るとソーマウンは、国家サンガ大長老や全国各地のサンガ長老を訪れ、指令六/九〇に基づき、法律に違反して政治活動を行う「偽僧侶」、「偽見習僧」を処分する旨を奏上した。その結果、逮捕・還俗処分を受けた僧侶は、SLORC発表によれば二〇〇名以上(NNTA 1991: 387)、人権団体の政治囚支援協会(Assistance Association for Political Prisoners: AAPP)によれば三〇〇〇名以上(AAPP 2004: 16)にのぼった。

政治活動を行った僧侶の逮捕の際に適用された法律は、一九五〇年に制定された非常事態法第五条j項で、「国家の治安を乱す者は、七年以内の禁固刑、または罰金刑、あるいはその両者に処せられる」というものである(Ba Kyaing 2004: 169)。上述したように、サンガ裁判を行う前に、世俗法の適用を優先するという原則があるため、現在に到るまで多くの僧侶がこの法律を適用され、逮捕されている。

このように、サンガに対する管理統制は八〇年代以上に強化されることになる。前述したように、八〇年代からサンガ統制の動きは存在したが、国家権力による協力を得つつも建前上はサンガが主体となって取り組まれてきた。しかし民主化運動以降の九〇年代に到ると、国家権力による直接的な僧侶弾圧が開始されるのである。

こうしたボイコット運動を行った僧侶への弾圧について、SLORCは、仏教の「浄化・永続・普及」を目指したものであり、インドのアショーカ王を始めとする古代の「正法王」の伝統にならってサンガを「取締り、戒め」たものだと説明している（NNTA 1991: 387）。一九八〇年全宗派合同サンガ大会議の際と同様に、仏教の「浄化・永続・普及」という言葉を用いて、政府は僧侶の政治活動に対する統制を正当化するのである。

2　仏教保護政策

以上のような弾圧が行われる一方で、僧侶に対する支援もSLORC政権期に開始される。まず僧階の授与数が急増し、さらに一九九一年より二〇種類の新僧階が制定されて僧階数も大幅に増加した[28]。新僧階の特徴として挙げられるのは、仏典教授、瞑想指導、説法に優れた僧侶に対してばかりでなく、後述する山岳地帯での布教活動において優れた実績を挙げた僧侶にまで授与されることである（TUH 1992b）。

また僧階を授与された僧侶と、山岳地帯での布教僧に対し、毎年授与される政府からの布施が四～五倍に引き上げられるとともに、教理試験の合格者に対する布施も従来の六倍に増額した（NNTA 1991: 377）。

サンガ機構の高僧として国家に貢献した僧侶に僧階が授与されるのみならず、反政府的な活動によって逮捕された高僧に対し、釈放後に僧階の授与や講堂などの寄進が行われるケースもしばしば見られる[29]。このような弾圧と懐柔によって、高僧の政権側への取り込みが図られているのである。

さらにSLORC政権期に入ると、政府による仏塔・仏像の修築・新築がさかんに行われるようになる。SLORC政権の誕生した一九八八年度から一九九一年度までの政府による寄進は五七件、総額四億五五一〇万チャットにのぼる

表2–2　1988年度から1991年度までの間のSLORC政権による仏教関係の布施の金額

仏塔・仏像の修築	43件	3億3230万チャット
住職学校の新築	5件	3470万チャット
州・管区，郡サンガ機構の組織	1件	3000万チャット
仏教大学（ヤンゴン，マンダレー）	1件	2500万チャット
公園などの整備	1件	880万チャット
教理試験合格者に対する賞金，僧階の授与	1件	770万チャット
仏教関係の建物の建築	3件	660万チャット
仏教文化学校の建築	1件	500万チャット
第3回全宗派合同サンガ大会議，僧階の授与	1件	500万チャット

出所：NNTA（1991：388–389）に基づき筆者作成。

が、表2–2を見れば明らかなように、仏塔・仏像の修築が、件数、金額とも最多を占めている。[30]

ＳＬＯＲＣ政権による仏塔建立の代表例として挙げられるのは、一九九六年に完成した仏歯パゴダ（Swedawmyat Zedidaw）である。これは一九九四年に中緬二国間友好協定にもとづいて中国から仏歯が貸与されたのを受け、ヤンゴンとマンダレーに仏歯の複製を内蔵した仏塔を建設したものである（TUH 2001: 39–40）。また一九九七年にＳＬＯＲＣから名称変更して成立した現ＳＰＤＣ（State Peace and Development Council 国家平和発展評議会）政権も、二〇〇二年にマンダレー郊外で発見された巨大な大理石を利用して、ヤンゴン郊外の王法丘（Mindanmagon）に世界平和アバヤラバムニ大仏（Lawga Hkyanda Abayalabamuni Yokpwadawmyatgyi）を建立している（TUH 2001: 41–44）。

現政権首脳による仏教への寄進活動や、高僧への布施の場面は、毎日のように国営テレビで放映される。こうした活動は、基本的に「世俗主義」をとったネーウィン政権時代にはほとんど行われておらず、現政権になってからの大きな政策転換である。政策転換の目的は、仏教に対する支援活動を国民の多数を占める仏教徒に示すことによって、現政権に対する支持を獲得するためであろう。そうした意味では、積極的な仏教保護政策によって仏教徒国民の支持を獲得したウー・ヌの政策と類似してきているのである。

写真 2-1　世界平和アバヤラバムニ大仏の境内

3　少数民族への仏教布教

前節で述べたSLORC政権による仏教政策は、宗教省によって具体化され、実行に移される[31]。宗教省は一九九一年以降、大規模な組織改革が行われ、現在では宗教省傘下に宗教局（Thadhanayei Uzi-htana）、仏教発展普及局（Thadhanadaw Htunga Pyanpwayei Uzi-htana）、国際上座仏教布教大学（Apyibyi-hsaingya Hterawada Bokdathadhanapyu Tetkadho）という三つの部局がおかれる体制（図 2-3）となっている。

このうち一九九一年に新設された仏教発展普及局は、上座仏教の国内外での普及、ミャンマーの伝統文化や習慣の復興などを目的としたものである。また一九九八年に開校した国際上座仏教布教大学においては、外国人に対する教理教育が行われるとともに、外国人に対して英語で教理教育を行う僧侶が養成されている（TUH 2001: 17-38）。このように、国内外への仏教普及が政府主導のもと積極的に開始されるのが、政策変更の大きな特徴となっている。本節

宗教省

＜宗教局＞
- 宗教および判決課
- 試験課
- 管理課
- 印刷出版課

＜仏教発展普及局＞
- 国外布教課
- 国内布教課
- 指導課
- 国家仏教大学（ヤンゴン）課
- 国家仏教大学（マンダレー）課

＜国際上座仏教布教大学＞
＊教理学部
＊瞑想学部
＊宗教信仰および布教学部
＊外国語教育および翻訳学部

図 2-3　宗教省組織図

出所：TUH（2001）に基づき筆者作成。

では、仏教発展普及局によって推進されている国内への仏教普及事業のうち、非仏教徒少数民族への仏教布教について述べる(32)。

少数民族に対する布教活動は、独立後間もなくの一九五〇年に、ウー・ヌ政権によって設立された仏教評議会によっても試みられ、一九五六年には全国に九五箇所の布教所が設立されている。また各地に僧侶教育学校が建設され、少数民族に対する衣服や薬品の寄付なども行われたが、仏教への改宗者はさほど多くなく、失敗に終わっている（Mendelson 1975: 306–307）。その後ネーウィン政権に入って国家による布教活動は目指されなくなるが、一九八二年、国家サンガ大長老委員会は山岳仏教布教中央サンガ委員会（Taungdan Bokdathadhanapyu Baho Thanga Ahpwe）を新設し、一九八〇年代には山岳地域を中心に一三二箇所の布教所（Thadhanapyu Htana）を建設した（THPU 1994: 前文）。一九九一年の仏教発展普及局の開設以後、政府の財政的支援を受けて布教所は急増し、二〇〇二年現在、全国四〇七箇所の布教所で四七二名の布教僧、三二名のティラシン（*thilashin* 女性修行者）、七七五名の在家信者が布教活動にあたっている（TUH 2002: 17）(33)。

布教僧の養成と山岳地域への派遣を担当しているのは、仏教発展普及局によって一九九四年に新設された上座仏教布教教戒師委員会（Hteirawada Bokdathadhanapyu Owadasariya Ahpwe）である。委員会は九名の僧侶によって構成され、布教僧に対する布教講座の開催や、布教僧の布教所への派遣を担当している(34)。

また国家仏教大学も一九九一年に仏教発展普及局の傘下に編入され、政府が財政援助を開始すると、学生僧の学位取得の際には山岳地帯への布教活動が義務づけられる。国家仏教大学ヤンゴン校の文書係長K師への聴き取りによれば、一九九三年度から二〇〇一年度までに総計三八五名が布教活動に従事し、現在も一五九名が布教にあたっている。以上のような布教活動の結果、仏教への改宗者は、合計一一万四九三五名にのぼるとされる（TUH 2002: 17）(35)。

布教活動の目的について、公文書には明確な説明が見られないが、布教講座の講師を務めるK師（六五歳）は、布教活動を推進する理由について以下のように説明しているという。「ミャンマーの国民が団結できず、民族間の紛争がしばしば発生するのは、イスラム教徒やキリスト教徒の存在が大きな原因である。それゆえ国民のイスラム教徒、キリスト教化を防ぐとともに、仏教を広めて平和な国家を作らなければならないのだ」。

植民地期に増加した非仏教徒少数民族は、全人口の約一割を占めるに過ぎないが、独立直後から政府軍との間で武力闘争を繰り返してきた(36)。それゆえ、非仏教徒少数民族を仏教に改宗させることにより、少数民族を含めた国民統合が実現され、「平和」な国家が築かれるのだという認識のもと、布教活動が推進されているのだと考えられる。

しかし公文書には国民統合を目指して少数民族の改宗を進めるとの文言は一切現れず、逆に「信仰の自由」を保障するという原則が強調され、仏教以外の宗教指導者に対する補助金の支給などを行っていることが述べられている（TUH 2001: 15–16）(37)。つまり表面上は「信仰の自由」をうたいながら、現実には他宗教の仏教への改宗を推進するという矛盾した政策をとっていることになる。

「信仰の自由」を強調しなければならない理由としてまず考えられるのは、非仏教徒少数民族の反発を招くからであろう。ウー・ヌ時代の仏教国教化問題をめぐる国政混乱の経験から言っても、少数民族の改宗政策を積極的に打ち出すことはできないのである。補助金の支給も、非仏教徒の反発を和らげることを目的としていると考えられる。

ただもう一点、見逃してはならないと考えられる要因は、外国政府や人権団体からの圧力である。たとえばアメリカ政府国務省民主主義・人権・労働局が作成した「世界各国の信教の自由に関する年次報告書」二〇〇四年度版（BDHL

2004）には、信仰の自由を認めることによって国家統合が脅かされるとの見方を軍事政権が維持し続けているため、キリスト教徒やムスリムに対する信仰の自由が阻害されているとの記述が見られる。そのため一九九九年よりミャンマーは、信仰の自由が甚だしく侵害された「特に憂慮すべき国家（Countries of Particular Concern: CPC）」に指定されている。またタイに本部を置く人権団体である政治囚支援協会も、『ビルマ――僧侶が還俗させられ、投獄される国』を出版し、政府による僧侶弾圧の実態について詳細に報告している（AAPP 2004）。こうした国際的な批判もあり、政府は「信仰の自由」を標榜せざるをえないのだと考えられる。しかしその一方で、非仏教徒に対する仏教布教活動を行い、ミャンマー的な「国民統合」の実現を目指しているのである。

四　「全宗派合同会議」後の制度化の現実

前述したように、一九八〇年以降、国定のサンガ機構によって様々な制度が築かれ、ミャンマーのサンガは国家による管理体制下に置かれてきた。以下では、こうした国家による制度化後の地域における仏教実践のあり方について、フィールド調査で得られたデータに基づいて記述する。特に制度からは「それる」あるいは「無縁」な実践に注目することによって、国家権力や地域社会とかかわりながら形成されてきたミャンマー仏教の実践の現実をとらえようとするものである。

事例としてとりあげるのは、シャン州東部のタイ国境に近い町チャイントン（Kyaington クーン語の発音ではチェントゥン）を中心に分布する少数民族タイ・クーンを信徒とするクーン派の実践である。(38)

チャイントン郡サンガ長老委員長への聴き取りによれば、数年前まで、チャイントン郡内に登録された二六九の寺院のうちタイ・クーンの寺院が二五〇寺院（九三パーセント）、シャン寺院が一五寺院（六パーセント）、ビルマ寺院が四寺院（一パーセント）であったという。ここ三～四年の間に、ビルマ寺院が急速に増え、現在ではシャン寺院より多い一七寺院となっているが、タイ・クーンの寺院が圧倒的に多いことに変わりはない[39]。

クーン派サンガの中でもアニャタムと呼ばれる最高位に位置するのは、K寺院のH師（七九歳）である。H師は一九二六年にチャイントン郊外の農村に生まれ、一〇歳の時、村の寺院で出家、一四歳でK寺院に移った。三〇歳の時（一九五六年）に開催された仏典結集を見物するためヤンゴンに赴き、そのままビルマ語を勉強するため、ヤンゴン市内の寺院に止住したが、二年後にはチャイントンのK寺院に戻った。その後一九八〇年全宗派合同サンガ大会議の際、H師は会議開催準備のためのサンガ運営委員六六名の一員に、チャイントン郡代表として選出される。当時チャイントンにはビルマ語を話せる僧侶がほとんどおらず、ビルマ語を話せる僧侶のなかで法臘が最大であったH師が選ばれたのだという。H師がヤンゴンに赴くと、「全国には三六の宗派が存在するが、タイのタマユット・マハーニカイの二宗派制にならい、ミャンマーでもシュエジン・トゥーダンマの二宗派制にする」との説明を宗教省から受けたため、やむなくクーン派のトゥーダンマ入りを了承した。しかしチャイントンに帰ってその旨を報告すると、クーン派の僧侶や在家信者の反発を受けた。そのためH師は一九八三年ごろ宗教省に対し、クーン派の独立を申請したが、すでに基本規則第八条に「一九八〇年二月一日以降の新宗派創設を禁ずる」との条項が定められていることを理由に、聞き入れられなかった。その後一九八五年まで第一期国家中央サンガ運営委員を務めたが、高齢のため二期以降は務めず、チャイントンに戻った。そして一九九七年に前アニャタムが死去したため、クーン派の中で法臘が最大であったH師がアニャタムに就任したのだった。

一方、政府公認のサンガ機構であるチャイントン郡サンガ長老委員会長を務めるのは、同じクーン派に属するI寺院のK師（五七歳）である。K師は、一九八〇年にサンガ機構が結成された当時、三二歳であったにも関わらず、ビルマ語能力を買われてチャイントン郡サンガ長老委員会委員長に抜擢され、現在に到るまで務めている。

二〇〇四年現在、チャイントン郡のサンガ機構のうち、サンガ長老委員七名（委員長一名、書記長一名、委員五名）は全員、タイ・クーン僧が占める。サンガ運営委員二二名はタイ・クーン僧一九名、シャン僧二名、ビルマ僧一名によって構成されている。ところがサンガ裁判を担当する律護持師九名に関しては、ビルマ僧五名、タイ・クーン僧二名、シャン僧二名となっており、寺院数の比率と比べてビルマ僧が多くなっている。その理由は、サンガ裁判を開催する際に、律護持師は五名必要であり、ビルマ僧同士が問題を起こした場合は、ビルマ僧に裁判を担当させるためだという。一方でタイ・クーン僧やシャン僧にはほとんど問題が起こらず、裁判そのものを行ったことがないため、律護持師も少ないのだとK師は説明する。

K師は、そもそも「ビルマ人の言いなり」のサンガ長老委員長など、辞めたくて仕方がないが、それでも辞めないのは、ビルマ僧をサンガ長老委員会に加入させたくないからだという。ミャンマー中央部の経済的困窮によって、一九九〇年代から職を求めてチャイントンに移住するビルマ人が急速に増加した。それに伴い、ビルマ僧も増加しつつある。それゆえ、サンガ長老委員会にビルマ僧が入り、彼らにサンガ機構運営の主導権を握られてしまうことを、K師はもっともおそれている。

また政府の大臣らがK師のもとを訪れ、「タイに出稼ぎに行かないよう在家信者に説法してほしい」との依頼を受けたことがある。しかし「誰も好きで外国に出かける者はいない。ミャンマー国内に仕事がないのが出稼ぎの原因であり、それを説法によって止めることはできない」と拒否したのだという。このように、「政府の言いなり」と言いつつも、タイ・クーンとしての主体性を保とうとする姿勢が、K師には見られるのである。

K師は、サンガ機構内では郡内最高の地位にあるものの、タイ・クーンの在家信者の信奉を集めているのは、やはりアニャタムのH師である。また公的にはトゥーダンマに編入されたものの、クーン派としてのまとまりは失われていない。在家信者組織によれば、クーン派の寺院はチャイントンの二五〇寺院を最多としてミャンマー国内に約五〇〇寺院が存在し、全国の寺院の住職が一年に一回、アニャタムのH師のもとを訪れ、集会を開催している。

経典もタイ・クーン独自の文字によって書かれ、その読み方はビルマ式よりタイ式に近いが、タイ式とも若干異なる。またクーン語によって経典を学習するため、ほとんどの僧侶がミャンマー政府の教理試験を受験しない。つまりクーン派の僧侶は、ミャンマー政府の構築したサンガ機構に表面的には組み込まれながらも、ミャンマー政府の主催する教理試験を受験し、ミャンマーという国家の築く制度の中での位置づけの上昇をはかろうとはしないのである。

また注目すべきは、クーン派独自の教理試験を開催し、それがタイの方式を踏襲していることである（石井一九九八：九二）。クーン派の僧侶が進んだ教理教育を受けることを希望する場合、ミャンマー中央部の教学寺院よりもむしろ言語習得が容易で経済的に発展したタイ（特にチェンマイ）の寺院に移る僧侶のほうが多い[40]。つまり彼らは、ミャンマー中央部よりむしろ国境を越えたタイ仏教とのつながりを意識しているのである。国家が築こうとする仏教とはまったく異なる求心力の所在を、クーン派の実践は示している。

このことから明らかなように、全宗派合同会議の開催以降、国家によって様々な制度が築かれ、仏教の均質化が目指されながらも、制度的中心から離れた国家の周縁部においては、国家による統制と折り合いをつけながら、地域に根ざした独自の実践が維持されているのである。

五　政策の担い手の現実

前述したように、仏教を利用した国民統合政策のひとつとして非仏教徒少数民族への仏教布教政策が開始され、政策が具体化されて以降、一一万人以上が仏教に改宗したとされている。それでは布教活動の担い手となる僧侶は、なぜ国家政策の推進に協力するのだろうか。ここでは、シャン州ナンサン（Nanhsan シャン語・パラウン語の発音ではナムサン）郡H村で、少数民族リス族への布教活動にあたったM師（四〇歳）の事例を挙げておく[41]。

M師はナンサン郊外出身のパラウン族である。村には学校がなかったが、教育を受けたかったため、一一歳の時、ナンサンの寺院で見習僧として出家した。その後住職の紹介でバゴー、ヤンゴン、マンダレーの教学寺院にて経典学習に励むとともに、教理試験を受験し、一六歳で基本試験初級、一八歳で中級、二一歳で上級に合格した。その後何度も講師試験を受験したが合格できなかったため、学位取得を目指して国家仏教大学を受験した。しかし入学試験に失敗したため、より合格しやすい住職学校に二七歳から二年間通った。卒業後も講師資格取得の夢があきらめきれなかったため、国家仏教大学を再受験したところ、二九歳の時に合格することができた。

その後三五歳で卒業試験に合格したが、学位取得のためには布教活動を行わなければならない。そのため一九九九年から二〇〇〇年にかけてシャン州東部のタンヤン（Tanyan）、二〇〇〇年から二〇〇一年までは故郷ナンサン近くのH村に派遣され、布教活動に従事した。

H村での生活は、当初は困難だった。まず食料に関しては、当初は托鉢の習慣が村に浸透していないため、村長であ

写真 2-2　ナンサン郡Ｈ村の布教所

り、布教在家に任命されたＫ氏が政府からの補助金をもとに食事の手配を担当した。またリス語で説法をできないＭ師のために、通訳を担当した。

Ｈ村に仏教が普及したのは、彼らの努力によるところが大きいが、仏教徒になった村人に対して政府から恩恵が与えられたことも関係している。リス族の自称はリショ（Lisho）であるが、リショという民族名は、ミャンマー政府公定の一三五民族には含まれていない。そのため政府からリショとみなされたままでは、中国からの不法移住者として扱われる。一方、仏教に改宗した場合には公定民族リスであるとみなされ、国民登録証が発給される。また改宗した村では政府米を安く購入できるという制度があったため、仏教への改宗は村人に大きな利益をもたらした。

Ｋ氏は、さらにクリスチャンの六世帯に対しても説得を行った。しかし精霊（*nat*）信仰者とは異なり、クリスチャンの場合は改宗が困難であったため、改宗した場合には政府米五〇キロを無償で支給すると約束したところ、六世帯のうち三世帯が改宗した。

こうして二〇〇一年には村人の中から三名の見習僧、および三名のティラシンが誕生した。彼らには出家としての基本的な礼儀作法を身につけさせた後、ヤンゴンの寺院で教育を受けさせている。二〇〇五年現在、H村には三名の見習僧が止住しており、その他にもヤンゴンの教学寺院で村出身の見習僧五名、ティラシン三名が教理学習に励んでいる。

M師は大学に復帰後、布教活動の成果が認められ、二〇〇一年に仏教学士の学位を取得できた。学士を取得すると、外国在住の在家信者や僧侶、または外国政府からの招待を受けて布教活動を行ったり、あるいは在家信者の支援で教理学習を続けたりする機会が増える。M師の場合はアメリカ在住のパラウン僧が保証人となってくれたため、宗教省の協力を得て、パスポート、ならびにアメリカビザ取得のための推薦状を取得し、アメリカ大使館に申請した。しかし以前、同様の推薦状を得てアメリカに布教活動に赴いた僧侶が還俗し、行方不明になったことを理由としてビザが取得できず、現在までビザ取得を待っている。もしアメリカに赴くことができた場合には、英語の勉強を積むとともに、瞑想、教理についてアメリカ人に説法したいと考えている。可能であればアメリカに止住し続けたいが、困難であれば故郷のナムサンに帰り、寺院の住職になるつもりである。還俗するつもりは今のところないが、人間の気持ちは無常（*aneiksa*）であるから、何とも言えないという。

以上述べてきたM師の経歴からうかがえるのは、彼の講師資格取得への執念である。一九八二年に国家サンガ大長老委員会によって仏教学教育計画が策定され、図2-3のような僧侶教育の枠組みが作られたことについては前述した。M師の辿った経緯は、図2-3の下部から上部へと上昇し、国家仏教大学からの仏教学士号取得をもって頂点に達する。そのために通過しなければならないのが布教活動だったのである。

学位を取得した僧侶にとって、機会に恵まれた場合、外国へ「布教」に赴く、または教育を受けるチャンスが得られるのが大きいメリットである。M師のみならず、ミャンマーの僧侶の多くは海外渡航の夢を口にする。ある国家仏教大学の学生僧（二七歳）は、私と初対面の頃、入学動機を尋ねた筆者に対し、「植民地以前、ミャンマーには仏教徒しか存在しなかった。ところが植民地化以後、少数民族には非仏教徒が増加してしまったため、彼らを仏教徒化し、仏教国ミャンマーを実現するためには少数民族への布教活動が必要だ。自分もそれに参加したいため国家仏教大学に入学した」と回答した。ところが一週間ほど経ってうちとけた後に話を聞いた際には「本当はここに入学したのは外国へ行くのが目的だ。外国へ行けば、在家信者たちから多くの布施を受け取ることができる。その布施で、ミャンマーに病院や学校を建てたい」と述べ、その変容ぶりに驚いたことがある。しかしこれは決して特殊な例ではなく、他の国家仏教大学の学生への聴き取りでも多くの僧侶が外国に止住したいとの希望を語った。

仮に出国できなかったとしても、前述したように国家仏教大学の卒業生の多くは教学寺院の教師や寺院の住職となれる可能性が高い。つまり自らの僧侶としてのステータスの上昇を目指して布教活動へと赴く僧侶も多いのではないかと考えられる。こうした事実は、国民統合の実現のために僧侶を利用する国家の姿とともに、自らにとって望ましい条件を獲得するために制度を利用する僧侶たちの姿も浮き彫りにしている。

おわりに

最後に、本章で明らかになったことをまとめるとともに、今後の課題と展望を示す。

本章の大きな目的は、現代ミャンマーにおいて、国家が上座仏教といかに関わっているかについて明らかにすることであった。そのため本章ではまず一九八〇年全宗派合同サンガ大会議に注目し、その開催の背景と、会議後に制定された制度や政策の詳細を明らかにした。

まず一九八〇年に合同会議の開催が必要とされた理由は、反政府デモへの僧侶の参加や、超自然的な「力」を信仰する仏教徒集団の増加が、中央集権的な国家体制にとって危険だとみなされたためだと考えられる。それゆえネーウィン政権は、サンガ機構の設立による仏教の統制を目指した。しかし他の上座仏教諸国と異なり、ミャンマーでは一九八〇年までサンガ機構が設立されず、さらに公認九宗派の存続を認めるという特徴が見られる。これは王朝時代に由来する多くの小宗派が合同会議の開催に反発したためであった。

こうした反発に配慮しつつ、合同会議は開催されることになる。会議後には中央集権的なサンガ機構が成立し、国内に止住するあらゆる僧侶が国家の管理統制下に置かれるとともに、僧侶の登録、サンガ裁判、教育改革などが実行に移される。そして三蔵経典に則り、サンガ機構によって公認された教理解釈に基づく仏教が「正統」な仏教のあり方だとされ、それ以外の教理解釈に基づく実践を排除する方向へと向かった。他の上座仏教諸国と同様に、ミャンマーにおいても仏教の制度上の均質化が目指されたのである。

一九八八年の民主化運動発生後にネーウィン政権が崩壊し、ＳＬＯＲＣ政権に交代すると、宗教政策も大きく変更されることになる。その特徴として挙げられるのは、政府によるサンガへの統制が強化されるとともに、積極的な仏教保護政策が実行に移された点である。これは仏教に対する「統制」と「支援」を行うことによって仏教の「浄化・永続・普及」を目指したものだと政権は主張する。しかし政権が実際に目指しているのは、政権にとって都合の悪い政治僧の弾圧と、仏教徒国民による支持の獲得であった。つまり民主化運動という政治的危機に直面した政府は、積極的に仏教の政治的利用をはかることによって、軍による政権運営を正統化しようと試みてきたのである。

しかしこうした軍政の目論見が、現実には外れていることは、二〇〇七年の反政府運動の再発、そしてデモへの多数の僧侶の参加といった事態を見ても明らかである。筆者のフィールド調査からも見えてきたのは、国家の政策を受容し、少数民族への布教政策の推進に加担するかに見える国家仏教大学の学生僧たちでさえ、外国への移住など、建前とは異なる個々の目的の実現を目指す姿である。

一方で、国家による統制と折り合いをつけながら、サンガと在家信者の強い結びつきの中で独自の実践が存続していることも明らかになった。特に国家の周縁に位置づけられる国境域において、この傾向は強く見られた。しかし本章では国家や制度との関わりからミャンマー仏教をとらえようとしたため、地域に根ざした仏教実践のあり方や、仏教と地域社会との関わりについては十分に明らかにできなかった。

今後筆者は、中緬国境地域を事例とし、国家や地域と関わりながら実践される仏教のあり方について明らかにすることを目指している。こうした個別地域における事例研究を積み重ねることによってこそ、地域間比較研究が可能となり、さらに政治と宗教、国家と地域、制度と実践などの諸問題を考察するための手がかりが得られるのではないかと考えている。

註

(1) 本章では、国家の名称をさす場合は「ミャンマー」、民族名をさす場合は「ビルマ」を用いる。王朝時代については国家が成立していないため、「ビルマ」を用い、1948年の独立後の国名を「ミャンマー」とする。ひとつの理由は、国家名と民族名の混同を避けるためである。もうひとつの理由は、独立直後からビルマ語の国名はミャンマー連邦(Pyidaungzu Myanma Naingngan)であり、「ミャンマー」が用いられていることによる。

(2) カンボジアでは一九四三年(一九四八年に改正)の「勅令」によってサンガ機構が形成された(石井 一九八〇:二三一—二四)。サンガ機構はポル・ポト政権が誕生した一九七五年に崩壊したが、一九九〇年に『カンボジア国の仏教の建設』が公布された後に再建されている(本書第一章参照)。ラオスでは一九五九年(一九六二年、一九七〇年に一部改正)に「サンガ勅令」が制定された後、一九九八年には「サンガ統治法」が発布され、二〇〇五年に改正されている(本書付録一参照)。

(3) タイ、カンボジアは二宗派制をとり、ラオスには宗派規定が存在しない。

(4) 合同会議開催の背景について、生野(一九八二)は、政府がイニシアチブをとったものの、サンガも積極的に協力したとみる。これに対し、高谷(一九九〇)は、政府によるサンガや在家仏教徒の管理が意図されているとする。本章で示される結論は、高谷の主張と重なり合う部分もあるが、本章では制度や政策の分析のみならず、合同会議の開催や制度の成立に関わった宗教関係者やサンガ長老にまで聴き取りを行い、それに基づいて議論を展開している点が、高谷とは異なる。

（5）石井と並んでタイの仏教王権、政治組織と仏教の歴史的関係を扱ったものとしては、タンバイアの研究が挙げられる（Tambiah 1976）。タンバイアは独自の「銀河系的政体論」を展開したが、経典に記された仏教王権の概念に基づいて議論を進めている点に関しては基本的に石井と同様である。

この他、東南アジアにおける王権と仏教・ヒンドゥー教とのかかわりを広く扱ったものとしてはハイネ＝ゲルデルン（一九七二）、ミャンマーの政治権力と仏教・精霊信仰のかかわりについて論じたものとしては田村（一九八七）、高谷（一九九〇）などが挙げられる。

（6）本章では紙幅の都合により、シャン州のナンサン、チャイントンの事例しか取り上げられなかった。この他、調査を行なったカチン州モーフニン（Mohnyin）の事例については小島（二〇〇五b）を参照されたい。

（7）仏典結集とは、すべての教説を校合、編集して経典を統一することを目的とする。ミャンマーではインドで開催された第一～三回結集以後、スリランカを第四回、ミンドン王による一八七一年のマンダレー結集を第五回、一九五四年から一九五六年のウー・ヌ首相によるヤンゴン結集を第六回に数える。これはタイ所伝とは異なる（石井 一九七五：二六）。

（8）憲法条文の翻訳は、矢野（一九七三：一六一）に基づく。

（9）ガインの語源はパーリ語 *gana* であり、「会衆、組合、群」などを意味する（水野 二〇〇二：九七）。それゆえビルマ語では、前述したように、サンガの「宗派」を意味すると同時に、ウェイザー信仰にもとづく集団の呼称としても用いられる（土佐 二〇〇〇：三〇―三一）。

（10）エッガマハーパンディタ位はイギリス植民地時代の一九一五年に制定され、独立後のウー・ヌ政権によって再制定された。アビダザマハーラタグル位はウー・ヌ政権時代の一九五三年に制定されている（Mendelson 1975: 284）。

（11）括弧内の年齢は、すべて二〇〇三年から二〇〇五年にかけての調査当時の年齢である。ただし政治的理由により、インフォーマントが不利益を被る可能性がある場合には、年齢を明らかにしていない。

（12）具体的には、以下の文書が配布された。タイのサンガ議会組織図、カンボジアのサンガ議会組織図、ラオスのサンガ議会組織図、ミャンマーの王朝時代のトゥーダンマ組織図、仏教主法（Thadhanabaing Upadei）および律蔵に関する勅令、ミンドン王の勅令、ミャンマー仏教布教協会（Myanmapyi Bokda Thadhanapyu Ahpwegyokgyi）の基本規則要約（一九四二年）、ミャンマー連邦サンガ議会組織図、一九六五年ミャンマー連邦革命評議会法一号に基づき廃止された（一）一九四九年サンガ裁判所法、（二）一九五〇年パーリ語大学および講師法、（三）一九五二年パーリ語教育組織法、一九六二年から一九七八年までの宗教関係の発令、全サンガ組織基本規則原案（フモービー原案）、ミャンマー連邦僧籍登録証原案（フモービー原案）、全サンガ組織基本規則原案（マンダレー原案）、戒律に関する事件の解決法、僧籍登録証・ティラシン登録証（原案）、州・管区ごとに集計した寺院表とワーゾー月サンガ表、宗派ごとに集計した寺院表とワーゾー月サンガ表、三蔵経典（Keilatha 1980: 79–81）。

(13) Thanga Thanmuti-ya のうち *thanga* はビルマ語で「サンガ」、*thanmui* はパーリ語 *sammuti* に由来する語で「同意、選出、認定、許可」の意（水野 二〇〇二：三〇五）。*ya* はビルマ語で「得る」を意味し、全体では「サンガの同意、認定を得た」代議員の意となるため、ここでは「公認サンガ代議員」と訳した。

(14)「サンガ組織基本規則」「サンガ組織手続き」「戒律に関する紛争・事件の解決手続き」の日本語全訳は、小島（二〇〇六：三八〇—四五〇）に掲載したため、そちらも参照されたい。

(15) 公認九宗派の特徴については、Mendelson (1975)、Maung Maung (1981)、Ikuno (1987)、Bechert (1990)、Mamaka (2001) などを参照のこと。

(16) 国家サンガ大長老委員会の定数は、一九八〇年の第一回全宗派合同サンガ大会議の際には三三名とされたが、一九八一年に四五名、一九八五年より四七名に増員されている（組織手続き二五条）。

(17) ミャンマーの地方行政単位には、郡と州・管区レベルの間に県 (hkayaing) という単位も存在するが、県レベルにはサンガ機構は設置されていない。

(18) マグェー師は、委員長に選出される前は書記長を務めていた。マグェー師より法臘数が多い国家サンガ大長老委員の年齢と地位は、八五歳（副委員長）、八四歳（委員）、八三歳（副委員長）、八三歳（副書記長）となっている（TUH 2005）。

(19) 国家サンガ大長老委員会の定員四七名中、委員長、書記長を除いた四五名は一五名ずつ三つのグループ (*ahpwehkwe*) に分かれ、四ヶ月交代でヤンゴン市内のザンブディパ僧坊 (Zanbudipa Kyaunghsaung) に止住して任務を行う（組織手続き一一条b項）。各グループの一五名は、サンガ裁判関係の業務を担当する判決小委員会 (Wineikhsayayeiya Ahpwenge)、サンガ行政関係の業務を担当する仏教小委員会 (Thadhanayeiya Ahpwenge)、仏教関係の書籍原稿の検閲や各種教理試験の開催を担当する教育小委員会 (Pinnyayeiya Ahpwenge) の三つのいずれかに所属し、それぞれ五名ずつが業務を担当している (TUH 1995)。

(20) 地区・村落区サンガ運営委員は各寺院の住職が務めるため、必然的に任期は「住職を務めている期間中」ということになる（基本規則八五条）。

(21) 僧籍登録証に記録されるのは、一九八一年当初は以下の二〇項目であった (PTWH 1981: 53–57)。

（一）僧名、（二）寺院名、（三）誕生地、（四）生年月日、（五）国籍、（六）民族名、（七）以前保持していた国民登録証番号、（八）出家寺院、（九）出家日時、（一〇）授戒師名と寺院名、（一一）教理試験合格レベル、（一二）世俗教育の最終学歴、（一三）父の名前、（一四）父の国民登録証番号、（一五）母の名前、（一六）母の国民登録証番号、（一七）両親の住所、（一八）在家信者（男性）の名前、（一九）在家信者（女性）の名前、（二〇）在家信者の住所

ただし現在の僧籍登録証では（九）（一二）（一五）（一六）（一七）（一八）（一九）（二〇）についての記載はなく、より簡略化されたカード状の形態になっている。

(22) なお、仏教と関わる存在でありながら、あくまで世俗に属する仏塔や女性修行者ティラシンは、それまでサンガとしての管理が行われて

こなかったが、一九八〇年以降、両者ともサンガ機構の管理下におかれることになる。詳細は小島（二〇〇五b：四二―四三）を参照のこと。

(23) 具体的な罰則規定については、小島（二〇〇五b：三七―三八）を参照のこと。

(24) その後さらに詳細な規定が設けられ、僧侶の戒律違反に対する罰則は厳格化されていく。詳細については、小島（二〇〇五b：三八―三九）を参照のこと。

(25)「講師試験」は一九四一年より開催されたもので、経蔵、律蔵、論蔵それぞれの試験が存在する。「三蔵憶持師選抜試験」は、三蔵経典をすべて記憶することが目標とされており、口述試験合格者には三蔵憶持師（Tipihtakadara）、筆記試験合格者には三蔵熟知師（Tipihtakakawwida）の僧階が与えられる。一九五二年の開始以来、両僧階をともに取得した僧侶は九名しか存在しない。以上の他、五部経典試験（Nike Sameibwe）や在家信者向けの論蔵・清浄道論試験（Abidanma hnin Witokdimet Sameibwe）が実施されている。

(26) 国家仏教大学と同様の教育機関は、ウー・ヌ政権期にもサンガ大学（Thanga Tetkadho）やパーリ語大学（Pali Tetkadho）が開設されていた（Mendelson 1975: 303–308）。しかしネーウィン政権期に入った一九六二年以降、これらの大学は閉鎖された。

(27) 国家仏教大学の組織、カリキュラム等については奥平（二〇〇五）が詳しい。

(28) 最高僧階の授与者数は、以下のように増加している（NNTA 1991: 373）。

僧階名	SLORC政権以前			SLORC政権以後		
	85-86年	86-87年	87-88年	88-89年	89-90年	90-91年
アビダザマハーラタグル	1	1	1	2	2	5
エッガマハーパンディタ	7	6	5	10	34	65

なお、具体的な僧階名とその授与条件については、小島（二〇〇五b：一五七―一六〇）参照のこと。

(29) 具体的な事例は小島（二〇〇五b：四九―五〇）を参照のこと。

(30) 当時の一チャット（kyat）は約一円である。ただし二〇〇四年現在では一チャットは約〇・一円に急落している。なお、SLORC政権による寄進は国家予算からの支出ではなく、国民の布施を国家の指導の下、分配したのだと説明されている（NNTA 1991: 387–389）。

(31) 内務宗教省は、SLORC政権以降の宗教関係の業務の増加に伴い、一九九二年には再び内務省と宗教省に分離されている。

(32) 国内外への仏教普及をめざした事業の詳細については、小島（二〇〇五b：五三―五九）を参照のこと。また本文の記述で参照した宗教省宗教局印刷所発行の『事業要録』二〇〇一年、二〇〇二年版（TUH 2001; 2002）、および『指導記録』（TUH 2003b）は宗教省の内部資料であり、公刊されていない。

(33) ティラシンは、僧侶とほぼ同様の修行生活を送るが、ミャンマーでは「比丘尼」とはみなされず、あくまで俗人女性として位置づけられている。二〇〇三年には、比丘尼の存在の認められているスリランカで出家したティラシンが、国家サンガ大長老委員会に対し、ミャンマーで比丘尼の存在を認めるかどうかの決定を求める質問状を送付したが、国家サンガ大長老委員会の決定は、従来どおり比丘尼の存在を認めないというものであった（TUH 2004b）。

（34）布教活動に赴く際には、布教講座への参加が義務づけられている。一九九一年から二〇〇二年までの累計によれば、のべ五二回の講座が開催され、僧侶七五五名、ティラシン八六名、在家二九八六名が受講している（TUH 2002: 17）。

（35）国民登録証に「仏教」と記入した場合、仏教に改宗したとみなされる（平木 一九九八 a：三五）。

（36）一九八三年統計によれば、ミャンマー国内には一三五の公定民族が存在し、そのうちの主要民族の人口構成比は、ビルマ族六八・九六パーセント、シャン族八・四七パーセント、カレン族六・二二パーセント、ラカイン族四・五〇パーセント、モン族二・四二パーセント、チン族二・一九パーセント、カチン族一・三六パーセントとなっている（Immigration and Manpower Department 1986: 2–51）。なかでも国境、山岳地帯にはカレン族、チン族、カチン族が多く居住し、植民地時代に増加したクリスチャンの比率が高い。

（37）『宗教省事業要録』によれば、各宗教への補助金支給額は以下のように説明されている。

仏教一一万五〇〇〇チャット、キリスト教（プロテスタント）三万六三五〇チャット、キリスト教（カトリック）一万五六〇〇チャット、ヒンドゥー教三万八五〇〇チャット、イスラム教一〇万チャット、精霊信仰八万六五五〇チャット

ただこの数字は、一九八八年度から一九九一年度までの間に政府による仏教関係の寄進額が合計四億五五一〇万チャットだったのに比較すると非常に少なく、信頼できる数字であるか明らかではない。むしろ他宗教に配慮して低く示されている可能性も考えられる。

（38）チャイントンでの調査は、二〇〇四年九月二七日から三〇日にかけて行った。

（39）ただしK師によれば、第一回全宗派合同サンガ大会議の代議員選出の際に、政府が行なった調査によれば、一九八〇年時点ではチャイントン郡内には二九六寺院が存在しており、その後寺院数は増加しているので、おそらく実際には四〇〇寺院ほど存在する。実際の寺院数と登録寺院数のずれが生じる原因は、ひとつには寺院が山奥に存在するため、僧籍登録表が寺院まで届かない、あるいは届いたとしても特にタイ・クーンの僧侶はビルマ語が読めないため、サンガ長老委員会に返送して来ないのだという。

（40）これに対し、ビルマの影響を強く受けたシャンの僧侶たちはむしろ言語習得の容易なビルマの教学寺院で教育を受けることが多い。

（40）M師への聴き取り調査は、二〇〇四年三月二八日および九月二三日にヤンゴン市内のパラウン寺院で実施した。布教地シャン州ナンサンでの現地調査は二〇〇四年三月一一日～一三日にかけて行った。

参照文献

英語

AAPP (Assistance Association for Political Prisoners). 2004: Burma: *A Land Where Buddhist Monks Are Disrobed and Detained in Dungeons.* Mae Sot: Assistance Association for Political Prisoners.

Aung Kin. 1981. Burma in 1980: Pouring Balm on Sore Spots. In *Southeast Asian Affairs 1981*: pp. 103–125. Singapore: Institute of Southeast Asian Studies.

BDHL (Bureau of Democracy, Human Rights and Labor). 2004. *The International Religious Freedom Report.* Washington: Bureau of Democracy, Human Rights and Labor.

Bechert, Heinz. 1990. The Nikāyas of the Burmese Sngha in the Context of Contemporary Burmese Buddhism.『パーリ学仏教文化学』3: 1–13.

Brant, Charles S.; and Mi Mi Khaing. 1961. Missionaries among the Hill Tribes of Burma. *Asian Survey* 1: 44–51.

Ikuno, Zenno. 1987. Nine Sects (gaings) of Theravāda Buddhism in Burma. In: *Burma and Japan: Basic Studies on their Cultural and Social Structure.* edited by The Burma Research Group. pp. 117–134. Tokyo: The Burma Research Group.

Immigration and Manpower Department. 1986. *Burma 1983 Population Census*. Yangon: Ministry of Home and Religious Affairs.

Mendelson, M. E. 1961. The King of the Weaving Mountain. *Royal Central Asian Journal* 48: 229–237.

——— 1975. *Sangha and State in Burma: A Study of Monastic Sectarianism and Leadership.* edited by John P. Ferguson. Ithaca and London: Cornell University press.

Sao Htun Hmat Win. 1983. The Law, Human Freedom and Social Order in Buddhist Community. *The Light of the Dhamma* 19: 1–7.

Sarkisyanz, E. 1965. *Buddhist Backgrounds of the Burmese Revolution.* Hague: Martinus Nijhoff.

Silverstein, Josef. 1966. Burma: Ne Win's Revolution Considered. *Asian Survey*. 6 (2): 95–102.

Smith, Donald E. 1965. *Religion and Politics in Burma.* Princeton: Princeton University Press.

Spiro, Melford E. 1967. *Burmese Supernaturalism.* London: Transaction Publishers.

——— 1970. *Buddhism and Society: A Great Tradition and Its Burmese Vicissitudes.* New York: Harper&Row.

Tambiah, Stanley J. 1976. *World Conqueror and World Renouncer: A Study of Buddhism and Polity in Thailand against a Historical Background.* Cambridge: Cambridge University Press.

Tin Maung Maung Than. 1988. The Sangha and Sasana in Socialist Burma. *Sojourn* 3 (1): 26–61.

——— 1993. Sangha Reforms and Renewal of Sasana in Myanmar: Historical Trends and Contemporary Practice. In *Buddhist Trends in Southeast Asiá* edited by Trevor Ling, 6–63. Singapore: Institute of Asian Studies.

ビルマ語

Ba Kyaing, U. 2004. *Ye Tawunmya hnin thethsaingdaw Upadei yeiya Ahpyahpya.* Yangon: Thatlawadisapei.(『警察の任務に関する諸法規』)

Keilatha, Ashin. 1980. *Gaingpaungzon Thanga Asiaweigyi Thamaing.* Yangon: Thadhanayei Uzi Htana.(『全宗派合同サンガ大会議の歴史』)

Kumara, Batdanta. 1998. *Naingngandaw Pariyatti Thadhana Tetkadho Thamaing.* Yangon: Naingngandaw Pariyatti Thadhana Tetkadho.(『国家仏教大学の歴史』)

Mamaka. 2001. *Bokdabatha Thanga Gaingkwemya hnin Gainggyi Ko Gaing*. Yangon: Thaukkya Sapei.（『仏教サンガの宗派および九大宗派』）

Maung Maung, U. 1981. *Thanga Gainggyi Ko Gaing Agyaung*. Yangon: Pyithu Akin Sapei.（『サンガ主要九宗派の由来』）

NNTA（Nainngan-daw Ngeinwat-pibwahmu Tihsaukyei Ahpwe）. 1991. *Tainggyo Pyibyu 1988-1991*. Yangon. Naingngandaw Ngeinwat-pibwahmu Tihsaukyei Ahpwe.（『国益のための国の行動』一九八八～一九九一年版）

PKWH（Pyankyayei Wungyi Htana）. 1977. *Pyidaungzu Hsoshelit Thanmada Myanma Nainngandaw Hpwesipon Ahkyeihkan Upadei*. Yangon: Pyankyayei Wungui Htana.（『ミャンマー連邦社会主義共和国憲法』）

PTWH（Pyihteyei hnin Thadhanayei Wungyi Htana）.1981. *Thadhanawin Hmattanmya Pyuzu Hsetkatyei Hsainya Lokhtonlokni-mya*. Yangon: Pyiteyei hnin Thadhanayei Wungyi Htana.（『僧籍登録手帳の作成に関する手続き』）

THPU（Thadhanadaw Htunga Pyanbwayei Uzi Htana）. 1994. *Hterawada Bokda Thadhanapyu Owadasariya Ahpwe Simyin*. Yangon: Thadhanadaw Htunga Pyanbwayei Uzi Htana.（『上座仏教布教教戒師委員会規則』）

TUH（Thadhanayei Uzi Htana）. 1980. *Pahtamaakyein Gaingpaunzon Thanga Asiaweibwegyi Hmattan*. Yangon: Thadhanayei Uzi Htana.（『第一回全宗派合同サンガ大会議記録』）

——— 1982a. *Pariyatti Pinnyayei Simangein*. Yangon: Thadhanayei Uzi Htana.（『教理教育計画』）

——— 1982b. *Kyaunghtaingpongyi Thindankyaungmya hsaingya Simanhkyet Simyin*. Yangon: Thadhanayei Uzi Htana.（『住職学校に関する計画規則』）

——— 1985. *Winidanmakan Adigayonmuhkinmya Hpyeishin Hsonhpyatyei Hsaingya Lokhton Loknimya*. Yangon: Thadhanayei Uzi Htana.（『戒律に関する紛争、事件の解決手続き』）

——— 1992a. *Thanganayaka Letswe*. Yangon: Thadhanayei Uzi Htana.（『サンガ長老の手引き』）

——— 1992b. Thadhanadawhsaingya Bwedazeikmya Pyahtanhkyin. Yangon: Thadhanayei Uzi Htana.（『仏教関係の僧階の制定』）

——— 1995. Sutokhta Akyein Gaingpaunzon Thanga Asiaweibwegyi Hmattan Yangon: Thadhanayei Uzi Htana.（『第四回全宗派合同サンガ大会議記録』）

——— 1996. Thanga Ahpweasi Ahkyeihkan Siming hnin Loukhtonlouknimya. Yangon: Thadhanayei Uzi Htana.（『サンガ組織基本規則および手続き』）

——— 1998. *Wineikhsaya Letswe*. Yangon: Thadhanayei Uzi Htana（『判決の手引き』）

——— 2001. *Thadhanayei Wungyi Htana Hsaungyuethkyetmya Akying*. Yangon: Thadhanayei Uzi Htana. Yangon: Thadhanayei Uzi Htana.（『宗教省事業要録』）

——— 2002. *Thadhanayei Wungyi Htana Hsaungyuethkyekmya Akying*. Yangon: Thadhanayei Uzi Htana.（『宗教省事業要録』）

——— 2003a. *Hnyunkyahlwa-mya*. Yangon: Thadhanayei Uzi Htana.（『指示文書』）

――― 2003b. *Uzi Hmatsu.* Yangon: Thadhanayei Uzi Htana.（『指導記録』）
――― 2004a. *Pinsama Akyein Naingandaw Baho Thanga Wunhsaung Ahpwe Sutokhta Asiawei tho Tinthwin thaw Naingandaw Thangamahanayaka Ahpwe i Asiyinkanza.* Yangon: Thadhanayei Uzi Htana.（『第五期国家中央サンガ運営委員会第四回会議に提出された国家サンガ大長老委員会の報告書』）
――― 2004b. *Beikhkuni Wineikhsaya Sadan.* Yangon: Thadhanayei Uzi Htana.（『比丘尼に関する判決記録』）
――― 2005. *Pinsama Akyein Naingngandaw Thangamahanayaka Hsayadawmya Sayin.* Yangon: Thadhanayei Uzi Htana.（『第五期国家サンガ大長老のリスト』）

日本語

ハイネ＝ゲルデルン、ローバート　一九七二「東南アジアにおける国家と王権の観念」大林太良編『神話・社会・世界観』角川書店、二六三―二九〇頁。（原著 Heine-Geldern, Robert. 1956. *Conceptions of State and Kingship in Southeast Asia.* Data Paper No. 18. Southeast Asia Program, Cornell University.）

平木光二　一九九五「ミャンマーにおける宗教権威と政治権力」『印度学仏教学研究』四四（一）：一七五―一七九頁。

――― 一九九八ａ「ミャンマーの宗教裁判と sima 裁判（一九八六―一九八八）の判例――ヤンゴン管区バゴーチャウン布薩堂」『パーリ学仏教文化学』一一：一―一五頁。

――― 一九九八ｂ「ＳＬＯＲＣ政権下の少数民族地域における上座仏教の伝道――仏教雑誌にみるチン族伝道の歴史と現状」『パーリ学仏教文化学』一二：三三―四三頁。

――― 一九九八ｃ「ミャンマーの少数民族地域における仏教伝道の歴史と現状――とくにナガ族について」『印度学仏教学研究』四七（一）：二一二―二一七頁。

――― 一九九九「ミャンマー・モーニョ瞑想裁判（一九八三）の判例」『印度学仏教学研究』四八（一）：三二四―三二八頁。

――― 二〇〇〇「ミャンマー上座仏教の制度改革――住持養成学校現地調査報告」『パーリ学仏教文化学』一四：九九―一一二頁。

池田正隆　一九九五『ビルマ仏教――その歴史と儀礼・信仰』法蔵館。

生野善応　一九八二「ビルマ上座部全宗派合同会議」『アジア研究所紀要』九：五五―八六頁。

伊野憲治　一九九一「ミャンマー軍事政権（ＳＬＯＲＣ）の政治体制について（Ｉ）」『アジア経済』三二（一二）：六五―七八頁。

石井米雄　一九七五『上座部仏教の政治社会学――国教の構造』東京：創文社。

――― 一九八〇「カンボジアのサンガについて」『仏教研究』九：一五―三一頁。

――― 一九九八「シャン文化圏からみたタイ史像」新谷忠彦編『黄金の四角地帯――シャン文化圏の歴史・言語・民族』慶友社、八六―一〇三頁。
小島敬裕　二〇〇五ａ　「ミャンマー連邦サンガ組織基本規則」『東南アジア――歴史と文化』三四：一〇三―一二七頁。
――　二〇〇五ｂ　「現代ミャンマーにおける仏教と国家――「一九八〇年全宗派合同会議」後の制度化の現実」京都大学大学院アジア・アフリカ地域研究研究科提出博士予備論文。
――　二〇〇六　「現代ミャンマーにおける仏教の制度再編――「一九八〇年全宗派合同会議」後の仏教と国家」林行夫編『東南アジア大陸部・西南中国の宗教と社会変容――制度・境域・実践』（平成一五年度～平成一七年度科学研究補助金（基盤研究（Ａ）［一］課題番号一五二五二〇〇三研究成果報告書）三三七―四五〇頁。
水野弘元　二〇〇二　『パーリ語辞典　二訂版』春秋社。
奥平龍二　一九九〇　「国民統合の政治思想――『ビルマ的社会主義』論」土屋健治編『東南アジアの思想』（講座東南アジア学　六）弘文堂、一七三―二〇五頁。
――　二〇〇五　「ミャンマー上座仏教の制度改革――「国家仏教学大学」創設の意義、成果及びその役割」『パーリ学仏教文化学』一八：三一―四四頁。
高橋昭雄　二〇〇二　「ビルマ――軍による「開発」の停滞」末廣昭編『「開発」の時代と「模索」の時代』（岩波講座東南アジア史　九）岩波書店、二〇五―二三〇頁。
高谷紀夫　一九九〇　「ビルマの信仰体系と政治権力」阿部年晴・伊藤亜人・荻原眞子（編）『民族文化の世界（下）――社会の統合と動態』小学館、三九五―四一五頁。
田村克己　一九八七　「『伝統』の継承と断絶――ビルマ政治のリーダーシップをめぐって」伊藤亜人・関本照夫・船曳建夫（編）『国家と文明への過程』（現代の人類学　三）東京大学出版会、一三一―一五一頁。
土佐桂子　二〇〇〇　『ビルマのウェイザー信仰』勁草書房。
矢野　暢（訳編）　一九七三　『タイ・ビルマ現代政治史研究史料集纂』京都大学東南アジア研究センター。

第三章　宗教実践とローカリティ

――雲南省・徳宏地域ムンマオ（瑞麗）の事例

長谷川　清

一　はじめに

中国において、上座仏教は雲南省《ユンナン》南部の国境に沿った少数民族地域に分布し、タイ（傣）族、プーラン（布朗）族、アチャン（阿昌）族、ドアン（徳昂）族などが信奉している。シーサンパンナ（西双版納）タイ族自治州、ドゥホン（徳宏）タイ族ジンポー（景頗）族自治州は上座仏教徒が最も多く集中する地域だが、その他、パオシャン（保山）、リンツァン（臨滄）、スーマオ（思茅）などの各地域でも相当数の信徒がおり、それぞれの地域において「跨境民族」の宗教実践の中核をなしている。

一九八〇年代以降、改革開放政策の実施にともない、これらの地域では「国境」を跨ぐ形での様々な活動が顕著となった。この点は、エスニックな宗教実践に関しても同様である。少数民族の宗教的職能者や僧侶、世俗信徒などの様々なネットワークや儀礼活動が国境を跨る形で再生し、長らく分断と停滞のなかにあった「跨境民族」の宗教実践のかたちを大きく変貌させた。ドゥホンやシーサンパンナなどでは、「国境」を越える要素として、新たな意味を帯び始めた宗教伝統＝上座仏教の共有性を軸に、地域としてのアイデンティティやローカリティの再編成が試みられている。この点は観光開発やそのプロモーション活動において顕著である。東南アジア大陸部の諸国家・諸民族と共有しあう「上座仏教圏」の歴史性を強調した「民族文化」の演出が行われている。近年、規模拡大化の傾向が著しいシーサンパンナやドゥホンの水かけ祭り（潑水節）はその典型とも言えよう。

周知のように、東南アジア大陸部の諸国家では、上座仏教は国民統合やナショナリズムと結びつき、世俗の政治権力だけではなし得ない重要な役割を演じている。伝統的な王権体制から「国民国家」に移行する過程で統一的なサンガ（僧伽）の体制を創出する一方、「国教」としての制度化が図られてきたタイ、長い王朝体制の下で王権を支える役目をもち、世俗国家に移行後も社会と文化の諸領域において上座仏教の規範や価値観が支配的なビルマ（ミャンマー）、社会主義的な政治体制づくりを経験した後、冷戦体制の終結と改革開放路線への転換、市場経済の浸透などによって、そのイデオロギーが脱色され、代わって上座仏教が統合のシンボルとして新たな意義を担い始めたラオスやカンボジアなど、やや図式的な整理ではあるが、上座仏教を取り巻く国内的な諸関係や文脈は多様な内実を有している。

こうした「上座仏教圏」が抱える多様な状況に対し、エスニックな視点を持ち込むと、事態はさらに複雑なものとなろう。雲南省の上座仏教社会の場合がそれにあたるが、東南アジア大陸部においてはビルマのシャン州を拠点とするシャン仏教がそうした類型に含まれる。シャン仏教はビルマの王朝支配やサンガ統制から一定の距離を有し、シャン人としてのエスニシティの保持と深く関わる点や、国家によって制度化された「国教」としての上座仏教社会ではあまり顕在的にならない多様な「教派」「宗派」の存在やその意義が、近年の調査研究によってしだいに明らかにされつつある。

本章はドゥホンタイ族ジンポー族自治州（以下、ドゥホン州と略記する）のルイリー（瑞麗、ムンマオ）地区におけるタイ族の上座仏教及びその宗教実践に焦点をあて、社会主義体制のもとでの変遷や現状について明らかにする。該地区の上座仏教は、ビルマのシャン州に隣接することもあってビルマ側からの影響を様々な面で受けているが、シャン州との越境的なネットワークや人的な往来関係が今なお強く保持されている。この点において、「国境」を跨いで国家体制の周縁部にある「跨境民族」の宗教実践の動態的なプロセスを検討していくことは、該地区で今日再構築されつつあるローカリティの理解に重要な分析視角を提供するように思われる。

ルイリー地区は、タイ族の伝統的な政体の地理的基盤であるマオ盆地（*tong mao*）の北側に位置する。地理的単位として生態学的に一体性を有するマオ盆地は、中国とビルマという国家空間に二分されている。ドゥホン州の行政単位としてのルイリー（瑞麗県／市）地区に対して、ビルマ側ではムセ（木姐）、ナムカム（南坎）がルイリー（瑞麗）江の南岸地区に位置し、伝統的な盆地政体としてのムアン（ムン、勐）を二つの国家体制のなかに分断している。行政単位としてのルイリーは、ムンマオ（勐卯）鎮、チェーシャン（姐相）郷、ロンタオ（弄島）鎮、ムンシュウ（勐秀）郷、ホーイー（戸育）郷から構成されている（図3-1参照）。

二〇〇四年度の統計資料では総人口一一万五三五五人のうち、漢族四万九一〇四人、タイ族四万九三二六人、ジンポー族一万二二九六人、ドアン族一五三五人だが、中華人民共和国の成立以後の人口変動については、大躍進期の人口減少と漢族人口の増加が顕著である点を除けば、比較的緩慢な変化である（表3-1参照）。しかし、一九九〇年代以降は流動人口が多く居住し、ルイリー地区における民族間関係はきわめて複雑は状況のなかにある（劉尚鐸編　一九九三）。マオ盆地のタイ族を主体とする上座仏教徒は二つの異なった社会主義体制下において、いかなる宗教実践を展開してきたのだろうか。

以下では、中国側での現地調査によって収集した資料にもとづき、中国・ビルマの国境線が二つの国家体制に分けるマオ盆地の「国境」を挟んだ上座仏教徒の往来やネットワークの現状、宗教政策や社会主義革命の進展によって変容の過程をたどってきた宗教実践の様態、多様な実践主体間の相互関係や国家／政府との交渉などの検討を通じて、一九八〇年代以降のルイリー地区のタイ族村落を中心とした仏教復興及びその社会的波及をめぐる諸問題について素描を試みたい(1)。

表3-1　ルイリー地区の民族構成

	1951年	1958年	1978年	1988年	1990年
漢族	2,406	4,660	27,027	30,527	31,797
タイ族	17,668	9,228	25,886	35,161	37,005
ジンポー族	8,250	4,368	7,656	9,764	10,272
ドアン族	391	300	646	99	1,039
リス族	36	62	139	268	378
その他	—	—	779	1,041	1,148
合計	28,751	18,618	62,133	76,860	81,639

（出所）雲南省瑞麗市志編纂委員会編 1996：101.

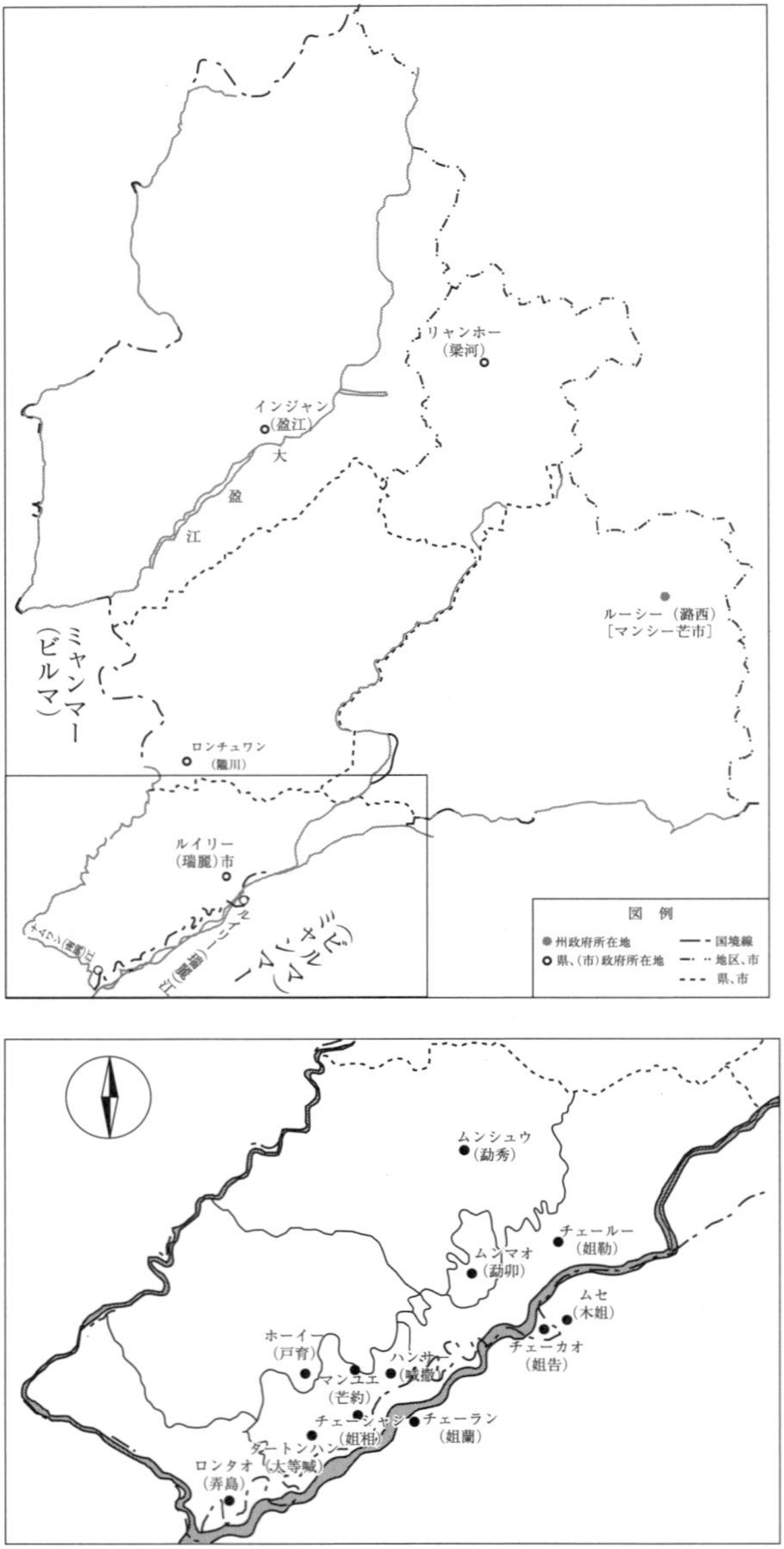

図 3-1 徳宏タイ族ジンポー族自治州・ルイリー（瑞麗）地区

（出所）周峻松等編『雲南省地図冊』（中国地図出版社，2006 年），瑞麗市教育局編 1993 所収「瑞麗市中小学分布示意図」，雲南省瑞麗市志編纂委員会編 1996 所収「瑞麗市行政区劃図」に基づき，筆者が作成.

二　マオ盆地の上座仏教と宗教実践

1　盆地政体の変遷

ドゥホン地域では、ルイリー江、ターイン（大盈）江という二つの水系によって形成された河谷・山間盆地がタイ族の政治権力の形成における地理的核心域であった[2]。中国・ビルマ両王朝の間にあって、両者の政治勢力との錯綜した支配・従属関係や、タイ族が統治する諸盆地政体の抗争は、この境域社会の政治的変動の大きな要因となってきた。なかでも、マオ盆地はタイ族（タイ・マオ）を核とする国家形成が歴史の早い段階から進行した点において際だつ存在であった。タイ族の年代記史料によれば、ムンマオ・コーサンピ（*Kawsampi*、漢語表記では勐卯果占壁《ムンマオコーチャンピ》。以下、「ムンマオ王国」と表記。）と呼ばれる盆地政体が六世紀頃に成立した（徳宏州傣学学会編　二〇〇五）。

この「王国」の歴史については、仏教説話からの影響やその翻案が随所に見られる年代記史料をどこまで史実とするかなどで検討すべき課題も多く、「ムンマオ王国」をタイ族出身の歴史研究者が主張するように、雲南省南部からインド・アッサム地方、東南アジア大陸部の広大な地域に勢力を拡大した政体とする点については疑問点も指摘されている（何平　二〇〇五）。

しかし、西南中国からインド・アッサム地方、東南アジア大陸部への内陸交易ルートの中継点として、地政学上の利点を得て、周辺のムンに対する一定の影響力を有した点は確かであろう。漢籍史料には元朝の時代に「麓川《ルーチュワン》」と称される政治勢力へと発展したことが記述され、元朝は「ムンマオ王国」の王族に「思」姓を与えている。スーカンファー（漢籍では「思可法《スークファ》」「思漢法《スーハンファ》」）の治世において勢力圏は最大となった。明朝は土司をタイ族地域に設置し、タイ族系の首長層の分断と従属を図った。しかし、強大化した「王国」はそうした中国王朝の間接支配を受け入れなかった。その結果、明朝との対立が深刻化していき、一五世紀前半、ついに明朝のムンマオに対する大規模な派兵が行われた。この軍事行動は「三征麓川《さんせいろくせん》」（一四一四年～一四四八年）と呼ばれ、西南中国の諸民族を巻き込む、きわめて大きな出来事であった。明朝の大軍によってその勢力は敗退したので、明朝はそれまで「ムンマオ王国」の勢力圏に「宣撫司」、「安撫司」、「長官司」などの土司を置いた(3)。ムンマオの王族勢力は北部シャン州のムンヤン（勐養）に退却し、そこを拠点に命脈を保ったが、一六〇四年、ビルマ軍の攻撃を受けて滅亡した。以後、マオ盆地を統治したのは、土司に任命されたムンマオ（勐卯）安撫司である。清朝に交替してからも世襲的な支配を認められ、その統治支配は中華人民共和国の成立期に至るまで存続した(4)。

2　「国境」の画定

一八八五年、ビルマはイギリスによって植民地化された。歴史上、中国とビルマの両王朝はこの地域における覇権を争ってきたが、明確な政治的境界が存在していたわけではない。ビルマの植民地化は、このような緩衝地帯としての性格を帯びるタイ族の土司地域に、国境画定という国際問題を持ち込むことになった。当時のイギリス人が想定した地理的な区分は、ビルマ・シャン州 *Burmese Shan States* と中国・シャン州 *Chinese Shan States* であったが、イギリスと清朝政府との間で雲南・ビルマ境界の土司地域が国境画定の係争地となっていく。

マオ盆地もこうした係争地の一つであった（写真3-1）。マオ盆地の中央を流れるルイリー江とナムワン（南碗）河の

写真 3-1　マオ盆地とルイリー（瑞麗）地区．ルイリー（瑞麗）江を挟んで，中国側とビルマ側に分けられるが，北岸地域（写真では下側）にもビルマに属するタイ族村落が分布する．

合流する一帯（中国では「ムンマオ三角洲」と呼ばれる）があり、ムンマオ安撫司の管轄下にあった。イギリスは清朝側の承認を得ずに、この一帯を通過するバモー・ナムカム間の道路を建設して、その領有を企図し、一八九七年、ムンマオ側にこの地区の統治を認める一方で、その永代借地権を獲得したのである。中華民国政府は、ムンマオ安撫司の管轄地域に新たに行政区を設置し、「改土《かいど》帰流《きりゅう》」（土司や土官を廃して直接支配に移行する方式）を進めていった。しかし、タイ族の土司を頂点とした「封建」的な統治体制はほとんどそのままの状態であった。国境画定についても大きな進展がなかった。一九五〇年五月、ルイリー地区が「解放」され、一八代続いたムンマオ安撫司の統治支配は幕を閉じた（楊常鎖 一九九七：三〇）。五二年、ルイリー県が設置され、中国政府の民族政策の方針にしたがいつつ、タイ族社会に対しては旧支配層への一定の配慮をともなった穏健な土地改革、山間部のジンポー族に対しては階級闘争を経ないで社会主義に直接移行する政策が実施されていく[5]。中国・ビルマ間の国境画定問題については、中国政府はそれまでの歴史的経緯を引き継ぎ、ビルマ政府の発足後、国境問題を解決するために、首脳同士の交流と外交交渉を展開した。一九六一年七月、中国・ビルマ間ではすべての国境画定問題が終結した。マオ盆地に関しては、「ムンマオ三角洲」の領有権を放棄し、ビルマへ割譲することで決着をみたのである（賀 一九九二：四八四―四八六）。

3 「国境」を跨ぐ交流と連携

マオ盆地は、歴史的には南西タイ諸族の一派であるタイ・マオ *Tai Mao* の主要拠点であった。タイ・マオはシャン州全域から雲南にかけて強大な勢力を誇ったかつての「ムンマオ王国」の主力をなした集団とされるが、「三征麓川」を契機に各地に分散移住してしまったとも言われ、現在のマオ盆地のタイ族とどのような関係があるのかについては関連史料も少なく不明な点が多い。聞き取り調査によれば、ルイリー江一帯の村落住民にはタイ・マオを自称する者がある一方で、マンシーやロンチュアンなど、マオ盆地の隣接地域から移入してきたタイ・ヌーも多く居住しており、この地域のタイ族がすべてタイ・マオとしての自己意識を有しているわけでない。

マオ盆地はルイリー江によって南岸と北岸の両地区に分かれると同時に、平野部に中国とビルマの国境線が引かれ、地政学的に複雑な形勢となっている。(6) 河川（ルイリー江、ナムワン河）が国境となっている部分とそうでない部分に分けられる。後者はルイリー江の北岸地区（多くはタイ族の聚落と水田地帯である）が該当するが、チェーカオ（姐告）地区だけがルイリー江の南岸に「飛び地」を形成している。ビルマ側からみれば、中国領土となっているルイリー江北岸地区に細長い「飛び地」を所有しているということになり、ルイリー江以北のビルマ領に一九か村のタイ族村落が立地している。(7)

中華人民共和国の成立後、ルイリー地区では一九五〇年代に社会主義改造をめざした土地改革が実施された。その際、ビルマ国境に接した三三村落については「地主経済」がほとんど発展しておらず「内地」に接した村落とは異なっていると判断された。すなわち、これらの三三村落では「地主」が一パーセントにも満たず、また「富農」が三パーセントを超えていない点が重要視されたのである。さらに中国・ビルマ双方の領土に及ぶ「過耕田」と呼ばれる土地耕作の跨境的な状況や共同の放牧地、債務関係の複雑性なども無視できない問題であった。その結果、土地改革は穏健な内容にとどまった。(8)

前述したように、一九六一年、中国・ビルマ間の国境問題はすべて解決した。その結果、国境に跨って生活圏を構成するルイリー江地区とビルマ側の村落住民が日常生活用品や食料品などの取引を行うことが認められたが、計画経済を軸とした農村経済において、両国の村落住民の間で交換される物資はきわめて狭い範囲に限られていた。しかし、七九年以後、しだいに中国・ビルマ間の交流は拡大し、ルイリー江の両岸地区における村落住民の往来や経済活動を活性化していくことになった。八五年二月、ドゥホン州人民政府は国境貿易による発展戦略を打ち出し、自治州レベルの対外開放政策を開始した。こうした政策転換は、国境地域の村落住民に日常的な生活物資の売買や交換の機会を作りだし、しだいに制度化される国境貿易へと発展した。ドゥホン州は国境貿易の取引額の発展が他の地域に比べて顕著な成果を上げ、国務院はルイリー県を国家レベルの貿易拠点(一類口岸)に指定することを承認した。翌年にはビルマ政府も対外開放政策へと路線を変更し、中国・ビルマ間の合意の下で、ルイリー江南岸のチェーカオに国境貿易区が建設されたのである(周 一九九三、王 一九九九)。

国境貿易の発展を軸とするドゥホン州のマクロな経済政策は、それまで国境によって分断され、様々な制限を受けていたルイリー江一帯の村落住民に交流と連携を促した。八四年二月、ルイリー県政府は、中国・ビルマ間の交流拡大について協議するために、レイユン(雷允)、ロンタオ、トンシュウ(等秀)、トアンチエ(団結)の、四つの生産大隊の名義によってビルマ側の近隣村落の役職者三一人を招待した。この地区の村落コミュニティは、国境線によって中国とビルマに分かれたとはいえ、隣接しあっており、人々の日常的な交流は頻繁であったからである。八八年四月にはタイ族の水かけ祭りを共同で祝うために、チェーシャン郷政府は、ビルマ側のクンハイ(滾海)、ハティン(哈听)、クーカオ(各高)、マンシュウ(芒秀)の村落代表者と話し合い、ナムカム鎮区の政府役人やルイリー江北岸のビルマ側村落の代表ら四八人をルイリー地区の水かけ祭りに招待したのである（雲南省瑞麗市志編纂委員会編〔以下、瑞麗市志編委編と略記。〕一九九六：二三四―二三五）[9]。

三　宗教政策と上座仏教

1　「宗教」という制度

中国政府は、宗教信仰の自由と正常な宗教活動を法的に保障し、組織宗教である仏教、イスラーム、カトリック、プロテスタントを「宗教」として、国家の宗教政策の対象に定めている。また、「宗教」と「迷信」との区別、「宗教界人士」との統一戦線や「宗教団体」の設立、国家による管理統制の実施など、一定の制限も設けている。「宗教」／「迷信」という区分は、民間レベルで行われてきた多様な内実をもつ宗教活動や儀礼的実践に対し、国家による管理と統制の法的根拠ともなっている。「迷信」に分類された諸活動は廃止や規模の縮小化の措置により変容の過程をたどっている[10]。

ドゥホン地域では自治州が成立すると、政府内に宗教政策を進める部局として「徳宏州地委統一戦線工作部」が置かれた。また、社会主義改造と土地改革の実施にあたっては、寺院や教会の土地を没収せず、宗教エリート（宗教界人士）に対する団結と思想教育を進める方針を打ち出し、民族エリート（民族上層）の生活費を補助した。ルイリー地区についてみれば、これらのカテゴリーに含まれる人々は六三七人ほどであった。こうした中にはタイ族の僧侶四四人が含まれている（瑞麗市志編委編　一九九六：一七二）。

しかし、このような穏健路線は長くは続かなかった。大躍進運動が開始されると、生産労働に従事していない僧侶は批判の対象となったが、集団労働への組織的な動員などの理由から、村落住民の日常生活は大きく混乱した。大躍進の時期には、出家者である「僧尼」の七〇パーセントが国外に逃亡したという。こうした現象は、政策担当者の側からは「外流」として問題視され、いかに最小限に食い止めるかが当時の民族政策における課題であった（瑞麗市志編委編一九九六：六九六）。六二年、調整政策が実施され、行き過ぎた路線が改められた。宗教政策についても緩和の方向が打ち出された。すなわち、宗教信仰の自由を認めること、宗教活動を正常な状態へ回帰させること、布施や宗教上の奉仕を制限しないこと、僧侶の還俗を強制しないこと、宗教エリートに毎月固定した生活上の経済的補助を行うこと、破壊された寺院や教会などの修復や再建を行うことが、方針として州政府によって指示されたのである。しかし、こうした状況は長くは続かず、文化大革命が開始された。上座仏教を含む全ての宗教実践は「四旧」として激しい攻撃が加えられ、仏塔（パゴダ）や仏像の破壊、経典の焼却が大規模に展開した。州政府の統計資料によれば、当時、州全体で一五八人の僧侶がいたが、そのうち一三七人が国外に追放されたという。また、六六〇か所の寺院や廟、五二八か所の教会が、倉庫や事務室など別な用途の施設に転用された（徳宏傣族景頗族自治州志編纂委員会編 一九九四：五三二）[11]。

一九七八年、一一期三中全会の開催以後、文化大革命期の宗教政策が緩和された。八二年、宗教政策の基本方針を包括的に示した重要文献「社会主義時期宗教問題的基本観点和基本政策」が出された。これは、一九五〇年代前半に打ち出された宗教信仰の自由、風俗習慣の尊重という、穏健な路線へと転換するものである。州政府は宗教行政を扱う部局として「宗教科」を発足し、州内の宗教行政関係者を集めて工作会議を開いた。

2　仏教協会の役割

中国国内の組織宗教は「宗教」として制度化されている。こうした体制のもとで、上座仏教はチベット仏教、大乗仏教とともに仏教協会の管理下に置かれている。政府公認の宗教団体として、仏教協会は中央・省レベルに対応した組織化がなされ、さらにその管轄下にそれ以下の行政単位レベルで組織され、仏教徒の様々な利益と信仰の自由を保護し、国家や政府と交渉する媒介として重要な役目を有している。ドゥホン地域に関しては、州レベルの仏教協会が一九五七年二月に雲南省仏教協会の分会として発足することからスタートした。第一回のドゥホン州仏教協会の理事会には、大乗仏教および上座仏教の長老僧、法師、尼僧などからなる一六〇人が参加したが、そのなかから協会理事五五人が選ばれた。こうしたゆるやかな組織化は、社会的に影響力のある宗教エリートが国家の宗教行政の末端に編入されたことを意味している。

文化大革命期の中断を経て、一九八四年五月、ドゥホン州仏教協会が成立した。以前の組織との大きな違いは、雲南省仏教協会の分会ではなく、自治州を単位とした組織化が図られている点である。ウハンティヤ師（伍汗地亜）が会長に就任した。州仏教協会は民間レベルで活性化しはじめた各地の仏教復興に対応していくが、「正常な仏事活動の維持に関する決定」という規程を出した。この規程には、寺院の再建、若手僧侶の養成、仏教儀礼の期日の統一化、各教派間の宥和、村落の宗教活動に対する管理と指導など、仏教協会の管轄範囲や活動内容に関する諸項目が盛り込まれている。一例をあげれば、第五条では「沙弥」が「比丘」に昇格するには県レベルの仏教協会の同意を必要とし、「比丘」が長老に昇格するには州仏教協会の同意が必要であるとしている。仏教儀礼の期間も生産活動に影響が出ないように三日間に統一された。このような規程の範囲内で、ドゥホン地域の仏教復興が進行していくのである（張編　一九九二：一三五―

一三六、何鴻生 一九八七：一三二）。

四　仏教復興とネットワーク

1　サンガの復興

ドゥホン地域のタイ族の上座仏教にはポイツォン *puai tsuang*（擺總《バイツォン》、擺奘《バイチュアン》）、トーリエ *to le*（多列《トゥオリエ》）、ヨン *jon*（潤《ルン》）、ツォティ *tso ti*（左底《ツォティ》、左抵《ツォティ》）という「教派」の区別がある（表3-2参照）。これが何を意味するのかについてはシャン仏教との詳細な比較検討が今後必要である。その際、シャン仏教には異端な宗派がたくさん含まれているというリーチの指摘（リーチ 一九八七：三五―三六）やミルンによって記述されたシャン州北部の状況が参考になろう（ミルン 一九四四：七〇―七一）。後者は、メンキャウ *Menkyao*、タゥン *Tawne*、ナロン *Nalong*、サウティ *Sawti* の諸派があったとしている。また、シャン州からドゥホン地域に上座仏教が伝来したのかについては一一世紀とする見解があるが、伝説的な部分も多く、詳しいことは明らかになっていない（張編 一九九二：一一六―一二三）。ムンマオの勢力が拡大した一四世紀中期、「王」の思倫法が仏教に帰依するに及んでタイ族やドアン族の間に広く受容され、さらに一五世紀半ば以降から一七、一八世紀にかけて発展していったとされ、ドゥホン地域における教派の存在は、上座仏教の受容の過程において時間差があり、しかも波状的であったことを意味している（張 一九九三：五七―六二）[12]。教派ごとに階位や名称には相違があったが、以下の四つが基本である。すなわち、見習僧にあたるツァオサン *tsau sang*（漢語では和尚）、比丘にあたるツァ

表 3-2　徳宏地区における「教派」の分布　　単位：村落数

	ポイツォン	ヨン	トーリエ	ツォティ
リャンホー（梁河）県	1（17）	—	—	—
リエンシャン（蓮山）県	66（0）	6（0）	8（0）	—
インジャン（盈江）県	108（100）	—	51（40）	—
ロンチュワン（隴川）県	64（34）	20（14）	17（29）	—
ルイリー（瑞麗）県	38（34）	8（3）	40（52）	3（0）
ワンディン（畹町）	—（7）	—	—	—
ルーシー（潞西）県	46（47）	26（30）	15（18）	18（0）
合計	323（239）	60（57）	131（0）	21（0）

（出所）「地委統戦部関於辺六県仏教情況的統計資料」［中共徳宏州委党史征研室（編）1991: 285］より作成．括弧外は 1957 年，括弧内は 1987 年度の村落数を示している．表中の数字は村落の数を示している．なお，別な資料ではトーリエ 51 村落，ポイツォン 34 村落，ヨン 2 村落，ツォティ 2 村落という数字がある［雲南省瑞麗市志編纂委員会編 1996: 696–697］.

オツァン *tsau tsang*（二仏爺）、長老にあたるツァオツィ *tsau tsi*（大仏爺）、ツァオプンツィ *tsau pung tsi*（大仏爺）である。

マオ盆地の状況について見ておこう。すなわち、トーリエ、ポイツォン、ヨン、ツォティの四派以外に、ミンツォ *mintso*、スーッタマ *suhamma*、タカタム *takatam*、オワタ *owata*、シュエジン *suitsin* などの教派があった[13]。一九八〇年にビルマでサンガの浄化を目的とした全宗派合同会議が開催されると、この動きはナムカムやムセにも伝わり、シュエジン以外の教派がスーッタマに統一されることになった。また、トーリエの戒律を基準とし、これに違反する僧侶、見習僧を破門し、寺院から追放した。こうしたところから、ルイリー地区の上座仏教の復興はトーリエがその中核を担ってきたと言える。他方、世俗信徒である村落住民の側は依然として自分たちの把持する教派の伝統について言及する傾向にある。八二年以後、ドゥホン州仏教協会は、それまでは別々であった各教派のサンガの階位を統一した他、県レベルの仏教協会の副会長と会長に対してツァオポンジの称号を用いることを決定した[14]。

ルイリー地区の上座仏教は教派の併存状態にあったが、この点を一九五〇年代のムンマオ鎮の事例で見ておこう。ムンマオ鎮は土司官署が置かれ、ルイリー地区の村落統治の拠点である。トンメン（東門）、シーメン（西門）、ナンメン（南門）、ペイメン（北門）の四区からなっており、約一五〇〇戸の世帯数であった（聞月如 一九九四：一八七）。四区にはそれぞれ寺院があり、別々の教派に属した。すなわちトンメン寺院はポイツォン、ナンメン寺院とシーメン寺院がトーリエ、ペイメン寺院はヨンであった。こうした状況から、各教派のサンガはムンの世俗権力と結びついてはいたが、どれか一つの教派だけが保護されて他派を排除するというのではなく、各派は並立的に世俗権力の権威を正当化する構造になっていたと考えられる。[15] 土司との関係がもっとも緊密であったのはナンメン寺院であった。民族工作が展開した一九五〇年代初頭においては規模の大きな寺院であり、見習僧も多かった（杜 一九九四：一二八）。[16]

ルイリー地区の僧侶と出家者の変遷について検討しておく。一九五〇年代のサンガの状況と復興後のそれを比較してみると、その変化は緩慢であり、シーサンパンナで特徴的であったサンガの急増という現象は起きていない。これに対し、寺院数については、五〇（一九五四年統計）、六七（一九五六年統計）、四九（一九六四年統計）という数字がある（表3-3参照）。聞き取り調査によれば、一九八二年以来、九三か所の寺院が再建され、これはルイリー地区のタイ族村落の七七・五パーセントに相当した。当時、僧侶（住職）と見習僧の止住する寺院はわずか八寺院だけであった。その他の寺院には僧侶が止住していなかった。[17] マオ盆地に存在する寺院数に比べて、出家者の数が多くないという状態が指摘できる。二〇〇四年三月の時点で「宗教活動場所」（後述）一三三か所のうち、上座仏教の寺院は一一四寺である。これは一九九〇年初頭の数字と比較すれば、二一寺院の増加である。そのうちの一七寺院には一〇八人（比丘尼を含む）の正式僧（比丘）がおり、見習僧は二〇〇人ほどである。また、九七か所の寺院には住職を務める僧侶がおらず、通常の儀礼活動はホールー *ho lu* だけで行っている。ホールーは世俗信徒の代表として仏教儀礼を主宰する。多くの場合、出家経験があるが、経典を朗誦できることや仏教知識を有することが必要条件である。また、二六村落には寺院が再建されていない、という点が確認された。ルイリー地区の寺院では僧侶が止住していることよりも、いないことの方が一般的なのである。[18] 以下では、一九九一年度およびその後の補充調査で得た資料をもとに、主要な寺院について概況を示しておきたい。

表3-3　ルイリー地区における僧人等の変遷

単位：人

	大仏爺	二仏爺	和尚	沙弥	尼姑
1956年	4	40	32	—	50
1966年	4	4	24	—	6
1976年	1	2	9	—	9
1982年	1	12	54	10	3
1986年	1	2	9	—	9
1990年	1	11	87	53	14

（出所）1956年：［雲南省瑞麗市志編纂委員会編　1996: 696–699］，1966年：［繆家福・張慶和編　1999: 262–263］，1976年：［雲南省瑞麗市志編纂委員会編　1996: 699］，1982年：［雲南省瑞麗市志編纂委員会編　1996: 699］，1986年：［繆家福・張慶和編　1999: 262–263］．「二仏爺」ではなく「仏爺」11人としている．この他，1950年代の初期として，「仏爺」44人，「大和尚」31人，「小和尚」150人，「尼姑」12人，という数字がある［楊常鎖　1997: 30］．この他の統計資料として，1954年度：寺院50，「仏爺」55人［瑞麗市教育局編　1993: 124］．1964年度：寺院49，「仏爺」14人，「大和尚」1人，「小和尚」103人［瑞麗市教育局編　1993: 124］．中国側の資料では，上座仏教のサンガ内部のランクについては「仏爺」（大仏爺，二仏爺），「和尚」（大和尚，小和尚）という訳語が使われているので注意が必要である．大まかに言えば「仏爺」は正式僧（比丘）を指し，「和尚」が見習い僧（沙弥）である．また，「尼姑」とあるが，寺院に止住する女性の在家信者を指しているようであり，比丘尼・尼僧を意味しないので，判断が難しい．寺院の数については，50（1954年）・59（1964年）［瑞麗市教育局編　1993: 124］，67（1956年）［雲南省瑞麗市志編纂委員会編　1996: 696–699］，85寺院（1980年）［雲南省瑞麗市志編纂委員会編　1996: 698］．

事例1　トンメン（東門）寺院

ムンマオ鎮の東区にある寺院で、「解放」以前はポイツォンの拠点であった（写真3-2）。ムンマオの土司と関係があった。住民は約二〇〇世帯である。ポイ・カントー（後述）の時にはペイメン、シーメン、ナンメン、チェーカン（姐崗）、ターピエ（大別）、ユンメン（允門）、チェートンル（姐東呂）、トンム（等目）などの一〇村落（大部分はポイツォン）と儀礼的な関係を有していた。一九九一年三月に初めてこの寺院を訪れた時、寺院は再建中であった。これは九〇年に建て替えられ、総工費は約九万元である。寺院の復興は以下の通りである。八一年頃、信徒の住民たちは草ぶきの寺院を建てた。各戸二〇元ずつ費用を分担した。その後、八七年に建て直した。その時は瓦葺きであった。再建後に住職として迎えられたのは、ナムカムのバーンチンヤン村のＴＢ師であった。当時、トンメンには僧侶がいなかった。そのためビルマ側から招請したのである。ＴＢ師は住職として招請されると、自分のもとに集まった見習僧をビルマ語や教理学習のためにマンダレーのいくつかの寺院に派遣した。二〇人ほどの見習僧がいた。九三年、初めてこの寺院から五人の見習僧がマンダレーに派遣された。その五人の中には後にシーメン寺院の住職になったＴＶ

写真 3-2　トンメン寺院（1991 年 3 月）

師、トンメン寺院に移ったTM師などがいた。九五年にもTB師は数人の見習僧をマンダレーの寺院、たとえばアソカヤマタイ寺院、マハメティンカサタイ寺院などに送った。一か所の寺院に大勢でいると自分たちの言葉（タイ語）で会話し、ビルマ語やビルマ文字を学ばないという理由からいくつかの寺院に分けたという(19)。

事例2　シーメン（西門）寺院

ムンマオ鎮に位置する寺院である。「解放」以前、教派はトーリエであった。寺院は文化大革命の時期に破壊され、九四年に再建した。これ以前は共同の集会施設を寺院の代わりに使っていた。筆者は九一年三月に初めてこの寺院を訪れたが、当時、住職を務める僧侶はなく、宗教実践を担うのはホールーだけであった。ホールーには各世帯が一〇元ずつ負担していた。ポイ・カントーの際に往来しあう村落にはムンマオ鎮のペイメン、ナンメン、トンメンの他に、チェートン（姐東）、フェイハイ（飛海）、チェートンル、ユンメン、ターピエ、チェーカン、トンムなどの村落がある。調査当時（二〇〇五年三月）の住職はTV師であった。彼は一九七四年生まれであり、九三年にトンメン寺院でTB師の主宰によって得度式 *xam mong* を行い、その後、マンダレーに派遣された。ヤンゴンでもパーリ語や教理学習をしたことがある。九六年にシーメン寺院の住職となった。二〇〇二年からはルイリー市仏教協会の副会長を務めている。[20]

事例3　ハンサー（喊撒）寺院

チェートン郷のハンサー村に位置する寺院で、ルイリー地区の主要な観光スポットである。建立年代は不明だが、トーリエの中心的な寺院であった。一九一二年に拡張され、五四年に大規模な修築が行われた。文化大革命の期間に破壊され、八二年に再建が始まった。村民は二万元を出して修復し、八四年に完成した。二〇〇五年に再度修築された。ルイリー地区で最大の規模であり、建築費用は八三・六万元である。政府は三〇万元を出したが、その他は信徒たちからの布施によった。タイ族村落からばかりでなく、漢族の人々も費用を出した。また、ビルマ側のナムカム、ムセからも寄進があった。例えば、ホーロン（賀乱）村は寺院の階段部分の費用一五〇〇元を出した。本堂の仏像の造営には、ナムカム地区のロンツァン村の人々が当たった。ポイ・カントーの儀礼では二〇か村ほどが参集する。ウピンヤ・ウェンサ（伍并亜・温撒）師（以下、ウピンヤ師と略記）が住職であった時にはもっと多かったという。チェートン村役所の管轄する一三の村落がやってくるが、他にシュンハ（順哈）、ロンアン（弄安）、トンム、チェールー（姐勒）、さらにビルマ側村落のホーロン村からもやってくる。九一年三月の調査時に止住していたのは、ツァオモン三人、見習僧六人、見習僧になる予定の年少者カピ *kapi* 三人であった。[21]

事例4　レイチュアンシャン（雷奘相）寺院

チェーシャン郷のマンユエ（芒約）村に位置する。上座仏教がドゥホン地域に伝わり最初に建立された寺院であるとされる。第一八代土司の母親の寄進を受ける寺院であったが、一九六五年に破壊され、八二年に再建された。パゴダは一九五八年に壊され、八八年に修復した。パゴダの再建は一九九〇年にも行い、費用は四万元かかった。毎年一回、春節後の一五日にパゴダを参拝するポイ儀礼を行うが、寄進された費用を貯めて再建にあてた。この儀礼はポイ・コンム *puai kaung mu* としてチェーシャン郷の三九村落が参集する。「解放」以前にはムンマオの土司が毎年、タイ暦一一月二三日に大きなポイ儀礼 *puai luang tsuang saen* を行った。調査当時（一九九二年三月）、本堂内には仏像が二体あるだけで、閑散としていた。寺院の再建には八九万元がかかった。二人の僧侶が止住していたが、住職一人（当時二三歳）はビルマ側から招請されたトーリエの僧侶であった。見習僧はいなかった。[22]

事例5　タートンハン（大等喊）寺院

ロンタオ郷のタートンハン（大等喊）村に位置する寺院で、ルイリー地区を代表する観光スポットになっている。乾隆年間に建立されたと伝えられている。一九一八年、トタン張りの屋根の建築形式になった。一九八一年に再建された。ポイ・カントーの儀礼において往来する村落には、ロンシャン（弄相）、ロンホン（弄紅）、トンハンワン（等喊旺）、コンプー、ホーカーなどの他に、ビルマ側のハティン（哈幸）、シエフン（些混）、ロンシン（弄興）、クンハイなどがある。一九九一年三月調査時には二〇人の見習僧がおり、トンメン、ハンサーとともに多くの見習僧を集めていた。その内訳はロンシャン村九人、タートンハン（大等喊）村九人、トンハンワン村二人である。この他に住職一人を含む三人の僧侶がいた。すべてトーリエであった。また、二〇〇五年八月の時点ではトンハンワン村五人、オーロ（俄羅）村二人、チェーカオ五人、ムンマオ鎮のシーメン一人、クンハイ四人の出家者が止住していた。[23]

以上に紹介した五つの寺院は、僧侶や見習僧が多く止住するとして、ルイリー地区では重要な寺院である。いずれも文化大革命期には破壊されており、一九八〇年代後半から九〇年代に再建されたという経緯をもつ。止住する僧侶については、ビルマ籍僧侶、ビルマへの留学僧、ビルマ側から帰郷した僧侶などに分けられるが、大躍進期から文化大革命期にかけて上座仏教が中断していたという状況が深く関わっている。ルイリー地区の仏教復興は様々な課題を抱えていたが、仏教知識を有する一定の年齢に達した僧侶の不足は深刻であった。僧侶を新たに養成するために見習僧をビルマのマンダレーやヤンゴンに派遣するという方法は、当時の状況において不可欠であった。また、いずれも近隣の村落と儀礼的なネットワークを有している。同じ派の村落間で儀礼的なネットワークが形成され、安居明けには相互に寺院を参拝した。それは国境を越えて形成されている場合もあった。

2　ポイ儀礼の復活

一九八〇年代の前半に顕著な動きとなったのはポイ *puai* 儀礼の活性化である[24]。ポイは多くの人々が参集する仏教儀礼を総称するが、例えば、新年行事の浇水節 *puai suan nam*、安居明けの仏教儀礼として盛大に行われるポイ・カントー *puai kan to* など、周年的な性格を持つ儀礼活動ばかりでなく、見習僧の出家儀礼 *puai sang kang*、世俗信徒が仏像や経典を寄進するポイ・パラ *puai phala* など、社会的身分の変更や人生の節目に行われる通過儀礼が含まれる（楊光遠二〇〇二）。

ポイ儀礼は民間レベルで復活し、村人の日常的な社会生活と宗教実践を豊富なものにしている。こうした動きのなかで儀礼活動の中核はホールーであった。寺院が復興しても僧侶がいない村落は多数存在するが、ホールーはどの村落においても不可欠な職能者である。各村落ではホールーが中心となり、人々の日常生活にとって必要な葬式、婚礼、新築、安居期間の仏教儀礼など、様々な宗教儀礼が行われた[25]。

写真 3-3　チェールー（姐勒）村のパゴダ（1991 年 3 月）.

地理的にも広範囲に及び、個別の村落を越えたネットワークの再生に関係したのが、パゴダを参拝する儀礼のポイ・コンムであった。ルイリー地区においてよく知られていたパゴダはチェールーのコンム・ホーマオである（写真3-3）[26]。歴史的には何度か修復が行われてきたが、文化大革命の開始により一九六七年一月二一日に破壊された。その後、一九八一年、国務院宗教事務局によってルイリー県政府の「チェーカオ金塔の再建に関する報告」が批准され、修復作業が進められた（瑞麗市志編委編　一九九六：一七二）。宗教事務局は修復の費用として七万元を出し、ルイリー県人民政府（民族事務委員会）も二〇万元を補助した。八七年までに主塔及び一七の小塔が完成した[27]。

パゴダの再建を祝うポイ儀礼は八三年二月二五日から二七日にかけて盛大に行われたという。この儀礼に参加した僧侶は全部で五九人である。ビルマ側から見習僧二八人が参加し、約五万人の一般信徒が参集したとされ、越境してきた人々の数は三万人に達した。中国側だけでは僧侶が足りなかったこともあり、中国側一二人に対し、ビルマ側四六人、タイ一人、という内訳であった。ドゥホン州仏教協会会長のウハンティヤ師以下一一人の僧侶によってポイ儀礼が執り行われたが、この儀礼は雲南省の宗教政策にとっても重要な意味を持ち、雲南省人民政府宗教事務処、雲南省仏教協会、州人民政府宗教事務科などの関係者が参加した。雲南省仏教協会の代表としてタオシュウレン（刀述仁）、州仏教協会の代表としてウハンティヤ師が講話を述べた（張編 一九九二：二一二）。また、パゴダの再建においてビルマ側の一般信徒が重要な役割をはたしている点も看過できない。八四年三月にはビルマ・ナムカム鎮区主席のウサイタアイが仏像を寄進し、八七年五月にも彼を代表とする民間団体が仏像を寄進し、チェールー郷の一〇村落の一般信徒とともにポイ儀礼を行った。ウサイタアイらの代表団は一行五〇余人であり、そのなかにはシャン州の名僧として知られるツァオ・ムンロン師ら一三人の僧侶が加わっていたという。同年一一月、ツァオ・ムンロン師は仏像を寄進しているが、この時には一二人の団体を伴ってきた。ウサイタアイらは五〇人を伴って八九年五月にも仏像を寄進し、ポイ儀礼を行った（張編 一九九三：二四、瑞麗市志編委編 一九九六：二三四、六九八）。

3　高僧の「帰国」

文化大革命によって破壊されたルイリー地区の上座仏教の復興を支える役目を果たしたのは、ウピンヤ師である。彼のビルマ側からの帰郷は、ルイリー地区の一九八〇年代前半における仏教復興を語る際に看過することはできない。一九八二年、一六年ぶりに帰国し、翌年五月から再建されてまもないハンサー寺院に住職として迎えられ、仏教復興に努めた。当時、仏教協会会長に就任できる資格を持つ経歴の僧侶は中国側にはいなかった。仏教協会とサンガ組織は別であるとしても、ビルマ側との交流や人的な往来、政府部門との交渉、復興し始めた民間レベルの宗教実践に対する調整や適切な対応を円滑に進めていくためには、上座仏教に関する様々な知識や長い出家経験を有する僧侶が必要であった。こうした状況にあって、ウピンヤ師はルイリー地区の仏教復興を積極的に進めていける条件を備えた人物であったのである。

ウピンヤ師の経歴を簡単に見ておきたい。一九二九年一一月、ルイリー県チェートンル村に生まれた。四七年（一九四八年ともいう）、ウハンティ（伍漢地）を師として見習僧になり、ミッチーナの仏学院に学んだ。四九年にはハンサー寺院の五代目の住職になった。五一年、具足戒を受けた。大躍進運動が起こるとビルマ側に避難し、六四年からビルマ側のマンシウ（芒秀）村に止住した。その後、八一年にはムセ、チェーラン（姐蘭）地区のサンガ代表としてビルマの全宗派合同会議に参加し、中国・ビルマ国境地帯の七五村落の管理を任された。ビルマ側に留まっている間に五回ほどヤンゴンなどを参観した経験を持つ。彼の帰国を説得し、それを実現させたのは前述のタオシュウレン（以下、タオと略記）である。タオは上座仏教を復興させるにあたり、パゴダ再建のポイ儀礼を通じて中国政府の宗教政策が変更になったことを人々に理解してもらおうと考えた。当時、文化大革命の犠牲になることなく強制的な還俗を免れたウピンヤ師がビルマ側の寺院に止住していた。しかもウピンヤ師はビルマ僧侶委員会の一二名の委員の一人に選任され、厳格な規則と寺院の運営によってビルマ政府から高い評価を得ていた。タオは、ウピンヤ師ならば十一期三中全会の精神を実現でき、文化大革命によって荒廃した人々の心を再び安定させられると判断し、何度も帰国を説いた。タオの説得にウピンヤ師は同意し、チェールーのパゴダ修復のポイ儀礼を主宰することになったのである[28]。しかし、ルイリー県政府は「外国人は中国での宗教活動を許されていない」を理由に、これに反対した。タオは一切の責任を引き受けるという態度を示し、ポイ儀礼を実現させた。この出来事を通じて県政府の幹部は雲南省仏教協会の役割を理解したが、ウピンヤ師も中国共産党の宗教政策が変更になったことを実感できたのである。彼はハンサー寺院を拠点に活動し、中国仏教協会理事や政治協商委員も務め、ドゥホン地域の仏教復興に貢献していくことになった[29]。

五　仏教復興と宗教管理

1　寺院とサンガ

活性化した民間レベルの仏教復興への対応が一段落した後、中国政府は宗教政策に関する法的整備と制度化を図っていく。一九九〇年代に入るとその動きは具体化し、国務院は九四年一月には「中華人民共和国境内外国人宗教活動管理規定」「宗教活動場所管理条例」を発布し、国家による宗教管理の強化を打ち出した。九七年、ドゥホン州にはそれまでの民族事務委員会と宗教事務部門を合体した「民族宗教事務局」（以下、民宗局）が発足し、寺院や教会などの「宗教活動場所」の管理登録を進めた。この登録作業は年度内に終了した。これ以後、寺院などの宗教施設を新たに開設することの手続きは厳密になり、省レベルの許可が必要となった。ドゥホン州の宗教政策は、二〇〇五年三月三一日までは「宗教活動場所管理条例」に従い、その後は国務院の発布した「宗教事務条例」に依拠した。宗教施設に対する管理は毎年三月に年度検査（年検）を通じて行われる。検査項目には寺院の面積、宗教人員の往来、財務、収入、支出、宗教活動などがあり、寺院の収入を他の目的に使用していないか、寺院の土地を別な用途に使用していないかなどを点検する。「宗教活動場所」に登録された寺院のある村落には管理組織がある。この組織は、村長、ホールー、ホー・コンタオ *ho kon thao* と呼ばれる「老人組」の代表者などから構成される。(30)

2　ビルマ僧への対応

二〇〇〇年度の統計によれば、ドゥホン州全体で二四二人の僧侶のうち、ビルマ国籍者が八八人ほどいると報告されている。[31] 中国側では僧侶が圧倒的に不足するなかで、在家信徒である村人が寺院を再建した後、住職を迎えたい場合、日常的な生活圏を共有し、国境画定以前から交流のある近隣のビルマ側村落の僧侶が招請され、それに依拠する形で仏教復興が展開するのは自然の成り行きでもある。国境地域のタイ族村落にはビルマ国籍の僧侶が住職として止住している事例が多くある点を確認しているが、彼らはほぼ以下のような手続きで中国側に招請されている。

すなわち、ビルマ側の僧侶が村落の寺院の住職として招かれる場合、一定の手続きを必要としているのである。まず、住職として招請したい村落は仏教協会会長に連絡し、会長を通じて民宗局に打診する。民宗局は違法の事柄がないかを検討した後、協会に通知し、村落に対して招請を認める公文書を下達する。その後、村落は住職として迎える。しかし、実際に中国側の村落で住職を務めるビルマ籍の僧侶に確認したところによれば、ビルマ側のサンガ組織の許可証明→該当する僧侶の止住する村落の同意→ルイリー市仏教協会・民宗局→ビルマの僧侶を招請したい村落による受入れ、という流れで招請されたという。[32] 以下では、そうした経緯をたどって中国側の村落に招請され、住職として止住していた僧侶の事例を紹介してみたい。

O村の住職であるTS師（当時、二九歳）の場合、近隣に位置するビルマ側のK村の出身である。一一歳の時にそこの寺院で出家し、二〇歳で僧侶に昇格した。得度式も同寺院で行った。見習僧となってからもMK師とよくここに来ていた。前住職もK村で出家したが、その後タイ国の寺院に行ったので、その後を受けてこの村の住職になった。その時の手続きとしては以下の通りである。まず、村人からの要請があったのでウピンヤ師に相談し、つづいて民宗局に申請

写真 3-4　得度式の場面．中国側とビルマ側の僧侶が協力して儀礼を行っている（2005年 8 月）．

した。その後、この寺院に正式に招請される儀礼を行った。住職として招かれてから一か月間、ウピンヤ師のもとで中国の法律とビルマの世俗法との違いについて研修を受けた(33)。

もう一人の事例を紹介しておこう。W村の住職を務めるＴＯ師（当時二六歳）である。二〇〇五年三月の調査時点でルイリー仏教協会の副会長を務めていた。W村に近いビルマ側の村落に生まれ、一〇歳でW村の寺院で出家した。一五歳でマンダレーの寺院に行き、二か所の寺院で勉強した。九七年、見習僧のままでW村に戻った。当時、仏教協会会長であったウピンヤ師が民宗局に連絡してくれ、止住する許可を取った。同年、得度式をして比丘になった(34)（写真3-4）。

寺院の再建以後、このような手続きを経て中国側の村落に招請された僧侶は国境線に沿った村落ではかなりあり、そうしたビルマ籍の僧侶によってルイリー地区の仏教復興が進展していったというのが実情のようである。そして、それを支えたのがハンサー寺院のウピンヤ師であったと言える。ルイリー県（市）の仏教協会会長になったウピンヤ師は、各村落の世俗信徒の要望を民宗局を経て政府に伝えるパイプ役を果たしたのである。中国側に入ってきた僧侶はウピンヤ師の止住する寺院で中国の政策、法律などについて短期間の研修を受けるという流れになっていたのである。

このような外国人僧侶の扱いについては、国境地域では宗教政策の根幹に関わるデリケートな問題であるので、政府側は仏教協会との連携により、村落コミュニティの実状に則した柔軟な対応に努めているが、宗教管理の体制は強化される傾向にある。民宗局の説明では、すでに村人に受け入れられている者に対しては問題としないが、それ以外は住職としない方針に変更した。二〇〇二年一一月以降、ビルマ籍の僧侶が住職になった事例はないということであった[35]。

3 仏教協会の再編

ルイリー地区の仏教協会の成立は一九五七年である。しかし、一九六〇年代から七〇年代にかけては、仏教協会としての活動は停止状態にあり、八三年五月に再スタートした[36]。上座仏教に関する政府公認の組織として、仏教協会は重要である。中国の宗教行政において「宗教団体」は必ず組織としての管理と運営に関する規定や規則を持つことが義務づけられている。ルイリー市仏教協会では「瑞麗仏教協会管理規程制度」を設けている[37]。政府主導の宗教管理に対し、仏教協会の側では毎年タイ暦六月に「団結会」をムンマオ鎮の寺院で開催する。この会合には仏教協会会長、副会長、秘書長、各村落のホールー、その他の関係者が参加する。民宗局は中央から下りてきた宗教政策関係の文件の内容を伝達するという。これに対し、ドゥホン州の他県の仏教協会との交流もあるが、通常はほとんどない。四年に一回、マンシー市の州仏教協会に集まり、総括報告が行われる。各県の会長、副会長、理事、秘書長などが参加するが、影響力のある主要なホールーも参加する。ルイリー地区で中心的な僧侶はウピンヤ師であった。彼はハンサー寺院の住職としてルイリー地区の仏教復興に尽力する一方、ドゥホン州仏教協会会長、中国仏教協会の要職にも就いた。国家とのパイプ役としてウピンヤ師の功績は大きかったが、その後、ルイリー地区の指導体制は、仏教協会会長にMK師、副会長にTO師、TV師の二名が選出された。仏教協会では長老格の僧侶などが顧問となっているが、二人の副会長によってルイリー地区の寺院は以下のように管轄されている。TV師はルイリー地区の東部に当たるムンマオ鎮、合作区、チェールー郷、ムンシュウ郷を、TO師が西部のホーイー郷、チェーシャン郷、ロンタオ郷を管轄している。民宗局の側からすれば、寺院における僧侶の有無にかかわらず、寺院は「宗教活動場所」に当たるので管理対象である。それぞれの村落の寺院において行われる仏教儀礼の大部分は仏教協会に通知する必要はなく、大勢の人が集まるポイ儀礼や高僧の葬式などに限られる。ルイリー地区では大きなポイ儀礼に属するレイチュアンシャンのポイ・コンムでも基本的には村落レベルのポイ扱いであり、仏教協会に対する報告の必要はない。

ルイリー市ではルイリー江に面するチェーカオ付近の開発区の一角に用地を用意し、仏学院の建設の準備を進めている。また、ルイリー市仏教協会は仏学院の本格的な創設に向けて研修センターを開設した。しかし、仏学院を建設するには、学堂、大仏、パゴダ、布薩堂など、寺院としての施設を建設する必要があり、いかに経費を集めるかが大きな問題となっている。村落側が住職を必要とする場合、従来のようにビルマ側から招くのではなくいずれは仏学院から派遣する方針だという[38]。

仏教協会という組織はルイリー地区だけにあるのではない。タイ語でモックツォムカン・ササナー *mok tsom kan sasala* と呼ばれ、マオ盆地には四か所の地区に組織されている。すなわち、ムンマオ、ムセ、ナムカム、ロイ・ホースーである。ルイリー地区以外はビルマ側にあり、ロイ・ホースーはカチン州に属している。それぞれに会長に当るホーパオ *ho pau* がいる。ナムカムのウィブラ寺院はマオ盆地において最大であり、五〇人前後の僧侶と見習僧が止住しているが、ツァオ・ウィブラ *tsau vibula* は最も権威のあるホーパオである。ムセ、ナムカム地区を管轄し、ビルマにおける国家レベルの会合などに参加する。ルイリー市仏教協会とムセ、ナムカム地区のサンガとの交流は、タイ族の新年行事やいろいろな儀礼的な機会を通じて行われている。

六　おわりに――今後の検討課題

雲南省において上座仏教は、その分布地域が東南アジア諸国家と隣接する国境地方に限定されるが、ドミナントな宗教伝統としての扱いを受け、省政府の宗教行政の主要対象となっている。中国全体でみれば、上座仏教は、大乗仏教、チベット仏教とともに「仏教」に括られ、中国の「宗教」として国家が認定する五つの組織宗教（仏教、イスラーム、道教、カトリック、プロテスタント）の一派をなしている。中国では憲法において「宗教信仰の自由」を保障しているが、特定の組織宗教を「国教」に指定しているわけではない。こうした体制にあって、各「宗教」は関連法令にもとづく宗教行政の政策対象である。しかし、政策レベルでは一元化された制度的内容であっても、個別の宗教実践のかたちはきわめて多様であり、これに「宗教」という集合的なカテゴリーによる定義を与えただけに過ぎないと言えるかもしれない。実態は民族・地域・教派などを基礎とした宗教実践と大小様々のコミュニティの集まりなのである。これは、「上座仏教」という同質的に見えがちな宗教実践についても同様である。シーサンパンナとドゥホンとでは、寺院、サンガ、出家慣行、仏教儀礼など、具体的な実践のかたちや形式において特徴のかなり異なる実践仏教が存在する。これに対して、国家の側では同一の政策原理によって「制度化」を図ろうとしており、個別の実践主体は、国家の要求する「制度化」の領域への取り込みやそれをめぐる様々な交渉的過程の磁場におかれている。この意味において「仏教協会」という組織は、宗教政策による同一的な「制度化」と多様な宗教実践の中間にあり、宗教実践に関わる様々な主体を連結するための媒介装置であるといえよう。

「制度化」は、国家という一方の極からの積極的な働きかけだけがもたらすのではない。社会主義中国の成立以後、民間レベルの実践仏教は社会主義イデオロギーへの従属を余儀なくされ、旧体制の下で保持されてきた宗教組織や宗教実践を取り巻く環境も大きく変わった。この点は、前述した通りである。とりわけ一九五〇年代後半における集団化政策の下で「宗教」の価値を低めようとする政治運動が各地で展開し、文化大革命によって頂点に達した。マオ盆地で進行した事態も同様である。ただ、他の地域と若干異なる要素が介在している。マオ盆地は二つの国家空間として切断されたとはいえ、中国側では上座仏教に対する破壊工作が大規模に展開したのに対し、ビルマ側ではそうした事態が起こらなかった点である。つまり、生活圏の共有をもとに隣接関係にある村落コミュニティは様々な社会的つながりを保持したまま、宗教実践の破壊にみるような一時的に異なった政治状況を経験しただけに過ぎなかったのである。その意味で、盆地と周辺山地からなるローカルな宗教圏は存続し、政治的情勢が変わればいつでも復興や修復が可能な状態であった。

事実、文化大革命の終了後まもなくこうした切断状態をもとに戻す動きが民間主導で進み、ルイリー江を挟んだ民間レベルの人的な往来は急速な発展を遂げた。国境を越えて広がる儀礼的なネットワークやサンガ、世俗信徒による宗教実践は原状に復したばかりか、熱狂的とも言える上座仏教の復興現象が中国側の村落では展開された。サンガ及び世俗信徒の間で活発な交流が始まったのである。それらをもたらしたのは、国家のマクロな政策レベルでの方向転換、すなわち宗教政策の緩和路線への転換と対外開放の進行であった。

こうした変化のなかで、注目しておきたいのは、国家の宗教管理と制度化に対応しつつ、柔軟なかたちで表出されるローカリティの問題である。「ムンマオ王国」の重要拠点として、マオ盆地には王国の歴史的変遷にかかわる様々な集合的記憶が蓄積しているが、それはパゴダなど巡礼のスポットにおいても同様である。ローカルな仏教聖地への信仰や宗教実践は、国境による政治的な分断や統治体制の変動とは別個に、人々の間に根強く慣行として息づいている。

マオ盆地をパゴダ巡礼、村落間における儀礼的なネットワーク、僧侶の師弟関係や往来など、地域住民によって繰り広げられる多様な宗教実践の地理的空間、一つのローカルな宗教圏としてみると、権威付けられた主要な寺院、パゴダ、聖地などがビルマ側にも中国側にもあり、当然のことながら、それらは互いに関連しあっている。ビルマの領域であるナムカムはその中心的な位置を占めている。この点は現在でも同様である。中国側のルイリー地区では寺院の荒廃が著しかったが、文化大革命による破壊を受けた後の仏教復興の過程において、ビルマ側からハンサー寺院に戻ったウピンヤ師の果たした功績が大きいとして、それを可能にしたのはビルマ側に避難した後、マオ盆地を単位とした地域拠点の僧侶のリーダー的存在として人望を集め、ビルマでも重要視された人物であったからである。そうした彼の経歴を上座仏教の復興を図ろうとする中国政府や宗教行政の担当者は重視したのである。これは当然、自分たちの宗教伝統として復興を強く望んだタイ族側の各界エリートや民間人の利益と合致した。こうしたなかで宗教実践は息を吹き返し、それが国家側の上座仏教の「制度化」を推進していく力ともなったのである。

ドゥホン地域の上座仏教は従来、シャン仏教の系統を強く引き、周縁的な属性を帯びてきた。したがって、シャン州の寺院が多くの見習僧を引きつける拠点であった。教理面から言えば、仏教協会の主力となるエリート僧にとって宗教的知識の源泉はあいかわらずビルマの仏教寺院の中にある。しかし、近年、状況は異なってきているようである。パーリ語の経典学習の点からみれば、見習僧はマンダレーなどの寺院に行くはずだが、これまでの流れとは違った動きが起き、ビルマ側からルイリー地区の寺院に見習僧が来ている。また、雲南省の上座仏教においてシーサンパンナの上座仏教は主要な地位を占めるようになり、雲南省仏教協会や中国政府の支持を得てシーサンパンナ仏学院を開設し、各地から見習僧を集めてエリート僧への育成を担うまでになっている。エリート僧侶の国内研修システムが整備されつつあり、こうしたなかでルイリー地区の上座仏教がどのようにローカリティを確保し、シャン仏教との差異化を創出していくのかを明らかにする必要があろう。

ルイリー地区において上座仏教を信仰しているのはタイ族だけではない。一九九〇年において一〇三九人とタイ族に比べれば人口は少ないが、盆地周辺部の山地に居住し、茶の栽培などに従事していたドアン族も早くからの仏教徒である。民族間の宗教実践における差異の状況の把握が必要である。タイ族とドアン族はともに仏教徒ではあるが、前者の村落では壮麗な寺院が再建されているのに対し、後者は設備や規模などにおいて簡素な寺院に留まっている。僧侶をかかえる寺院はほとんどないようで、ホールーのみが宗教実践の担い手となっている。仏教協会の活動領域の拡大といった、現在進行中のルイリー地区のドミナントな仏教復興の周縁部に位置する状況から、上座仏教の「制度化」の意味を再検討する必要がある。

注

(1) 筆者はドゥホンタイ族ジンポー族自治州のマンシー、ルイリー地区で現地調査を実施してきた(長谷川　一九九六、二〇〇一、二〇〇二)を参照。ドゥホン州人民政府の統一戦線部、民族宗教局、宗教科、州仏教協会、ルイリー市民族宗教局の関係各位から多大な援助を得ることができた。心から感謝申し上げたい。以下の記述において、タイ語の表記は中国で採用されている方式に依拠したが、ルイリー地区のタイ族の村落名は漢語表記とした。徳宏傣族景頗族自治州志編纂委員会編(一九九四：六五五—六八四)を参照。雲南民族大学の楊光遠氏から教示を受けた他、孟編著(二〇〇七)、楊・趙編(二〇〇二)を参照し、徳宏タイ語のローマ字表記を行った。すなわち、ŋ = ng、ɔ = ua、ɛ = iaとした。ポイの表記についてはpoiとする場合もあるが、本章ではpuaiとした。二〇〇四年度の人口統計は「瑞麗市人民政府公衆信息網」(www.ynfumin.gov.cn/dhrlsrmzf/389139377352291l232/index.html -16k -)に拠る。

(2) ドゥホン地域には大小二八個の盆地(ムアン、ムン)があり、全体の土地面積の一七・一パーセントを占める。そのうち、一〇万ムー(一ムー=約六・六六七アール)以上の盆地は五つで、インジャン(盈江)盆地(五五二万ムー)、ロンチュワン(隴川)盆地(二九七万ムー)、マンシー(芒市)盆地(二一・四万ムー)、ルイリー(瑞麗)盆地(二〇・四万ムー)、チューファン(遮放)盆地(一一・八万ムー)である(徳宏傣族景頗族自治州編纂委員会編　一九九四：一〇七—一〇九)。主要なムンには、ムンホン(芒市)、ムンマオ(瑞麗)、ムンワン(隴川)、ムンラー(盈江)、ムンティ(梁河)などがある。タイ族の伝統的なアイデンティティやローカリティの表出はタイ・マオという名乗りがあるように、盆地政体としてのムンに依拠する。

（3）ムンの首長（土司）はツァオファー *tsau fa* と呼ばれる。設置された土司はナンティエン（南甸）、カンカイ（干崖）、ロンチュワン（隴川）、ホーター（盞達）、チューファン（遮放）、マンシー（芒市）、ムンマオ（勐卯）、フーサ（戸撒）、ラサ（臘撒）、ムンパン（勐板）である。

（4）ムンマオ安撫司の所在地はムンマオ鎮であり、土司官署が置かれていた。土司の親族はみな「貴族」階層として土司の家産官僚を担当し、各村落の頭人を支配した。基層組織にはカンという単位があり、一般には数か村ないしは数十か村からなっていた。山地のジンポー族は「山官」を通じて土司に服属した（管　一九八八、楊常鎖　一九九七）。

（5）一九五〇年代に実施されたルイリー地区に対する土地改革や民族工作の諸問題については、（劉季純　一九九九、何鴻生　一九八七、一九八九、一九九一、一九九四）などを参照。

（6）マオ盆地をひとつの生活圏としてきたタイ族の空間概念としてのトンマオ（*tong mau*）は重要である。ルイリー地区（中国側）で聞き取り調査をしている際に、ビルマ側のタイ族の状況に話が及ぶと、話者がムンマオという場合、ルイリー江以北の中国側のことを指し、ムンマオとの対比においてムセやナムカムが意識されていた。ビルマ側のタイ族の村落などにまで話しが及ぶような場合、トンマオによって双方の状況を包括する。しかし、トンマオの外延についてはかならずしも明確ではない。

（7）中国とビルマとの間に引かれた国境線に関し、ルイリー地区に関わる部分は一六九・八キロメートルである。以下に聞き書き調査によって確認した村落を列記し、ルイリー市志に記載される中国語表記の村落名（瑞麗市志編委編　一九九六：二二七―二二八、二三三―二三五、四五四）を可能な範囲で比定しておく。括弧内は通用している漢字表記である。ターツァン *ta tsang*（大掌）、トゥンロン *taeng long´*、ロンモー *luang mo*（弄莫）、ロンマー *luang ma*（弄馬）、ロンモン *luang mon*（弄門）、ホーロン *ho luang*（賀乱）、マンヘウ *man heu*（芒秀）、ロンヘン *luang hen*（弄喊）、パンプーツァイ *pang pu tsai´*、ロンメン *long maeng´*、カウコット *kau kot*（高各）、サンタウ *saeng tau´*、タンホー *taeng ho´*、ロンファイ *long fai´*、ハティン *hat tin*（哈听、哈幸）、セーフン *se hun*（些混）、マンホントン *man hong tong*（芒烘東）、マンクン *man kun*（芒滾）、クンハイ（滾海）である。これらの村落のほとんどはタイ・マオであるという。なお、マオ盆地を横断する国境線に沿って中国側の水田地帯には「団結水路」が一九五〇年代に造成された。この水路以北の村落はタイ・ヌーであるという。国境線に沿って中国とビルマ間の往来を可能にする渡口（渡し場）、通道（通行の拠点）、口岸（税関と国境ゲートのある貿易拠点）がある（郭・刀編　一九九三：九七）。

（8）ルイリー地区の国境地帯が政治的に複雑な状況であった点については、（劉季純　一九九九）を参照。

（9）一九九四年からは毎年の潑水節において「チェーカオ辺境貿易会」を開催するようになった（王　一九九九：二三八）。

（10）中国にある五つの「宗教団体」（仏教、道教、プロテスタント、カトリック、イスラーム）は民政局が管轄する「群衆団体」に属し、国家の官僚組織とは一線を画している。その活動は宗教を扱う国家機関である宗教局によって管轄を受けつつも、国家と社会の中間に位置し、媒介者的役割を果たしている。仏教復興の動態と仏教協会との関係については（足羽　二〇〇〇、ワンク　二〇〇〇）を参照。

（11）こうした事態に対し、民衆の側がとった抵抗のかたちに関しては十分な資料が収集されているわけではない。ルイリー地区の民族工作に長年従事した何鴻生は、こっそりと自宅で読経するなどして信仰を守る一方、仏像を地中に埋めることが一般化したとしている。人々が国境を越えて宗教儀礼に参加することもあった。例えば、一九七九年から八〇年にかけてマンシー地区の一千人がビルマ側に巡礼に訪れた（何鴻生　一九八七：一二九）。

（12）ポイツォンはミルンのいうポイキャウン派に当たる。最も早くドゥホン地域に伝わり、最大の勢力を誇った派である。戒律はそれほど厳しくない。後にビルマ国王が検査し、不合格の僧侶をすべて強制的に還俗させたことがあり、その一部が移ってきたことに由来する（顔編　一九八六：四五八）。ドゥホン地区に入った時期を一六六二年と特定する見解がある（劉揚武　一九九〇：四二五）。トーリエは一八世紀前半にビルマから入ったとされる（劉岩　一九九三：八七―九〇）。一七三九年、チューファン地区の僧侶がマンダレーの同派寺院に留学して戻り、その教えを広めたという史料もある。その後、清朝とビルマ王朝の関係が悪化し、農民や僧侶も流散してしまったので同派の発展が止まり、一八一七年にビルマから伝えられたとする見解もある（劉揚武　一九九〇：四二五）。ヨンはシーサンパンナで信仰される上座仏教と同派であり、北タイのランナー仏教の系統を引く。マンシー地区に一五世紀にチェンマイの高僧が伝えたと言われている（張　一九九三：七五）。ツォティはトーリエの伝来より約百年後といわれる（顔編　一九八六：四五七）。一七五七年とする断定する見解もある（劉揚武　一九九〇：四二五）。

（13）一九三〇年代にルイリー地区で現地調査を実施した江応梁は、ポイツォン、トーリエ、ヨン、ツォティ以外に、トゥカンフ（徳干當）、ミチュ（密朱）、トンピツ（東比剌）、オワタ（鄂瓦打）という教派があったとしている（江　一九五〇：二四六）。筆者はこれらの教派について関連の資料を整理し、若干の考察を行ったことがある（長谷川　一九九六）。

（14）張建章はスーッタマー（蘇探瑪）、シュエジン（睡晋）の二派に分けられているとしている（張編　一九九二：一四七―一四八）。二〇〇五年八月六日、「ルイリー市仏教協会培訓中心」におけるＭＫ師からの聞き書き調査にもとづく。筆者との共同調査の成果報告である侯・楊（一九九一）も参照。ビルマの教理試験はドゥホン地域のサンガに一定の影響を及ぼした。

（15）マンシー地区も同様であった。土司官署のあるマンシー鎮にはツォン・セーン *tsuang saeng*（菩提寺）、ツォン・ハム *tsuang xam*（五雲寺）、ツォン・マウ *tsuang mau*（中華寺）、ツォン・ホーシン *tsuang hosin*（仏光寺）の四寺院があった。これらは順にポイツォン、ヨン（後にポイツォンとなる）、トーリエ、ツォティの中心寺院であり、マンシー全域における各教派の寺院の頂点に位置した。一九九一年三月、マンシー鎮での聞き取り調査にもとづく。

（16）土司権力の解体とともにナンメン寺院は衰退した。ルイリー地区の民族工作と宗教政策については、劉季純（一九九六、一九九九）、何鴻生（一九八七、一九八九、一九九一、一九九四）、中共瑞麗県工委（一九九一）、範（一九九四）などを参照。

（17）ルイリー県人民政府（宗教科、統一戦線部）にて聞き取り調査（一九九一年三月二一日）。

（18）ルイリー市人民政府民宗局にて聞き取り調査（二〇〇五年三月二二日）。

（19）ＴＶ師より聞き書き調査（二〇〇五年八月一三日）。

（20）ＴＶ師より聞き書き調査（二〇〇五年八月一三日）。

（21）一九九一年三月二二日、ハンサー寺院にて聞き取り調査（二〇〇五年八月一四日）。一九八九年の時点では長老僧一人、正式僧（比丘）三人、見習僧（沙弥）一〇人、学僧三人という構成であった（張編 一九九二：二一三）。
(22) レイチュアンシャン寺院にて聞き取り調査（一九九一年三月）。チェーシャン郷の三九村落において見習僧になる者はいないという説明を受けた。
(23) タートンハン寺院にて聞き取り調査（二〇〇五年三月二四日）。この寺院では青年僧侶が中心となり、寺院に止住する見習僧の日常生活に必要な言語と文字の習得を促す目的で、二〇〇四年六月から「菩提学校」を開設した。名目上はルイリー市仏教協会が支援するというものであった。見習僧たちは中国語、ビルマ語、シャン文字の三つを学ぶ。ここで学ぶ見習僧の数は一定していないが、二〇〇五年三月には約四〇人が学んでおり、そのうちの九人が上海、昆明、シーサンパンナの仏学院に派遣された。『瑞麗新聞』（二〇〇五年三月一八日）の記事に紹介された（「傣族小和尚也接受正規国民教育」『瑞麗新聞』二〇〇五年三月一八日）。張編（一九九二：二一二）も参照。
(24) 仏教復興は民間レベルの動きが先行した点が注目できる。長谷川（一九九六：一〇三）を参照。
(25) 一九九〇年度の統計において八六人のホールーの存在が確認される（瑞麗市志編委編 一九九六：六九九）。
(26) パゴダの歴史について詳しくは楊永生（一九九〇：二二五―二三六）参照。
(27) ルイリー市人民政府統一戦線部で実施した聞き書き調査による（一九九一年三月二一日実施）。張編（一九九二：二一七―二一九）も参照。
(28) 何鴻生（一九八七：一三一）、商浩「記中国仏教協会副会長刀述仁」『人物』一九九九年第一〇期（http://www.renwu.com.cn）。「伍并亜・温撒長老圓寂」『法音』二〇〇三年第一期（http://www.hrmdown.com）などを参照。
(29) 筆者は一九九一年三月の現地調査でウピンヤ師からこの点を確認している。
(30) ドゥホン州民宗局及び統戦部（二〇〇五年三月一六日）、ルイリー市人民政府民宗局（二〇〇五年三月二一、二二日）にて聞き取り調査。
(31) 以下の資料に基づく。「加大対外南伝仏教僧人的培訓力度」（二〇〇四―〇四―一七、http://www.cppcc.gov.cn）。ここに示された統計資料によれば、二〇〇〇年においてシーサンパンナは住職を務める外国籍僧侶が全州で九八人ほどいる。こうした状況に対し、政府部門はこれを減らす方向で整理しているが、二〇〇一年の時点で二三人が残っている。
(32) S寺院の住職として止住していたTU師（当時、四六歳）から聞き取り調査（二〇〇五年八月八日）。TU師は一九九八年にビルマ側から招請された。
(33) O村の住職TS師（当時、二九歳）から聞き取り調査（二〇〇五年八月）。
(34) W寺院にてTO師より聞き取り調査（二〇〇五年八月）。
(35) ルイリー市人民政府民宗局にて聞き取り調査（二〇〇五年三月二二日）。
(36) 同時期に、ロンチュワン（隴川）県（一九八二年一〇月一九日成立）、リャンホー（梁河）県（一九八三年三月）、インジャン（盈江）県（一九八三年六月七日）、ルーシー（潞西）県（一九八三年七月二五日）で仏教協会が成立している。
(37) ルイリー市仏教協会は以下のような「瑞麗仏教協会管理規程制度」（二〇〇三年三月一九日、仏協五号）を作成している。①各場所の国境の外の僧侶（比丘）に対して各寺院において住職とすることを禁じる。指導小組が市民宗局に報告し、審査を経てから仏教協会は愛国主義教育を行い、党の宗教政策と市仏教協会の各種規程制度を理解させた後、再び市民宗局に報告し、寺院の住職になることを批准するものとする。②各寺院の僧侶（比丘）、尼僧（比丘尼）は自覚して各場所の管理指導小組の規程制度を遵守し、時間どおりに仕事と休息をし、寺院の清潔さや衛生を保たねばならない。③各寺院の僧侶（比丘）、尼僧（比丘尼）は七日間を超えて外出する場合においては市仏教協会で記録する。仏教協会理事会のメンバーが用事で三日以上の外出をする場合は市民宗局の担当者に休暇願を出さねばならない。④国境外と国境内にある他県市が我が市の寺院に七日以上滞在するには、必ず市民宗局に報告して滞在の許可を受けなければならない。そうでない場合、関連の規則に従い、処理される。⑤二〇〇三年度内において、各寺院の僧侶（比丘）、尼僧（比丘尼）、見習僧（沙弥）は統一された黄色の袈裟を着て、その他の国家と区別しなければならない。これに対して、ホールーに対する管理に関してはかなり緩やかで、民間にゆだねられている。ホールーをビルマ側から招請する場合は比較的簡単であり、村落の老人たちや村長が同意を得ることで完了し、民宗局や仏教協会に申請する必要はないという。ホールーは僧侶とは性格が異なり、民宗局の管理対象の「宗教教職人員」には当たらないからである。近年の統計資料によれば、ルイリー市における一一四人のホールーのうち七〇人はビルマ国籍である。「加大対外南伝仏教僧人的培訓力度」（二〇〇四年四月二七日）（http://www.cppcc.gov.cn）参照。

（38）シーメン寺院にてTV師より聞き取り調査（二〇〇五年八月六日、一二日～一四日）。二〇〇五年一一月二一日～三〇日にドゥホン州仏教協会は上座仏教の住職、僧侶の研修会を「ルイリー市仏教協会培訓中心」で開催した。これには六五人の僧侶が参加したが、州統一戦線部、州民宗局などのメンバーも出席し、上座仏教に対する管理工作の制度、規範、法制などを学習した（http://www.dhrjb.com/Html/200511281053-1.html）。二〇〇五年八月の調査当時、「培訓中心」には八人の僧侶がおり、仏学院の創建に向けた準備を進めていた。

参照文献

足羽與志子　二〇〇〇「中国南部における仏教復興の動態―国家・社会・トランスナショナリズム」『現代中国の構造変動〈五〉社会―国家との共棲関係』菱田雅晴（編）、二三九―二七四頁、東京大学出版会。

デイヴィッド・L・ワンク　二〇〇〇「仏教再興の政治学―競合する機構と正当性」菱田雅晴（編）、前掲書、二七五―三〇四頁。

徳宏傣族景頗族自治州志編纂委員会（編）　一九九四『徳宏州志・総合巻』徳宏民族出版社。

徳宏州傣学学会（編）　二〇〇五『勐卯弄傣族歴史研究』雲南民族出版社。

杜　貴森　一九九四「我在勐卯時的記憶」瑞麗市政協文史委員会（編）、第一輯：二三―二九頁、徳宏民族出版社。

範　増銘　一九九四「回憶在瑞麗工作的十六年」瑞麗市政協文史委員会（編）、前掲書、第一輯：一七九―一八六頁、徳宏民族出版社。

郭　来喜・刀　安鉅（編）　一九九三『徳宏州対外開放及口岸体系研究』中国科学出版社。

管　有成　一九八八「勐卯司署末期政治軍事制度」『瑞麗史志叢刊』第三期：三〇―三六頁、徳宏民族出版社。

長谷川清　一九九六「上座仏教圏における『地域』と『民族』の位相――雲南省、徳宏タイ族の事例から」『東南アジア大陸部における民族間関係と「地域」の生成』重点研究「総合的地域研究」成果報告書、林　行夫（編）、No. 26、七九―一〇七頁。
――　二〇〇一「中華の理念とエスニシティ――雲南省徳宏地区、タイ・ヌーの事例から」『流動する民族――中国南部の移住とエスニシティ』塚田誠之他（編）、二二一―二四〇頁、平凡社。
――　二〇〇二「歴史と政治のせめぎあう場所」『季刊民族学』一〇一：六一―六三頁。
何　平「傣族歴史上并没有一個〝果占璧王国〟」『思想戦線』二〇〇五年第六期：五四―五七頁。
何　鴻生　一九八七「辺疆工作回憶」『徳宏州文史資料選輯』第六輯：一一八―一三三頁、徳宏民族出版社。
――　一九八九「辺疆工作回憶」『徳宏州文史資料選輯』第七輯：一七四―一七八頁、徳宏民族出版社。
――　一九九一「回憶瑞麗県和平協商土地改革」『中共徳宏州党史資料選編』中共徳宏州委党史征研室（編）、第二輯：一一四―一一九頁、徳宏民族出版社。
――　一九九四「史昭清与民族工作」瑞麗市政協文史委員会編、前掲書、第一輯：一五八―一六〇頁、徳宏民族出版社。
賀　聖達　一九九二『緬甸史』人民出版社。
賀　聖達（編）　一九九三『当代緬甸』四川人民出版社。
侯　冲・楊　光遠　一九九一「徳宏州小乗仏教考察総合報告」『雲南宗教研究』第一期：一二―一九頁。
江　応梁　一九五〇『擺彝的生活文化』中華書局。
リーチ、E. R.（著）・関本照夫（訳）　一九八七『高地ビルマの政治体系』弘文堂。
劉　季純　一九九六「我的回憶」『開創徳宏各民族新時代紀実』中共徳宏傣族景頗族自治州委員会・雲南省人民政府民族事務委員会（編）、二四〇―二四六頁、徳宏民族出版社。
――　一九九九「回憶瑞麗県的和平協商土地改革」『徳宏解放五十年親歴記』徳宏州政治協商文史資料委員会（編）、二三一―三四頁、徳宏民族出版社。
劉　尚鐸（編）　一九九三『開放与探索』雲南人民出版社。
劉　岩　一九九三『南伝仏教与傣族文化』雲南民族出版社。
劉　揚武　一九九〇「徳宏傣族小乗仏教的教派和宗教節日」『貝葉文化論』王懿之・楊世光編、四二五―四三一頁、雲南人民出版社。
孟　尊賢（編著）　二〇〇七『傣漢詞典』雲南民族出版社。
繆　家福・張　慶和（編）　一九九九『世紀之交的民族宗教』雲南大学出版社。
ミルン（著）、牧野　巽・佐藤利子（訳）　一九四四『シャン民俗誌』生活社。
瑞麗市教育局（編）　一九九三『瑞麗教育志』雲南教育出版社。

王　達章　一九九九「姐告開発建設十一年回顧」徳宏州政治協商文史資料委員会（編）、前掲書、二三〇―二四二頁、徳宏民族出版社。
聞　月如　一九九四「女兵在勐卯城開闢工作的回憶」瑞麗市政協文史委員会（編）、前掲書、第一輯：一八七―一九二頁、徳宏民族出版社。
顔　思久（編）　一九八六「雲南小乗仏教考察報告」『宗教調査与研究』第一期：三九四―四六九頁。
楊　常鎖　一九九七「従勐卯果占壁到勐卯安撫司」『徳宏土司専輯』徳宏州政協文史和学習委員会（編）、一―四八頁、徳宏民族出版社。
楊　光遠　二〇〇二「徳宏傣族宗教祭儀的文化詮釈」『雲南民族学院学報』一九（一）：七二―七六頁。
楊　光遠・趙　岩社（編）　二〇〇二『雲南少数民族語言文字概論』雲南民族出版社。
楊　永生　一九九〇「広母賀卯―瑞麗姐勒佛塔史」『徳宏史志資料』第十三集、徳宏史志編委会弁公室（編）、二二五―二三六頁。
雲南省瑞麗市志編纂委員会（編）　一九九六『瑞麗市志』四川辞書出版社。
張　建章　一九九三『雲南辺疆宗教文化論』徳宏民族出版社。
張　建章（編）　一九九二『徳宏宗教―徳宏傣族景頗族自治州宗教志』徳宏民族出版社。
中共徳宏州委党史征研室（編）　一九九一『中共徳宏州委党史資料選編（二）』徳宏民族出版社。
中共瑞麗県工委　一九九一「瑞麗県和平協商土地改革初歩総結」『中共徳宏州党史資料選編』中共徳宏州委党史征研室（編）、第三輯：一一七―一三四頁、徳宏民族出版社。
周　興勃　一九九三「姐告―徳宏第一块経済開発区」『改革開放中的徳宏一九五三―一九九三』呉　志湘（編）、九五―九七頁、徳宏民族出版社。

第四章　国境の上の仏教

――タイ国北部国境域のシャン仏教をめぐる制度と実践

村上忠良

一　はじめに――仏教と国境

1　上座仏教圏における国家と仏教

東南アジア大陸部における上座仏教の伝統は、この地域の多様な民族集団の分布や伝統的な国家の枠を超えて、仏教を社会的価値の中心とした上座仏教文化圏を形成してきた。[1] 仏教の伝来以降、上座仏教文化圏のなかでは支配者（王）が仏教の擁護者を自認し、サンガ[2]の擁護と監督を行い、仏教の正しい教え（正法）の継承を保障することがその支配の正統性の拠り所となっていた。このように伝統的な国家の支配者によるサンガへの手厚い擁護と監督は、国家と仏教の間の密接な関係を作り上げていた（石井 一九七五：七〇―八二）。その一方で上座仏教文化圏ではパーリ語経典、戒律を遵守する出家者集団（サンガ）の形態、基本的な仏教儀礼などが伝統的な国家の枠を超えて緩やかに共有され、仏教上の交流が広く見られた。

仏教が国家の擁護と監督を受けてきたことと国家を超えた交流を盛んに行ってきたことは、一見背反するような事実ではあるが、両者は互いに密接に関係している。王の座す都を中心として、その王の影響力が届く範囲が王の支配圏とする伝統的な国家概念では、王都やその周辺地域において仏教の興隆を図り、その威徳を高めることが国家の影響力を拡大することと密接に関わっていた。一方、王都やその周辺地域で仏教が堕落・衰退した場合には、「外から」正しい教えを導入することで仏教の革新を図ってきた。このことが、伝統的な国家との関係に縛られながらも仏教が国家の枠を超えた交流を見せる一つの要因であったと考えられる（cf. Tambiah 1984）。

時代は下がって、欧米列強による植民地化の経験を経てこの地域に近代国家が成立すると、仏教は各国の法制度下におかれ、国家の宗教政策によって様々な統制を受けるようになる。それぞれの国家は自らの政治体制に合わせた宗教政策を導入したため、共産主義思想に基づいた厳しい宗教弾圧を行った国から、伝統的な王権―仏教関係を範として政府による仏教の擁護・監督を行う国まで、仏教に関する政策の内容はさまざまであった。但し、これらの国々がどのような宗教上の制度や宗教政策をとるにせよ、制度や政策の主体である近代国民国家の有する領域概念が前提となっており、国家の主権が及ぶ範囲に適用される点では一致していた。近代国家成立以前にはそれほど明確ではなかった領域国家の理念に基づいた国境の概念が持ち込まれ、東南アジアの上座仏教圏は地域内や地域間の緩やかな交流の時代から、国家を単位とした宗教制度・政策によって国別に再編される時代へと移っていった。[3]

タイ、ミャンマー（ビルマ）[4]、和平後のカンボジア、開放政策後のラオスなど仏教に対して社会的重要性を認めている国家の場合には、程度や政策上の差はあれども、国家単位での仏教の標準化、制度化、中央集権化が進められてきている。このように近代領域国家の理念に基づき国家を単位として再編される仏教のことをここでは「国家仏教」、それを目標とした活動を「国家仏教」化としておく。[5]「国家仏教」は国家（中央政府）が法制度や政策を通じて実現を目指す理念的な仏教のあり方で、いまだ実現されてはいない。しかし東南アジアの上座仏教圏では「国家仏教」化の動きはさまざまな形で進んでおり、それが人々の仏教実践にも大きな影響を与えているのも事実である。本章では、タイ国北部とミャンマー連邦シャン州の間の国境の周辺地域（以下、国境域とする）に居住するタイ系民族の一集団であるシャンの事例をもとに、[6]「国家仏教」化が進められるなかでの仏教実践に注目する。

タイ国における仏教の中央集権化や制度化についてはこれまで多くの先行研究がなされてきた。[7]特に本章との関連では、カイズがタイ国の国家統合と北部地域の仏教の制度化の関係について研究を行っている（Keyes 1971）。これらは国家を単位とした仏教の中央集権化や制度化のプロセスについての研究、あるいは制度化や中央集権化に対抗する地方や非正統とされた仏教伝統の研究であった。それゆえ中央対地方、中心対周縁という構図のなかで地方や周縁は中央からの集権化や制度化の対象、あるいは集権化や制度化に対抗する存在として捉えられている。

本章では、国境域を単純に国家の中央と対峙する地方や周縁として捉えるのではなく、国境を越えた地域のつながりのなかで国境の影響を受けている場と捉え直してみたい。国境域という、特殊ではあるがどの国家のなかにも必ず存在する状況下において、国家による仏教の制度化や中央集権化が人々の仏教実践をどのように形成していくのか、また人々の仏教実践が国家の制度をどのように捉えなおしていくのかという具体相を明らかにしたい。

2　国境域という社会的空間

東南アジア大陸部における国境をめぐる人類学的研究は一九九〇年代以降これまで、国境がその両側に生み出す制度的差異が国境域に住む人々に与える影響と、国境域に住む人々による国境の認識や利用についての研究を行ってきた。代表的なものとしては、国境を越えて分布する民族集団のアイデンティティ形成や、国境域における国家・民族・宗教の関係についての論集が共同研究の成果として出版されている（Wijeyewardene ed. 1990; 加藤編 二〇〇四；cf. Wijeyewardene 1990）。これらの共同研究以外にも、山地民の民族境界認識への国境概念の影響（綾部 一九九八）、国境交易従事者の経済活動（Walker 1999）、山地民と治安問題（片岡、二〇〇四）などのタイ国北部の山地社会を対象とした個別の研究も行われてきた。本章も、国境域を国家の制度的な制約を受けつつもその枠に収まりきらない活動の場として捉えるこれらの先行研究と問題関心を共有しており、近代領域国家の制度と地域の実践の相克のなかから生まれてくる仏教実践について考察を行うものである。(8)

ここでは本章の関心にもとづいて国境域の性格を整理しておこう。本章では、国境域は国家による統治権やそれに基づいた制度の最末端であるのと同時に、国家の諸制度が最も顕著に姿を現す場でもあると考えている。そこでは、国境から離れたある国家の「内地」で自明化された国家の諸制度が様々な機会において可視化され、意識化される（Gupta and Ferguson 1992: 7）。

最も端的な事例を挙げれば、国籍の問題である。国家の「内地」に住む人にとって、自らがある国家の国籍を有しているということは自明のことであり、社会的な少数者を除く大多数の者がそのことを反省的に意識することはまれである。しかし、自らと同じような生活を営んでいるが別の国籍をもつ人たちと日常生活で密接な交流がある国境域の人々にとって、ある人が特定の国家に属するということは、出自、居住、移動、社会的立場、国家による国境画定などの複合的な状況の結果であり、特定の状況下でのみ与えられるもの、あるいは自らが選び取るものであって、自明の事柄ではない。国家は人々の生活を等しく覆っている「天蓋」のようなものではなく、特定の条件に適合したもののみを国民として国家に所属させ、法的な権利を与え義務を負わせる「想像された」共同体としての性格を顕わにする。空間的にはどこかの国家の領域内にあっても、国家が自明の存在ではなく常に相対化される可能性を持つという意味で、国境域の人々は「国家のはざま」を生きている(9)。

以下では、このような国境域の状況を考察するにあたり、統制と通交というキーワードを用い、国境域に対しての二つの見方を整理しておきたい(10)。一つの見方は、この地域における国境を越える活発な通交、つまり人、モノ、カネや情報の行き来とそこから生じる国境域の活性化を、中央政府の統治と制度化の不十分さから生じる現象と捉えるものである。つまり、社会的諸制度によって国境域の統制を試みる中央政府と、その統制を逃れて自由であるがゆえに活性化する国境域という構図を描くことで、国境域における統制と通交を対立的な関係として捉える見方である。もう一つの見方は、国境域において統制がある程度はたらくことにより国境の両側に制度的な差異や格差が生じ、その差異や格差が国境域の通交を活性化すると捉えるものである。制度的な差異があるからこそ国境を越えることに価値が生じ、国境域における諸活動が活性化すると考える。この見方に従えば、中央政府からの統制と周縁での活発な通交は対立するのではなく、共生的な関係にある。

さて、本章の立場はどちらの見方が国境域の現実を捉えるための正しいモデルなのかを検証し、国境域の研究の一般的な理論化を目指すことではない。この両者の見方を踏まえつつ、タイ国北部のシャン仏教の事例における中央からの制度化と周縁における自由な活動との関係の具体相を明らかにすることを目的としている。そして、この国境域における仏教実践の具体相の研究によって、国境域の人々によって意識化された国家の存在様態を顕わにし、現在の国境域の現状を考察する。それと同時に、これまでの中央からの視点では見えてこなかった仏教と国家の諸制度の関係を明確にすることができると考えている。

二　フロンティアから国境域（ボーダーランド）へ

ここでは、東南アジア大陸部の国境域の事例として、現在タイ北部に位置するメーホンソーンを取り上げ、タイ―ミャンマー国境域（以下泰緬国境域とする）の歴史的変遷をタイ中央政府（国家）からの制度化を中心に記述する。

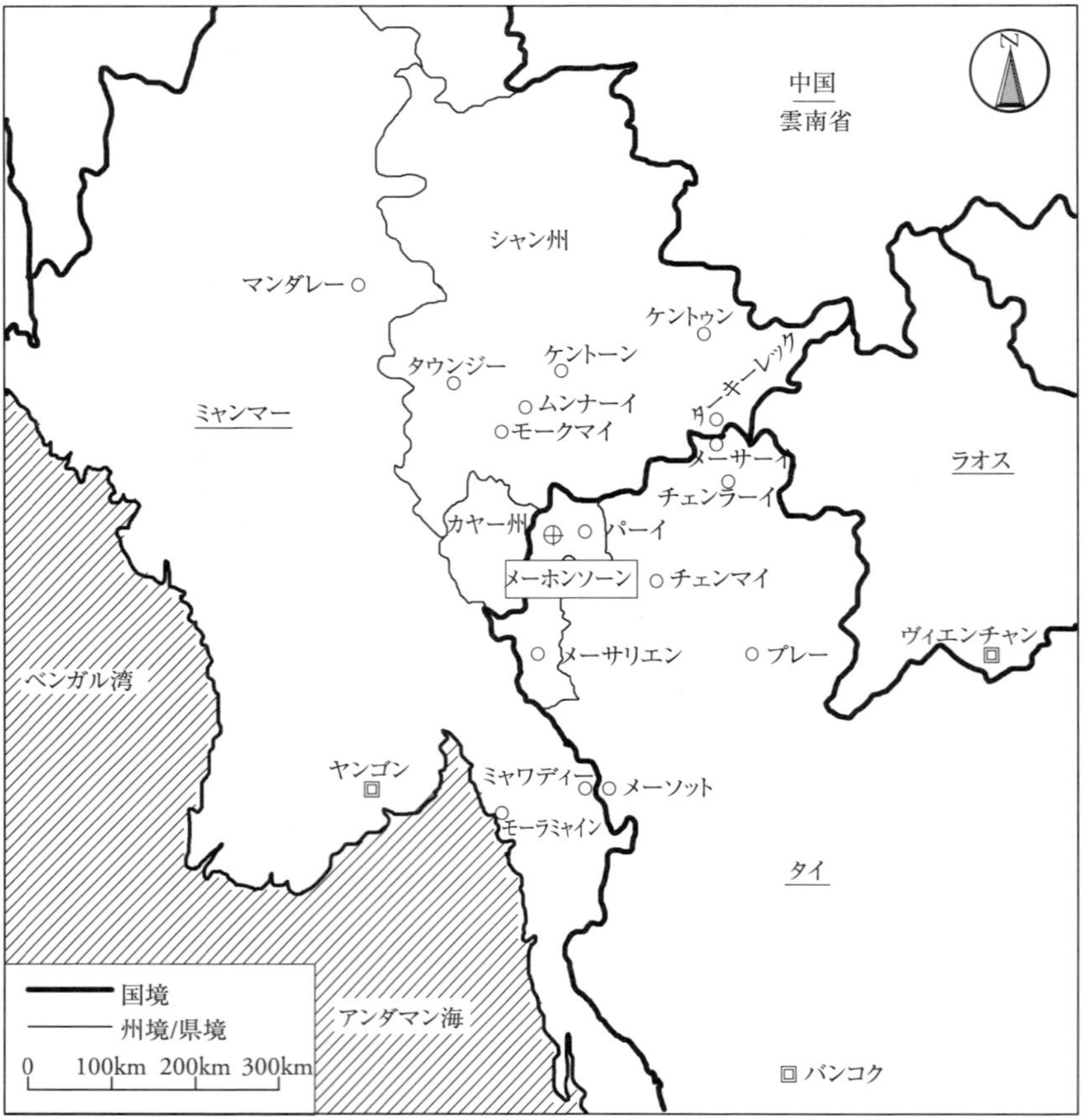

メーホンソーン周辺図

1　フロンティアとしてのメーホンソーン

メーホンソーン県はタイ国北部の山間にある小県で、北はミャンマー連邦のシャン州、西はカヤー州やカレン州と国境を接している[11]。タイ国の首都バンコクからメーホンソーンへは、全天候対応の舗装道路が完成した現在でも、夜行バスで一五時間以上かかる。しかも最後の数時間は険しい山道を走らねばならない。北部の中心都市チェンマイからもメーホンソーンは近いようで遠い。直線距離ならチェンマイから西北へ約一二〇キロメートルで、飛行機なら約

写真4-1　メーホンソーン市内の寺院建築の例（チョーンカム寺院）

三〇分の距離である。しかしこれが陸路となると、最短ルートでも二四五キロメートルで、道が山間を縫うように走っているため、どんなに急いでも車で五～六時間はかかる。このような現状から、陸上交通手段が発達する以前のメーホンソーンがタイ国の中央からいかに遠かったかが想像できる[12]。

さてこのような道程を経てこの町を訪れる者の目をまず惹くのは、市街地のあちこちに建つ寺院の建築様式であろう。この地で見られる寺院の特徴は、バンコク市街で見られるきらびやかな中部タイ様式の寺院とも、落ち着いた色彩で歴史を感じさせるチェンマイのラーンナー様式の寺院とも異なり、複数層の屋根を戴く高床の木造建築である（写真4-1）。寺院のなかをのぞいてみると、そこに安置されている仏像も中部タイで見られる仏像とは異なっている。この地域の裕福な在家信者は、国境の向こうのシャン州から仏像を取り寄せたり、シャン州から仏師や大工を呼んできてシャン様式の仏像や寺院を作らせたりしてきた。近年では中部タイ様式の仏像を目にすることも多いが、それでも仏像の多くはシャン様式である。[13]

メーホンソーンの寺院は、この地域の歴史的・民族的状況をよく物語っている。この地域は歴史的には国境を挟んで隣接するミャンマー連邦シャン州の南部との結びつきが強かった。メーホンソーン県では、タイ国内の他所からやってきた官僚や商人の多い市街地をのぞくと、農(山)村部の人口の約半数がタイ系民族のシャンで、残りの半数がタイ国では「山地民」(*chao khao*)と呼ばれるチベット・ビルマやモン・クメール系の諸民族である。シャンはミャンマー連邦シャン州の多数を占めるタイ(Tai)系の民族で、シャン州を中心にミャンマー北部・東北部、タイ国北部、中国雲南省西南部に居住している。メーホンソーンのシャン系住民の多くはシャン州南部から移住してきたものの末裔である。タイ国内ではシャンは主に北部のチェンラーイ、チェンマイ、メーホンソーンの三県に居住するタイ系少数民族であるが、メーホンソーン県ではシャンが他の民族よりも人口が多く多数派の地位を占めている。[14] それゆえ、この地域の民族構成はタイ国内の他の地域よりも国境を挟んで隣接するシャン州に近いといえる。

現在一つの行政単位にまとめられているメーホンソーン県は、歴史的社会的背景の異なる三つの地域に分けることができる。県庁所在地であるメーホンソーン市を含むムアン郡を中心とした県中部、メーサリエン郡を中心とした県南部、そしてパーイ郡を中心とした県東北部である。県東北部では、土地の大半を占める山地に非タイ系の「山地民」が居住し、僅かばかりの平地にタイ系のシャンやタイ・ユアン[15]が住んでいる。県東北部はラーンナー王朝の都であったチェンマイからの距離も近く、ラーンナー文化の影響が強い地域である。県南部も古くからビルマとラーンナー地域を結ぶルートの上にあり、歴史的・文化的にラーンナー王朝との関係が深い。但し民族的に見ると、県南部はチベット・ビルマ系民族カレンの人口が最も多く、それにシャンやタイ・ユアン、カレン以外の「山地民」が続く。県中部は、県内では比較的平野部が多い地域で、平地に居住するシャン人口の割合が県北部や県南部よりも高い。本章では県中部の事例を中心的に取り上げるため、以下で「メーホンソーン」と「県」を付けずに記述する場合は、県全体ではなく、ムアン郡を中心とした県中部地域を指す。

平野部が少なく幾重にも山に囲まれたメーホンソーンとその周辺地域は、一九世紀初頭まではシャンやカレン系民族のカヤー、パオ、あるいはモン・クメール系民族のラワが細々と生計を立てていた人口稀少の地であった。シャン高原に点在するシャンの諸土侯国を間接支配していたビルマ王朝側から見れば、サルウィン川東側の辺境で、カヤーの支配地域の向こう側に位置しており、特に重要性をもつ地域ではなかった。ラーンナー王朝側からみても、チェンマイ盆地西方の山地の奥に位置し、王朝の主たる支配圏であったピン川水系とは異なるサルウィン川水系に属していたため、大きな関心が払われる地域ではなかった。また、ビルマ、ラーンナー、漢族王朝間のフロンティアであった現在のシャン州を中心とした「シャン世界」のなかでも（高谷 一九九六：一四；cf. Leach 1960）、カヤーやラーンナー王朝の支配圏に隣接する周縁地域に位置していた。それゆえメーホンソーンはフロンティア（シャン世界）の中のフロンティアに位置しており、政治的な大中心や小中心の勢力圏の「はざま」として存在していた。

そのため一九世紀以前のこの地域の歴史は、資料が非常に限られており、あまり明らかではない。メーホンソーンがビルマ、ラーンナー両王朝、のちには英国植民地政府やタイ国（シャム）などの外部の政治的中心の関心を惹くようになったのは、一九世紀初頭以降である。第一次英緬戦争（一八二四～二六）の結果、南ビルマのサルウィン川河口に位置する港町モーラミャインを手に入れた英国は、サルウィン川中流域のチーク材に大きな関心を持つようになる。ラーンナー王朝もこの時期英国側の活動に反応し、チェンマイ盆地西方のサルウィン川流域地域への視察隊を派遣する。

現在タイ側でメーホンソーン県の「正史」とされる記述によれば、メーホンソーンという土地の名は、一八三一年にラーンナーのチェンマイ国主に西方地域の探査を命じられた家臣チャオケオムアンマー（Cao Kaeo Mueang Ma）の名付けに由来する。チェンマイからパーイを経由し現在のメーホンソーンのあたりに到った探査隊の隊長チャオケオムアンマーは、この地にシャンが散住しているのを「発見」する。そしてこの地のシャンを集めて二つの村落を作り、それぞれの村長を任命した。このうちの一つをメーホンソーンと名付けたという[16]。

一八五〇～六〇年にかけて、シャン州南部のシャンの土侯国ムンナーイとモークマイの間に確執が生じ、モークマイの国主コーラン（Caofa Kolan）がサルウィン川を越えてメーホンソーンの周辺地域に避難したが、その際国主の親族をはじめとするモークマイの住民が多数移住し定着したといわれる（Wilson & Hanks 1985: 34–36）。このように、元々はカヤー、パオ、ラワなどの非タイ系の民族がごく僅かに住んでいたところに、シャン州南部からシャン系住民が新たな土地を開拓するため、あるいは戦乱を逃れるために移住定着し、この地域の人口を徐々に増やしていったと考えられる（Saimong 1965: 227）。チェンマイ西方のサルウィン川流域での人口と経済的重要性の増加、英国植民地勢力の進出に対して、一八七四年にはチェンマイ国主はメーホンソーンを「前衛国」（*muang na dan*）とし、当地のシャンの指導者チャーンカレー（Chan-kale）を初代メーホンソーン国主（*cao muang maehongson*）に任命した[17]。これを機にメーホンソーンはチェンマイとの朝貢関係に入る。

しかしこのような伝統的な朝貢関係は長続きせず、第三次英緬戦争（一八八五）を経て一八八六年にビルマ本土全体を手に入れたイギリスと、ラーンナー王朝を完全に属国とし直接統治の姿勢を強めていたタイ国政府（シャム王朝）との間で一八九四年にシャン諸州とタイ北西部の境界に関する協定が締結され[18]、メーホンソーンはタイ国の領土として位置づけられた（Saimong 1965: 236）。その後二〇世紀初頭にはメーホンソーンはタイ国北西部の近隣地域と併せてタイ国の一つの行政単位として再編され、一九三三年にはメーホンソーンを中心としたメーホンソーン県が設置された。

ここで確認しておきたいことは、英国植民地とタイ国の間の境界確定によって導入された近代領域国家の概念は、すぐにこの地域における人々の生活を強く拘束するものではなかったということである。一九七〇年代にチェンマイ―メーホンソーン間の舗装道路が整備されるまでは、タイ側への陸路は険しく、タイ北部の中心都市チェンマイよりもミャンマー連邦内の主要都市のほうが交通の便がよかったといわれている。一八八三年のチェンマイ条約以降ブリティッシュ・ボルネオやボンベイ・バーマといったイギリスの企業がチーク材伐採に直接関わるようになり、サルウィン川流域でのチーク材の伐採が本格化すると、それにともないビルマ側からとして多数のシャンやカレンの労働者がメーホンソーンを含むサルウィン川流域に移住してきたと考えられている（Parichat 1993: 30）。また一九世紀半ばから二〇世紀半ばまでメーホンソーンで流通する商品のほとんどがビルマからのものであったことなど、経済的には英領ビルマ側との強いつながりが顕著であった。(19) 日用生活品のほとんどはモーラミャインからサルウィン川を経由して入ってきており、食料などはチェンマイを含めたタイ国北部の各都市と比べても豊かであったとされる（Wilson & Hanks 1985: 37; Parichat 1993: 36）。

以上見てきたように一九世紀末から二〇世紀の初頭までメーホンソーンでは、政治的な統治の面ではタイ国に編入されていくが、経済面では、モーラミャインからサルウィン川を物流路とした英国植民地経済圏に組み込まれていた。また、この地の主産業となったチーク伐採業はイギリス植民地会社を介した国際流通ネットワークの末端に位置していた。領土を「面」として切り取り、それまであったネットワークを分断し、国の中心へと結び付けてゆくような中央集権的支配が実態を伴うのは第二次世界大戦以降のことである。本章の後半で詳しくみていく仏教の実践についても、メーホンソーンは近年に到るまでシャン州南部との結びつきのなかでローカルな仏教伝統を維持していた。

2　領域支配の実質化とその影響

第二次世界大戦以降現在まで続く泰緬国境域における領域支配の実質化の時代は、比較的短期間にタイ側とミャンマー側のあいだに極端な差を生じさせた。現在、タイ国北部の泰緬国境域を訪れたものは、国境をはさんだ両国による国境域の治安面・経済面での差を強く印象づけられる。ここでは国境の両側に差異が生成されるプロセスを見ていこう。

第二次世界大戦期、メーホンソーンは日本軍がタイを経由してビルマ戦線へと向かうルートの一つであった。日本軍と連合軍の間の戦闘がこの地域で行われることはなかったが、英領ビルマへの日本軍の侵攻と戦闘はこの地域の経済関係を崩壊させた。メーホンソーンでは、英領ビルマ側との比較的自由な通交により英国植民地経済の恩恵を受けていた時代から、第二次世界大戦を期に一転して経済的困窮の時代に入ったと回顧するものも多い[20]。第二次世界大戦後のビルマ連邦独立以降もシャン州では、中国共産党軍にとの戦いに敗れビルマ側に進入してきた中国国民党軍、自治・独立を求め武装闘争を行う少数民族勢力やビルマ共産党などの反政府勢力組織とビルマ政府軍との間の戦闘が激化し内戦状態に陥る。このような独立後の政治的・経済的混乱によって、戦前まで続いていたメーホンソーンとシャン州側との通交は限定的なものにとどまった。

一方タイ側の状況も、一九五〇年代から一九七〇年頃まではミャンマー側と大差はなかった。一九五〇年代のタイ国では中国国民党軍の泰緬国境域への定着、隣国ラオスでのラオス愛国戦線の結成など北部国境域の治安問題に政府が強い関心を寄せるようになった。このことは一九五三年の北部国境域の治安維持を目的とした国境警察隊の発足に端的に表れている。但し、「面的な」領域支配は十分に確立できていなかった[21]。

一九七〇年代には、タイ、ビルマ、ラオスが国境を接する地域が「黄金の三角地帯」という名で知られ、アヘン栽培と麻薬精製・密輸の巣窟であるとの国際的な非難を受けるようになる。タイ政府はアヘン栽培の禁止、アヘン栽培者とされた「山地民」の把握など様々な政策を打ち出す。一九七〇年代半ばには、北部国境域で主に「山地民」を対象としたミャンマーやラオスからの非正規入国[22]の移民の防止とすでに国内に滞在しているものを把握する政策が出された。また、ミャンマー側国境域での内戦激化や反政府勢力を押さえ込むための政府軍の圧政から、タイ国内に多くの避難民や反ミャンマー政府勢力が流入してきたが、これらの避難民や組織に対して登録と身分証の発行を行い、一時的な滞在を許可するようになった[23]。このような人の移動を把握しようとする政策は、国境域の領域統治への関心の表れであるのと同時に、そのほとんどが人里はなれた山地内を走る泰緬国境を越える人の流れを管理することが困難である現実への妥協策でもある。なるべく非正規の人の流入を抑制しつつも、すでに入国した者に対してはその存在を把握することに重点が置かれている。

非正規入国者の把握と処遇というタイ国政府の政策によって、ミャンマー側から非正規に流入してきた人々は、高地民、失地民、中国国民党軍、避難民、外国人労働者などのカテゴリーに分けられ、それぞれが関する制度下で統制・管理を受けるようになった。ベネディクト・アンダーソンは、住民登録と人口の統計的把握が、領域内の住民を数え上げ、情報を収集し、属性によって分類し、それを秩序化して提示することで国家に所属する国民のイメージを構築していく装置であることを指摘している〔アンダーソン 一九九七［一九九一］〕。その一方で、近代領域国家においては国民でない「外国人」も登録と統計的把握の対象となり、「外国人」としてその国家の制度下におかれることになる。このような「外国人」の登録は、誰が国民で、誰が国民ではないという国民の外延を示す装置である。いずれにせよ、タイ国北部地域での国境の実質化が始まったのは、タイ国政府が人の移動の把握をはじめた一九七〇年代半ば以降であったと考えられる。

現在、ミャンマー側では国民党軍は国外に去り、ビルマ共産党の活動も停滞し、少数民族勢力と政府のあいだの和平交渉戦略がある程度成功して、ミャンマー国内全体でみれば、治安は回復していく傾向を示す。しかし、泰緬国境域に関してはミャンマー政府の統治・支配が及んでいるは泰緬国境の貿易ポイントに限られ、全面的な領域支配とはほど遠い現状である(24)。経済的にも独立後のビルマ式社会主義に基づく閉鎖経済政策の結果、国内経済は停滞し、一九八〇年代末から経済開放政策をとってはいるが国内治安の不安定さ、民主化を要求する欧米諸国からの経済制裁によって経済状況が改善しているとはいいがたい。一方、国境域の諸問題への対処である程度成果を上げてきたタイ国では、経済的にも一九八〇年代以降の海外からの投資流入と輸出指向型工業化によって飛躍的な経済成長を遂げてきた。

このように対照的な経緯をたどった両国間の国境域には統治面、経済面で大きな格差が見られる。両国間の経済格差によって活性化された国境貿易は、両国間の貿易額の半分近くを占めるとされ（Amphon 2001: 89）、主に一般消費財がタイ側からミャンマー側に、一次産品がミャンマー側からタイ側に輸出されており、タイからの輸出がミャンマーからの輸出を圧倒している。[25] 経済的格差は同様に人の移動をも活性化しているが、モノとは逆向きの流れとなっている。一九八〇年代の急速なタイ国経済の発展に伴い、タイ側での賃金がミャンマー側の賃金の数倍から十数倍に相当するようになり、ミャンマー側から非正規に入国して働く労働者が増加した。また、一九八八年から一九八九年にかけてのミャンマーにおける政変は、ミャンマー側からの人の流入に拍車をかけた。タイ国政府は、このような状況を受けて一九九二年からミャンマーからの非正規入国者の労働を部分的に認め、さらに一九九六年には安い労働力を求める経済界からの強い要請もあり、全県において非正規入国の外国人労働者に労働許可を出すこととなった。この外国人労働者への「寛容政策」がさらに多くの労働者をタイ側へと流入させることになる。現在ミャンマーからの労働者が、登録した非正規入国外国人労働者の大半を占めている。[26]

泰緬国境域の国境の実質化と国境をはさんだ差異が際立ってきたのは一九七〇年代半ば以降であったが、両国とも完全な領域的支配を確立するには至っていない。ミャンマーに比べて安定的に領域内を統治しているとされる泰緬国境域のタイ側においてさえ、非正規入国者の登録と身分証の発行、または外国人労働者の登録は、現在この地域内に居住する移住者の一部に対して行われたにすぎず、国境を越える人々の流れの全体を把握しているものではない。行政が把握できているのは氷山の一角で、その水面下にさらに多くの移住者が存在している。このように、国境域における国家の諸制度の適用は限定的で、国境を越える人々の流れの行政上の把握は部分的なものにとどまっている。一九五〇〜七〇年代にかけて国境の実質化は始まってはいるが、現在においてもそれが成熟したものになっているとは言い難い。

このような泰緬間の国境の現状をみると、この地域の国境というものは二国を隔てる制度の「壁」というより、その両側にできる制度的な差異によって人やモノの通交が促される「半透膜」に譬えることができるであろう(27)。

3　国境域における人のつながり

この地域における国境の実質化は、境界を意識しながらその境界を越えていくという、フロンティアの時代とは異なる人やモノの流れを促してきた。このことは、国境域に生きる人々の意識の中に新しい観念を生み出している。その例として、ここではメーホンソーンにおけるシャンの間に見られる後期移住者への差別観を取り上げたい。

メーホンソーンは、先述したように一九世紀半ば以降に戦乱からの避難者、開拓者、あるいはチーク伐採労働者などが移住し、生活の場を築くことで徐々に人口を増やしていった。それゆえ、メーホンソーンのシャン人口のほとんどは約一五〇年間のあいだに断続的に移住してきた者とその末裔である。移住時期の前後によって、すでに生活基盤を確立している先住者が、経済的な面で後住者よりも優位にある傾向はあったが、両者を区別するような社会的指標はなかった。

しかし一九七〇年代から徐々に後期移住者がタイ国籍を取得することが困難になってきて、タイ国籍を持つ者と持たない者の間に差異が生じるようになった。現在、メーホンソーンのシャンの間では、比較的近年にタイ国内に移住してきたタイ国籍を持たないシャンの人々は「外のシャン」と呼ばれる(28)。つまり彼ら／彼女らは、タイ国籍を有するシャンからみて、自らと同じ民族シャンではあるが「タイ国外」からやってきた者であるとして区別される。そこには、民族的なつながりを認めつつも、タイ国籍を有する我々とは違うという差別（区別）の感覚が見られる。鳥瞰的にシャン民族全体の地理的分布を見れば、シャン人口の大部分はミャンマー側に居住しており、むしろタイ国内のシャンのほうがシャン世界の周縁に位置している。しかし、タイ国民となったシャンにとっては、自らが帰属するタイ国を「内」と考え、シャンの集住地域であるシャン州を含んだミャンマーを「外」と意識する感覚がある。

タイ国内での生活における国籍保有の重要性は一九七〇年代以降の国境の実質化に伴い高まってきている。タイ国籍を保有するシャンは、シャン全体の民族分布よりも、眼前で社会的差異を生み出す国籍の意味を重視し、現在居住している国家への帰属意識を強く持つようになっている。[29] 国境を越えた人の流れを把握する上で行政が行ったタイ国内での法的立場による複雑な分類とは異なり、メーホンソーンのシャンは単純に国籍の有無で同じシャン民族の中に差異を打ち立てる。但し、この差別（区別）は「外のシャン」の排斥や排除を伴うものではなく、逆に共住を前提とした差別（区別）となっている。

タイ国籍を持たない「外のシャン」は現在のメーホンソーンにおいて廉価な労働力を提供しており、[30] 農業労働者、工事現場の未熟練労働者、メイドや給仕、店員などのサービス業者や商業の末端の従業員として働いている。メーホンソーン生まれのシャンの子弟たちがよりよい仕事を求めてチェンマイやバンコクなど都市部へと働きに出てしまった後、その不足した労働力を補うために、「外のシャン」が雇われているという現状がある。メーホンソーンの地域経済はこのような「外のシャン」の廉価な労働力を前提に成り立っている。「外のシャン」は移住の時期が最近で、流動性は高いが、単なる一時居留者や避難民などではなく、地域経済の底辺を支える重要な働き手として地域社会の確固たる一部を構成している（cf. Kaise 1999）。

メーホンソーンにおける「外のシャン」というカテゴリーは、領域国家における国籍の有無による民族の分断と国籍・国境を越えた民族のつながりという一見相反する運動が生み出したものである。シャンの人々の間にみられる「切れつつ、つながっている」あるいは「つながりつつ、切れている」という意識は、領域国家が非正規入国の外国人に行う行政上の分類とも、民族としてのつながりを強調するシャン民族主義的な主張とも異なり、国境域が生み出してきた独自の人の分類概念である。

三　国境域のサンガ組織

本節では、これまで見てきたタイ国北部の国境域における領域支配や近代的な国境の概念の導入のプロセスの中で、いかに地域の仏教実践が領域支配の影響を受けてきたのかを、メーホンソーンの出家者の動向やサンガ組織の歴史を通して考察してみたい[31]。

1　メーホンソーンにおけるサンガ組織の再編

メーホンソーンがまだ近隣王朝間のフロンティアであった一九世紀末までは、この地域の人々は寺院を建立する場合には、人的交流の深いシャン州南部から僧侶を招いていた。このような初期の寺院では、シャンの仏教実践がビルマ仏教の強い影響下にあったことから、ビルマ文字表記のパーリ語経典やビルマ式の唱経が行われていた。僧侶も在家信者もシャンで、パーリ語経典や僧侶らの唱経様式以外はシャン語・シャン文字を使用しているので、ここではシャン系寺院としておく。以下は、一九世紀後半に建立されたメーホンソーン市内の寺院の略歴を住職の出身地に着目して略述したものである。

チョーンクラーン寺院略史[32]

一八六七年建立。古老の言い伝えによると、チョーンクラーン寺院が建立される以前に、この周辺にはチョーンカム寺院とチョーンマイ寺院という二つの寺院があった。現在チョーンカム寺院は現存しているが、チョーンマイ寺院は廃寺となっている。現在チョーンクラーン寺院が建っている土地には、もともと隣接するチョーンマイ寺院の堂があり、持戒日に在家信者が宿泊したり、他所から来たものが泊まったりする施設として使われていた。一八六〇年代前半のころ、チョーンマイ寺院の当時の住職の葬儀への参列のためシャン州南部のモークマイからある僧侶がメーホンソーンに来て、その堂に宿泊した。地元の在家信者はその僧侶の威徳に感銘し、この堂に留まるよう願い出たが、僧侶は葬儀が終わるとモークマイに帰ってしまった。一八六七年に在家信者有志が中心となって資金を出し、堂のあった場所にシャン様式の寺院を建立し、モークマイに戻っていたその僧侶を住職として招いた。この寺院は、チョーンカム寺院とチョーンマイ寺院の間に位置したので、「チョーンクラーン」（真ん中の寺院）と名づけられた。

初代の住職の名は明らかではなく「モークマイの僧侶」としてのみ知られている。初代住職以降、第五代目住職まではシャン州南部からの僧侶が務めている。メーホンソーン生まれの僧侶が住職となったのは第六代住職からで、一九六三年以降のことである。

カムコー寺院略史[33]

一八九〇年建立。初代住職はシャン州南部のケントーン出身のクルーバー・タオ（Khruba Thao　在職一八九〇～一九〇八）で、人々からは「ケントーンの僧侶」（*tu cao kengtong*）と呼ばれた。当時の戦乱でチェントーンから多くの人が逃れてきて、この僧侶もその一人であった。クルーバー・タオはメーホンソーンの町の西はずれのドーイコンムー山の麓に寺院建設を計画し、在家信者の協力を得て、一八九〇年に寺院が完成する。その後、町から遠くて不便でもあり、人気もないところは不用心であることから、町に近い現在の場所に移転した。第二代住職プラアチャーン・モーン(Phra-acan Mong)はシャン州南部モークマイ出身、第三代住職クルーバー・ウーレーン(Khruba U-laeng)はシャン州南部ローイコー出身で[34]、最後はシャン州南部ムンナーイの寺院に移り、そこで亡くなっている。メーホンソーン出身の僧侶が住職となるのは、第四代住職プラ・ウィモン・ウィマロー(Phra Wimon Wimalo 在職一九二三～一九三八)以降のことである。

一九世紀末になり、ラーンナー王朝の朝貢国となったメーホンソーンでは、ラーンナー王朝から任命された初代、第二代の国主が精力的に寺院の建立を行った。国主以外にもこの時期のチーク伐採による地域経済の繁栄を謳歌していた在家の富裕信者による寺院の建立も盛んに行われた。現在のメーホンソーン市内の主たる寺院の多くはこの時期に建立されたものである。国主によって建立された寺院はラーンナー系の仏教実践を行う寺院で[35]、ラーンナーの経典文字であるタム文字で書かれたパーリ語経典とラーンナー式の唱経を行っていた。一方国主以外の在家信者によって建立された寺院にはシャン系、ラーンナー系両方があった。ラーンナー系の寺院の出現はこの時期のラーンナー王朝との関係強化を反映していると考えられる[36]。さらに、一般の在家信者の間にもラーンナーとの関係が深い者が出てきて、ラーンナー系寺院の建立が行われている。

但し、シャン州との人的交流は途絶えることはなく、シャン系寺院も建てられていった。そのためこの時期はシャン、ラーンナーの二系統の寺院が建てられ、出家者の組織であるサンガも統一されてはおらず、シャン、ラーンナーの二系統共存の時代であった[37]。ここで注意しておかなければならない点は、シャン系、ラーンナー系という区別は仏教実践の様式の違いであり、そこに所属する僧侶や見習僧の民族的出自を示しているわけではない。メーホンソーンのラーンナー派の寺院にもシャンの子弟が出家し僧侶や見習僧としてラーンナー系の仏教実践を学んでいた。また数は少ないがシャン系の寺院の中にも民族的にはタイ・ユアンの者もいた。

表4-1　メーホンソーン県管区長（マハーニカーイ）

	僧名	在職年	在位当時の役職	出身地（民族）
1	プラクルー・ウィリヤモンコンサンワーハ（Phra Khru Wiriyamongkhon Sangwaha）	-1941	ムオイトー寺院住職（ラーンナー系）クラーントゥン寺院住職（ラーンナー系）	メーホンソーン（シャン）
2	プラクルー・ウドムキリケート（Phra Khru Udomkhirikhet）	1941	クラーントゥン寺院住職（ラーンナー系）	メーホンソーン（シャン）
3	プララーチャウィーラーコーン（Phra Ratchawirakon）	1941-1967	ムオイトー寺院住職（元ラーンナー系）	ヤソートーン（東北タイ）
4	プラニャーンウィーラーコム（Phra Nyanwirakhom）	1967-1989	ドーンチェディー寺院住職（元ラーンナー系）	メーホンソーン（シャン）
5	プララーチャウィーラーコム（Phra Ratchawirakhom）	1989-現在	カムコー寺院住職（元シャン系）	メーホンソーン（シャン・ユアン）

二〇世紀初頭になるとメーホンソーンはタイ国への帰属が明確となる。この時期タイ国政府は一九世紀末から始めた行政の中央集権化に続き、サンガの中央集権化を進めていった。一九〇二年サンガ統治法をはじめに、地方の各寺院を底辺に行政区管区—郡管区—県管区—地方管区と行政単位に対応するように階層的に構成し、首都バンコクを頂点とするサンガ組織を整備していった。一九一〇年にはワチラヤーン親王による教法試験の整備やサンガ統治法のタイ国北部への適用が始まる。このような時代の中で、メーホンソーンにおいてもサンガ県管区が置かれ、メーホンソーン県内のサンガ組織を統括する県管区長（*cao khana cangwat*）が任命される（表4-1参照[38]）。

興味深いことに、初期の県管区長に任命されたのはラーンナー系寺院の住職であった。これは、メーホンソーンのサンガがタイ国サンガに統一されていく過程で、ラーンナー系寺院がチェンマイを経由して中央サンガ組織との強いつながりを持ち、県サンガ組織編成の中心的役割を果たしたことをあらわしている。ラーンナー系、シャン系という系統が統一された現在においても、県サンガ組織のなかでの元ラーンナー系寺院の優位を見て取ることができる[39]。

特に第二代国主によって一八八九年に建立されたメーホンソーン市内のムオイトー寺院は、ラーンナー系の中心寺院として、この地域のサンガ組織再編の過程で重要な役割を果たしてきた。この寺院の住職から初代、第三代の県管区長を輩出している。組織再編過程で特に重要な役割を担った、初代から第五代住職までの時代を簡略にまとめてみよう。

ムオイトー寺院略史（初代から第五代住職まで[40]）

ムオイトー寺院は一八八九年に第二代国主ナーン・ミィヤによってメーホンソーン市内に建てられた。初代住職クルーバー・カンピーラは、第二代国主によってシャン州南部のモークマイのラーンナー系寺院から招かれた僧侶であり、ムオイトー寺院はメーホンソーンの中で最も古いラーンナー系の寺院とされる。一八九四年には初代住職と在家信者が協力して六基の仏塔（ムオイトー *muoi-to*）を建てた。これらの仏塔にちなんで、「仏塔（ムオイトー）の寺院」と呼ばれている。

第二代住職プラクルー・ウィリヤ・モンコンサンワーハは一九〇二年サンガ統治法に基づいた初代のメーホンソーン県管区長となる[41]。この第二代住職の時代には、ムオイトー寺院内に初等教育法（一九二一）に基づいた初等学校が一九二三年に県内で最初に設置される。当時まだ一僧侶であったプラクルー・ソーポン・サワッディカーン（後の第四代住職）が学校教師として初等教育に熱心に関わったとされる。

その後一九二一年に第二代住職プラクルー・ウィリヤ・モンコンサンカワーハは、ムオイトー寺院から同じくメーホンソーン市内のクラーントゥン寺院へと移り、クラーントゥン寺院の住職となる。一九四一年に彼が亡くなると、第二代県管区長にはクラーントゥン寺院の住職を引き継いだプラクルー・ウドムキリケートが任命される。しかしチェンマイでの任命式に参加した後、その帰路パーイ郡で体調を崩し、メーホンソーンに戻ることなく病死する。

第二代県管区長の急死の後、第三代県管区長を務めたのが、ムオイトー寺院第五代住職のプララーチャウィーラーコーンであった。東北タイのヤソートーン出身のプララーチャウィーラーコーンは、住職就任直後にムオイトー寺院に僧学校（*rongrian pariyatti tham*）を設置し、教理教育に心血を注いだ。

ムオイトー寺院歴代住職

一．クルーバー・カンピーラ（Khruba Khamphira）
在職期間　一八八九〜一九一六
二．プラクルー・ウィリヤ・モンコンサンカワーハ（Phra Khuru Wiriya Mongkhon-sangkhawaha）
在職期間　一九一六〜一九二九
三．プラクルー・ウィリヤ・モンコンサーサナターダー
(Phra Khuru Wiriya Mongkhon-satsanathada)
在職期間　一九二九〜一九三三
四．プラクルー・ソーポン・サワッディカーン（Phra Khuru Sophon Sawatdikan）
在職期間　一九三三〜一九四一
五．プララーチャウィーラーコーン（Phra Ratchawirakon）
在職期間　一九四一〜一九六七
六．プラマハー・タンマソーン・ターニッサロー（Phra Maha Thammason Thanitsaro）
在職期間　一九六七〜一九七六
七．プラアティカーン・アネーク・ナーッタンモー（Phra Athikan Anek Natthammo）

在職期間　一九七七〜一九八八

八．プラ・アヌラット・アピワッタノー（Phra Anurat Aphiwatthano）

在職期間　一九八八〜現在に至る

二〇世紀初頭から半ばまでに、タイ国の中央政府とサンガ中央組織がムオイトー寺院をサンガ行政の窓口として、地方のサンガ組織の統一、寺院を利用した初等教育の普及、教理教育の標準化といった政策を次々と施行していったことがわかる。しかし、メーホンソーンでは、第二次大戦前後まではシャン系寺院もラーンナー系寺院も自らの仏教実践の伝統を残していた。ただし、以前のようなシャン、ラーンナー二系統共存の状態から、タイ国サンガ統一の過程で、タイの中央に近かったラーンナー系寺院の優位が確立した時期であった。またこの時期に、市内の主要寺院の多くでは、メーホンソーン生まれの僧侶が住職へと任命されていった(42)。

タイ国サンガ制度への実質上の組み込みが始まる転換点は、一九四一年の第三代県管区長の任命であった。ムオイトー寺院第五代住職で、第三代県管区長を務めたプララーチャウィーラーコーンは、東北タイ生まれの僧侶で、シャン人口が多数を占めるメーホンソーン県のサンガ管区長としては異色の人物であった。

プララーチャウィーラーコーンの略歴

一九〇二年ウボンラーチャタニー県ヤソートーン郡（現在のヤソートーン県）生まれ。俗名ブンマー・シーソートーン（Bunma Sisothon）。一九一六年、一四歳で初等学校四年を卒業後、父母の仕事を手伝う。一八歳になって、仏法の修学を志し、ヤソートーンの寺院にて見習僧として出家する。一九二〇年にナックタム三級に合格する(43)。一九二三年二一歳の時ヤソートーンの寺院にて僧侶として得度、後にバンコクのドゥシット区にあるプラサートブンヤーワート寺院に移る。そこからベンチャマボピット寺院の僧学校に通い勉学に勤しむ。一九二五年ナックタム二級、一九二七年にプラヨーク三段、一九二九年にナックタム一級とプラヨーク四段に合格する。一九三二年にプラヨーク五段に合格。その後、プラサートブンヤーワート寺院で教学の講師として五年務めた後、一九三五年仏教教育僧として北部のプレー県に派遣され、教理教育に携わる。一年後の一九三六年にはメーホンソーン県南部のメーサリエン郡のシーブンルアン寺院へ派遣され、六年間教理教育とサンガ組織の仕事に励む。一九四一年にメーホンソーン県管区長に任じられると同時に、メーホンソーンのムオイトー寺院の住職となる。一九六三年には布薩堂の老朽化が進んだので、旧来のシャン様式の建物を中部タイ様式に立て直す。一九六七年没[44]。

彼の経歴はタイ国サンガが統一された後の修学僧の典型的な事例で、東北タイの一地方で僧侶として得度し、その後バンコクの寺院に移動し、修行期間を過ごしている[45]。タイ国サンガが設定した教理教育カリキュラムに則って修学し、教法試験で高段位を取得し、その後一貫して教理教育に携わってゆく。タイ国近代サンガ法成立の年（一九〇二年）に生まれたことが象徴するように、タイ国サンガの統一の過程を生き、そして自らサンガ統一のための整備の仕事をしてきた人物である。

ここでは彼の県管区長就任をめぐる経緯をもう少し詳しく見ておこう。就任前はバンコクの中央サンガ組織からメーホンソーン県に派遣された教理教育を担当する僧侶に過ぎなかった。一九四一年に初代県管区長が死去したのに続き、第二代県管区長も同年任命直後に病死した。これを受けてメーホンソーン県管区を管轄するパーヤップ州管区長[46]は第三代県管区長に彼を任命した。それと同時に、メーホンソーン市内のラーンナー系の中心寺院であるムオイトー寺院の住職（第五代）にも任じた。第三代県管区長の候補として目されていた当時のムオイトー寺院住職（第四代）は、中央より派遣された自分よりも臘次の低い僧侶が新たに住職と県管区長に任命されたので、失意のうちに県北部のパーイ郡の寺院へ移ったと言われている。

タイ国サンガの中央組織の意向によって、有力寺院の住職や臘次の高い僧侶を飛び越え弱冠三九歳で県管区長となったプラーチャウィーラーコーンは、それまでのシャン、ラーンナー両系統の寺院で行われていた仏教実践を認めず、すべての出家者・寺院はタイ国のサンガ法とタイ国サンガが定めた規定に従うよう厳しく指導したとされる。(47) プララーチャウィーラーコーンはムオイトー寺院に僧学校を建設しタイ国標準の教理教育の普及に心血を注いだ。但し実際の僧学校の校舎は、ムオイトー寺院の敷地内ではなく、寺院から少し離れた場所に新たに建設された。(48) プララーチャウィーラーコーンは、僧学校の敷地内に自身の庫裏を併設し、住職を務めるムオイトー寺院内ではなく、専ら僧学校の中に起居していたと伝えられている。

この第三代県管区長の指導の下、メーホンソーンのすべての寺院における教理教育で、タイ語表記の経典・教理解説書の使用、タイ国標準の教法内容の学習が行われるようになった。また、僧侶らの唱経もすべてタイ式に統一された。このように各寺院で行われている僧侶や見習僧の仏教実践がタイ国サンガ方式に標準化されることで、メーホンソーン県内のサンガの二系統が実質的に統一された。このような劇的な変化によって、これまでそれぞれの寺院が行ってきた教理教育におけるシャン文字、ビルマ文字、タム文字学習の伝統は断絶した。メーホンソーンでインタビューした僧侶や在家信者たちは、「それまでは、メーホンソーンの寺院にはラーンナー系、シャン系の違いがあったが、それ以降はこれらの派の違いはなくなり、すべてがタイ（Thai）になった」と語る。第三代県管区長の時代以降、寺院内の教育や出家者の仏教実践の標準化とともに、サンガ法によるサンガ内役職（住職を含む）の任命権の制度化・中央集権化が進められ、現在に至っている。

2 「外国人僧」の存在

これまで見てきたように、現在メーホンソーンのシャンを中心とするサンガ組織は、制度上タイ国サンガの中に組み入れられ、「国家仏教」のヒエラルヒーの末端に位置づけられている。タイ国の中央集権的サンガ組織では、僧侶の位階制度も教理教育制度も、すべての点でバンコクを中心としており、サンガ内での地位上昇を目指す僧侶は、北部の大都市チェンマイやバンコクを目指してサンガ内の階梯を昇っていかなければならない。タイ国サンガの下位組織として再編されたメーホンソーン県のサンガでは、当然のことながらミャンマー出身の僧侶は排除される。寺院創設時には当たり前であったシャン州から僧侶を招いて住職とすることも時代とともになくなり、多くの場合にはメーホンソーン出身者がその地位を占めている。

一方で、タイ国の近代化による学校教育の浸透、目覚ましい経済発展による高等教育の必要性の増加、就業機会の拡大によって、メーホンソーンにおいても若い時期から出家生活を長期間過ごす者が少なくなってきている。サンガ内の地位上昇を目指さない短期出家者を除くと、長期出家者はサンガ内の地位上昇を志向するものがほとんどであり、これらの僧侶は地域の寺院で一定期間の修行生活を送った後、チェンマイやバンコクなどの大都市の教学中心の寺院に勉強しにゆく。そのため、地域の寺院に起居し、在家信者の宗教的な拠り所として出家生活を送る僧侶や見習僧は一層少なくなっている。つまりメーホンソーンではタイ国サンガの中央集権化の進展と長期出家者の減少によって、地方寺院、特に村落部の寺院での出家者の「過疎化」が生じている。

このような出家者人口の「過疎化」が進むメーホンソーンでは、それを補うようにミャンマー側のシャン州からシャン人僧が国境を越えて流入してきて、地域の寺院に止宿している。現在のタイ国のサンガ法では、他国の仏教伝統に従って出家し、僧籍のまま国境を越えてタイ国内の寺院に止宿しても、タイ国サンガの正式な出家者としては認められない。また、非正規に国境を越えてきた外国人がタイ国内で形式上「出家」したとしても、出家証明書や僧籍証は発行されない。メーホンソーンでも、人の移動を制限する領域支配の実質化とサンガの中央集権化が進んできている。しかし、一定の制約を守る限り、ミャンマー出身の出家者は寺院に止宿し出家生活を送ることを黙認されている。

ミャンマー出身者の増加の傾向がもっとも顕著なのが見習僧である。現在、メーホンソーンの寺院に止宿し長期の出家生活を送っている見習僧のほとんどがミャンマー出身者であるといわれる。シャンの間では一〇歳前後の見習僧として一時出家をする慣行があり、現在もメーホンソーンではこのような見習僧の出家式ポーイサーンローン（*poi sang long*）が盛大に行われている。この儀礼では、一〇歳前後の少年数十人が集団で見習僧として出家をする。伝統的には見習僧たちは、雨安居入り（カオパンサー）前に出家し、約三ヶ月にわたる雨安居期間修行生活を送っていた。しかし、現在ではこの年代の少年は義務教育期間に当たるため、学校への通学の支障にならないように出家式が夏季休業期間内の三月末から五月にかけて行われており、次の学期が始まる前にはほとんどの少年は還俗している。特に近年では出家期間自体が極端に短くなっており、早い場合には三〜五日で還俗することもある。このような見習僧の出家行動の傾向のなかで、例外的に長期間の出家生活を送っている見習僧が散見されるが、そのほとんどはタイ国籍を保有しない「外のシャン」の子弟たちである。メーホンソーンで経済的な底辺におかれている「外のシャン」の親は、子ども（男子）を見習僧として寺院に預けることにより、扶養の負担を軽減するのだとされる(49)。

メーホンソーンに両親が居住している見習僧以外にも、ミャンマー側で見習僧として出家して、見習僧のまま国境を越えてタイ側の寺院に止宿する者も多数いる。現在メーホンソーン市内の三ヶ所の寺院が二〇〜三〇名と他の寺院よりも多くの見習僧を抱えている。これらのうち二ヶ所は、メーホンソーン市内の比較的裕福な有力寺院であり、かつ僧学校を併設しており、教学の中心的役割を担っている寺院である。ミャンマー側から出てきた見習僧たちはこの僧学校でタイ式の仏教教理に加え、タイ語や一般科目の教育を受ける。もう一ヶ所の寺院は、その住職が「外のシャン」が多数居住する国境付近の郡の管区長（*cao khana amphoe*）を務めているため、地域住民との関係でミャンマー出身の見習僧を多数受け入れている。ミャンマー出身の見習僧を受け入れるかどうかは、各寺院の住職の判断に任されており、まったくミャンマーからの見習僧を受け入れない寺院もあれば、上述の寺院のように裕福な市内の寺院とはいえ、経済的な負担にもかかわらず多数の見習僧を引き受ける寺院もある[50]。

それでは、このような非正規入国の出家者はタイ国のサンガ行政ではどのように把握され、分類されているのであろうか。毎年県管区長事務所は寺院に止宿する僧侶や見習僧などの人員の統計をとってはいるが、そのなかではタイ国籍者とミャンマー出身者の区別は行われていない。そのため、統計上に出てくるメーホンソーン県の出家者数のなかに、ミャンマー出身でタイ国籍を持たない僧侶や見習僧の数がどれだけ含み込まれているか不明である[51]。ただし、これは把握できていないというよりも、あえて統計的に把握して存在を明らかにはしないことで、その存在を黙認していると理解することができるであろう。長年県管区長事務所で書記の仕事をしていた僧侶の推定によると、ミャンマー出身者が占める割合は、僧侶で約八割、見習僧では九割にのぼるという。現在筆者はこの推定を裏付ける資料を持たないが、ミャンマー出身者がかなり高い割合を占めていると考えてよいであろう。

これまでシャン州南部との深い人的交流をもち、さらに近年出家者人口の過疎化に直面している国境域では、全ての非正規入国の出家者を排除することは現実には不可能である。そのため、様々な制約を課した上で、非正規入国のミャンマー出身の僧侶や見習僧の存在を黙認している。当然のことながら、このような制約は県サンガが明文化したものではなく、暗黙の了解事項として共有されている。ミャンマー出身の出家者から見ると、これらはタイ国内で出家生活を送る上での守るべき条件ということになる。

まず、正式な出家者としては認めないこと。上述のように非正規入国の出家者は、サンガ法上正規の出家者としては認められない。たとえ盛大な出家式を行って得度しようとも、サンガ行政上の証明書は発行されない。当然のことながら、サンガ組織行政の役職には就けないため、正式な住職になることもできない[52]。

次に、寺院内の教理教育はタイ国サンガ標準のテキストを使用すること。ミャンマーで使われているテキストやビルマ文字表記の経典を寺院内の教理教育で使うことは認められない。特に見習僧に対しては、タイ語で教理を学ぶための

写真 4-2　寺院内でタイ語を学ぶミャンマー出身の見習僧たち

前提として、タイ語の識字教育を受けさせる必要がある。メーホンソーン市内の僧学校の教育内容は教学（*phaneak tham*）、パーリ語（*phaneak bali*）、一般（*phaneak saman*）の三種類に分かれるが、教授言語がタイ語なので、タイ語が読み書きできない者は基礎科目としてタイ語をまず一年間習い、その後にこれらの教育を受けることになる（写真4-2）。

さらに、唱経はタイ式で行うこと。同じパーリ語経典の唱経であっても、ビルマ文字表記のパーリ語発音を採用するシャン式とタイ式では発音に明確な違いがある。仏教儀礼においては、僧侶が一人で唱経することはまれで、複数の僧侶がともに経を唱和する機会のほうが多いので、唱経の発音に違いがあると問題が生じる。そのため、僧侶の唱経は基本的にタイ式で統一されている[53]。

以上のように、県レベルのサンガ組織は、タイ国サンガの標準的な仏教の諸制度に大きく抵触しないように緩やかに制約を課すことで、ミャンマー出身の出家者をその周縁に位置付け黙認している。

ミャンマー出身の出家者が県のサンガ組織の周縁に位置づけられ黙認されていることは、人々の宗教生活にとって彼らが周縁的な位置を占めているということを意味しない。サンガ組織の末端において在家信者と確固とした信頼関係を築いている者も少なくない。しかし、たとえどのように人々からの信頼が厚い僧侶であっても、ミャンマー出身の僧侶は寺院の住職などの役割に就けないという制度の障壁が存在する。とはいえども、そのようなサンガ法の規定にも拘わらず、メーホンソーンにおいては住職代理（*raksakan cao awat*）という形でミャンマー出身のシャン人僧侶が実質上の住職の役割を務めている寺院が多数ある。

住職代理は、元来はサンガ法で規定された住職の資格を満していない者が必要に迫られて住職の役割を担う場合に、住職の代理として任用される役職である。通常は、住職代理の僧侶が資格を満たすようになった時に正式に住職として任命される。但し、ミャンマー出身でタイ国籍を持たない僧侶の場合には正式な住職になる可能性はなく、そのまま住職代理でありつづける。メーホンソーン県ムアン郡内の場合、二〇〇五年の時点で登録されている五八寺中、二五の寺院でミャンマー出身の住職代理の存在が確認できた(54)。そのうち二四寺がシャン人で、一寺がカレン系の民族パオ人であった。ミャンマー出身の住職代理の多さは、彼らが出家者人口に占める割合の高さだけではなく、地域の寺院、特に村落部の寺院において中心的な役割を担っていることを示している。

3　国境域のサンガにおける制度と実践

このようなメーホンソーンの「外国人僧」の現状は、出家に関してせめぎあいながら共存する二つの考え方があることを示している。一方はタイ国のサンガ法に規定された条件を満たす者のみを正式な出家者とする「国家の制度としての出家」である。もう一方は、タイ国籍の有無を問わず、サンガ法の規定を満たすかどうかを問わず、周囲の出家者や在家信者から出家者として認められる「実践としての出家」である。地方におけるサンガ制度の中央集権化の重要な柱の一つは、この実践による出家を制度で認められた出家へと改変していくことであった。

タイ国民、あるいは正規入国の外国人で、タイ国サンガの出家の規定を満たした者のみを正規の出家者とする規定は、破戒僧や偽僧侶、身元不確かな「外国人僧」をサンガ組織内から排除し、サンガ構成員の清浄性、統一性を確保するためには確かに必要であろう。しかしメーホンソーンのような国境域では、その規定が前提としている領域国家の概念と人々の仏教実践との間に齟齬が生じている。

メーホンソーンという国境域では、「制度としての出家」と「実践としての出家」の齟齬は、国境によって境界付けられた「国家仏教」の姿を顕在化させ、社会的属性（世俗的な諸関係）から逃れて修行生活を送る出家者の世界にも国境が存在するという現実を明確に意識させる。同じ上座仏教の伝統に属してはいても国境のこちら側の出家者と向こう側の出家者は同等ではないという規定は、上座仏教の教理にも人々の仏教実践にもその根拠を持たない。国境域から見える「国家仏教」の姿は、制度化する中央から見えるような統一的に秩序立てられ、「国の礎」となる仏教の姿ではなく、出家者の世界に世俗の差異を持ち込み、人々の仏教実践に国家の枠をはめていく存在として現れる。これはタイ国中央政府が進めてきたサンガの統一による「国家仏教」化の成果であると同時に、国家に内属した仏教の宿命である。

しかし、メーホンソーンにおける「制度としての出家」と「実践としての出家」の関係は、仏教やサンガ組織の制度化に伴って前者が後者に取って代わっていくという一方的な関係になっていない点にも注目すべきである。先述の住職代理制度活用の例のように、国境域の現実に合うように制度が実践的に解釈され、運用されている場合もある。

例えば、出家者に発行される僧籍証明書について見てみよう。メーホンソーンの僧侶にインタビューすると、サンガ行政によって発行されるこの身分証明書は、僧侶にとって「パスポート」のようなもので、地元の寺院において通常の出家生活を送る上では必要がなく、どこか他所へ行くときに必要なものであるという見解が返ってくる。そこにあるのは、僧侶としての身分保証は、日常における本人自身の修行生活や、他の出家者や在家信者との関係によってなされるのであって、行政上の証明書の有無によってではないという、ごく当たり前の感覚である。一定年齢以上の全てのタイ国民が持つことを義務付けられている国民証（*bat prachachon*）ではなく、外国へ旅行する際に必要となるパスポートとのアナロジーによって僧籍証明書を捉える感覚は、この文書が象徴する「制度としての出家」が通常の出家生活とは程遠いところにあることを表している。

また、県管区長事務所の寺院統計調査は各寺院からの報告に基づいて毎年作成されるものであるが、報告の内容、つまり寺院所属の僧侶や見習僧の制度的な身分の確認を行わない。このような統計調査では、各寺院はタイ国籍の出家者もミャンマー出身でタイ国籍を持たない出家者も区別せずに、実際に止宿している僧侶や見習僧の数を報告している。この統計は県管区長事務所からタイ国サンガの中央組織で集計され、最終的にはタイ国全体の出家者数として報告書にまとめ上げられる。そのため、タイ国全体で制度的には認められていない出家者の数がどのくらい含み込まれているかは全く不明であるが、その数が「仏教国」タイの出家者の総数をかさ上げしていることは間違いない。

ただし、「制度としての出家」と「実践としての出家」は対立し、せめぎあうだけではない。「制度としての出家」は、サンガ組織内の階梯上昇を志向する多くの長期出家者を国家の中心へと吸い寄せて行き、長期出家者の減少傾向と相まってメーホンソーンにおける出家者過疎化のひとつの大きな要因となっている。仏教に国境を持ち込み、長期出家者を国家の中心へ引き寄せてゆく「制度としての出家」が貫徹すれば、村落部の寺院の多くは無住寺や廃寺となり、メーホンソーンという地域社会においてサンガ制度自体の維持が困難になる。メーホンソーンでは、それを補完するものとして「実践としての出家」によって認められたミャンマー出身の出家者が存在している。

四　国境域の仏教実践

これまで「国家仏教」化がメーホンソーンのサンガ組織に与えてきた影響を考察してきた。メーホンソーンのサンガ組織は、中央政府やサンガ中央からの諸政策によって制度的な整備がなされつつも、完全には制度化されず、国境域に生きる人々によって現状に適合するように解釈され運用されている様が見えてきた。以下では出家・在家両者が関わる仏教の諸実践の形態への影響を、仏教儀礼における使用言語、社会的関心事となっている出家式、在家者の仏教実践と文化の伝承という三点から考察を行う。

1　仏教儀礼における使用言語

一九四〇年代以降、ラーンナー系、シャン系の仏教伝統がタイ国標準の様式に統一され、仏教儀礼のなかの三宝礼拝、五戒の授受、唱経の仕方といった典礼式文（儀礼内の作法やことば）、教理学習の内容、サンガ組織の構成において、現在のメーホンソーンはタイ国内の他の地域とほとんど差がない。しかし、これはメーホンソーンにおけるシャンの人々の仏教に関わる実践すべてが「国家仏教」に標準化されたことを意味しない。ここでは、メーホンソーンにおける仏教儀礼における使用言語に注目する。

元来シャン仏教においてはビルマ文字表記のパーリ語経典を使っており、仏教儀礼におけるパーリ語の唱経は経典が表記されたビルマ文字の音に従って発音する。ここではこれをシャン式の唱経（唱経）としておく。例えば、ブッダ尊崇の句はタイ式の発音では「ナモータサ、パカワトー、アラハトー、サンマー、サンプッタサ」となるが、シャン式発音では「ナモータッタ、バガワトー、アランハトー、ダンマー、ダンブッダタ」となり、両者の発音の違いは明白である[55]。

出家者が戒律の遵守を確認し、在家信者が五戒、八戒を僧侶より受ける布薩日[56]には、東南アジアの上座仏教圏で広く見られるように、メーホンソーンの寺院でも白い服に身を包んだ老壮年の男女が多数集まって、僧侶からの授戒を受け、一日寺院内に籠もり潔斎をする。メーホンソーンでは、寺院で布薩日に僧侶が在家信者に対して五戒、八戒の授戒を行う際、まず三宝帰依と戒のパーリ語唱句を唱導し、在家信者が三宝帰依と戒の句を復唱する。次に在家信者が受戒することで得た功徳を死者に送る「功徳の転送」（*kruat nam*）を行い[57]、最後に在家信者が身・口・意の過誤についての許しを請う句カントー（*kanto*）を唱えて終了する[58]。

この布薩日の授戒の内容はタイ国内でほぼ共通しているが、ここではメーホンソーンの儀礼で使用される言語の種類に注目する。参集した在家信者が地元のシャンの人々だけであれば、唱導する僧侶は三宝帰依と戒のパーリ語唱句をシャン式で唱え、「功徳の転送」のパーリ語唱句のみをタイ式で唱える。一方在家信者は三宝帰依と戒のパーリ語唱句からカントーに至るまで全てをシャン式に唱えている。また、僧侶の説教が入る場合もシャン語で行われる。つまり、メーホンソーンでは仏教儀礼で中心となる僧侶のパーリ語唱経はタイ式で行うというタイ国サンガの標準に合わせていながらも、その前後の僧侶と在家信者とのやり取り（三宝帰依、戒の授受、説教、カントー）はシャン式に行っている。完全にタイ国サンガの標準に準拠するならば、三宝帰依や戒の授受もタイ式にするべきであるが、僧侶の多くは「シャン式で行ったほうが在家信者の人々が喜ぶから」という理由で上述のような形式で行っている。但し、メーホンソーンにおけるシャンの仏教儀礼であっても、地元のシャンではない人々が参加する儀礼の場合には、三宝帰依、戒の授受、説教などほとんどすべてがタイ式に行われる。この場合唯一シャン式で行われるのは最後の在家信者のカントーの句のみである。

このように現在のメーホンソーンにおけるシャンの仏教儀礼では、たとえ同じ仏教儀礼であっても参集した在家信者の属性によって使用言語を切り替えたり、ひとつの儀礼の中でも場面によって使用言語を切り替えたりしながら、タイ国の標準に準拠する部分とシャン式で行う部分を並存させる形態になっている。そして、タイ国標準の部分とは僧侶が直接担当するパーリ語の唱経であり、儀礼の典礼式文であって、タイ国サンガの中央集権化、制度化によって標準化されていった部分である。それに対してシャン的なるものは在家信者のかかわる部分に強く現れている。「国家仏教」化の方策としてサンガ組織の中央集権化、制度化が進んできていても、在家信者の関わるところでシャン仏教の特徴的な部分が継承されているため、完全なるタイ国標準化へと向かうことはない。しかし同時に僧侶や見習僧は中央集権化や制度化の縛りから逃れることはできないので、タイ国標準化から完全に自由なシャンの仏教実践もありえない。

このようなメーホンソーンにおける仏教実践のなかでの「シャン的なるもの」の継承を、口承と書承という観点から考察してみたい。現在のタイ国においては、出家者の教理学習・唱経のスタイルはタイ国サンガの規定に従いタイ式に統一されており、僧侶や見習僧が学習し参照することのできる書物（文字の世界）は制度的にタイ式に標準化されたタイ語表記のものだけに限られている。それにもかかわらず、在家信者が好むシャン語による仏教実践の要求に応じることで、仏教儀礼における使用言語の重層化がもたらされる。現在メーホンソーン出身のタイ国籍の僧侶や見習僧はタイ語で解説された教理を学習し、タイ語を使った試験を受けるため、タイ語の世界で生きていかなければならない。また、ミャンマー出身のタイ国籍を持たない僧侶や見習僧たちも、タイの「国家仏教」への適応を迫られており、そのため唱経のタイ式化、タイ国標準の教理学習、またその前提となるタイ語の学習をしなければならない。個人的に慣れ親しんだシャン文字で書かれた様々なテキストを利用することはあっても、公的な場でのシャン文字の諸テキストの使用には制限がかけられている。このような状況下では、出家者にとってシャン文字知識は「使えない知識」となり、それを獲得するインセンティブが低くなっている。現在メーホンソーンにおいては寺院内教育でシャン文字教育はほとんど行われていないが、その理由としては、先述したようにミャンマー出身者の僧侶や見習僧にタイの「国家仏教」に適応せよという圧力があることと同時に、タイ国内では「使えない知識」を積極的に学ぼうとする者が極端に少なくなっていることも挙げることができる。従来伝統的な文字知識の教育機関であった寺院において、シャン文字知識の継承が途絶えている。

しかし、興味深いことに寺院内でのシャン文字知識の継承が途絶え、現在多くの僧侶や見習僧はシャン文字の読み書き能力を持っていないにもかかわらず、シャン式の三宝帰依や戒の授受の唱句は現在でもメーホンソーンにおいて伝承されている。ミャンマー出身でシャン州における出家経験があるものであれば当然ではあるが、タイ国籍でシャン州での出家経験を持たない僧侶であっても、一定の期間メーホンソーンのシャンの寺院で出家生活を送ったものは、比較的短いものであるならばシャン式のパーリ語の唱句を唱えることができる。これは、口承によってシャン式のパーリ語の唱句を学んでいるからである。メーホンソーンのシャンの場合、「文字の世界」ではシャン文字からタイ文字の世界への移行が明らかである。しかしそれがそのままシャン仏教の「国家仏教」化の完遂とはなっていない。「音の世界」では、仏教実践の全体ではなくても、部分的にシャン式の唱経、唱句が口承によって継承されているからである。メーホンソーンのシャン仏教は「国家仏教」による統制がかかる「文字の世界」からは閉め出されてはいるが、「声の世界」においては使用言語を巧みに使い分けることでシャン式の唱経、誦句を継承しており、それがシャン独自の仏教実践を支えているのである。

2　出家式

つぎに、シャン独自の盛大な仏教儀礼として知られる見習僧の出家式ポーイサーンローンを取り上げる。シャンの男子の多くは一〇歳前後で見習僧として一時出家を経験するが、その際の出家式はタイ国内の他の地域の出家式とは異なり、出家志願者が華やかな衣装を身にまとい、行列をなして村落内を練り歩く姿が特徴的である（写真4-3）[59]。

ここで注目すべき点は、出家式はシャン独自の伝統的な仏教儀礼とされるが、出家式を主導する「三師」[60]や布薩堂など出家式を行う条件、僧侶の得度の羯磨儀規（*kammawaca*）や見習僧への十戒の授戒といった典礼式文は、タイ国サンガ標準の出家（得度）の規定に完全に準拠している。つまり出家式としての最も核になる部分はタイ国サンガの様式に標準化され、その前後、あるいは周辺部といってもよい儀礼の準備や参加の仕方、出家志願者の練り歩き、参加者にとっての出家式が生み出す社会的価値といった部分にシャン独自のものを見ることができる。

メーホンソーンのシャンの出家式には、国家によって標準化された仏教儀礼の核と、それを取り巻く周縁部での在家信者による地域ごとの実践が同居している。つまり同一の仏教儀礼の中で、タイ国サンガの標準の様式に制度化された部分と地域ごとの実践にゆだねられている部分があり、両者が共存することでメーホンソーンの出家式は成り立っている。以下ではタイ国標準化されていない部分について見ていこう。

メーホンソーンのシャンの出家式は、村落内の一〇歳前後の「出家適齢期」に達した複数の男子が集まって合同で出家する形式をとる。シャンの間では見習僧での一時出家が慣行となっているので、僧侶の出家式が併せて行われる場合もあるが、出家式ポーイサーンローンといえば主として見習僧の出家式のことである。この見習僧の出家式には、数十人の出家志願者の男子が色鮮やかな衣装に身を包み、付き添いの者に担がれ村落内や市内を練り歩くという派手な見せ

写真4-3　着飾った出家志願者たち

場がある。そのため、メーホンソーンのシャンの仏教文化の最も特徴的な儀礼として国内外に紹介されており、メーホンソーンの行政関係者、観光業者なども観光開発の目玉として積極的にこの行事を推進し、資金の援助も行っている[61]。

しかし、いくら行政や観光産業からのサポートがあったとしても、この出家式を支えているのはシャンの人々の出家式に対する思いである。上座仏教における一時出家の慣行に広く見られるように、シャンにとって出家式は男子が少年期に経験する人生儀礼として意味づけられる。一時出家を経験した者はなにがしかの宗教的価値、しばしばそれは「功徳」と表現される、を得たとみなされ、「見習僧としての出家経験者」という意味の「サーン」(*sang*)という敬称を名前の前に付けて呼ばれるようになる。さらに出家した男子だけではなく、出家式を行うための費用を出し自らの息子を出家させた両親も「見習僧の父母」(*pho sang mae sang*)という敬称を獲得する。出家の費用を出す親のいない、あるいは親がいても出家の費用が出せない男子の場合には、実の親以外の者がその費用を負担してやり、「出家の父母」(*pho kham mae kham*)になる。そして費用の負担をしてもらって出家した男子は「出家の子」(*luk kham*)となり、両者の関係は一生続くとされる[62]。出家式は出家する者だけではなく、その親にとっても人生儀礼としての意味を持っており、それぞれが新たなライフサイクルなかに位置づけられる。そこでは、実の親子の間ではその関係が仏教的価値によって再確認されている。また「出家の父母」と「出家の子」のように新たに親子関係が仏教的価値を介して創出されることもある。

さらにシャンの出家式は出家志願者とその両親が個別に執り行う儀礼ではなく、その村落内の出家志願者が一堂に会して行う「合同出家式」の形式を取る。そのため、出家志願者とその両親双方の個人的通過儀礼としての性格を持つ出家式は、彼らを取り巻く親族、知人、同じ村落内の住民らが多数参加する村落共同の儀礼として執り行われる。但し、合同出家式とはいっても、式全体の「主催者」(*ngao poi*)は特定の個人や家族が担っており、多くの場合には村落内で出家適齢期を迎えた男子のいる裕福な篤志家が務める。自らも出家志願者の親である「主催者」は、村内外から一緒に出家する志願者を募り、自らの資金と他の出家志願者の親から集めた資金を取りまとめて、出家式にかかる費用の全額を支払い、日程や式次第の決定から広報、会場の設営、招待客・参列者への振る舞い料理の準備など、出家式のすべてを取り仕切る。他の親からの資金が加わるとはいえ、出家式全体にかかる費用は大きく、この費用を負担できるほど経済的に裕福で、その財を出家式に投じ、出家式を取り仕切る仕事ができた者は社会的に高い評価を受ける[63]。このような出家式の主催者がいてはじめて、数十人の男子が一堂に会して出家するという盛大な儀礼の執行が可能となるのである。

メーホンソーンの出家式は出家する男子とその費用の負担をした「親」の双方にとって個人の人生儀礼であり、また出家式の主催者にとっては自らの社会的評価を高めるための機会であり、さらに出家式の執行に脇役として協力し、参加する人々にとっては功徳を積むための村落共同作業となっている。つまり見習僧の出家式は、それを通して宗教的価値を獲得しようとする、あるいは社会的評価を高めようとする在家信者個々人の思いが焦点化することで成立する儀礼であり、これは農村社会のみに限定されたことではなく、メーホンソーン市内の寺院で見習僧の出家式を行う際にも、寺院を中心に構成された都市内の在家信者集団が主体となって実践している。

メーホンソーンでは、このような出家式の実践は、次のような現象を伴っている。先述したように、ミャンマー出身の僧侶や見習僧のなかにはミャンマー側での戦闘の激化や経済的困窮、武装勢力の「徴兵」を逃れるためなど様々な理由でタイ国に入ってきた者の子弟が多数おり、現在のメーホンソーンの僧侶・見習僧の多くがミャンマー出身で占められている。メーホンソーンのタイ国籍を有するシャンの在家信者のなかには、経済的に困窮している「外のシャン」の子弟の出家式の費用を負担してやり、彼らの「出家の父母」となっているものが多数いる。これらの「出家の父母」は彼らにとってタイ国内における身元引受人のような存在となっており、見習僧として寺院で生活している間は当然のことながら、還俗してタイ国内の各地へ移住していっても、何らかの関係性が維持されている場合が多い。出家式によって結ばれる「出家の父母」「出家の子」の関係は、国境の制度化によって区切られたメーホンソーンのシャンと「外のシャン」の差異をつなぎ直す契機を提供している（村上　一九九八）。

「出家の父母」をはじめ、当事者であるミャンマー出身の僧侶や見習僧自身も、たとえ出家式を行っても、タイ国のサンガ法では正式なサンガの成員として認められないことは十分に知っている。その意味でメーホンソーンのシャンの人々は「制度としての出家」を受け入れ、その権威を認めているが、それでもミャンマー出身の僧侶や見習僧も同じ出家者であると認め、彼らの「出家の父母」となることに大きな宗教的・社会的価値を見いだしている。メーホンソーンにおける「制度としての出家」と「実践としての出家」の共存は、地方における中央集権化・制度化が不十分なことから来る過渡的な現象ではなく、国境による分断と国境を越えた交流が同時に生じる国境域の社会的状況のなかでの在家信者の仏教実践によって成り立っている。

3　在家知識人の役割

タイ国内において「国家仏教」化を進める上で、第一の対象とされたのは出家者の組織であるサンガであった。二〇世紀初頭以来、サンガの統治を通してタイ国の仏教全体を統制するという基本方針は現在まで変わっていない。そのためタイ国の仏教政策はサンガに関するものがほとんどであり、在家信者の仏教実践に関する統制というものはほとんどなかった。その分、在家信者は自由な仏教実践を行う余地を認められていたといえる。仏教儀礼における使用言語や出家儀礼における得度場面の点からも明らかなように、僧侶や見習僧に対してはタイ国サンガの規定に従うよう統制されるが、それをとりまく在家信者の活動は比較的自由であり、自由裁量が許される部分にシャン仏教の特徴が継承されているといってもよい。以下では、在家信者におけるシャン仏教の継承について、在家知識人の活動を例示して考察してみたい。

ここで取り上げる在家知識人とは、メーホンソーンのシャンの間ではチャレー（*care*）やサラー（*sara*）と呼ばれており、高度な識字能力や専門知識を使用して、仏教文書の書写や朗読を行う者、あるいは特殊な施術や儀礼を行う者のことである。[64]これらのチャレーやサラーのほとんどは男性であり、基本的な文字知識の学習を一時出家時から始めている。このような一時出家時における寺院内の教育経験はシャンの男性の間には広く見られるが、チャレーやサラーは通常の男性が学ぶ日常生活で困らない程度の基本的な文字知識のレベルを超えて、特別な知識を有する師[65]について更なる学習を継続し、高度な識字能力や専門知識を身につけていく。

チャレーは主にリークロン（*lik long*）[66]と呼ばれる仏教経典、教義解説書、仏教説話などの書物（写本）の読み書き能力に秀でた者のことを意味し、仏教儀礼の中でリークロンの朗唱や、リークロンの筆写を行う。リークロンはパップサー

表 4-2　仏教儀礼における写本の運用

陰歴	年中儀礼	僧侶の唱経	僧侶の説教	写本朗唱	写本寄進
五月	新年（*sangkyan, pi mau*）	○	○	×	×
	新年のカントー（*kanto*）	○	×	×	×
六月	村修復（*mae wan*）	○	×	×	×
	仏誕節（*wisaka bucha*）	○	○	×	×
七月	砂パゴダ奉献（*poi cati*）	○	○	○	×
八月	入安居（*khao wa*）	○	○	×	×
	布薩日の持戒（*cam sin*）	○	○	△	×
九月	米飯寄進（*tang som to, poi cakka*）	○	○	×	×
十月	大米飯寄進（*tang som to long*）	○	○	○	×
	死者供養（*haeng som koca*）	○	○	○	○
十一月	出安居（*ok wa*）	○	○	×	×
	出安居のカントー（*kanto*）	○	×	×	×
	十一月の祭（*poi loen sip-et*）	○	○	×	×
十二月	僧衣奉献（*poi sangkhan*）	○	○	×	×
一月					
二月					
三月	万仏節（*makha bucha*）	○	○	×	×
四月					

その他の仏教儀礼	僧侶の唱経	僧侶の説教	写本朗唱	写本寄進
葬式（*Masa, Lum la sang kyo*）	○	○	○	○
出家式（*Poi sang long*）	○	○	○	○
家の攘災儀礼（*Wan parik*）	○	×	○	○

（*phap sa*）[67]と呼ばれる折り畳み式の写本で、近代的な印刷技術が導入される以前は元本から筆写され継承されてきた。リークロンは仏教儀礼の際の供物として供えるために写筆される。[68]供えられるリークロンは儀礼の種類に合った内容のものが選ばれる。寺院は供えられたリークロンを多数収蔵しており、寺院に以外にも在家信者が各家庭にリークロンを数冊所有していることも珍しくはない。

リークロンが供えられる葬送儀礼、死者供養、出家式、攘災儀礼では、それぞれの儀礼の内容に応じたリークロンがチャレーによって朗唱され、儀礼の参列者がそれを聴く（表4-2）。特にリークロンを朗唱するには、シャン語だけ

写真4-4　寺院における仏教儀礼で写本を朗唱するチャレー

ではなく、仏教教義、パーリ語、ビルマ語等の知識に精通している必要があり、また韻文で書かれているために韻律にしたがって正しく朗唱するにはかなりの習熟が必要である。在家信者の中でも特に仏教的知識を有するチャレーは、仏教儀礼を主導する在家信者代表を務めたり、リークロンの朗唱を行ったりと、仏教儀礼の中で重要な役割を担う（写真4-4）。

一方サラーは、識字能力・文字知識を使って様々な著作や文献[69]から専門的な知識を学び、施術を行う専門家である。例えば、厄よけ、運勢占い、予祝儀礼・攘災儀礼の執行、薬草による病気治療、刺青彫りなどを行う。サラーは依頼者や患者の要求に応えて施術を行うため、その活動はサラーと依頼者・患者などの少数の参加者による私的な領域に限られる（写真4-5）。チャレーとサラーを比較すると、チャレーは仏教を中心とした公的な宗教儀礼に携わるリークの専門家であり、サラーは私的な領域において施術を行う専門家であると性格付けることができる。但し、両者の活動は必ずしも背反するものではなく、チャレーとサラーの両方を兼ねている人物もしば

写真 4–5　サラーの自宅の仏棚の前にて攘災儀礼を行うサラー（白い服）と相談者（黒い服）

しば見られる。その場合には、仏教儀礼でリークを朗唱するときにはチャレーと呼ばれ、私的な領域で様々な施術をする場合にはサラーと呼ばれる。

但し、先述したようにメーホンソーンの寺院内においてシャン文字知識の継承が途絶え、それを熱心に学ぶ者も少なくなることで、シャンの文字知識を基盤とした諸々の伝統的な知識は寺院内教育では顧みられないものとなっている。現在それを継承しているのはもっぱら在家の知識人であるチャレーやサラーである。さらにメーホンソーン生まれでタイ国籍を有するシャンの間にはシャンの伝統的知識への関心が低いため、メーホンソーンのなかで次世代のチャレーやサラーを再生産していくことが非常に困難な状況になっている(70)。このような理由から、現在メーホンソーンで活動しているチャレーやサラーはミャンマー側での出家経験があるミャンマー出身者の男性である場合が多い。「文字の世界」を中心とした統制によって出家者の仏教実践からは閉め出されたシャン文字知識を基礎とした伝統的知識は、在家知識人のあいだで現在も継承されている。さらに寺院がシャン文字知識の教育機関でなくなっていることから、次世代のチャレーやサラーはおもにミャンマー出身の「外のシャン」のなかから主に輩出される。

4　国境が生み出す文化継承のパラドクス

一九八〇年代より始まったタイ国における地方文化の振興政策の動きは、一九九〇年代以降「在地の知」(*phumipanya*)というキャッチフレーズの広まりとともに、地域の中ではぐくまれてきた生活上の知恵や生活様式、伝統的な慣習を「良きもの」として保存し、支援していくべきであるという意識を全国的に広めた。メーホンソーンも例外ではなく、シャンの文化的諸実践は、タイ国内では「タイ・ヤイの文化」(*watthanatham thai yai*)とよばれ、県の文化財として再評価されている。(71)

しかし、主に男子にシャン文字に加え様々な知識を学ぶ場を提供してきた寺院が「国家仏教」化のターゲットとして制度化されていったため、伝統的知識の教育機関としての機能を失っている。それゆえ、有形・無形のシャンの文化財を地域の中で再生産し、次世代に継承していく仕組みはメーホンソーンのなかにはすでにない。この背景には、メーホンソーンのタイ国への統合のプロセスが進み、タイ国内で生活をしていく上では第一に「国語」としての標準タイ語の知識が必要であるし、タイ国の教育制度の中でより高い教育を受けることが重要であると人々が考えるようになってきたという現実がある。そのためシャン文字などこれまで継承してきた知識に対して、タイ国籍を持つシャンの人々の関心は概して低い。

一方、「国家仏教」という理念とは無関係な在家の人々の日常生活において、種々の仏教儀礼や攘災儀礼を行う際に、あるいは悩み事や相談事を抱えて誰かに助言を求める際に、伝統的な知識を持つチャレーやサラーは必要とされる。さらに、在家信者からの求めだけではなく、近年の国家や地方行政組織による地域文化の振興政策へ対応するためにも、伝統的知識の継承の必要性が高まってきている。このような状況下で、メーホンソーンにおける「タイ・ヤイの伝統的知識」「タイ・ヤイの仏教」「タイ・ヤイの芸能」「タイ・ヤイの文芸」などを担っているのは、「外のシャン」と呼ばれるミャンマー出身者である場合が多い。例えば過疎化した寺院に多数のミャンマー出身のシャン人僧侶が止宿している事実は上述したが、同様のことはシャン文化とされる領域全体に当てはまる。タイ国籍のシャンがあまり関心を示さない伝統的知識の担い手であるチャレーやサラー、シャンの伝統芸能である歌謡劇チャートタイ（*caat tai*）の劇団やその伴奏をする楽団なども多くの場合ミャンマー出身者によって担われている。

本来であればタイ国の一地方文化としての「タイ・ヤイの文化」を担うのはタイ国民となったタイ国籍保有のシャンの人々であるべきだが、彼ら／彼女らはすでにシャンの伝統文化と制度的にも心理的にも遊離している。そのような隙間をミャンマー出身のシャンの人々が埋めていくという状況がある。

ミャンマー出身のシャンの人々は様々な理由でタイ国へと越境してくるが、その背景にあるのはタイ国とミャンマー連邦の間の政治的・経済的格差である。人の流れは僧俗を問わず、ミャンマー側からタイ側へと向いている。しかも、メーホンソーンにおける「外のシャン」が地域経済の底辺をその廉価な労働力で支えているのと同様、仏教界においてもミャンマー出身の僧侶や見習僧はメーホンソーンの仏教の重要な担い手となっている。ミャンマー側の政治的・経済的状況が悪化する一方で、タイ国側では中央集権化と経済成長が進んできた。メーホンソーンのシャンの人々の目は国境の向こうではなく、国家の中心、首都バンコクへと向かうようになり、よりよき生活や賃金、社会的地位を求めて労働力も出家者も中心へと吸い寄せられていく。このように人材の減少、過疎化が僧俗両界で生じている状況下で、国境を越えた在俗の人々は廉価な労働力を提供するものとしてこの地域に受容され、国境を越えた出家者は過疎化状況にある地方の寺院に止宿し仏教の重要な担い手として受容されている。

メーホンソーンにおけるミャンマー出身者の文化的な役割は、文化的差異の境界を越えて文化を媒介（仲介）する「文化的ブローカー」（cultural broker）ということばで表すことができるであろう。ミャンマー側から移住者のなかでシャンの伝統知識や技能を有するものが、メーホンソーンでは希少となった伝統的知識や技能の担い手となることで、「シャン文化」をタイ側に供給するブローカーの役割を果たしていると言うことができる。但し、文化的差異を利用した文化的媒介行為は近代国家の国境間にのみに顕著に見られるのではなく、様々なレベルで存在する。例えば、メーホンソーン県が県の文化資源としてシャン文化を称揚し宣伝しようとする際、県の文化行政に協力して、県に「シャン文化」を提供しているのはタイ国生まれでタイ国籍を保有するシャンの人々である。タイ国の中央と地方の関係では、県が主体となって地方文化振興と観光化政策を進めるタイ国中央政府にメーホンソーンのシャンの文化的資源を提供している。さらにいえば、タイ国中央政府は観光産業の主たるターゲットである外国からの観光客に自国の地方文化としてシャンの文化的資源を提供している。ミャンマー出身のシャン人はこのような連鎖的な文化的媒介行為の最末端に位置している。

先述したようにタイ国北部メーホンソーンとミャンマー連邦シャン州の間では近代的領域国家の国境概念が導入される以前には、緩やかな人的・文化的交流があり、その間には大きな文化的な差異があったわけではない。タイ側でのシャンの伝統的知識を再生産する仕組みの崩壊は、近代領域国家の国境の実質化によって生じたものである。メーホンソーンにおけるミャンマー出身者による文化的媒介行為は、全く異なるものの間の媒介というよりも、元々差異のなかったところに生じた国境による断絶をつなぎ直す行為である。一般的には「文化的ブローカー」は文化変容や、近年のことばで言うと「クレオール化」や「文化的混淆」を生み出すアクターとされる。しかし、メーホンソーンの場合には同一の文化圏に属す地域のなかで文化的資源の豊富なところ（ミャンマーのシャン州）から稀少なところ（メーホンソーン）への媒介的行為であるので、新たな文化の創出という形ではなく、古き良き「シャン文化」の継承・維持という形として現れる。但し、一見それは以前のような自由な交流の時代と変わらないように見えるが、国境によって明確に区切られた差異を前提としているがゆえに多分に現代的な現象である。

国境が実質化しつつある現在、国家の制度上も人々の意識の中でもタイ国籍を持つものと持たないものの間に差異が生じており、国境を超えてつながっているという民族的同一性の意識と国境によって分断されることで生じる差異の感覚との間で、「つながりつつ、切れている」、あるいは「切れつつ、つながっている」という国境域独特の社会関係が形成されている。

「切れつつも、つながっている」ことによって、シャン州から多くの人々が越境してタイへとやってきて国境域の社会の中に受容されていく。その一方で「つながりつつも、切れている」ことによって、ミャンマー出身の人々はタイ国家に正規の成員として参加する回路をもっておらず、タイ国内で「外国人であるが居住者」という周縁性を強く帯びたまま国境域の農村部、辺境地に居場所を確保している。近代的な国境で隔たれたシャンの人々が互いに「切れていること」(分断)と「つながっていること」(通交)は対立的な二極ではあるが、メーホンソーンのような国境域では微妙なバランスの上で成立している共生関係にある。国境によって分断されていることが国境を越えた通交を活性化し、通交が盛んになればなるほどミャンマー出身のシャンとタイ国民となったシャンの差異が強く認識されるようになる。

五　おわりに――国境域の仏教実践から見えてくるもの

これまで、タイ国北部国境域のメーホンソーンにおける仏教実践を通して、近代領域国家の国境が生み出す差異が仏教実践にどのような影響を与えているのかを考察してきた。以下では、これまで見てきた国境域の仏教の諸実践を手がかりに、実践としての仏教のあり方について、在家と出家、国家と仏教、口承と書承という三点から考えてみたい。

一般的な理解では、上座仏教は生活のすべてを挙げて修行に励む僧侶や見習僧という出家者中心の仏教であり、出家者に対して在家信者は従属的な立場であるとされる。このような前提に従って伝統的な王権では、王の支配下で正しい仏教が繁栄することが支配の正統性を保証するのであり、そのため、正しい仏教を保持するサンガを擁護し、もし混乱が生じたときにはそれを統制することが王の役目であるとされる。このような伝統的な王権と仏教の関係は、程度の差こそあれ東南アジアの上座仏教圏の国家の仏教政策に受け継がれている。国家が仏教を統制しようとする際に、為政者は人々を教導し自らも修行に励むこれらの出家者を統制する政策に専心すればよく、在家信者の統制は出家者の後からついてくると考えることになる。タイ国でも基本的にこのような考えに基づき、サンガ法の整備をはじめとするサンガの中央集権的な組織化と僧侶や見習僧の仏教実践に対する標準化が行われてきた。

しかし、伝統的な王権と仏教との互酬的関係と近代国民国家における「国家仏教」の構築の間には連続性も多々見られるが、決定的に違う点がある。伝統的王権は王都を中心とした仏教の繁栄を願うものであるが、近代的な領域を有する国民国家の「国家仏教」は領域内のすべての仏教を統一しその内容を標準化しようとする志向を持つことである。ここで問題となるのは、伝統的王権であれば顧みられることのない周辺地域であっても、それが近代国家の領域内であればその地域の仏教実践は標準化されるべきであること、近代国民国家に内属する宗教として「国家仏教」が措定されればその対象は出家者の集団であるサンガだけではなく、国民の多数を占める在家信者の仏教実践までが「国家仏教」として再編されなければならないことである。

メーホンソーンの事例では、サンガ組織の中央集権化はある程度達成されているが、その対象とならない部分、主に在家信者が担っている部分に「シャン的なるもの」が受け継がれている。当たり前のことであるが、「国家仏教」の「信者」のなかでは、出家者よりも在家者のほうが圧倒的に多い。サンガの統制を中心とした現在の仏教政策がどれほどタイ国領土内の隅々に行き渡ったとしても、サンガの外部、つまり在家信者の仏教実践への影響は限定的なものにとどまらざるを得ない。その目標である「国家仏教」の完成に到達することがない構造的な仕組みが見えてくる。(72) 但し、ここで指摘したい点は、「国家仏教」は実現不可能な幻想であるということではなく、「国家仏教」を志向するタイ国中央からの仏教に関する制度や政策の影響下で、仏教実践の具体相が現れているということである。

例えば、メーホンソーンではタイ国のサンガ法で定められた「制度としての出家」が広く浸透しているにもかかわらず、「実践としての出家」が様々な形で存続している。逆に「制度としての出家」が浸透し、サンガ組織が中央集権化されることで、農村部や辺境の村々で人々の仏教実践に応える僧侶が減少を引き起こしているため、制度的には認められていない「実践としての出家」が増加する現象が起きている。ここでの問題は、実践レベルで人々が何をもって「出家者」と認めるかという点である。メーホンソーンでは、ある僧侶や見習僧を周囲が出家者として認めるに際し、その者のサンガ法上の適法性は判断材料の一つでしかない。農村部や辺境の村々の寺院で出家者の減少が著しい状況のなかで、地域のサンガ組織によって認知されているかどうか、在家信者の必要に応えられるだけの仏教的知識や唱経の能力があるかどうか、「出家の父母」、「出家の子」といった仏教儀礼を通じた在家信者との関係が総合的に考慮され判断されている。出家は一義的にタイ国サンガの規定や僧侶の具足戒の受戒によって規定されているのではなく、国境域という社会の総合的な状況で、在家信者との関係性によって作り上げられていく。在家信者の仏教実践にその基盤を置くがゆえに、出家者は在家者を教導する者であると同時に、在家信者からの承認を必要としている。「制度としての出家」は「実践としての出家」の裏打ちがなければ、現実としては機能しないものである。(73)

サンガ組織の「国家仏教」化の過程では、僧侶や見習僧に対するタイ語表記のパーリ語経典に基づいた唱経への統一と、タイ国サンガが定める教理学習・教理試験による仏教知識の標準化といった「文字の世界」における統一化・標準化が行われてきた。一般的に仏教は、キリスト教、ユダヤ教やイスラームなどと並んで経典を有する「書物の宗教」であるとされ、その経典の重要性が強調される。特に上座仏教の経典であるパーリ語経典は正しい教えの典拠として、サンガの中で継承され、教理学習の対象とされてきた。その正統性は、ブッダの教えがインドの古典語であるパーリ語で伝承されており、それをそのままの翻訳をせずにパーリ語の経典として継承している点にある。

上座仏教を受容した東南アジアの各地では正しい教えの典拠であるパーリ語教典を入手し、そして可能であれば自分たちの文字でパーリ語を音写し、自らの文字による経典を作り上げることに努力をはらってきた。これまで東南アジアの上座仏教圏では、モーン文字版、ビルマ文字版、タイ文字版、クメール文字版、タム文字版、そしてシャン文字版(74)など、同じパーリ語経典がさまざまな文字によって書かれ、継承されてきた。パーリ語をそのまま音写するということは、翻訳という媒介作業なしにその教えを直接的に継承する行為と一般的には理解されるが、その一方で「音の世界」を忠実に継承しようとする努力であると言い換えることもできる。しかし、もともとパーリ語とは異なる言語を表記するために考案された文字で音写したため、各文字の経典間に発音の微妙な違いが生じ、東南アジア大陸部には同じパーリ語経典を共有しながら、文字と発音を異にした唱経のスタイルが並立することとなった。パーリ語唱句の発音の違いは、それぞれの仏教伝統を差異化する最もわかりやすい指標となっており、仏教実践において音声は重要性な構成要素となっている。

在家信者に対して出家者が果たす最も重要な宗教行為の一つは唱経である。出家者の唱経は文字に書かれたパーリ語の唱句を記憶し、それを在家信者の前で暗唱することであり、音写された経典は正しい音声の再現を保証するものである。厳しい戒律を守った出家者が音写されたパーリ語経典から取られた唱句を正しく暗唱することは、ブッダの教えを音声として在家信者の前に再現することであり、それゆえ出家者の唱経はありがたいものなのである。このように上座仏教は「文字の世界」(経典)に基づいた豊かな「声の世界」(唱経)の世界を有している。それでは、既に「文字の世界」

を失ったメーホンソーンの仏教儀礼におけるシャン式パーリ語唱句は、「国家仏教」化の過程のなかで生じてきた過渡的な現象なのであろうか。林が指摘するように、仏教は文書としての経典が編まれた後も口伝によってその教えを継承しており、口伝による経典知識の伝授は破壊や消失を逃れるための最も効果的な方法であった（Hayashi 2000: 18）。メーホンソーンにおいて臨機応変に言語を使い分けてシャン式の唱句を「国家仏教」の隙間に埋め込んでいく仏教実践は、仏教における「声の世界」の力強さを示すものであろう。

本章で見てきたメーホンソーンの仏教実践は、国家の統制を地域の特性に合わせる解釈や運用、出家者よりも在家者が主となる仏教とそれを基盤とする文化的実践、「文字の世界」よりも「声の世界」での仏教の継承という事例を提示している。さて、これをタイ国の一地方の少数者による仏教実践の特殊な事例と捉えるべきであろうか。「国家仏教」化の進んでいない周縁での遅れた仏教のあり方とするにせよ、制度化から逃れた周縁での自由な仏教実践であると見るにせよ、その特殊性を強調している点は同じである。特殊性を強調するこれらの視点に対して、筆者は国境域という条件下での仏教実践が、出家者中心、文字文化中心に制度化されてきたタイの「国家仏教」が、人々の仏教実践といかにずれているかを映し出す一つの鏡であると考えている。

註

（1）現在のミャンマー、タイ、ラオス、カンボジアに西南中国の雲南省西双版納タイ族自治区、徳宏タイ族ジンポー族自治区などを加えた地域。
（2）仏教における出家者集団（僧侶・見習僧）の組織のこと。
（3）トンチャイはタイ国における近代的な領域国家概念形成のプロセスと国家の自己像の変遷について詳述している（Thongchai 1994）。
（4）本章では、現在の国名として「ミャンマー」を使用するが、歴史的な記述の中では、一九八九年の名称変更以前の国名「ビルマ」も使用している。なおビルマ民族（Burmese, Burman）の名称としては慣例通り「ビルマ」を使う。
（5）当然のことながら、「国家仏教」化の進度については、それぞれの国情によってかなりの差がある。比較的「国家仏教」化の度合いが高いタイ、独立以降「国家仏教」化を標榜している割にはその度合いが低いミャンマー、内戦後の国家復興の重要な柱として仏教復興を進めているカンボジアや、社会主義体制を維持したまま開放政策を進めるラオス、国家ではないが中国国内の少数民族文化としての上座仏教復興を進める西南中国のタイ族自治区などさまざまなバリエーションがある。

（6）シャンはタイ系民族（Tai）の一グループで、ミャンマー連邦シャン州を中心に、同国のカチン州やタイ国北部、中国雲南省西南部に分布する民族で、自称を“*Tai*”という。シャン（Shan）という英語圏で使用される民族名称の語源はビルマ語で、ビルマ本土の北東方面に居住するタイ系民族の諸集団を総称したものである。タイ国内ではタイ・ヤイ（*Thai Yai*）と呼ばれる。

（7）（石井 一九七五；Tambiah 1976; Jackson 1989）。近年の行政改革における宗教行政の変化については、第五章を参照のこと。

（8）タイ国内における国境域の仏教実践についての研究は、既に先述の共同研究のなかで林によって始められており、そこではタイ国の国境域における仏教実践を概観し、そこで生じている諸現象が記述され、主たる研究テーマが提示・議論されている（林 二〇〇四）。

（9）「国家のはざま」を生きる人々についての関心は、人類学よりもノンフィクション作家による作品のなかで早くから取り上げられてきた（cf. 沢木 二〇〇三）。

（10）このキーワードは、「連結と通交の統制」（regulation of interconnection and passage）という観点から、タイ―ラオス間の国境域住民の経済活動を分析したアンドリュー・ウォーカーの研究から着想を得ている（Walker 1999: 12–17）。

（11）二〇〇五年時点で、人口約二五万人、タイ国七六県中七番目の小人口県である。面積は約一二・七万平方キロメートル（八番目の広さ）。その八割強が森林といわれる。タイ国内で人口密度が最も低い（約二〇人／平方キロメートル）。

（12）メーホンソーンの牛キャラバン商人（*pho kha wua tang*）はチェンマイまで片道一〇日間ほどかけて交易をしていたと伝えられている（Parichat 1993: 34）。また、かつてメーホンソーン県内の各郡は簡易飛行場を有していた。これは陸上交通の不便さを物語るもので、「飛行機でも行けた」のではなく、「飛行機でしか行けない」ところが多かったのである。現在チェンマイまでの陸上最短ルートは第二次世界大戦時に日本軍が建設した、パーイ経由の北回り道路で、それが全天候対応の舗装道路となったのは一九九二年のことである。

（13）現在のシャン仏教はビルマ仏教の強い影響下にあり、寺院建築・仏像様式ともにビルマ様式に近い。

（14）シャン系住民の人口を把握できる行政上の統計データがないため正確な人口は不明であるが、筆者は県人口約二五万人のほぼ半数の約一二万人強のシャン系住民がいると推定している。なお、この数字には後で述べるシャン州からの非正規入国者である「外のシャン」は含まれていない。

（15）Tai Yuan。現在のタイ北部の旧ラーンナー王朝支配地域を中心として居住しているタイ系民族で、タイ語ではコン・ムアン（*khon mueang*）と呼ばれる。シャン語ではヨン（*Yon*）と呼ぶ。

（16）ここでの県史はスラサックの著作によっている（Surasak 1994: 2）。この地で探査隊が捕獲した象を「調教する川・堀」という意味の「メーローンソーン」（*mae rong son*）が訛って、「メーホンソーン」（*mae hong son*）となったという説が一般的である。

(17) スラサックの記述によると、チャーンカレーはシャン州南部のモークマイ生まれで、戦乱を逃れてメーホンソーンに来た人物である。チェンマイ国主からの欽賜名は「パヤーシンハナータラーチャー」(Phaya Singhanatharacha　在位一八七四〜一八八四) である。初代国主の妻でモークマイ国主の姪であったナーン・ミィヤ (Cao Mae Nang Mia　在位一八八四〜一八九一) が、初代国主の死後に第二代国主となったとしている (Surasak 1994: 5)。ウィルソンとハンクスが翻訳したラーンナー側の資料でも同様の経緯が確認できる (Wilson & Hanks 1985: 35–36)。しかし、主にビルマ側の資料に拠って書かれたサーイモンの記述では、初代国主パヤーシンハナータラーチャー (チャーンカレー) の名は確認できず、モークマイ国主の姪ナーンミアが実権を握り、メーホンソーンを統治したとしている (Saimong 1965: 227–229)。その後メーホンソーン国主は、第三代国主 (第二代国主ナーンミィヤの「後夫」) パヤーピタックサヤームケート (Phya Phithaksayamkhet　在位一八九一〜一九〇七)、第四代国主 (第三代国主の息子) パヤーピサンホンソーンブリー (Phya Phisanhongsonburi 在位一九〇七〜一九三八) まで続いた。

(18) このとき画定された国境線は、いくつかの国境係争地を残してはいるものの、ほぼ現在のミャンマー連邦とタイ国間の国境として継承されている。

(19) このことはメーホンソーンだけに限らず、当時のタイ国北部全体が英国植民地経済圏に組み込まれていた。英国植民地経済圏のなかのタイ国北部やシャン州の経済史については、プラカーイらの研究が詳しい (Prakai 1988)。

(20) この戦争による経済的危機や戦争体験がメーホンソーンの人々にどのような影響を及ぼしているのかは今後の研究の課題としたい。

(21) 片岡は、一九五〇年代から一九七〇年代半ば頃までの北部国境域支配は、名目的な領域統治の裏で様々な例外的状況が発生していたことを中国国民党軍の処遇の事例から論じている (片岡 二〇〇四)。

(22) 非正規入国とは、ここではパスポートや入国査証 (ビザ) の発給なしで、政府の承認を受けずに入国することを意味している。

(23) 近隣諸国からの非正規入国者に対する一時滞在許可の資格については、クリッタヤーが簡潔にまとめている (Krittaya 2005a)。タイ国は難民保護義務が課せられる国連の難民条約に署名していないため、ミャンマー側から避難民がタイ国内に流入しても「難民」(*phu li phai*) として認定はせず、流入の状況に応じて、「移民」(*phu opphayop*)、「失地民」(*phu phlatthin*)、「避難民」(*phu lop ni khao mueang*) と名付け分類している。その一方で、国内に実質上の「難民キャンプ」の設営や一時的な滞在を認めており、間接的な支援を行ってもいる。さらに、これらの「難民キャンプ」への人道支援を海外の組織 (ＵＮＨＣＲや欧米のＮＧＯ) が行うことも許可している (Phonphimon 2005: 1–3)。なお、ミャンマー政府軍による反政府勢力活動地域での「非人道的行為」については、反政府勢力側の資料ではあるが、シャン人権財団 (Shan Human Rights Foundation) から多数のレポートが出版されている。http://www.shanland.org/resources/bookspub/humanrights/

(24) また、ミャンマー政府は和平交渉のなかで武力闘争を停止した武装勢力に対して、現在の実効支配地域を承認することを行っており、これらの武装勢力実効支配地域が泰緬国境域に数多く存在している。このことからも、ミャンマー側では、国境という「線」で区切られた領土を「面」として支配しているとは言い難い。

(25) 両国間の総貿易額は二〇〇六年で約三〇億ドル、タイ側の輸出高が約二二億ドル、ミャンマー側の輸出高が約八億ドル。国境貿易のポイントとしては、メーサーイ―ターキーレック、メーソットーミャワディー、ラノーンーコータウンの三つの地点での貿易額が突出している。

(26) 一九九六年に「不法入国外国人労働者」の登録・労働許可の制度が始まって以降の統計では、登録された外国人労働者の中でミャンマーからの労働者が八〇～九〇％を占めている（Krittaya 2005b: 139）。

(27) 濃度の異なる溶液を半透膜で仕切っているとき、溶媒がその膜を通って濃度の高い溶液側に浸透するように、人やモノや情報などが国境を隔てた制度の差異を利用して移動して行く様をイメージしている。半透膜が分子構造の大きな物質を通さないように、政府軍のような公的で規模の大きい組織の越境や侵入は防ぐという働きもそのイメージに含まれている。

(28) シャン語でタイ・ノーク（*Tai nok*）。タイ（*Tai*）はシャンの自称、ノーク（*nok*）は「外の」という意味なので、本章では「外のシャン」と訳している。

(29) ただし、このような感覚は国境の実質化の影響以外にもシャンの特殊な歴史的・社会的条件によって形成されてきたと考えることもできる。ここでいうシャン世界は全体を統べる中心的な政体が形成されたことがなく、諸土侯国（ムアン／ムン）の連合体であり、シャンの人々には土侯国を超えるアイデンティティは希薄であったと考えられる。そのため自らの居住地（ムアン／ムン）を中心とした世界の認識構造があり、現在の居住地を「内」、それ以外の地域はすべて「外」と認識している可能性がある。メーホンソーンのシャンの場合にも、「外のシャン」といった場合、それは本文で示したような「タイ国の外」という意味ではなく、「メーホンソーンの外」という意味として使っているのかもしれない。しかし、現実にはメーホンソーンは泰緬国境域に位置し、移住してくるシャンのほとんどがシャン州出身であるため、移住に関する「外」との境界は泰緬国境と一致する。そのため「外のシャン」といった場合「メーホンソーンからの外」が「タイ国の外」と同義とされる状況がある。

(30) 「外のシャン」の賃金は、タイ国の法定最低賃金の約半分から三分の二程度である。「タイ人一人雇うお金で『外のシャン』が二人雇える」という表現がしばしば使われる。

(31) ここではタイ国仏教界の多数派マハーニカーイのみを取り扱う。

(32) 寺院内に掲示された「寺院略史」と住職とのインタビューより筆者が構成した。

(33) 寺院の略史『メーホンソーン県のカムコー寺院』と住職とのインタビューより筆者が構成した。

(34) 筆者はシャン州南部のローイコーの場所を特定することができなかった。シャン州南部ではなく、カヤー州の州都ローイコー（ルワインコー）の可能性もある。

(35) シャン語ではラーンナーのタイ・ユアンをヨン（*Yon*）と呼ぶので、「ヨン系、ヨン派」（*koeng Yon*）となる。またシャンの自称はタイ（*Tai*）なのでシャン系、シャン派も「タイ（*Tai*）系、タイ（*Tai*）派」（*koeng Tai*）となる。

(36) ただし、国主建立のラーンナー系の寺院の歴史をみると、初代住職はラーンナーの王都チェンマイからではなく、メーホンソーンと歴史的に関係の深いシャン州の土侯国モークマイにあるラーンナー系寺院から招請している。直接チェンマイからではなくモークマイからラーンナー系の僧侶を招いた経緯については不明である。一方一般在家信者によるラーンナー系寺院建立においてはチェンマイから僧侶を招いている。以上のことを考慮すると、国主によるラーンナー系の寺院の建立が単純にチェンマイとの支配―被支配の関係を反映しているのではない可能性も考えられる。この件に関してはシャン州南部の諸土侯国におけるラーンナー仏教と国主との関係について検討する必要があるが、今後の課題としたい。

(37) アルンラットは、一九世紀末のチェンマイにおいて、ユアン（ヨン）派以外に、マーン（ビルマ）、ギィアオ（シャン）、モーン、コン（サルウィン）の四派の寺院があったとする（Aroonrut 1997: 58）。コン（サルウィン）派寺院が具体的にどのようなものであるかは不明である。タイ国において「国家仏教」が実体をもちはじめる第二次世界大戦以前には、このように仏教寺院とそこで行われる仏教実践の複数の系統が共存している状況があった。

(38) ここで取り上げているのは、メーホンソーンの寺院の多数が所属するタイ国サンガ内の多数派であるマハーニカーイ派のサンガ行政組織である。少数厳格派のタマユット派については本章では論じない。メーホンソーンにおけるタマユット派寺院の建設は一九七〇年代から始まる。これらのタマユット派寺院は全て瞑想を中心とした修行を行う「森の寺」（*wat pa*）として建立されている。二〇〇五年の時点で寺院（*wat*）五ヶ所、正規の登録をしていない寺院（*samnak song*）が一五ヶ所で、そこで修行する僧侶のほとんどは、メーホンソーン県外からきている。

(39) ここでは詳述できないが、現在のメーホンソーンとその周辺地域における寺院の住職の多くは、ムオイトー寺院、ドーンチェディー寺院など元ラーンナー系寺院で修行した僧侶によって占められている。

(40) 寺院内に掲示された「寺院略史」、住職とのインタビュー、国王七二歳祝賀式典記念出版本『メーホンソーン県の文化、歴史的発展、独自性、土地の知』（一九九九年）の記述より。

(41) 県管区長就任年は未確認であるが、ムオイトー寺院の住職に就任した一九一六年以降であると推測できる。

(42) このことは、サンガ統治法によるサンガ内役職（住職を含む）の任命権の制度化・中央集権化と関連するかもしれない。しかし、この時期の国境を越えた人の移動を管理する政府の能力から考えて、サンガ内での国境の実質化が始まったとは言いがたい。実情は、メーホンソーン出身の僧侶の中から住職になれるほどの人材がようやく育ってきたということの現れであると考えられる。

(43) 一九一一年よりワチラヤーン親王のもとで整備されたタイ国サンガの「教法試験」は、ナックタムとパリエンの試験からなる。ナックタムはタイ語による基礎的教理内容についての試験で、一級から三級まである。パリエンは、パーリ語についての知識が問われる試験で、その階梯はプラヨーク一段から九段までとなっている（石井 一九七五：一七八―一八四）。

(44) 国王七二歳祝賀式典記念出版本『メーホンソーン県の文化、歴史的発展、独自性、土地の知』（一九九九年）の記述より。

(45) ワイアットは地方出身でバンコクへと修学のために出てきた僧侶の多くが、還俗後様々な分野の行政官として任官されていたことを指摘し、出家生活が社会的階層上昇の回路であったと分析している（Wyatt 1994 [1966]）。ただし、同じ社会階層上昇の回路であっても、プララーチャウィーラーコーンのように、地方出身者のなかでサンガ内の高級行政職に就く者もいた。

(46) 一九四一年当時のパーヤップ州管区長プラプロットキッティソーパノー（Phra Plot Kitisophano）は、バンコクのベンチャマボピット寺院住職で、一九五一年にはタイ国サンガの最高指導者サンカナーヨックに就任する。後の僧名ソムデットプラワナラート（Somdet Phrawanarat）。

(47) メーホンソーンにおける僧侶や出家経験のある在家信者からのインタビューより。カイズもタイ国サンガの統一の過程を考察した論文で、この第三代県管区長について言及している（Keyes 1971）。

(48) この場所は、同じメーホンソーン市内にあったチョーンマイ寺院（廃寺）の跡地である。後に僧学校はムオイトー寺院内に移設されたが、現在でも旧校舎の木造建物が残っている。

(49) これらの見習僧の多くは、数年の出家生活の間にタイ語を習得し、タイ社会に慣れた頃に、タイ国内で働くために還俗してしまうといわれている。

(50) さらに二〇〇三年ごろから、ミャンマー出身の見習僧の中で、カレン系民族パオ（Pa-o）の見習僧の増加が顕著になっている。パオはタイ国内には非常に少ないが、シャン州南部からカヤー州にかけて分布するカレン系民族の一集団で、シャンと文化的にも密接な関係を持つ仏教徒である。これらのパオ見習僧は、シャン州南部のパオ集住地域ナムカット・タークレートから、メーホンソーン県パーンマパー郡を経由してやってくる。シャン州南部の泰緬国境では、シャン系の反ミャンマー政府組織の南部シャン州軍（SSA South）とミャンマー政府軍との武力衝突による内戦状態が続いている。これに加え、元々中緬国境地域を本拠としていた連合ワ州軍（UWSA）がミャンマー政府との停戦合意後にこの地域での影響力を強めており、各陣営から男子が「徴兵」されるのを避けるためにタイ国内に避難してきているといわれている。

(51) 現在、タイ国サンガ所属の僧侶の中から、無登録の「外国人僧」を閉め出すために、タイ国サンガが発行する僧籍証明書（*bai sutthi*）に国民身分証明証の番号を記載することを法制化する方向で審議がなされていると聞いている。しかし、タイでは一時出家の慣行があるため、全ての僧侶が僧籍証明書を有しているわけではない。そのため、この法制化がどこまで外国人僧侶の締め出しに効果を持つかは不明である。

(52) ミャンマー出身者が正規の出家者として認められるためには、何よりもタイ国籍の取得が必要となる。出家者に限らず一般的な事柄として、国境域では制度的に認められた手続き以外の方法で国籍を取得することが可能であるといわれる。ミャンマー出身でタイ国での出家生活が長い僧侶の中には、このような方法で国籍を取得する場合もあると聞いている。

(53) これ以外にも、外見上の問題として、ビルマ仏教では僧侶や見習僧は眉をそり落とさないが、タイ国では僧侶や見習僧は眉をそり落とすのでそれに従う。また袈裟の色もビルマ仏教の場合には比較的茶色に近い濃い色のものを着用するが、タイ風のオレンジ色あるいは黄色に近い明るい色のものが一般的である。

(54) 県管区長事務所（二〇〇五）の資料を元にしたインタビューから分かった範囲では、メーホンソーン県ムアン郡内のマハーニカーイ派の寺院（五八寺院）の「住職」の出身地は以下の通りである（カッコ内は民族出自）。

二五寺院　ミャンマー出身者（シャン二四、パオ一）
二三寺院　県内出身（シャン二一、タイ・ユアン二）
三寺院　県外のタイ国北部出身（タイ・ユアン三）
二寺院　中部タイ出身
二寺院　区サンガ管区長による住職兼任
二寺院　不明
一寺院　無住寺

(55) シャン州東部の主要都市チェントゥンの仏教実践を調査した石井は、ラーンナー文化の影響が強いタイ・クーンとビルマ文化の影響が強いシャンのパーリ語発音の違いに注目しそれを「ナモータサ」文化と「ナモータタ」文化と名付けている（石井 一九九八）。

(56) 標準タイ語では、「仏日」（*wan phra*）、シャン語では「持戒日」（*wan sin*）と呼ばれる。

(57) 僧侶が「功徳の転送」の唱句を唱えている間、在家信者が小さな容器に入れた水を別の容器に流し入れる儀礼的行為。

(58) 標準タイ語ではアホーシカム（*ahosikam*）、あるいはコーカマー（*kho khama*）という。パーリ語句を含んだシャン語の唱句である。

(59) チェンマイを中心とするラーンナー社会のタイ・ユアン（コン・ムアン）の間でも華やかな見習僧の出家式ポーイルークケオ（*poi luk kaew*）がみられる。シャンもタイ・ユアンも同様にビルマ文化の影響を強く受けるなかで、このような華やかな見習僧の出家式を行うようになったと考えられる。

(60) 僧侶が具足戒を受けて得度する際に臨席する僧侶の役割。授戒師、羯磨師、教導師の三師。

(61) 例えば二〇〇五年の四月にメーホンソーン市内で行われた出家式では、四二名の見習僧が出家し、費用全体は約三〇万バーツかかっている。一バーツ＝約三円で計算すると、約九〇万円に相当する（二〇〇五年九月のレート）。そのうち二〇万バーツは市行政当局（*thetsaban*）とタイ国政府観光庁からの援助があったので、在家信者からは約一〇万バーツが集められた。農村部で行われる場合でも現在では、タンボン評議会（*ongkan borihan suan tambon*）からいくらかの援助金が出るといわれている。特に市内で行われる出家式には観光振興を目指す行政が深く関わるためにさまざまな制約がかかり、従来の出家式からの変化が生じているという指摘がある（cf. Suri & Surasak n.d）。ただし、筆者の見解では「観光化」の影響というよりも、行政の関与による従来のやり方への変更、制約であるといえる。行政によってお墨付きをもらった「地方文化」としての出家式にどのような具体的な制約がかかり、変化が生じているかについての検討は今後の課題としたい。

(62) どんなに疎遠になっても、「出家の父母」の葬儀には必ず出なければならないとされる。

(63) 出家式の主催者を経験した者に対する特別な敬称はない。ただし、主催者当事者だけではなく、人々の記憶にも「〜年の出家式は某が主催者であった」ということは明確に記憶されている。中国雲南省の徳宏地区のシャンのあいだでは、仏像奉納儀礼の主催者が高い社会的評価を得て、社会的称号が授与される慣習がある（T'ien 1986）。

(64) シャン語のチャレー（*care*）はビルマ語のサイェー（*saye*）から借用語で、「筆写者、書記、筆記者」という意味である。シャン語のサラー（*sara*）はビルマ語のサヤー（*saya*）に由来し、教師、医師、刺青師、呪術師などの「〜師」というような専門的知識を有する者を意味する。

(65) 師となるのは、先達のチャレーやサラーの場合もあり、僧侶の場合もある。

(66) リークロン（*lik long*）とは、シャン語で「大きな書物、偉大な書物」という意味。

(67) パップ（*pap*）とは束ねられた紙、冊子。サー（*sa*）はクワ科の植物（カジノキ *Broussonrtia papyrifera*）で、樹皮を使って紙を作る。

(68) 経典や教義解説書を寺院に供える慣習は、雲南省徳宏地区のタイ・ヌーやラーンナーのタイ・ユアン、ラオスのラオ人の間にもみられる（cf. Dhawat 1995）。ミャンマーのシャンでは特に死者への功徳の回向のため、仏教書を供えることが多大な功徳を生み出すと信じられている（Cochrane 1915: 158–162）。

(69) 占星術・運勢占いのテキストや呪符の図形集、ビルマ文字表記のパリッタ護呪経句集などで、サラー自身によって筆写された折りたたみ式の書物である。パリッタ護呪経集に関してはミャンマー国内で印刷されたものを使っている場合も多い。

(70) ただし、近年のタイ国内における地方文化の再評価の潮流にのって、メーホンソーンのいくつかの寺院で、この地方の伝統文化としてシャン語・シャン文字の基礎を在家信者に教える講座が開講されているが、初級レベルの内容であり、従来の寺院内教育でのシャン語知識の継承とは大きく異なっている。

(71) その集大成が、一九九九年の国王七二歳祝賀式典記念本『メーホンソーン県の文化、歴史的発展、独自性、土地の知』である。

(72) 政策立案・執行者側から見れば、これは「構造的な欠陥」といえるであろう。サンガによる統制を介さない「国家仏教」の方向性としては、学校教育における仏教教育（野津 二〇〇五）を考えることができる。その可能性については今後の検討課題としたい（cf. 矢野 二〇〇六）。

(73) 例えば、メーホンソーンにおいて、ある寺院の住職が在家信者と折り合いが悪い場合、最終的には住職のほうが居辛くなって寺を離れた、あるいは還俗したという話をしばしば耳にする。また新たな住職を任命する場合でも、住職の任命権者である郡管区長は在家信者の意向を十分にくみ、在家信者の納得がいくまで複数の住職候補者を在家側に提示し、調整を行う。このようなことは、制度としてのサンガ組織の規定外の作業であり、いかに在家側からの承認が重要であるかを示している。

(74) シャン文字表記パーリ語経典は一九五八年に完成した。ビルマ連邦シャン州におけるシャン仏教の長老僧チャオ・ピンヤーポーカ（Cao Pingya-phoka）が中心となり、シャン州土侯国ヨーンフオイの首長で初代ビルマ連邦大統領を務めていたサオ・シュウェータイッ（Sao Shwe-taik）を代表とするシャン土候国の首長たちが財政的な支援を行い、編纂作業が行われた。シャン文字表記パーリ語経典の編纂は、第2次世界大戦後から始まるシャン文化復興運動の一環として位置づけることができる（cf. 村上 二〇〇二）。

参照文献

Amphon Ciratikon (ed.). 2001. *Thai kap phama: kho khuan tham lae mai khuan tham.* Krungthep: Khrongkan Anaboriwen-sueksa 5 Phumiphak lae

Samnak-ngan Kongthun Sanap-sanun Kanwicai.（『タイとビルマ――すべきこととすべきではないこと』）
アンダーソン、ベネディクト　一九九七［一九九一］『想像の共同体――ナショナリズムの起源と流行』（増補版）ＮＴＴ出版。
Aroonrut Wichienkeeo. 1997. Lanna Relations with Myanmar, In *Comprarative Studies on Literature and History of Thailand and Myanmar*. edited by Witthaya Sucharithanarugse, Bangkok: Institute of Asian Studies, Chulalongkorn University. pp. 53–61.
綾部真雄　一九九八「国境と少数民族――タイ北部リス族における移住と国境認識」『東南アジア研究』三五（四）：一七一―一九六頁。
Cochrane, Wilbur W. 1915. *The Shans*. Vol. 1. Rangoon: Government Printing Press.
Dhawat Poonotoke. 1995. A Comparative Study of Isan and Lanna Thai Literature. In *Thai Literary Traditions*, edited by Manas Chitakasem, Bangkok: The Chulalongkorn University Press and Institute of Thai Studies, Chulalongkorn University. pp. 248–264.
Gupta, Akhil and James Ferguson. 1992. Beyond "Culture": Space, Identity and Politics of Difference. *Cultural Anthropology* 7 (1): 6–23.
Hayashi, Yukio. 2000. Spells and Boundaries in Regional Context: *Wisa* and *Thamma* among the Thai-Lao in Northeast Thailand. In *Dynamics of Ethnic Cultures across National Boundaries in Southwestern China and Mainland Southeast Asia: Relations, Societies, and Languages*. edited by Hayashi Yukio and Yang Guangyuan, Chiang Mai: Lanna Cultural Center, Rajabhat Institute Chiang Mai and Center for Southeast Asian Studies, Kyoto University, Ming Muang Printing House. 169–188.
林　行夫　二〇〇〇「現代タイ国における仏教の諸相――制度と実践のはざまで」『現代世界と宗教』総合研究開発機構・中牧弘允（編）国際書院、七一―八七頁。
林　行夫　二〇〇四「活きる《周縁》、揺らぐ《中心》――移動するタイ系民族の国境域での仏教実践」『変容する東南アジア――民族・宗教・文化の動態』加藤　剛（編）めこん、一四四―二〇〇頁。
石井米雄　一九七五『上座部仏教の政治社会学――国教の構造』創文社。
石井米雄　一九九八「シャン文化圏からみたタイ史像」『黄金の四角地帯――シャン文化圏の歴史・言語・民族』新谷忠彦（編）慶友社、八六―九九頁。
Jackson, Peter A. 1989. *Buddhism, Legitimation, and Conflict: The Political Functions of Urban Thai Buddhism*. Singapore: Institute of Southeast Asian Studies.
Kaise Ryoko. 1999. Tai Yai Migration in the Thai-Burma Border Area: The Settlement and Assimilation Process, 1962–1997. MA Thesis, Program of Thai Studies, Faculty of Arts, Chulalongkorn University.
片岡　樹　二〇〇四「領域国家形成の表と裏――冷戦期タイにおける中国国民党軍と山地民」『東南アジア研究』四二（二）：一八八―二〇七頁。
加藤　剛（編）二〇〇四『変容する東南アジア――民族・宗教・文化の動態』めこん。
Keyes, Charles F. 1971. Buddhism and National Integration of Thailand. *Journal of Asian Studies* 30 (3): 551–567.
Krittaya Atchawanitkun. 2005a. Chon klum noi thi dai rap sathana hai yu asai nai prathet thai. In *Prachakon khong prathet thai nai pho. so. 2548*. edited by

Krittaya Atchawanitcakun lae Pramot Prasatkun, Nakhon Pathom: Sathaban Wicai Prachakon lae Sangkhom, Mahawitthayalai Mahidon. pp. 91–95.（「タイ国内居住の立場を認められた少数民族」『二〇〇五年におけるタイ国の人口』）

——— 2005b. Kan catkan raeng-ngan tang chat cak prathet phueanban nai chuang pho. so. 2539–2548. In *Prachakon khong prathet thai nai pho. so. 2548*. edited by Krittaya Atchawanitcakun lae Pramot Prasatkun, Nakhon Pathom: Sathaban Wicai Prachakon lae Sangkhom, Mahawitthayalai Mahidon. pp. 131–147.（「一九九六―二〇〇五年の間の近隣諸国からの外国人労働者の管理」『二〇〇五年におけるタイ国の人口』）

Leach, Edmund R. 1960. The Frontiers of Burma. *Comparative Studies in Society and History* 3: pp. 49–68.

村上忠良　一九九八「タイ国境地域におけるシャンの民族内関係――見習僧の出家式を事例に」『東南アジア研究』三五（四）：五七―七七頁。

村上忠良　二〇〇二「シャンの文字文化と民族意識の形成――ミャンマーとタイにおけるシャン文字文化の比較研究」『歴史人類』（筑波大学歴史・人類学系）三〇：七九―一一二頁。

野津隆志　二〇〇五『国民の形成――タイ東北小学校における国民文化形成のエスノグラフィー』明石書店。

Parichat Ruangwiset (ed.). 1993. *Maehongson: watthanatham chao tai nai mueang chaidaen haeng khunkhao thanon thongchai*. Krungthep: Samnakphim Sarakhadi.（『メーホンソーン――タノントンチャイ山脈の国境の国におけるシャンの文化』）

Phonphimon Trichot (Pornpimon Trichot). 2005. *Rai phaendin: senthang cak phama su mueang thai (A Journey of Ethnic Minority)*. Krungthep: Sathaban Esia-sueksa, Culalongkon Mahawitthayalai.（『大地を失って――ビルマからタイへの道のり』）

Prakai Nontawasee (ed.). 1988. *Changes in Northern Thailand and the Shan States 1886– 1940*. Singapore: Institute of Southeast Asian Studies.

Saimong Mangrai, Sao. 1963. *The Shan States and British Annexation*. Ithaca: Cornell University, Southeast Asia Program.

沢木耕太郎　二〇〇三『オン・ザ・ボーダー』文芸春秋社。

Surasak Pomthongkham. 1994. Prawat mueang maehongson lae bukkhon samkhan. In *Yon roi adit mueang maehongson*. Maehongson: Samnak-ngan Sueksathikan Cangwat Maehongson. pp. 1–18.（「メーホンソーンの歴史と重要人物」『メーホンソーンの軌跡を辿る』）

Suri Bunnanuphong lae Surasak Pomthongkham. n. d. *Prapheni phuea kan thongthiaw: cut plian khong rabop khwam samphan thang sangkhom*. Chiangmai: Sathaban Wicai Sangkhom, Mahawitthayalai Chiangmai.（『観光のための慣習：社会関係のシステムの変化点』）

高谷紀夫　一九九六「『シャン』世界とその脈絡」『東南アジア大陸部における民族間関係と「地域」の生成』林　行夫（編）重点領域研究「総合的地域研究」成果報告書シリーズ26、一一―二九頁。

高谷紀夫　一九九八「シャンの行方」『東南アジア研究』三五（四）：三八―五六頁。

Tambiah, Stanley J. 1976. *World Conqueror and World Renouncer: A Study of Buddhism and Polity in Thailand against a Historical Background*. Cambridge: Cambridge University Press.

——— 1984. *The Buddhist Saints of the Forest and the Cult of Amulets*. Cambridge: Cambridge University Press.

Thongchai Winichakul. 1994. *Siam Mapped: A History of the Geo-body of a Nation.* Chiang Mai: Silkworm Books.
T'ien Ju-K'ang. 1986. *Religous Cults of the Pai-i along the Burma-Yunnan Border*. Ithaca: Cornell University, Southeast Asia Program.
Walker, Andrew. 1999. *The Legend of the Golden Boat: Regulation, Trade and Traders in the Borderlands of Laos, Thailand, China and Burma*. Curzon Press.
Wijeyewardene, Gehan. (ed.) 1990. *Ethnic Groups across National Boundaries in Mainland Southeast Asia*. Singapore: Institute of Southeast Asian Studies.
Wijeyewardene, Gehan. 1990. The Anthropology of Borders: A Brief Summary. In *Proceedings of the 4th International Conference on Thai Studies.* Kunming (11–13 May), Vol. 3. pp. 430–434.
——— 1991 The Frontier of Thailand. In *National Identty and its Defenders: Thailand, 1939–1989.* edited by Craig J. Reynolds, Chiang Mai: Silkworm Books. pp. 157–90.
Wyatt, David K. 1994 (1966). The Buddhist Monkhood as an Avenue of Social Mobility in Traditional Thai Society. In *Studies in Thai History: Collected Articles.* Chiang Mai: Silkworm Books. pp. 210–222.
Wilson, Constance M. and Lucien M. Hanks. 1985. *The Burma-Thailand Frontier over Sixteen Decades: Three Descriptive Documents*. Athens, Ohio: Ohio University Press.
矢野秀武　二〇〇六「タイにおける学生の宗教生活――伝統再構築の可能性と限界」『アジア遊学』八九：一八―二八頁。

タイ語資料

Watthanatham phatthanakan thang prawattisat ekkalak lae phumipanya cangwat maehongson. Nangsue chaloem phrakiat phrabat somdet phra cao yu hua nueang nai okat phra ratcha phithi maha mongkhon chaloem phra chamana phansa 6 rop, 5 thanwa 2542.（『メーホンソーン県の文化、歴史的発展、独自性、土地の知』国王七二歳祝賀式典記念出版本、一九九九年）
Wat kamko, cangwat maehongson. Maehongson: Wat Kamko. pho. so. 2535.（『メーホンソーン県のカムコー寺院』一九九二年）
Phra nyan-wirakhom: adit cao khana cangwat maehongson. Maehongson: Wat Don Cedi. pho. so. 2534.（『プラヤーンウィーラーコムー前メーホンソーン県管区長』一九九一年）
Prawat wat phra non lae mueang maehongson. Maehongson: Wat Phra Non. pho. so. 2541.（『プラノーン寺院とメーホンソーンの歴史』一九九八年）
Prawat wat phrathat doikongmu lae cangwat maehongson. Maehongson: Wat Phrathat Doikongmu. pho. so. 2511.（『プラタートドーイコンムー寺院とメーホンソーン県の歴史』一九六八年）

第五章　「タイ仏教」と実践仏教の位相

——東北農村のタマカーイにみる制度と教派の展開

林　行夫

はじめに

仏教はタイでふたつの世界をみせる。国家やメディアが表象する「タイ仏教」と、国家に先行する地域や民族の暮らしのなかで行われている仏教である。一九世紀末から二十世紀初頭にかけて近代的な国民国家を建設したタイは、同じ時期に、ローカルな慣習を超える国家制度としてのタイ仏教を築いた。それは、キリスト教宣教師との交流が生んだ原典回帰主義や西欧近代の教育制度の導入によって、識字文化に組み込まれる仏教であった。国家が出家者を国民として登録し、在俗信徒が造営する寺院施設を管理してきた過去一世紀の間に、タイ仏教は王権とナショナリズムの根幹をなす制度として成熟する。一方で、国土となる以前の地域世界では、国民となる以前の住民が実践する仏教がそれぞれの慣習的伝統として築かれてきた。今日もなお、タイ仏教の裾野にはそうした実践仏教の世界が広がっている。両者の内実は異なる。しかし、同じタイ仏教の名で括られている。「異にして同」とする現実が、地域に根ざしつつ地域を越える多様な実践仏教の生命力を育み、タイ仏教の足元を支えている。

近代の産物であるタイ仏教を一枚岩的に捉える言説は主に二つの淵源をもつ。百年を数えるナショナリズムと、仏教を市民社会の倫理規範や思想、教養知とみなす近年の識者やメディアである。国家がプログラム化しメディアが論じるタイ仏教は、ローカルな実践を特徴づけ多様なものにしている生の営みへの眼差しをもたない。だが、タイ仏教の論理から逸脱するようにみえる実践には、排除されるべきものであるばかりか、以前にも増して移動する人びとを介して地方や都市に拡散し、逆にタイ仏教を内側から支えるように機能して伸張するものがある。すなわち、タイ仏教は近現代を通して国王を頂く世俗社会が庇護する「伝統文化」として表象されるとともに、制度の隙間ないし裾野に制度の論理が回収しえない多様な実践を抱きこんできた。これは、出家と在家という二重構造をもつ仏教が「俗人主導の出家仏教」という社会的局面をもつためである。そして、このメカニズムは、タイと同じくスリランカ大寺派系の仏教を歴史的王権が導入し、その後植民地と社会主義を経験した他の上座仏教徒社会にもあてはまる。

本章は、一九八七年に東北農村に最初の支寺をもったタマカーイのその後の展開から、制度としてのタイ仏教と、多元的な構造をもつ実践仏教との断絶と重なりを考察する。タマカーイとは、一九七〇年代初頭に首都近郊のパトゥムタニー県に「本寺」をもち、禅定（*samathi*）を基本にして身体内に水晶玉をみる瞑想法でしられる運動とその信徒と寺院のネットワークをさす。[1]新興の実践集団であるタマカーイは、その設立当初から王族、軍部をはじめ都市部の高学歴者や「中間層」に信奉者を得た。一九八〇年代半ばに同財団の用地買収や不正融資疑惑で世間の批判に曝されるが、その後も着実に信徒を国内外に増やし続け、本寺を世界的な仏教聖地とする活動を推進してきている（写真5―1）。

いわば都市住民の実践に出自をもつタマカーイが、一九八〇年代末より東北地方の農村に入った。同地方でのタマカーイの伸張はその後も続く（林 一九九三、二〇〇六）。多くの場合、タマカーイの「進出」は、急激な社会変容を経験する地方農村に生まれた実践主体とそのネットワーク、そして止住する出家者が不足がちになった農村部寺院の近況を背景にもつ。とはいえ、タマカーイの流儀は単線的に地方農村へ着床しているわけではない。当初は村落を二分する葛藤を招来した。その葛藤は、東北出身者の参画が後に増えたことで緩和され、タマカーイは同地方での仏教実践の選択肢のひとつとなりつつある。本章では、この局地的な事例をタイ仏教の百年と過去一五年ほどの地域でのミクロな実践の様態の両面から位置づけ、信徒が個々の暮らしの場で築く仏教が多様な社会的葛藤や矛盾を惹起しつつも、制度の軌道とは異なる実践を介して国王と法王を頂点とする位階的な制度（タイ仏教）を擁立させている逆説を論じる。

男子の一時出家慣行をもつタイの仏教徒には「僧侶は俗人から」という認識が根づいている。実際に、世俗の動静そ

写真5−1　パトゥムタニー県のタマカーイ「本寺」布薩堂。国王の長寿を祈願する集団瞑想［MT（2000）より転載］

のものが仏教を多様に加工している。以下では、初めに国家やメディアが、制度の仏教と同質のものとして一元的に括りがちな実践仏教の地盤に視点をおき、制度仏教の成立経緯からタイ仏教における「統制のアポリア」をみておく。さらに、必ずしもナショナリズムとは直結しない識者やインテリ僧が喧伝する近年の「タイ仏教危機論」が、近代の市民社会の倫理規範として鋳直された仏教観に基づくものであり、危機の認識や対処の提言が、タイ社会を席巻する今日の消費主義や市場経済に与する言説となっていることも明らかにする。これらの局面は、いずれもタマカーイの地方進出や両義的な評価と密接に関わっているからである。

先行研究の多くは、世俗化論ないしカルトの視点から、タマカーイに経済好調時のタイ社会に生じた「中間層」のための都市仏教、都市でアトム化する個人の新たな瞑想志向をみた。タマカーイが都市近郊に限られた現象であった当時、この了解図式は妥当なものであったかもしれない。本章はその再定義を試みるものではなく、後に生じた現実を前にして、実践が生起する場から、制度としてのタイ仏教やタマカーイのような「新たな」実践との関わりをトータルに捉えることを目的としている。

```
                    Phra Mahakasat（国王）
                            |
                Somdet Phra Sangkharat（法王）
                            |
    Mahathera Samakhom（大長老会議）─────────  国家仏教庁
      構成員 12 名迄＜2002 年現在 8 名＞        ＜大長老会議秘書部＞
      ＊同委員会構成員は 20 名
                    |
        ┌───────────┴───────────────────────────┐
     タマユット派                            在来派
                                ┌──────┬──────┬──────┬──────┐
  ［以下は中央部門 suan klang］  南部大管区 東北部大管区 北部大管区 中央部
  タマユット管区                   |      |      |      |
        |                       大管区僧長 大管区僧長 大管区僧長 大管区僧長
  Cao khana yai（大管区僧長）   管区僧長  管区僧長  管区僧長  管区僧長
  Cao khana phak（管区僧長）
        |                         |       |       |       |
  ［下位部門 suan phumiphak］    県僧長   県僧長   県僧長   県僧長
  Cao khana cangwat（県僧長）   郡僧長   郡僧長   郡僧長   郡僧長
  Cao khana amphoe（郡僧長）   行政区僧長 行政区僧長 行政区僧長 行政区僧長
  Cao khana tambon（行政区僧長） 住職    住職    住職    住職
  Cao Awat（住職）
```

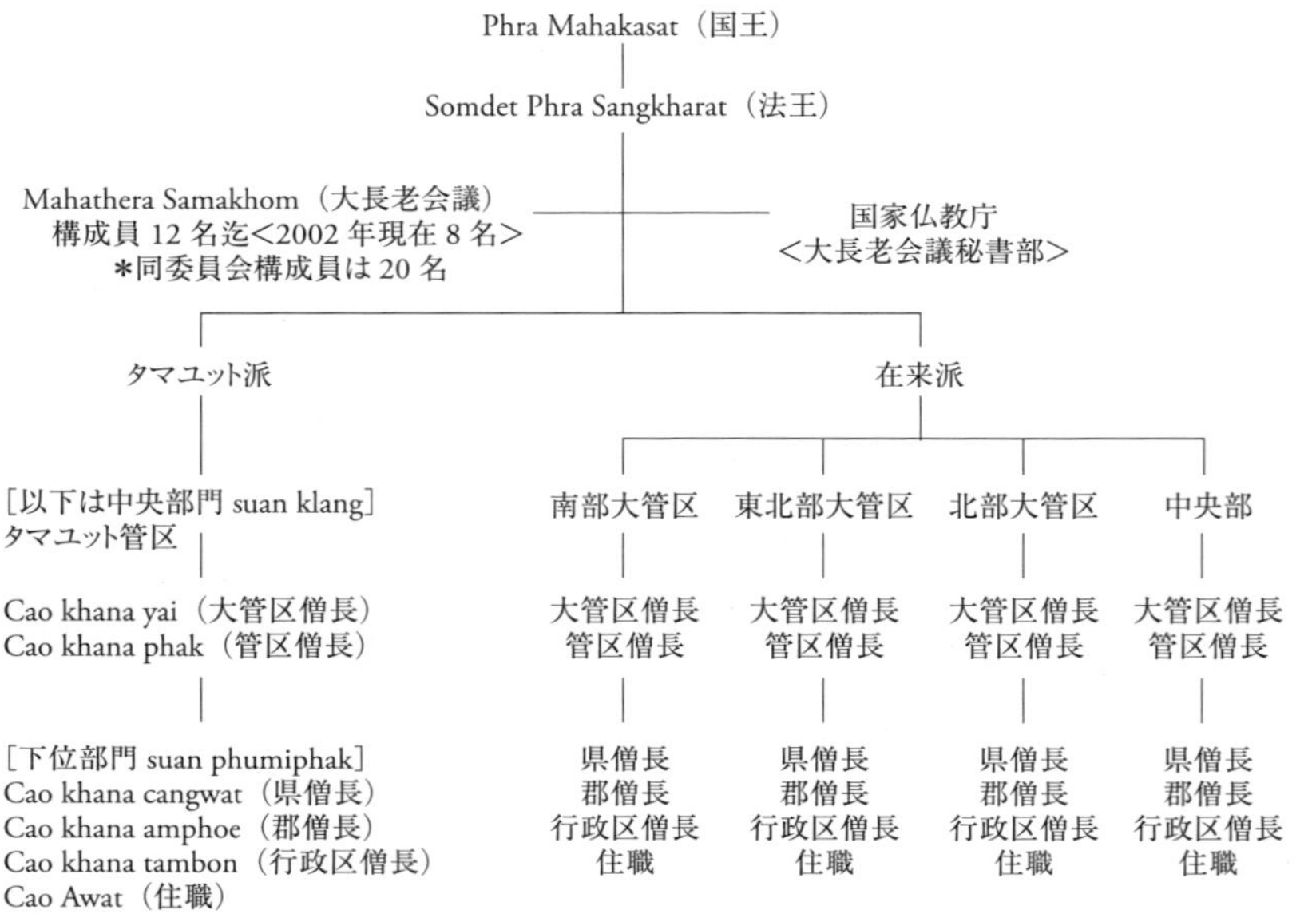

図 5-1　タイ・サンガ機構（現行）
出所：KS（2000a; 2001; 2002）より筆者作成

その上で地方農村のタマカーイを記述するには、タイ仏教の制度的な構成を動態的に捉えることが肝要となる。

タイ仏教は僧侶と寺院を「在来派（Maha Nikai マハーニカーイ）」と「タマユット派（Thammayut Nikai タマユットニカーイ（流派））」のふたつのニカーイ（流派）に分けている。

一八三〇年代に起こるパーリ原典回帰主義を掲げたタマユット派は、一九世紀半ばにその創始者ラーマ四世［一八五一―六八在位］の即位をもって確立したとされる王族中心の改革派である。タマユット派の設立によって、以前から存在した出家者や寺院は在来派として一括りにされた。かつても現在も、数の点ではこの在来派が圧倒的多数を占める（図5-1、表5-1）。しかし、寺院の建立規定や得度式の作法、教科書や教法試験を制定して法制度的なタイ仏教を整えたのは、当時は王族や貴族を主成員としたタマユット派であった。留意すべきことは、タマユット派以外の「その他大勢」にすぎない在来派には、タマユット派としての同質性はないことである。在来派は、タマユット派主導で生まれた制度規定に従いつつも、今日までそれぞれ師子相承されてきた出家者の日常的実践

表 5-1　タイ仏教の概況（2006 年現在）

寺院数	34,627	（在来派 32,515，タマユット派 2,112）
		（王立寺 281［在来派 225，タマユット派 56］）
		（私立寺 34,346［在来派 32,290，タマユット派 2,056］＋
		＊統計は上記に加えて（華人仏教寺院 13，ベトナム系仏寺 14）記載
	結界を有する寺院数	＝ 20,799
	結界をもたない寺院数	＝ 13,855
	無人寺	＝ 6,210 （cf. 2004 年時 6,815）
僧侶総数	250,437	（在来派 223,050，タマユット派 27,387）
見習僧総数	62,830	（在来派 54,373，タマユット派 8,457）

出所：ST（2006）

や地域・民族ごとの年中行事化した仏教儀礼を慣習として保持してきている。

本章では、そうした師子相承の実践を共有する出家者とそれを支える在家者の集まりを「教派」とよぶことにする。教派とは、始祖にあたる師をもち、読経・瞑想法、律（罰則規定）に関わる日常の儀軌作法が差異化する師弟の系譜である。出家者や在家者が帰依する単位となるが、教派間に競合関係はない。師弟の二者関係を基本とする点で生まれては消える運命にあるが、師匠の他界後もその系譜を拡大する教派もある。社会的な認知度や顕在の仕方に程度の差はあっても、理論上、教派は無数に生じることになる。

どの教派でも、師匠とは仏陀に連なる弟子であり、出家歴（*phansa* 法臘）の長い僧侶（二二七戒を把持する比丘）が新たな得度者に戒を授けて戒統を継承する。同じ戒律をパーリ語で面授口訣する点も共通するが、持戒して修行を重ねてきた僧侶も新たに戒を得て得度する者も、それぞれの出自をもつ人生と時代の経験を異にする行為主体である。すなわち、戒律の実践や儀軌作法の継承過程で、教派の分派を招来する主体の解釈や修行法の改編も起こりうる。さらに、特定の教派を支える在俗信徒の集まりも生まれる。戒の授受の儀と修行時間で成立する出家仏教は、修行に必要な衣食住環境のみならず、僧俗あわせた仏教徒が生きる世俗社会や歴史経験との連続線上にある。四〇年ほど前に生まれ、その後巨大化したタマカーイも、後述するような独特の僧俗関係を築いているが、そうした教派のひとつとみることができる。

一　制度としての「タイ仏教」

元来、出家者の集まりを意味するサンガ（僧伽）は、仏教徒としての心がけである戒と律に従う修行者の師弟関係や寺院の連鎖が生む緩やかな集団であった。こうした状況をタイで国家が一元的に統轄することを明記したのが「一九〇二年サンガ統治法」である。同法は、国内で最高位の僧侶（法王 somdet phra sangkharat）を国王が任命し、仏教の盛衰を国家の盛衰にありとした点でサンガを国民国家の一制度とした。また、前述したような得度式作法、出家者と寺院の登録、寺院タイプとその建立規定、教法試験を定めた。地方サンガの再編は、国民の教育制度の整備と併行してラーマ五世（一八六八―一九一〇在位）の異母弟にしてタマユット派の僧侶であったワチラヤーンの大事業として推進された。

当時の他の法規同様、王都バンコクから発信された同法は、ただちに全国的な実効力をもったわけではない。得度作法の変更を迫られた北タイの高僧クルバー・シーウィチャイ師の抵抗はよくしられているが、ワチラヤーンの書簡集には、先に地方巡幸して訪問先の仏教徒の「無知蒙昧」を嘆いた国王以上に、地方での多様な実践の状況と直面した派遣僧の戸惑いとそれにたいする返信が残る。国語のタイ文字が読めない者の出家の是非については地方の慣習を重視せよと箴言しつつ、担当者には「新しい仏教」「正しい実践」を築くことに腐心せよと繰り返し諭している。サンガ統治法の公布後の一九一八年には、「出家者は、国法、出家者の律そして国法に反しない範囲での地方慣習の『三種の法』に従うべし」とした（Wachirayanawarorot 1971; 1973）。すなわち、新たな時代の正統なタイ仏教は、世俗法（国家）の優越を認めることからはじまっている。

世俗権力が保証し、世俗権力に従属するサンガの位置づけを含意した一九〇二年のサンガ法は、その後の政治社会変化を色濃く映した一九四一年と一九六二年の改訂を経て、一九九二年に一九六二年法の一部改訂を最後に今日に至っている。次章で論じられているように、出家者の活動は国策や世俗社会の動きと密接に連動してきた。王権支配の正統性に寄与した仏教は、国民国家の精神的支柱としてナショナリズムを支え、近代化を推進する様々な政府機関と並んでその影響を受ける。最初のサンガ法も、中央集権国家体制を築く近代教育制度の整備と連動した結果であった。すなわち、宗務と教育を統轄する「文教庁」（krom thammakan）の設置（一八八九年）に始まり、サンガ法の公布年には、当時の日本の教育制度に範をとる「教育制度の整備に関する見解―子弟教育」資料が作成され、現在の全国教員協会クルサパー（khurusapha）の前身が設立される（石井 一九七五：五九八）。寺院は一九世紀末から二〇世紀初頭にかけて今日の意味での教育機関のひとつとなった。さらにその後の世俗教育機関の発展に伴って、仏教の教育上の役割は、世俗教育「仕様」の宗教教育としても特化するようになる。

また、一九世紀末にはタマユット派の本山ボーウォンニウェート寺内にマハーマクット仏教学院（一八九三年。一九四五年に新制大学）、在来派のマハータート寺内にマハーチュラーロンコーン仏教学院（一八九六年。一九四七年に新制大学）が開設されている。いずれも今日ではパーリ教学や仏教教育のみならず、一般大学と同じく外国語や世界史などの課目を導入している。この二大学は僧籍に身をおく者にとっての最高学府であるが、一般寺院の境内にも、中学、高校レベルの出家者のための学校が併置された。寺院内の学校は、俗人からの布施と教育省宗務局からの補助金で建設された。そこに学ぶ僧侶や見習僧（沙彌。十条戒を把持）は、修了資格を得ることで世俗教育機関の中等学校から大学卒業資格認定試験まで受けることができる。出家前に世俗の高等教育を受ける機会がなかった地方農村出身の出家者は、寺院で仏教学習と世俗教育課程を同時に履修し、還俗後も世間に通用する学歴を取得できる。また、パーリ語試験の最高段位（九段）は、一九八四年から一般大学の学士号と同等に扱われ始めた。

表 5-2　仏教・宗務関連行政組織の変遷の概略

※近代国民国家以前

・スコータイ，アユタヤー期：「学士院 ratchabandit」，「僧務部 mun ratcha sangkhakari」

・バンコク王朝初期：「宗務局 krom thammakan」，「僧務局 krom sangkhakari」，「学士院局 krom tatchabandit」

※ 近代国民国家体制へ（ラーマ 5 世時）

・1887　教育と宗務を担当する教育局 krom sueksathikan を設置

・1889　教育と宗務を統括する「文教庁 krom thammakan」を編成
後の「1902 年サンガ法」制定と連動

・1892 年 4 月：同上「文教庁」を「文教・僧務局 krom thammakan sangkhakari」と改称

・1911　「文教・僧務局」を「僧務局 krom sangkhakari」と「文教局 krom thammakan」に分離

※ ナショナリズムと大戦前後（ラーマ 6 世時〜現在）

・1916　同上二局を「文教局 krom thammakan」として統合

・1919　4 月 14 日，「国王直属独立局 krom itsara khuen trong to phra mahakasat」とする

・1919　勅命．「宗務局と教育局は目的が異なるため二局統轄が困難，よって文教局を王室＝宮内省＝傘下に入れ戻し三局（「僧務庁 krom sangkhakari」「奉納庁 Krom Kanlapana」「宗教財産庁 krom satsana sombat）に分離」

・1926 年 6 月 15 日，「文教省 krasuang thammakan」を編成．旧「奉納庁」を大蔵省へ移管

・1933　「奉納庁」を「宗教財産部 kong satsana sombat」に改称，文教省下に再編

・1941 年 8 月 20 日．文教省を「宗務局 krom kan satsana」と改称，新設の「教育省 krasuang sueksa thikan」下に再編

・1952　宗務局を新設の「文化省 krasuang watthanatham」下へ移管

・1958　「文化省」廃止．宗務局を教育省傘下へ配置換（2002 年 9 月迄）

・2002　教育省宗教局を仏教を管轄する新独立局「国家文化庁」および非仏教の宗教行政を扱う新「宗教局」に二分，後者を新「文化省」下に移管（1958 年以来の体制の終焉〉

出所：KS（2000a; 2000b）および KS（n.d.）により筆者作成

第二次世界大戦を経た前世紀半ば以降、サンガは世俗社会の諸問題に参画して貢献すべき組織として定位づけられる。冷戦体制下での反共政策、国境に住む山地民の同化政策、地方開発政策にはじまり、近年の麻薬常習患者やエイズ撲滅に貢献する社会福祉政策への関与など、仏教僧の役割が全般的な「社会発展」に寄与すべきツールとみなされるに至る。この経緯は、仏教（後には宗教全般）に関わる省庁改編の変遷にもうかがえる（表5-2）。前述の仏教大学では、一九九七年に教育省の管轄下で世俗教育課程を導入した。教育省と旧文化省の間を揺れ動き、この半世紀にわたり教育省宗務局の下におかれたタイ仏教は、文字通り世俗社会が経験した時代ごとの趨勢を刻印してきた。そして二〇〇二年以降は、新設された「国家仏教庁」の傘下にある。

二　「国家仏教庁」の設立背景とタイ仏教

タイの官公省庁は、タックシン政権時代の行政改革で大きく再編、統廃合された（表5-3）。とくに二〇〇二年十月新設の「文化省」による「教育省」の改編は、宗教行政を担ってきた同省宗務局に深刻な影響がおよぶものとして論争をよんだ。教育省内の一部局であった宗務局（図5-2）は、半世紀もの間、仏教サンガ長老会議の秘書庁（samnak lekhathikan）を担ってきたため、その再編は仏教の行政的位置づけにとどまらず必然的に「サンガ法」の改訂に直結する。一九九九年の教育省改革法案では、宗務局が管轄していた仏教を新たな文化省（当初「教育・宗教・文化省」と構想）内部に新設する「宗教・文化委員会」（khana kammakan satsana lae watthanatham. 他宗教の代表、各組織の有識者合わせて三九名で構成し、仏教に関する全機関の保護、監督、諮問および活動評価を委託）傘下におくものとした。仏教が他の宗教と同等の扱いを受けること、委員会の構成員に四名の非仏教徒を含むことにたいして一部の僧侶が強く反発した。その主なメンバーは、国家（民族）に内属する仏教を国家の宗教として格別の擁護を望む「タイ仏教護持センター」（sun phithak phra phuttha satsana haeng prathet thai. 二〇〇一年四月五日設立）の僧侶であった。

同センターの僧侶は、国王、国民と並ぶ国家の三大義のひとつである仏教の特権的立場を主張し、仏教の国教化と「タイ仏教省」の新設を求めて二〇〇一年から〇二年にかけて大規模なデモを繰り返した。すなわち、タイ仏教徒の頂点にある法王が非仏教徒を含む上記委員会の監督統制下におかれることを、「（少数の）非仏教徒が優越する権力で（多数派の）仏教を統制する」前代未聞の事態とするものであった。これに対処すべく、タマユット派を中心とする僧侶がサンガ法

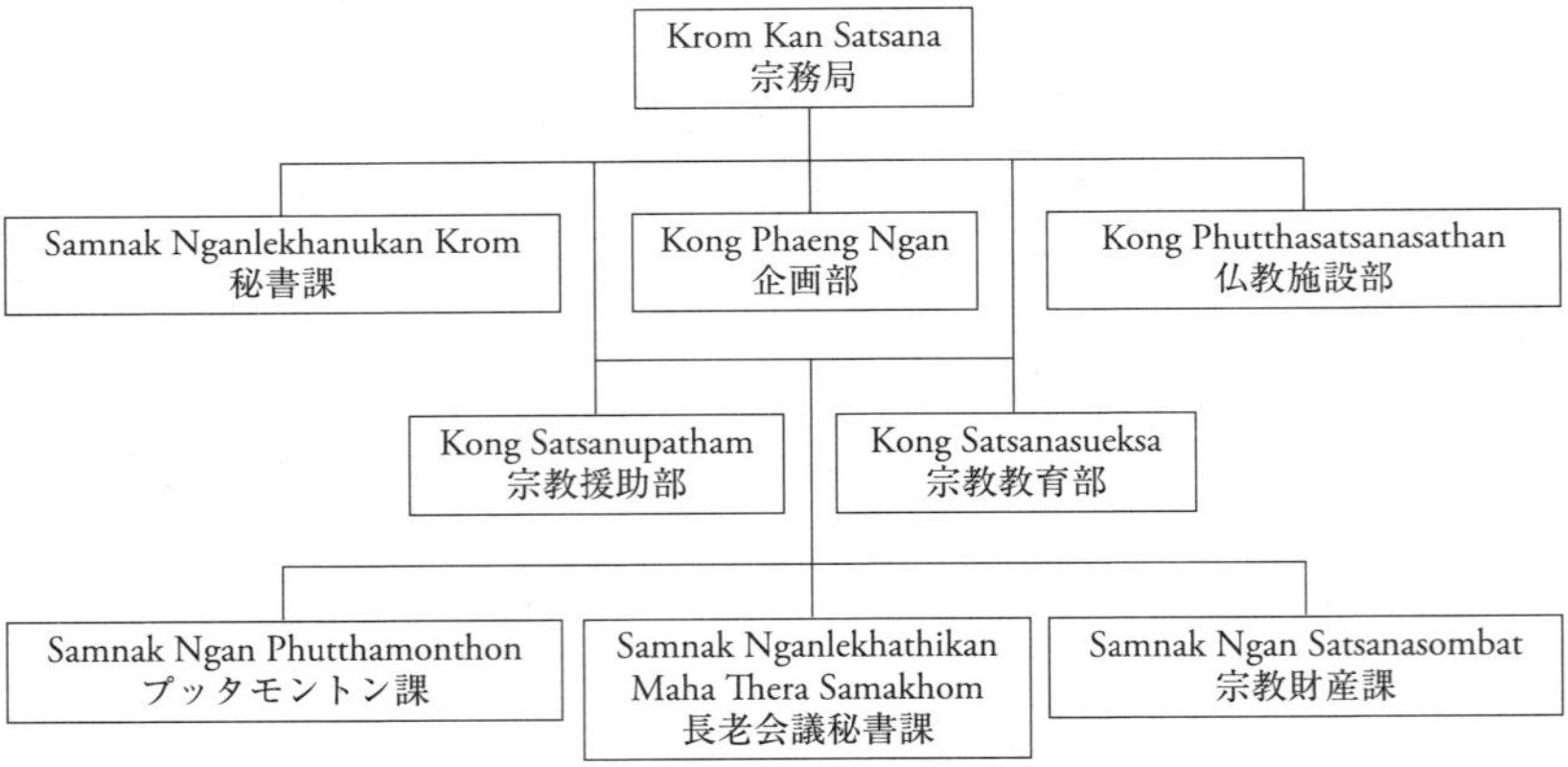

図 5–2　旧「教育省宗務局」の編成（国家仏教庁創設以前＝ 2002 年 9 月現在）
出所：KS（2000a）

改正草案に着手した。

他方で、組織再編に伴う改訂を進めていた新サンガ法草稿の立案過程や記載内容をめぐって長老会議の意見が二分し、相互に「反対集会」がたて続けに開催された。長老会議の審議を経たとされたサンガ改正法草稿は、上のような案件について議論を尽くしていないとする他の長老会議のメンバーが再検討することとなったが、国王の法王任命権を排した点、国王から下賜される僧侶の名誉爵位（僧階位 *samanasak*）を過剰に重視する点、新組織となる「大審判部 maha khanitson」に破戒僧の処分を一任することで長老会議を顧問へ降格させている点についてタマユット派の僧侶から異義が唱えられた。その結果、法案化は差し止めとなる。その後も進展はなく、二〇〇八年現在、当時の法制化以前の段階にあたる無期限の協約審議にふされたままである。

前述したように、現行サンガ法は「一九六二年統治法」を基本に一九九二年の一部改訂を経たものである。そこでの重要な改訂のひとつに、止住僧が不在となり放置されるままの寺院施設を宗務局（当時）が国営事業財として管轄するという条項がある（第三二条「建物、土地、寺院に付帯するあらゆる資材の管理統制」）。いまひとつは法王の任命権に関わるものである。「一九六二年統治法」では法王の任命権は国王にあったが、法王が空位となった場合は内閣総理大臣が僧階位で最高位にある

表5-3　行政改革後のタイ行政機構（省）（2002年10月）

0	総理府
1	農林・組合省 krasuang kaset lae sahakon
2	文化省 krasuang watthanatham（「宗務局」をおく）
3	商務省 krasuang phanit
4	資源・環境省 krasuang sapphayakon thammachat lae singwaetlom
5	エネルギー省 krasuang phalangngan
6	社会・人間安全保障開発省 krasuang phatthana sangkhom lae khwam mangkhon khong manut
7	法務省 krasuang yuttitham
8	情報・通信技術省 krasuang theknoloyi sarasonthet lae kan susan
9	観光・スポーツ省 krasuang kanthongthiao lae kila
10	福祉省 krasuang satharanasuk
11	大蔵省 krasuang kankhlang
12	内務省 krasuang mahathai
13	労働省 krasuang raengngan
14	産業省 krasuang uttsahakam
15	運輸省 krasuang khammanakhom
16	国防省 krasuang kalahom
17	教育省 krasuang sueksathikan
18	外務省 krasuang kantangprathet
19	公衆衛生省 krasuang satharanasuk

＋独立部局＝旧教育省宗務局から「国家仏教庁」を設置
＊旧教育省の内部機関は，新設の文化省にその機構のほとんどが移動している．
新文化省＝　宗務局 kromkan satsana
芸術局 krom sinlapakon
国家文化委員庁 samnakngan khanakammakan watthanatham haeng chat
芸術文化庁 samnakngan sinlapa watthanatham ruam samai

出所：www.eppo.go.th（ruamwep ratchakanthai『タイ官公省庁組織ウェッブ』）

者を長老会議の承認を得て指命することになった（まだこの事態は生じていない）。また、法王代理（somdet phraratcha khana）は、旧法は出家年数が最長となる僧侶を選出対象としていたが、改訂後は僧階位の格付けとその授与の時期で選出されることになった。

長老会議を構成するメンバーは法王、法王代理、法王補佐（phraratcha khana）を併せて一二名を越えないものとなっていた。前述の新サンガ法草稿で争点となったのは、これを一三名とし同会議で陪審員的役割をもつ新委員（mahakanitsason）二一名を増設したこと、さらに「小寺 *samnaksong*」（得度が成立する結界がある布薩堂をもたない登録寺院）を「寺院 *wat*」（布薩堂をもつ登録寺院）に昇格させないなどの条項を盛り込んだ点にある（Sathianphong

表 5-4　国家仏教庁の編成（2002 年 10 月以降・現行）

国家仏教庁の構成は 6 つの kong（部局）からなる．長老会議秘書部がもっとも大きい部課となっており，旧宗務局の構成と比べて大きな差異はないが，二つの内部組織（kong phainai）が新たに加わって，情報化を促進する役割を担っている．
1）プッタモントン管理部 kong samnakngan phutthamonthon
2）仏教研究部 kong phutthasatsana sueksa
3）中央執行部 kong klang（lekhanukan）
4）長老会議秘書部 kong samnak lekhathikan mahathera samakhom（配置員 56 の最大部局）
5）仏教施設部 kong phutthasatsana sathan
6）宗教財産部 kong samnakngan satsana sombat
以下，新設の内部部局
7）情報技術・仏教弘通センター sun theknoloyi sarasongthet lae kansusanthang phutthasatsana
8）仏教開発施設 sathaban phatthanakan phutthasatsana

出所：国家仏教庁での聴取による

2002）。

事態は、二〇〇二年一〇月三日に王室庁同様の独立機関「国家仏教庁」を新設することで一応の沈静を得た（表5-4、表5-5）。元教育省宗務局からは、仏教の行政管理に携わっていた二二二人の職員（全局員の七五パーセント）が「国家仏教庁」に配置換えとなり、サンガの長老会議の秘書局を務めるとともに、仏教のみの行政を担うことになった。残る旧宗務局職員七三名は新設の「文化省」内の宗務局に配属され、イスラーム、キリスト教をはじめとする仏教以外の宗教行政に携わることになった。二〇〇二年九月まで教育省内の旧宗務局は、同じ建物内で、仏教と非仏教を単位にして分離された。二〇〇三年に「国家仏教庁」は首都近郊のナコンパノム県のプッタモントン内にオフィスを移し、文化省宗務局はマヒドン大学バンコクキャンパス内に間借りした後、二〇〇五年に都内バーンバムル区のビル内におさまっている(2)。

国家仏教庁は、国内の寺有地の再編と有効利用を宗教財保護事業としている。地域住民が自ら建立する寺院は法人となった。積徳行（善行が善果を生むとする実践）で集まる寄金は、寺院を管理する在家者より成る寺委員会が一括して管理する。制度上は出家者個人のものとはならず、寺院の公共財となる（現実の運用は必ずしもそうではない）。僧侶がいない無住寺とその土地の管轄は、旧教育省宗務局宗教財産課から国家仏教庁宗教財産

表 5-6　文化省設立の基本 4 理念*

1) タイの芸術文化を保護し喧伝し継承するために，学童，学生らがタイの芸術文化遺産を継承，研究，学習するように促進すること
2) 文化や芸術の素材，遺跡を住民の学習と収入の源泉となるよう発展させること
3) 住民と若人がともに教育施設，家族，社会ぐるみで芸術文化の役割と行動を果すように統合すること
4) タイの芸術文化を誉れと創造性をもって賞揚し，喧伝する観光産業を支援すること

*2001 年 2 月 24 日内閣総理大臣タックシン・チナワットによる国会演説 [KW 2003: 5]

部に移り、同部はこれらの地所を銀行への担保とし、収益を生む施設を造って地域に還元する。この事業は、いわば仏教を「資本財」とするものである。[3] 国家が人材を資本とみなす議論と同じルーツをもつといえよう。[4]

仏教と教育を連動させ、タイが国民統合のツールとして「文化」を明示的に政治化するのは、八〇年前のラックタイ運動や第二次世界大戦中の汎タイ主義の時代である。今日では、文化は地方の生活技術や在地の知識、内外にむけて収入をもたらす財源へと拡張されている（表5-6、表5-7）。このように文化を読みかえてきた制度過程からみれば、サンガ統治法が、国民を造る教育制度とともに、仏教をその後の政治文化や近代的な意味での公共生活に貢献するツールとしての「宗教」へと読みかえる布石ともなっていたことが理解されよう。

「僧界 *phutthacak*」は「俗界 *anacak*」の位階構造をもちこんで世俗権力に従属する。僧界は俗界の似姿をとる制度となる。僧界が担う仏教とその知識を、俗界は識字文化に基づく近代教育に沿う「道徳」として対象化し、僧界に関わる物財を文化資本財としていく。今日その帰結は、急変する社会生活のニーズに応える福祉サービス資源として仏教の果たす役割を説く一部の識者や僧侶の語りに示されている（Phra Phaisan 2003; Phra Phayom Kanyano et al. 1999; SMS 1999）。サンガ法改定問題を含め、制度としてのタイ仏教は、この一〇〇年ほどの間に俗界が国是としてきた目的合理性を制度として内在化してきたといえよう。

積徳行についても同様の言説がある。俗人時代からＮＧＯ活動で知られ、後に僧侶となったパイサーン師らが著した小冊子『賢明な積徳行』は、二〇〇一年から〇二年にかけて国内のベストセラーのひとつとなった。本書は、従来のタイ仏教徒が「無為な布施」を自明視してき

あり，全国サンガ，信徒によって再検討されるべきという理由により同草案の無効を主張
2002　4月9日　決起集会3
総理府において長老会議が作成した「新サンガ法草案」をタイ仏教護持センター名で提出．
総理府前に僧俗あわせて1万人が集結し5つの要求を掲げる．
1）長老会議で既決した新サンガ法草案を尊重すること
2）立法会議 sapha nitibanyat にかけて早急に検討すること
3）それを国民の連帯を危うくする葛藤を消し去るために行うこと
4）それを仏教を守り，保護し，後代に持続させるために行うこと
5）それを仏法と律を愛護するために行うこと
2002　4月11日
マハーブア師が新草案作成の由来と経緯については誰もしらないとの声明
2002　4月21日
〈反〉決起集会．新サンガ法草案を無効とするマハーブア師らを支持する反対派の決起集会．
僧俗あわせて5000人が総理府前に集合．
2002　4月23日
内閣は「法務・教育省・サンガ合同委員会」Khana kammakan ruam rawang krisadika krasuang sueksathikan fai khana song 設置を表明，サンガ法草案内容について新たに議論と検討を重ねるとの声明 [iii]
↓
2002　9月4日～9月20日
「仏教省」設置求めての国会議事堂前座り込みデモ
2002　10月2日付『官報』，「国家仏教庁」開設を明記
2002　10月3日
独立庁として国家仏教庁（英文表記 The Office of National Buddhism）発足．旧宗務局職員の異動．国家仏教庁に222名．旧教育省傘下の宗教局は残る旧職員73名を新設の「文化省」へ移管，非仏教の宗教行政に関わる．備品異動等で混乱．オフィスは旧宗教局内に設置．
2003　10月28日
国家仏教庁，ナコンパトム県プッタモントン内の図書館へオフィスを移設

《註》
[i]「タイ仏教護持センター」（sun phithak phra phutthasatsana haeng prathet thai/ Web 上での英語表記は The Buddhist Protection Centre of Thailand）．教育改革に伴う仏教への悪影響を批判し「仏教省」の新設を要求する決起集会直前（2001年4月5日）に設立．34の仏教団体 ongkon phraphutthasatsana の連合機構で，タマユット派寺院ラーチャティワートにオフィスをおく．同寺院の Phra Ratchakawei を書記，ボーウォンニウェート寺の Phrathep Dilok を議長とし，二つの仏教大学の僧侶がする委員会をもつ．同センター委員には Phra Sipariyattimori, Phra Mahaduan Sirithammo，Phra Mahachothatsaniyo，Phra Mahabunthung Suthinthoro, Phraphisanphatthanathon（Phra Mahathawon Cittaworo），Pho Oo（Phra Achan）Phuwongrotphan などを含む．多くがタマカーイ寺の金権的発展と事業を批判する論陣をなした僧侶［Phra Sipariyattimori 2002: 14］
[ii] Luang Ta Maha Bua（Phratham wisut mongkhon）．ウドンタニー県ムアン郡のタマユット派寺院 Wat Pa Ban Tat 住職．瞑想でしられるマン師の最後の弟子．数カ国語に翻訳されたマン師伝の著者．アジア通貨危機の翌年（1998）より「ルアンター・マハーブアと国家を救うプロジェクト」を提唱，国家財政の窮乏を救う「パーパー（野衣）献上儀礼」計画（khrongkan pha pa chuai chat）を実施
[iii] ここで共有されつつある論点は大略以下の四点
・サンガ法の改編と制定は，経典の「結集」と同等の重要事である．そのため，僧俗を含めた公衆の面前で公開されつつ，慎重に審議，検討される必要がある
・「新サンガ法草案」は現行法と同じくサンガの中央集権的独裁を認め，世俗事から遊離させている
・改訂のたびにサンガ法は僧階位を重視してきており，サンガ内の腐敗をうむ根源となっている
・「新サンガ法草案」は，小寺（サムナックソン）を寺院（ワット）と同等の法人としないため，小寺を拠点に活動する「森の僧」の存続が危ぶまれる

出所：『サンガ統治法集成』，Phra Sipariyattimoli（2002）; Khanuengnit（1987），タイ字紙 Matichon, Sayamrat，Deliniu，Phucatkan および英字紙 Nation，Bangkok Post ほか，複数文献より筆者作成

表5–5　1962年以降の「サンガ統治法」をめぐる背景と経緯

1962　サンガ統治法＝「1902年サンガ法」同様の中央集権型・行政単位並行組織化の現行法．サリット専制的軍事政権を映し少数の長老僧に権力集中．立憲革命（1932年）後に廃止された爵位システムをサンガに踏襲する「僧階位」制とその認証にかんする「人事」も継続

＝1962　タイ・メーチー協会（Sathaban Maechi Thai）設立（王妃プロジェクト）メーチーの規律の徹底と社会奉仕活動．バンコクのワット・ボーウォンニウェート内マハーマクット仏教大学に本部事務所を置き，支部（サムナック・チー）は中部地方中心に15か所

＝1969「多様な宗教に関する宗務局規定」．特定の教義と5千人以上の信徒をもち，憲法や法律に抵触しない教義，政治的手段としない布教活動を行う団体を「宗教団体」(ongkan satsana) と定義．仏教，イスラーム，キリスト教，バラモン（ヒンドゥ），シーク教の5教および関連する俗人組織を国家の擁護・補助金を受ける「宗教団体」と認定

＝ 1971　サンガ法改定を望む声，1973年にも「僧階位」をめぐる問題で在来派とタマユット派間の確執が表面化

＝1970s 〜 1980s　数々の「新仏教」運動と集団がマスメディアに登場

■ 1972　タンマ・ターヤート（後のタンマカーイ）設立．首都近郊中心に瞑想運動

■ 1973　プラ・ペーン・テートパンヨーが東北地方のサラブリ県にタムクラボーク創設．麻薬常習患者の矯正施設として知られるようになる／ポーティラック師が出家証明書返納，サンガ離脱宣言

■ 1975　サッチャ・ロークッタラがタムクラボークより分派・結成／反共僧キティウトー師による「共産主義者の殺害は悪行でない」発言／プッタ・タート師の瞑想活動

■ 1976　ポーティラック師がサンティアソーク創設

＝1981　「タイ国における外国人布教者の布教に関する宗務局規定」

＝1982　「多様な宗教に関する宗務局規定・第二版」公布．1969年の宗教団体の条件を取り消し，事実上新しい宗教団体を認知しない方針示す．キリスト教を構成する諸団体にたいしてクォーターが確定

＝1989　サンティアソーク創始者ポーティラック師を強制還俗，同派全員の僧籍を無効とする

＝1990s 〜　相次ぐ著名僧のスキャンダル報道；糾弾するメディアの役割増大

1992　「1962年サンガ法」の一部改定（現行法 phraratchabanyat khana song pho.so.2535）

＝1997　現行憲法発布．前後に「国教」化を望む運動おこるも却下さる

＝1998　タックシン政権成立

＝1999　行政組織改革による教育省改編案．当初「教育・宗教・文化省」を構想

○「新サンガ統治法草案」と国家仏教庁

2001　4月10日　決起集会1

総理府前で「タイ仏教護持センター」(sun phithak phraphutthasatsana haeng prathet thai) [i] および俗人仏教徒が決起，宮内庁，学士院同様の法人「国家仏教庁」の設立を要求．

2001　7月18日

長老会議の作成になる「新サンガ法草案」が，法律専門家の校閲を経てソムデットプラプッターチャンからタックシン首相へ手渡される（同首相は早急に対応処理せず）

2001　11月16日

法王が，長老会議が検討作成したとされた「新サンガ法草案」を，早急に法案化する手続きにふすことを政府に要請．政府はこれを受諾，法案化をめざして検討・修正を約束．

2001　11月22日　決起集会2

会期終了（11月30日）が迫り，サンガと俗人仏教徒が総理府前において集会，「新サンガ法草案」の検討を早急に推進することを要求．政府はこれを受けて再度法案化をめざすことを約束

2002　3月11日

法務庁（samnakngan khana kammakan krisadika）が上記草案の検討を国会審議にふすと同時に僧俗の識者を加えた公聴会の開催を提案，実施．タマユット派で「森の僧」のマハーブア師 [ii]，俗人弁護士の Mr.Thongkon Wongsamut らが検討．その結果，長老会議で八回もの意見聴取を行ったとされているものの，実体は同会議での検討審議を経ていない密会の産物で

表 5-7 『文化省要覧』にみる 1970 年代末から 2007 年にかけての文化政策の概要

1) 1979 〜 1987
　国家統合のための文化政策・文化センターの創設と拡張
　地方芸能，地方言語と文芸，地方の儀礼祭祀，地方の物質文化の理解と奨励・喧伝
　〈1981 年：内閣総理府による「国家文化政策政令」〉
2) 1989 〜 1991
　在地文化（*phuempanya chaoban*）の保護・奨励＝70 年代後半の在地知識人，NGO が継承し開発に適合する「文化」，研究対象としての文化とくに少数者の民族文化への配慮
3) 1992 〜 2002
　〈1997 〜 2001：国家経済社会開発計画第 8 次 5 カ年計画期での国家文化の発展〉
　「開発との協同」「国家間関係」「家族・親族・地域の重視」「国内外での文化交流」「保護対象としての文化と自然観の称揚」「文化への投資」「観光産業との調和」「在地文化の自助保存とその喧伝」「地方文化の奨励」「仏教文化の奨励・保存」「仏教サンガの改革」「他宗教への配慮」「文化政策・喧伝のためのネットワーク構築」など計 14 項目を掲げる
　他方で，個人，家族，地域の重視．開発事業への文化的要素の導入．国内外へのタイ文化の喧伝と称揚，文化発展のためのメディア利用などを重視
4) 1998 〜 2007
　〈「開発事業のための文化継承 10 年」とのかかわり〉
　「発展をともなう文化」「文化をともなう発展」
　在地文化に適合した教育政策の改変
　開発事業に寄与する宗教指導者への支援
　タイ文化の喧伝と内外における交流

「9 つの基本原則」（“phaengan lak 9”）
・開発発展に貢献する文化の奨励と構築
・個人，住民資源への支援
・民主主義文化の奨励と発展
・文化への投資の奨励
・文化的価値の訓育と奨励
・文化的指導者育成のための支援
・文化的警告の潜在性の奨励と構築
・文化財の価値の称揚
・文化事業の管理システムとマネジメントの発展

出所 KW（2003）．1979 年に再開するクリアンサック時代以降の国家主義的文化政策＝国家統合および国家の特性たる文化．国家を安定させる文化（政治・文化政策が開発と絡む）

たことを戒め、社会的な結果を残す積徳行へと改めることをすすめている（PCPP 2001）。あたかも、世俗社会が行政改革や開発計画で適用する「説明責任」や事業の評価システムを宗教実践に導入するかのように、元来は見返りを確認し得ない個人的な宗教行為に社会的結果を求めよと主張する。今日のタイ社会に広まる消費主義を批判する同じ僧侶が、積徳行に対して実のある社会還元を説く。この見解が在家の知識人にも歓迎されたのは、社会変化についていけそうにないサンガや僧侶が自ら合理的な積徳

行を率先して推奨するだけではなく、消費主義を推進する効率の論理を（否定せずに）称揚し、非合理的な宗教活動を公共の社会福祉事業に読みかえることを是とする世俗社会の動向と親和関係をもつためであろう。

このように、俗界の制度過程は出家者が倫理規範や教養としての仏教に専従し、その成果を社会還元することを求める。しかし、こうした要求は、他方面、とくに金銭をめぐって消費社会におけるサンガの統制上の難問もうみだすことになる。現行サンガ法第一五条にサンガが国法に従うことを記すように、僧侶は国家法規を守らねばならない。一方で憲法は個人の財産を保護する権利を明記している。僧侶は国民であり、国法によって保護される以上、僧侶に集まる財は僧侶が集積してもかまわないという道理にもなる。

僧侶が遵守すべき戒には、金銭にふれないという条項があるが、今日のタイでは制度面でも実践面でも有名無実なものとなっている。一般の出家者は、出家年の長短に関係なく在家者から現金を含む布施を受ける。出家歴が長く僧階位や行政上の役職階位をもつ僧侶には、その格づけに応じて「施食費」(*nittayaphat*)とよばれる一種の特典が毎月国王から(旧教育省宗務局・現国家仏教庁経由で)支給される。字義通りには、托鉢が実践できない特殊な場合に食事を準備してもらう俗人への仕度金であるが、僧侶が自由にしてよい金でもある。支給額は、最高階位の法王が月額二万八〇〇〇バーツ(約八万四〇〇〇円)、最末端の役職階位にあたる住職は、一五〇〇バーツである(約四五〇〇円。いずれも二〇〇七年現在)。また、パーリ語試験の最高段位(九段)取得者にも月額一〇〇〇バーツが支給されている。加えて布施による財がある。この立場を利用して、蓄財のために僧籍に止まることを基本的権利とみなす法的解釈も不可能ではない。つまり、出家者が蓄財する行動(あるいは還俗後を考慮した貯蓄活動)を容認する法的根拠となる。今日のタイでは、出家者が自分名義の銀行預金通帳をもつことは一般的なことになっている。

他方で、出家者は世俗と離れた清浄性を保つべき存在である。この観点からすれば、蓄財活動は明らかに望ましいものではない。しかし、国法に従うサンガ構成員として法的罰則を受ける活動ではない。出家者を国民としてきた法制度の経緯からすれば、文字通り統制上のアポリアとなる。僧俗の境界を曖昧にする出家者の活動は、今日の俗界にはびこる消費主義をそのまま標榜するものであり、蓄財のために袈裟をまとう「ビジネス僧」(*phuttha phanit*) が都市に、そして農村にも生まれることになる。

この顛末は個人的な動機によるものではない。法制度化されずとも、かつての反共・国民統合政策や開発イデオロギーなど、時代ごとの国策に呼応することを迫られてきたサンガのあり方そのものと直結している。今日の消費主義は、制度としてのタイ仏教の変節とともに、俗界が与えてきたサンガの両義的な存立基盤(一方で世俗事からの隠遁、他方で世俗事との連動)を足元から照らしだす。一九九〇年代半ばに相次いでメディアを賑わせた金と性にまつわる高僧たちの醜聞やタマカーイを批判する常套句となった出家者の「金権」体質などは、俗界とサンガが切り結んできた互酬関係のバランスが制度的に機能しなくなったことを公共の場に晒す事態としてうけとめられた (Phrathampidok 1994; 林 一九九三)[5]。

俗界が擁立する僧界を出家者が内側から侵食するという、タイ仏教を揺るがすネガティヴな言説は、過去二、三十年の間に全国的に激減した見習僧の出家とも関わっている。義務教育が整備されることで、十代の男子が「出家して学ぶ」慣習は明らかに後退した[6]。今日、教育の恩恵を受ける者にとって、仏教は生きられる対象というよりは学習の対象であり、高学歴の識者には国風を特徴づける倫理道徳ないし対外的に表明される再帰的な「伝統」である。他方で、僧侶の修行のひとつであった瞑想が、一般の在家者がストレスの高い現代社会を生き抜く癒しの技法として広がっている。

制度や法規定の変遷をたどるとこうした図式がみえてくる。同時に、俗界にはこのような制度の言説を日々の生活環境としていないより多くの人びとがいる。国家の制度に包摂されつつ、自らの暮らしが必要とする寺院を造営し、合目的な国是よりも日々の労苦や愛憎渦巻く人間関係のなかで仏教徒を生きる人びとである。その仏教とは、自らの境遇をより良い生と死へとむかわせる実践である。タイ仏教への批判とその制度整備の上方発展に関心を抱く識者やメディアは、制度の裾野に広がる仏教徒の姿に社会経済面での「負け組」の停滞をみることがあっても、生きる方途としての仏教の根づきの土壌をみることがない。生活格差が広がる現代のタイ社会で、階層ごとの日常経験を映すように仏教が分極化しているようにみえるのは、多様な実践主体が、過去一世紀の間にタイ仏教という国民国家の制度に組み込まれることで顕わになった一局面なのである。

三　実践としてのタマカーイ

国家が主導するサンガ組織や世俗教育の整備は、サンガ内あるいは個々の寺院で従来行われていた学習や実践を全面的に回収したわけではない。師弟関係に基づく瞑想法の継承や口伝による実践は、国語を介して制度的に標準化される教学とその学習システムの外縁において持続した（林 二〇〇〇）。政策を発信する首都や名刹から離れた地方ほどその傾向は顕著になる。一九七〇年代以降に、外国人研究者やメディアが首都と地方に見いだした多様にして異様な仏教徒の活動は、国民国家の建設と同調して築かれたタイ仏教からの逸脱態や異端とされたが、中央の制度をうみだす社会過程と同じように、それらの実践にも社会的淵源がある。世俗と連動する局面においても、制度をプログラムする中央のものと個別の実践を軸とする地方農村では質的に大きく異なる（林 一九九七）。

人は同じ国民国家に属しながら、それぞれの日常生活の現実、自己と他者との関わりの経験が築く世界で生きる。宗教実践は、生活者の環境と経験の質、さらには信徒がおかれる権力関係や環境に呼応している。仏教も、僧俗を含めた信徒のそれぞれの世俗社会での経験を基盤に、その同質化ないし差異化の過程で生じる共属感や連帯感を帯びる慣習的行為を紡いでいる。個人の情動を充たすという意味で共に「生きられる」仏教となっている。

実践の核をなすものは、識字文化とそれを担う人びとが表象する教養知に限られるものではない。戒の授受が示すように、実践仏教にかかわる「知識」は、文字や書物ではなく、それを体現する個人との出逢いを通して継承される。M・ウェーバーがヴェーダ的とよんだ口伝を基本とする実践仏教の知識は、いわば「属人主義」的な系譜のなかで継承され創造されている。そして、人を介しての口伝、すなわち身体を軸にする実践仏教は、識字文化に基づく知識や制度を相対化する。識字文化が倫理道徳として客体化する制度仏教は、身体を軸とする仏教と起源を異にする。先行研究には、制度仏教や達人の仏教と差異化される「民衆仏教」という範疇があるが、特定地域の共同体の社会経験や個人の生き様をうつしこむ身体感覚に依存する点では、よりローカルであり動態的である。また、制度に従属しつつ制度の外縁にその成立基盤をもつ点において、担い手の社会階層や環境は農民や農村社会に限定されるものではない。

実践者自身の身体そのものを観照の対象とする瞑想を唱道するタマカーイも、そうした数多くの実践仏教の一教派として生じている。ただし、タマカーイは国家が仏教を明示的な国民文化とした後に伸張する点でローカリズムとは無縁である。さらに、市場経済が牽引する消費主義を是としつつ消費主義社会を生きぬく実践である。しかも制度としてのタイ仏教とは抵触せずに拡充し続け、海外を含む対外的なパフォーマンスにおいてはタイ仏教を代表する集団となりつつある。

タイ仏教においてタマカーイは在来派に属している。一九七七年に布薩堂をもつ寺院（*wat*）として登録され、設立時には約三一・四ヘクタル（一九六ライ）だった敷地は、二〇〇五年現在その約一三倍に達した（約三九〇ヘクタール）。訪れる者は、その広大な敷地と旅客機の格納庫のように巨大な施設に圧倒される（写真5-2）。しかも、国内外に支寺と瞑想道場を増やし、二〇〇五年現在で日本を含む海外一二ヶ国に二八支部（寺）を展開させている（本章末の「タマカーイ関連資料」表A、B）。〇三年開設の米国カリフォルニア州の Thammakai Open University は単科大学ながら就学者は一万人に達し

写真 5-2 「本寺」講堂。王妃の誕生日を祝う女性信徒の仮出家［MT（2000）より転載］

ている。

「カトリックのバチカン、ムスリムのマッカ、そして仏教徒の世界的中心タマカーイ」をスローガンとしたタマカーイは、タイの一般寺院とは異なる運営形態をもつ。タイでは、一般に寺院に寄進される財物は、僧侶でなく俗人が構成する「寺委員会」が管理・運用する。タマカーイは寺院に先んじて俗人信徒を経営者とするタマカーイ財団（Munlanithi Thammakai）を設立した。同財団を住職と副住職が議長を務める僧侶協議委員会の傘下におき、この委員会が寄金運用について財団に指示を与える。一般の僧侶と見習僧、俗人の修行者と信徒はこの財団の下におかれる。同財団は管理部と、俗人運営、情報、視聴覚メディア、教育倫理訓育を冠する四センターおよび公共サービス部門、メンテナンス部からなり、大企業なみの経営体を構成する。

タマカーイの信徒には高学歴者が多い。本寺への訪問者を案内する財団職員、ボランティアの女性さえも大卒が多い。本寺に止住する僧侶の過半数が大卒ないし高学歴者である。対照的に、見習僧はほとんど地方農村出身の中高卒者である。(7)

一九七七年の本寺での布薩堂の定礎式にシリントーン王女が参加したように、タマカーイは王室や軍部、官公庁との良好な関係を維持してきた。また、出家者の国家試験ともいえる教法試験とパーリ語段位試験では、集中的かつ体系的な学習教授を行い、多くの高段位者を輩出している。仏誕節や涅槃会、安居など国家が年中行事とする仏教儀礼はもちろん、国王や王妃の誕生日や即位記念など王室にちなむ祭事でも集団得度や集合瞑想を積徳行として主催する。

タマカーイは在地の識者が思いつくような仏教の現代的役割を内外で発揮している。たとえば、タマカーイ独自の年中行事のひとつに、仏教の存続に貢献する「法を嗣ぐ者のプログラム」（*khrongkan thammathayat*）の一環として実施される集団出家式と瞑想研修がある。一九七九年以来、学事暦で暑季休暇中の期間に参加者を募って実施されている。バンコクの名刹ベンチャマボピット寺で受戒するこの集合儀礼は、教育省宗務局（二〇〇二年以降は国家仏教庁と文化省宗務局）の後援や多くの官公庁の支援を受け、当初は数百単位であった参加者が現在では千単位となった。この種のプログラムは一時出家前の「道徳教育」を含む。職場での礼儀作法や振舞も指導するので、官公庁や一般企業からの団体参加も多い。さらに、近年社会問題化している家族成員の絆の恢復や家庭内道徳の指導も重視し、麻薬、喫煙、飲酒を撲滅する公共活動を全国的に展開する「善友センター *sun kanlayanamit*」（財団と別に俗人ボランティアで運営される組織。本寺と財団との窓口）と連繋して、地方の官公庁をまきこんだイベントとして実施する。また自然災害、被災地への慈善事業も頻繁に行う。二〇〇四年末の大津波では、財団は食料や日用品と二三八名の僧侶を南部地方に送りこみ、現地の寺院復旧を支援した。

世界の仏教徒の国際会議も開催している。二〇〇三年四月二二日、タマカーイ本寺は「世界を守る日 *wan khum khong lok*」を実施した。タマカーイはもちろん、サンガ行政にかかわる役職僧を含むタイ全土の出家者、さらに日本や中国の大乗仏教僧も招請したイベントで、地球を戦争と災害から守るという布施行（*sangkhathan*）であった。

タマカーイが高学歴者や安定した経済状況にある家庭の子女を集める理由のひとつに瞑想の効用がある。瞑想は都市生活のストレスを発散し、精神的充足感をもたらす。同時に、信徒たちに一度の瞑想は七度の托鉢に応じるのと同等の功徳をもたらすと説いて、タイ仏教徒が一般に行う積徳行を奨励する。しかも、ある社会の安寧や発展は究極的に個人が蓄積する功徳の総和の結果ともみなす。個人の得る功徳が個人と社会全体の救済につながるというわかりやすさが、パッケージ化された布施法と瞑想の普及をうむ。そして、財団の運営形態にみるように、タマカーイは仏教存続のために市場経済原理を否定せず、適応・活用する。印刷媒体やカセット、ＶＣＤなどを使ってその活動を広めている。最近開設された衛星放送ＤＭＣ（Dammakaya Media Center）では、老若男女向けに財団が制作する番組を三〇余りのチャンネルを通じて放映している[8]。

時代の最先端技術を駆使して仏教振興に貢献するタマカーイは、タイ人一般が経験する時代と社会が求める活動に応えるとともに先導している。先行研究は、大同小異タマカーイを都市化するタイ社会が生んだ運動としてきた。一九七〇年代以降のタイ経済発展とともに興隆し、都市の新興中間層に見合う瞑想運動である（Khanuengnit 1987, Jackson 1989, Taylor 1989; 1990, Apinya 1993）。確かに訪れる者を強く印象づけるタマカーイのモダンで清潔な施設も、都市生活者が望むライフスタイルに合致している。高等教育を志向し暮らしに役立つ礼儀作法も重視する。心を穏やかにする瞑想は公衆道徳を身につけて出世する手段である。しかも、その活動を対外的に喧伝するメディアの取扱いと技法は一般企業の模範ともなっている。その活動自体、既存の権力者のみならず、他の官僚や一般企業も誘致するものなのだ。

すでにタマカーイは、国家サンガを含む既存の諸制度と同質化する位置を得ている。全国的に激減する見習僧出家のイベント化など、タイ仏教の振興に明示的に貢献する活動はサンガの長老会議も否定し得ない。地方でも住職、行政区僧長、県僧長など行政上の役職階をもつ僧侶がタマカーイの活動を支援する例が増えている。一九九七年のアジア通貨危機で、全国の一般寺院が寄金不足で継続中の整備作業を中断するなかでタマカーイは巨大な仏堂を落成させて世間を驚かせた。タマカーイが仏教徒を安堵させるものという報道がなされたのも、このような経緯によるものである。

他方で批判の語りがある。財団を使い回すタマカーイは脱俗の仏教にふさわしくない、物質・拝金主義的で商業活動を推進する集団だというものである。財団の運営が企業組織そのものであることや、信徒を財源として強制的に増員しようとしているという印象を与えてきた。その批判は一九九八年に、以前から取り沙汰されていた用地買収や国会議員への金の貸付疑惑でピークに達する。財力を基礎に活動するモダンなタマカーイは、正負の両面のイメージを併せ持つ。それは都市を離れるほど明瞭になる。

四　東北地方農村におけるタマカーイの展開

東北地方のウボンラーチャタニー（以下、ウボン）県には、一九世紀末から始まるタイ仏教の制度化を主導するタマユット派が初めて王都とその近郊を離れて建立した同派の寺院（スパット寺 Wat Supat［一八五三］）がある。タイ語でイサーンとよばれる同地方は、長らく王都から辺境とみなされてきたがために、一九六〇年代以降は国是の開発政策の拠点となるなど、国民統合に関わる中央からの政策を直に映してきた。同時に、この地方は全国の登録寺院の半数近くを擁し、瞑想で著名な地元出身の高僧も多数輩出している（Hayashi 2003）。首都近郊で信徒を集めるタマカーイが前世紀末になってウボン県ワリンチャムラープ（以下、ワリン）郡NK行政区NK村に入った経緯もそうした背景に照らしてみると、同地方とその外部となる首都世界との不思議な距離がみえてくるようである。

筆者がNK村に定着しつつあるタマカーイと初めて遭遇したのは一九八九年である。その後、NK村を起点にタマカーイが同地方で伸張している。二〇〇四年から〇五年に実施した調査で確認しえたのは、章末におさめた表C（及びD〜H）が示すように、支所・支寺の所在と設立の経緯である。NKを嚆矢としてMK、RSがタマカーイ「支寺」と

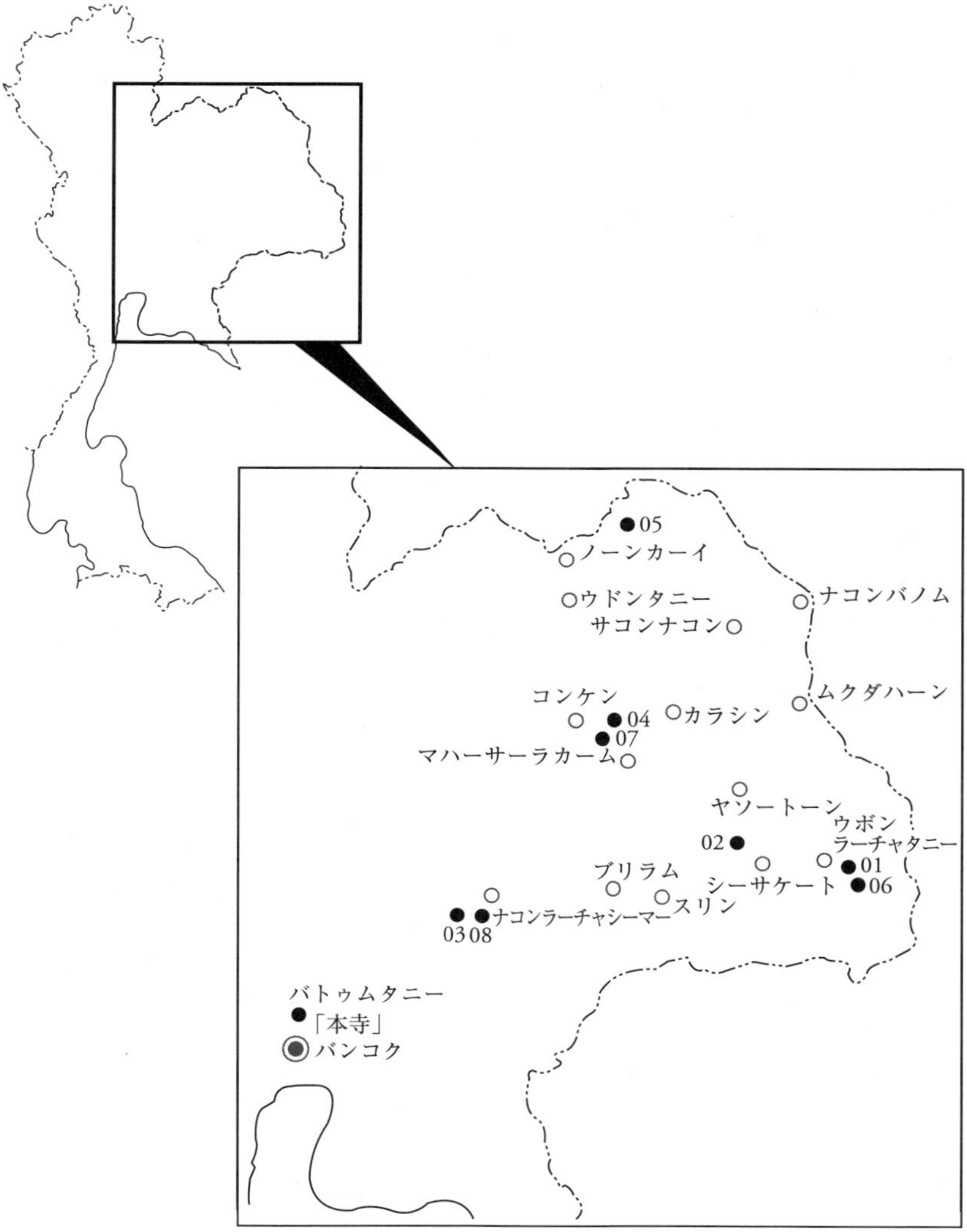

「本寺」と東北地方の支寺施設等（2007年時）の配置［●印］
（記載番号の詳細は表Cを参照）

なり、NK付近に瞑想場DSも開設された。また、表IはNKから派生した二番目の支寺MKでの暑季の集団出家式の事例である（各所の設立経緯の詳細は林〔二〇〇六〕を参照）。

なお、タマカーイの地方への伸張は東北部に限られたものではない。二〇〇七年三月に本寺での複写を許された内部資料によると、地方への展開は一九八七年のチェンマイ市を先がけに、同年九月現在で計三六の支寺（一九）、瞑想場（七）、センター（七）およびその他（三）を擁し、全体の三分の一にあたる一二施設がチェンマイに集中する（WTK 2007）。タマカーイ本寺が構想する地方への展開や現実の経緯を論じるには、本寺での聴取とともに、全国で最多の支寺施設を擁するチェンマイでの調査が必要となろう。この課題は、しかしながら本章が扱う主題ではない。

時間的経緯からすれば、ウボンのNKは二番目の地方支寺にあたる。地方の支寺を管轄するタウィー師（タマカーイでの僧歴二〇年）によれば、地方への展開は「青少年の訓育」のため見習僧の集団出家を含む仏教振興が目的であるが、その担い手は村落とその外縁社会（学校や職場）の成員である。地方農村では、タマカーイ本寺や財団の活動の情報に接する教員や地方の富裕者ないし村落出身のエリートが初動を起こす。そして地元の「善友センター」（後述）を通じて、止住する出家者が不足する既存の「村の寺」に僧侶を招請する。表B中の施設は、いずれも相互にコンタクトをとり、有機的に機能して国内のタマカーイ信徒を増やし続けている。

1　NK村（一九九〇～一九九一）

一九九〇～九一年に実施した調査からNK村のタマカーイ受容の経緯を要約しておこう。当時NK村は同名の行政区を構成する全七村の第三村であった（世帯数二五六、人口一、四二五）。「土地もち」は一〇七世帯で五世帯が二期作をしていた。「土地なし」層となる一四九世帯は、土地が未相続の世帯と入村以来ムーン河での漁撈を主生業とする世帯で、漁撈者がその半数近くを占めた。土地なし世帯の多くは後発の入村者で、漁撈で生計をたてていた。村全体では水稲耕作者七、漁撈者三の割合であった。また、NKは一九八〇年代半ばから後半にかけて「東北地方緑化計画」や「仏法の地、黄金の地」などの開発政策を経験していた（本書第六章参照）。

NKには開村以来の「村の寺 *wat ban*」があった。一九四九年に結界をもつ寺院（ワット）として登録され、一九六〇年代末頃までは地元出身の長期出家者が止住したが、一九八〇年代半ば以降は無住寺同然となった。一九八六年にタマカーイの僧侶が初めてNKを訪れる。翌八七年にタマカーイの僧侶四名が招請（*nimon*）されたことにより、NKの「村の寺」が東北地方初のタマカーイ支寺となった。その三年後、タマカーイに反対する住民が新たな「村の寺」を建て始める。タマカーイ支寺になった元「村の寺」には一九九〇年の安居期で僧侶六、見習僧六が止住した。出身別内訳は、中部八、東北三（シーサケート県二、チャイヤプーム県一）および南部一で、NKとその近隣村を含めウボン県出身者は皆無であった。当時の住職代行のS師（当時五九歳。六法臘）は、中部のナコンナヨック県出身の華人系タイ人で、五四歳でベンチャマボピット寺にて出家後タマカーイ本寺に出入りするようになり、出家歴三年を経てタマカーイの僧侶として参加した。S師はNKに来てからも本寺とNKを頻繁に往来していた。NKのタマカーイ寺は「暑季出家（*buat rudu rom*）」、村人の言葉では「五週間の見習僧体験」を実施した。一九八九年には三月二六日から四月三〇日までウボン、シーサケート、スリンの各県からの若者一一〇名がNKに集った。また在家者の「善友センター」などを活用して職業斡旋も行った。こうした活動は、当時の開発・公衆衛生政策と合致するものであった。

NKのタマカーイ支持者

当時のNKのタマカーイ支持者には二つの集団があった。ひとつは、タマカーイ式瞑想を身体の内面を磨く洗練された実践とみなし、NKへの導入に当初から関わった人びとである。他方は、タマカーイの僧侶に東北地方で一般的な

「森の僧」（厳格な修行僧）のイメージを重ね、その実践を称賛する日々の寺院通いに熱心な村人で、瞑想を物財を伴わない積徳行とみなしていた。前者は身体を目的とする実践、後者は身体を手段とする実践としてタマカーイを捉えていた（林 一九九三）。

ＮＫ村出身者の女性ＢＪさん（一九三一年生。以下、すべて俗人の敬称を略す）は、当時ウボン市内の初等学校教師であった。一九八六年五月、バンコク在住の友人に誘われてタマカーイ本寺を訪れ、説法のみならず出家者の歩く姿勢、座り方、瞑想での一糸乱れぬ整然とした様子に感銘をうける。そして、出家者不在の出身村ＮＫの「村の寺」にタマカーイの僧侶を招請してその教えを広めたいと考えた。帰村したＢＪは、その年のうちに招請を希望する村人二〇〇人の署名をとりつけ、ウボン市在住の中等学校教師でウボンのタマカーイ「善友センター」の支部長だった男性Ｕ氏とともに行政区僧長（*cao khana tambon*）に会いに行く。止住僧がないためちょうどよい、功徳も積めるとの了承を得て直ちにタマカーイ本寺と連絡をとった。本寺からタッタチーウォー師自らが来村し、「村の寺」に二〇日間止住してから支寺とすることを決めた。

当時タマカーイを絶賛したのは元ＮＫ村長である。近隣村の寺の「読経も説法もできない」僧侶よりも、タマカーイの見習僧のほうが優秀と喜んだ。約三〇世帯が息子をタマカーイ僧の身辺を世話する寺子として参加させた。その内訳は、二期作田をもつ元村長のほか、漁撈で暮らす土地なし層が多くを占めた。賛同したある古老は「（金銭を伴う布施がしたくてもできない）貧しい信徒を助ける出家者集団」としてＮＫ村のタマカーイをみていた。このことは現在からみると興味深い。また、一九九〇年にＮＫ村の女性信徒はタマカーイを讃える唄をつくっている。前述の女性ＢＪが歌詞を創り、仏教讃歌サーラパンヤー（*sarapanya*）としてＮＫ村の在家女性が謳った。ＮＫにタマカーイが来て村全体が法身をもつ人々とともに光り輝くという内容で、村内の他の住民の参加をよびかける唄であった（写真5-4）。

写真 5-3　NK 村のタマカーイ（上は 1989 年，下は 2005 年のもの）

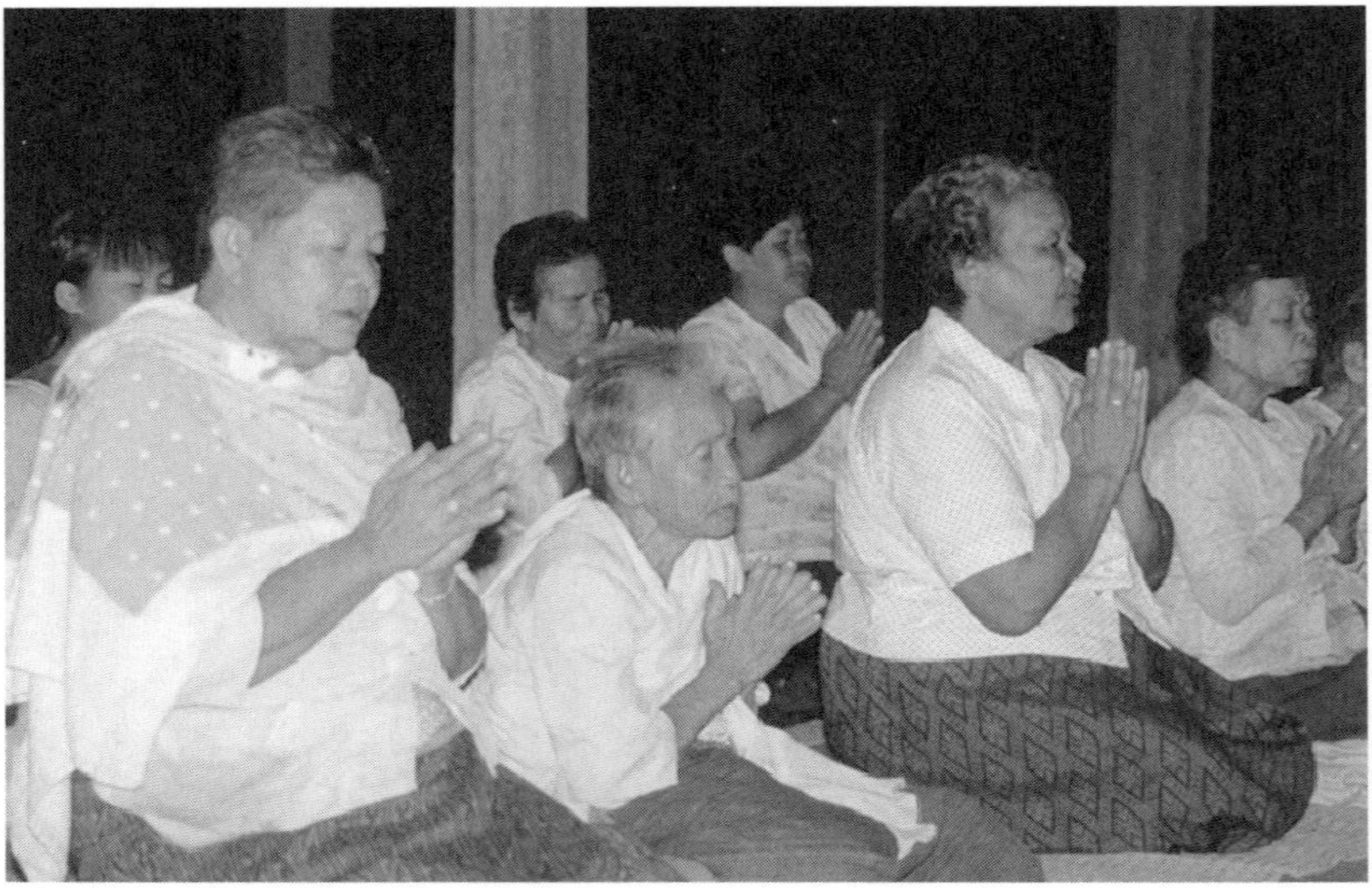

写真5-4　タマカーイに参加したNK村の在俗女性信徒

タマカーイを拒む人びと

当時の筆者が驚いたのは、タマカーイはメディアや研究者の間では周知されていたのに、NK村住民のほとんどがその名前も知らなかったことである。招請を思いついた前述のBJも同じである。当初、NK村の住民は無住だった村の寺に僧侶が来たことを喜び、布施や寄金を重ねた。ところが寄金総額は公開されず、当時の宗務局からの援助金の使用途も知らされぬまま、以前からの寺院改修工事が放置された。そのうち、タマカーイ僧の指示で講堂に安置されていた仏像が本寺からのタマカーイ式仏像と水晶玉（*luk kaeo*）にかわることを契機に、NK村と本寺を頻繁に往来していたS師らの行動に不信が募りはじめる。タマカーイは学校ぐるみで生徒に瞑想の講習をしていたが、子供が衰弱した、授業に身が入らない、宿題もせず夕食もたべないといった声が親や教師から出始めた。

二年を経て表面化した別の不満は、従来村人が開催していた年中仏教行事をタマカーイの僧侶が司式できないことだった。他地方出身が多いタマカーイ僧には、東北地方の仏教徒が最大の年中行事とするブン・パウェート（*bun phawet*。ブン・マハーサート *bun mahasat* ともいう。ジャータカ本生経を詠む祭事）を母語（ラオ語に近い東北タイ語）でできない。一九八九年以降いくつかの儀礼は他の寺院から地元出身の僧侶を招いて司式したが、すでに人心集めの方策とされた。余所者という認識とともに不評をかったのが、タマカーイ僧が祭事での飲酒や喫煙を禁じたことである。功徳を積む者が集う饗宴に〈現世の楽しみ〉をみてきた住民には驚きであった。タマカーイは「この世のためのダルマ（法）を知らない」「まち（ムアン）の寺はわれわれの寺でない」という声を惹起した。追い打ちをかけたのが、タマカーイの金策で寺が占拠されているという批判である。一九八九年のメディアはタマカーイ財団疑惑を報じた。首都へ出稼ぎにでていた男性がＮＫ村に持ち帰った新聞に、タイ人民党（Phak Prachakon Thai）議員が財団を糾弾する記事をみつけた村人は、それを広めて反タマカーイの声をあげた。(9) この声は、ＮＫ村に新たな「村の寺」を造る動きをうみだし、ＮＫ在住でメーチー（八戒を遵守する在俗女性）となった女性Ｎが、自ら私有地（約〇・九六㌶）を提供して一九九〇年に二つ目の「村の寺」が着工される。こうして、寺が村を二分した。

2　ＮＫ村（二〇〇四～二〇〇五）

一九九〇年代半ば以降、東北地方の都市近郊村で目立つようになったのが「土地売ります」「空家。連絡待つ」という看板である。持ち主の多くが農地を手放すか他の耕作者に貸し与え、自らは給与所得者となって地方都市ないし首都に住む。子供に高等教育を受けさせるために、と一家総出で首都や地方都市でくらす例が多い。ＮＫ村も同様の経験をしている。二〇〇四年、ＮＫ村近くに巨大なアパレル工場ＶＥＲＴＥＸ（華人系タイ資本）が進出した。千人の従業員を求める同工場は二〇〇五年現在約八〇〇人を雇う。九割が女性労働者である。月給制で門番が四二〇〇バーツ、縫子監督者は六〇〇〇バーツである。「大至急多数求人中。作業教えます」「一日で一九〇～四〇〇バーツの収入！」と正門の看板が誘う。無料講習期間は一、二週間でその期間も一一一から一八〇バーツを日支給する。見習研修期間を終えると、技量次第で看板通りの給与が手に入る。見習中でも一カ月最低約四〇〇〇から四五〇〇バーツ、熟練者は一万バーツ近い実入りになる。工場からの送迎バスもあり、NK村とその周辺村住人はウボン市内や首都でなくても、同郡内でまとまった現金収入が得られるようになった。

加えて換金作物である。一九九〇年代初頭にキャッサバが埋め尽くしていた畑には、観賞用交配種の牛のための牧草が繁茂する。二〇〇一年前後NKと周辺村に導入されるや瞬く間に広がり、畑地や菜園、水田の一部にも植えられた。(10) この牧草をNK村にいち早く導入した男性X氏は、現在約〇・五六ヘクタール（三ライ二ンガーン）を植え、〇四年での売価で約三万バーツを得た。市場価格がよく、コメを売るよりいいという。他方で、ムーン河での漁撈は地引網漁中心に今日も行われている。年間一五〇〇バーツの漁場使用料を県水産局に支払って許可書を取得すれば、雨季入り直後の産卵期を除いていつでも漁ができる。

景観とともに、二〇〇四年のNK村をとりまく環境は激変していた。反タマカーイの住民は、一九九四年に新村NKT（第八村 *mu thi 8*）を造成した。一九九〇年に着工されていた新しい「村の寺」は九九年には「小寺」となり、二〇〇一年に布薩堂の建設に着手してまもなく完成という状況であった。さらに、村の分裂は「村の守護霊 *phi puta*」祭祀も変容させた。村が二分されてしばらくの間は、NKが開村されて以来祀ってきた「村の守護霊」への年中儀礼を二村が共同で実施していたが、アパレル工場の開設年以降、同じ祠で二村が別々にこの行事を開催するようになった。

二〇〇五年一一月、各村の村長と行政区長が新任した。タマカーイを支援してきたNK村の新村長（男・一九四八年生）は、タマカーイが住人に根づいたと語る。境内も拡充し、新しい講堂が建設中であった。全戸が農作業従事者で漁撈と日雇い労働がそれにつぐ。二期作となりウルチ種が二五パーセントで売るコメ、飯米はモチで七五パーセントを植える。コメはウルチ（*ko ko hok, hom mali*）籾重一セーン（一二〇キログラム）で売価六〇〇バーツである。旧村名を使うので開村以来の末裔が住民と思いがちであるが、NK村では新村NKT村の住人が先住者になる。したがって漁撈従事者は川沿いの住人（ＮＫ村）に多い。新村長は、コイ科の魚（pla phruan: [*Cyprinidae*] *Labeo pruol*）がキロあたり一〇〇から一二〇バーツの売値だと即答した。ワリン市への働き口が増えた。ＮＫからアパラレル工場には、女性より男性のほうが多く働きに出ているという。

複数村を統べる行政村としてのＮＫは新旧二村を含む計八村で一五九五世帯、六六七一人（男 三三四五、女 三三二六）が暮らす。二〇〇五年一二月現在、旧村ＮＫは一九三世帯、八四九人（男 四四〇、女 四〇九）で農地総面積は約一四四ヘクタール（九〇〇ライ）、新村ＮＫＴは一一三世帯（男 三九九、女 四三〇）で農地は田圃約九六ヘクタール（六〇一ライ）と公共地約一八ヘクタール（一一三ライ）である。ＮＫＴ出身のＮＫ行政区長（男・一九五九年生）は、苦々しく笑いながら「村も、「村の守護霊」祭祀も分裂したのはすべてタマカーイが原因」と語った。

旧村ＮＫのＮＷ（男性・一九三二年生）は「村の守護霊」を祀る司祭（チャム）の家系に連なる四代目である。五人の子供がおり、長男は前司祭の助手役をつとめ、現在は新村の副村長となった。親族が両村に住むＮＷは、村が二分した理由をタマカーイに求めず、穏やかな表情で「人口が増えて村が大きくなり、相互に連絡しにくくなったから別れた」、「ふたつの寺では同じ『ナモー（三帰依文冒頭のパーリ語）』を唱える、違いはない」という。行政単位としての村の分割、村の守護霊儀礼がうむ祭祀空間の分裂は、そのままＮＫ村の分裂を示している。同時に、分かれた集落ごとに新たな共同体の自己組織化が図られている過程ともいえる。分裂して隣りあう二村は、異なる実践と、村のメンバーシップを認知した上での分離共存の姿をみせている。

二〇〇六年一月時点で、布薩堂が完成間近い新村ＮＫＴの「村の寺」には僧侶一、見習僧一、メーチー一が止住した。全員が地元村出身である。ＮＫ村のタマカーイ支寺の出家者の数はその四倍である。タマカーイ支寺の初代住職代行Ｓ師は、村が二分された翌年（一九九五）にサラブリー県での交通事故で他界していた。後を継いだＣ師を含む僧侶五、見習僧六が止住する。出身内訳は僧侶（ブリラム三＝Ｃ住職含む、アユタヤー一、地元村ＮＫ一）、見習僧（コンケン二、ブリラム一、ウボン三＝市より北西のムウォンサームシップ郡一、ワリン近郊トゥンボーン一、NKより一〈二〇〇一年より参加〉）である。前回調査から約一五年を経て、他地方の出身者が減り東北地方出身者が増えた。二名のNK村出身者も含んでいる。

ブリラム出身の見習僧N（一九九〇年生）は四人兄弟の末っ子で、シーサケート県生まれの父（材木業）とブリラム県生まれの母との間に生まれた。二人の兄は共にバンコクで働く。二〇〇四年、NはNK村のタマカーイ支寺での暑季集団得度式で見習僧となった。ともに参加したのはウボン（トゥンボーン）一とコンケンからの一人である。二〇〇五年、トゥンボーン出身者とムウォンサームシップの出身者の二名が見習僧としてNK村の支寺に加わった。Nは初等学校六年の時（二〇〇二年）、自村にきたタマカーイ僧をみて説法も聞いたが、当時は他の一般僧との違いがわからなかった。中学校に進学した二〇〇三年、同じ村（ブリラム）の友人がNK村の支寺で集団出家式に参加する。友人はNKがタマカーイの「大支寺 *sakha yai*」であること、パトゥムタニーの本寺（語りでは「大寺 *wat yai*」とよぶ）に行ったことを話した。その後、友人と本寺を訪れて吃驚する。翌年のNKでの集団出家に参加したいことを母に告げたとき、母は泣いて行くなといった。しかしすでに決心していた自分は用意しておいた鞄を離さなかった。

真摯な眼差しを筆者にむけて、NはNKがタマカーイ支寺として七、八名の出家者が常住すること、さらにリーダー格の僧侶がパーリ語最高段位九段を所持することを誇った。NKで出家した者で優秀な見習僧は、毎年二、三名選抜されて本寺で学習する機会を与えられる。Nはナクタム教法試験一級に合格し、パーリ段位試験の二段も取得し、三段をめざして勉強している。Nはタマカーイを初めてみた後の二〇〇二年に出身村（ブリラム）で一度見習僧となった。自村の寺で一年半を過ごしたが、健康を損ねた父を世話するため二〇〇三年に還俗した。父は半年後に他界する。その後見習僧時代の先輩がNKで見習僧の訓育があることを教え、照会してくれた。勉強したかったので決心した。なぜタマカーイを選んだのかと訊くと「世界で一番大きい（*yai thi sut nai lok*）。「大寺」には二五〇〇ライ以上もの敷地がある」「勉強ができるプラマハー（パーリ語段位をもつ僧侶）がもっとも多いのがタマカーイ」と応えた。現在、彼は毎月第一日曜日に他の出家者とともにタマカーイ本寺が開催する「月例会」にでかける。ウボン市にある「善友センター」が用意するバスで土曜夜にＮＫを出て月曜の夕方にもどる。

Ｎと話していると、初回調査からの顔なじみでタマカーイを支持してきた寺守（*thayok*）が口を挟んだ。タマカーイが村と地域の広がりをもって根づいたことで、分裂後の新村との間に何の問題もない、二〇〇五年にＮＫ村は「年中行事」として、（一）カティナ衣奉献祭 *bun kathin*、（二）ソンクラーン *songkran*、（三）暑季の見習僧集団出家 *buat samanen mu*、（四）村の徐祓儀礼 *suwatmon ban*（*boek mon ban*）、（五）入安居 *bun khao phansa*、（六）飾地飯供養儀礼 *bun khao pradapdin*、（七）くじ飯供養儀礼 *bun khao sak*、（八）出安居 *ook phansa* を開催したと語る（回答順）。かつて、他の寺院から地元出身の僧を招請して行ったブン・パウェートは今もない。ジャータカの詠唱は、タマカーイが教えることではないからという。ただ上記（六）（七）は東北地方のラオ人仏教徒にとっては必須の年中仏教行事である。筆者が驚いていると「きちんと（東北地方の）年中伝統行事（*hit sipsong*）をやっているよ、新村からの住民も参加する」という。

ＮＫからの展開

ＮＫでのタマカーイ支寺開設より六年後の一九九三年、シーサケート県ラーシーサライ郡ＭＫ行政区ＬＭ村に東北地方で第二の支寺ＭＫができる（表Ｅ、写真5-5）。その後、一九九九年にナコンラーチャシーマー県パークチョーン郡にＴＫＷ寺（表Ｆ）、二〇〇三年にマハーサーラカーム県チェンユーン郡ＮＳ行政区ＲＳ寺（表Ｇ）と支寺ができた。バンコク出身住職をおくＴＫＷ寺を除き、三つの寺院はＮＫとの関わりから生まれている。いずれも当初は住職不在の「村の寺」であった。そうした寺にタマカーイの僧侶が入った。そして二〇〇五年には、再びＮＫ近郊にタマカーイの瞑想場が開設される（表Ｈ）。瞑想場開設と関わった近隣村ＮＢ村からその経緯をみておこう。

写真 5-5　シーサケート県 MK 支寺の講堂の内陣

二〇〇五一月一五日、NK村と同じワリン郡のブンワーイ行政区DS村にタマカーイの瞑想場（*thudongasathan*）が開設された（写真5-6）。ノーン（沼）が前景をなす入り口正面には、広い駐車場がある。開設には、僧侶のBS師（ウボン県ムウォンサームシップ郡出身）が関わった。彼は二一歳のとき、生まれ故郷の郡内にあるトゥンシームアン寺＝調査時、県僧長をおく在来派の寺＝で出家後、前述のNK村のタマカーイ支寺に五年止住した。この瞑想場は、二〇〇四年時点では別の地所（ムアン郡キーレック行政区NS村）に開設予定であったが、後に変更されて新たに現在の地所を得た。着工当初はBS師を含む僧侶七名が止住した。他の六名は全員パトゥムタニーのタマカーイ本寺からきた。地所のほとんどはDS村の近隣村NBの元公共地で、約二二・四ヘクタール（一四〇ライ）である。当初目標とした敷地面積は約六四ヘクタール（四〇〇ライ）だったが、後にNB村住人が地価を上げたため見送られた。売却の相手がタマカーイと知った住人には、売るのを拒んで瞑想場の開設に反対した者もいる。托鉢先も限定された。BS師らは、タマカー

写真5-6　2005年開設のDS村の瞑想道場（ウボン県ワリンチャムラープ郡）

イを支持する住人がいる二つの村で托鉢をする。

ＮＫ村の場合、地元出身の出家者がおらず、長く無住寺状態になっていた「村の寺」が利用できた。しかし新設の瞑想場となると、新たに地所が必要になる。用地は、ＤＳと同行政区内（Bunwai）のＮＢ村在住の男性Ｈ（一九三〇年生。土地一四ライ［二・二四ヘクタール］の水田を所有）らを通じて手配された。Ｈは以前から土地売買の仲介役をする村人の一人である。交渉を成立させて仲介料を得る。この役回りを村では「土地売りのナーイナー（*nai na khai thi din*）」とよぶ。村外者との接触を怖れず、損得勘定に多少の機転がきいて交渉を有利にすすめる才覚があれば誰でもできる仕事という。ただし、村人から信頼されていなければならない。その条件は、本人が村の住人で農地と所帯をもつことである。よって、こうした役目ができる者の年齢は自ずと高くなる。ＮＢ村にはＨのような土地売買仲介者が五名いる。いずれも初孫をもつ年齢に達している。Ｈは一九八〇年（五〇歳）ころから村周辺の土地売買の仲介をはじめた。買付人に情報提供して価格を交渉する。ケースによるが、成立すれば売却額の約三パーセントを買付人から得るのが相場である。なお、Hはすでに隠居の年齢であるが、現在も水田で五歳年下の妻とともに農作業に従事している。

Hは、タマカーイ僧を初めてNK村に招請した女性のBJ、ムアン郡内の「善友センター」の責任者、学校教員そしてNK村のタマカーイ支寺に止住したウボン出身の僧侶らと接触した。二〇〇四年のことである。NK村の二名のタマカーイ僧とBJがHを介したのは、Hの妻方親族にタマカーイで得度した者がいたためである。Hは、DS村とNB村の両村合せた計二〇人から土地（土地証書 *no so sam* をもつ地所で一件五ライから一〇ライ）を集め、一ライあたり二五〇〇バーツで総面積一二〇ライの売買を成立させた。タマカーイがHに当初依頼した約六四ヘクタールは達成できなかった。その後、バンコクに住むタマカーイの女性信徒Cが百ライを購入して寄進する予定もあったが、価格が一ライあたり四万バーツとなったため断念されている。

このような経緯から、二〇〇五年四月、Hの自宅にタマカーイ衛星放送（DMC）を受信するチューナーとアンテナが設置された。自宅玄関にはタマカーイの広報誌をおく。Hの自宅は、毎週月曜日の一八時から二一時まで、瞑想場に止住する僧侶を二人招いての説法と瞑想の会場となる。月初めの日曜は、出家者が熱心な在家信徒とともにパトゥムタニーの「大寺」に集う日である。招かれる二人の僧侶は、土曜の夜にでかけて月曜の朝にDSにもどり、H宅での説法と瞑想を担当する。始まりはいつも同じで、Hが「カラオケ」とよぶ勤行用のVCDを流し、三帰依文誦唱から入る。続いて半時間の瞑想、仏法訓育（*oprom thamma*）、衛星放送DMCの番組鑑賞で終わる。NB村からは高齢女性を主とする約二〇人の俗人が常時参加する。関心はあっても高齢のために出かけられない人には、DS瞑想場に常置する車で送迎する。月曜ごとにDSから訪れる僧侶を迎えるHの妻は、「以前の「村の寺」には立派な僧侶がいた。出家者も常時二〇人はいた。ルオンター（尊敬できる長期出家者）がいなくなり、今いるのは出家歴わずか一年とか、最近まで出稼ぎにでていた者（現住職のこと）くらいである。だから「タマカーイ僧がいるのは」嬉しい」。妻は瞑想場が開設される前に、二泊三日でパトゥムタニーの「大寺」を訪れたことが一度だけある。往復で三五〇バーツのバス代を支払ったという。

ところで、NBは三つの行政村、計四〇〇世帯よりなる。そのうち二〇世帯がタマカーイ信徒である。NB村は過去にNK村での暑季集団出家に参加したのち、パトゥムタニーの「大寺」で修行するようになった見習僧を二人だしている。現在、そのうちの一人は「大寺」に、もう一人はマハーサーラカームのRS寺（表G）にいる。自宅が「善友センター」のようになりつつあるHはいう。「初めから両村の土地をタマカーイに売るつもりだったのではない。先方は、土地を求めて自分を訪ねてきた顧客の一人にすぎなかった。タマカーイがこちらへ進出する目的があったとしても自分には関わりのないことである。月曜に自宅へやってくる僧侶も、顔はわかるが名前は知らない。チューナーの扱い方も知らないので、自分では衛星放送のDMCもみない」。

かつてNB村では開村以来の「村の寺」（古い布薩堂をもつ。調査時点で僧侶四名止住）から、地元出身で住民が尊敬する僧侶も輩出した（「村の寺」境内の火葬台前にはその供養僧像をおく）。その後、一九七〇年頃にワリン郡の農村に出自をもつ始祖の瞑想寺ノーンパーポン（Wat Nong Pa Phong）[11]の支寺ナナチャート（字義通りには「多国籍の〈森の寺〉」Wat Pa Nana Chat）がNB村の北側に開設された。カナダ人住職で知られた寺で、外国出身の修行者が集まる名称どおりの多国籍寺である。そしてタマカーイが入ってきた。時とともに同じ村に、すべて在来派でありながら出自の異なる三つの教派の仏教が流れこんでいる。

タマカーイの僧侶がNB村に出入りするようになり、朝の托鉢では「村の寺」、ノーンパーポンの「森の寺」、そして瞑想場からはタマカーイの僧侶と見習僧がそれぞれ数名訪れる。村の熱心な住人はそのすべてに応じるが、前NB村長は、タマカーイを避けて「森の寺」から托鉢に来る外国人僧を選ぶ。重要な仏教行事があるときは「村の寺」と「森の寺」へ村の世帯がほぼ半数ずつ出かけていた。「自分の妻が托鉢に応じていたのは「村の寺」からの出家者だった。この寺の先代住職が亡くなり、代わりの新参僧になってからは応じていない。三〇年も村を離れて首都で働いていた彼は、数年前乞われて出家したばかりで、ノーンパーポンの「森の寺」で修行する僧侶の徳の高さにはおよびもしない」という。

この前NB村長は、自宅近くに住む同世代の二人の友人とともに、タマカーイを歓迎していない。開設間もないころのNK村のタマカーイ寺で寺守をしていて、後に身を引いた知人が、タマカーイは危ないとNB住人に勧告していたからである。ところがこの話題をもちだす三人を前にして、同じ前村長の仲間で三人よりも年齢が若いMが「出家者は同じ律（*winai*）を守るが、自分のみるところタマカーイがもっとも厳格である」という。これを聞いていた向いの家のおばあさんも口をはさむ。「うちの孫息子は、NK村の支寺で見習僧の集団出家式をしてからパトゥムタニーへゆき、その後はマハーサーラカームの、なんとかという寺［筆者註：表GのRS寺］に移っているよ」。

前村長は、タマカーイは好きではないと言いつつ、こうしたMたちの言い分を批判するともなく、むしろ楽しげに聴いている。そして「Mは車で送迎されれば毎日でも瞑想場へ行くというが、自分は手をひかれても行かないよ。一つの寺の僧侶に信心（*sattha*）をささげているのに、別の寺院からの〈活動が異なる〉僧侶にまで関わるのはよくないことだ。死んだ時、どの僧侶が自分の葬式に立ちあうんだい？　自分がタマカーイと関わりたくないのは、単にそうしたことからさ」。

一つの村に活動内容が異なる複数の教派が関わっても、右の語りが示すように、住民はその状況に困っているわけではない。それぞれを識別し選択して分裂せずに共存している。NB村の状況は、今日の実践仏教の現実の縮図でもある。

五　村外のタマカーイ信徒

他の事例でも、NK村のように当初数年間は止住者に他県出身者が多く、その後地元出身者が増えている。また、タマカーイの集団得度に参加するのは、必ずしも支寺の近隣村や同じ地域に限られておらず、他郡の出身者が含まれる（章末の表I-a、I-b）。これは広く地域全体に開設される「善友センター」の広報・誘致活動によるものである。そして、善友センターには、タマカーイを支援する地元の教員や医師がメディエイターとして参画している（林二〇〇六）。

マハーサーラカーム県コースム郡にできた善友センターは東北地方でもっとも新しい。地元の金行経営者の妻SC（一九五四年生）が二〇〇四年八月に自家を支所にした（写真5-7）。二階の個室は瞑想場として開放する。筆者が訪れた時、SCがパトゥムタニーの本寺で偶然知り合ったバンコクの女性YHが滞在していた。首都に住み、家事も仕事もこなすYHは、タマカーイとの出遭いを話してくれた。当初タマカーイに興味をもつ友人に誘われて本寺を訪れたが、パーリ経の詠唱を聞いていると、その意味もわからぬままに涙が溢れだした。僧侶や見習僧の立ち居振る舞いも素晴らしいものだった。YHが抱くタマカーイ観は年齢と無関係に女性信徒全般に共通する。タマカーイの素晴らしさを表現するのに言葉が尽きると、必ずラーイアット（*laiat*）という形容詞を連呼するのである。この語はデリケート、細やかなという意味だが、語感としてはすべてにおいて「完璧」という日本語に近い。YHは、SCのように私財で事務所をたてるまでには至らないが、SCと同様、人を「功徳へと誘う者 *phunam bun*」として一人でもタマカーイを理解してもらえるよう信徒を増やすことが、自分の人生の新たな役割になったという。そのことは、功徳を増やすことにもなるから

写真 5-7　自宅を提供した最新の「善友センター」

である。

こうした善友センターに集う人びと以上に信徒を増やす活動をしているのが、農村部の初等、中等学校の現役教師である。出家して学ぶ流れか、人生への興味や情熱、生活指針の悩みからタマカーイと出遭っている。調査では、教員の個人経験とともに、東北地方の教育関係者が受けるタマカーイの影響力とその社会的広がりを確認した。一四年のうちに、タマカーイは一部の東北地方の住民の暮らしの指針として根づいたばかりか、倫理、道徳作法として家族生活や学校で活用され、生活上の仏教の効用を認識させる触媒となっている。前回調査でも、学校の教師が農村在住の学童をタマカーイに勧誘することはみられた。二〇〇五年に、二人の教師からその経緯をきいた。彼らはいずれも、学生時代からタマカーイの前身ともいえるパークナーム寺（註1参照）の瞑想実践に興味を抱き、後になって瞑想の効果と評価がより明解なタマカーイへと関心を移した経緯を共有する。穏和で、生徒にも人望が厚い学究肌の教師たちである。

教師たちの活動は個人的なものではなかった。農村の子弟を勧誘できるのは、教師が所属する学校で、校長を含む他の教師にも、タマカーイ賛同者がいることによる。しかもそうした教師が他の公立校にもいる。彼らは、筆者の調査中に某中等学校での教員を対象とした「倫理の発展促進のための教職員セミナー」を主催した。内実は、授業運営を含む学童指導法についての講演会であったが、招かれていた講演者TC（ナコンパトム中等学校校長・ナコンパトム県教育委員会理事）もタマカーイ信徒であった。聴衆として集った約五〇名の教員はタマカーイ信徒ではない。TCはパワーポイント、DVD、DMCの番組ビデオも駆使して自身の指導の実績を成功例として提示しつつ、教育現場以前に教員の資質、生徒の家族の重要性を説き、どの局面でも仏教が有効に応用できることを熱弁した。聴衆を考慮してか、瞑想の効用についてもタマカーイを語らずに提示した。聴衆は聞き入っていた。同氏はコンケン県の出身者で、親子の絆を重視し、授業に仏教を活用することで教育界では著名な人物であった。

TCを講演会に招いたのが、会場となった中等学校に勤める教師のWR（男・ローイエット県出身）である。彼はNK村と関わる人物でもあった。彼がタマカーイ本寺を初めて訪れるのは、一九九八年である。一二歳で出身地の「村の寺」で見習僧となり、二年止住した後、ウボン県クアンナイ郡の寺院に移り教法試験の学習で四年を過ごす。その後、ウボン市内の寺へ移って三年を過ごし二一歳で還俗した。出家中に「成人教育課程 *kansueksa phuyai*」を履修したので他にすることがない。そのままウボン師範学校で教員になるための勉強を始めた。四年後に暫定学士（anuparinnya）を得て二六歳で教員資格を得る。一九七八年六月からウボンの初等学校で教鞭をとるものの、同年、自分に将来の展望が何もないような気分でいたところ、ラジオでパークナーム寺の僧侶による説法を聞いた。感銘のあまり、当時の放送管轄県だったコンケンの放送局に電話をして情報を乞うた。その経緯でパークナーム寺から広報をとりよせる会員となる。年間三〇バーツで月一冊届く会誌をみて単独で瞑想を試みた。当時他に教えあう師も友人もなく、成果も半信半疑でよく中断したが、関心は続いていたのでパークナーム寺を訪れて訓育課程を受ける。そしてさらに多くを知りたい、出家もしたいと思ったがウボンからは遠い。ちょうどそのころ、ワリン郡のＮＫ村にタマカーイ支寺が開設されたことを伝え聞いてでかけた。Ｓ師と面会しＮＫで出家しようとしたが、同師にＮＫより「大寺」で得度したほうがよいと薦められた（その直後、Ｓ師は交通事故で他界）。出家休暇をとって一九九四年七月、ＮＫでの見習僧の集団出家に参加した。白衣をきた修行者として八戒を一週間守る。その後バンコクのベンチャマボピット寺で再度見習僧となり、三日後に同寺で僧侶として得度し、その直後タマカーイ本寺へ移る。ここで俗人信徒から受けた扱いと互いに尊崇しあう姿に感動する。合掌の花 *phanommu* だったという。誰の指示もなく、僧侶が自分の義務を黙々と果たす光景はそれまで訪れた他の寺院では経験したことがなかった。そして予定期間を終えて還俗、仕事に復帰した。以来タマカーイの活動に関与している。二〇〇二年より、タマカーイ本寺での年中仏教行事（カティナ衣奉献祭や万仏節）には進んで車を用意した。二階建てバスで一晩二日、五〇人前後の俗人を大寺へ送迎する。車はウボン市在住のＴＴ（ウボン市の善友センター初代事務長）に連絡をとり二ヶ月前に予約する。同年の稼働は、のべ九八台にのぼった。また、ウボン市のほぼ全寺院にタマカーイ本寺の僧侶を招請したという。

ＷＲは、最初に関心を抱いたパークナーム寺の瞑想は、タマカーイに比べて修行方法や評価に明快な指標がなかったという。別の教師も、タマカーイは仏法学習と禅定の結果がどのように把握されるか、すなわち「大悟 *patiwet*」の達成度を示していたから帰依するようになったと語っている。ＷＲはタマカーイ信徒の行動が整然かつ規律正しいことをあげる。いずれの教師もその両親は農民であるが、タマカーイへの関心は積徳行より自分の内面を変える手段としての瞑想にあり、日々を暮らすための倫理規範を提供していることにあった。

六　考察

東北地方のタマカーイ信徒はパトゥムタニー県にある本寺を「大寺 *wat yai*」とよぶ。僧俗とも毎月チャーターされるバスで本寺へでかける。信徒のあいだでは、何を祝う機会の集団得度に参加したか、何期目の暑季出家であったかを互いに訊ねて認知する作法がよくみられる。他方で、タマカーイの僧侶や見習僧は、善友センターのようなタマカーイの活動に関わる俗人を除き、止住先の集落の住民との関係が希薄である。止住する出家者に地元出身者が増えた今日のＮＫ村の支寺でも、このことは変わっていない。

東北地方農村にタマカーイが導入された背景のひとつに、出家者不在の村の寺に僧侶の招請を望む住民側の需要がある。同時に、タマカーイを引き込む村外の環境がある。それぞれの場で教育を受けた人びとである。ＮＫのＢＪが感銘を受けた頃に、市内に住む若い教師たちはすでに自分の心を探る瞑想に「はまり」、タマカーイの甘露を享受していた。個人それぞれの経験、異なる動機がタマカーイを東北地方にもたらしている。そしてその仲介を果たしたのが職場での人間関係であり、メディアであった。

仲介者としての教員の役割も大きいが、その後のタマカーイへの参加パターンには変化がみられる。東北地方最初の支寺となったＮＫ村を拠点ないし経由地とし、あるいは近年では出家者自身が直接タマカーイで得度して帰村している。親とともに本寺での集合出家に参加するように、タマカーイの参加者間のネットワークは、そうした「求める個人」を核として、社会参加の仕方と関係の変容を通じて学校や職場に拡がった。信徒はタマカーイとの接触以前に、地元でアクセス可能な実践を経験する。後に職場の学校の生徒とその両親を勧誘し続けた教師は、当初パークナーム寺での瞑想実践に関心を抱いてタマカーイに帰着した。そしてその経験に基づいて、教育課程にとりこめる技術として瞑想を含むタマカーイの実践を運用している。地方農村の実践仏教を相対化し、同じ仏教であるが、異なる実践が選択肢として存在することを自明のものとする環境ができている。

では、なぜタマカーイ信徒は増えるのか。制度的には、既存のタイ仏教体制下でタマカーイが確保した立場がある。東北地方での展開においても同様である。[12] タマカーイの出家者は一般に高学歴でサンガの教育システムでも教法、パーリ語試験とも高段位取得者が多く、タイ仏教僧の模範である。彼らは地方でも役職僧の階位を与えられ始めており、その活動を妨げるものがない。地方農村からは遠い出自をもつ「余所者」で「新奇な」教派であったタマカーイは、国是の〈国王、宗教、民族〉のもと、そして教育、社会福祉＝中毒物撲滅＝健康、家庭和合への貢献やサービスといった今日の社会的正義を標榜するスローガンのもとで、違和感なく入りこめる環境が整っている。この一〇年ほどの間に、地方農村部にも文化、福祉政策を含む「ソフトな環境」がとりまいている（表5-6、5-7参照）。また、調査中に何度も耳にした「国王の御言葉」の影響もある。国王は、激化する南部地方のムスリム問題にちなんで、あらゆる宗教はその信徒にとって善いものであると発言していた。宗教はすべて道徳、倫理をもつ点で同じように尊いという語りは村の中で聞くことが多かった。

昨今の社会問題を解決する方途に仏教を運用する局面は、上のように宗教を倫理、教養とみなす局面と連動する。旧宗務局、国家仏教庁は、在家者も担う五戒の第五条（不飲酒）を、依存症をもたらすドラッグや喫煙を含めた禁止事項とみなして倫理政策の一環として正当化した。宗教的徳目を身心の矯正と暮らしの安寧をうむ方途とする。タマカーイは、すでに一九八〇年代に僧侶に煙草を献じることを「悪行《バープ》」としており、俗人の日々の生活に行為の倫理をもちこむ点でも国家政策の先鋒を担っている。

他方で、タマカーイを受容しない人びとがいることを想起したい。地元で継承されてきた儀礼がないこと、従来のように寄金を俗人が自ら管理運営できないことが主な拒絶理由であった。パーリ語に長け、仏教の知識をもっていても、タマカーイは村社会ではなく「大寺」にむかう。タマカーイはタマカーイでよいと認めつつ、それを受け容れない人びと、とりわけ高齢者は自分たちが時間をかけて育む出家者や寺院でないともいう。NB村でみたように、同じ仏教でも、異なる実践をもつ仏教と関わりをもつことは、死後を含めて自分を護ることにならないという声もあった。そこには、自分が暮らしを営む場所に生えきたる仏教と首都近郊の「大寺」から届く仏教とは異なるという認識とともに、個人が選びとる仏教という位相がみてとれる。

一九八〇年代初頭から東北農村を知る筆者にとって、在地の仏教儀礼は「この世の楽しみ」を含め現世の欲得やセクシャリティと無縁ではなかった。集合的な儀礼には、狂躁的な局面が必ずみられた。僧侶に跪拝して在家戒を乞う同じ空間で、酒とともに絞めたばかりの鶏や水牛の肉と内臓を参集者と共にくらう。酔って語り、うたい躍るうちに彼我の差異が薄れ、自身が参加者全員の昂揚の一部となるようなゲシュタルト的な知覚とともに、汗だくの身体と天地が連なるような感覚にとらわれる。人の誕生、死によって還る土との関わり、生態環境と社会関係の連鎖の狭間には、性と生の生々しく循環する世界が横たわる。これは、身体の糧（食材）を自らつくる人びとの実践ともいえる。パーリ語の朗経がおりなす静謐な空間とこの世での狂騒とがまじりあう、「不純にして健全な」実践である。

都市環境に馴染み、望む者が拒むようなこうした実践は、タマカーイにすれば仏教とは無縁の実践である。実践の外縁を村外に拡大し、その方途をもつタマカーイと、それに反する人びとの仏教の間には、生命が循環する地域や他者に連なる身体に根ざす実践と、文字に依拠したプログラムとして築かれ運用される近代のリテラシーの教養主義的な宗教観が相対峙する構図が透けて見える。

東北地方に根づきつつあるタマカーイは、その実践自体は地域での暮らしと無縁な個人を基本にする。タマカーイを知らない住民の目には、仏法を嗣ぐ師であり、村外からの来訪者である。日常言語や食事、娯楽など、住民の五感をつくる文化とは縁がない。かわりに、異質な感覚＝都市の消費生活が惹起する快適さ、心地よさや美しさ＝に基づくパフォーマンスがある。それがある人を捉え、ある人を遠ざける。しかしその方法がどのようなものであれ、瞑想は住民にとって功徳を積む方法である。寄金をする経済的余裕がなくても、村の寺に止住するタマカーイは瞑想を教示して積徳行する機会を与える環境をつくっている。

魅するタマカーイ

タマカーイの賛同者には、首都と連なる地方都市近郊で暮らす村出身の俸給生活者と、外部世界との接触が限られて日々の糧を村で産する村住みの人びとがいる。両者の境遇は対照的であるが、タマカーイを語るとき、ともに教えや瞑想技法より情緒的な美しさを強調する。このことはとくに女性信徒に共通する。うっとりした表情で称賛されるのは、発声を含む身体作法なのだ。清廉な内面が清楚な心身をつくるという感覚や見方は、男性でも、見習僧や二〇代前半までの若い僧侶の語りのなかにもある。

自らすすんで得度した若者、三年以上タマカーイに留まる者は、異口同音にタマカーイが「技術と設備と知識」をもつという。タマカーイをタイで最大の寺院とみなす東北出身の見習僧には、どの地方でもタマカーイの支寺は美しく整備され、布教や教材を使うために必要な衛星テレビやビデオ、冷蔵庫や飲料水、エアコンを常備しており、自分が生まれ育った村の住人が入手したいものが揃っている。そして本寺はもとより、地方の支寺においてもタマカーイでの修行で鍛えられた立ち居振る舞いをする多くの先輩僧がいる。先輩僧はサンガの定める教法やパーリ語試験の段位取得者でもある。俗人時代に博士や修士の学位を取得した者もあり、知識を授ける師としては申し分のない資質を有している。

タマカーイは、仏法の知識や教授法も、時代とともに移り変わる世俗社会の時流、最近では先端的な情報技術にも適合する必要があると考えている。世俗社会に暮らす人びとの求めるもの――消費の欲望と無力――を熟知する。それを共有することから、法灯を維持継承するしかけをつくっている。資本主義に迎合するかのような寺院運営も、結果として信徒を増やしているという事実で正当化される。

タマカーイの拡大と変質

増える施設の数だけをみれば、タマカーイは都市から地方へ進出したようにみえる。だが、筆者の資料は都市近郊農村がタマカーイをひきこんだ局面をも物語る。NK村への導入者は村内出身の教師であったが、村内の支援者の多くは現金収入と縁遠い住民であった。村社会での暮らしの格差が開き、村の仏教が絵に描いたような連帯をもたらすものではないとする見方が生じている事実に着目すべきだろう。今日では、土地を手放すことはなくても村内には住まない人が増えている。しかし、なお村に残り暮らす人びとには積徳行の舞台が必要である。出家者の美しい立居振舞や学歴もさることながら、瞑想を積徳の手段とみなす村人にすれば僧侶を送るタマカーイは福音である。タマカーイの導入は、こうした近郊農村の社会変化によって惹起されてもいる。

前述したように、東北地方には全国の登録寺院の半数近くが集中する。その多くは村人が開村とともに造営する。村の寺院には同郷者が止まることが常であった。ところがその光景は変容した。タマカーイが同地方に「進出」する社会的要因には、農村部に止まる出家者が減少し、若い世代が世俗教育を求めるという現実がある。他方で、子弟にタマカーイを選ばせる理由のひとつに、より質の高い世俗教育を受けさせたいという保護者の期待がある。その結果「適齢期」に慣習的な得度を果たしても、長期にわたり村の寺院を拠点とする若い出家者が減少する。さらに世俗教育と代替可能なサンガ側の試験制度がある。僧侶となった若者が僧籍に長くとどまる場合、学習環境が整う首都や都市近郊の寺院へと向かう。その結果、地元の寺院には老後に再出家する地元出身僧が残るばかりという現象が生じる。

「タマカーイがきてくれてよかった」という声は、一義的には功徳を積むことができるという喜びの表明である。それほど農村仏教徒の積徳行への思いは強い。筆者は、南ラオスでラオ人仏教徒の村の寺に止住する僧侶がいなくなったため、交流のあった近隣村のモン＝クメール系先住民（カムー）の子弟を出家させる例を見聞している。寺院はあっても、出家者の局地的な不在は功徳の源泉（福田）がないことを意味する。積徳行に出家者を必要とする信徒にとっては得度に必要な布薩堂がないこと以上に、出家者の不在は切実である。このことから、まったくその可能性が潰える局限状況下での仏教信徒の「異端的」な実践も理解しうるものとなる（Hayashi 2002）。

他方で、タマカーイに参加する僧侶や見習僧に地元出身者が確実に増加している。東北出身の出家者は、生まれた自村の寺にではなく、新しい意匠（タマカーイ）をもつ寺院を介して生まれ故郷に「回帰」する。この現象を地方史からみると、二〇世紀初頭にタマユット派に「改宗」した東北出身の頭陀行僧の活動パターンが想起される。すなわち、国家サンガの先鋒となった僧侶は、バンコクを経由して郷里へもどり活動を展開した。当時運ばれたものは、王都発の近代法制度や異民族を国民に転換する教育システムであった。タマカーイが今日の東北地方に運ぶのは、一方では仏教の擁護者である国王と王室にたいする追慕と忠誠、模範的なタイ仏教徒のイメージであり、他方では都市生活者の消費主義に鋳直された道徳倫理、教養そして癒しの技術としての仏教、地元での生産活動や地域のリアリティ（それは国家や職場に従属する空間として後退する）とは無縁な、近代的な意味での「宗教」として消費される仏教である。

同時に、変容する東北タイ社会におけるタマカーイは、信徒のそれぞれのネットワークのなかで新たに鋳直されている過程にもある。多彩な実践をうんできた東北地方の仏教が、市場原理と同調する都市出自のタマカーイに浸潤されるという見方は制度と実践の相互関係、信徒の現実を捉えるうえで粗雑に過ぎる。タマカーイが制度として巨大化するほど、地方へ拡張するドライブはかかる。教義や瞑想実践の方法は斉一的にプログラム化される。しかし、表（E～G）にみるようにそれぞれの支寺では暑季の集団出家にしても住職や俗人組織が独自の取り組みを試みている。成員に地元出身者が増えつつあることも、そうした試みを促すものとなっている。

筆者は、本寺からきたバンコク生まれの僧侶が、東北出身のタマカーイ僧を「作法がよくのみこめていない」と叱る場面をよく目にした。地元の展開での創意工夫を「勝手なやりかた」と揶揄するのである。村人の求めに応じて東北地方に特有の年中仏教行事を加えていくことは彼らに心地よいことではない。タマカーイは東北地方に根づきつつある。支寺はさらに増加するだろう。しかしその根づきには、タマカーイの地方化ないし土着化ともいうべき過程を含むことになる。今後は、作法をめぐって同じタマカーイに属する出家者の間で「正統と異端」の問題も生じるであろう。タイ仏教の外縁に生じた一教派が拡大する過程には、祖師の故地と本寺を制度化するその周縁で、信徒と教義解釈の多様化と拡散の過程を伴う。これは、実践が制度化されていく過程そのものでもあるのだが。

比較のために、タマカーイとは真逆の伸張方向をみせる、「純東北地方産」というべき教派の例をみよう。先にふれた「森の寺」（瞑想寺）のネットワークで、チャー師を始祖とするノーンパーポンは、一九五四年三月に初の拠点をウボン県ワリン郡に設けた後、同県内と隣接諸県から東北地方全域へ、そして中部、北部地方へと支寺を増やしてきた（註記11参照）。支寺は祖師のチャー師の他界（一九九二年）後も内外に増え続け、二〇〇六年現在国内に二六五の支寺や道場をもつ。前述したNB村近くの「多国籍森寺」は一九番目の支寺にあたる。

ウボン県でラオス国境と接するコーンチアム郡のナーポー行政区TNM村の地所に、その一一八番目の支寺（止住域Thi Phaksong Phu Com Kom）がある。一九七三年以来修行場として使われていたこの支寺には、二〇〇六年現在オーストラリア二、スウェーデン一、オランダ一、ドイツ一の出家者が止住する。そこにタイの俗人信徒が集う。ところが、最寄りのTNM村の住人はほとんど訪れない。常住するのは、首都の名門校タマサート大学出身で地方大学講師を辞した女性修行者である。訪問者の多くは中部出身者か、出生は東北でも首都や県外で職を得た人びと（元タイ航空パイロットや事業経営者など高学歴者で富裕な信徒）である。生活感覚を共有し、地元農民に仏法と瞑想を教授した祖師の支寺は、信徒と拠点が増える過程で都市から地方へとむかう信徒を得てその支持階層を拡げている。そして訪れる信徒は、常駐者とともにこの止住域をノーンパーポンの支寺とはよばず、「多国籍森寺」の第二の支寺と位置づけている。ノーンパーポンでは祖師の生誕供養を年中行事とし、支寺を管轄する弟子を集めて緩い統合を図っているが、支寺が増殖する過程で生じるこうした認識が教派を拡散させる。それは、分裂というより、教派を拡張し確立させる与件でさえある。一見対照的にみえるタマカーイもノーンパーポンも、信徒が暮らす「それぞれの世間」で規範化された行為や生活の感覚、そして個人の趣向にみあう実践を軸にして教派たりえている点は同じである。

むすびにかえて —— 制度仏教と実践仏教の相克?

二〇〇六年現在、国家仏教庁と法王の居住区、中央サンガ事務局長老会議の本拠はナコンパトム県プッタモントンにある。一六メートル高のブロンズ製仏像がシンボルである。同地開設の発端は、第二期ピブーン政権［一九四八〜五七］時代に仏暦二五〇〇（一九五七）年を記念する「二五〇〇ライ（約四〇〇ヘクタール）仏教聖地造成事業」である。定礎儀礼は一九五五年に現国王が実施し、一九五七年に着工したが、予算不足のためその後約二〇年間休止し、クリアンサック政権［一九七七〜八〇］時の一九七八年に再開され今日に至った。この広大な地所は国家事業によるタイ仏教の聖地であり、国家記念式典や国際文化交流の場となっている。軍部や企業主が資金をだして整備する庭園は壮大である。だが、仏像を除くとタマカーイ本寺のように訪問者を圧倒し「世界最大の仏教の中心地」という印象を醸す空気はない。信徒を魅了するような雰囲気が希薄である。拡大し続けるタマカーイ本寺の敷地面積は、すでにプッタモントンと同規模に達した。常時一五万人、最大三〇万人を収容する多目的ホールもある。訪れると、両者の間に葛藤はおきないのだろうかという思いにとらわれる。

プッタモントンの一角に、普段あまり人が訪れない巨大な回廊式パビリオンがある。ここに七〇九基一四一八面よりなる大理石三蔵（律九八基、経四一八基、論一九三基）を納めている（写真5-8）。これは、「パークナーム寺財団Munlanithi Wat Paknam」の事業として一九八八年から九六年にかけて刻印築造され寄贈されたものである。同施設の中央部に記念塔があり、開祖ルオンポーソット師の座像を安置し天蓋図を描いている。国家文化庁の移設も、同財団から約二億バーツ（約六億円）の資金を得て可能となった。大理石三蔵のほうはパークナーム寺の希望による自主造営だったとされるが、こちらは寄付である。パークナーム寺とタマカーイは、現在別組織であるが同じ開祖をもつ。プッタモントンで特定の高僧を表示するのはこの施設のみであり、二つの「聖地」の間にある連なりの糸をみるようである。

国家仏教庁は、二〇〇三年プッタモントンで現法王の生誕九〇歳祝典を実施した直後に現在地へ移った（写真5-9）。職員は、旧オフィス（教育省内）でも、二〇〇二年一一月より第一、第三月曜にプッタモントンでの行事に参加することを義務づけられた。移転前は午前七時半に教育省に集合して全員がプッタモントンにむかい、朝勤行、五戒受戒、説法、瞑想を終えて、正午過ぎにバンコクのオフィスにもどり職務を開始した。国家仏教の振興・繁栄の模範的な行動は職員の行動から、との方針がとられている。

ここで浮き彫りにされているのは、国民国家と直結する制度仏教とは、国家と同じく法制度の論理や行政組織が構成するひとつの虚構《プログラム》であるという事実である（cf. 兵藤 二〇〇〇：二一四）。国家成員を覆うフィクショナルな天蓋として機能しても、実践仏教がその延長線上に生じるわけでない。事実は逆である。その天蓋をリアルにみせているのが、多様な姿形をとって現実に「行われている」実践仏教である。その意味では、規模の違いはあっても、タマカーイは地方農村でみられる実践と同様、数多く生じている実践仏教のひとつである。

写真5-8　プッタモントンのシンボル（上）と大理石三蔵（下）

写真5-9　プッタモントン内の国家仏教庁オフィス

また、批判がどのようなものであれ、タマカーイの活動は今日のタイ仏教を内外において振興させ、激変する社会で制度仏教が演じるべき役割を主導している。日々の暮らしはそのままに、積徳行と精神の癒しを実現する。タマカーイは市場原理がもたらす問題を市場原理で解決するという流儀ではあれ、地域にとらわれない個人の身体と経験を「場」とする実践である。僧俗間の関係も個人的な絆に基づくものではなく、匿名的なパトロン＝クライエント関係に似る。タマカーイでは、実践の基盤となる身体は、生活する他者と共にある環境を必要条件とはしていない。同時に、タマカーイの実践は新しくかつ古い。すなわち、同じ実践内容でもその力点の配列の違いで多様に異なる実践仏教は、教派を同質化する同じ過程で増殖・枝分れし、始祖とその教え、経典を詠む音の実践などで相互に差異化するが、タマカーイは身体を「器」とする同数の戒、現世で行うべき積徳行を励行する点で接合されている。

いかなる意匠をもつ実践仏教であれ、出家者を供養する者の集まりとその外縁は、俗界の社会単位のひとつである国家を超える。俗界が築く僧界は、国家が仕切る俗界よりもはるかに裾野が広い。それは身体を「場」とする行為を通じて初めて現実となる世界である。常にエスノセントリックな様相を醸すそれぞれの実践は、色合いの異なる暮らしのなかで、個人の経験と行為が選び、築いている世界という共通の認識論を胚胎させている。

ＮＢ村にみたような異なる複数の教派が併存する状況こそ、実践仏教が活性化し制度仏教が持続する歴史的要件である。個々の実践では「同にして異」として顕在化する教派、始祖の違いが、同一の積徳行とタイ仏教という国家制度の下に覆われている。この構造は、同時に、師匠ごとに多様な教派をもつ瞑想寺の僧侶が農村においてよく語る「仏教に在来派もタマユット派もなく、プッタニカーイ（字義通りには「仏陀派」）があるのみ」という、彼我の差異を相対化してしまうローカルな「達観」とも合致する。さらに、国王の「あらゆる宗教は人を善き方向へ導く」という一般論とも重なる。

紛糾したサンガ法改訂案をその後何年も見送り続けながら、タイ仏教が機能不全に陥らないのは、戒の授受や積徳行といった基本要件を前提とする多様な実践を自らの背骨としているためである。そのような制度は、多様な実践をタイ仏教という「篩い」にかけて選別し得ない。これは、制度の論理からすれば不完全きわまる制度である。だが、現実にタイ仏教という制度は、個々の仏教徒に実践の範型を提供して統制するというより、雑多な実践仏教の水脈を有して言説や解釈の齟齬を含んだまま、統治単位としての国民国家の下に仏教徒を集めるバナー（表象）として存在しており、それぞれの実践者の「棲み分け」や「共生」は、制度を規範としない機制の上に実現している。その意味では、幾重にも重なる実践を外在的かつ一元的に捉える識者の「矯正」論は、タマカーイを糾弾しタイ仏教を国教化しようとする一部の僧侶の運動理念と同じく、制度の論理それ自体から導かれる要請でこそあれ、それぞれの生の営みにおいて信徒が築く信仰の歴史的現実を踏まえるものではない。このような議論は、その「意匠」がどのようなものであっても自らの仏教をみいだして信仰を根づかせ、活性化させている地域や集団ごとの「人間力」を忘却した観念論となろう。俗人主導の仏教と仏教徒を見いだすことは、政策や学識のみならず、制度におさまりつつもそれを超えて生きている信徒の生活経験といかに向き合い、解釈するのかという問題である。

補記：二〇〇六年九月一九日、ソンティ陸軍大将を首謀者とする「立憲君主制下の行政改革団」(「統治改革評議会」)のクーデターは、一九九七年憲法の一部を停止し、二〇〇七年内に新憲法を制定することを宣言した。憲法起草委員会にたいし「タイ仏教護持センター」(表5-5中〈註i〉参照)が主導する僧侶らは、新憲法に仏教を国教とすることを明文化することを要求、座り込みやハンガーストライキを続けたが、二〇〇七年六月三〇日の同委員会投票で拒否された。この決定は、他の宗教信徒とりわけクーデター後にテロが続発した南部三県のムスリム社会を考慮したものとされている。新憲法は二〇〇七年八月二四日に発布された。国王を仏教徒とし他宗教の擁護者とする点(新旧とも九条)、個人財産の権利の擁護(旧四八条、現四一条)について変更はない。

註

(1) タマカーイはもともとトンブリーにあるワット・パークナーム(Wat Pak Nam)のルオンポーソット師(Luang Pho Sot Canthasaro, 一八八五〜一九五九)が創始した瞑想法をさす。同師を始祖とするパークナーム寺の活動は今日も続くが、その瞑想法を広く一般に普及させたのがエリート校カセサート大学を卒業したタンマチャイヨー師(Phra Chaiyabun Thammachaiyo, 一九四四〜)とタッタチウォー師(Phra Phadet Thattachiwo, 一九四一〜)によって創始されたタマカーイ寺である。タマカーイとはサンスクリット語(dharmakaya)の仏陀の存在論的な精髄という意味、パーリ語(dhammakaya)における智そのものないし叡智によって導かれる状態を含意するが、タマカーイの解釈は後者である。瞑想といっても、タイでは広くサマーティ(*samathi*)とウィパサナー(*wipatsana*)の二種が区別される。漢訳では前者は「禅定」「三昧」「等持」、後者は「止観」となる。前者は後者の準備段階にあたる。タマカーイ寺の瞑想法はサマーティである。始祖ルアンポー・ソットの教えでは、タマカーイは教理上の解釈とは異なってサマーティを行う者の身体のなかに顕現する「法身」である。仏陀の精髄とともに涅槃の状態を意味する。具体的には、臍の上二インチほどの部位(人間の精神の中心とされる)に現れる水晶玉のイメージであり、修行段階に応じてそれが見えてくる。最高レベルのものがタマカーイである。

(2) 二〇〇三年から〇五年にかけて筆者が訪れたそれぞれの現場では、省庁名が変わっても旧来の仕事の継承と差異化は把握されておらず、関連する末端組織にも大きな混乱がみられた。新設の文化省宗務局は、国事の仏教関連行事や儀典の開催を「行政支援」するため仏教にも関わる。二〇〇六年に至り、担当者間では国家仏教庁は仏教に関するヒト（出家者）とモノ（寺院や建築財）を管轄するのにたいし、文化省宗務局は宗教全般の儀典活動と非仏教のヒト、モノについて管轄するという実務分業体制が了解されるようになった。地方では、旧宗務局と従来変わらぬ支援を続けている。二〇〇四年、国家仏教庁は一九世紀末にビルマからの移住者が建造したランパーン県の寺院を文化財として保護する布告をだした。ところが、住職、関係者や地元住民にはこの再編による混乱と動揺はまったくみられなかった。東北地方では、国家仏教庁自体が認知されておらず、現在も教育省宗務局とよばれることが多い。

（3）政府は二〇〇三年度国家予算から国家仏教庁への予算として、宗教美術や芸術の整備に一一億五六七三万五一〇〇バーツ、基本教育整備費に四億九〇九六万七八〇〇バーツ（計一六億四七七〇万二九〇〇バーツ＝同年平均レートで約五〇億円）をあてている（Nesan, 7. July, 2546 2003, 92）。ちなみに、教育省宗務局として最後の年となった二〇〇二年度の全予算総額は二三億四三四万四〇〇〇バーツであった。使用内訳は、「宗教行政」に二八〇五万二一〇〇バーツ、「宗教活動の支援と促進」の名目で一三億八五六〇万八六〇〇バーツ、「宗教の普及と道徳の育成」に八億九〇五八万三三〇〇バーツ、「宗教芸術文化のための調査研究」として一〇万バーツとなっている（KS 2002: 15）。

（4）近年のタイ紙の宗教関係の記事には、地方農村の出家者や在家信徒が地元の寺院や仏像が有する「モノ」の文化的・経済的な価値に無知であると、住民を幼児扱いする論調が眼につく。ある女性コラムニストは、そうした価値を〈住民に〉教えるのが自分たち識者の役割である、それらは国民の財産、国家の支柱であるから、と記している（*Matichon* 誌、二〇〇三年七月二三日 "Sap khong Wat, Khon khong Rat"「寺院財産と国家の人材」Ms Nawaphon Ruangsakun によるコラム）。

（5）一九七〇年代から今日まで、都市における瞑想運動の隆盛や政府の開発政策・福祉政策に呼応する高僧とその信徒集団の存在が知られるようになる（表5-5、Khanuengnit 1987; Jackson 1989、林 一九九一）。僧侶の性と金がらみの事件はタイのメディアでは一般的であるが、一九九五年はカリスマ的な高僧の醜聞が続いた。そして、このような破戒僧が続出するのは、サンガの監督不行届や現実の諸問題に対応できないサンガの時代錯誤が原因とする批判が公然となされるようになる。サンガが逆にメディアを訴える事態も招来しているが、サンガの「混乱」は、本文で述べるように、現在も終息しないサンガ法改正問題でも浮き彫りにされている（表5-5）。そうした一連の流れは、一九九八年にバンコクで僧俗の識者、活動家を集めて開催された討議集会「仏教の危機」に現れている（SMS 1999）。

（6）一九六三年から一九九九年（二〇〇〇年刊行）までの教育省宗務局の『年次報告書』を通覧すると〈少数者〉の宗教であるイスラームやキリスト教の教会施設や信徒数が全国人口の増加に伴って緩やかに増加するのにたいし、仏教では寺院数は緩やかな増加傾向にありながら、出家者数は、僧侶が一九八〇年に三五万七〇四八、見習僧が一九六七年に二八万二八九〇に最高値を示したのち減少に転じる。とくに見習僧は激減し続け、一九九三年には一〇万台を切って今日に至っている（表5-1）。『報告書』は、一九八〇年代の後半以降概数値を並べるにとどまるものの、イスラーム、キリスト教に関する記載を増やしている。

（7）本寺を中心にタマカーイを一〇年にわたって調査研究してきた矢野（二〇〇六）によると、一九九〇年代後半時点でタマカーイ本寺に所属する僧侶は約六〇〇、見習僧三〇〇、短期出家者（僧侶と見習僧を含む）が推定三〇〇〇名である。財団が雇用する俗人常勤「職員」は四五〇名で女性が八割近くを占める（平均年齢三六・八歳）。この他に約千人のボランティアが本寺に出入りする。いずれも高学歴者が多い。また、僧侶の五九・六パーセントが総合大学ないし単科大学卒業者である。財団の女性雇用者のうち、九〇・七パーセントが大卒ないし同等の資格をもつ（男性雇用者は七七・三パーセント）。その親は多くが官僚やテクノクラートである。また、非常に興味深いことに、華人系タイ人意識の有無について、俗人女性雇用者の約六割（五七・四パーセント）、男性雇用者の約半数（四五・五パーセント）が自らを華人系とみなしている。僧侶も四二・三パーセントの比率を示す。対照的に、見習僧で華人系の意識をもつ者は七・五パーセントで、その多くが地方農村出身者であることも明らかにしている。

（8）生涯会員費五五〇〇バーツでチューナーとアンテナを貸与される。仏教関連では歌、アニメ、ＴＶコンピュータゲームも採用している。信徒の活動のみならず、財団が受注する一般ニュース番組、連続ドラマをも含んだ多種多彩なものである。

（9）記事はマティチョン紙のもので、財団が何千ライもの土地を購入している事実をあげ（パトゥムタニー県の土地二四七一ライ、金額にして八〇三五万一二三八バーツ相当＝一ライあたり三万六〇〇〇バーツ）、これが法的に正当なものか内務省は関知しているのかと告発した（*Matichon*, 一九九〇年七月六日）。

（10）「家畜飼料種子生産組」(klum phalit met phan phuek ahan sat) がある Ban Pak Kurwai はＮＫの近隣村である。現在、ハマタ、キンニー種など4～5種類の種子がある。通常の稲藁は〇・五パーセント、一般飼料用牧草は七～八パーセントのタンパク質を含有するが、高い栄養価を誇る種である。ハマタ種＝一九八四、八五年頃より導入。キロあたり九〇～一〇〇バーツ。五月に植えて一月に収穫。タンパク質含有率が一六～一八パーセント。売値は一ライ分で七〇〇〇～八〇〇〇バーツ（cf. キャッサバは一ライ当り一、〇〇〇～二、〇〇〇バーツ）／ルーシー種＝一九九一年導入。一キロあたり一〇〇バーツ／キンニーシームアン種＝二〇〇五年導入。キロあたり一二〇バーツ（二〇〇五年）→一二〇バーツ（二〇〇六年）。この種を販売する経営者は七〇ライの広大な土地を借りて自らも植えている。ヤソートーンの畜産局との連繋も行う。ちなみに、ウボンでの鑑賞用の養牛は一九九二年より始まったという。飼料用種子の開発は一九八九年で三年先行している（上記「生産組」長 Chaloem Samtho 氏［一九四三年生、ナコンパノム出身］による）。

（11）Wat Nong Pa Phong。在来派のチャー師（Phra Phothiyanthera [Luangpu Cha Suphattho] 一九一八～九二）が創始した瞑想寺のネットワークの総称。一九五四年三月より二〇〇六年一月現在東北地方のみならずタイ国内四〇県に二六五の支寺（登録済一九七寺、暫定四五寺、候補二三寺）を擁する「森の寺」のネットワーク。海外六カ国にも計一五支寺を展開する。平易な言葉で瞑想と仏法を説く著書も多い。同じ東北タイ出身で全国的に著名な瞑想の師に後にタマユット派に属したとされるマン師（Acan Man 1871-1949）がいるが、チャー師は生前のマン師と交流をもつ最後の世代に属する。一九九二年ウボンで逝去。五三法臘。すべての支寺は、通常の仏教行事のほかにノーンパーポンに因む年中行事としてチャー師の生誕会（六月一六～一七日）と涅槃会（一月一二～一七日）を実施する（Wat Nong Pa Phong 2006）。

（12）表Ｉ中のＩ-ｃに示されるように、年中行事化した暑季出家では地方サンガの役職僧を必ず招請する。また、初期のＮＫの事例とは異なり、地元出身者を首都のベンチャマボピット寺やパトゥムタニーの「大寺」で得度させず、先ず県や郡僧長をおく地元寺院で出家させている。行政にあたる僧侶との聴取では、こうした配慮がタマカーイの心象をよくしているという。

参照文献

Apinya Fuengfusakul. 1993. "Empire of Crystal and Utopian Commune: Two Types of Contemporary Theravada Reform in Thailand." *Sojourn* 8 (1): 153–183.

Chaloemphon Somin. 2003. *Prawattisat Phraphutthasatsana lae Kan Pokkhrong khana song Thai*. Krungthep: Samnakphim Sutphaisan.（『仏教とタイサンガの歴史』）。

林　行夫　一九九一「内なる実践へ―上座仏教の論理と世俗の現在」前田成文（編）『東南アジアの文化』（講座東南アジア学第五巻）弘文堂、九三―一二三頁。

――――　一九九三「ラオ人社会の変容と新仏教運動―東北タイ農村のタマカーイをめぐって」田辺繁治（編）『実践宗教の人類学』京都大学学術出版会、三五五―三八二頁。

――――　一九九七「仏教の多義性―戒律の救いの行方」青木保（編）『岩波講座文化人類学第11巻・宗教の現代』岩波書店、七九―一〇六頁。

――――　二〇〇〇『ラオ人社会の宗教と文化変容』京都大学学術出版会。

――――　二〇〇六「東北タイ農村の〈都市仏教〉の展開にみる制度と実践」林行夫（編）『東南アジア大陸部・西南中国の宗教と社会変容―制度・境域・実践』（平成一五―一七年度科学研究費基盤研究（A）［一］課題番号 1525200 研究成果報告書）、二一三―二八一頁。

林　行夫（編）二〇〇六『東南アジア・西南中国の宗教と社会変容―制度・境域・実践』（平成一五―一七年度科学研究費基盤研究（A）［一］課題番号 1525200 研究成果報告書）［xii ＋九九七頁］。

Hayashi Yukio. 2002. "Buddhism Behind Official Organizations: Notes on Theravada Buddhist Practice in Comparative Perspective." in Hayashi Yukio and Aroonrut Wichienkeeo(eds.), *Inter-Ethnic Relations in the Making of Mainland Southeast Asia and Southwestern China* Bangkok: Amarin Printing, pp. 198–230.

Hayashi Yukio. 2003. Practical *Buddhism among the Thai-Lao.* Kyoto and Melbourne: Kyoto University Press and Trans Pacific Press.

兵藤裕己二〇〇〇『〈声〉の国民国家・日本』NHK出版

Jackson, Peter A. 1989. *Buddhism, Legitimation, and Conflict: The Political Functions of Urban Thai Buddhism*. Singapore: Institute of Southeast Asian Studies.

Khaneungnit Canthabut. 1987. *Sathana lae Botbat khong Phra Phutthasatsana nai Prathet Thai: Sueksa Khabuankan Suwanmok Santi Asok Thammakai Tham Krabok Luang Pho Cha kap Panha lae thang ok khong Khana Song Thai*. Krungthep: Klum Prasan Ngan Satsana phuea Sangkhom.（『タイ国における仏教僧の現状と役割』）

KW（Krasuang Watthanatham）(ed.). 2003. *Krasuang Watthanatham*. Krungthep: Krasuang Watthanatham.（文化省編『文化省』）

MT (Munlanithi Thammakai) 2000. *Maha Thammakai Cedi: Maha Cedi phuea santiphap lok*. Pathumthani: Munlanithi Thammakai.（『世界平和のための大仏搭』）

PCPP（Phra Chai Worathommamo lae Phra Phaisan Wisalo）eds. 2001. *Chalat Thambun: Ruam ruang na ru Khu mu thambun hai thuk withi*. Krungthep: Khlet thai.（『賢明な積徳行──その方法について知っておくべき事柄』）

Phra Phaisan Wisalo. 2003. *Phutthasatsana thai nai anakhot: Naeonom lae thang ookcak wikkarit*. Krunghep: Sun Nangsu Chulalongkon Mahawitthayalai.（『タイ仏教の将来─危機から脱出する方向と方法』）

Phra Phayom Kanyano, Nithi Iaosiwong, and Woraphon Phrommikubut. 1999. "Botbat khong Phrasong nai kan borikan sangkhom." In SMS, pp. 133–185.（「社会的サービスにおける僧侶の役割」『仏教の危機』所収）

Phra Sipariyattimoli. 2002. *Song kap Kan Mueang: Banthuek hetkan na ratthasapha muea kanyayon 45*. Krungthep: Khlet Thai.（『サンガと政治─西暦二〇〇二年九月国会議事堂前異議申立の記録』）

Phrathampidok (Prayut Payutto). 1994. *Rat kap phraphutthasatsana: thueng chamra lang rue yang*. Krungthep: Munlanithi Phuttham.（『政府と仏教─粛正期の到来か?』）

Sanitsuda Ekachai. 2001. *Keeping the Faith: Thai Buddhism at the Crossroads*. Bangkok: Post Books.

Sathianphong Wannapok. 2002. *Phraratchabannyat khana song phuea khwam phasuk haeng song?* Krungthep: Thammasan.（『「サンガ法」は僧団安泰のためか』）

SMS [Sun Manutsayawitthaya Sirinthon] ed. 1999. *Wikrit Phutthasatsana*. Krungthep: Sun Manutsayawitthaya Sirinthon.（『仏教の危機』）

Taylor, J.L. 1989. "Contemporary Urban Buddhist 'Cults' and the Socio-Political Order in Thailand." *Mankind* 19(2): 112–137.

——— 1990. "New Buddhist Movements in Thailand: An 'Individualistic Revolution,' Reform and Political Dissonance." *Journal of Southeast Asian Studies* 21(1): 135-154.

Wachirayanawarorot (Somdet Phramahasamanacao). 1971. *Phramahasamnasat lem 1: kiao kap kan phrasatsana*. Krungthep: Wat Bowoniwetwihan lae Munithi Mahamakutwitthiyalai.（『ワチラヤーン親王書簡集─宗教編［第1巻］』）

Wachirayanawarorot. 1973. *Phramahasamnasat lem 2: kiao kap kan phrasatsana*. Krungthep: Wat Bowoniwetwihan lae Munlanithi Mahamakutwitthiyalai.（『ワチラヤーン親王書簡集─宗教編［第二巻］』）

Wat Nong Pa Phong. 2006. *Thabian Wat Nong Pa Phong lae Sakha 2549*. Warin Chamrap[Ubon Ratchathani]: Wat Nong Pa Phong.（『仏暦二〇〇六年版ノーンパーポンと支寺一覧』）

ウェーバー、マックス（Weber, Max）木全徳雄（訳）一九七一 『儒教と道教』創文社。

WMK (Wat Mueang Khong). 2005. *Thammathayat—Banphachamu phak ruduron run thi 12 pi 2548*. Sisaket: Wat Mueang Khong（『嗣法―西暦二〇〇五年暑季の見習僧集団出家式［第一二期］』）

WTK (Wat Thammakai). 2007. "Sun Sakha phainai prathet 34[*cit.*]." Pathumthani: Wat Thammakai.（内部資料「国内の三四［cit.］の地方センター・支寺リスト」）

矢野秀武　二〇〇六　『現代タイの仏教運動――タンマガーイ式瞑想とタイの社会変容』東信堂。

統計・法令関係等

KS (Krom Kansatsana, Krasuang Sueksathikan)

n.d. *Nae Nam Krom Kan Satsana*. Krasuang sueksathikan. Krungthep: Rongphim kan satsana.（『宗務局の歩み』）

1983 *Raingan Kan Satsana Pracampi 2525*. Krungthep: Krasuang Sueksathikan.（教育省宗務局編『西暦一九八二年版宗教年次報告』）

1984 *Raingan Kan Satsana Pracampi 2526*. Krungthep: Krasuang Sueksathikan.（同上局編『西暦一九八三年版宗教年次報告』）

1997 *Raingan Kan Satsana Pracampi 2540*. Krungthep: Krasuang Sueksathikan.（同上局編『西暦一九九七年版宗教年次報告』）

1999 *Raingan Kan Satsana Pracampi 2542*. Krungthep: Krasuang Sueksathikan.（同上局編『西暦一九九九年版宗教年次報告』）

2000a *Raingan Kan Satsana Pracampi 2543*. Krungthep: Krasuang Sueksathikan（同上局編『西暦二〇〇〇年版宗教年次報告』）

2000b *Kho Mun Phuenthan dan Kan Satsana Pracampi 2543*. Krungthep: Kong Phaen Ngan Krom Kan Satsana, Krasuang Sueksathikan.（同上局企画部編『西暦二〇〇〇年版宗務関係基礎資料』）

2002 *Kho Mun Phunthan dan Kan Satsana Pracampi 2545*. Krungthep: Kong Phaen Ngan Krom Kan Satsana, Krasuang Sueksathikan.（教育省宗務局企画部編『西暦二〇〇二年版宗務関係基礎資料』）

Phraratchabanyat khana song: chabap thi 1–2 pho so 2505–2535 (prapprung pho so 2538) 1995（『一九〇二年～一九九二年に至るサンガ統治法集成』）

Ratthammanun haeng ratcha anacak thai phutthasakkarat 1997 Krungthep: Thipphayawisut.（『西暦一九九七年タイ王国憲法』）

ST (Sun Teknoloyisaratonthet). 2005. *Khomun phuenthan thang phra phutthasatsana pho so 2548*. Krungthep: Samnakngan Phraphutthasatsana haeng chat.（国家仏教庁情報技術センター編『西暦二〇〇五年版仏教関連基礎資料』）

ST (Sun Teknoloyisaratonthet). 2006. *Khomun phuenthan thang phra phutthasatsana pho so 2549*. Krungthep: Samnakngan Phraphutthasatsana haeng chat.（国家仏教庁情報技術センター編『西暦二〇〇六年版仏教関連基礎資料』）

タマカーイ関連資料編（A ～ I）

表A　海外に展開するタマカーイ支所の所在（28：2005 年現在）

オーストラリア	3
ニュージーランド	1
ベルギー	1
英国	2
フランス	2
スペイン	1
香港	1
日本	5（東京，大阪，長野，栃木，神奈川）
シンガポール	1
マレーシア	2
台湾	2
米国	7

出所：URL タマカーイ財団資料

表C　東北タイのタマカーイの展開

●**「寺院」(wat)**

[01]. 1987: Wat NK (muthi 3, NK, tb. NK, ap. Warinchamrap, Ubonratchathani) ★

[02]. 1993: Wat Mueang Khong (muthi 6, LM, tb MK, ap.Rasisalai, Sisaket)

[03]. 2000: Wat Tham Khao Wong (tb. NTD, ap. Pakchong, Nakhon Ratchasima)

[04]. 2003: Wat Ratsangkhom (tb. NS, ap. Chiang Yun, Mahasarakham)

── いずれも元々の「村の寺」がタマカーイ寺となっている

[05]. D.K.:Wat Pa Nonsaat (Nongkhai:not surveyed)

●**「瞑想場」(thudongkha sathan)**

[06]. 2005: Thudong Sathan Ban Chat (tb. BW, ap.Warinchamrap, Ubonratchathani)

●**「善友センター」(sun kanlayanamit)**

[07]. 2004: Sun kalayanamit Mahasarakham (ap. Kosumphisai, Mahasarakham)

[08]. D.K.: Sun oprom yawachon Nakhon Ratchasima (ap. Pakthongchai, Nakhon Ratchasima)

筆者の調査による

表B　タイ国内のタマカーイ関連施設

1　タマカーイ「大寺」(Wat Phra Thammakai; Wat Yai) Pathumthani

2　関連俗人組織機関

　a)「世界仏教徒クラブ」(chomrom phut sakon)

　　— 1972年以来．50余りが全国の総合大学，単科大学に設置

　b)「善友センター」(sun kanlayanamit)

　　— 1986年以来全国展開．推定会員約5,000

3　寺院・センター・瞑想道場等施設（1987年以来36箇所／2007年時点）

寺院等施設の名称	所在地（tb 行政区・ap 郡・県）	〈建設順・年〉
01 Wat Mueang Khong:	tb. Mueang Khong, ap. Rasisalai, Sisaket	4
02 Wat Tham Neramit:	tb. Mae Krabung, ap. Sisawat, Kancanaburi	3
03 Wat Nong Kin Phen:	tb. Nong Kin Phen, ap. Warin Chamrap, Ubon Ratchathani	2
04 Wat Tham Khao Wong:	tb. Nong Nam Daeng khet 2, ap. Pak Chong, Nakhon Ratchasima	
05 Wat Rat Sangkhom:	tb. Nong Son, ap. Chiang yuen, Maha Sarakham	
06 Wat Sicaroenratsatthatham:	tb. Dong Khilek, ap. Mueang, Pracinburi	
07 Wat Nong Phailom:	tb. Bothong, ap. Kabinburi, Pracinburi	
08 Thudong sathan Pracinburi:	tb. Nonhom, ap. Mueang, Pracinburi	7
09 Sun Kansueksa Khaokaeosadet:	tb. Ban Na, ap. Kabinburi, Pracinburi	
10 Thudong sathan Lanna:	tb. Nong Han, ap. Sansai, Chiang Mai	1
11 Thudong sathan Phisanulok:	tb. Wang Nok Aen, ap. Wangthong, Phisanulok	5
12 Thudong sathan Canthapura:	tb. Ang Siri, ap. Makham, Canthaburi	6
13 Thudong sathan Pracuapkhirikhan:	tb. Ko Lak, ap. Mueang, Pracuapkhirikhan	
14 Thudong sathan Chumphon:	tb. Khun Krathing, ap. Mueang, Chumphon	1999
15 Sun Kansueksa Pracantakham:	tb. Pho Ngam, ap. Pracantakham, Pracinburi	
16 Thudong sathan Ubonratchathani:	tb. Bungwai, ap. Warinchamrap, Ubon Rathcathani	
17 Sun Oprom Yawachon Nakhonratchasima:	tb. Thongchainuea, ap.Pakthongchai, Nakhon Ratchasima	
18 Sun Oprom Yawachon Phasukawanit:	tb. Khung Namwon, ap. Mueang, Ratchaburi	1999
19 Son Kaeo Wanaram:	tb. Bo Luang, ap. Hot, Chiang Mai	
20 Wat Mae Sanam:	tb. Bo Luang, ap. Hot, Chiang Mai	
21 Wat Ban Khun:	tb. Bo Luang, ap. Hot, Chiang Mai	
22 Wat Kiu Lom:	tb. Bo Luang, ap. Hot, Chiang Mai	
23 Wat Wang Kong:	tb. Bo Luang, ap. Hot, Chiang Mai	
24 Wat Phrathat Kong Loi:	tb. Bo Sali, ap. Hot, Chiang Mai	
25 Wat Thung Caroentham:	tb. Thung Caroen, ap. Omkoi, Chiang Mai	
26 Wat Mae Lai:	tb. Bo Luang, ap. Hot, Chiang Mai	
27 Wat Phrathat Doi Mokkhanlana:	tb. Soptia, ap. Com Thong, Chiang Mai	
28 Wat Huai Tongsak:	tb. Khwong Pao, ap. Com Thong, Chiang Mai	
29 Wat Thawiphun Rangson:	tb. Saimun, ap. Ongkharak, Nakhon Nayok	
30 Wat Bang Prang:	tb. Sicula, ap. Mueang, Nakhon Nayok	
31 Wat Pa Non Saat:	tb. Kutbong, ap. Phonphisai, Nong Khai	
32 Thamma Uthayan Kaeo Klangdoi:	tb. Ban Thap, ap. Mae Caem, Chiang Mai	
33 Sun Oprom Yawachon Surin:	tb. Kae Yai, ap. Mueang, Surin	
34 Sathan Patibat Tham Sirimonkhon Luwannaram:	tb. Wang Nuea, ap. Wang Nuea, Lampang	
35 Sun Oprom Yawachon Phrae:	tb. Mae King, ap. Wang Chin, Phrae	
36 Sun Oprom Yawachon Lop Buri:	tb. Wang Phloeng, ap. Khok Samrong, Lop Buri	

出所 WTK (2007)．出所に従う表記順．〈　〉は Phra Thawi Phromthewo による建設順・年

表 D　[01] ウボン県 NK 村のタマカーイ寺の展開

1899	開村．「村の寺」開設
1949	「村の寺」に結界，布薩堂完成．正式の寺院となる（世帯数 68）
1960	ケナフ栽培導入
1965–70	この間，村内世帯数 400 に達する．後に 100 世帯余りが他出
1969	「村の寺」に大僧坊が 3 万バーツの寄金で完成
1977	キャッサバ栽培導入
1978	電気架設
1985	NK 出身で元中等学校教員 BJ（1932 年生の女性）がウボン市内の「善友センター」を訪問．タマカーイ式瞑想を体験
1986	BJ がパトゥムタニーのタマカーイ「大寺」を初訪問．僧侶不在の NK 村の寺院にタマカーイ僧を招請するための署名開始．200 名を集め「善友センター」支部長 U とともに行政区僧長 cao khana tambon に相談，タマカーイ「大寺」より僧侶を招請することを決定
1987	タマカーイ「大寺」のタッタチーウォー師が NK 来村．20 日間滞在し NK「村の寺」を支寺とする．東北地方で最初の支寺
1989	NK 村内に「反タマカーイ」の声．地方の年中仏教行事を司式できないため
1989–91	調査（256 世帯，人口 1425：水稲耕作 70，漁撈 30）
1990	パトゥムタニーより 6 人の僧侶と 6 人の見習僧が招請されて滞在．すべて県外出身者（バンコク，チュンポン，ナコンナヨック，サラブリ，シーサケート）．同年，タマカーイに反発する他の住民が新しい「村の寺」造成に着手．同行政区内の寺院より僧侶 9，見習僧を招請．見習僧 1，メーチー 1（すべて同郷出身）
1994	村が二村に分割（mu thi 3 ＝親タマカーイ派と mu thi 8 ＝反タマカーイ派）
1999	mu thi 8 の「村の寺」を小寺（samnaksong）として登録
2001	mu thi 8 の「村の寺」の布薩堂の建立に着手
2004-05	調査 mu thi 3（193 世帯，人口 849：漁撈主，農業従） mu thi 8（213 世帯，人口 829：農業主，漁撈従） タマカーイ寺＝僧侶 5（村出身 1，ブリラム 3，アユタヤー 1），見習僧 7（ウボン 4，コンケン 2，ブリラム 1）が止住 mu thi 8 の「村の寺」＝僧 1，見習僧 1，メーチー 1（すべて同郷出身）

聴取により筆者作成

表E　[02] シーサケート県LM村のタマカーイ寺MKの展開

1993	ラーシーサライ郡MK行政区のLM村とNW村の住民が同郡「善友センター」とともにNK村のタマカーイ寺よりS師を招請．タマカーイ「大寺」住職（タンマチャイヨー師）が僧侶8（元NKにいたランパーン出身僧を含む），見習僧3を派遣（敷地面積63ライ2ンガーン11タラーンワー）
1994	暑季集団短期出家式を開催
1999	普通教育課程仏教中等学校開設．僧侶8，見習僧4
2000	僧侶8，見習僧57を数える
2001	僧侶15，見習僧84に達する
2005	僧坊と食施堂の新規着工
	第12回暑季集団短期出家式開催（参加者のほとんどは東北タイ出身者＊）
	僧侶15（東北出身11，バンコク4），見習僧36（10名が短期出家経験者）．

聴取により筆者作成．＊集団一時出家の記録表I(I–a)］も参照

表F　[03] ナコンラーチャシーマー県TKW寺

1999	タマカーイ「大寺」よりのタマカーイ僧，初めて寺院訪問．住職1のみ止住
2000	タマカーイ寺としての運営開始
2003	大理石を使った「瞑想のための洞窟」に着工
2005	国王生誕（78歳）慶賀の集団出家式を開催（7月3日～10月30日）
	僧侶36，見習僧2（全員がタマカーイ本寺より派遣）

聴取により筆者作成

表G　[04] マハーサーラカーム県RS寺

2003	RS村の女性がパトゥンタニよりタマカーイ僧侶5名を招請
	暑季の集団見習僧短期出家式開催（参加者32）
	寒季の集団見習僧短期出家式開催（参加者50）
2004	暑季の集団見習僧短期出家式開催（参加者64）
	寒季の集団見習僧短期出家式開催（参加者112）
2005	暑季の集団見習僧短期出家式開催（参加者94）
	現在の止住者内訳　僧侶11（8名が東北地方出身　[同県内村外3，ウボン1，ローイエット1，カラシン1，ウドン1，チャイヤプーム1]，バンコク2，ピサヌローク1）および見習僧4（ウドン1，ピサヌローク1，バンコク2）

聴取により筆者作成

表 H　[06] ウボン県 DS「瞑想道場」の開設

1985	元中等学校教員 B（1932 年生の女性）がウボン市内の「善友センター」訪問
1986	B がパトゥムタニーのタマカーイ「大寺」訪問．NK 村の寺院にタマカーイ僧を招請することに尽力
2003	NK タマカーイ僧らがムアン郡フアルア行政区 NS 村の公共地約 70 ライを購入瞑想場の基礎工事を開始するも中断
2004	ワリン郡トゥンボン行政区 DS に用地を得るため NK のタマカーイ僧と B が近隣村 NB の H 氏とコンタクトをとる．H 氏は村人 20 人から 120 ライを集めて売却（1 ライ = 25000 バーツ），バンコク在住の信徒 C も寄進
2005	1 月 15 日，DS に瞑想場着工．140 ライ（22.4ha）．俗人側の中心人物は B．NK よりタマカーイ僧を招請．他の僧侶 7 はすべて他県出身者でタマカーイ大寺を経由して止住．調査時点で僧侶 8（4 が常住，4 は派遣僧）
	同年 4 月 NB 村　H 氏宅に DMC 設置．毎月曜日 DS からの僧侶 2 名による説法

聴取により筆者作成

表 I　[02] MK 寺での暑季タンマタヤート = 見習僧集団出家式（第 12 期）

公式名称　「仏暦 2548 年第 12 期暑季の集団出家式プロジェクト」
khrongkan banphachamu phak rudu ron run thi 12 pracampi 2548

期間　2005 年 3 月 26 日～ 4 月 25 日
（04 年 12 月 15 日～ 05 年 3 月 15 日準備期間→ 3 月 1-15 日応募面接期間→ 3 月 26 日見参受戒→ 3 月 26 日～ 4 月 1 日八戒遵守期間→ 4 月 2 日出家式→ 4 月 3 日～ 20 日寺院内での修行→ 4 月 21 ～ 23 日寺院外での修行→ 4 月 25 日還俗／ 4 月 30 日次第評価）
＊面接応募期間，子どもらは親と一緒に説明会に参加する．申請後四測定．健康診断．組み分けなどと続く．剃髪してから俗人のまま 10 条の禁止事項を守りながら立ち居振る舞い，野外訓練，掃除洗濯などをしてナークの身分でパレードをする．出家式当日，僧衣をもって親と向き合う．育ててくれた恩徳に感謝するとともに，これまでの自分の行動を反省する．
目的　(1) 法灯を伝える出家式の慣習文化を継承するため
(2) 若い世代に仏の教えと仏法を学ぶ機会を与えるため
(3) 若い世代に仏の教えを体感させ日常生活に活用させるため
(4) 中毒性をもつ嗜好品の弊害を訓示し自己を守る方法を知らしめるため
参加者総数　110 名　（主催者側当初予想は 200 名が目標）

聴取により筆者作成

I-a　参加者の出身県別内訳

シーサケート県	107
ヤソートーン県	2
ウボンラーチャタニー県	1

WMK（2005: 56-60）をもとに筆者作成

I−b シーサケート県出身者の郡別内訳

クカン郡	45	
ラーシーサライ郡	26	(MK寺所在郡)
ムアン郡	19	
プライブン郡	6	
シーラッタナ郡	3	
ムアンチャン郡	2	
プラーンクー郡	2	
カンタラロム郡	2	
ウトゥムポンピサイ郡	1	
カムクアンケーオ郡	1	

WMK (2005: 56–60) に基づき筆者作成
7名を除き村落出身者．県庁所在郡から9名参加

I−c 年齢別内訳と参画者

最年長者 16歳 (中等学校3年)		
最年少者 8歳 (初等学校1年)		
11歳から12歳がもっとも多い．		
初等学校1年	1	
初等学校2年	3	
初等学校3年	4	
初等学校4年	17	
初等学校5年	31	
初等学校6年	33	
中等学校1年	12	
中等学校2年	7	
中等学校3年	2	

運営責任者

MK寺出家者一同 (khanasong Wat MK)
ラーシーサライ郡出家者一同 (khanasong amphoe Rasisalai)
ラーシーサライ郡 (行政) (amphoe Rasisalai)
ラーシーサライ郡文化会議 (sapha watthanatham amphoe Rasisalai)
ムアンコン行政区 (行政) (thesaban tambon Mueang Khong)
ムアンコン行政区自治体 (ongkan borihan suan tambon Mueang Khong)
全経費 30万バーツ (約90万円)

二種類の証明書の授与

(1) シリントーン王女，文化省宗務局による，即位50年の国王の栄光に寿ぐ暑季出家式プロジェクトに参加したことの証明書．ヘッドはガルーダ．日付は4月30日．県サンガ僧長 (cao khana cangwat) と宗務局長の署名．
(2) MK寺名による同内容のもの．タンマタヤート thammathayat「嗣法 (しほう)」の証明書ヘッドはMK寺シンボルマーク．日付は4月25日で参加者にとっての最終日．MK寺住職とラーシーサライ郡サンガ僧長の署名．

WMK (2005) より筆者作成

第二部

僧界と俗界の〈境域〉

第六章　「開発僧」と社会変容
――東北タイの事例研究

ピニット・ラーパターナーノン（著）
加藤眞理子・林　行夫（訳）

はじめに——研究の背景

上座仏教（以下、仏教）はタイの重要な社会制度である。教義の上では個人の自力救済を説く仏教は、タイの社会構造を組織し統合する機能を果たしてきた。タイ社会における仏教は、個人の救済のみならず他者とともにある日々の暮らしと深く関わってきたという意味で歴史的な構築物である。個人の苦悩の根源を究める仏教は、多様な社会問題と無関係ではなかった（Suwat 2003: 44, 90）。仏教の現実的な重要性は、それぞれの地域の住民が築いてきた文化にとけこんで地域ごとに様々な姿をみせている。

タイでは国家が僧侶とその集団であるサンガ組織を庇護する。しかし、僧侶を日々支えているのは地元の俗人社会である。この社会的事実からすれば、僧侶を国家のサンガ組織や政策と直接結びつけて捉える必要はない。実際に、タイでは僧侶自らが依存する在家信徒社会の利益を優先し、住民の幸福を願い、地域にねざす指導者として住民が望む活動を推進できる存在でありつづけている。僧侶が地元出身者であれば、その村でもっとも影響力のある「開発」の主体となりうる。とりわけ寺院を仕切る住職は、住民に暮らしの指針を与えてきた。地元の事情を知る住職は、国策とも距離をとり、共同体の政治的リーダーや教師以上に影響力をもつ開発の主体となりえたのである。

筆者は一九八〇年代初頭以来、タイの東北地方を中心に開発に関わる僧侶について調査研究を続けている。今日国内外で使われている「開発僧」（*phrasong nak phatthana*; development *monks*）という呼称は、当時タイ北部や東北部で活動していたＮＧＯが使い始めたもので、もともと開発事業に参画する僧侶全般を指していた。開発僧の活動は宗教にとどまらず、社会・経済など広い領域に関わる。僧侶として在家信徒を蝕む悪習を精神的修養で解消させるように説法するばかりではなく、保育園、「米銀行」、「水牛銀行」（後述）、融資組合や自助組合までたちあげる。なかには、住民を癒す瞑想や呪術を施す開発僧もいたが（Phinit 1985, 1986）、そのような活動も社会と人間を開発する手段とみなされ、内外のＮＧＯや知識人は、開発僧を「オルタナティブな開発 alternative development」の担い手として言及してきた（Darlington 2000）。

開発僧の活動にはタイ社会における開発の位相と経緯が映しこまれている。タイ語の「開発」（*phatthana*）は、かつての経済発展という意味から、最近のコミュニティ参加、エンパワーメント、伝統的知識や民衆知の利用などより広く社会と人間の発展を含意するようになった。開発僧の役割は、そのような言葉の意味の変遷とともに変わりつつある。

他方で、開発僧という呼称が広まる以前からタイの僧侶は開発政策に従事してきた事実がある。すなわち、開発を主導する政府は一九六〇年から七〇年代にかけてサンガと提携した諸計画（後述）をたちあげて多くの僧侶を参画させた。当時タイを研究していた欧米の人類学者たちは、政府が出家者を世俗事に動員することに戸惑いつつも、開発を通じて治安と国民統合を果たそうとする国家がサンガを政治的に利用する局面を論じた（Mole 1968; Mulder 1969; Keyes 1971, 1983; Morgan 1973; Piker 1973; Tambiah 1976; Heinze 1977; Somboon 1977, 1982）。一九八〇年代に入ると、今度はタイ人研究者が政府やサンガの支配と支援を受けずに独自の開発活動を行う僧侶をみいだした（Anan 1982; Ariya 1983; Pracha 1983）。そこにはアジア基金（Asia Foundation）や Friedrich Naumann Stiftung Foundation などの国際ＮＧＯから財政支援を受ける僧侶が含まれていた。タイ人による一九八〇年代の研究は、「上」からではなく、自ら国家の開発事業に関わる僧侶の活動と役割について貴重な情報を与えるものであった。

しかし、いずれの時期の議論も、開発に関わる僧侶の役割を仏教の教義やサンガのあるべき姿あるいは外部者の観点から検討したものであり、変容する地域の側から捉えようとするものではなかった。後にみるように、「開発僧」の呼称上の定義と実際の活動がきわめて錯綜するのは、このような研究の経緯と視点が主な原因をなしている。

筆者は一九八三年に初めて開発に関わる僧侶を調査した。国内でもっとも開発が遅れ、乏しい自然資源と劣悪な経済状況にあるとされてきた東北地方を選び、今日まで同地方での観察と聴取を続けている。しかし、最初期の著書やその都度の調査報告を除いて、継続調査の結果をもりこんだ成果は公刊していない。その間、とくに一九九〇年代から今世紀にかけて、北タイや東北タイの開発僧をあつかう研究が発表された（Somboon 1994; Sakurai 1999, 2005; Izumi 2003; Urasaki 2003 など）。ただ、その多くは共時的な研究である。筆者は地域の文脈から開発僧の経緯と展開を踏まえる研究も必要と考え、過去三期に分けて蒐集したデータをまとめ始めた。それは、宗教のみならず社会、文化、政治経済の領域から開発僧の役割を検討した、地域研究[1]のアプローチをとるモノグラフとなりつつある。そこで本章では、筆者が得た一次資料に基づき、開発僧の位置づけとともに同地方の僧侶が過去二〇年ほどの間に開発とどのように関わってきたのかを明らかにする。最初にタイ社会における開発の歴史的、制度的文脈をたどり、そのうえで地方農村の僧侶の位相を明らかにし、筆者がこれまでに実施した時期の異なる調査研究によって浮き彫りにされる事実を記述、分析する。

一　タイにおける「開発」の文脈と仏教

「開発僧」の役割は「共同体」の開発と関わっている。共同体を意味するタイ語のチュムチョン（*chumchon*）は、地理的境界を越える人間集団、その社会関係、価値、規範、信仰を基盤とする（Kemp 1988; Gustfield 1975）。タイの共同体とは、特定の地理的範囲で生活基盤をもつ人びとの集まりである。共通の利益で結びつく人間の集まりを指すと同時に、共通の関心が惹起する様々な摩擦をはらむ人間集団をも含意する。よって以下では、「共同体」を地理、文化、共通の利益、価値、規範、信仰、経験そして伝統を含む諸特徴で結びついた人間集団を指すものとする。

他方の「開発」すなわちタイ語の「パタナー *phatthana*」には、前進や発展、収入増加、生活改善といった系統的意味もあり、多様なレベルの過程を含む。筆者は共同体の開発を理念としてではなく現実に即して理解するため、「開発」を共同体の基本的な要求や期待とともに、各共同体の意志と欲望の上に成り立つものとする。そのため「共同体開発」は開発僧を含む地元指導者との協力の下で行われる住民の意思決定に基づいた促進や実施を含意するものとする。

「パタナー」は、タイで経済発展や近代化を意味する言葉として一九六〇年代初頭より急速に広まったとされる。当時のサリット・タナラット政権(一九五九〜六三)が主導した開発指向型イデオロギーのひとつで、一九六一年に始まる経済社会開発計画の政治スローガンでもあった。興味深いことに、東北地方農村では、一九七〇年代の半ばまでその語も意味も根づいていなかった。筆者の知る同地方農村の村長の一人は、後にさまざまな省庁が派遣した役人がこの語を使って政府主導の開発計画や活動に住民参加を促したことを回想している。東北地方の僧侶が共同体の問題を解決すべく住民を支えてきた事実は明らかであるが、一九七九年以前に「開発僧 *phrasong nak phatthana*」とよばれることはなかった。開発を意味する語が、住民の暮らしのなかにのぼるものではなかったためである(写真6-1)。

ところで、サリットによる西洋式の開発アプローチの淵源は、タイを世界市場へと導いた英国とのボーリング条約(一八五五)にある。近代科学、経済、教育制度を導入したのはモンクット王(ラーマ四世[在位一八五一〜一八六八])であった。即位前の僧籍期間が長かったモンクット王は一八三〇年代から四〇年代にかけてパーリ原典に回帰する仏教の復古運動を行い、王族中心のタマユット派(Thammayut Nikai)を確立する。彼が着手したタイ社会の他の領域の近代化と同様に、儀礼的、超自然的もしくは地方文化に影響されてきた実践を排除する意図をもって仏教を合理化した。同王はまた西洋の科学や学問を仏教と調和させるような解釈も試みた(Phaisan 2003; Darlington 2000)。この試みは、仏教教理の礎

写真6−1　コンケン県の農村の未整備の路を行く「開発僧」

となる認識論の転換をもたらした（Jackson 1989: 44）。モンクットは、サンガの位階組織とバンコクを拠点とする絶対王政を結びつけて中央政府を正統化し、地方独自の宗教様式の影響力や地方の政治的指導者の権力を弱体化した。サンガが国家の支配を正統化する役割は、バンコクが周縁地域にその支配を拡張したとき、辺境農村部の住人とすでに関わりを持っていた頭陀行僧（*phra thudong*）を利用することで強められた（Hayashi 2003; Jackson 1989; Kamala 1997; Tambiah 1976, 1984; Taylor 1993）。

その後ほぼ一世紀を経た一九五八年一〇月のクーデターでサリットが権力を掌握する。彼は全国土の積極的かつ集約的な開発政策を遂行したが、その時も西洋を模範として輸出指向型産業経済を目指し、農業の集約と拡大を促進した。換金作物の奨励は森林の多くを耕作地に変えた。また、サリットは「伝統文化」と「仏教的価値観」を用いて地方の開発事業を全面展開させた。そして一九九七年のアジア通貨危機まで、タイは驚くべき経済成長をなし遂げる。同時に、貧富の格差は拡大し消費主義が浸透した。持続型農業が市場主義へと移行し、都市の工場に仕事を求める人びとの離村によって地方農村住民の暮らしは悪化した。貨幣経済と消費主義が、農村共同体の家族と社会関係を大きく変えるのである。

二　タイ仏教僧侶の社会的役割と「開発僧」の出現

サリットが主導する開発の時代以前、すなわち二〇世紀初頭に始まるラーマ五世［在位一八六八～一九一〇］の中央集権体制の整備（チャクリー改革）で近代的な教育体制が導入される以前では、寺院と僧侶は重要な役割を果たしていた。とくに地方の村落共同体で僧侶の影響力は強く、とりわけ教育において重要な役割を担っていた（Palanee 1984: 76）。一般の人びとにとっての教師は僧侶のみであった。彼らは宗教事と世俗事をともに教えた。その影響力は、僧侶にたいする在家者の信心、僧侶が体現する知識や出家の経験による序列に基づいていた（Mulder 1966: 108–109）。僧侶は家族や共同体内の紛争を調停する際に助言を乞われる精神的指導者であり、知識の面でも住民を導く社会的リーダーであった。僧侶は当時最も教育を受けた者と認知されていた。

施設としての寺院も、宗教儀礼や遺体を安置する場にとどまらず、多様な世俗的機能を果たしていた。子供を教育する学校、安全な飲料水を貯蔵する場、村内外の情報とゴシップが交わされる集会や相談の場、安全な飲料水の貯蔵場、共同体の公共財を保管する倉庫、老人や精神薄弱者の収容施設、村外者を無料で宿泊させる施設、救貧院さらには犯罪者の避難所でもあった（cf. Kaufman 1977: 113–115）。

僧侶は世俗の出来事に理念上関わるべきでない。だが、現実にサンガは俗人社会と密接に関わり、僧侶は俗人の精神的リーダーであるとともに世俗社会を牽引してきた。寺院は共同体の一部をなしていた。世俗事と精神的活動は分離しにくいために、僧侶は共同体で起こる問題と関わる傾向を必然的にもってきた (Pfanner and Ingersoll 1962: 360)

しかし、二〇世紀初頭から半ばにかけて、教育をはじめとする諸制度が徐々に根づいていく過程で、共同体における僧侶と寺院の役割は劇的に縮小する。僧侶や寺院が果たしていた社会的役割の多くが政府の役人や商人、学校や医療施設に取って代わられた。地方農村部の寺院は今日もなお農村の貧しく恵まれない人びとにとっては教育と社会的移動の重要な場所であるが、もはや大衆の教育センターの機能を果たすものではなく、共同体と社会生活の中心としての寺院の位置づけは下がった。

一九〇二年の「サンガ統治法」が位階づけた、共同体の寺院の住職から上位の行政単位ごとの統括責任を担う役職僧、ならびに出家歴 (法臘) が長い一般の僧侶は、自ら寺院の建立や修復、行事の主催、呪術的な儀礼に従事することで旧来の社会的役割の喪失に対応した。当時はあたかも仏教が、豪奢な僧院の建立、巨大な仏像と華美な宗教行事の時代に突入したかのようだったと回想される。同時に、巨大寺院の建造や華美な行事の積徳行のせいで在家者にストレスがかかるようにもなった (Rajavaramuni 1983: 50–51)。

一方で、その社会的役割が減少する事態に積極的に対処する僧侶もいた。彼らは、僧侶の役割を社会に貢献すべきものとして仏陀の教えを解釈し、変容する現代社会に対処するためにその伝統的な社会的役割を新たに復興すべきであると提案し、様々な共同体開発や社会福祉活動に従事しはじめた。このような動向は、地方農村では一九五〇年代に始まっている。そして、後に開発の時代を迎えた一九六〇年代初頭には政府が公認するものとなる。それがタンマパタナー (Thamma Phatthana)、タンマトゥート (Thammathut)、タンマチャリック (Thammacarik) といった一連の計画である(2)。サンガと政府機関との協同によるこれらの計画は、一方では農村住民にたいする道徳、文化、物質支援計画であり、他方で国民国家統合を目指しつつ、農村社会に利益をもたらそうとするものであった。

当時の政府とサンガの高僧は、発展をもたらす支援を求めて共同体を発展させる活動と同じく、社会福祉活動を支援すれば、寺院を建立して積むことができるのと同等の功徳が得られるという方便を使った。ただし、実際に共同体開発に従事したのは、高僧のなかでもごく限られた僧侶たちであった。活動はマハーチュラーロンコーン仏教大学の後援の下に準備されたが、他の多くの僧侶は、世俗の問題からは距離をとるべきと考え、サンガ内での僧位階が高い僧侶の間でも議論は分かれていた。

当時、米国の人類学者のニールス・ムルダーは、上記の計画に反対した僧侶の多くはサンガ内で低い地位にあり教育機会を求めてバンコクの寺院に止住する僧侶であるとした（Mulder 1969: 2–4）。彼らは、在家信徒が僧侶の役割を宗教的指導者および儀礼の司式者として敬い続けるためにも、世俗教育での役割を担ったり、律蔵と矛盾する行動をとるべきではないと主張した。そうすることで僧侶は社会的幸福と宗教の繁栄をともに促進できると考えた。これと対照的に、首都で指導的立場にある出家歴が長い高僧の多くは、僧侶が社会福祉や共同体開発に積極的に従事することに関心をよせた。彼らは「僧侶がなお精神的指導者として尊敬されるなら、知的指導者ともなるべきである。地方農村の寺院は、村落共同体の社会的中心であるべきであり、それゆえ僧侶は県や郡の政府役人と協力すべきである……村人は世俗機関の権威より僧侶の徳を信頼している……僧侶は社会的幸福を増進させることによって、国内の近代化に重要な役割を果たすべき」としていた。

計画の実行は次のような経緯をもった。一九六三年に開始されたタンマパタナー計画では、仏教大学が社会福祉業務を担い、近代的な福祉業務や共同体開発の技術を県レベルの僧侶に教える目的で仏教大学に学ぶ僧侶を選抜して研修に参加させた。他方で、こうした社会福祉業務や共同体開発を受容する側の県や郡レベルの地元の高僧には不安があった。政府が社会福祉計画への協力を僧侶に強請することは、仏教と僧侶の地位を政策の道具へと貶め、在家信徒の自発的な積徳行を阻害するのではないかという危惧である。政策にどのように対応すべきか確信をもてない僧侶がいる一方で、地方に偏在するサンガの社会的影響力を認知する政府は、国是としての国家統合のために計画を推し進める。研修を終えた僧侶は、一九六五年からは地方の辺境や山地民の教化に特化したタンマトゥートとタンマチャリック計画に参画した。いずれの計画も、当時隣接する諸国を席巻しはじめた共産主義的イデオロギーを退けて国家統合のためにサンガを利用することを目的としていた。

公認されたこれらの計画が、現実にどれほどの利益を地方住民にもたらしたかとなると疑問が残る。ただ、三つの計画を現場で運営するために、サンガ組織は活動的な若い僧侶に依存した。その目的とは別に、計画は年長僧と若年僧が互いに協力・共働する場をつくり、若い僧侶は年長僧と交流してその経験や知識を得る機会となった。そこで得たものは、その後自らの開発計画を創始する礎になる。やがて彼らが開発僧とよばれるようになる僧侶の一部をなすのである。

二〇世紀初頭の改革からサリットの開発の時代に至る近代化の波は、タイの仏教と地方農村社会を激変させた。同時に、逆説的ながら、かつての僧侶とサンガの社会的役割を再び求める〈失われた共同体〉が浮かびあがる。開発僧とよばれる僧侶の出現は、急激な社会変化に対応しようとしたサンガの新しい役割にひとつの淵源をもつ。彼らは自身の方法による戦略、開発の概念に基づいて自発的な組織を築くとともに、人間の苦悩を軽減し、世俗的および精神的な幸福への道を示すという共通の目標を抱いた（Somboon 1987）。この意味で、サンガの役割は次の二点において捉えなければならない。ひとつは、共同体におけるサンガの社会的機能、もうひとつは人びとの日常生活に関わる精神的指導の機能である。どちらの機能も変転する社会に対応できるよう、仏法の教えを再解釈することで持続させなければならない。サンガは現代社会における役割を果たすため、近代化が招来した諸々の結果と現実的に直面することになったのである。

端的にいえば、政府は一九六〇年半ばから開発事業を支えるために仏教を「利用」した。その流れが、政府による開発の理念、そしてその理念がひきおこす住民の暮らしの変容と苦悩に挑む開発僧を胚胎させた。開発僧は住民の文化、価値観を高めるために仏教の原理を用いて社会問題と彼らの暮らしに対峙しようとする。わずかな数の僧侶が、彼らなりの教理解釈に基づき、政府が促進する資本主義と消費主義に抗うための農村開発事業を始めた。彼らは、農村住民の生活に政府の急速な開発計画がもたらした衝撃、すなわち拡大する消費主義の影響と住民の市場経済への依存、伝統的な地元の仏教的価値観の衰退を懸念した。同じような理念を彼らは抱く。それは、飢えに脅えていたり病気になったりすれば、人びとは宗教的な活動に専念できない、精神の開発と献身なくしては、物欲がからむ根本的な悩みに打ち勝つことはできないというものである（Darlington 1990; Somboon 1987, 1988）。地元の関心と問題に焦点を絞り込み、特定の村で活動することで自らを開発僧と宣言した僧侶たちは、五〇年以上も開発事業を繰り広げている。したがって、東北地方の開発僧と中央サンガの政策との関係は、政府主導の開発僧が出現した過程の一部として検討されなければならない。

近代化とそれがもたらした消費主義に幻滅した開発僧は、農村開発について自らの意見を表明し、効果的な発展のために彼らの伝統的な役割を復活させようとする。世俗の諸問題に応じるために、地元の僧侶がかつて果たしていた役割を再考し再解釈する。ある開発僧は、農村住民が開発活動に参加する意義を仏法と地元の伝統に探り、ある者はそれらを新しく解釈して共同体開発を導き、地元の伝統そのものに意義を見いだすのである。

三　現地調査の概要

以下で使用するデータは、筆者が以下の三期にわたって実施した調査で得たものである。はじめにそれぞれの調査とその経緯を簡単に紹介しておく。

最初の調査は、一九八三年から八四年にかけてチュラーロンコーン大学社会調査研究所の研究助成を得て実施した。僧侶の開発の役割と政府が推進する開発戦略がしばしば異なるという事実をうけ、当時開発僧が活動していた東北地方農村で僧侶の役割と開発についての見解を明らかにすべく、開発活動の参与観察および開発僧と在家信者との聴取を行った。このとき、筆者は開発僧とはよばれてはいないが開発に関わる多数の地元の僧侶と遭遇し、彼らと村外の支援組織や機関の影響を受けて活動する開発僧とを峻別することの難しさを痛感した。当時は住民も開発僧と共に活動した経験が少なく、どちらの僧侶を求めているのかも判然としなかった。開発僧の役割についての議論は、同じ村のなかでも二つのグループにわかれていた。一方のグループは、僧侶が僧院を出て住民の生活に介入することを期待した。説法にとどまらず、在家信徒がより良く暮らせる戦略、すなわち社会経済的な問題を解決する現実的な戦略を示すべきであるとした。在家信徒に助言できる僧侶は地元の自然発生的な共同体の指導者だからというのである。他方のグループは、僧侶は僧院で純粋に仏教を維持すべくあらゆる世俗問題との関わりを避けるべきと主張した。救済に向けた正道を在家信徒に教え、僧侶は仏陀の教えを学ぶことに専念すれば、住民は自らすすんで僧侶を介して善行（積徳行）に励むという。僧侶の開発への参加の是非をめぐって、在家者と僧侶の間では常に議論があった。一般に農村や地方寺院の僧侶の多くが開発僧の役割は担わなくてよいと了解し、開発僧の活動に巻き込まれることも、批評することも望んでいなかった。当時の東北地方の僧侶の眼には、開発僧は少数の特殊な活動をする僧侶にすぎなかった。

この時期の調査は、僧侶が関与する開発事業は共同体に依存するという事実を明らかにした。少数の開発僧が活動する傍らで、多くの僧侶が地元住民の協力を得て自ら開発事業を進めていた。彼らは地元住人を抑圧と貧困、無知から解放することをめざしていたが、開発自体は地元に根ざすそれぞれの目的があった。この調査結果は筆者の処女作として出版された。しかし、調査対象が東北地方の九県の開発僧三八名にすぎず、わずかばかりの資料で東北地方の開発僧の全体像を示そうとしていたのである（Phinit 1985; 1986）。

続く調査は一九八九年から九一年にかけて、仏教系のＮＧＯであるＣＧＲＳ（Coordinating Group for Religion and Society）からの助成を得て実施した。前回の事例の再調査をふくめ、全域で計九六名の開発僧との聴取を行った。初回に三八名だった開発僧のうち、二五名がその活動を続けていた（残る一三名の内訳は死去三名、還俗九名、病気療養中一名）。また、ＮＧＯと政府機関が公表した七一名の開発僧も訪問した。この調査では、開発僧の多くが地元に根ざす開発活動からＮＧＯや政府機関の支援を得た開発事業の担い手へとシフトした事実が明らかになった。これらの事業は、森林保全や統合的農業システムなど当時流行した「持続的発展」に応えたもので、地元の自助的な開発方法とは異なるものであった。また、聴取に応じた何人かの僧侶は、自らを開発僧の範疇にいれないという状況もあった。興味深いこれらのデータは、しかし、十分に検討するまでに至らず、同地方の開発僧の役割の変化を説明できぬまま、筆者は調査結果を内部資料的な報告書とするにとどめた（Phinit 1992）。

その後一二年を経た二〇〇三年から〇四年にかけて、主としてチュラーロンコーン大学の調査助成と日本文科省科学研究補助金（基盤研究Ⓐ）『東南アジア大陸部・西南中国の宗教と社会変容（代表・林行夫京都大学東南アジア研究所教授［当時］）』を得て、東北地方全域で計一四三名の僧侶に対する調査を実施した。前回の九六名と新たに四七名を対象としたが、開発僧の範疇に入れることができたのは五六名である。他の僧侶は様々な理由ですでに活動をやめていた。再調査した二六名を含む五六名の開発僧の内訳は、初回時の調査で一〇名、二回目が一六名、そしてこの調査では三〇名になった。

また、二度目に調査した九六名のうち、七〇名の僧侶が共同体開発活動の役割と仕事の方法を変えていた。七〇人の僧侶の内訳は、その後七名が逝去、一一名が還俗、老衰九、健康上の問題を抱える六名、サンガ組織の行政管理僧位を得て活動を制約された一〇名、他地域に移動した五名である。残る二二名は、他の新たに得た一七名と同様、以前得ていたＮＧＯや政府組織の援助がなくなったことで活動を休止していた。一九八〇年代は、政府の計画である「東北地方緑化（Isan Khiao）」計画や「仏法の地・黄金の地（Phaendin Tham Phaendin Thong）」計画などと同様、国内外の多くのＮＧＯが東北地方で開発事業を促進できる潜在能力をもつ僧侶を支援する巨額の予算を提供した。しかし、彼らは予算が尽きると共同体を去り、その後活動を続けなかった。これらの僧侶は、開発僧として活動することに十分な関心があったわけではなかった。配当される予算で開発僧の役割を演じていただけであった。以上の経緯が示すように、開発をめぐる僧侶の活動と役割は一枚岩ではなく複合的な構造をもっている。しかし二一世紀に入った現在、外部資金に応じるためではなく地元にねざす開発僧とそのネットワークの形成という、かつてなかった新たな動きが顕われた。以下、このことを踏まえるかたちで開発僧の担い手とその位相をあとづける。

四　誰が「開発僧」なのか？——地元住民からの概念

最初の調査から二〇年余りを経て痛感するのは、共同体の開発に関わった多様な集団が困惑するほどに開発僧を異なる意味で使ってきたという事実である。管見によれば、初めてタイ語で開発僧という言葉を用いたのは仏教系ＮＧＯのＴＩＣＤ（Thai Inter-Religious Commission for Development）である（ＴＩ元開発コーディネータのドゥッサディー・メータンクロー師よりの聴取）(3)。だが、地域住民の側からみた開発僧の所在は、その呼称の成立年や当人が開発僧とよばれるか否かに関わらず、多くの地元出身の僧侶が、住民の求める開発を担うことをずっと望んできたという社会的現実のなかにある。すでに開発活動を終え、あるいはその方針を変えたにも関わらず、ある僧侶はなお開発僧とよばれることを望む。開発僧は僧侶の常態的な地位や称号ではない。サンガ組織内の位階的な僧位とも無関係である。開発僧が含意するのは、政府主導であれ自主的であれ、その時々に共同体の開発を支援することに専念した僧侶とその集団の役割である。つまり、地元住民とともに働き、社会的な相互行為を持つ方途を表象する呼称であり、彼らの活動目的、存在理由と方針が開発僧の条件となっている。それぞれのフィールドで遭遇する開発僧の定義は、僧侶の開発活動に参加する人びととの相互作用を介して、様々な観点から形成されたものとしてたち顕れる。理想的には、その活動に地元の仏教実践や伝統を組み入れることが期待される。他方で、開発活動での多様な参加方法を示すことにもなる。

地方農村の僧侶は、国策とは無関係に今日の意味での開発過程に貢献してきた。ところが、これに対応する都市での開発僧の役割となると曖昧になる。都市では僧侶の社会的役割と俗人との関わり方は地方農村のように直結しておらず複雑に入り組んでいる。都会の僧侶とくに郡や県レベルのサンガで高い管理僧位にある者は、地元の住職や共同体にすれば、寺院とその周辺の共同体開発プロジェクトの管理者かつ行政官のような存在になる。すなわち、共同体開発プロジェクトを企画管理する立場にある僧侶は開発僧ではないということでもある。サンガ内での僧位が高い僧侶は、開発資金や資源を取るために政府機関やＮＧＯと交渉できるかもしれない。実際に開発政策の役割や禁欲主義、在家者向けの現世利益的な活動で知られる高僧もいる。こうした僧侶が共同体の開発に個人的関心をよせなくても、俗人は功徳を積むために布施をする。一般の開発僧は開発を提唱するだけでは基金を集められないので、少数の有能な僧侶が県や郡レベルの開発で支援的な役割を好むという議論（Sakurai 1999: 122）は、一見自明のことのようである。しかしながら、桜井のように彼らを開発僧とみなすことに筆者は同意できない。近年、活動面でより曖昧になる開発僧をとりまく状況にこそ、後述する重要な論点があるからである。

開発僧と「開発サンガ」

開発僧の立ち位置をより構造的に理解するには、「開発サンガ」と開発僧の類似点と相違点に留意する必要がある。

初回の調査で、筆者は両者を同じ意味をもつものとしてあつかい、彼らの異なる局面を考慮しなかった。このことが、僧侶の開発の役割について性急な結論を導いていた。サンガは出家者の集まり、すなわち共同体である。したがって「開発サンガ」は共同体開発に関わる僧侶の共同体である。開発サンガは、公式であれ非公式であれ、共に活動する開発僧の集団である。基金調達役、管理者、調整役、補佐などの地位があり、共同体開発プロジェクトに良好な協力と支援を与える僧侶が含まれることもある。開発サンガ全員が共同体開発のプロジェクトに直接参加するわけではない。この点で、開発サンガと開発僧のネットワークを同一視することはできない。

公式であれ非公式であれ、集団またはネットワークとして共働する開発僧の役割を明確にするためには、開発サンガの役割と区別することが必要である。確かに、ほとんどの事例では、とりわけ郡レベルの開発サンガは、サンガ内の高僧が主導する開発僧とそれを支援する僧侶の公式なネットワークを指すことが多い。しかし、開発サンガでは開発の遂行において主に三つのパターンが観察される。第一に「開発サンガ」は、通常彼らの公式なサンガ内地位と権威を利用して、プロジェクトの計画、資金調達、代行、俗人からの支援と協力を依頼することなどを包含する開発プロジェクトを行う。第二に彼らは、主として政府機関やＮＧＯが支援した開発予算に依拠して、サンガ組織が責任を持てる領域を覆う広い範囲に、開発の拠点を拡張する。彼らの開発プロジェクト組織の計画の多くは、村人や開発僧によらずに決定される。そうした組織が共同体で遂行したプロジェクト例がある。第三に、開発サンガの成員間の関係と僧侶と村人との関係は水平的というより垂直的である。多くの開発サンガの成員は、村人を開発主体というよりプロジェクトの参加者としてとらえ、そのようにあつかっている。

「開発サンガ」と開発僧との大きな違いは、通常、前者が地元の僧侶と俗人からの協力を得るための重要な道具としてサンガ組織を利用して開発計画を実施することである。これに対して開発僧は地元住民と密着して共に働く。そしてサンガ、寄付者、資金提供者または他の支援団体が計画した見取図に基づくプロジェクトよりも、共同体の問題と必要性に基づいた開発プロジェクトを促進している。

五　地域の文脈における「開発僧」

村人と共同体のリーダーは、今日の開発僧を自分たちが抱える問題の解決を助け、適正な日常生活へと導くことができる者として認識している。村人は個人と共同体の問題を解決するために、様々な助言を与えてくれる地元の知的指導者として僧侶一般を捉えている。村人は何らかの問題に直面したとき、まず地元の住職のもとへ助言を求めに行く。彼らは住職を宗教事のみならず世俗事のリーダーとして尊敬している。もし住職が宗教的役割だけを担うなら、共同体の世俗事を支援する僧侶ほど尊敬されないだろう。ナコンラーチャシーマー県カームサケーセーン郡で住職の開発プロジェクトに参加する村の男性（三七歳）は、以下のように開発僧を定義する。

開発僧は、共同体の問題を解決するために行う様々な活動への参加に献身的に村人を導く僧侶のことである。村人が何らかの問題を抱えていると知ったとき、彼らは何もせず座ってはいない。彼らは普通、問題を解決し共同体の利益に見合うと期待される活動を始めようとする。ある村人は僧侶が世俗の問題に関わるべきではないと考えているが、多くの村人は共同体内に開発僧がいる方がよいと思っている。公式の共同体リーダーだけに頼るより、有能な僧侶がいる方がいい。開発プロジェクトを指導促進する僧侶がいれば、村人は賄賂の問題がないことにもっと自信を持つようになる。僧侶と寺院を欺くことは、地獄への扉を開ける大罪になると信じられている。

しかしながら、何人かの村人は開発僧の実践に賛同しない。彼らにすれば共同体の開発は、共同体のリーダーと政府役人の義務であると主張する。僧侶は在家信徒に対して伝統的な宗教儀礼を司式したり、善行を教えるに十分な知識を習得すべく仏法を学ぶことに心を砕くべきであり、その役割を遂行できないなら信頼と尊敬を得られない。その結果、たとえ開発活動が共通の利益をめざすものでも、住民は活動に参加しなくなるだろう。

村人同様に、共同体の公的な指導者である村長（*phuyaiban*）と行政区自治体（ＴＡＯ）の議員は、開発僧の役割を受け入れている。開発僧を、すべての活動に住民の参加を要求することができるリーダーであり、共同体内で真の協力的な開発主体であると考えている。例えば、ウボンラーチャタニー県の村長（四八歳）は、開発僧を以下のように説明する。

> 開発僧とは影響力をもつ開発の調整役である。彼らは、政府役人と村人のどちらの見解に従っても、十分に信頼でき尊敬できる。僧侶の協力を得た開発活動はうまくいくものだ。しかしもっとも重要なことは、開発僧が共同体リーダーと密接に、そして一緒に働かなければならないことである。開発僧は、単独の開発リーダーとして行動すべきではない。もしそのような事態になれば、住民の参加と協力は一時的なものになり持続的な成功に結びつかないだろう。

また、サコンナコン県の行政区自治体の男性（四二歳）も次のように語る。

> 開発僧とは共同体のリーダーである。しかし公式の共同体リーダーとは異なる知識と専門性をもっている。彼らは世俗の知識をほとんど持たないが、村人からもっとも尊敬されている。村人は、僧侶が提案することにたいしては議論や批判をしない。僧侶のいうことをすべて信じるわけではないが、それでもその提案に従う。村人は地元の僧侶と寺院を共同体の中心と見なしている。だからこそ共同体の会合は通常寺院で行われ、住職は繋ぎ役を務める。開発僧と共同体リーダーが適切に

共働できれば、予算の有無に関わらずあらゆる開発活動を容易に遂行できるだろう。

地元の政府役人は、開発僧を政府機関による村落共同体の開発プロジェクトの普及を促進する媒介者とみている。聴取に応じた多くの役人は開発事業での僧侶の高い潜在能力を認める。政府の計画の成功には、地元の僧侶との協力と支援が欠かせないと解している。政策に協力する開発僧がいれば開発活動はスムースに運ぶ。開発僧を増産するという文脈では、サンガの財政と秘書掛を担う教育省宗務局が「模範開発寺院」という語を使ってきた。これは在家者の仏教活動を促進し寺院施設の改修復や維持に専念した住職と寺院をサンガに貢献したものとして称賛することを目的とする。僧坊をはじめとする寺院施設を出家者の居住と修行にとって造改築し快適な環境を保持してきた僧侶を開発僧、その施設を「開発寺院」として認定表示するのである。筆者の見解では、こうした僧侶は、開発僧ではなく「建設僧」とでもよぶべきだが、現実に多くの地元の僧侶やサンガ組織が開発僧、「開発サンガ」といった制度的なお墨付きを与えられている。

もう一つの興味深い点は、真逆の立場が浮き彫りにする開発僧の概念である。世俗の問題に関わりすぎるとして開発僧の役割を果たすことに賛同しない僧侶は、律蔵（Pali: vinaya-pitaka）に照らせば開発の役割はサンガの職務でなく、僧侶の宗教活動としても適切ではないとみる。ノーンカーイ県の郡サンガ僧長（*cao khana amphoe*）（五八歳）は、次のように述べる。

すべての僧侶は、仏教教理に従って宗教実践を行うべきである。精神的指導者である地元の僧侶は、世俗の出来事にあまり関わるべきではないし、開発活動を促進するのに村人を導くべきでもない。彼らは、俗人に仏法を教え、彼らが良き仏教徒として善行を行う方法を知る訓練をさせることにもっと注意を払わなければならない。開発の役割を担うことは、俗人の尊敬と信用を低下させるかもしれない。

最後に、東北地方の開発僧が自ら説明する「開発僧」の定義（語り）を以下にとりまとめておく。

（一）開発僧とは、共同体の問題に従事し、地元の住民が共同体開発の中で自助できるよう励ます僧侶のことである。開発の役割が僧侶と俗人の互酬的関係の上に成り立つことを知っている。生活面で俗人と結びついている。俗人が施す物質的支援に全面的に依存し、見返りとして僧侶の精神的指導を信頼する俗人にサービスする義務をもつ。僧侶は東北地方の住民の積徳行における仲介者や媒体として尊敬されている。開発僧は、在家信者に問題が生じ、助けを必要とするとき、世俗の役割を担い共同体のために貢献しなければならない。俗人と共同体の問題から自らを切り離すことはできない。幸福と苦悩を俗人とともに分かち合わなければならない。共同体で何が起こっているのかを知り、何が問題で、どのように問題を解決して住民を助けるのかを学ばなければならない。そして開発の役割を担い、俗人とともに働かなければならない。

（二）開発僧とは、宗教と世俗の両方のリーダーとなるために学び、自らを発展させる僧侶である。住民が自分たちで問題を解決し適切な生活を営むために、仏陀の教えと世俗の知識を応用する。住民の基本的要求に応える共同体活動を促進するのを援助することができ、仏教実践を基盤とする適切な暮らし方を教える。仏教教理と実践を応用させることで、精神面と物質面の両方の開発を促進する。それによって共に働く地元の住民を励ます。同時に、手本となる行動を取るため仏教教理に従い厳格に実践する必要がある。また宗教と世俗の職務をともに十分尽くさなければならない。

（三）開発僧とは主に俗人の生活の質を改善し、より良い暮らしの水準を引き上げるために開発プロジェクトを促進するよう住民を支援し、励ますことができる地元の僧侶である。居住する同じ共同体で生まれた地元の僧侶である。地元の住民の親戚、地縁者、友達である。だから、すべての個人や共同体の問題が見え、理解できるだけではなく、その問題に影響されてきた。開発僧は、政府の役人でも地元の政治家でもないので、中立的な共同体リーダーである。サンガの位階制度の中で出世するために手柄を必要としているのではない。俗人から高い尊敬、信用、信頼を受けている。その結果、彼らは開発活動に全面的な村人の参加を求めることができる。

(四) 開発僧とは、多様な政府役人や民間会社が横槍を入れて奪ってきた、かつての僧侶の社会的役割を復活させようとする地元の僧侶である。かつてサンガと寺院は東北地方の住民の生活の中心として考えられていた。この点において、僧侶は宗教的および社会的領域における顕著な役割を果たし、東北地方の住民の暮らしと密接に関与してきた。開発僧は、東北地方社会の多様な社会的および開発の役割を復活させ担ってきた。その広範囲の活動での役割は、東北地方の急速な社会変容に地元の住民が対処するための、仏陀の教え、組織化、開発戦略の創造の局面で仏教の可能性を映している。

以上を要約すると、開発僧による「開発僧」とは自ら共同体の開発を促進するために、地元の住民を駆りたてて励ます地元僧侶ということになる。そしてその主な活動は、共同体の問題を解決し、地元の要求に応えるために生活水準を引き上げ、社会経済的状況を変えることにある。開発僧は、人びとが自己開発し共働できるように指導する役割を最優先する。それは、物質的および精神的開発のすべての機能を統合することによって生活の質の改善を目指す。物質面の開発は、快適で便利な生活を提供してくれる。しかし、心の開発を通じて得た道徳と知恵がなくては、住民はより質の良い生活をもたらすそれらの物を管理できない。道徳と知恵は、自然と社会環境の破壊を阻止するか、最小限に抑えられる共同体の利益のために、それらの物を賢明に消費し利用するよう人びとを導くことができる。したがって豪奢な寺院、道路、橋の建設といった物質面の開発を単独で行う僧侶は開発僧ではない。しかし、もし物質面を開発するプロジェクトが社会開発の目的のために行われるならば、例えば人びとが共に働く方法を学び共同体開発を支援し参加させることを促すなら、彼らもまた開発僧となる。さらに重要な要件は、俗人信徒の共同体が僧侶の開発の役割を確実に受容し、サンガの規律である律や仏教伝統から逸脱すべきではないことである。

六　東北タイの「開発僧」の位相（1）

東北地方は二〇〇四年現在、一九県よりなり人口約二一二六万七〇〇〇人で全国人口（六一九七万三〇〇〇）の約三四・三パーセントを占める。メコン川流域で緩やかな起伏がある平原のコラート高原にほぼ対応し、面積一六万八八五四平方キロメートルは全国土の約三分の一を占める。筆者をふくめたバンコクや中部地方の住人は、長らく経済的にも政治的にも辺境の地域とみなしてきた。その周縁性は高原という地形学、地理学的状況、自然環境によるものでもある。低い生産性と保水力の乏しい土壌、乾燥した土地、水源不足、塩分含有に特徴があり、他の地方と比べて不運にもコメ造りに不向きな地方である（Kaewjinda 1992: 24–27）。そうした農業事情もあって、貧困ライン以下の人口が最も多く、国内でもっとも貧しい地方であり続けた。相対的な地方の貧しさが、首都とその近郊に仕事を求めて人びとを駆り立てる要因である。同地方の貧困県からの労働者の流出は明白であり、人びとの移動は、恒久的か一時的なもののどちらかであった（Pinit 2001: 60–61）。

多くの東北地方住民は、一九世紀末までバンコクよりヴィエンチャンやルアンパバーンに忠誠を誓っていたタイ語族のラオ人である。東北地方の実態は、当時の中央政府にほとんど知られていなかったが、相互的な関係のネットワーク型社会を形成し、住民は共同体内でお互いを助け保護しあっていた。共同体で暮らすことは他者に依存することである。東北地方住民は相互に依存し、他者を助けるように育てられ、他者の必要と願望に敏感に共感することを通じて、彼らの関係の中で社会的調和を保つことの重要性を教えられた。東北地方では構成員は密接にお互いを知り、お互いに耕地で他者を労働力として頼らなければならなかった（Klausner 1998）。

東北地方の住民にとって、寺院は暮らしの上での相談や慰めを得る場所であった（Sunthorn 1984: 8–9）。とくに農村共同体では、寺院は一年を通して村人の活動と暮らしの中心であった。寺院は公共物であり、共同体として人びとをまとめ、繋ぎ止めていた（Palanee 1984: 75）。二〇〇四年一二月の公式統計では全国に三万三九三二の登録寺院があり（Office of National Buddhism 2005）、その約半数が東北地方に位置する（cf. Hayashi 2003: 5）。東北地方の仏教は、東北地方の人びとにとって文化基盤に一致する、もっとも重要な実践的な生活様式であった。同地方のある僧侶は、仏教の「業 *kamma*」について、「善行善果、他者を助ければ、自分が助けを必要としたとき誰かが助けてくれること」と教えている（Phrakhru Phiphitprachanart 二〇〇三年九月六日聴取）。

調査地で村人に仏教実践への期待を尋ねると、「純粋な」僧侶だけが俗人の道徳的幸福を保証してくれる、という明確な答えが返ってくる。住民は、サンガと僧侶が日常の世俗事から隔てられていることを期待している。サンガとは仏教的美徳を保持する集まりであり、僧侶は在家信者の道徳的模範なのである。同時に、東北地方の農村共同体での僧侶の影響力は明瞭である。一般の俗人は、僧侶が多様な知識を持つ地元の知識人で、個人や共同体の問題を解決するためによい助言をしてくれるとみる。確かに、僧侶は共同体の知的指導者として尊敬を得てきた。しかし、ちょっとした役割の混乱から、サンガと世俗の間の線引きが曖昧になることについて村人は議論もしてきた。世俗事での僧侶の役割を拡充すべきとする見方と、教理上の限界を超えるという見方が拮抗する。大きな役割の転換は秩序を混乱させるかもしれない。けれども、僧侶の側でも、自ら伝統的な共同体のリーダーとしての役割を主張すべきと表明する。東北地方の僧侶は、常に共同体の中で宗教と世俗の双方における「使命」を担い続けているのである（写真6-2）。

ナコンラーチャシーマー県ダンクントット郡ファイボン寺のプラクルー・パッタナー・キッチャヌユット師 Phrakhru

Pattana Kitjanuyut（五七歳＝一九四六年生）は、僧侶の役割について次のように述べる。

> 多くの人びとは、仏教が高尚な理想、高い道徳的および哲学的思想だけに関与し、人びとの社会経済的幸福を無視するものだという間違った理解をしている。仏教実践の方法は、人びとを道徳的で精神主義を基盤とした非の打ち所のない生活の域に導く傾向があるけれども、私たちは現実の社会の暮らしの中で、物質的欲求と社会的幸福の両方を手に入れるのは、農村の住民にとって難しいということに気づく。仏教は最終目標として物質的なものを考慮していないにも関わらず、仏教徒にとってより高い目標と高尚な到達のために、物資は欠くことのできない手段である。私たちは、精神的成功のために、最低限の物資が必要であることを認める。従って僧侶の主要な役割は、仏教倫理に従って世俗世界においてどのように適正に生きるかについて、俗人に正確な助言を与えることである。僧侶は、世俗の問題と俗人から自らを絶対的に切り離すことはできない（二〇〇三年八月七日聴取）。

写真6−2　ルアンポー・ナーン師．もっとも著名な東北タイの開発僧（スリン県）

僧侶はかつての村落社会では、理想的かつ現実的な共同体のリーダーだった。現在もし彼らがこの役割を再び担おうとするなら、経済的発展と同様に社会・文化的変化を生みだすように計画された共同体活動のすべてにおいて、少なくとも控えめな構成要素とならなければならない。以下で議論する重要な点は、伝統的共同体における本来、保守的な僧侶の「伝統的役割」と現在信頼されている共同体での指導力との間には、かなりの相違があるということである。サンガの成員が世俗問題に関わるべきであるのかどうか、どの範囲までなら許されるのかという論点は、今でも開発僧の活動に参加しない地元僧侶と俗人の間で議論されている。反対派の彼らの多くは誠実な答えを出すことができない。しかしながら一般的に、東北地方の村人や地元のサンガ組織は共同体活動に参加するためのより強い指導力や準備を僧侶に期待している。寺院はすでに俗人活動の共同体的センターとなることを期待され、可能な限り多様な共同体的サービスを提供している。サンガ組織と僧侶は、多様な政府の世俗機関のために様々な社会・文化的機能を失ったにも関わらず、農村の住民のまなざしの中で、これらの機能への期待はまだ完全には失われていない。

僧侶とサンガの社会的役割の低下は、一九六一年に第一次国家経済開発計画が公布されて以来、明瞭になった。社会文化変容は、近代化の進展を伴って全国で急激に起こった。倫理と社会実践における重圧と緊張がうまれる。このような重圧と変容を結びつけることは、自明の理のように見える。知識の拡充、通信と技術の発展、伝統文化や価値観の変容は、住民がいかに暮らし、相互に関わりをもつかについて影響をもたらし、重圧と緊張をどのように処理すればいいのかわからない人びとに挫折感を与えた。今日東北地方社会では、根深い欲求不満が、増加する暴力、偏狭、薬物乱用を通じて噴出している。

東北農村では、高度な経済成長を重視する近年の開発が人びとの社会実践を変化させ、徐々に消費主義や近代化開発の過程を通して慣習的な生活様式が浸食されている。ローイエット県パトゥムラット郡ポーノイ村の古老S（六四歳＝一九三九年生）は、彼の共同体における社会経済開発の影響について次のように述べる。

今日のような、驚くほどモノが溢れる時代を経験したことがない。しかし、素晴らしい発展にも関わらず、村人とりわけ若者が宗教実践を軽んじる。彼らには物質主義がものごとの到達点である。モノを得ようとして目が見えなくなっている。モノは真の幸福や豊かな人間性を与えるわけではないことを忘れている。真の幸福や人間性は、仏教を通してみつけるべきものだ。宗教と物質主義は、すべての人に本当の幸福を与えるために協同できる。いまやどこでも道徳は堕落し、若者はサンガへの恩義や責務を無視する。身勝手にも僧侶の貴重な助言を無視して誤った方向へむかう。モノの獲得から生じる利益は錯覚で、確実ではない。対照的に、高尚な真実が受け継ぐ利益は、本当に長い幸福であり人を惑わすことはない。このことを認識しなければならない（二〇〇三年一〇月一〇日聴取）。

このような状況を前にして、僧侶と俗人の社会的距離を縮めようと、数人の僧侶が俗人が寺院での行事と開発活動に参加することを促した。これが東北地方の自主的な開発僧の始まりである。筆者の初回調査によれば開発僧が共同体の開発に着手するのは一九五三年であった（Phinit 1985: 110）。次節では、なぜ僧侶が共同体開発に参画するに至ったか、そして一九五〇年代から二〇〇〇年代初めに至る社会変化とともに、彼らはいかに開発の役割を変化させてきたかについて検討する。

七　東北タイの「開発僧」の位相（2）

初回の調査では、一九七〇年代から一九八〇年代初頭までの開発僧の事業は、政府のものと異なり、全国と地方の開発よりも地元そのものを対象としていた。彼らは、地元住民自身が認める当面の必要性や問題に応じていた。ここで

「地元住民」というのは、共に暮らし、共同体的制度、伝統、文化実践を共有する人びとのことである。ほとんどの開発僧は地元出身者であり、地元住民が直面する急激な社会経済変化の問題に気づかせている。彼らは、しばしばその必要性や要求を無視するような国家計画に住民を引き込むより、在地のコンセプトと文化的信仰に依り、特定の場所と問題のために計画された事業を始めた。しかし、開発僧の出現と増加は、「オルタナティブな開発」方法をとるＮＧＯの登場と並行していた。一九七〇年代末から、ＮＧＯはタイ社会における主要な社会開発運動となっていた。開発僧とＮＧＯはともに、政府主導の農村開発政策が生む好ましくない影響への関心から登場したものだった。

一九八〇年代初頭から九〇年代初頭にかけて、「オルタナティブな開発」を目指す多くのＮＧＯの活動が環境保護にむかう。中央政府の政策で環境破壊と浸食が進行し、注目を集めたためである。彼らは、政府の開発計画が秘匿する不平等さが地方の貧困の根源であると指摘し、自然資源を搾取する政策が農業の集約化と資本拡大を助長するより、森林破壊を促進すると主張した（Hirsh 1996; Rigg 1995 参照）。ほとんどの開発僧は、森林域に居住する地元住民が森林をもっともうまく保護していると論じた。他の一部の者は、もし残る森林地帯を保全できるなら、住民は森林、特に河川流域から移動しなければならないと強調した。地元住民による管理が森林保全の最善の方法であるという主張は、開発僧の役割を極めて的確に言い当てている。ここに新たな「環境僧（*phrasong nak anurak*）」が登場し、この論争に加わることになった（Darlington 2000）。ＮＧＯが政府の開発政策とグローバルな資本主義の影響に関心を持ったように、「環境僧」も彼らの活動に関わる環境問題と一体化した開発に大きな関心を寄せた。それは、僧侶が社会的、政治的活動を行う動機となり、仏教と自然環境との関係を明確に述べ始めた時期であった。しかしながら開発僧の役割は、行動を通して明らかに社会変化に影響力を及ぼす可能性はあるが首尾一貫した社会運動を形成するものとはならなかった。

開発プロジェクトに従事する僧侶の多くは、非公式なネットワークの中で参加する。そして定期的に、彼らが行う活動、関心、障害、成功の経験を分かち合うために集まる。ＣＧＲＳ（the Coordinating Group for Religion and Society）やＴＩＣＤ

(Thai Inter-Religious Commission for Development)のような仏教関係のNGOの支援で開催される、年五回から一〇回、毎回二〇から二〇〇人の僧侶が参加する様々なセミナーを通じて、いくつかの開発僧のネットワークが作られ支援を受けてきた(Darlington 2000)。そのようなセミナーでの意見交換が重要であるにも関わらず、現実の知識形成は、現場でプロジェクトを実施する際に開発僧と村人の相互行為の中で起こった。僧侶と村人の間で徐々に築かれた新しい社会関係は、地元の仏教実践の現実的な方法と同様に重要である。

八　東北タイの「開発僧」の動機

先行研究は、タイにおける僧侶とサンガの開発の役割が、地方における国家開発と国家統合を進めた政府機関が先鞭をつけて支援したことを示唆する。実際に、いくつかの例は、国内外のNGOが支援し刺激を与えていた(Keyes 1971; Morgan 1973; Tambiah 1976; Heinze 1977; Ishii 1986; Somboon 1988, 1994; Darlington 1990, 2000)。しかし、東北地方農村で開発僧が登場した最初の時期は一九五〇年代の初めであり、開発僧の動機は外部の要因というより内部要因によって生まれていた。タイ社会に仏教が普及して以来、僧侶は社会から隔離されていたわけではない。彼らは俗人とともに暮らし幸福と苦悩を共に分かち合ってきた。僧侶は、共同体における問題を解決し貧困と闘うために、村人を先導して支援する自覚があった。僧侶たちは、生きるために村人の援助に頼らなければならないことを了解していた。それゆえにこそ、彼らは村人の問題と苦悩を知ったとき黙認できなかった。住民を助けるために開発活動を促進することは、自分たちがよい快適な生活をするのを助ける現実的な方法でもある。この状況は、一九六〇年代から七〇年代にかけて同地方に現

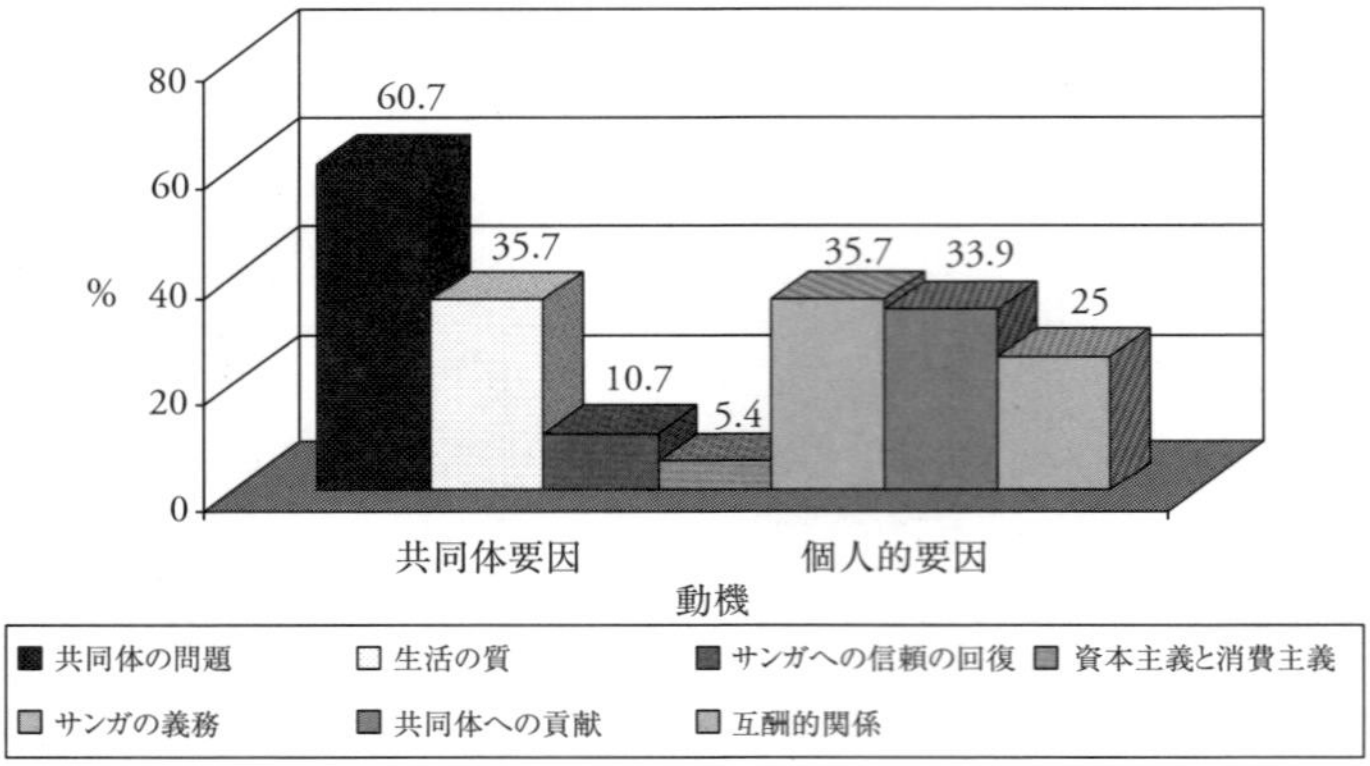

図6−1　「開発僧」の動機

れた開発僧にとって重要な動機であり続けた。その後、開発僧は時代とともに変容する社会状況同様、全国と地元レベルでの変わりゆく開発状況に応じて開発に対する多様な動機を持つようになった。

図6−1は、筆者の調査結果に基づいて、共同体と個人の二要素を基盤とした開発の役割を担う開発僧を駆りたてる動機を分類したものである。動機は、共同体と個人の動機にわかれる。最も重要な動機は共同体の問題である。僧侶は共同体内の多様な問題、例えば貧困、住民の生活の質の劣悪さなどを目にしたとき、それらの問題を解決する手助けをしたいと考える。地元出身の東北地方の僧侶は、住民と同じ状況と同じ問題の中で暮らしており、俗人の日常生活の中で何が起こっているのかを目の当たりにして理解している。続いて、二番目に重要な動機は、人びとの生活水準を改善する手助けをする適正な道を見つけることである。もちろん彼らは住民の生活の質の向上には、道徳的な進歩とともに、物質的な改善が必要なことを理解している。この動機の根本には、人びとの生活の質が標準を下回る状況がある。彼らは心から人びとの幸福を気遣っているのである。

しかし、共同体の問題と住民の生活の質の低さを知ることだけが、僧侶を開発の役割に駆りたてているのではない。個人別にみると、おおきく三つの動機がある。調査結果では、少なくとも事例の三分の一がふたつの理由から住民を助けることを僧侶の職務としている。まず、回答者の僧侶はほとんど住民と同じ村に生まれており地元住民として親戚が抱える悩みを助けることを職務とみなしている。二つ目の理由は、サンガの義務が社会に奉仕するというものである。仏教僧は、俗人が抱える苦悩と問題を仏教僧は放置しておくことはできない。他の三分の一は、開発に参与することは、宗教と公的教育の両方を学ぶ好機と考えていた。そして、僧侶が俗人より多くの知識を持つと主張する。それゆえ彼らは宗教と世俗の知識を人助けのために利用すべきとみなす。そして、四分の一は、僧侶と俗人は互酬的関係にあるために開発の役割を担うとしている。彼らは仏法を学び実践し、僧侶として生きていけるのは俗人が与えるすべての援助のおかげだと理解している。僧侶は俗人に物質的に依存する。したがって僧侶は住民の幸福を促進する道徳的義務があり、住民が問題を自ら解決できるなら、あらゆる支援をする。住民の暮らしが成り立たないのなら、僧侶もその活動を続けることはできない、とする。

さらに、他に二つの開発僧への動機がある。サンガが開発計画に関わることは当然とみなす僧侶の一部には、東北の地方社会は急速に変化しており、サンガは社会におけるその地位を維持するために関与しなければならない、社会変化に応じて僧侶も変化しなければならない、そうでなければ時代遅れの存在となる、という声がある。また、彼らは世俗社会の開発の速度があまりに速くて人びとは物質主義に陥ったと認識している。その結果、住民は宗教実践を軽視し、過剰に金を稼ぐために働くことを考え、ひいては親族や共同体の繋がりを弱めて村落社会に多くの社会問題をうみだしている、とみなす。

開発僧を開発の役割へと駆りたてる動機は、共通するが一つではない。重要な点は、在家信徒に問題がなければ僧侶は共同体の開発に従事する必要もないということである。聴取をしたほとんどの僧侶は、政府の業務が村落に拡がり、政府役人が効果的に開発の効果を熟知するならば、僧侶は開発活動に関わる必要はなく、仏教普及のための活動に集中できると主張する。僧侶は長期にわたって共同体の社会経済的状況を改革しもう一つの新しい方法を提供しようと試みてきた。多くの開発僧はまた、共同体内の社会変動に伴って動機と役割を変えた。

九　「開発僧」の役割と東北地方の社会変容

開発僧が、その開発役割と活動をどのように変えてきたのかを理解するには、タイの主要な社会変容全般の状況を検討する必要がある。共同体開発における僧侶の関与に影響をおよぼしたと思われる社会変化（表6-1）と最近の調査で得た資料は一九五〇年代から二〇〇〇年代に至る僧侶の開発の役割と活動の変化を浮き彫りにする。社会変容、開発の役割の開始（図6-2）、開発の役割と活動の変化の間の関係を示すために、時代を五期に分けて分析を試みる。

一九六一年以前

一九六一年にサリット・タナラット元帥下のタイ政府は第一回全国経済開発計画を始める。同年以前に、東北地方では政府の経済開発政策の影響はなかったようである。初回調査で聴き取りを行った四人の開発僧はこの時期に活動を開始した。最も早い開発僧は一九五三年に開発の役割を始めていた。すでにこのうち三名は他界した。今日もその役割を担い続けているのは、ウドンタニー県のパー・シースタティップ寺のプラクルー・マハーヴァピー・カナラック師Phrakhru Mahavapi Khanarak（七九歳＝一九二四生）である。同師は現在ノーンハーン区の寺院で郡サンガ僧長（cao khana amphoe）を務めている。功徳を積むためにと、一九五七年から俗人が共同体の福祉と開発に労働力や他の資源を支援するよう奨励してきた。師はそのような行為が潜在的に有徳で善業に貢献すると説いてきた（Phinit 1985: 154–159）。その活動には、これまでサンガが何世紀にもわたり俗人の積徳行の対象であったことからすれば、形式も意図も目新しさは

表 6-1　タイと東北地方における重要な社会変容

西暦	重要な社会変容
1953	東北地方で最初の開発僧（現地調査による）
1961	第一回国家経済開発計画，開始
1963	バンコクの二つの仏教大学（マハーチュラーロンコーンとマハーマクット）辺境地帯に仏法教師として卒業僧を送る「タンマパタナー」計画を立案
1965	宗教局，全国に開発活動を促進させるために訓練した僧侶を送る「タンマトゥート」計画開始
1973	学生運動家と左翼知識人，独裁政権打倒
1976	クーデターにより軍が政権を掌握，左翼学生と活動家の多くがタイ共産党に参加
1980	政府が左翼学生と活動家に恩赦の妥協案を提示，多くの者が新設された農村開発 NGO で働く決断
1981-1987	草の根開発を支援し「オルタナティブな開発」方法の推薦者として NGO が認知される
1984	政府が「ペンディンタム・ペンディントーン（仏法の地・黄金の地）」計画開始 「環境僧」出現
1986	政府，「イサーン・キアオ（東北地方緑化）」計画開始
1987 1992	－スチンダー・クラプラヨーン大将，市民デモへの厳重な取り締まりの結果，多くの死傷者がでたことに対する責任を取り首相を辞職 －NGO の支援が共同体開発から政治活動へと転換（特に貧困者の人権と運動に対して）
1997	タイ全土が経済危機に直面（アジア通貨危機）
2005	開発僧が「東北地方開発サンガのためのネットワーク」を組織

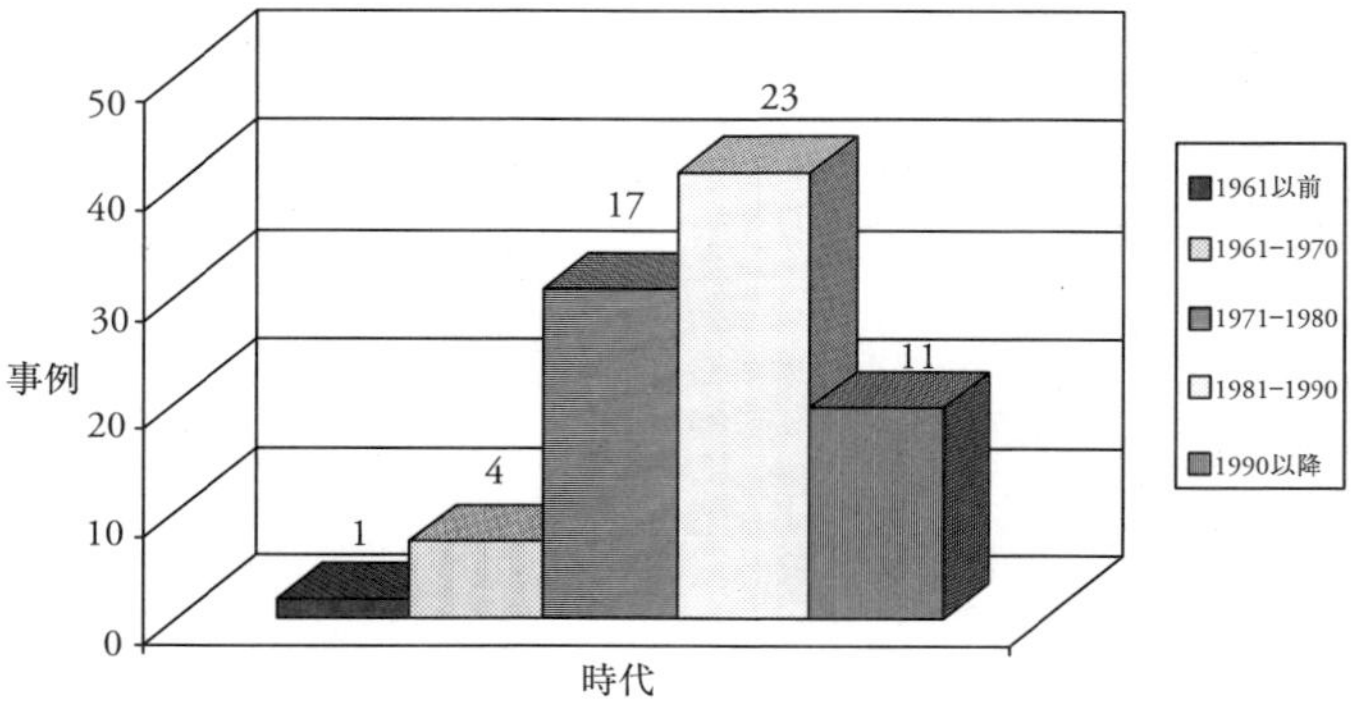

図 6-2　開発役割を始めた時期

ない。内容が社会福祉と開発活動という、限定された目的に特化しただけである。積徳の形式と意図を変えるのは共同体内の在家信者である。

ところが一九六〇年代末頃になって、共同体開発を進める師の方法が数人の俗人から批判されるようになった。師の活動に抗ったのは地元の商人であった。近隣の共同体にも師を批判する僧侶がいて世俗の問題から離れるように勧めた。しかし、師は無視して次のように論じたという。

共同体全体に危機が及ぶ旱魃のような状況では、俗人は食べる米や食料を十分に生産できない。だが、他方で寺院の倉には俗人が布施したコメがうなるほどある。このコメを、天災に襲われた俗人に供給するのは僧侶の責務ではないというのか？このことを正しく了解するなら、僧侶が開発僧の役割を担うべきか、そうでないのかを議論する余地はまったくない。

この時期、僧侶は地元の住民の教育や健康と同じように日常生活にも焦点を当てて、開発プロジェクトとその活動を促進していた。周辺の共同体をつなぐ路、井戸、貯水池といった共同体の公共施設の整備に協力し参加する村人を動員した。他の役割には、学校教師、伝統治療師、薬草師などがある（写真6-3、6-4）。彼らの社会的および開発の役割は、世俗機関の指導力が届かない遠隔村ではより明白であった。そこでは僧侶のみが、共同体の福祉と開発プロジェクトを運営するために村人を動員することができた。主要な開発戦略は、村落全体の利益を求める共同体活動を促進するために、村人が労働力を提供することを求める自助更助である。

一九六一年〜一九七〇年

経済計画の開始後、政府はバンコクや他の大都市に集中した工業および輸出指向経済発展を促進する。その結果、都

写真 6-3　村人のために薬草を扱う開発僧（チャイヤプーム県）

写真 6-4　農村にて子供たちに仏法を教授する開発僧（ローイエット県）

市と地方の村落との格差は広がり、環境は著しく破壊された。特に、東北地方での政府型開発の戦略は、主に共産党の反乱を考慮し、さらなる開発の促進と国家への忠誠に地元民を駆りたてるスローガンの拡大にあった。政府の開発プロジェクトの多くは、軍事基地をつなぐ幹線道路建設が主であった。地方の統合と反共政策の急速な勢いは地元住民の不満を逆に高めた。プロジェクトが土地確保に対する不十分な賠償、首都と繋がる高速道路整備による商品経済の浸透など、大きな問題をうみだしたからであった。負債農民が大量に増えた。

この時期のもうひとつの重要な社会変化は、サンガが国家開発政策に動員された一九六〇年代初期に起こった。政府は、名声ある政府の計画として開発を進めることを目論み、サンガを国家統合を強化する道具としていた。一九六三年バンコクのマハーチュラーロンコーンとマハーマクットの二つの仏教大学が「卒業僧」を仏法教師として辺境地帯に集団で送りこむタンマパタナー計画を立案する。同大の卒業生なら、辺境地域の共同体でかつてなかったほど仏教を真剣に指導するものと期待した。大学側は、ナクタム（教法試験 *nak tham*）学校、パーリ語学校、僧院の私立学校の設立と拡大の手助けをさせるため、多くの卒業僧を送った。そして彼らは仏教日曜学校を運営し、精神的開発のための瞑想指導を行い、また地元の共同体開発計画にも参加した（Ishii 1986: 134–135）。しかし、タンマパタナーの貢献とは、一義的には仏法教育の発展に寄与するものであっても、共同体開発活動の促進は副次的なものにとどまった。

タンマパタナー計画を嚆矢として、政府は同様の方法でさらに大規模な計画を組んだ。宗務局が一九六五年以降推進したタンマトゥート計画[4]である。この計画は共同体開発活動を促進し調整する方法を重点的に、僧侶を二ヶ月から半年間トレーニングするもので、全国の農村人口の生活水準を向上させようとする政府のとりくみに貢献する目的があった（Heinze 1977: 96–100）。しかし、トレーニングされたほとんどの僧侶は、共産党反乱の問題に対抗するため、政府が開発努力を集中させた東北タイの農村開発に送り込まれたようである。タンマトゥート計画を通じたすべての援助によって、一九六〇年代から一九七〇年代にかけて東北地方の多くの辺境地で実施された共同体開発は、僧院の支援と協力を得ることで効果的に成し遂げられたという(Somboon 1977: 46–108)。しかしそれでも地方の要請に対応できる僧侶は少なく、農村開発を効果的に実施できたのはごく短期間であった。なお、今日のタンマトゥート計画は、海外とりわけ欧米諸国に仏教を普及させるための宣教僧を訓育する目的へと変化して続けられている。

この二つの計画は、東北地方で大勢の長期間の開発僧を供給するのに効果的ではなかったとされている。ただし、東北出身の僧侶が共同体開発に参加する契機となったのは事実である。また、サンガにたいしてはタイ社会における開発僧として役割を果たすことの重要性を納得させた。タンマトゥート計画の初期段階では、訓練を受けた多くの僧侶が辺境地帯に共同体開発を導入し助言を与えるために東北タイへ送られた。しかし、彼らは様々な状況によって共同体開発を長期に渡って進めることに失敗した。その第一の理由は、彼らの多くが地元出身の僧侶ではないため、地元住民との意思疎通に問題があったからである。第二に、地元住民から尊敬を得たとしても、彼らには農村開発を主導する能力がなかった。それは、地元文化に根ざす共同体の問題を正しく理解するのに十分な訓練を受けなかったためである。第三に、彼らの多くは短期間共同体に滞在するだけなので、共同体開発を指導する自信にも欠けていた。タンマパタナーとタンマトゥート計画による訓育を受けたごく少数の地元の僧侶だけが、地方での共同体開発に参加した。

最近の調査で、この時期に独自の開発活動を始めた四人の開発僧がいたことが判明した。開発戦略を個人の自助更助を促進して共同体の基本的要求に応えることとし、住民の具体的な問題を解決することを活動の中心とした。問題とは、雨季における旅行の問題、浄化水の不足、政府の保健所から遠いことなどである。また、コストが低く高い生産力、有機肥料の使用による土壌改善、季節に応じた換金作物の導入を促進する政府役人と協力し、さらに進んだ農法を目指す活動もあった。開発僧は政府のプロジェクトに参加するだけでなく、彼ら自身でプロジェクトの開始や運営を行うことで、村人たちを励まし動員してこれらの活動に貢献した。

一九七一年〜一九八〇年

激烈な政治変化が起こった時期である。一九七三年、学生運動家と左翼知識人が独裁政府を駆逐し、一九七六年には軍部によるクーデターが起こった。同年以降多くの左翼学生や活動家がタイ共産党（ＣＰＴ）に逃げ込む。一九八〇年には政府がこうした学生や活動家に恩赦の宥和政策を提示した。投降後彼らの多くは新設の農村開発ＮＧＯで働く途を選んだ。一九七三年から七六年までの政治的結末として、二つの仏教大学に学ぶ僧侶の間でも民主化運動のような政治運動があった。ある僧侶は故郷に帰り、開発活動を促進するよう地元の住職を奨励した。調査では一七人の僧侶がこの時期に開発の役割を担い始めている。

一九七〇年代の政府の開発計画は農村開発に重点をおいたが、主にインフラ開発だった。開発計画の尋常ではない実行速度は、農村住民の基本的要求に応えたものではなく、共同体が抱える問題を解決するものでもなかった。最大の原因は、地方行政に配分される開発予算が乏しく、中央政府による開発計画が様々な省庁や組織ごとに実行されたことである。立て続けの開発計画の効果は極めて限定されていたが、何人かの地元僧侶は、東北地方の多くの辺境地での農村開発への参加を促された。彼らの主要な開発戦略は、住民の生活の質の向上と基本的要求に応えることであり、具体的な共同体の問題や貧困を解決する活動を行った。具体的には、村落の下水設備、衛生、栄養、生活状況の改善などである。

この時期、開発僧が促進して効果をあげた五つのプロジェクトがある。ひとつは清潔な貯水タンクを作るために共同体が基金を集めるよう監督した。第二に、公衆衛生キャンペーンがある。これは東北地方の住民が好む生食をやめさせ、良好な下水処理のために家屋にトイレを作ることを奨励した。第三に、自家消費用に化学肥料や殺虫剤を使わない野菜栽培を勧めた。第四に、飯米が年中不足し農耕用の水牛をもたない住民のために、村人が米銀行と水牛銀行を設立する手助けをした。そして最後に、若者に対する教育を支援した。特に田畑に出て働かなければならない両親のために、小さな子供の世話をする共同体保育センターを設立した。この最後の活動の主な目的は、まず、子供たちの面倒をみるために、初歩的な教育を与え栄養のある食べ物で育てることにあった。開発僧は、寄金を募るとともに境内の一部を保育センター運営のために提供した。また、何人かの僧侶は、自ら指揮を執って子供の面倒を見ることを助けた。僧侶は、村人たちの健康、特に若い人たちの健康をとても気にかけた。これらの活動の目的は村人たちの生活の質を向上させ、彼らの基本的要求に答えることにあった。

一九八一年～一九九〇年

東北地方の開発僧の活動が絶頂期を迎えるのはこの時期である。多くのＮＧＯが農村共同体開発に地元僧侶が加わることを奨励し支援するために入ってきた。同時に、関連する政府機関も開発僧を支援するため「仏法の地・黄金の地」計画や「東北地方緑化」計画を介して参画した。筆者の調査では二三人の開発僧が活動を始めている。

周知のように、ＮＧＯが「草の根開発」の後援者や「オルタナティブな開発」の推進者として認知されるのは一九八〇年代初頭以降である。ＮＧＯは政府が採用するものとは異なる開発実践の戦略と概念を利用して農村開発を行った。当時の農村開発は、政府の開発プロジェクトが成果をあげていなかった。その意味では、開発の仲介者としてのＮＧＯの役割は大きかった。それでも政府は地元僧侶と協力することを目論んだ開発プロジェクトを促進した。全国で一九八四年に始まった「仏法の地・黄金の地」計画は、イデオロギー的には開発に対する「仏教アプローチ」であったが、ほとんどの地域で開発による好影響はなかった。自己充足経済と自助更助のアプローチを促進することを目指し、貨幣経済活動を直接支援するものではなかったため、地元住民はこの開発計画をさほど重要なものとはみなかった。しかしながら、数例ではあるがこの開発イデオロギーに従う開発僧がウボンラーチャタニー県とアムナートチャルーン県にいた。

一九八〇年代半ば頃から東北地方の小作農の分裂が顕著になる。この事態は土地なし農民の多くが換金作物栽培の経営を誤って借金を増やし、都会での臨時仕事を求める人口の流出、森林破壊、土地開墾の増加に直面することでさらに悪化した。東北地方の森林面積は一九六一年の四〇パーセントから一九八五年の一四・四パーセントに急落し、一九八九年には国内における森林伐採が原則的に禁止された。この時期、NGOは環境問題と人権保護について政治的役割を強めて政策を厳しく批判した。彼らは東北地方の多くの地域で環境運動を支援した。いわゆる「環境僧」の活動はこうした状況からうまれている（Darlington 2000）。

一九八六年と八七年に続いた東北地方の旱魃で、国王は「東北地方緑化」計画を進めるよう政府に助言した。この造林計画は一九八七年から九一年まで実施された。この時期の東北地方の開発僧の活動は、多くのNGOが地方全体に多くの自助的組織を設立するために導入した方法を踏襲した。広く普及したもう一つの開発アプローチは持続的開発である。「持続性」の理念は卓越し、一九八六年から東北タイ農村開発にかかわる言説と実践に深く埋め込まれた。この包括的な概念は住民参加と資金援助者を結びつけた。ほとんどの僧侶の開発活動は参加型であり、持続的開発の実行を目指した。開発僧はNGO諸機関との相談の上で統合的な農業や有機農業プロジェクトを始めただけでなく、他地域でも環境保護活動が顕著になった。

この時期、自助組織の活動は村人を惹きつけた。よく知られた自助組織には、米銀行、水牛銀行、生協、村の薬店がある。米銀行は、貧農にとって深刻な問題である飯米不足を解決するために始められた。それまで農民は米や必需品を買うために商人や金貸しから現金を借りていたが、たいへんな高利子であった。米銀行は、収穫後に一定の米を預ける会員や、「ブン・クム・カオ *bunkhum khao*」や「パーパー・カオ *pha pa khao*」といった寺院の積徳行事から米を集めることでこの問題に対処した。米は寺院や村協同の特設米倉に貯蔵された。必要な時に米を借りて収穫直後に委員会が定めた低額の利子を付けて銀行に返す。水牛銀行とは、仏法に忠実であることを誓い、動物の世話を約束した貧しい農民に水牛を貸し出すものである。借りた農民は最初に生まれた水牛の子供を銀行に返す規則である。銀行の規定を犯すと水牛は取り上げられる。

この時期、NGOの多様な支援を元手に開発の役割を果たし始めた開発僧が多くいたことは確かである。しかし、NGOが開発僧の役割そのものを準備したことを意味するわけではない。NGOは、当時すでに著名な開発僧や他の潜在能力がある僧侶を開発活動促進に利用したにすぎない。

一九九〇年〜現在

一九九二年、スチンダー・クラプラヨーン元帥は野党、学生、知識人による退陣要求デモと市民デモとの衝突の結果、多くの死傷者をだした責任を取って首相を退陣した。この時期、NGOは開発促進に代わり、政治運動に重要な役割を果たし始めた。一九九二年から九六年までに開発僧は減少したと言えるだろう。多くのNGOが開発よりも政治活動を支援するようになり、その結果多くの開発僧が資金不足によって活動を休止したのである。この時期に開発の役割を果たし始めた開発僧は九人である。

加えて一九九七年にタイは未曾有の経済危機に遭遇した。この危機は、僧侶の開発活動を経済的、社会的に制限することになった。多くの村人も、経済問題について非常に懸念した。一九九七年以降に開発活動を始めた開発僧の事例は二名である。二人はナコンラーチャシーマー県の開発僧ネットワークを通じて学び、開発活動に参加したことがある若い僧侶である。彼らは出身村の寺で住職となってから開発活動を促進して住民の参加を奨励し始めた。

一九九一年から九六年までの間、開発僧による開発手法は、森林保護、統合的農業システム、有機農業などの持続的開発が主だった。一九九七年の経済危機の後、プーミポン国王が提唱した、いわゆる「新理論 *trisadi mai*」とよばれる充足型経済のアプローチがNGOと政府機関によって支援されるようになった。開発僧もまた、村人が化学肥料使用を減らすために堆肥を作るだけでなく、統合的農法や有機農法を行うように村人を支援することでこの方針にならった。ある僧侶は経済問題を克服するために地元住民が他の職業に就けるよう、SIF (Social Investment Fund) から助成を受け、職業訓練を行い、農業外労働も奨励した。

以上は、東北地方の開発僧が過去半世紀にわたる社会変化に伴い、その開発の役割と活動をいかに変えてきたかについての概略である。一九五〇年代から二〇〇〇年代始めまで、東北地方共同体で開発僧は様々な開発アプローチを採用してきた。しかし主要な手法は、仏法や仏陀の教えを利用し適応させた「精神の開発」であった。公益のために、献身的に開発活動を支える方法と同時に、仏教戒律と仏法に従って振る舞い、善行をなす方法を地元住民に教えた。この手法はすべての時期にすべての開発僧が利用していた方法である。

精神の開発を実現するための活動は、アバイヤムック（破滅の原因 Pali: Apayamukha）に抵抗するための宣伝活動である。ほとんどの開発僧は、アバイヤムックこそが開発を阻害する原因とみなしていた。破滅に導く主因は、放蕩、飲酒、ギャンブルなどの中毒である。現実に人びとがアバイヤムックを捨てることはできなかったにせよ、象徴的名意味で僧侶の仕事は重要である。ギャンブルと飲酒は、タイ社会で社会的病理と長年考えられてきた（Somboon 1994: 19–20）。アバイヤムックについての説法も変化した。現在、ほとんどの開発僧は薬物中毒を破滅の一大原因にあげる。二〇〇三年に、当時の首相タックシンが全国的な「薬物戦争」を開始して以後はとくにそうである。

精神の開発を支援するもう一つの重要な活動は、文化の保護と復興である。かつて寺院は村落の文化、伝統、芸術の中心であった。開発僧は、ある伝統文化を復興させようとした。彼らは、地元の伝統や文化が、自己認識と集団結束の感覚をもたらし、開発過程において個人の尊厳と誠実さを守るために効果的な基礎であると認識していた。彼らはまた、地元の伝統が開発活動へ地元住民を参加させるのに役に立つ道具と見なしていた。特に積徳が目的のときはそうである。

地元の共同体で開発僧個人の影響力を直接比較することは極めて難しい。初期では、彼らの多くは政府の開発と支援が不足する地域で地元住民の自助を助けることができたにも関わらず、その後時に応じて社会変化の状態と状況に合った開発戦略と活動へと変える必要があった。それぞれの開発プロジェクトにとって、「開発」の定義も異なる。地元住民の参加指向型開発の意味もまた、政府系であるかＮＧＯ系であるかによって異なる。しかし、政府機関やＮＧＯも、外部の知識、技術、資金を持ち込んで自身の村を開発しようとする地元住民を助けようとする点には共通するものがある。従って、私たちはそれらの開発活動がどのように深く東北地方の地元住民の自己充足度に関わり影響したのかを理解するために、非常に注意深く開発僧によって促進された開発活動を評価する必要がある。

また開発僧がＮＧＯの活動を受容したことは、活動の結果と役割を明らかにするために重要である。かつて開発戦略と活動は容易にＮＧＯと調整できたのは事実だが、明らかにその結果、何人かの開発僧は財政的にＮＧＯに完全依存することになった。従って、一九九〇年代後半、ＮＧＯが深刻な財政的危機に直面した際、多くの開発僧が行っていた最新の開発プロジェクトは影響を受けた。国内のＮＧＯの多くは、海外のＮＧＯから支援を受けていたため十分な資金を持ち、開発僧を含む様々な集団のために開発プロジェクトを支援することができた。一度タイ経済が一九九〇年代に開発途上国のラインを超えてしまうと、資金提供者は財政的援助を終わらせた。そのために多くのＮＧＯが財政的困難に陥った (Srisawang 1995: 39)。その結果、開発僧もまた予算規模を縮小した状態にあった。ＮＧＯが引き上げたり支援を減らしてから、何人かの開発僧は自立して働くことさえできなくなった。予算不足は、彼らが開発を続けるための障害になった。

むすびにかえて

一九九〇年、筆者はサリットの時代に東北地方の開発拠点となったコンケン県にあるＳ村の開発僧プラクルー・パンヤーサーラチョート師（Phrakhru Panyasarachot）と、同師が主導する開発活動に参加していた村人に聴取をした。村を訪れると多くの世帯がカラーテレビを購入していた。それは開発と近代化のシンボルであった。テレビをもつ世帯には、例外なくバンコクをはじめとする都市で働く子供がいた。親たちは、開発と近代化の「恩恵」で村外に働く子供たちがもたらすモノを目の当たりにするとともに、家族が離散して暮らす状況を経験していた。そして、開発の言説は、地元に入り込んできた貨幣経済が裏づける開発機関の行政的促進の結果として流通していた。

同師は、東北地方の農村開発の影響と問題を克服するために、政府機関やＮＧＯのいずれであれ、外部からの開発援助を求めるより、共同体を発見し自助と協力が必要であることを強調した。同時期の多くの開発僧は、地元住民に外部の大きな支援を待つよりも、彼ら自身の開発事業と活動を促進することを奨励した。いわゆる「中道の開発」を進めようとした地元の開発僧は、仏教を応用しながら住民の関心を開発にむけ、共同体内の社会経済的開発過程における触媒として活動することを考えていた。開発へ向けたこの方法は、資本主義や消費主義にたいして直接人びとを対抗させるものではないが、仏教実践と伝統文化を基盤として生活し行動するよう、住民を励ます試みとなる。この方法は社会的効果がある限りで経済発展と共存できる。いいかえると、誰しも苦悩と混沌を伴う経済の世界から逃れることはできない。そのかわりに、地元の仏教実践のやり方と資本主義的な方法、つまり手元にあるバランスのよい方法で貧困と社会的不公平を克服し軽減させようとしなければならない。自己中心主義を縮減させた経済活動は、貧困、争い、不公平を取り除くよう努める限りで、人を精神的な達成感へと導く。このことは、農村の開発僧がどの程度まで開発の精神面と物質面との融合に成功したかを了解することで証明できる。

すなわち、その方法とは、地元の農民に自己充足、節度、適正技術、助け合い、行動の共同様式を教え説くことであった。そこでは共同体の「宗教的」および「世俗的」な実践を橋渡しする方法を探しだす必要がある。それは同時に、共同体とその住民が最も重要視する開発資源を利用することである。開発に対する「仏教的アプローチ」の主要な戦略は、特に地元の「住民参加」である。しかし、異なる組織や住民の共同体開発には多様な見解があり、「参加」の意味も均質ではない。開発に関わる様々な政府機関、NGOそして地元組織の開発言説も異なっている。したがって「参加」は共同体開発を促進するのに適正な戦略や行動を決定し、それらの組織がお互いに意志の疎通を図り、活動するための共通の枠組みを提供する。

開発僧は、行動に「参加」のあらゆる意味を含ませる傾向があるが、一般に彼らは二つの方法で「参加」にアプローチする。共同体に権限を与えることと、意志決定に受益者を含めることである。彼らは重大な決定における地元住民のより多くの参加を奨励し支援する。このような理由で、彼らが考える住民参加とは、特定の目的に到達するための方法であるとともに、それ自身が目的となる。参加が増えると地元の共同体には組織的かつ自覚を高める過程の双方が必要になる。地元の住民は、共通の社会的目標のために共働することを学ばなければいけない。とりわけ、すべての受益者(共同体リーダーを含む村人)は、彼らの利益を左右する決定に参加すべきである。多くの開発僧がすべての受益者の意見、関心、利益を考慮しない限り、開発計画が首尾良く建てられ実行に移されることは難しいだろう。受益者は共同体リーダー、様々な共同体組織と村人の集団を含む。

しかしながら、筆者が出会った開発僧の多くは、異口同音に「東北地方農村の住人は開発決定に参加する準備ができていない、それを行う意志、知識、資源そして組織的技術が不足している」という。実際に農村住人はもっぱら共同体のリーダーと政府役人の貢献に依存している。村の多様な受益者は彼らの利益に影響する意志決定に関わろうとしても、共同体の利益については通常深刻に考えない。そのために、僧侶は地元組織の成員の訓練と実践に頼ることで共同体の力を増加させる活動に苦慮する。共同体の力を増加させることと受益者が関与する実践のためには、どちらも地元住民が自分たちにとって何が善く、何が共同体の利益と福祉に影響するのかを知らねばならない。これらを、開発のための「仏教的アプローチ」で訓練し支援しようとしているのである。

もっとも、僧侶の開発活動とそれに対する村人の意見と反応は、しばしば複雑で相互に対立する。開発僧が長期に渡る開発目標を村人の生活水準向上に設定するため、共同体内の一部の村人や利害集団の短期間の利益を阻害することもあるからである。僧侶とその集団、特に共同体の利益よりも自分たち自身の利益を優先させる人びととの間に、争いや意見の不一致が止むことはない。この状況は、多くの「環境僧」が直面した困難でもある。村人は自家消費と販売目的で木を伐採し、森林産品を収集しようとする。一方で、僧侶は適正で持続的な開発に応じてそれらを保護しようとする。ほとんどの「環境僧」が採用する共同体開発にアプローチする方法は、多数の村人から協力を得にくい。だが、俗人から遊離する彼らが開発僧でないという判断はできない。長期的に見れば、その活動が明らかに共同体全体にとってよりよい環境と生活状態を提供することがあるからである。開発活動は即効である必要はない。同様に、開発僧がすべての村人から支援を得ることも不可能である。

本章が明らかにしたことは、東北地方出身の僧侶による重要な農村開発の活動の多くが、政府が後援する開発計画の枠外で行われていたという事実である。遡ってみればごくわずかの例外を除いて、東北農村で開発を促進するタンマトゥート計画の効果はほとんどなかった。しかし、かつての反共宣伝政策に呼応して開発の役割を担った僧侶は、今日も同地域での開発僧として活動している。サコンナコン県ムアン郡の「森の寺」のサンティタム寺のプラクルー・プラチャク師 Phrakhru Pracak Sitthitham（五七歳）は、タイ共産党の強い影響下にあった同地域で、一九七四年にタイ国軍の全面支援を受けて開発計画を開始した。一九八〇年に政府が共産党の投降に成功した後、師はサコンナコンとその近隣県で自立した開発プロジェクトの支援を続けた。ほかにウドンタニー県のノーンハーン教区・郡事務所の所長であるマハーワピー師（Phrakhru Mahavapi Khanarak）（七九歳）も、バンコクのマハータート寺でタンマパタナー計画に参加し、その後も開発僧として今日に至る長期に渡る社会貢献を果たしている。

ある研究はタンマトゥート計画を、地元の僧侶が自らの出身村で共同体開発を行うことを推進したとする。本章では、その目的と裏腹に同計画が十分な成果をあげられなかったことを示した。それは、当時のタンマトゥートの多くが、バンコクから来た高学歴の僧侶だったからである。彼らは東北地方の文化と問題についての知識や情報をもたなかった。そのために、地元僧侶と良好な関係を築くことができず、開発活動に動員することができなかった。また、開発僧を多様なNGOの代表者とみなす研究がある。確かに、NGOは一九八〇年代から九〇年代にかけて開発僧と協力して開発活動を促進した。しかし、NGOが開発僧を生んだのなら、NGOの支援が絶えた後も活動を続けることはなかったであろう。事実、開発僧の活動を放棄した多くの僧侶がいるように、彼らが自ら開発活動を指揮したのではなくNGOに従っただけであったことを示している。当初から彼らは地域が求めるという意味での開発僧ではなかった。

名称の由来とは裏腹に、開発僧の実践的な活動は政府の計画や政策の成果でも、NGOとその支援の副産物でもない。開発の役割は、以前より地元の僧侶と住民の間で行われてきた仏教実践の一つの模範でさえあった。地元の要素は、開発の役割を担う動機と決断に明らかに影響する。共同体の問題こそが彼らの動機になっている。だが、彼らが開発活動を促進する潜在力と才能は、僧侶と地元住民との間の宗教的および社会的関係に起因する。僧侶が地元住民と良好な関係をもたず、尊敬も受けていないとしたら、彼らは出身村で開発活動をおこすことも続けることもできないだろう。僧侶の開発活動の特徴は、利益を得るよう計画する地元住民の必要性と密に敏感に連動している。

開発活動の未来について尋ねると、多くの開発僧はそのようなヴィジョンを描いたことがなく、すべて共同体の問題と住民の要求に依存すると答える。彼らは、地元住民に利益がもたらされるなら現在の活動を続けるだろう。地元の共同体と住民が、自らすべての問題を解決することができるようになれば、開発僧としての役割を喜んでやめるだろう。いくつかの事例は、長期に渡ってお互いを支援し助け合うために開発僧のネットワークを設立しようとする明確な将来計画を示している。彼らは政府機関にもNGOにも依存したくないのである。

例えば、ナコンラーチャシーマー県タマダー寺のプラクルー・ピピットタンマロート師(Phrakhru Pipitthammarot)

(六九歳)は述べる。「開発僧の活動の将来は私たちの手にあるべきである。私たちが、地方全域の開発サンガのためのネットワークを通じて、組織的に調整し、自分たちを支援していくべきである」。

事実、東北地方には小地域の相互扶助組織として、開発僧のためのネットワークが四つある。ナコンラーチャシーマー県のコラート開発サンガ(一九八六年設立、以下同)、スリン県の開発のための仏教僧侶共同組合(一九八七)、ウボンラーチャタニー県とアムナートチャルーン県の「仏法の地・黄金の地」計画のための指導的僧侶組織(一九八八)、ヤソートーン県の開発サンガ・ボランティア(一九八九)である。開発僧が地方全域にネットワークを設立できれば、ネットワークに未加入の他の開発僧と協力し助けることができるという目論見である。

長期にわたり地元住民とともに働いた知識と経験を交換するこれらのネットワークの強化を願って、筆者は二〇〇五年二月二~四日にナコンラーチャシーマー県で開発僧のワークショップを支援した。八四名の開発僧、共同体開発の手法に関心をもつ僧侶が参加した。彼らは心理的支援、知識、技術および予算などの開発資源を与えるだけでなく、アイディア、経験そして問題点を分かち合うために参加した。そこで行われた議論でも、NGOと政府組織からの支援が減少した後、いくつかの県において開発僧は開発実践の方法をネットワーク式の協力と共同作業へと変化させたことが明らかになった。当初の目的であった東北地方における開発僧の連携を築くことも承認され、「東北地方の開発サンガネットワーク」とよぶ暫定的組織を設立することに合意した。ネットワークは共同作業の直接的経験を持つ開発僧の間で設立された。それは協同するだけの開発僧を誘致するものではなかったが、このワークショップ後は同ネットワークの僧侶を中心に何度かの会合が開催され、共通の活動を組織し支援する動きが具体化しつつある。この動きは、東北地方住民の生活向上のための僧侶の役割を拡大し継続する開発僧の将来にとって大きな一歩といえるだろう。

註

（1）筆者の見解では「地域研究」とは、特定の地理的・文化的な地域を学際的な手法で調査研究することを特徴とする研究方法のひとつである。

（2）タンマトゥート計画は、政治的にはセンシティブな国境地域、経済的には辺境の貧困地域に僧侶を派遣した。二つの仏教大学から支援を受けたタンマパタナー計画と同様、タンマチャリック計画も公共福祉省と僧侶が協同することで、アニミストの山地民を仏教徒に改宗させることを奨励した。いずれも、辺境住民を仏教徒にしてタイ国籍を与えることを主目的とし、サンガより政府主導の支援と監督を実施した (Somboon 1977, 1981, 1982)。サンガは、政府の開発計画やそれに僧侶が巻き込まれることを全面的に賛成したわけではなかった。

（3）用語としての「開発僧」の起源を探ることは容易ではない。英語で最初に「開発僧」を使ったのはS・パイカー (Piker 1973) である。ただし、同論文は政府主導のタンマトゥート計画に参加する僧侶のみに限定しており、共同体で開発活動を個人的および自主的に促進する地元僧侶をさす語としては使っていない。タイ語では、クレックチャイ (Krerkchai 1978) が英語からの訳語として「開発実践を担う僧侶 (*phra phu patibat ngan phatthana*)」をあてている。本章で使用する「開発僧」はこの語感に極めて近い。TICDは、一九七九年に「開発僧 (*phra nak phatthana*)」という言葉を使用した。なお、筆者は一九八四年の修士論文では「開発僧 (*phra song nak phatthana*)」と「開発サンガ (*phra sankha phatthana*)」を分けて使っている (Phinit 1984)。

（4）タンマトゥート計画の目的は以下である。（1）共同体開発に関する宗教教育や一般的知識を人びとに提供することによって、彼らが依存する僧侶の地位を維持し促進すること、（2）共同体開発へ参加するよう僧侶と見習僧を奨励し、既存の共同体開発計画を助けること、（3）タイ人の間に連帯感を促進し、それによって国家と宗教上の安全を促進すること (Ishii 1986: 138)。

参照文献

英語

Bunnag, Jane. 1973. *Buddhist Monk, Buddhist Layman: A Study of Urban Monastic Organization in Central Thailand.* Cambridge: Cambridge University Press.

Darlington, Susan. M. 1990. “Buddhism, Morality and Change: The Local Response to Development in Northern Thailand.” Ph.D Thesis, University of Michigan.

Darlington. Susan. M. 2000. “Rethinking Buddhism and Development: The Emergence of Environmentalist Monks in Thailand.” *Journal of Buddhist Ethics* 7: 13 pp. [http://jbe.gold.ac.uk/7/darlington001.html]

Gustfield, J.R. 1975. *Community: A Critical Response.* Oxford: Basil Blackwell.

Hayashi, Yukio. 2003. *Practical Buddhism among the Thai-Lao: Religion in the Making of a Region.* Kyoto and Melbourne: Kyoto University Press and Trans Pacific Press.

Heinze, Ruth-Inge. 1977. *The Role of the Sangha in Modern Thailand.* Taipei: The Chinese Association for Folklore.

Hirsch, Philip. 1996. "Environment and Environmentalism in Thailand: Material and Ideological Bases." In Philip H. (ed.), *Seeing Forests for Trees: Environment and Environmentalism in Thailand.* Chiang Mai: Silkworm Books, pp. 15−36.

Ishii, Yoneo. 1986. *Sangha, State, and Society: Thai Buddhism in History* (Translated by Peter Hawkes). Honolulu: University of Hawaii' Press.

Izumi, Osamu. 2003. "Development Monks in Northeastern Thailand and the Problems on the Formation of Civil Society: Differentiation of "Development Monks" and their Ties to Rural Communities." In Sakurai Y. (ed.), *Regional Development in Northeast Thailand and the Formation of Civil Society.* Khon Kaen: Khon Kaen University Press. pp. 263−275.

Jackson, Peter A. 1989. *Buddhism, Legitimation, and Conflict: The Political Functions of Urban Thai Buddhism.* Singapore: Institute of Southeast Asian Studies.

Kaewjinda, Sompop. 1992. "The Impact of Rural Industrialisation on Migration in Northeast Thailand." M.A. Thesis, University of Hull.

Kamala Tiyavanich. 1997. *Forest Recollections: Wandering Monks in Twentieth-Century Thailand.* Honolulu: University of Hawaii' Press.

Kaufman, H. K. 1977 (1960). *Bangkhuad: A Community Study in Thailand.* Rutland, Vermont & Tokyo: Charles E. Tuttle Co.

Kemp, Jeremy. 1988. *Seductive Mirage: The Search for the Village Community in Southeast Asia.* Dordrecht, Holland: Foris Publication.

Keyes, Charles. F. 1971. "Buddhism and National Integration in Thailand." *Journal of Asian Studies* 30(3): 551−567.

________ 1983. "Economic Action and Buddhist Morality in a Thai Village." *Journal of Asian Studies.* 42(4): 851−868.

Klausner, William J. 1993. *Reflections on Thai Culture.* Bangkok: The Siam Society.

________ 1998. *Thai Culture in Transition.* Bangkok: The Siam Society.

Mole, Robert. L. 1968. *The Role of Buddhism in Contemporary Development of Thailand.* Saigon: Navy Personal Response.

Morgan, E.B. 1973. "Vocation of Monk and Layman: Signs of Change in Thai Buddhist Ethics." *Contributions to Asian Studies* 4: 68−77.

Mulder, Niels. J.A. 1966. "An Evaluation of the Potential of the Buddhist Monkhood in Thailand in Process of Guided Social Change." *Journal of Social Science* (May 1966): 105−116.

Mulder, Niels. J.A. 1969. *Monks, Merit and Motivation: An Exploratory Study of the Social Functions of Buddhism in Thailand in Process of Guided Social Change.* DeKalb, Illinois: Center for Southeast Asian Studies, Northern Illinois University.

Overing, Joanna. 1985. *Reason and Morality.* London: Tavistock Publications.

Office of National Buddhism. 2005. *Database for Buddhism in Thailand, Year 2004.* http://www.onab.go.th/data/data_wat.html

Palanee Dhitiwatana. 1984. "Buddhism and Thai Education." in Terweil, B.J.(ed.), *Buddhism and Society in Thailland.* Gaya, Bihar: Centre for South East Asian Studies, pp. 75−86.

Parnwell, M.J.G. and J. Rigg. 1996. "The People of Isan, Thailand: Missing out on the Economic Boom." In Denis D. and David D. (eds.), *Ethnicity and*

Development: Geographical Perspectives. West Sussex: John Wiley & Sons Ltd, pp. 215–248.

Pfanner, David E. and Ingersoll, Jasper. 1962. "Theravada Buddhism and Village Economic Behavior: A Burmese and Thai Comparison." *Journal of Asian Studies.* 21(3): 341–366.

Piker, Steven. 1973. "Buddhism and Modernization in Contemporary Thailand." *Contributions to Asian Studies* 4: 51–67.

Pinit Lapthananon. 2001. "Gender, Migration Decision-making and Social Changes in Roi-et Province, Northeastern Thailand." Ph.D. Thesis, University of Hull.

Rajavaramuni, Phra 1983. "Social Dimension of Buddhism in Contemporary Thailand." Data Paper No.15. Bangkok: Thai Khadi Research Institute, Thammasat University.

Reynolds, Craig. J. 1972. "The Buddhist Monkhood in Nineteenth Century Thailand." Ph.D. Thesis, Cornell University.

Rigg, Jonathan. 1995. "Counting the Costs: Economic Growth and Environmental Change in Thailand." In Rigg, J. (ed.), *Counting the Costs: Economic Growth and Environmental Change in Thailand.* Singapore: Institute of Southeast Asian Studies, pp. 3–24.

Sakurai,Yoshihide. 1999. "The Role of Buddhist Monks in Rural Development and Their Social Function in Civil Society." *Tai Culture* 4(2): 108–124.

________. 2005. "Socially Engaged Buddhism: Development Monks in Northeast Thailand." A paper presented at "The Ninth Conference on Thai Studies," Northern Illinois University, April 3–6, 2005.

Somboon Suksamran. 1977. *Political Buddhism in Southeast Asia: The Role of the Sangha in Modernization of Thailand.* London: C.Hurst & Co.

________ 1982. *Buddhism and Politics in Thailand.* Singapore: Institute of Southeast Asian Studies.

________ 1988. "A Buddhist Approach to Development: The Case of 'Development Monks' in Thailand. In Lim Teck Ghee (ed.), *Reflection on Development in Southeast Asia.* Singapore: ASEAN Economic Research Unit, Institute of Southeast Asian Studies.

________ 1994. "A Buddhist Approach to Development: The Case of 'Development Monks' in Thailand." A paper presented at the *International Conference on Buddhist Societies in Stability and Crisis,* Kandy, Sri Lanka, 28–30 July, 1994.

Srisawang Phuavongphaet. 1995. "NGOs and People's Movement: As Reflected by Themselves and Others." In Suntaree Kiatprajuk (ed.), *Thai Development Newsletter* 29.

Sulak Sivaraksa. 1988. *A Socially Engaged Buddhism.* Bangkok: Inter-Religious Commission for Development.

Suwat Chanchamnong. 2003. *The Buddha's Core Teachings.* Bangkok: Sukhaphapcai.

Tambiah, Stanley. J.1968. "The Ideology of merit and the Social Correlates of Buddhism in a Thai Village." In Edmund R. Leach (ed.), *Dialectic in Practical Religion.* Cambridge: Cambridge University Press, pp. 41–121.

________. 1970. *Buddhism and the Spirit Cilts in North-east Thailand.* Cambridge: Cambridge University Press.

________. 1976. *World Conqueror and World Renouncer: A Study of Buddhism and Polity in Thailand against a Historical Background.* Cambridge: Cambridge University Press.

Taylor, Jim. 1993. *Forest Monks and the Nation-State: An Anthropological and Historical Study in Northeastern Thailand.* Singapore: Institute of Southeast Asian Studies.

Urasaki Masaya. 2003. "Civil Society and Spirituality: A Case Study of Key Persons of a Forest Temple, Wat Pa Sukato in Northeast Thailand." In Sakurai Y. (ed.), *Regional Development in Northeast Thailand and the Formation of Civil Society.* Khon Kaen: Khon Kaen University Press. pp. 277–305.

タイ語

Anan Wiriyaphinit. 1982. *Botbat Phrasong kap kan phatthana chumchon.* Krungthep: Thai Khadi Research Institute, Thammasat University. (『サンガの役割と共同体の発展』)

Ariya Limsuwat. 1983. "Botbat khong phra phiksu nai kan phatthana chonnabot thai (pho so.2500–2520)." M.A. Thesis, Culalongkon Mahawitthayalai. (「タイの地方共同体の開発における僧侶の役割体［一九五七年～一九七七年］」)

Krerkchai Samingchairot. 1978. "Sangha Thai kap kan Phatthana Chat." (translated from William J. Klausner, The Thai Sangha and National Development, in *Visakha Puja* 1978). *Pajaraya san.* 16(29) [(May-June 1978)]: 10–18.

Phaisan Wisalo, Phra. 2003. *Phutha satsana thai nai anakhot: naeonom lae thang ook cak wikkrit.* Krungthep: Munlanithi Sotsi Saritwong. (『タイ仏教の将来——危機を脱する方途』)

Phinit Lapthananon. 1985. "Phrasong nai chonnabot phak isan kap kan phatthana tam lakkan phueng ton eng." M.A. Thesis, Culalongkon Mahawitthayalai. (「自律にむけた東北地方農村と開発における仏教僧」)

________ 1986. *Botbat Phrasong nai kan phatthana chonnabot.* Krungthep: Sathaban wicai sangkhom, Culalongkon Mahawitthayalai. (『地方農村開発における仏教僧の役割』)

________ 1992. *Botbat kan phatthana chonnabot khong phrasong nai phak isan.* Krungthep: The Group of Religion Co-ordination for Development. (『東北地方における開発僧の役割』)

Pracha Pasannathammo, Phra. 1983. *Kha khong phra kap chata kamma khong chonnabot: sueksa chapho karani.* Krungthep: Rungruang San Publication. (『僧侶の価値と地方農村の運命——事例研究からの考察』)

Somboon Suksamran. 1987. *Kan phatthana tam naeo phutthasasana: karani phra nak phatthana.* Krungthep: Samakhom Sangkhommasat haeng prathet thai. (『仏教思想による開発——「開発僧」の事例研究』)

第七章　出家と在家の境域

——カンボジア仏教寺院における俗人女性修行者

高橋美和

はじめに

本章は、二〇〇四年から二〇〇五年にかけて断続的に行った、カンボジアの俗人修行者、特に女性修行者を主たる対象とする調査に基づく。[1]その存在が、カンボジア仏教徒社会[2]において出家と在家の境域にあたることを明らかにし、俗人修行者の人生にとって寺院内修行がどのような意味を持ち、また、在家と出家の交差する場である仏教寺院がどのような役割を果たしているかを、この境域に注目することにより考察する。

この章でとりあげる俗人女性修行者は、東南アジアの他の上座仏教圏（ミャンマー、タイ、ラオス）にも古くから存在しており、ひとりカンボジアだけに見出せるというわけではない。これらのいずれの社会においても、尼僧すなわち比丘尼の伝統は伝来せず、今日も基本的に比丘尼サンガ（僧伽）が不在であることは共通している。[3]

これまで、東南アジアにおけるこれら女性修行者や、「女性と仏教」という主題では数多くの研究があり、ここでその全てに言及はできないが、非常に大まかに分けて、二つの傾向があったと考えられる。第一には、仏教徒社会における在家の布施行は、主に女性たちによって担われており、それは上座仏教が受容される過程で女性の母役割を信仰の文脈にとりこむことで可能になったという指摘である（例えば、Keys 1984, Andaya 2002）。第二には、女性は出家できないがためにその代替行為として、寺院内で持戒生活を送る修行者となるという見方である。この含意は、仏教が持つ本質的な性差別の指摘であり（例えば田上 一九九二）、研究者によっては、かつてインド、スリランカに存在した比丘尼サンガを復興させるべきだという主張や運動につながる（例えば Kabilsingh 1991）[4]。

ここではとりあえず、これらの主題群は保留とする。「母性（motherhood）」を一般的に論じるよりも、個別具体的な女性たちのライフストーリーから修行者の実態をみたい。また、仏教成立当時の女性差別については、そうした歴史的考察の重要性は否定しないが、当時のインドにおけるジェンダー状況を多少なりとも反映していると考えられ、今日のカンボジア仏教を考察する時に、女性差別を与件として扱うことはかえって現実を見えなくさせる危険があると考える。

さて、フィールドワークに基づくカンボジア仏教研究についてであるが、一九七〇年代から二〇年余り続いた内戦とそれに伴う社会的混乱のために、長らく現地での調査研究が不可能であったため、内戦後再開された諸調査では、民主カンプチア時代（いわゆるポル・ポト時代）に、全ての出家者が還俗を強要され、仏教をはじめとする宗教が抹殺されるという特異な歴史を経験したカンボジア仏教の現代史とその後の復興過程がまず焦点であった（例えば、林 一九九八、Harris 1999; 2005、高橋 二〇〇〇、天川 二〇〇一、Kobayashi 2005 など）。

しかしながら、仏教のシンボル的存在である出家者と寺院復興が注目される一方で、俗人である一般在家の宗教実践と寺院、ならびに在家の宗教実践と人生との関わりについてはまだ十分に解明されたとはいいがたい。この点、マーストンとガスリー（Marston and Guthrie 2004）は、現代カンボジアの仏教及びその周辺信仰について、多様かつ今日的な情報を提供してくれるが、長期調査にもとづく本格的な民族誌的研究の集大成とはまだ言えない。さらに、仏教とジェンダーとの関わりという主題もカンボジア研究の中では取り残された問題群の一つと言える。浜家が指摘するように、カンボジアにおける女性研究はなされてきたにも関わらず、「仏教における女性」は驚くほど「見えない存在」であり続けてきた（浜家 二〇〇五：一七）。

本章で中心的な考察対象となる女性修行者ドーンチー（daun chi 以下、ドーンチーと記述）に関する先行研究が皆無というわけではないので、ここで簡潔にふれておく。まず、上掲書所収のガスリーによる論考がある（彼女の考察対象となった寺院は本章にも登場する）が（Guthrie 2004）、上座仏教の受容過程の中で比丘尼伝統は伝わらなかったものの、寺院における俗人による瞑想などの修行には長い歴史があることを歴史資料から指摘している。ドーンチーのライフヒストリーの紹介もあるが、その対象者が、首都プノンペン（Phnom Penh）市の寺院に止住する瞑想指導者としてのドーンチーという、かなり偏ったケーススタディーになっており、カンボジアにおけるドーンチー全般への言及が欠けている。ドーンチーの寺院止住に見られるいくつかのパターンについては後述する。

浜家伸恵は、シアム・リアプ（Siem Reap）州での定着調査にもとづきまとめた修士論文で、ドーンチーたちにとって寺院生活とは家族の欠損を補う一つの「暮らし」であるという一つの見方を展開している。対象者たちによりそう共感的な理解への試みは、今後の女性修行者研究の貴重な出発点となった。ただし、浜家はカンボジア仏教徒女性の開発研修を行っているローカルNGO、「カンボジア国ドーンチーおよび女性在家仏教徒協会」（以下、英語名のイニシャルANLWCと表記する）[5]の活動に関わっている女性修行者を主に取り上げているので、そういった社会活動とはほとんど無縁の大多数の修行者像と若干かけ離れている可能性はある。

さらに、アン・ソクラウンは、タイとカンボジア両国の俗人女性修行者の属性や実践の比較を試みている。社会問題の解決に積極的に関わっている修行者や高学歴のエリート修行者の諸活動を紹介しつつ、カンボジアのドーンチーがタイのメーチー並みの活躍ができるよう、ドーンチーの社会的認知と地位を高める必要性を主張して締めくくっている（Aing Sokroeun 2007）。俗人修行者がDVカウンセリング等の活動に代表されるような「社会参加」をする有用な存在となることを是とする方向で記述されており、上記先行研究の第二の傾向に位置づけられる。しかし、現在のカンボジアでは、「社会参加型」のドーンチーも高学歴ドーンチーも圧倒的な少数派である。そうしたドーンチーの存在を強調することは、カンボジアの俗人修行者像をミスリードする危険性があるのではないか。

一方、カンボジア王立芸術大学に提出されたシリ・サヴィナーによる卒業論文（Siri Savina 2004）に見られる、コンポントム（Kampong Thum）州の寺院のケーススタディーは（仏教史における女性という大きな主題とケーススタディーのやや無理な接合はあるものの)、資料蓄積の面で貢献しているといえよう。

本章もまた、これらの先行論考と同様、一部の地域のケーススタディーであり、全国的なサーベイを経た考察は今のところ不可能である。しかしながら、カンボジアの都市と農村部との間にある、社会環境、所得、ライフスタイル等における大きな格差を視野に入れる必要があると考え、プノンペンとバッドンボーン(=バッタンバン Bat Dambang)州の二ヵ所を対象地域とした(6)。また、これら二つの寺院だけでなく、子弟関係等、出家者や止住者同士の人的交流が確認される周辺地域の寺院や仏教私塾なども調査範囲に含めた。

また、ここでは、出家者ならびに、同じ俗人修行者ではあるが数の少ない男性修行者との比較をしながら、ドーンチーの宗教的地位の特異性を検討する。そして、女性修行者それぞれの人生にとって寺院生活という選択がどのような意味を各人にもたらすものであるのか、彼女らが寺院に何を求めているのかを、聞き取り調査で得られたデータから考察する。

林(一九九八)が強調するように、カンボジアの仏教復興は、政府主導でというよりは、一般在家たちによる自発的な再建活動によるところが大きい。ポル・ポト時代直後の物資の窮乏時に、こうした活動を支えた在家住民の熱意の源とは何だったのか。むろん、「篤い信仰」が土台にあることは否定しないにしても、その説明だけでは見えてこない現実の実践というものがあるのではなかろうか。カンボジア社会に存在する寺院という場が提供する、何がしかの諸機能が、人々の生活に不可欠だったからこその再建だったとはいえないだろうか。現在、寺院の数という意味では内戦以前の水準に十分復興したように見えるカンボジア仏教ではあるが、現代の仏教はどのように人々の様々なニーズに答えているだろうか。また、人々のライフコースと宗教とはどのような連関があるだろうか。まだ明らかになっていないこうした様々な問いが残されている。本章はこれらの問いに対して、俗人の実践にアプローチすることから一端を明らかにしようとするものである。

一　ドーンチーの概要

1　寺院止住者の中のドーンチー

東南アジアの上座仏教は、スリランカで比丘尼の伝統が途絶えた後に受容されたために、男性僧侶（比丘）の伝統は伝わったが、女性僧侶（比丘尼、尼僧）の伝統は伝わらずに今日に至っている。したがって、カンボジア仏教徒社会においても、出家者といえば男性の僧侶および見習僧を意味し、それ以外は全て在家であり、俗人カテゴリーに属すこととなる。それをまとめると表7-1のようになる。

出家者には、得度式[7]にて具足戒を授かった（upasâmbat もしくは upasâmpatea）僧侶と、授かっていない見習僧の二つのカテゴリーがある。見習僧は、剃髪して黄衣を着ていることからもわかるように、出家者として扱われ、俗人とはみなされない。身の回りのことが自分で十分にできるようになれば子どもであっても見習僧になれるが、実際には最低でも小学校教育を終えてから寺院に入るケースが多い[8]。二一歳になると得度して僧侶になることができるが、この年齢はそれほど厳密ではなく、僧侶となる資格がまだ十分に備わっていないという自覚があれば得度を遅らせることもしばしばある。出家を志す男性が、老若に関わらず、見習僧として数ヶ月～一年程度寺院に起居し、寺院生活に慣れて読経がある程度できるよう修行を積んだ後に得度式にのぞむ、という手順をふむことが広く行われている[9]。

タイなどと同様、カンボジアでも男性が一旦得度式を経て僧侶になっても、（原則として雨安居の期間以外という制限は

表7-1　カンボジアにおける仏教徒の分類

	居住場所	男性		女性	
出家者	寺院	ピコ phikkho（僧侶／比丘）		―	
		サーマネー samane（見習僧／沙彌）		―	
俗人	寺院	ウバーソク ubasok	ターチー ta chi	ウバーシカー ubasika	ドーンチー daun chi
	自宅		ウバーソク ubasok		ウバーシカー ubasika

出所：筆者作成

　あるが）還俗の自由は常にある。実際、一定期間を経て還俗する人の方が終身出家となる人よりも圧倒的に多い。

現代カンボジアの出家者総数約六万人のうち、約六割に相当する三万四〇〇〇人ほどが、仏教教育課程（puthikasoeksa）もしくは仏教教義基礎課程とも言うべきトアンマウィネイ（律法、thoammaviney）を学んでいる（Cambodia, KTS 2005: 22–23）。出家者の年齢別人口に関するデータを持ち合わせていないが、高齢の出家者でこれらの課程を学ぶ人は稀であることから、少なくとも全出家者の六割は比較的若い出家者であると推測される（どちらの課程も学ばず、寺院での修行生活に専念するタイプの若い出家者もいる）。筆者の見聞の範囲でも、出家者は、一〇代から二〇代の若い見習僧や僧侶と、内戦後、すでに中高年であった人が出家し（内戦以前に一度出家経験がある場合も多い）現在七〇代以上である僧侶のいずれかである。

出家者以外は、すべて俗人である。俗人の最も一般的なライフスタイルは、家族と共に自宅に住み、戒律日や年中行事（の多くは仏教行事でもある）の際に寺院に出かける在家の実践スタイルである。しかし、寺院に定期的に宿泊したり、居所として長期に（もしくは死ぬまで）滞在したりする俗人もまたある。俗人男性のことをウバーソク（ubasak）、俗人女性をウバーシカー（ubasika）と総称するが、その中でも、剃髪して白を基調とする衣服を身に着けた寺院止住者を、男性の場合ターチー（ta chi）、女性の場合ドーンチー（daun chi）もしくはイェイチー（yeay chi）と呼ぶ（表7-1）。チーとは修行者、帰依者を意味し、ターは高齢男性を、ドーンとイェイはいずれも高齢女性を指すカンボジア語である。少数ながら若い人も存在するが、名称として定着している。

年齢中立的に俗人修行者を表す語には、男性にサラヴァン（soelavan）、女性にサラヴァテイ（soelavatei）があり、プノンペン市のように寺院関連統計の項目にこの語を使用している場合もある。この章では、日常用語として最も一般的なドーンチーで統一することにする。

先ほどふれたように、僧侶になるには得度式を経なければならない。しかし、日常語で「出家する」はカンボジア語でブオッ（buos）と言い、この動詞は俗人修行者が剃髪してターチーやドーンチーになる場合にも一般に用いられる。つまり、ブオッは剃髪して寺院生活を常態とする者になることとほぼ同義といえる。

寺院の儀式全般の進行係である祭司、アチャー（acha）は、出家と在家との橋渡しをする重要な役職である。アチャーは、元僧侶、もしくは寺院がかつて公教育の場だった時代に僧侶を教師として学んだ世代の男性であり、経文や仏教儀礼に精通している人物である。加えて、寺院を運営する俗人組織、寺委員会（khenakammaka voat）が各寺院にあり、寺院の財政その他を取り仕切っている。この委員には女性が含まれることもある。アチャーと寺委員会委員は在家仏教徒であり、寺院に止住しているわけではないが（寺院内に止住するアチャーの事例はある）、頻繁に寺院に姿を見せる。

これらに加えて、俗人修行者の近親者が一時的に寄宿したり、なんらかの理由で親の庇護を受けられない子どもが、寺院止住者に引き取られて暮らし、近くの小学校に通うというようなケースもある。また、都市部の寺院の一部には、部屋を借りるお金がないか、実家が遠く寄宿先が他に無い学生（男性のみ）などが、寺院の許可を得て、空きのある僧房の一部を住居として使用している。プノンペンではこうした若者がどの寺院にも大勢いる。普通、部屋代は無料で、水道代や電気代のみ負担する。

制度上および慣習上、出家者なくして寺院は成り立たないが、多くの寺院には出家者の他に上記のような俗人修行者や俗人組織成員もまた存在しており、寺院という実践の場が構成されているのである。出家者が決して妻帯しないことなどから、上座仏教社会では聖俗の区別が非常にはっきりしていると言われるが、その一方で、寺院という場が、聖俗両方を包摂するような生活空間になっている。こうした、カンボジアの寺院の一般的環境をここでは確認しておきたい。

2　ドーンチーの人口と分布

カンボジア各州の宗教局では、各年の寺院数と出家者数を集計して宗教省に報告し、それを元に宗教省が全国統計を作成している。しかし、俗人修行者については州によって集計項目に含めるか否かの統一がとられておらず、全国集計は今のところなされていないので、現在カンボジアにどのくらいの俗人修行者がいるのか、正確なところは不明である。入手できたプノンペン市とバッドンボーン州の二〇〇四年の統計によれば[10]、プノンペンの出家者総数（僧侶と見習僧の合計）が四五一九名、ターチー総数一二七名、ドーンチー総数七五三名であり、一方バッドンボーン州の数字はそれぞれ五七二九名、二四九名、九八三名となっている[11]。プノンペンにおいてもバッドンボーン州においても、ドーンチーの数は、出家者総数の約一七パーセントに相当する。仮にこれを全国的な比率として計算すると、全国の出家者総数が約六万人であるから、ドーンチー総数は一万人程度と推計される。

先に言及した団体ANLWCでの聞き取りによれば、登録会員数一万〇八二五人のうち約六五パーセントがドーンチーとのことであるから、七千人ほどということになるが、このNGOの活動範囲がカンボジア全二四州のうち一四州にとどまることと、会員でないドーンチーが多数存在するはずであることを考えると、やはりそれ以上の人口が推定される。

カンボジアの俗人修行者の寺院止住について現時点で指摘できることは、以下の三点である。

①　俗人修行者の寺院止住は全国的に分布していると考えられるものの、全ての寺院に俗人修行者が止住しているわけではなく、一部の寺院に偏在している。各寺院の出家者数に関してはサンガの郡管区長（anukon）が寺院移動願いを受

けて許可を出すなどして、ある程度の管理を行なっているが、俗人に関してはサンガの管轄外である。寺院の置かれている地理的・社会的・経済的な状況（例えば、物理的に部屋が確保できるかどうか、食物・食材が手に入りやすいかどうか、など）とともに、住職の方針にも影響される。

② 俗人修行者のほとんどが中高年の男女である。[12]

③ 俗人修行者が存在する個別の寺院においては、普通、ドーンチーの方がターチーよりも人数が多い。恐らく、全国的にも、ドーンチー人口の方がターチー人口を大幅に上回ると推定される。ドーンチーが集住する寺院では出家者の数を上回っていることさえある。

なぜターチーの方が少ないのかという問いについては、まず、男性には出家という選択肢が常にあるためであると答えることができよう。さらに、人口学的な状況も関わっていると考えられる。カンボジアは内戦期に男性の死亡率が高まったことにより、総人口性比（女性一〇〇人あたりの男性の人口）が小さくなり、今日でも特に四〇代以上の年齢層においてこの傾向が顕著である。[13]また、一五歳以上人口のうち男性の有配偶率が全国平均で六二・九パーセント、既婚だがなんらかの理由（死別・離婚・別居）で現在無配偶者であるのが二・五パーセントであるのに対し、女性の数字はそれぞれ、五八・五パーセント、一四・一パーセントとなっており、[14]女性の無配偶率が男性のそれを大きく上回っていることがわかる。ドーンチーの婚姻状況については後述するが、配偶者がいない中高年女性がドーンチー人口の母体になっていると推察できる。

3 俗人と在家戒遵守生活

自宅に住むが在家戒遵守をしている中高年男女（どちらかというと女性が多い）が、カンボジアには数多く見られる。

こうした実践および生活スタイル自体を、カンサル（kan soel, 直訳すると「持戒」）と呼ぶ。戒は僧侶から授けてもらわねばならないので、陰暦で月に四度めぐってくる戒律日（thngai soel）に寺院へ行って出家者に布施をし、戒を授けてもらうが、これをソムサル（som soel）と言う。必ずしも全員がそうするわけではないが、炊事は同居する娘などにまかせ[15]、女性であれば髪を全体にごく短く刈りこみ、剃髪に近い状態にすることもある。

伝統的に、カンボジアでは、自分の子どもが全員成人するか結婚するかして、親としての家庭責任が大幅に減ると、カンサル生活に入ることが多い[16]。少なからぬドーンチーやターチーが、寺院生活を始める前からすでにカンサル生活をしている。この意味で、ドーンチーやターチーと自宅でカンサルする人々の実践面での連続性があるということになる。自宅でカンサルする世代で、かつ子ども達（もしくは甥や姪や孫など）がそれぞれ独立した生計をたてられる程度に裕福な場合、子ども達が親の長命祈願と先祖供養を兼ねた儀式、パッチャイ・ブォン（pacchay buon）を行うことがある。パッチャイ・ブォンは字義的には四つの布施という意味で、僧衣、食物、住処、薬の四つを指すが、実際には、自宅に大勢の出家者（ならびに必須ではないが俗人修行者）を招いて食事を含めた多額の布施をし、親族をはじめ近隣住民を大勢招いて食事を供するというもので、規模にもよるが、かなりの費用がかかる儀式である。子どもにとってパッチャイ・ブォンは親への感謝の気持を表現し恩返しをする機会となり、親の側にとっては、子孫に恵まれた理想的な老後を象徴する儀式であり、晴れがましい一日となるのである。

ターチーやドーンチーへの聞き取りの範囲では、寺院に入る前にこのような儀式を開いてもらったという人はごくわずかである。恐らく、こうした儀式を開いてもらえる人は在宅のままカンサルを続けるのであり、そうでない人々の一部が寺院での実践を指向するのではないかと推察される。

4　寺院生活の概要

ドーンチーは剃髪して白い衣を身にまとい[17]、在家戒を遵守する。在家戒の基本は五戒[18]である。カンサル生活に入っている中高年男女は、普段は五戒を守り、戒律日のみ戒を八に増やす。八戒[19]（八斎戒）となると、午後の食事を取らないという戒が加わるので、夕食を抜くことになる。これに対し、ドーンチーたちは日常的に八戒もしくは十戒[20]をまもっているので、夕食を取らない（病気などのため栄養が必要な人は、一時的に戒を五つにして夕食を取る場合もある）。十戒の場合は、金銭に手を触れないという戒が加わるので、そのような日常を送れる人のみ可能である。やむをえず金銭に手を触れる必要がある場合は、自分は「十戒に少し足りない十戒」、などと表現するドーンチーもある。一方、戒の数は本質的なことではなく、要するに仏教に真に帰依しているかどうか、心の問題なのだ、と発言するドーンチーも多い。後述する調査寺院では、ＳＤ寺のドーンチーが各自の自室で食事を取るのに対し、ＰＡ寺のドーンチーの大多数が布施堂（sala chan）で一緒に食事するが、後者の場合、食事の時に座る位置が戒によって定められている。すなわち、より上座（仏像に近い場所）に最も戒の数が大きい十戒のドーンチーが座し、次が八戒、五戒という風に座る。こうした慣習が寺院によってどの程度異なるのかは未調査である。

ドーンチーは寺院の敷地内の一角に設けられたドーンチー専用の居住建物に起居する。この場所は出家者が起居する僧房とは別の建物であり、明確に位置が離してあるのが普通だが、都市部ではスペースの問題から、隣接している場合もある。

ドーンチーの日常は、寺院によって少しずつ異なるが、早朝まだ暗いうちと夕方の二度、本堂もしくはドーンチー専用の講堂に集まって三宝跪拝（neamaska）、読経を行なうというのが、ほとんどの寺院に共通する日課である。戒律日や、

写真 7-1　托鉢僧侶に食事の布施をする俗人修行者たち（SD寺）

雨安居期間中に僧侶の説法を聞く、というのがこれに加わる。また、寺院止住者として、寺院内で様々な奉仕作業を行っていることが多い。例えば、寺院内の食物の調達・管理・調理・配膳・皿洗いなどの台所に関わる仕事、境内の清掃、さまざまなボン（仏教行事、bon）[21]の準備、寺院宛の布施の管理などがある。たいていのドーンチー止住寺院には、ドーンチー長（prothean daun chi）が存在し、こうしたドーンチーの諸活動を統括している。さらに、各人の興味関心にしたがって、瞑想修行や律（viney）の学習など、出家者に準じる「修行」がなされる場合も多い。

出家者以外は托鉢をしない（してはいけない）ので、ドーンチーの食事は基本的には自炊で、それにかかる費用は原則として個人的に負担する。しかし、寺院によっては俗人修行者個々人に米が配給され、寺院の台所で出家者のための食事を作る労働奉仕をする場合は、そこで調理された食べ物を食することができる。高齢・病気などの理由で自炊や労働奉仕ができない人には、できる人が代わって行い、食物を運ぶ。高齢ドーンチーが、介護

写真 7-2　俗人修行者の食事風景（PA 寺）

を必要とする状態になると、子どもなどに引き取られるケースもあるが、引き取ることが可能な家族が存在しない場合には、ドーンチー同士で助け合って介護も行う。

例外的なケースとしては、寺院内で論蔵（aphithoam）の講義をするドーンチーがある。こうしたドーンチーは教師であるために日々の食事作りの労働から解放されており、食事は他の俗人やドーンチーが部屋に届ける。

食物の他、電気・水道代、薬代などが必要であるが、このための現金には、本人の蓄えが当てられる場合や、近親者からの定期的もしくは不定期な援助による場合がある。一般に、ドーンチーの主たる「収入」は、ドーンチーが在家の家や寺院内で行われるボンに招待される際に受け取る布施である。

カンボジアでは、ボンには必ず出家者を招待するが[22]、その際には必ずといってよいほど、俗人修行者（そのほとんどはドーンチー）も招くのである。（ドーンチーが希少な地域ではその限りではない可能性はある。）ボンの主催者の経済状況によるが、大きなボンでは出家者、ドーンチーの両方合わせて数十人規模となる。出家者とドーンチーの両方をボンに招かないと何かしら不足感があり、十分な功徳が積めないような気持になる、と言う人たちもいる。

しかしながら、このことは、出家者とドーンチーの宗教的地位が同等であることを意味しない。出家者を「招く」にはニモン（nimon）という語を用い、ドーンチーを「招く」ことは、一般人と同様、オンチューニュ（ânhchoenh）である。出家者の人数を言うにはオン（âng）という助数詞を用いるが、ドーンチーは一般人と同じネアッ（neak）である。ボンの儀礼の場においても、ドーンチーは一般人と同じ側、すなわち出家者たちと対面する形で、一般人と同じ高さの床に、しかし出家者に最も近い所に座する。また、呼びかけにも、出家者にはプレアッ・オン（preah âng）もしくはプレアッ・ダッチャクン（＝プレアッ・ダッチ・プレアッ・クン preah dach preah kun が縮まった口語体）のように尊称プレアッが付けられるのに対し、ターチーやドーンチーには、それぞれローク・ター（lok ta）、ローク・イェイ（lok yeay）であり、これらは一般の高齢者に呼びかける丁寧語に他ならない。

寺院では、ドーンチーはあくまで出家者に奉仕する存在であり、奉仕作業を通して出家者に布施を行っていると自ら見なすドーンチーが非常に多い。あるいは自分の部屋で調理した食事を出家者に直接布施することや、他寺院から托鉢にやって来る出家者の鉢に自ら用意した食物を入れることも広く行われている。すなわち、一般在家にとって、ドーンチーは出家者と共にボンに招き（ドーンチーのみが招かれることはない）、布施の対象となる存在であると同時に、寺院内においては逆に出家者に布施・奉仕をする存在であるということになる。一般在家とは異なる寺院止住者・修行者もしくは最も敬虔で出家者に近い仏教徒という面と、あくまで俗人として功徳を積むことに最大の関心があるという側面の二面性がドーンチーにはある。この二面性のため、ドーンチーの地位は常に両義的であるが、同時に、ドーンチー個々人の指向にしたがって、前者を強調することも、後者に重きを置くこともできるという、実践上の自在さ・自由があるとも言えよう。だからこそ、浜家（二〇〇五）の調査対象者のするように、寺院に身をおきつつ、寺院外社会に積極的に関与していくという形の修行生活もありうるのである。

二　調査寺院の概要

ここでは、ドーンチーが止住する寺院のうち、主たる聞き取りのフィールドとなった二つの寺院の概要を記述する。調査寺院の位置については図7-1に、概要については表7-3に示した。

1　プノンペンのスヴァーイ・ドンクム（Svay Dangkum ＝SD）[23]寺

プノンペンは、表7-2が示すように、出家者数では全国一というわけではないが、寺院当たりの出家者数が五六人と、他州に抜きん出て最も過密である。プノンペンの出家者は、プノンペン出身者を含むが、多くは地方出身者であると言われ、仏教教育課程の中等以上の教育を受けるためにプノンペンに集まってくる。したがって、プノンペンの寺院では、出家者たちがそれぞれの仏教学校に朝から通うのに忙しく、托鉢をしないことが多い[24]。また、瞑想などの実践も出家者の間ではそれほど盛んではない。SD寺はそうした学生僧が多く止住する寺院の一つの典型である。

内戦後、プノンペンにおける多くの寺院が一九八〇年代初頭に再建が始められたが（林　一九九八）、SD寺の場合は境内を住処として暮らす一般住民があったため、一九八九年まで再建が遅れた。再建当時二〇名くらいであったドーンチーが、内戦後寡婦が増えたことなどからその後急速に増加し、一九九〇年代初めには一六〇名を数えるほどであったという。林が一九九四年に行った調査データ（林　一九九八）でも一〇〇名以上となっており、裏付けられる。このデー

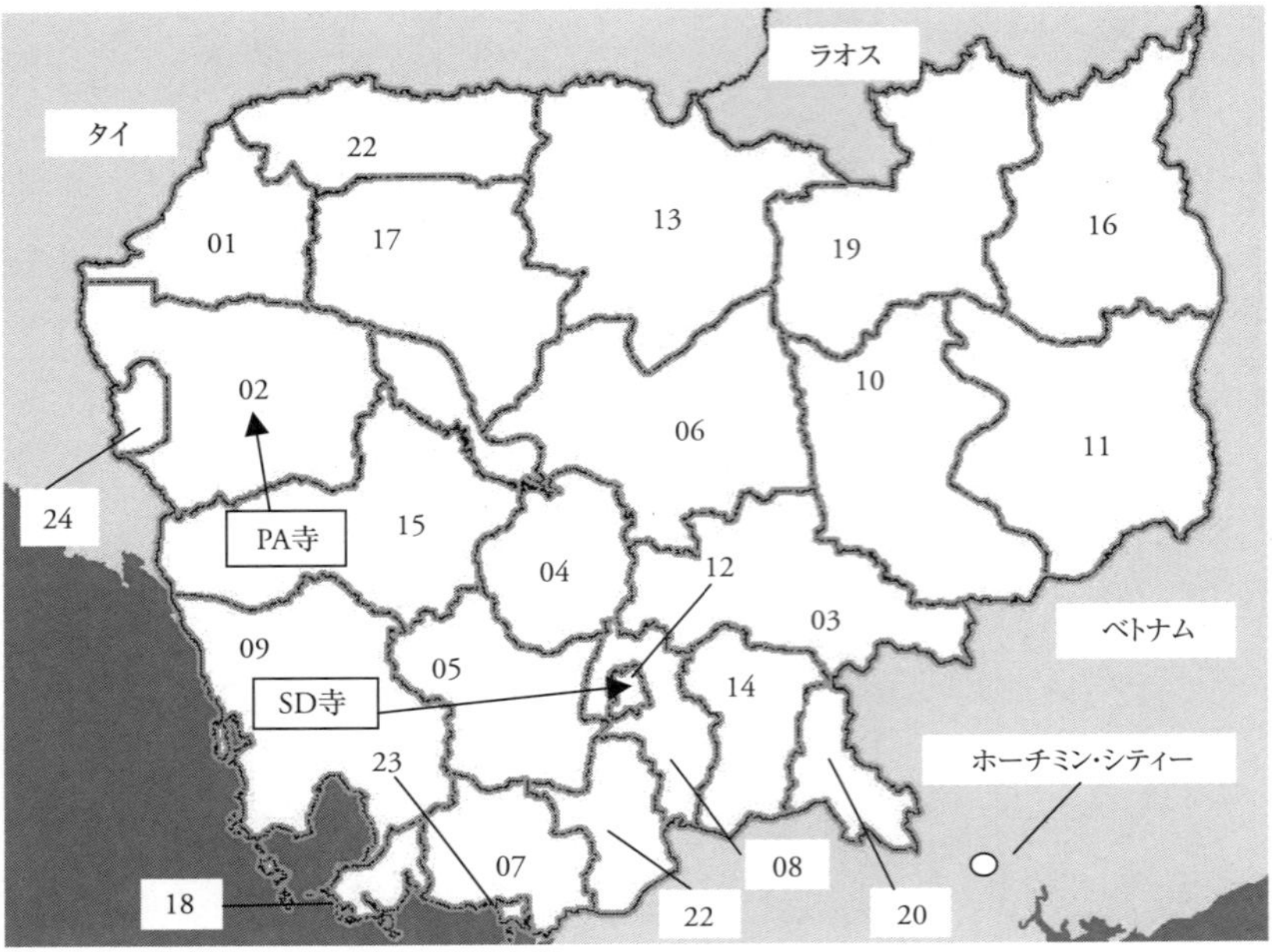

01 ボンティアイミアンチェイ州	02 バッドンボーン州	03 コンポンチャーム州
04 コンポンチナン州	05 コンポンスプー州	06 コンポントム州
07 コンポート州	08 コンダール州	09 コッコン州
10 クロチェッ州	11 モンドルキリー州	12 プノンペン市
13 プレアヴィヒア州	14 プレイヴェーン州	15 ポーサット州
16 ロタナキリー州	17 シアムリアプ州	18 シハヌークヴィル市
19 ストゥントラエン州	20 スヴァーイリアン州	21 タカエウ州
22 オッドーミアンチェイ州	23 カエプ市	24 パイリン市

図 7-1　調査寺院の位置
（出所：筆者作成．なお州・市の番号は 1998 年の National Census のコード番号を使用．）

タによれば、SD寺はソンボーミアッ (Sambau Meas) と並び、一〇〇名を超すドーンチーを擁していた。当時、プノンペン市内でドーンチーが五〇名以上集住していた寺院というと、この二寺院の他はノンムニー (Nonmuni) 寺のみであった。二〇〇四年現在では、五〇名以上のドーンチーがいる寺院を列挙すると、SD寺の他には、ソンボーミアッ寺、ストゥンミアンチェイ (Steung Meanchey) 寺、ソンパウミアッ (Sampov Meas) 寺、ノンムニー寺となり、かつての極端な集住状態がやや分散したことがわかる。

聞き取りによれば再建時

表7-2　男性人口・出家者人口・寺院数（2004）

州もしくは市	男性人口（人）	出家者数（人）	男性人口に占める出家者人口比率（%）	寺院数	寺院当たり出家者人数（人）
ボンティアイミアンチェイ	397,000	3,406	0.95	209	16
オッドーミアンチェイ		374		37	10
バッドンボーン		5,729		312	18
パイリン	493,000	153	1.19	15	10
ポーサット	221,000	1866	0.97	140	13
コンポンチナン	252,000	3,021	1.2	204	15
コンポンスプー	322,000	3,763	0.95	248	15
コッコン	151,000	636	0.75	50	13
シハヌークヴィル		502		28	20
コンポート		2,308		207	11
カエプ	313,000	145	0.78	11	13
タカエウ	425,000	3,613	0.85	316	11
コンダール	580,000	6,425	1.11	394	16
プノンペン	499,000	4,821	0.97	86	56
コンポンチャーム	801,000	7,671	0.96	550	14
プレイヴェーン	483,000	4,371	0.9	468	9
スヴァーイリアン	245,000	2,182	0.89	229	10
モンドルキリー		32		9	6
ロタナキリー		233		18	13
クロチェッ		1,150		108	11
ストゥントラエン		387		46	8
プレアヴィヒア	347,000	433	0.64	55	8
コンポントム	294,000	2,795	0.95	242	12
シアムリアプ	369,000	3,572	0.97	206	17
合計	6,192,000	59,588	0.96	4,188	14

出所：　人口については，Cambodia Inter-Censal Population Survey 2004（http://www.nis.gov.kh/SURVEY/cips2004）を，出家者人数・寺院数については宗教省 2004-2005 年次統計を参照して，筆者作成．なお，寺院数にはアスローム（寺院として未登録の修行所）が含まれる．

表 7-3　調査寺院の対比

	SD 寺	PA 寺
住所	プノンペン市プランピーメカラ（Prampir Meakkara）区モノーロム（Monourom）地区	バッドンボーン州バノン郡プノムソンパウ区クロプーチューン（Krapoe Choeng）村
創建年	1890 年頃	1954 年頃
再建年	1989 年	1980 年
地理環境	都市中心部の商業地区.	農村部だが，州間幹線道路に近い. 付近住民は農業に従事.
ドーンチー受け入れの状況	内戦後，プノンペン市中心部で最もドーンチーが集住してきた寺院. 瞑想教師でもあった先代住職がドーンチーを積極的に受け入れたせいもある. 中高年のドーンチーがほとんど.	若いドーンチーも受け入れており，現在同州で最もドーンチーの人数が多い.
寺院としての特色	先代住職が護呪や聖水かけで有名.	先代住職は元々頭陀行僧で，瞑想の教師でもあった. 僧侶は一切金銭に手をふれないなど，律（ウィネイ）がしっかりしているという評判が高い.
止住者の人数（統計 (i)）	僧侶 23 名，見習僧 11 名，ターチー 0 名，ドーンチー 56 名	僧侶 17 名，見習僧 28 名，ターチー 5 名，ドーンチー 95 名，学生等 20 名
止住者の人数（各寺院での聞き取り (ii)）	僧侶 32 名，見習僧 18 名，アチャー 3 名，ターチー 0 名，ドーンチー 51 名，学生等 60 名以上	僧侶 20 名，見習僧 45 名，ターチー 5 名，ドーンチー 96 名，学生等？名
出家者の活動	若い出家者のほとんどが学生僧で，昼間は市内各地のプティカスクサー（仏教教育課程）の学校や専門学校などに通学.	寺院内でトァンマウィネイ（仏教教義基礎課程）の授業が行われている. 瞑想も行う.
ドーンチーの活動	出家者とは別の時刻に，ドーンチーのみで本堂にて読経. 瞑想は基本的に自室で行う. 寺院内で行われる非公式なトァンマウィネイの講義の聴講をする者がいる. 戒律日には僧侶の説法を聞く. 個人単位での出家者への食事の布施. 一部が ANLWC の活動に参加している.	本堂とは別に講堂を持ち，ドーンチーは出家者と共にそろって全員で瞑想を行う. 雨安居中は毎日僧侶の説法を聞き，質疑応答もある. 出家者のための調理を含む寺院内の仕事が各人に割り当てられている. 俗人説法家ブット・サヴォン師のラジオ番組を聞くのを日課に組み込んでいる.
ドーンチーの住居	境内面積が小さいこともあり，集合住宅形式の住居. 僧房との境界は不明瞭.	小高い山の斜面に位置しており，高い部分が出家者の住居（独立した小屋形式の僧房），低い部分がドーンチーと明瞭に分かれている. 集合住宅形式および小屋形式の両方がある.

出所：筆者作成
(i)　SD 寺は，プノンペン市宗教局 2004 年 3 月報告の統計，PA 寺は，バッドンボーン州宗教局 2004 年 12 月報告の統計による.
(ii)　SD 寺は 2004 年 8 月現在. PA 寺は 2005 年 3 月現在.

から一九九九年まで住職を務めたパル・ホーン（Pal Hon）師が、積極的にドーンチーをこの寺院に住まわせていたらしい。コンポントム州出身のあるドーンチーはシアムリアプ州でヴィパッサナー・カンマターン（内観瞑想、vipassana kammathan）を学んで、俗人に指導もしていたが、パル・ホーン師に招請されてSD寺に来たと言う。またあるドーンチーは、ドーンチーになるかどうか迷っていたところ、ドーンチーとしてこの寺院に住むよう勧められたという。ドーンチーを集めることによって食事作り等の寺院内労働をまかなおうとしていたわけではないようだ。そのことは、パル・ホーン師が住職だった期間、寺院に食物が十分に集まり、ドーンチーたちは自炊をする必要がなかったという証言からわかる。現在自炊が必要になった原因ははっきりとしないが、以前と比べこの寺院の出家者が増えたにもかかわらず、若い学生僧ばかりになって托鉢に行かないために、寺院内台所で用意する食事が十分でなく、ドーンチーにまでまわってこないということなのであろう。パル・ホーン師は、瞑想指導者でもあったが、むしろ厄除けの呪文や聖水かけで有名で[25]、そのためにかなりの布施を集めることができ、寺院の再建に貢献したと見なされている。

SD寺には、他のプノンペン中心部にある寺院同様、出家者でない一般男子学生の寄宿も見られたが、他の寺院より門限などが厳しかったという証言もある[26]。パル・ホーン師は夜部屋を見廻っては、「君たちは学業のためにプノンペンに来たのだ。遊びまわるためではない。」と言って門限を破る学生たちを戒めたという。一九九〇年初頭の復興期、ドーンチーだけでなく、こうした若い俗人男性の受入れと世話をも寺院が積極的に果たしていたことがわかる。

SD寺ではその後、高齢で死亡するか、子どもや孫にひきとられるなどして、ガスリーによれば、一九九七年には七三名に減り（Guthrie 2004: 138）、二〇〇四年現在、ドーンチー長が管理する名簿によれば、寺院に止住する俗人女性は五一名（有髪で通いのウバーシカー三名と病気で自宅療養中のドーンチー一名を含む）である。

調査時当時五一名のドーンチーの年齢別内訳は、八〇代五名、七〇代二五名、六〇代一二名、五〇代五名、四〇代一名、不明三名であり、圧倒的に高齢者が多いことがわかる。

写真 7-3　読書に励むドーンチー（SD 寺）

出身地は、カンボジア全二四州中の一五州に散らばっている。プノンペンが最も多く一五名、次が中部コンポンチャーム（Kampong Cham）州の一一名で、あとは一三州からそれぞれ一から三名が来ており、北西部のボンティアイミアンチェイ（Banteay Mean Chey）州やシアムリアプ州、それに南からはカンプチア・クラオム（ベトナム南部のクメール人が多いメコンデルタ地域、Kampuchea Kraom）などといった遠方出身者も含まれる。

読経と瞑想の日課の他、戒律日に僧侶の説法を聞き、勉学の意志のあるドーンチーのみ、寺内で開かれている非公式の律法（thoammaviney）の講義に出席している(27)。

また、日課として出家者への食事の布施を挙げる人が多い。高齢のため自分で調理ができないドーンチーたちの場合、若いドーンチーに材料費を渡して買い物と料理をしてもらい、自分の分も布施をしてもらう、という方法が編み出されている。これにより、料理を頼まれるドーンチー（この人は近親者からの援助がほとんどない）は布施もできる上に自身の食事もまかなえるのである。このような微妙な経済格差や年齢差をうまく生かした布施行動が見られる。

上述のＡＮＬＷＣのメンバーとして登録だけはしているドーンチーが多く、コンダール（Kandal）州ウドン（Udong）にある研修所で行われた研修に参加した人もある。ただし、日常的に活動に関わっているドーンチーは恐らく一名のみで、その人は筆者の調査期間に寺院を留守にしていたために聞き取りができなかった。

プノンペン市内では、ＳＤ寺とノンムニー寺が特にドーンチーが集住する寺院であるが、カンボジア全国幹部僧侶年次会議（「年次会議」anusamvacchara mohasannibat と呼ばれることが多い）がシアムリアプ州で開催された時には、この二つの寺院のドーンチーたちも招待された。トンレーサープ湖を船で北上し、アンコールワット詣でもするという特別な機会となった。年次会議には宗教省関係者以外の一般在家仏教徒は招待されないことから考えて、このことは、少なくともプノンペン在住のドーンチーが、サンガ成員としてではないものの、寺院構成員としての認知がなされていることを示している。[28]

2　バッドンボーン州のプノムオンダゥク（Phnum Andaoek ＝ＰＡ）寺

仏教教育課程のうち、中等前期の学校はプノンペン他一二州におかれているが、中等後期の学校は、北から、バッドンボーン、ポーサット（Pousat）、コンポンチナン（Kampong Chhnang）、コンポンチャーム、プノンペン、コンポート（Kampot）の六州のみである（Cambodia, KTS 2005）。中でも、バッドンボーン州は、表7-2が示すように、男性人口に占める出家者人口比率が一・一九パーセントと二番目に高く、寺院当たりの出家者数も一八人と全国で三番目の高さである。これは恐らく、バッドンボーン州の男性の出家率が高いことを意味するというよりは、近接のボンティアイミアンチェイ州やシアムリアプ州に仏教教育課程の中等後期がないためにバッドンボーン州に移動して学ぶ出家者が含まれるからだろ

写真7-4　ドーンチーの住居①（PA寺）

う。バッドンボーン州宗教局長からの聞き取りでは、内戦前のシハヌーク時代、仏教教育課程の中等後期はプノンペンとバッドンボーン州のみに置かれており、プノンペンについで歴史が古く、ポル・ポト時代が終わって学校が再建されたのもプノンペンと並んで最も早かったという。バッドンボーン州は少なくとも数世紀にわたってカンボジア仏教の北西部における中心地であり、今日も学生僧が多い州の一つであると考えられる。

学問が盛んであると同時に、山地・森林地帯が多いバッドンボーン州は洞窟内での瞑想などに励む頭陀行僧を輩出した地域でもある。PA寺の内戦後最初の住職はそういった僧侶の一人であった。

PA寺は、バッドンボーン州都市街地から西のパイリン方面へ続く未舗装の道路を一八キロほど行った、バノン（Banan）郡に位置する。ごく近くのソンパウ山（Phnum Sampov）の麓に、昔からドーンチーが多く止住することで全国的に有名なプノムソンパウ寺[29]や、国際瞑想センター（通称トゥルンモアン寺）と呼ばれる瞑想道場がある（後者は未調査で詳細不明）。

実は、ドーンチーと言えばプノムソンパウ寺の方がPA寺よりも知名度が高い。シハヌーク時代に、ソンパウ山で瞑想指導をしていたクン・ピーン（Khun Ping）という名のドーンチーのもとに多くのドーンチーが集ったという。しかも

写真 7-5　ドーンチーの住居② (SD 寺)

写真 7-6　ドーンチーの住居③ (PA 寺)

写真 7-7　PA寺再建後初代住職ポック・ソーイ師

若い女性が多かったことが知られている[30]。しかし、ポル・ポト時代を経てヘン・サムリン政権時代にも兵舎が置かれるような状況の中、ドーンチーが大勢止住することは事実上できなくなった。現在は、山の上の方にいくつかある洞窟に寝泊りして修行に励む女性が何人か住みついているのみで[31]、かつてのような若い女性を含めた何十人ものドーンチーの集団はもはや見られない。

PA寺は、対照的に一九六〇年代にはドーンチーが少なかったが、再建後に増えた。プノムサンパウ寺で住職だった僧侶の弟子の一人が、ポック・ソーイ（Pak Sây）師で、同師が一九八〇年にプノムソンパウ寺の近くに位置するPA寺再建後の初代住職になると、ドーンチーを積極的に受け入れたのである。

ポック・ソーイ師は内戦以前も出家していた。聞き取りによれば、コンポンスプー（Kampong Spueu）州出身で、プノンペンで勉学した経験があり、一九六〇年代に学問僧として高名でサンガ長（僧王）でもあったチュオン・ナート（Chuon Nat）師にも師事したという。その後、バッドンボーン州を訪れ、PA寺付近の洞穴に滞在し、瞑想修行をした。地元の人々は、托鉢のみで一日一食を保ち洞穴に住む頭陀行僧ポック・ソーイ師を尊敬していたという。ポル・ポト時代に強制還俗させられたが、バッドンボーン州に滞在し、内戦後再び出家したのである。

ポック・ソーイ師はバッドンボーン州都内にあるコンパエン（Kamphaeng）寺の元住職カエウ・サーン師の弟子でも

あった。このため、PA寺とコンパエン寺とは、互いに兄弟寺と呼んでいる。どちらの寺院も、僧侶が金銭に手を触れないなどの律が厳格に守られているということでバッドンボーンでは知られている。コンパエン寺にもドーンチーが集住しているが[32]、現在若いドーンチーの受入れをやめており[33]、ドーンチー志望の若い女性には、PA寺に行くよう勧めている。ポック・ソーイ師はバノン郡サンガ郡管区長も務め、一九九九年に死去した。

PA寺でドーンチーが再建後に急増したのは、ポック・ソーイ師が瞑想の教師であり、ドーンチーも直接教えを受けることができたということと、付近住民の彼への尊敬から十分な布施が集まったことのためであると考えられる。

三　ライフストーリーから見る、ドーンチーの現在

1　ドーンチーが寺院止住を選択した動機と背景

章末の表7-4は、二〇〇六年までにインタビューを行ったドーンチー三〇名、ウバーシカー三名、元ドーンチー一名、出家者七名、ターチー二名、元出家者二名、その他一名の合計四三名の基本情報一覧である[34]。これらは、調査寺院二ヶ所の人々を含むが、それ以外の寺院や修行所（asrom）、俗人説法家ブット・サヴォン（But Savong）師（一九五九〜）が開いた仏教塾[35]などにも調査対象を広げた。ただし、それらの所在地はプノンペン市、バッドンボーン州のいずれかである。聞き取り対象者は各寺院の修行者・出家者全員ではなく、なるべく幅広い年齢層から対象者を選んで話しを伺う方針で行った。厳密なランダムサンプリングにもよっていないため、この表から統計的な結論は引き出せないが、ある程度の

傾向性は読み取れると思われる。

ドーンチーとウバーシカーの基本属性

ここでは表7-4の個人番号1から30までのドーンチー、元ドーンチー、及びウバーシカーのデータを中心に見ていく。まず、寺院止住開始年齢は、開始六歳という非常に稀な事例を除いた二九名の平均が四五・四歳であった。平均値が比較的若い数字になっているのは、若いドーンチーを受け入れているPA寺のデータのせいと考えられる。例えば、プノンペンのSD寺には十代以下で寺院生活を初めた女性修行者はおらず、平均は五三・七歳である。寺院入り年齢は六歳から七九歳まで幅があるが、三〇名中三分の一が五〇代で寺院生活を開始している。やはり中高年で寺院入りするというのが最も一般的であることがわかる。なお、ドーンチーになったが中断し、後年再度寺院生活をしたという事例は調査の範囲では、個人番号30の事例があるのみであった。

ドーンチーの大多数が中高年女性であることもあり、学歴はおしなべて低く、非識字者や読めるが書けない人も多い。義務教育就学中および学歴情報不明の合わせて二例を除く二八名中、教育を受けたことがない者が六名、学校ではないがそれに代わる識字教室などに通った経験がある者が四名、四年以下の学歴を持つ者が一一名、五年以上が七名（最高一〇年）という結果である。二八名中二一名までが最低限の初等教育のみかそれ以下ということである。通常、文字の読み書きができなくてもドーンチーの寺院生活に直接的な障害はない。読経については耳で覚え、瞑想は身体を用いて学ぶことができるからである。

寺院止住前の職業については、詳細な分類はしていないが、現在就学中の一例を除く二九名中、販売・縫製などの商業が一四名、農業が八名、公務・教師が二名であった。商業とは一般にロークシー（rok si）と表現される類いの、自宅や市場の一角での物売り、行商、自宅での縫製請負など小規模自営業のことであり、会社経営などは含まれていない。

農業の他は、自分の土地や家を持たなかった人が大半であるが、寺院入りする際に土地や家を売却もしくは親戚に譲ったと答えた人も若干数いた。寺院止住以前の資産や収入など生計状況の詳細は未調査であるが、富裕層の出身者は皆無であると言ってよいだろう。

止住寺院の選択

出身地と現在居所としている寺院や仏教塾の州との距離関係に関しては、同一州である人が三〇名中一一名、隣接州である人が四名、残りの一五名は隣接州よりも遠隔の州出身者である。調査時当時のドーンチー全員の出身地データが得られたプノンペンのSD寺を例にとっても、前述のように、五一名中プノンペン市出身者は一五名のみで、残りの三六名は別の州出身であった。出身地と止住寺院が同一州の場合も、当該村（市の場合は地区）出身者は稀である。ほとんどの修行者は村（地区）外から来ているということになる。つまり、女性が修行者として住む寺院は、地元だからという理由で選択されることが少ない、ということが推察される。居所の変更は寺院入りの際だけでなく、ポル・ポト時代の強制移住やその後の混乱期に生計を立てるための移住による場合などもあり、単純なパターンは見いだせない。ただ言えることは、気に入った寺院が見つかれば、それまでの居所からの距離に関わらず、そこを生活の場と決めることが多い、ということである。

寺院選択については、当該寺院がドーンチーの集住で知られていること、居住環境が良いこと、もしくは瞑想のよい教師（僧侶）がいること、などが一般的な理由であるが、後述するように親戚（ドーンチー）がその寺院にいたから、という事例も少なくない。稀な例としては、①都会の寺院に移動しようと考えとりあえずプノンペン入りした際、ゆきずりの人に尋ねたらSD寺などはどうかと勧められた、②昔からドーンチーで有名なソンパウ山界隈に惹かれていたのでプノムソンパウ寺を訪ねたところ、あなたはまだ若いから、若いドーンチーが多いPA寺に行けと勧められた、というような、半ば偶然性に任せた例がある。

いずれにせよ、寺院生活開始年齢に関わらず、寺院生活を始める決定はあくまで本人の仏教帰依にもとづき、本人の意思によるものである。親を扶養している子が、扶養・介護責任から逃れるべく、老親を寺院に「預け」たり、寺院に住むよう強く母親に勧めたり、ましてや強制したりしたという事例は、調査の範囲では無かった。

家族・親族との関係

婚姻状況については、寺院止住開始時に配偶者無しの事例が、（現在小学生の一名を除く）二九名中二七名と、圧倒的に多い。その内訳は、未婚が六名、死別が一三名、夫行方不明（内戦時の混乱による）が二名、離婚（事実婚解消も含む）が五名である。寺院止住開始時に既婚で夫がいた人は三名のみで、二名はいずれも夫を説得して寺院入り（そのうち一名は現在までに夫は死亡）、離婚調停中だったもう一名については、現在既に離婚が成立している。つまり、この調査の範囲では、現役のドーンチーで、配偶者が健在・自宅で生活しているというケースは存在しない。

内戦時代に家族をなんらかの理由で亡くした人は一九九五年生まれの一名を除いた二九名中一九名にのぼり、このうち六名は子を亡くした経験を持つ。内戦時代の肉親喪失経験が無い一〇名の多くが比較的若い世代である。一九二〇年代生まれで内戦時代に家族欠損の経験をしていない人は、内戦以前に夫や子どもがすでに亡くなっているケースである。

現在生存している近親者が皆無という人は二人のみで、いわゆる天涯孤独の身の上という事例は実は少ない。結婚（事実婚含む）歴がある二四名中、生存している子が有る人が一五名あり、そのうち九名は定期・不定期問わず何らかの金銭的援助を子から得ている。結婚歴があっても生存している子がいない人は九名である。

一方、キョウダイ数が多かった時代を反映して、生存しているキョウダイ（海外在住者を含む）を持つ人が三〇名中二〇名と多いが、キョウダイからの金銭的援助を得ている人は六名のみである。また、若い世代では少なくとも片方の親が健在のケースが九名あるが、金銭的援助を親から受けている人はそのうち一名にすぎない。なお、親を残して寺院に入った一人っ子というケースはなく、生存しているキョウダイが必ずある。金銭的援助の出所としては、他に姪もしくは甥、知人などが挙げられている。

現在止住する寺院内に家族・親族がいる、もしくは過去にいたという人は、回答を得られた二五名中一四名であった。このうちその家族・親族がドーンチーであるという人は九名である。寺院選択に際して、こうした親族がいることが契機になっているという側面がうかがえる。

個人番号14は例外的なケースである。彼女は調査時わずか一〇歳のドーンチーで、寺院に止住しつつ、近くの小学校に通っているが、同じ寺院内に、元アチャーで現在僧侶の父、ドーンチーの母と姉二人の、合わせて家族五人が止住しているのである。他にも自宅で生活しているキョウダイがいるという。

上記のように、近親者が皆無というドーンチーは少なかったが、ドーンチーの多くは、布施で受け取る金銭を収入源としており、家族親族からの定期的なサポートを受けている人はほとんどいなかった。不定期ではあれ、なんらかのサポートが期待できる人が寺院外にいると答えた人は二一名いるが、その一方で、布施以外の経済的サポートを全く期待できない人は九名いる。

寺院外にいる近親者との関係において、ドーンチーやウバーシカーには、二つのタイプがあると考えられる。一つは、子どもや孫の住む近くの寺院で生活するタイプである。個人番号2や26がそれにあたるが、近所に住む娘などが毎日のように食物を届けてくれ、将来的にはこうした近親者が引き取ってくれるか、介護のために通って来てくれることが期待できる人達である。もう一つは、近親者との連絡を絶っているわけではないが、経済的にはほとんど頼りにはできないため布施でなんとか自活するか寺院の食物を頼りにするかする人々である。将来も、子どもに引き取られる可能性は低く、終末期には寺院内で相互介護生活に入っていくと考えられる。現時点では、後者の方が比較的多いという印象を得ている。

2　寺院止住を始めた動機の説明

筆者はかつてタイの俗人女性修行者（メーチー）に関する論考の中で、修行者になって寺に入ろうとする目的を、①手段型、②世俗社会逃避型、③積徳（タム・ブン）型、④志願型、⑤それらのいくつかの複合、の五類型に分類した〔高橋　一九九九、二五―三二〕。①とは、勉学の機会を得るためや、体調を良くするための願掛けの一環、職業生活のストレスからの一時的な癒しといった、本来仏道への帰依と直接には関係のない目的で寺院に入ることを指す。②は、夫の暴力や、強制される気の進まない結婚などから身を遠ざけるための寺院入りである。③は、高齢女性がより良い来世のため人生最後にできるだけ功徳を積むことを目的とした寺院入りである。④は真摯な仏教への帰依からの寺院入りで、生涯を仏教に捧げ、修行に専念する目的での寺院入りを指している。後に挙げるドンチーKKの例は④にドーンチーCOの例は③にほぼ相当すると思われる。

これまでのカンボジアでの聞き取りでは、これらのどれもがあるが、ただし、願掛けの一環としての寺院入りは、あまり一般的ではない。勉学の機会を得るためという副次的目的も稀である。若い女性の中には②も散見されるが、カンボジアのドーンチーには中高年女性が多いので、やはり③が最も多いと考えられる。

②のうち、身近な人からの暴力を避けるためというような、寺院をシェルターとみなして駆けこんで来た事例には出会わなかった。（もちろん、真実を話していない可能性はある。）「逃避」という側面に着目するならば、（1）病弱で精一杯働けないので、いくら働いても収入が増えなかったのが辛く、このまま働きつづけても何にもならないと思ったか

〈ドーンチーKKのインタビューより〉　一九四八年バッドンボーン州モンルセイ（Moung Ruessei）郡生まれ（インタビュー時五七歳）。バッドンボーン州ＰＡ寺に三ヶ月前から止住。

両親ともに中国からの移民で、父はカンボジアの慣習としての出家をしていない。両親は以前氷屋をしていたが、二人ともポル・ポト時代に病気と飢えで亡くなった。私は四人キョウダイで兄が三人いたが、ポル・ポト時代に一人死亡し、もう一人は最近亡くなった。生存している一人はプノンペンに住んでいる。

結婚は一度。私と同様華人系の夫は市場で働いていたが、ポル・ポト時代に亡くなった。子どもが三人いたが、全てポル・ポト時代に亡くなった。この時代、我々は、モンルセイ郡内を転々とさせられたが、農業をしたことがなかった上に、食糧が乏しい地域ばかりに行かされ、本当にたいへんだった。自分は生き延びられたのは単に運が良かったからだと思う。一九八〇年以降、他国に出たくてタイ国境付近まで行ったが、かなわなかったので、シソポン（Sisophon、ボンティアイミアンチェイ州）まで戻ってきてそこで一人で暮らしてきた。

五年ほど前からドーンチーになりたいと思っていた。しかし仕事の都合でできなかった。ポル・ポト時代を生き延びることができたので、トア（仏法、thoa）[i]を勉強しようと思ったのである。ブット・サヴォン師の説法を聞いたのも一つのきっかけだった。苦から逃れるには、寺に住んで奉仕することが一番だと考えた。

プノンペンにいる兄がいっしょに暮らそうと言ってくれ、しばらくやっかいになっていたが、決心してこの寺に来た。兄は、寺での暮らしは楽ではない、家にいて戒律日だけ寺に行く方がよいと言って、ドーンチーになることに反対していた。だから何も告げずにこの寺に来てしまった。後で話すつもりだが、きっと怒られるだろう。

でも、家では兄をはじめ誰も仏法を学ばない。家でカンサルするのもいいが、寺なら仏法の教師がいるから、理解できないことがあれば質問することができる。ここにいれば涅槃に行けるかもしれない。心は以前よりずっと満ち足りている。

ドーンチー長が、持戒は少しずつでいいとおっしゃったので、最初の一週間は夕食を取っていた。でも八日目に夕食を抜いてみたら平気だったので、それ以来八戒生活をしている。

この寺には、以前ボンの時に四度ほど友人らと来たことがあって知っていた。

ここに来る前にシソポンの家などは全部売り払ってきた。お金は今のところこれまでの蓄えを使っている。住む場所については、もともとこの寺に建ててあった建物で空いている部屋に入れたので自分で建てる必要がなく、お金はかからなかった。

字の読めるドーンチーなら全員が持っている『ケヒパデワット』と、僧侶も使う『ピアナヴィアレア』[ii]を読んでいる。この寺ではこの二冊は必携だ。

今、毎日食事の後の皿洗い係をしている。自らの意志で始めたことだ。これまでのバープ（悪行 bap）を消すためにしている。

一生ドーンチーでいると決心した。止住する寺は変わるかもしれない。将来のことはわからない。今は、特に具体的な計画はない。

（i）パーリ語の dhamma に由来。仏法、仏典、経典、仏教教義など、仏教に関わること全般を指す語として用いられる。
（ii）いずれも経典の抜粋とそのカンボジア語訳が載っている本。

〈ドーンチーCOのインタビューより〉　一九三一年シアムリアプ州チークラエン（Chi Kraeng）郡生まれ（インタビュー時七三歳）。プノンペン市SD寺に一九九一年から止住。

父は母のお腹に私が居る時に浮気して出ていったという。母は絶望し、私を産んだ時に私を殺そうとも思ったと、後から母に聞いた。だから私には父親がいない。仏陀生誕二五〇〇年（Peakkandal Sasna）[i]を国中で祝ったが、それを機会に母はトアを学ぶようになった。その影響を私も少し受けた。

私は小学校には行っていないが、内戦前に識字教室に通ったので読み書きができる。ポル・ポト時代以前、私は地元で産婆をしていた。一七歳で結婚したが、子どもはできなかった。

一九七〇年、夫はポル・ポト軍につかまり、モンドルキリー（Mondol Kiri）州に連れて行かれた。[ii] 当時のシアムリアプにはポル・ポト軍もベトナム軍もたくさんいた。

一九七〇年以降、私はシアムリアップで兵士ユニットの長や救急連絡係などをやらされた。産婆としても働いた。一度モンドルキリー州にも行かされ三ヶ月ほど滞在したこともある。その時夫にも何度か会えたが、結局夫は現在消息不明である。

社会主義のヘン・サムリン政権になった一九七九年、リーダー経験があったために選抜され、ベトナムのプレイノコー（＝ホーチミン市）に政治教育研修のため派遣された。一緒に行ったその多くが女性だった。一九八〇年にはコンポンチャーム州の通信輸送局に勤めた。

一九八三年になるとシアムリアプ州の母が家に戻ってきてほしいというので、職を辞して故郷に戻った。公務員としてまた働かないかという申し出もあったが、母が老いていたので断った。かわりに小さな商店を開いた。母はその後一年足らずで亡くなり、それからはその家に一人で暮らした。その後、家を姪に与え、土地を売ってまとまったお金を作り、近くの寺に有髪のまま住み始めた。今の寺に移ってきたのは一九九一年だ。

この寺に前から知り合いがいたわけではない。以前プノンペンに住んでいる甥に会いに来た時、甥の妻がこの寺に連れてきてくれたことがあって、気に入ったのがきっかけだ。

キョウダイは自分をいれて八人が全員生存、シアムリアプ州に住んでいる。年に一度は会いに行く。私のほかに寺院に暮らす者はいない。定期的にここを訪れる身内はいない。定期的な仕送りもない。ボンの時に招かれて受け取る布施だけが収入だ。

寺で暮らすというのはよいことだ。瞑想（samathi）などを通して常に仏教に接していられる。私は僧侶に奉仕することが好きである。功徳が得られるし、毎日できるし、バープを遠ざけられる。他のドーンチーといろいろと助け合うことができる。この寺で行われている律の授業に時々出席して勉強している。

この寺に来てから、シアムリアプで開かれた「年次総会」に招かれたことがあり、アンコールワット詣をした。傘と現金一万リエルも得た。「ドーンチー協会」（＝NGOのANLWC）の研修にも参加したことがある。

（i）当時の仏暦は、現行の西暦年＋544ではなく、西暦年＋543と計算されていた。仏暦二五〇〇年は西暦一九五七年に当たる。
（ii）徴用のために東部地域に強制連行されたとみられる。

ら、(2)土地も家も手に職もなく、社会人として自立できないと思ったから、などの事情は②に含まれるかもしれない。いわば世俗社会からの消極的逃避である。

③はタイでももっとも一般的だが、基本的な「功徳」の考え方、すなわち寺院への寄進や僧侶への布施とともに自ら戒律遵守生活に入ることが功徳を生み出すという考え方は両国に共通していると言える。しかしながら、タイと異なるのは、カンボジア女性の場合には、家族が亡くなるという強い喪失経験が背景にあるという点である。タイでの調査によれば、高齢女性の場合、頼れる家族がいないために行き場を失ってやむなく寺院へ、というケースは実は少ない。特にタイ東北地方では、子ども達が成人し、親としての責任を果たし終えてから、悠悠自適な積徳生活に入るために自らの蓄えで寺院境内に小屋を建て寺院生活に入る女性が大勢いる。カンボジアにも、同様の状況で寺院生活を始める中高年女性もないわけではないが、少ない。「仏陀を頼りにして」(preah put chea ti peung)という言い方があるように、頼りになる近親者が存在しない場合に、三宝(仏法僧)のみを文字通り頼りにして寺院を終の住処とすることの方がむしろ多い。

また、カンボジアのドーンチーがよく口にする語には他に、コーサーン・クルオン(kâsang khluon)、直訳すれば「自身を築く」というものがある。例えば、「私は内戦で親も夫も子どもも失うという本当にひどい経験をしました。だから、こうした悪い過去があった自分のためにドーンチーになってコーサーン・クルオンするのです。」などのように言う。過去の辛い体験を悪い業によるものと見なし、そのマイナス分を寺院で持戒生活するという善行で補いたいという趣旨に理解可能であるが、この表現には、功徳の多寡に還元できない、文字通り前むきで建設的な意味があると考えられる。ポル・ポト時代に夫が連れて行かれて二度と帰って来なかった(恐らく殺害された)、とか、子どもが餓死したといった経験について語る時、多くの女性はそれをもたらした政治指導者や政治体制に対する怒りを表明したりはしない。インタビューの最中に死んでいった子どもたちに言及しながら思わず涙したドーンチーは何人かいたが、多くは、淡々と事実を語る。家族を失ったという事はすでに起ってしまったことであり、その悲しい事実はどうしても動かせないことである。人生に辛いことが起ってしまった以上、その悲しみや怒りや恨みなどを乗り越えるには、自らのカム（実践・行為、kam）を通して自らの運命を新たに築いて行くしかない、そのような意味なのではないだろうか。内戦後、社会が再建されたように、自分自身を再建する道、その一つが寺院に入ってドーンチーという修行生活を送ることなのであろう。

個人番号31の有髪修行者は、ポル・ポト時代に極めて多くの近親者を亡くした。直後はあまりの悲しみに立ち直れないのではないかと思ったくらいだと言う。しかし、もともと母親が若い頃からカンサルしていた影響もあって寺院に通うことが多かった。ブット・サヴォン師の説法も聞きに行った。怒りや悲しみをいかに鎮め、平和な心持ちになることができるかに関する教えがあった。また、寺院に通ってみると、自分と同じような悲しい経験をしている人が実にたくさんいることに気づいた。当時の苦難について他の修行者と詳細に語り合うことは特にないが、同じ経験を共有しているという心理的なつながりがどこかにあるようだと話す。こうした連帯の場としての寺院に意味を見出す人もいるであろう。

なお、稀なケースを付記すると、ある日突然、ドーンチーになるべきだという考えが頭にひらめいたので家を出た、というのがあった。このケースの場合、まだ小学生の子どもがいたにも関わらず、上の子どもたちに世話をまかせて寺院に入ってしまっている。寺院を転々とし、子どもたちが住んでいる故郷からかなり遠くの寺院に現在止住している。動機の詳細が不明なので、こうしたケースがどの程度普遍性をもつのかはわからない。ただ、大勢の子どもがいる場合、下の子どもが低年齢でも、年長の子ども達に世話をまかせて寺院に入ったという事例は他にもあり、これを育児放棄だといって特に非難されたり、自責の念にかられたりしていないことは興味深い。

3　ターチーとの比較

ターチーは圧倒的に人数が少ないので、属性や寺院止住を始めた契機にどの程度の傾向性や多様性があるかを筆者はまだ掴んでいない。ターチーは調査寺院において集団を形成するだけの人数がそもそもなかった。調査の範囲では、身

〈ターチーKCのインタビューより〉　一九八三年バッドンボーン州バノン郡生まれ（インタビュー時七二歳）。バッドンボーン州PA寺に一年前から止住。

今いるこの村で生まれた。若い時、当時の習慣で出家したことがある。見習僧を一年で還俗し、二一歳で再び出家して僧侶になったが、また一年で還俗した。なぜ短期だったかというと、寺にいると腹が痛くなってばかりだったからだ。今は大丈夫だ。

寺に入るまでずっと農業をしてきた。畑作をやり、大豆や緑豆を作ってきたが、土地は全て子どもたちに分け与えた。

現在生存しているキョウダイは自分を含め三人で自分は末っ子である。兄はこの村に住み、元僧侶で現在この寺の寺委員会委員をしている。姉の一人は、家でカンサルしており、戒律日には孫娘に連れられてこの寺に来る。

結婚歴は三回。一人目と離婚、二人目と三人目は病死した。最初の妻とは今も行き来がある。彼女は去年の安居期間だけドーンチーであった。子どもは全部で七人で全員生存しており、みんなこの村に住んでいる。

二年ほど前からカンサル生活に入っていた。ここでターチーとして止住するようになって一年以上になる。ターチーになる前は末娘夫婦と住んでいた。毎朝、末娘かその息子が粥を運んできてくれる。ここにいると食べ物を少しとタバコが必要だが、末娘が若干助けてくれている。他の子どもたちも二、三日に一度は訪ねてくれる。子どもたちからもらったお金でタバコなども買うが、一部はこの寺でボンが行われるときに出家者に布施している。今住んでいるこの小屋は子どもたちがたててくれたものだ。材料は寺のもので、釘などに四万リエルほどかかった。一年前に子どもたちがパッチャイ・ブオンを催してくれ、この寺の出家者を招いた。私の最初の妻も客として来てくれた。

前々から、年取ったら清浄（barisot）な場所で暮らしたいと思っていたが、子どもが独立するまで待っていたのだ。家にいてカンサルしていてもいいのだが、家族と一緒にいると清浄な暮らしは無理だ。正しい言葉遣いができない。自分がターチーになると言ったら、子どもたちも、それは善いことだと喜んでくれた。

この寺は昔からよく知っていて家から近いのでここにした。律がしっかりしていて、出家者は清浄だ。それに他の寺に比べて食べ物や布施も豊富である。バッドンボーンの町からも寄付がくるからだ。村でボンがあって招待されれば布施を受け取る。このお金は自分で管理できる。

今後もずっとここにいたい。子どもたちが家に帰って来いと言っても応じないだろう。とはいえ、絶対にそうするとは言いきれないが。

寄りを失って行き場がなくて寺院生活を選んでいる人よりは、子どもや元妻、場合によっては同一寺院内に止住する近親のドーンチーからの有形無形の援助に支えられながら、寺院という場を借りて、村内で隠居生活をしているような人が多いという印象を受けた。

4　出家者との比較

前述したように、カンボジアの出家者の多くは、二〇代以下の見習僧および僧侶もしくは、高齢僧侶のいずれかである。若者たちの多くはポル・ポト時代後に生まれているので、家族と離れ離れになったり死別したりという当時の苛烈な状況を経験していない人がほとんどである。また、教育を受けるために出家した（と考えられる）学生僧が圧倒的に多いので、主たる関心は勉学と進路であり、いずれは還俗して職業につくことを念頭においている。この点は、農村部PA寺よりはプノンペンSD寺の出家者たちの方がより明確で、例えば、還俗後に備えて、仏教教育課程の他に、街中のコンピュータや英語の塾や専門学校にも通っている人も珍しくない。このように、還俗「後」が意識にある若い出家者たちと、ドーンチーとではライフステージも生活体験も大きく異なる。ただし、少数ながら、若い出家者やドーンチーの中に、仏教への純粋な帰依から寺院止住を決心したという人、もしくは病弱で実社会で十分に働けないために寺院生活を選んだと話す人々もあるので、その場合は、共通点があると言える。

一方、高齢の僧侶たちとドーンチーの大多数は年齢的にも家族を失った経験という意味でも重なる部分が大きい。また、寺院を終の住処と考えているらしいことでも、ドーンチーの大多数と共通する。また、この世代の僧侶たちは、少年時代に慣習として見習僧としての出家経験がある場合が多いので、寺院との心理的距離が現代カンボジアの若者一般よりも近いと言えるだろう。

〈還俗したばかりの元僧侶ＰＮのインタビューより〉　一九七三年プレイヴェーン州生まれ（インタビュー時三二歳）。最終止住寺院はプノンペン市のボトムワッテイ寺だったが、二〇〇五年五月に還俗し、インタビュー時は一般の学生として同寺院内に引き続き寄宿している。

二〇歳で見習僧になり、その後二六歳で得度して僧侶になったが、今年五月に還俗したばかり。比丘としてのウッパニサイ（uppanisai）[i]が無くなったので、それ無しでは出家者でいてもしょうがないと思い、還俗した。

実家で両親は農業をしているが、父は一九から三〇歳まで僧侶として、スラーマリット高等パーリ語学校を終えた人である。私が見習僧になった時、自分と同じように学問僧になってほしいと思ったようだ。私は七人キョウダイだが、男四人のうち私を含む三人が高等教育を受けるために出家した。弟達は別々の寺院で今も僧侶でいる。兄一人が高校へ進学したが、他の子どもたちを進学させることができないと父が言った。私は中学卒業後、家で農業を手伝っていたが、本当は勉強を続けたかった。そのために出家したのだ。最初地元の寺院で見習僧となり、その後は勉学の進行とともに寺院を移動して、一九九七年から今の寺院にいる。得度は一九九九年で、儀式自体は地元の寺院で執り行った。

現在も仏教高等教育課程（putikaviryealai）三年次の学生であり、二〇〇六年一月に修了試験を受ける予定なので、[ii]床屋のアルバイトを休んで勉強をしている。試験に受かったら仏教大学かプノンペン大学への進学を考えているが、修了試験が終わってからゆっくり考えたい。両親の土地は人に貸して耕作させているので、自分が農業を継ぐ必要はない。

（ｉ）この表現は、出家者・俗人修行者もよく使う。字義通りには「相性」、「縁」、あるいは「好み（が合う）」という意味であるが、同時に、進路や職業といった選択における本人のやる気や強い動機、もしくはそれを生じさせる宿命といった意味合いで用いられる。前世のカムと関係があるとも解釈される。

（ii）仏教教育課程は仏教徒のための教育課程であり、出家・在家を問わず、受講・受験資格がある。もちろん、実態としてはほとんどの受講者が僧侶である。

四　境域が生み出す様々な社会的装置

前述のように、俗人範疇にありながら、剃髪して寺院に住まい、持戒・修行生活を続ける女性修行者ドーンチーは、存在自体が出家と在家の境域である。

この章では、境域の存在ドーンチーに注目することにより、カンボジア仏教寺院の持つ様々な社会的機能を明かにした。第一に、ドーンチーは寺院入り直前に居住していた地域内の寺院に止住することもあるが、これまでの生活圏から離れた寺院を選択する傾向も少なくない。そして、個々人は自律性を保ちつつ、最低限の衣食住を確保し、同一寺院内ではゆるやかに連帯し、相互扶助的関係を築いている。元々の血縁・地縁から離れ（しかし断ち切っているわけではない）、寺院内の連帯を選択したとも言える。いわゆる社会福祉制度、特に公的な高齢者支援がほぼ欠如しているカンボジアにおいては、家族にそうした機能をもとめられない人々にとって寺院の持つこうした社会福祉的機能は重要であろう。一方、子や孫に開催してもらうパッチャイ・ブオン等の仏教儀礼を通して在家仏教徒としての「理想的な老後」を体現できない人々（の一部）は、自らの実践で功徳を生み出す必要があると考えられる。こうした俗人女性のいわば宗教的ニーズと、社会福祉的ニーズの交差する場が寺院にあるといえよう。

第二に、寺院および寺院をとりまく地域は、一般在家と寺院内修行者との交差する場でもあり、一般在家の布施行で成り立つ、いわば布施（授受）共同体として機能しているという点である。調査寺院のケースで見たように、ドーンチーは寺院内で隔離されたり排除されたりする存在ではけっしてなく、少なくとも調査寺院二ヶ所では、寺院再建の時点である程度のドーンチー居住が予想され、寺院止住成員の一部として最初から見込まれていた。一方一般在家側は、出家者と俗人修行者の両方を布施の対象とすることを善行と位置付け、大きな功徳を得られると認識しているが、そのことは結果として、ドーンチーを経済的に支える。つまりドーンチーは布施という宗教的文脈を介在して地域ぐるみで支えられている。しかし、それは、ドーンチーが専ら経済的支援を受ける立場にあるということではない。布施行為の対象にドーンチーが含まれることは、ドーンチーの、一般在家と異なる寺院内修行者としての宗教的価値が仏教徒社会の中で広く認識されていることも意味する。ドーンチーは修行者として一般在家のボンに招かれることによって、出家者と等価とは言えないにしても、一定の宗教的な役割を果たしているのである（図7-2）。言いかえれば、ドーンチーは家庭生活を営むことを基本とする在家社会からはじき出された人々であるとも言えるが、しかし一方では、布施の授受を

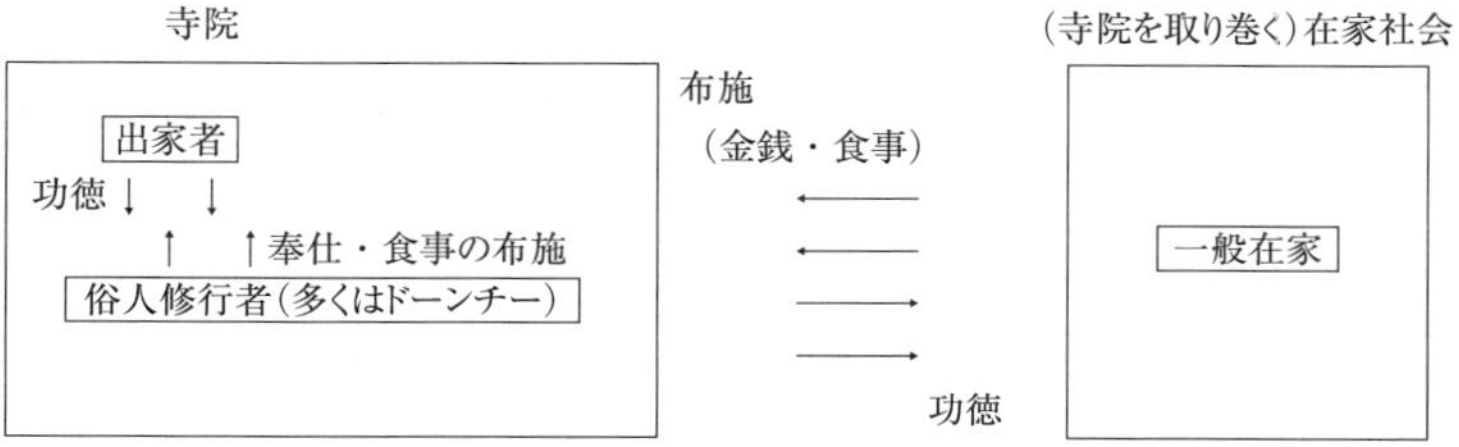

図7-2　布施の授受
出所：筆者作成

介した共同体の一成員という新たな役割取得をした人々なのである。

ドーンチーは配偶者のいない中高年女性がほとんどであるから、ドーンチーが集住する寺院とは、一見、カンボジア社会における弱者たる女性たちのシェルターであるかのようである。それは、ドーンチーの多くが、社会経済的に「持たざる者」であるという点、そして内戦時の肉親喪失という過酷な経験を持つ人々が多いという点では、正しい。しかしながら、彼女たちの言葉に耳を傾ければ、近親者があってもなお過度に寄りかからずに、経済的にも精神的にもある程度の自立を確立しつつ、「自らを築く」ために持戒生活を自分自身の意志で開始した、確かな主体性が伝わってくる。ドーンチーたちは、ドーンチーという経験を（現世における）「その後」の生活に備える一ステップとしているわけではなく、終の住処もしくは人生最後の積徳の場としての寺院での修行生活それ自体で完結しており、また、そうであるからこそ充足している。そして、自己の救済はあくまで自らの実践で、という基本に常に立ち、肉親をかつて失った悲しみ等全ての苦を超越すべく規律ある修行生活を営む彼女らの寺院生活は、実は上座仏教の最も本来的なあり方を体現しているとすら言えるのではないだろうか。

結びにかえて

最後に、さらに考察を必要とする諸側面にふれて結びとしたい。

本章では、ドーンチーのカンボジア仏教徒社会における位置付けと、個々のドーンチーの人生と寺院生活との関わりが焦点であったため、信仰と実践の教義面での考察は保留している。読書を日常の一部とするドーンチーの間では、すでにふれたように、例えば、俗人説法家のブット・サヴォン師の著作[36]が広く読まれており、彼のラジオ仏教番組も人気がある。彼は主にパーリ語の論蔵（aphithoam）をわかりやすいカンボジア語に翻訳しつつ講釈を行うこと、また仏法に基づいた在家者のための倫理を説くことで知られるが、その内容のどういった面がドーンチーや一般在家の心をつかむのかは、まだ明らかになっていない。

瞑想という実践は非識字者であっても実施可能な実践形態であるため、瞑想を日々の修行にとりいれているドーンチーは非常に多い。瞑想には、サマーティと呼ばれる一般的な瞑想の他に、論蔵に基づく内観（集中）瞑想もある。ブット・サヴォン師が説くような論蔵の学問的研究・解釈はクンテアトゥレア（kuntheathurea）、身体をつかう内観瞑想、すなわち論蔵の実践版はヴィパッサナートゥレア（vipassanathurea）として区別されるが、後者の専門修行所が二〇〇〇年にコンダール州ウドンに建設され[37]、ここにもドーンチーの集住が見られる。また、プノンペン市内には、先にもふれたが、タイで論蔵学を修めて帰国した若手のドーンチー二名が、一般在家に論蔵を講じている[38]。事実上出家者のためである仏教教育課程とは別の、このような近年の新しい動き、実践の多様化についてもひき続き見ていく必要があるだろう。

もう一点は、内戦時代に寡婦となり、結果として女性世帯主として家族責任を負ってきた女性たちが今後続々と高齢期を迎えるという人口学的側面である。今後のドーンチーはこうした人々を母体として出現すると考えられるが、例えば、経済的に余裕のある子の有無などによって、寺院生活の意味づけも微妙に異なるであろう。ドーンチーを送り出す家族側の調査も含め、女性の寺院入りについては、ライフコース、家族サイクル、ジェンダー役割、子の親に対する報恩倫理などを視野に入れたさらに多角的な分析が必要であると考えるが、これらは今後の課題としたい。

註

(1) 二〇〇三年八月に調査寺院を選択するための予備的な調査を行った後、平成一五～一七年度日本学術振興会科学研究費補助金・基盤研究(A)(一)「東南アジア大陸部・西南中国の宗教と社会変容―制度・境域・実践―」(代表：林行夫)により、二〇〇四年八月一五日～八月二二日、二〇〇五年三月一三日～三月二三日、同年八月一五日～八月二七日、そして同年一二月一九日～十二月二八日に現地調査を行った。また、二〇〇七年一二月に若干の補足調査を行った。なお、本章は高橋(二〇〇六a)を大幅に改稿したものである。

(2) カンボジア宗教省の統計によれば、カンボジア国民の九五％が仏教徒である(Cambodia, KTS 2005)。

(3) なお、ミャンマーでは俗人女性修行者はサンガ成員として認定されたが、尼僧(比丘尼)としてではない。タイでは見習尼僧(沙彌尼)、尼僧(比丘尼)が今世紀に入って出現したが、比丘尼サンガ復興には至っていない。

(4) タイのタマサート大学教授であったカビラシン自身が出家して二〇〇一年に沙彌尼に、二〇〇三年に比丘尼になった。

(5) Samakom Donchi neung Ubasika Kampucharoat。英語名は、Association of Nuns and Laywomen of Cambodia。一九九五年にドイツのＮＧＯであるＨＢＦ(Heinrich Boll Foundation)からの資金援助を受けて設立された。パンフレットによれば、①心を平静にするために、仏法を学び、瞑想を実践する、②仏教の教えに従って、仏教を守り普及させる、③一般知識と仏教知識の研修・開発を援助する、ことが目標である。現在、プノンペンの本部事務所をおき、ウドンの研修センターを拠点に、人権、女性の権利、ＤＶ、平和構築、紛争解決、トラウマカウンセリングなどについて、十四州から選抜されたドーンチーおよび一般在家女性向けの研修を行っている。登録会員数は、二〇〇五年八月に本部での聞き取り現在、一万〇八二五人。

(6) 例えば、プノンペンの調査寺院ではＡＮＬＷＣの活動に若干関わっているドーンチーが含まれるが、バッドンボーンの調査寺院にはいない、といった違いがある。

（7）出家儀礼を、日常語ではピティー・ボンブオッ（pithi bambuos）と呼ぶ。「ボンブオッ」とは「（人を）出家させる」という意味である。通常二日を要する（Ang Chulean 2007 に詳しい）。

（8）現在、寺院で行なっている仏教教育課程は三年間の課程であって、一般の初等義務教育課程六年間の代替にはなりえないため、仏教教育課程に進む場合も、小学校を卒業していることが望ましいと判断されているようである。

（9）雨季の修行期間。カンボジア陰暦九月の下弦一日から陰暦一二月上限一五日（満月）までの約三ヶ月間。この期間は、得度式や還俗をしない。寺院止住者は泊りがけの外出を避け、自分の所属する寺院での修行生活に専念することとなっている。

（10）プノンペンの統計では、男性修行者をサラヴァン、女性修行者をサラヴァテイと表記している。また、ここで示したプノンペンの数字はプノンペン宗教局で入手した統計によるが、表7-2の数字と若干のずれがある。集計月が異なるものと考えられる。

（11）二〇〇七年末の補足調査で同年の統計を入手した。これによると、プノンペン市の出家者総数は五〇一七名、ターチー一九一名、ドーンチー八七三名で、バッドンボーン州の方は、それぞれ四四四五名、三一三名、八六七名である。この三年間で両地域ともに、ドーンチー人口の対出家者人口比率は高まった。プノンペンでは一七・四パーセント、バッドンボーン州では出家者人口の減少もあって一九・五パーセントとなった。また、両地域におけるターチー人口の増加も注目される。

（12）この点は、同様に俗人修行者の寺院内止住が見られるタイなどと若干傾向が異なる。タイでも中高年が多いものの、都市部を中心に二〇～三〇歳代の若い俗人女性修行者が珍しくない。また、タイ都市部では高学歴の俗人女性修行者も多く、年齢層、学歴その他においてかなりの多様性が見られる（高橋　一九九八：一九九九、Aing Sokroeun 2007）。

（13）一九九八年センサスでは、四五歳以上人口で女性：男性は四：三である（Cambodia, NIS　2000: 8）。Cambodia Inter-Censal Population Survey (2004) によれば、総人口性比は九三・五となっている（http://www.nis.gov.kh/SURVEYS/cips2004）。

（14）（http://www.nis.gov.kh/SURVEYS/cips2004）による。一九九八年センサスの数字を元に計算すると、五〇歳以上人口における男性と女性の有配偶率はそれぞれ、八九パーセントと五五パーセントという差が生じている（Cambodia, NIS 2000: 77-78）。

（15）食物の調理には生き物の殺生が含まれるのでそれを避けるためではないかと考えられるが、詳細は未調査。

（16）筆者の二〇〇〇年に行った村落調査によれば、タカエウ州プレイカバッ（Prey Kabbas）郡の調査村では、五〇歳以上男性の四三・四％および同女性の七七・五パーセントがカンサル生活を送っている（高橋　二〇〇一：一二一頁および一三七頁）。また矢追の報告では、同じタカエウ州ソムラオン（Samraong）郡（矢追はタケオ州ソムラオング郡と表記）の調査村における、五〇歳以上男性の三五・〇パーセントおよび同女性の七八・一パーセントが五戒もしくは八戒を遵守していると答えている（矢追　一九九七：九一）。

（17）奉仕活動などで衣服が汚れやすい場合には、下半身のスカート上の衣類を黒や一般在家が着るようなソンポット（sampot）を身につけることが多い。ただし、本堂に入る時や、寺院外に外出する時は必ず全身白にし、スバイ（sbai）という帯状の白い薄布を肩にかける。

（18）五戒とは、①殺生をしない、②盗まない、③邪淫をしない、④嘘をつかない、⑤酒を飲まない、の五つ。

(19) 八戒は、五戒のうち③が「性行為をしない」となり、これらに加え、⑥正午から翌朝まで食事をしない、⑦歌舞音曲および香水や装身具の使用を避ける、⑧広く高いベッドに寝たり座ったりしない、が加わる。
(20) 十戒は、八戒の⑦を二つに分けて九つとした上、⑩金銭に触れない、が加わる。
(21) カンボジアでは、寺院で行われる年中行事や、各家庭で行われる人生儀礼、さらに祝祭一般を「ボン」と呼ぶ。
(22) より正確には、僧侶を招く行事をボンと呼ぶと言った方がよいかもしれない。ボンの原義は功徳という意味であり、転じて、僧侶を招いて布施をし、功徳を積む機会となる儀礼をボンと呼ぶからである。
(23) 以下、寺院の名称はその地域でもっとも知られている名を記述した。カンボジアの寺院は、宗教省に提出した登録名と通称と複数の名称を持つ場合が非常に多い。SD寺の登録名はモンコルヴァン寺と言い、他にトゥヴァーイダンクム、トゥヴァーイボンコムという通称もある。最も古くからある通称スヴァーイダンクムをここでは採用し、イニシャルで表記する。なお、ガスリーはこの寺院の登録名の方を用い、パーリ語綴りの翻字で Wat Mangalawan と記述している (Guthrie 2004)。
(24) 早朝に托鉢を行うタイと異なり、カンボジアでは朝食後に行う習慣があるために、通学と両立し難いという事情も背景にあるのではないか。
(25) 災厄払いや現世利益的な祈願のために、在家信徒の頭や体に水をかけること。筆者自身も、プノンペンに滞在していた一九九五年に、パル・ホーン師のこのような活動を観察する機会があった。
(26) 一九九〇年代にSD寺に学生として寄宿し、数年間パル・ホーン師の秘書を務めた三〇代男性（現在プノンペン市内の私立大学職員）への聞き取りによる。
(27) 律法の課程とは、数学や社会科などの普通教育科目を含まない仏教教義基礎課程である。公式には三年間の課程であり、修了試験もあるが、SD寺ではコースとして学ぶようなカリキュラムは組んでいないので、「非公式」と表現した。
(28) 筆者は二〇〇七年一二月に行われた第一六回年次会議を見学したが、ノンムニー寺のドーンチーが開会式に招待されていたことを確認した（高橋 二〇〇八）。しかし、会議に参加もしくは見学するドーンチーはなかった。
(29) 登録名は Suvannkiriphetraram 寺。
(30) 一九六〇年代に人気のあった歌手、シン・シーサムットが歌った「心の奥のソンパウ山」は今日でもよく知られている。恋人だった女性がこの地でドーンチーになってしまったと歌われている（高橋 二〇〇六 c）。
(31) 修行者が自然発生的に集う、登録寺院としての組織が整っていないこうした修行所は、アスロームと呼ばれる。
(32) 二〇〇五年三月の同寺のドーンチー長からの聞き取りでは、ドーンチーの人数は五〇名以上で、雨安居に入ると六〇名を超えるとのことであった。
(33) コンパエン寺の寺委員長の説明では、この寺院が市街地にあるため、一般男子学生等の俗人寄宿者が多く、若い男女の接触が多くなることが寺院の風紀を乱す怖れがあるからだという説明をしていた（二〇〇五年三月の聞き取り）。

(34) ドーンチーへの聞き取り調査は現在も進行中である。

(35) 一九九〇年代半ばから今日に至るまで非常に知名度の高い、バッドンボーン州出身で見習僧歴のある俗人説法家。バッドンボーンの自宅兼塾で他二名の講師とともに論蔵や律蔵の講義をしている。誰にでも門戸を開いており、受講料は無料である。近隣の出家者や在家が講義を聴きに通うが、この塾の敷地内に住み込んでいる修行者もいる。高橋（二〇〇六ａ：六三五―六四一頁）も参照のこと。なお、上掲書では「サウォン」と表記している。

(36) ブット・サヴォン師の著作リスト（二〇〇六年現在のもの）は、高橋（二〇〇六ａ：六四六―六四八頁）を参照のこと。

(37) 寺院（ワット）ではなく、瞑想センター（モンドル・ヴィパッサナーナートゥレア）と称している。支部が他の州にも続々建設されている。

(38) 二人はブット・サヴォン師の元教え子でもある。詳しくは、高橋（二〇〇六ａ：六三九―六四〇頁）を参照のこと。

参照文献

Aing Sokroeun 2007 Defining Difference: *Don Chee* and *Mae Chee* in Cambodia and Thailand. *Siksacakr* 8–9: 111–124 (English), 273–291 (Khmer).

天川直子、二〇〇一「ポルポト政権崩壊後の上座仏教の復興過程」天川直子編『カンボジアの復興・開発』二七五―二八八頁所収。千葉：アジア経済研究所。

天川直子（編）、二〇〇四『カンボジア新時代』千葉：アジア経済研究所。

Andaya, Barbara Watson. 2002. Localising the Universal: Women, Motherhood and the Appeal of Early Theravada Buddhism. *Journal of Southeast Asian Studies* 33(1): pp. 1–30.

Ang Chulean, Priap Chanmara, Sun Chandoeup 2007 *Domnaoe Chivit Monuh Khmae: Moel Tam Pithi Chlâng Vei* Phnom Penh: Hanuman Tesacho.（『クメール人の人生 ―― 通過儀礼から見る』）

Cambodia, KTS (Neayokkathan Thoammaka, Akheathikarathan Puthikasoeksa, Krâsuong Thoammaka neung Sasna). 2005. *Sthete Voat'aram Preahsâng neung Salaputhikasoeksa Prâcham Chnam 2004–2005*. 30p.（カンボジア宗教省仏教局及び仏教教育最高監督局編『二〇〇四～二〇〇五年次寺院・僧侶・仏教学校に関する統計』）

Cambodia, NIS (National Institute of Statistics, Ministry of Planning). 2000. *Report on the Cambodia Socio-Economic Survey 1999*. Phnom Penh: NIS. 156p.

Ebihara, May M. 1968. Svay, a Khmer Village in Cambodia, Ph.D. dissertation, Colombia University, Ann Arbor, MI: University Microfilms.

________. 1974. Khmer Village Women in Cambodia: A Happy Balance. In *Many Sisters: Women in Cross-Cultural Perspective*. edited by Carolyn J. Matthiasson, pp. 305–347. NY: The Free Press.

Guthrie, Elizabeth. 2004. Khmer Buddhism, Female Asceticism, and Salvation. In *History, Buddhism, and New Religious Movements in Cambodia*, edited by John Marston and Elizabeth Guthrie, pp. 133–149. Hololulu: University of Hawai'i Press.

浜家伸恵　二〇〇五「「寺に暮らす」という生き方――「制度」のもとで「欠損」を補うカンボジア女性の「暮らし」」修士論文、岡山大学大学院文学研究科。

Harris, Ian. 1999. Buddhism *in Extremis*: The Case of Cambodia. In *Buddhism and Politics in twentieth-Century Asia*, edited by Ian Harris, pp. 54–78. Trowbridge: Cromwell Press.

———. 2005. *Cambodian Buddhism: History and Practice*. Honolulu: University of Hawai'i Press.

林　行夫　一九九八「カンボジアにおける仏教実践――担い手と寺院の復興」大橋久利編『カンボジア――社会と文化のダイナミックス』一五三―二一九頁所収。東京：古今書院。

Kabilsingh, Chatsumarn. 1991. *Thai Women in Buddhism*. Berkeley: Parallax Press.

Keys, Charles. 1984. Mother or Mistress but Never a Monk: Buddhist Notions of Female Gender in Rural Thailand. *American Ethnologist* 11(2): 228–229.

Kobayashi Satoru. 2005. An Ethnographic Study on the Reconstruction of Buddhist Practice in Two Cambodian Temples: With the Special Reference to Buddhist *Samay and Boran*.『東南アジア研究』四二（四）、四八九―五一八頁。

小林　知　二〇〇六「現代カンボジアにおける宗教制度に関する一考察――上座仏教を中心として」林行夫（編）『東南アジア大陸部・西南中国の宗教と社会変容――制度・境域・実践』（平成一五―一七年度科学研究補助金・基盤研究（A）［一］課題番号一五二五二〇〇三研究成果報告書）五三三―六一五頁。

Marston, John; and Guthrie, Elizabeth, eds. 2004. *History, Buddhism, and New Religious Movements in Cambodia*. Hololulu: University of Hawai'i Press.

Sam Yang. 1990. Buddhism in Cambodia, 1795 – 1954. Master's Thesis, Cornell University.

Siri Savina. 2004. Satrey neung Preah Putsasna nov knong Sângkum Khmae. Graduation Thesis, Royal University of Fine Arts, Phnom Penh.（「クメール社会における女性と仏教」）

高橋美和　一九九七「上座仏教徒社会における宗教実践とジェンダーの構築――タイの女性修行者メーチーをめぐって」博士論文、筑波大学大学院歴史・人類学研究科。

———　一九九八「信仰の実践――出家と在家、そして女性修行者」ＮＨＫ「ブッダ」プロジェクト編『ブッダ２　大いなる旅路――篤き信仰の風景　南伝仏教』。一六九―一七四頁。東京：日本放送出版協会。

———　一九九九「タイ仏教徒社会における女性の「僧院入り」の文化・社会的背景」『愛国学園大学人間文化研究紀要』一、一二一―四七頁。

———　二〇〇〇「カンボジア仏教は変わったか――コンダール州における仏教僧院復興過程の諸側面」『愛国学園大学人間文化研究紀要』二、七三―八九頁。

———　二〇〇一「カンボジア稲作農村における家族・親族の構造と再建――タケオ州の事例」天川直子編『カンボジアの復興・開発』二一三―二七四頁所収。千葉：アジア経済研究所。

——二〇〇六a「現代カンボジアにおける俗人仏教徒の宗教実践と人生——女性修行者（ドーンチー）を中心に」林行夫編『東南アジア大陸部・西南中国の宗教と社会変容——制度・境域・実践』（平成一五—一七年度科学研究補助金・基盤研究（A）［一］課題番号一五二五二〇〇三研究成果報告書）六一六—六五一頁。

——二〇〇六b「復活した信仰——内戦後の仏教の復興」『カンボジアを知るための60章』上田広美・岡田知子（編）。八四—八八頁所収。東京：明石書店。

——二〇〇六c「今日のカンボジア仏教寺院と俗人女性——肉親喪失体験をこえて」『アジア遊学』八九、六〇—七一頁。

——二〇〇八「カンボジア二〇〇七年全国幹部僧侶年次会議を見学して」『愛国学園大学人間文化研究紀要』一〇、五五—六五頁。

Takahashi Miwa. 2005. Marriage, Gender, and Labor: Female-Headed households in a Rural Cambodian Village.『東南アジア研究』四二（四）、四四二—二六三頁。

高橋美和　ドーク・ヴティー　二〇〇〇「カンボジアにおける仏教僧院の復興状況　報告2　僧院構成者と仏教徒コミュニティーの実態——ワット・チョムパーの事例」駒井洋編『東南アジア上座部仏教社会における社会動態と宗教意識に関する研究』（平成九—一一年度科学研究費補助金・基盤研究（A）（二）課題番号　国〇九〇四一〇五一研究成果報告書）四八—六七頁。

田上太秀　一九九二『仏教と性差別——インド原典が語る』東京：東京書籍。

Wagner, Carol. 2002. *Soul Survivors: Stories of Women and Children in Cambodia.* Berkeley: Creative Arts Book Company.

矢追まり子　一九九七「カンボジア農村の復興過程に関する文化生態学的研究——タケオ州ソムラオング郡オンチョン・エー村の事例」修士論文、筑波大学大学院環境科学研究科。（小野澤正喜（編）二〇〇一。『カンボジア社会再建と伝統文化Ⅱ。諸民族の共存と再生』（トヨタ財団研究助成B（九四B一—〇二六）研究成果報告書）に再録）

※プノンペン市およびバッドンボーン州の寺院統計（寺院名称・所在地・出家者および俗人修行者人数など）は、冊子として刊行されておらず、集計表のプリントアウトの形で、プノンペン市宗教局およびバッドンボーン州宗教局にてそれぞれ入手したものである。

参照ウェブサイト

Cambodia Area Name
http://www.nis.gov.kh/areaname/area_name.htm

Cambodia Inter-Censal Population Survey 2004 (CIPS)
http://www.nis.gov.kh/SURVEYS/cips2004/cips_statis.htm

内戦時代に失った家族	近親者寺院止住歴（故人含む）					寺院内親族	布施以外の経済的サポート（不定期・少額含む）	備考
	父	母	キョウダイ	配偶者	子			
父	—	—	—	—	—	—？	姪 1	
夫，子 6	？	—	？	出家	—	—？	子 1（PP，毎日食事）	
—	？	？	？	？	—	息子の妻（DC）	子 1（France）	
父，夫	？	？	？	？	—	？	—	
弟 1，子 1	？	？	—	出家	—	娘の夫の母（DC）	子	
兄 2，姉 2	？	？	？	？	—	—？	姪（甥？）1（France）	
Sib4，夫，子 1	？	カンサル	？	—	—	イトコ（DC）	子	
夫？	？	—	—	？	—	—？	—	
Sib2，夫？	カンサル	カンサル	DC（妹 1）	—	—	妹（DC）	—	
弟 2，妹 1	—	—	—	—	出家（息子 1）	イトコ（DC）	子 1（SiemReap）	
—	—	—	—	—	—	—	—	
—	—	—	—	—	—	—	家族	
父，母，夫	—	カンサル	—	出家	—	—	兄（BD）？	
—	出家	DC	出家（兄 2）・DC（姉 2）	—	—	父（TC→僧侶），母・姉 2（DC）	寺院内出家者たち，姉（BD）	
父，母，夫	—	—	出家（Sib1）	—	—	オバ 1（DC）	姉（BD）	
？	出家	カンサル	出家（弟 2）	出家	—	—	知人	
父，兄 1，弟 1，Sib2？	—	カンサル	—	—	—	—	娘（BD）	
父，母，兄 1，夫，子 3	—	—	—	—	—	—	—	
—	？	カンサル	—	—	—	—	母	
—	出家	—	—	—	出家（息子 1）	—（過去に息子）	息子	
—	出家	？	DC（姉 1）	—	—	父（TC），姉（DC）	兄 1，姉 2（PP）	
—	—	カンサル	出家（兄 1）	—	出家（息子 1）	息子	子	
兄 3	出家	—	DC（妹 1）	—	—	父（TC），妹 1（DC）	—	
父，Sib4，夫	—	DC	出家（兄 1）	—	出家（息子 1）	息子，姪（DC）	姪（PP），兄（France）	
継父，母	出家（父①）	—	—	—	—	—（過去に父）	姉	
子 1？	？	？	出家（弟 1）	DC	—	弟（TC）	（過去に娘）	33 の姉
父？母？Sib3，夫	出家	—	？	—	—	—	—	
—	—	Ubasika	—	—	—	—	妹 1，Sib2（USA）	
夫？	出家	—	—	？	—	—	息子 1	
—	AchaWat	カンサル・Ubasika	—	出家（夫②）	—？	—		
父，母，兄 2，姉 2，夫，子 2	出家	カンサル	出家（兄 1）	—	—	—？	（不要）	
父，母	出家	DC	出家・カンサル（姉妹）	？	—	ハトコ（TC）	娘 1	
？	？	？	DC（姉 1）	—	カンサル（娘）	姉（DC）	子	26 の弟
子 1	？	？	？	？	？	—？	（不要）	
—	出家	DC	出家（兄 1）	—	—	甥（寄宿）	Sib	
—	—	—	—	—	—	—	—？	
—	—	—	出家（弟 1）	—	—	—	（妹 2 をサポート）	
？	—	？	？	—	—	—	妻？子？	
—	—	—	—	—	—	祖母（DC）	—	
—	—	—	—	—	—	？	？	
—	出家	？	出家（弟 2）	—	—	？	父，母	
母	出家	Ubasika（寺の台所）	—？	—	—	姉 1（SP に通い）	（不要）	
父	出家	カンサル	？	？	？	—	（不要）	

〈家族〉〈近親者〉 Sib＝キョウダイ
〈止住歴〉 カンサル＝自宅にて在家戒遵守生活を送る　出家＝見習僧もしくは僧侶

表 7-4　インタビュー対象者一覧

個人番号	カテゴリー	現在の寺院／止住先	寺院所在地	出身地	出生年	出家／寺院止住開始年齢	同2度目開始年齢	世俗教育年数	寺院止住前の職業	止住開始時の婚姻状況	生存している近親者
1	DC	SD	PP	PV	1958	37	—	4	?	未婚	Sib7
2	DC	SD	PP	PP	1921	68	—	0	主婦・縫製	死別	子 6
3	DC	SD	PP	KT	1922	60	—	識字学級	農業→販売	死別	子 2
4	DC	SD	PP	KC	1936	58	—	0	—	死別	子 5
5	DC	SD	PP	Kroche	1937	50	—	0	農業	既婚	妹 1，子 5
6	DC	SD	PP	Takaev	1948	47	—	4	家事手伝い	離婚	—
7	DC	SD	PP	SR	1932	58	—	0	農業	死別	子 6
8	DC	SD	PP	SiemReap	1931	60	—	識字学級	公務→自営	夫行方不明	Sib7
9	DC	SD	PP	PP	1932	49	—	3	公務	夫行方不明	Sib2
10	DC	SD	PP	SR	1948	50	—	4	農業	死別	父，Sib4，子 6
11	DC	TD	PP	PP	1961	25	—	6	販売	未婚	母，兄 1，姉 1
12	DC	TD	PP	KC	1964	27	—	6	縫製	未婚	父，母，Sib6
13	DC	PA	BD	Kampot	1939	53	—	識字学級	農業	死別	兄 1，妹 1，子 2
14	DC	PA	BD	BD	1995	6	—	今 3 年生	—	—	父，母，Sib7
15	DC	PA	BD	Takaev	1956	28	—	2	農業	死別	Sib7
16	DC	PA	BD	Takaev	1921	79	—	0	機織→自営	死別	子 1
17	DC	PA	BD	Posat	1951	32	—	4	縫製・販売	離婚手続中	母，Sib2，子 3
18	DC	PA	BD	BD	1948	57	—	?	販売	死別	兄 1
19	DC	PA	BD	BD	1982	18	—	6	販売	同居→離別	母，Sib5
20	DC	PA	BD	BD	1928	59	—	0	農業	死別	子 1
21	DC	PA	BD	PV	1980	22	—	9	販売	未婚	父，Sib6
22	DC	PA	BD	BD	1947	56	—	2	販売	離別	母，Sib4，子 5
23	DC	PA	BD	PV	1975	22	—	3	農業	未婚	父，Sib6
24	DC	PA	BD	Takaev	1952	40	—	2	販売	死別	Sib2
25	DC	PA	BD	BD	1962	29	—	4	販売	未婚	Sib3
26	DC	CP	BD	BD	1928	66	—	寺学校	農業	既婚	弟，子 4
27	DC	VC	BD	PP	1939	51	—	3	販売	死別	—
28	Ubasika	SP	BD	BD	1950	45	—	5	縫製	離婚	Sib6，子 5
29	Ubasika	SP	BD	BD	1945	53	—	10	小学校教師	死別	子 1
30	元 DC・自営	自宅	BD	BD	1970	18	19	6	販売	離婚	父，母，Sib，夫②，子 3
31	Ubasika 有髪	SD	PP	Takaev	1951	38・通い	—	7＋政治学級	公務員（今も）	死別	姉 2
32	TC	PA	BD	BD	1933	71	—	1＋寺学校	農業	離婚・死別・死別	Sib2，妻①，子 7
33	TC	CP	BD	BD	1935	68	—	1	農業（小作）	死別	姉 1，子 6
34	僧侶・住職	SD	PP	Takaev	1923	12	60	寺学校	①学生②農業・大工	死別	子 3
35	僧侶	SD	PP	KC	1979	17	—	10	—	未婚	母，Sib7
36	僧侶	PA	BD	BD	1977	21	—	12	農業	未婚	父，母，Sib5
37	僧侶・住職	CP	BD	難民キャンプ	1980	16	—	7	—	未婚	父，母，Sib4
38	僧侶	CP	BD	カンプチア・クラオム	1927	19	59	0	①？②農業（小作）	同居	Sib2，妻，子 4
39	見習僧	SD	PP	PP	1986	17	—	10	—	未婚	Sib4
40	見習僧	PA	BD	KC	1979	26	—	4	タクシー運転手	未婚	父，母，Sib3
41	元僧侶・学生	(BV)	PP	SR	1973	20	—	9	農業？	未婚	父，母，Sib6
42	元見習僧・説法家	自宅／SP	PP／BD	BD	1959	20	—	9	—	未婚	Sib5
43	論蔵講師	自宅	BD	BD	1948	46・SPで講義	—	12	高校教師	既婚	母，子 2

(注)
〈カテゴリー〉　DC＝ドーンチー　Ubasika＝ウバーシカー（この表では，仏教塾に常住する剃髪女性及び，寺院に常住していない有髪の女性修行者のこと）TC＝ターチー
※個人番号 1～31 は女性，32～43 は男性.
〈寺院名〉　SD＝スヴァーイ・ドンクム寺　TD＝トゥドン寺　PA＝プノム・オンダゥク寺　CP＝チョンプワン・パオイソムラオン寺 VC＝アスローム・ヴィヒア・チェン　BV＝ボトゥム・ワテイ寺　なお，SP は仏教塾サーラー・サテッパターン
〈居所〉〈出身地〉　PP＝プノンペン市　BD＝バッドンボーン州　PV＝プレイヴェーン州　KT＝コンポントム州　KC＝コンポンチャーム州　SR＝スヴァーイリアン州
出所：筆者作成

第八章　サラパン仏教讃歌

――東北タイ農村における女性の宗教実践と社会変容

加藤眞理子

一　はじめに

近年、東北タイでは年中行事として行われていた祭りの中で、一部が大規模化し、信仰をともにしない見物人が多く集まる「祭礼」化現象がみられる。祭礼とは、村の祭りと異なり、行政の参与、開催日時や場の変化、芸術・芸能の発展、華美な装飾などを伴う「見られる祭」である〔柳田　一九九八［一九四二］〕。例えば、地方物産展示場の特設ステージ上で実演される「伝統」儀礼、観光客に見せる少数民族の儀礼や踊りなど、それまで村落の社会構造に組み込まれていた祭りや儀礼が、人々に見せることを目的とした「祭礼」へと変化してきた。現在、観察される大規模な宗教的行事の多くは、開発政策の影響やそれに伴う社会経済的変化などの様々な理由によってすでに祭礼化されたものであることを念頭に置かなければならない。

本章で事例として取り上げるサラパンは、抑揚のある仏教の朗経形式と地元の民謡が融合した節回しに、タイ語の詞がついた仏教讃歌である。現在、東北タイの寺院で行われる儀礼や地方行政機関が行う文化イベントのなかで女性によって謡われている。かつて村落寺院で謡われていたサラパンは、仏教実践として積徳の意味をもっていた。サラパン仏教讃歌を含む仏教儀礼が祭礼化した重要な転機は、一九九〇年代に始まる行政主導型コンテストの開催である。サラパン・コンテスト（*kan prakuat khap rong Saraphan*）が東北タイ地方全体で開催されるに従い、聴衆に見せて聞かせるために、サラパンやその儀礼の場も変化した。なかでも大きな変化は、年配女性の積極的な関与が見られるようになったことである。祭礼化に伴って、女性の参加や実践がより一層顕著となる事例は、他にもみられる。例えば、東北タイのヤソートーン県で行われるロケット祭り（*bangfai*）は、雨乞いや積徳を目的とする村落の祭りであったものが見世物化され、町をあげて行われる大きな行事となった。祭礼化される過程で、男性だけの行列と踊りが女性によって担われるようになったことが報告されている [Nithi 1993: 22–23]。サラパンにおいても、後述するように謡いを教える男性の役割を年配女性が担うようになる変化が生じていた。

そもそも女性は上座仏教世界で男性のように出家する制度がないため、研究上、日常的な僧侶への食施、息子を出家させて僧団に参加させることなどを通じて、女性が「仏教を養う」ことで宗教を裏方で支えていると解釈されてきた（Keyes 1984, 林 一九八六）。しかしその理論的枠組みは、公的領域と私的領域の概念（Rosaldo 1974）や母性の普遍性を求める初期フェミニズムの域を越えておらず、年齢、経験、社会・経済的地位などにおける多様な女性のあり方に着目した宗教実践研究は少ない。

以上のことから、本章では、祭礼化における女性の宗教実践の変化とその原因を検討する。具体的には、東北タイにおいてサラパンが、一九九〇年代以降、増加したコンテスト形式で謡われるようになってから生じた女性の宗教実践における役割変化について考察する。そのような考察を通じて、多様な女性の宗教実践がより動態的に理解できると考える。後述するが、宗教儀礼の祭礼化は、一九九〇年代に始まったことではない。以前から政府およびＮＧＯが進めた地元の文化復興（*fuenfu watthanatham phuenban*）活動の影響を受け、徐々に東北タイの仏教寺院で行われていた儀礼が、村落外の人々の関心を集めるようになった。そして地方都市で開催される物産展で儀礼が披露されたり、ＮＧＯ主催で村人の開発資金を集めるために儀礼が復活したところもあった。

しかし一九九〇年代以降、開発政策が転機を迎え、経済だけでなく文化発展にも重点が置かれるようになった。政府も本格的に文化政策を全国的に推し進め、サラパンを含む地元の文化コンテストが開催され、規模が大きくなり行われる頻度も増えた。そのため本章では、一九九〇年代をサラパン変化の一つの重要な転換点として捉えた。

本章ではまず先行研究や聞き取りから得た資料から、一九九〇年代までのサラパンの変化を再構成する。サラパンの原型と推測される仏教の朗経形式について、三蔵経典における記述を参照した後、東北タイにおけるサラパンの成立を歴史的に追い、その成立と実践が制度と政策の影響を受けて変化してきたことを明らかにする。その後、一九九〇年以降、盛んとなるコンテスト形式の導入によって生じた変化について述べ、最後に女性の実践における役割変化について考察を加える。

1 調査地の概要

対象とする東北タイは、イサーンとも呼ばれ、タイ国内で面積、人口ともに最大の地方である。[1] 民族的に最も数が多いラオ系タイ人の他、プータイなどのタイ系民族、クメール、クイなどのモン・クメール系民族も居住し、日常的に話される言語は多様である。しかしラオ系タイ人が話すラオ語が、他の言語集団との交渉の場でも利用されているため、言語文化的に他の地方と異なる特徴を持つ。

中部地方のシャム人にとって、この地域は古くから野蛮な異民族であるラオ人が住む辺境の地として認識されてきた。天水に依存する自給的な稲作耕作に従事する者が多く、灌漑設備や道路などのインフラ整備が後れ、定期的に干ばつに襲われてきた（cf. 福井 一九八八）。そのため経済的に、東北地方は、他の地方と比べ貧しく、[2] 大都市や海外への出稼ぎ者も多い。

定着調査[3]を行ったＳＨ村は、タイ国東北地方のほぼ中央に位置し、天水に依存する水稲耕作を行う、人口四三一人、九八世帯（二〇〇一年調査時点）のラオ系タイ人の塊村である。ＳＨ村の成立は、二〇世紀初頭（約一九〇七年）、隣接するＮＫ村、Ｔ村などの村人たちが、水牛や牛を放牧していた森林地帯に出小屋を建て始めたことによる。その後、集落

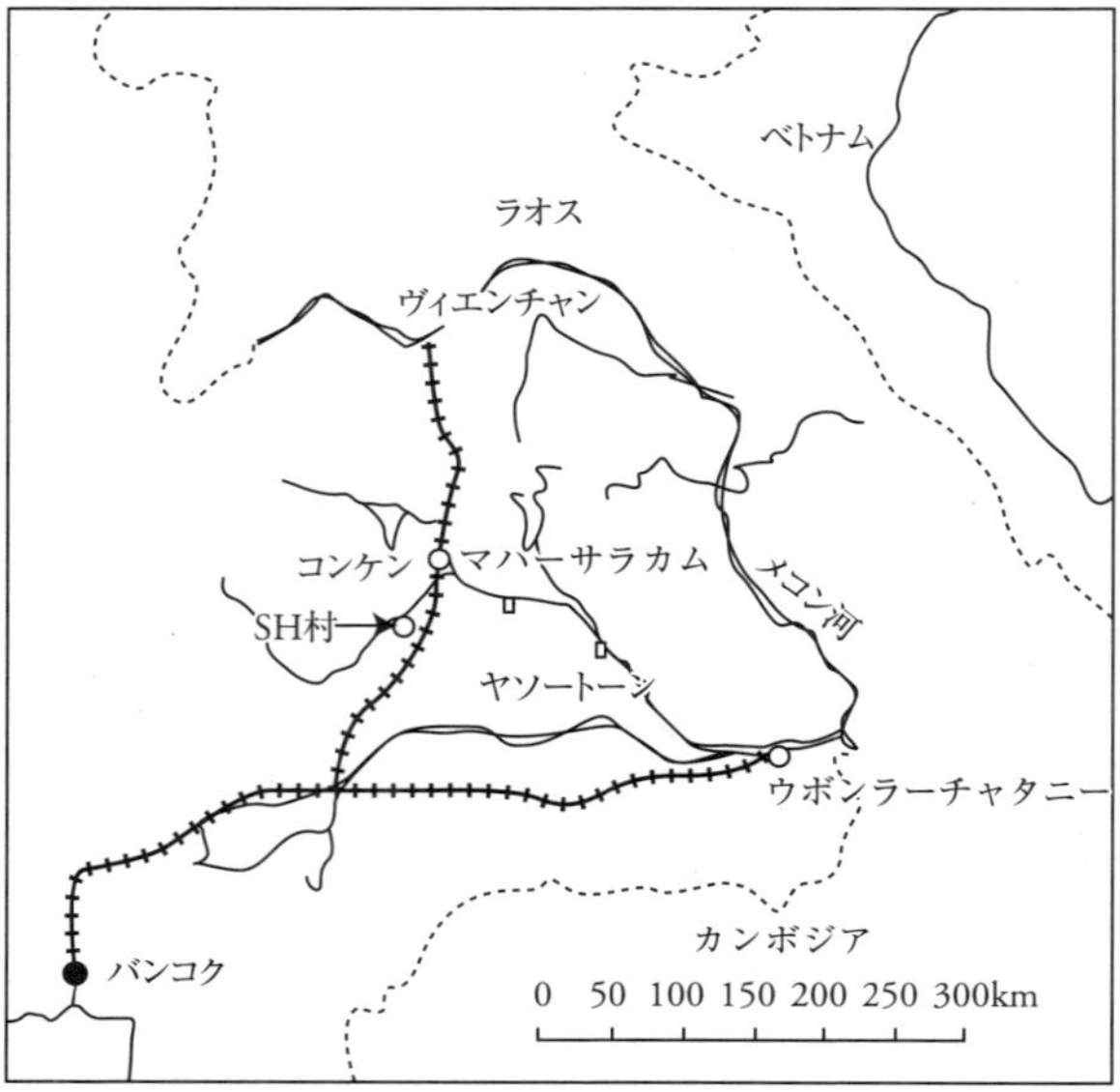

図 8-1　東北タイ・コラート高原

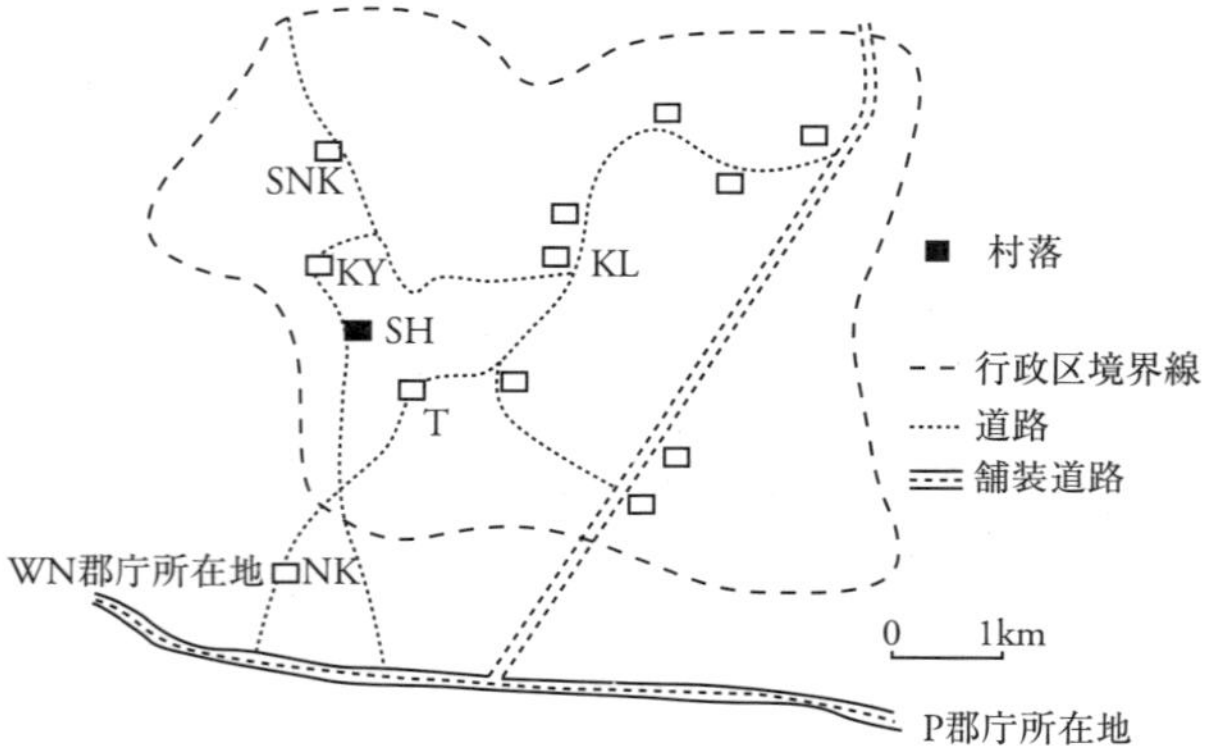

図 8-2　調査村周辺図

は一九一九年にT村の一部として行政村に組み入れられ、一九七一年にコンケン県WN郡KL行政区第七村として行政的に独立した。これらの経緯により近隣村に親族が多く住み、村人の交流は続いている。

2 女性の仏教実践

タイ国民の九割以上が信仰する上座仏教は、サンガ（*sangha* 僧団）に参加する出家主義を特徴とする。男性ならば一生に一度は出家することが期待され、俗世と隔離した寺院で過ごし、二二七の具足戒を遵守しながら修行に専念することが求められる。一方で、女性の出家慣行は存在せず、女性はサンガの成員にはなれない。

仏教の教理上の目的は、輪廻からの解脱であり、それは戒律を遵守する出家者だけに許された目標である。出家できるのは男性に限定されるため、男性だけに許された究極の目標ともいえる。しかし、俗世間に生きる人びとは、現実の生活の中で出家修行者とは異なる目的を持ちつつ仏教実践を続けている。

一般の在家信者は、功徳を積むこと（*tham bun*）を通じて、来世や現世での生活の向上や、死後に魂がより早く生まれ変わることを望む。功徳を積む行為として、寺院や僧侶に対する布施や出家など、三宝（仏法、僧侶、僧団）への貢献が挙げられる。このような積徳行を支えるのは、因果応報としての業（*kam*）である。つまり現在の状態は自らの過去の行為の結果であり、現在の行為が来世の状態を決めるという考え方である。在家信者として布施行為や戒律を遵守することと以外にも、僧侶の読経や説法を聞くこと、在家信者自らが読経することなども積徳行だと認識されている。

このように寺院に集まる在家信者のなかで、特に女性の参加者数は多い。実際、様々な儀礼を観察してみると、男女の宗教実践が明らかに異なることがわかる。ごく一部の年配男性を除いて、ほとんどの男性が日常的な宗教実践に関わることがないのに対して、女性の宗教実践は、連続的かつ日常的である。ライフサイクルの面からみれば、娘の頃は親について布施の方法などを学び、結婚後は女性世帯主として親族や家族の守護や功徳に関わる実践を行う。家庭の責務を終え年配になると、女性は個人的な実践に傾斜すると同時に、村落内で行われる儀礼に頻繁に参加し、布施や持戒行を通じて積徳に励む。村落寺院において女性の中心となって活躍するのは、このような年配者である。

サラパンをめぐる実践には、教える者、謡う者、聞く者などの異なる立場の老若男女が関わる。村落寺院における他の仏教実践と異なり、サラパンは、未婚女性が儀礼の中心になって謡う点に特徴がある。若い未婚女性が謡い、僧侶や俗人男性が教えることが多いサラパンは、性差と年齢差が顕著に見られる実践である。次に、具体的にサラパン歌とその儀礼について述べていくことにする。

3　サラパン歌(4)

先行研究において、サラパンは民謡の一つとして捉えられ、歌詞を収集し分類することに焦点が当てられていた(Suwakhon 1989, Rucira 1990, Suwing 1993)。つまりサラパンは、宗教的要素を取り入れた民謡または歌(*phleng*)であり、伝統文化を継承する一つの方法であった。しかし他の民謡とは異なり、サラパンは仏教実践としても捉えられている。サラパンに関わる人々は、仏教実践であることの根拠としてしばしば三蔵経典の記述を挙げる。その中に描かれているのは、仏陀が美しい朗経に感銘を受けた場面である。このような節回しをつけて朗経する慣習(5)が仏教とともに伝えられ、それぞれの地域の民謡などの声を媒体とする文化と融合したものの一つがサラパン(*Saraphan*)の原型だと考えられる。

このような仏教の声の側面が強調される朗経形式は、地域によって多様であり、例えば、全国的にみられるものとしてマーライ経(*Phra Malai*)朗唱(6)がある。また毎年5月頃各地の寺院でジャータカ誕生祭(*bun phawet*)が催されるが、東北タイでは、僧侶がテート・シアン（*thet siang*）[7]と呼ばれる独特の節回しを伴う説法を行う。サラパンはサラパン歌（*phleng Saraphan*）とも呼ばれ、東北地方独自のものであり、民謡としても認知されている。

先行研究や村人への聞き取りによると、歌や内容に地域差があるにも関わらず、人びとが思い浮かべるサラパンには、共通する手順と状況がある。次に記述する状況は、サラパンが村落社会内で盛んに謡われていた一九五〇～七〇年代のことだと推測される。

サラパンは、雨安居期に寺院で練習され、ロウソク献納儀礼（*thot thian*）で謡われた。ロウソク献納儀礼は、雨安居期間中に俗人がロウソクなど、僧侶や寺院に必要な物を布施する儀礼である[8]。儀礼用のロウソクが市販されていなかった頃は、明かり用の油、蜜蝋などを献納していた。

ロウソク献納儀礼の開催を計画する村落寺院の住職は、村長などと話し合い、行う日時と献納する寺院を決める。そしてその旨を近隣村の寺院に告げて廻り、複数の村の人たちを呼んで一緒に儀礼を行った。人々がロウソクや金品の寄進に来ると、寺院の講堂では受け入れ側の村人たちの手による食事もふるまわれた。各村からは住職、村長など長老たちとともに、四～五人の若い娘を中心として構成されたサラパン・チームが参加した。それぞれのチームの若い女性たちは、寺院の講堂でサラパンを表のような手順に従い謡った（表8−1）。

表8−1　サラパン儀礼手順

第1段階　準備	
	座る位置を決め，仏像や僧侶に向かって三礼する（額を床に三回つけて跪拝すること）
	三宝帰依の歌（*wai Phra*）
第2段階　花の盆を捧げる	
	花5対，線香3本，ロウソク1対を盆に載せた物，または花で作った飾り物を仏像や僧侶に献上する
	献花の歌（*klon bucha dokmai*）
	三宝帰依の歌，および師匠や神聖なものに対する歌（*bucha Phra rattanatrai*）
	授戒を乞う歌（*klon kho sin*）
第3段階　導入	
	許しを乞う歌（*klon kho apai*）
	近況を聞く歌（*tham khao*）
第4段階　サラパン歌	
	三宝帰依の歌（*klon wai Phraphut Phratham Phrasong*）
	民話，仏教説話など
第5段階　祝福	
	祝福の歌（*hai uaiphon*）
第6段階　別れ	
	別れの歌（*kho la*）
	三礼して終わる

（2001年SH村村落寺院における観察に基づき筆者作成）

三宝帰依から始まり自己紹介の歌が続き、最後に別れの歌で終わるサラパンの形式は、以前から他村でロウソクを献納する時や、現在行われる様々なコンテストでも使用されている。時間の長短は場合によって異なるが、どんなに時間が短縮されても、三礼と三宝帰依の読経は必ず含まれる。謡いの中に仏教とは関係のない歌詞があっても、三礼から始まり三礼で終わる形式に従うならばサラパンであり、他の民謡とは異なるものだと認識されている。

サラパンは、単旋律を複数で謡う歌である。導入部だけソロが入る場合もあるが、必ず四〜五人、またはそれ以上の集団で謡われる。謡い手による即興的側面はなく、作り手が作った通りのものを練習し再現する。

音の抑揚のことをタムノーン（*thamnong*）と呼ぶが、音楽の旋律のことも、語りの声の調子や抑揚などの節回しのことも指す。ここでは旋律と節回しを分けて述べていく。基本旋律は様々だが、献花の歌（*klon bucha dokmai*）の旋律はどこでも同じであるため、最も古い旋律ではないかと考えられている（Suwakhon 1989: 296）。そして歌の節回しには、僧侶のレー説法（*thet lae*）、モーラム、トーイ（*toei*）節、ルークトゥン歌謡（*phleng lukthung*）[9]、セーパー（*sepha*）節[10]などを取り合わせたものもみられる（Suwakhon 1989: 147）。最近では、流行の節回しを入れる傾向が強い。歌の美しさや歌い手の個性を基本旋律ではなく、節回しの部分を強調することで表現する。

謡いの内容にはパーリ語の経も含まれるが、ほとんどはタイ語および地方語であるラオ語が混在した仏教説話、民間伝承、父母や師匠の恩、女性の振る舞いや道徳についての教えなどである。他に謡う場面やコンテストに応じて、時事ニュースを謡い込むこともある。題材は、作者や聴衆の興味に応じてかなり自由に選ぶことができる。対象村周辺では、ジャータカ物語（*Jataka* 本生経）[11]が好まれ、仏陀の前世の姿であるプラヴェートサンドン（Phrawetsandon）が妻や子供を捨てる場面などを詠み込んだものが、特に選ばれていた。タイ語だけで歌われるものには、国民統合を呼びかけるもの、政府の開発政策に関するものなど官製起源と思われる歌もある。また最近では、コンテストを開催する目的に応じて作詞される。例えば、公衆衛生省が麻薬撲滅キャンペーンの一環としてサラパン・コンテストを開催する場合、麻薬撲滅に関する内容を謡いに盛り込んで競い合う。

ここでは詞を具体的に表記しないが、その詩形の特徴は、五音と六音の繰り返しである。韻を踏むことも多く、作者は押韻を意識しているようだが決して厳格なものではない。同じフレーズを繰り返し、その長さに規定はない。

村落寺院の儀礼でサラパンが謡われる目的は、謡いの奉納を通じた積徳以外に、村落間の人々の交流もあった。多くの人々がサラパンを聞くために集まり、男性にとっては未婚の若い女性を見る機会でもあった。僧侶が修行に専念する雨安居期には、乾季にみられるような村落全体を巻き込む盛大な仏教儀礼は行われない。ロウソク献納儀礼は、この時期唯一の娯楽的要素を持つ集合儀礼である。

いくつもの村が参加する大規模な儀礼になると、各村のサラパン・チームが謡いを披露しあうコンテストのようなものが始められた。しかし人々の交流が目的であったため、主催者側のサラパン・チームを優勝させることは避けられ、必ず客人として来た他村の参加者の中から勝者が選ばれた。また賞金はなく、ほとんどの場合、参加者全員に対して、経本や仏像のお守りなどが配られるだけであった。

一九七〇年代まで、サラパンはこのような場で謡われてきた。そのとき重要な役割を果たしたのは、僧侶や村長を含む村の長老であった。このような男性たちが儀礼を主催し、声のいい未婚女性を選び、サラパンを教え謡わせた。選ばれた未婚女性や聞きに来る年配女性にとって、サラパンをめぐる宗教実践は受動的で慣習に従うものだった。

二　東北タイにおけるサラパンの歴史

東北タイで人々が広くサラパンを謡うようになるまでの過程をいくつかの段階に分けることができる。それは次に述べるように村落へ導入され浸透した段階と、その後の一時的な衰退、そして復興といった段階である。

1　サラパンの村落への導入と浸透

東北タイでいつからサラパンが歌われていたのか定かではないが、近代タイ仏教の普及とともに伝えられたようである。近代タイ仏教とは、モンクット親王（のちのラーマ四世）によるタマユット派（Thammayut Nikai）[12]が主導し、仏教の国家的統制の中で制度化された仏教のことである。地方行政制度の中央集権化による近代国家形成の過程と並行しつつ、仏教サンガの位階的組織化、正統的教理の確立などが行われ、全国に普及した（林 二〇〇〇、Kamala 1997, Reynolds 1972）。東北タイでは、ウボンラーチャタニー（以下、ウボン）県のタマユット派寺院[13]が近代タイ仏教の農村部普及への拠点となり、バンコクの寺院で教理学習を修めて帰ってきた東北タイ出身僧侶が、教理学習の普及だけでなくタイ語教育においても重要な役割を果たした（林 二〇〇〇：三一三―三一六）。

このような教理学習は、そもそも僧侶や見習僧のためのものだが、戒律に関する教科を除き同一のカリキュラムを俗人にも教える俗人教理学習（*thammasueksa*）が始まった[14]。県・郡・行政区の中心にある大寺院で、地元民に対する教理教育が行われ、その時、仏教讃美（*yokyong phraphutthasatsana*）[15]と呼ばれる抑揚をつけた朗経が奨励されるようになった。この朗経は、従来パーリ語のみであった経を僧侶がタイ語（シャム語）に訳し、多くの人が繰り返し朗唱できるように詩形としてまとめたものである。これが東北タイにおけるサラパンの始まりであると考えられる。

調査村周辺での聞き取りによると、村落へのサラパンの普及と浸透には、このような大寺院での俗人に対する教理学習と遊行僧が重要な役割を果たしたようである。仏教讃美の朗経を始めた僧侶は、農村地帯に赴き、迷信や精霊を駆逐する仏教儀礼を行い、寺院の数を増やしていった。そこでの教理学習の機会を通じて、サラパンは村人に伝えられた。そしてサラパンに関心を持った一部の僧侶もまたサラパンを覚え、他の村の寺院で教えた。雨安居期間中、一ヵ所に止住しなければならない僧侶は、雨安居が明けると知識や経験を求めて様々な寺院を渡り歩く慣習がある。都市から離れた農村の寺院へ遊行する僧侶も少なからずおり、サラパンを含む様々な知識を広める重要な役割を果たした。しかしサラパンの普及は、僧侶の関心と資質次第であるため、農村地帯に偏在する傾向がある。

一九七〇年代ぐらいまでの東北タイ農村における仏教寺院は、二〇世紀初頭より始まった国民統合の地域での展開の拠点であった。中央政府やサンガ組織にとって、制度化された近代仏教の普及の場が仏教寺院であった。男性は出家によってサンガの成員となり、タイ語および標準化された仏教教理、儀礼知識などを身につけることができた。出家してサンガの成員となることがない女性は、仏教を通した国民統合過程に取り込まれにくい存在だった。そのため体制側からすれば、俗人のなかでも女性を仏教寺院や実践に誘うために啓蒙を含めた様々な試みが必要だった。それは村落社会からすれば、宗教社会構造の中心に村落寺院が位置づけられ、村人たちの意識や日常生活に、国家宗教としての仏教が根付くことでもあった。そしてサラパンは、結果的に女性を含めた俗人を統合する役割を担うことになった。

2　村落社会の変化とサラパンの衰退

東北タイの村落社会が、その構造をも揺るがす急激な社会変動に巻き込まれるようになるのは、一九六〇年以降のことである。それ以降、経済発展を重視する開発政策、一九七〇年代の反共政策によって、地方のインフラが整備された。特に道路網の完成は、農村地帯と首都との距離を縮めることになった。換金作物の導入によって世界市場と直結するようになり、マスメディアが流入し、労働力の流出も激しくなった。村落の生業構造の変化、消費主義や拝金主義的価値観の村落への流入など、東北タイ農村を取り巻く環境が変化し、儀礼や実践もその影響を受けた。

このような変化のなかで直接サラパンをめぐる状況を変化させ、ロウソク献納儀礼を衰退させた社会的要因として、以下のような二点がある。

第一に、出稼ぎ等による儀礼の担い手不足である。一九八〇年代から一九九〇年代にかけて、村落から都会への出稼ぎが増加した。それも季節労働ではなく長期化するようになり、儀礼の出資者、働き手、参加者が不足するようになった。特に若い女性の出稼ぎは、謡い手不在の状態をもたらした。ある三〇歳の女性は、寺院でサラパンを聞いたことがなかった。彼女は小学校卒業後、バンコクの靴や紡績工場で一四年間働いていたが、出産を機に村に戻って両親と同居していた。SH村では一九八〇年代半ば以降、一〇代後半のほとんどの女性がこのような長期の出稼ぎに出ている。

村でサラパンの経験を聞いた表8-2の女性の年齢とサラパンを謡う年代を比較してわかることは、一九九〇年代以降サラパンを謡う経験者が増えたが、一九七〇―八〇年代は、まったくサラパンの経験のない人がいることである。これは一〇代後半から出稼ぎなどで村を不在にし、サラパンを謡うことも聞くこともなかった女性が多いからだと思われる。

表 8-2　SH 村女性のサラパン経験

世代	年齢	生年	サラパンを歌う年代（15-20 歳）	人数	サラパンを歌った経験の有無		
					経験有	聞くのみ	経験なし
20 代	20-29	1981-1990	2000 年代	1	0	0	1
30 代	30-39	1971-1980	1990 年代	10	9	0	1
40 代	40-49	1961-1970	1980 年代	15	3	6	6
50 代	50-59	1951-1960	1970 年代	11	4	3	4
60 代	60-69	1941-1950	1960 年代	7	2	4	1
70 代	70-79	1931-1940	1950 年代	4	1	0	3
合計				48	19	13	16

2001 年 SH 村女性 48 人への聞き取りより筆者作成.

第二に、一九八八年SH村に電気が入り、出稼ぎ者が持ち帰ったテレビが普及するようになり、人々が日常的に寺に来て遊ぶような風景が見られなくなった。村人にとって寺院の位置づけが、村の生活の変化とともに変わっていった。

このような社会変容の結果、SH村では、サラパンを教える僧侶もおらず、一九八〇年代から一九九〇年代の終わりまで、ロウソク献納儀礼を行うことがなかった。また寺院を中心とした他の年中行事的な儀礼が簡略化されるようになり、一部は消滅したり、他の儀礼と合同で開催されるようになった。一方で、カティナ衣奉献祭（*bun kathin*）[16]のような共同体的要素の高い集合儀礼が、出稼ぎ者からの送金により資金面で巨大化するようになった。

一九七〇年代後半から一九八〇年代にかけて、寺院は、宗教や世俗面でも様々な役割を果たしたことに変わりないが、村落社会内での求心力は低下した。国民統合過程においても、村落社会の仏教寺院が果たす役割よりも、交通網の整備、マスメディアを通じた都市からの情報量の増加、人の移動などによって、人々の意識がタイ国民の一地方人へと変化することの方が重要性を帯びてくるようになった。同時に、僧侶にとって俗人に対する仏法教育の一環としてのサラパンの重要性も減少した。

3　地元の文化復興運動の高揚

一九八〇年代以降、農村開発を中心に活動するＮＧＯやタイ知識人によって、宗教実践を含む地元の文化の重要性が認識され[17]、村落文化の復興を目的とした開発事業が始まった。政府もまたこれまでの経済発展に重点を置いた開発政策によって、環境破壊、村落共同体の崩壊、経済格差などの問題が生じたという反省から、人間的精神と価値の発展を政策に盛り込むようになった[18]。そして村落共同体や家族の絆を保ちバランスの取れた発展を目指すために、政策のなかでも地元の伝統的文化の重要性が訴えられた。しかし具体的な活動は、地方の諸行政機関に委ねられていた。

一九九〇年代に入ると、西洋的価値観の流入による文化的危機感を持ったタイ政府は、政策において「国家文化（*Watthanatham haeng Chat*）」を守ることが、国家の発展であると強調するようになった。一九九三年にチュワン首相の呼びかけを受け、教育省[19]国家文化委員会事務局（Samnakngan Khanakammakan Watthanatham haeng Chat）は、国家文化政策（Phaen Watthanatham haeng Chat）を発表した。この政策は、文化を守ることは国家（*chat*）を守ることであると明言しており、「国家文化」を保全・支援し、広く普及させることを目的としている[20]（Samnakngan Khanakammakan Watthanatham haeng Chat 1994）。「国家文化」の保全を進める中で、地方でも中央各省の出先機関が協力し合って文化政策に従い活動を始めた。地方文化は、「国家文化」の一つであると位置づけられ、サラパン・コンテストのような地元の文化復興・保全活動も、文化政策実施の一端を担うようになった。

このような文化行政機関の役割は、言語、衣食住、信仰についての「正しい」タイ文化または「国家文化」がどのようなものなのかを決定し教えることにある。しかし中部地方と異なり、東北地方の住民の多くはラオ系タイ人である。彼らは、国語としてのタイ語とは異なるラオ語（イサーン語）を日常生活で話し、儀礼や食生活にも独自の文化を持つ。これまで政府の文化政策[21]には、地元の多様な文化を「タイ化」することによって国民統合を図る目的があった。しかし一九九〇年代以降、政策は「地方文化」を人びとの生活に重要な要素として保全する方向へと変わった。しかし何を「地方文化」と呼ぶかについては、地方の役人や文化事業に関わる地元民の采配に任されている。東北地方には様々な民族が混在するが、そのなかでも大多数を占めるラオ系民族の言語や文化が「東北地方」の文化として選ばれ、標準化が図られる傾向にある。

文化政策面で重要な役割を果たす行政機関として、国家文化委員会事務局と文化議会（Sapha Watthanatham）がある。地方に出先機関があり、県や郡レベルの文化活動を行っている。国家文化委員会事務局は、一九八一年から各県に文化センター（Sun Watthanatham）を設置し始め、パンフレット作りや地元の文化保全のための人材育成などの活動計画ごとに年間一万五〇〇〇バーツを配布した。しかし実際の文化教育活動の中心は、その後、文化センターから徐々に文化議会に移行し予算も減少していった。文化議会は、一九九五年から各県に設置された民間団体である。しかし一九九六年以降、毎年約二〇〇万バーツが活動資金として中央から県ごとの団体へ送り込まれている[22]。文化議会の委員は、地元の文化に詳しい村人、起業家、村長、行政区長、公務員、および元公務員など、文化に興味を持つ地元の人である。郡では三〇人が委員となり、議長と副議長は委員によって選出される。このように地方における行政機関や団体が中心となって、一九九〇年代以降、地方において文化行事が施行されるようになった。そしてサラパンが地方文化の一つとして選択され、再び謡われるようになった。

一九九〇年代、サラパンを伴うロウソク献納儀礼の変化は、二つの方向へと向かった。一つは、巨額の布施収集や、地元の文化復興目的のために、寺院におけるロウソク献納儀礼が復活し、同時にサラパンも謡われるようになったことである。これはそれまでの儀礼のやり方などを踏襲したもので、村落で行われている。もう一つは、後述するように村落の外で行われる地方行政主導型のサラパン・コンテストである。一九九〇年代以降の文化政策によって、地方レベル

写真 8-1　コンケン県郊外の村の寺院で行われた儀礼でサラパンを謡う女性たち（2005年 8 月筆者撮影）

写真 8-2　WN 郡 KL 村寺院境内で行われたサラパン・コンテストの模様（2001 年 8 月筆者撮影）

で広く行われるようになった。

一九九九年、SH村でも再びサラパンの練習が始まった。WN郡病院が「充足のための農業と麻薬撲滅（*kaset phophiang lae kan totan ya septit*）キャンペーンと銘打って、サラパン・コンテストを開催したとき、五〇歳代後半の女性が中学生の女子に声をかけ、自ら歌を教えた。これ以降、コンテストなどの機会があるとサラパンが練習されるようになった。

三　一九九〇年代以降のサラパン

1　サラパン・コンテスト

サラパンは、地方文化復興運動のなかで選ばれた東北タイの地方文化の一つである。文化復興の一環として選択されコンテストとして開催されるものとして、サラパンの他に、朝夕の朗経（*thamuat plae*）、モーラム（*molam*）やパヤー（*phaya*）といった東北タイの民謡や格言などがある。どれもステージ上で競われる謡いや読経である。なかでもサラパンは、東北タイ全体に広がりを持つ謡いである。そのため多くの機関が関係する統合的行事の中でしばしば見受けられる。

地方規模のサラパン・コンテストは、ヤソートーン県タイ・マスコミ公社ラジオ局（Sathani witthayu ongkan suesan muanchon haeng Prathet Thai）によって初めて行われた。以前よりこのラジオ局は、同県出身国会議員と共同で県レベルのサラパン・コンテストを開催していたが、二〇〇三年に、ヤソートーン教育第一区の事務局の支援を得て、東北タイ全体からサラパン・チームを公募した。約一〇〇組のサラパン・チームが参加して、東北タイ大会が行われた。ラ

表 8-3　KL 行政区自治体によって行われた文化行事

西暦	月	文化行事	開催場所	予算（Bahts）	
2000		（特になし）		0	
2001	5	ロケット祭り（*bun bangfai*）	M1	不明	
	7	入安居行列（*hae khao phansa*）	M1	不明	
	11	ローイ・カトン（*roi krathong*）	M1	不明	
2002	7	入安居行列	M5	20000	
	10	ロウソク献納儀礼（*thot thian ruam*）	M9	20000	*
	11	カティナ衣奉献祭（*bun kathin*）	M7	20000	
2003	5	ロケット祭り	M3	20000	
	7	入安居行列	M7	20000	
	9	ロウソク献納儀礼	M7	20000	*
2004	2	収穫祭（*bun khuenlan su khuan khao*）	郡役所前	10000	*●

（聞き取りにより筆者作成）
M：行政村　* サラパン・コンテストが行われた行事
●郡の文化省との共同開催．予算の一部を負担した

ジオでその模様は流され、優勝チームは当時の首相タックシンから一万バーツと賞状、準優勝チームは文化省から七〇〇〇バーツと賞状、第三位のチームは教育省から五〇〇〇バーツと賞状が渡された（Khomchatluek 2003: 30）。

県や郡レベルにおけるサラパンを含む文化復興は、政府役人、特に地元の役人が調整役として重要な役割を担っている。他にも様々な目的を持つ活動のなかで行政区自治体、開発僧、マスメディア、NGO、村人などが地元の文化復興に関わり、それぞれの思惑が複雑に交差しつつ文化復興やコンテストは行われる。

すでに述べた文化議会は、郡にも郡文化議会を一九九七年に設置した。郡文化議会は、一九九八年に各行政区に七〇〇バーツ以上を配り、地元の教師に各村の歴史を書かせる活動や、地元の民謡であるモーラム・コンテストを行うための審査マニュアル作りとその普及なども行った。WN郡では、二〇〇一年に二二〇〇〇バーツが国家文化議会から郡に与えられ、タイ伝統医療、特に薬草知識の普及と地元の人々の生産物を流通させるための定期市開催の二つの活動が行われた。

地方分権化の一環として行政区自治体（ongkan borihan suan tambon）[23]が、各行政区に設置され、独自の活動を行うことが可能になり、地元の文化支援をしている。例えば対象村が位置する行政区自治体は、文

化事業に対して年五万バーツの予算を持ち、二〇〇一年にはカティナ衣奉献祭と入安居のロウソク儀礼（*wiang thian*）を行政区内の全村が合同で開催した。そして同時にサラパン・コンテストも行っている（表8-3参照）[24]。

WN郡文化担当学術員によると、文化議会が地方にできてから、真剣にサラパン・チームを選ぶようになったという。一九九九年には郡病院が「充足のための農業と麻薬撲滅」の目標を掲げ、サラパン・コンテストを開催し、郡内のすべての行政区から三四チームが参加した。このとき、国会議員である同郡病院元院長と公衆衛生省が資金を出し、郡の文化担当学術員も審査員の調整などの面で協力した。

その他にサラパンの復興に関わる者として、本書の第六章で扱われている「開発僧（*Phra nak phatthana*）[25]」がいる。彼らは農村開発の活動と併行して、村の伝統文化の復興や継承を推し進め、そのなかでサラパンを教えていた。このような活動は、これまで述べた近代タイ仏教の普及とは異なる背景から生じたものである。

このように一九九〇年代以降、様々な機関や人が、「文化」としてサラパンに関わるようになった。近代タイ仏教の普及上の役割を担っていた頃のサラパンと同じく、集客を目的としているが、以前とは異なり世俗の多様な目的のために利用されるようになった。

2 サラパン・コンテストの審査

地方役所が主催する行事は、県や郡レベルで行われる大規模物産展のような地域の経済の活性化や、前述した郡病院と公衆衛生省が主催した麻薬撲滅キャンペーンといった公衆衛生に関する啓蒙を目的としたものが多い。そのような行事のなかで、他の文化行事と並行して地元の文化の一つとしてサラパンが取り上げられコンテストが催されている。

例えば、WN郡郡庁前広場では二〇〇四年二月一三日に「地元の音楽と遊技・稲の招魂ブン・クーンラーン儀礼[26]（*kan*

表 8-4　サラパン・コンテストの審査基準

1. 採点
　満点 20 点，最低得点 15 点，最高得点 20 点
2. 採点のための審査項目
　2.1　統一性
　　①呼ばれてから 5 分以内に競技を始めること
　　②全員で審査員へ敬意を表現すること
　　③ステージに上がる歩き方
　　④仏像への礼
　　⑤謡いの高低
　2.2　美しさ
　　①タイ文化の特徴に従った服装の美しさ
　　②姿勢，態度
　2.3　謡の節（*thamnong*）
　　①イサーン（東北地方）のサラパンの節を使用すること
　　②サラパン歌の中に，セーパーやモーラムの節を入れないこと
　2.4　音色
　　①澄んだ音色
　　②音の美しさ
　2.5　正確さ
　　①決められた詞を全部正しく使うこと（三宝帰依 / 自己紹介 / 好きな詞 / 別れ）
　　②地元言語に従って正しく発音し，意味が明確に伝わること
　2.6　制限時間を遵守
　　① 12 から 18 分の間なら満点
　　②制限時間の過不足，1 分につき 1 点減点，しかし減点が第一項目に従い最低得点を下回らないこと
3. 審査
　3.1　平均点をもって審査得点とすること
　3.2　複数のチームが最高得点を取った場合，審査員が審査するために決められた詞以外の詞をもう一つ謡う
　3.3　審査員の決定は最終的なものとすること

出典：2004 年 2 月 13 日 WN 郡郡庁前広場で行われた『地元の音楽と遊技・稲の招魂ブン・クーンラーン儀礼（*Kan sadaeng dontri lae kan lalen phuenban ngan prapheni bun khuenlan su khuan khao*）』におけるサラパン・コンテストで配られた採点基準

sadaeng dontri lae kan lalen phuenban ngan prapheni bun khuenlan su khuan khao）」が行われた。この儀礼自体はもともと収穫祭として村落で行われていたが、一度消滅した後、このような役所主導で復活した。そこでは地元の音楽（*kan sadaeng dontri phuen ban*）コンテスト、地元の遊技（*kan lalen phuen ban*）と並んでサラパン・コンテストが行われた。応募してきたのは四ヵ村から四つのチームであった。この日は、サラパンが行事の最後に予定され、天気も悪かったことから謡い手

や聴衆の参加が少なかった。

この日の行事は、地域経済の活性化が大きな目的の一つであったため、郡内各行政区の複数の村から人が来て、生産物である食品、絹織物、綿加工品などを披露し売るブースが建てられた。そして県知事、郡長、国会議員、地方の学校教師などが視察し、それらの製品を買っていった。また村人たちにとって、他の村のブースで売られている製品を見て、今後自分たちの村での商品開発を考える場でもある。ステージ上で繰り広げられる他のコンテストと同様に、サラパン・コンテストは行事の主要な演目の一つに過ぎない。

この儀礼で行われたサラパン・コンテストにおいて審査員をつとめたのは五人で、内四人は郡文化議会の委員であった。一人は地元文化に精通する現職警察官であり、二人は現役の教師、残り二人は教師を定年退職した後、町で商売を営む者だった。審査員を決めたのは郡文化担当学術員で、このときの行事全体の調整役を担っていた。

他のサラパン・コンテストでの観察によると、一般的に審査員は、地方役所の役人、教師、医師などの公務員、および定年退職者と僧侶である。他に地元から選出された国会議員などの政治家もみられる。審査員には、女性教師がなることもあるが、大多数は男性である。彼らのほとんどは地元出身者であり、自らがサラパンの詞を書く者もいる。

コンテストは何かを競い合うために設定されるものであるから、必ずその審査基準を明確にする必要がある。前述した招魂ブン・クーンラーン儀礼において審査員に審査基準が配布された（表8-4参照）。これは、郡文化担当学術員が、県で行われたコンテストの基準を参考にして作ったものである。県のサラパン・コンテストで使用された審査基準もまた、全国大会も開催されている読経コンテストの審査を簡略化したものである[27]。審査基準からわかることは、コンテストにおいて、儀礼作法、声の美しさ、発音の正しさ、節回しなどが審査され、作詞の内容に関してはほとんど着目されていないことである。また「タイ文化の特徴に従った服装」と「イサーンのサラパンの節回しを使用すること」といった国家と地方の基準が併存している。

審査基準を作ることは、サラパンの標準化を図ることである。しかし現時点においてサラパンの標準化は、地方役所の行政官や地元の知識人の判断に委ねられ、サラパンがどうあるべきものなのかは、不明瞭なまま議論がなされていない。換言すれば、タイでは、地方文化の表出は地元に委ねられる特徴がある。そのため地方文化におけるサラパンや、タイ文化のなかの東北タイの地方文化の位置づけは、彼らのタイ国におけるイサーン人としての認識を反映している。

3 サラパンの担い手

サラパンが仏教寺院を通じて普及した時代、その歌詞（*nuea rong*）を書き、タムノーンを教える者は、サラパンを積極的に寺院で行おうとする僧侶と出家経験のある俗人男性であった[28]。サラパンのタムノーンは、僧侶や俗人の教え手が短いフレーズを口頭で何度も唱え、子供達に同じように繰り返させて、最後に全フレーズを歌わせるという方法によって教えられた。基本フレーズを覚えた後は、何度も歌わせ、音の強弱、節回しなどのコメントを与えることによって指導していった。謡い手は、声の美しい一四〜二〇歳の未婚女性であるが、結婚とともに謡うことをやめ、既婚者や年配者が謡うことはあまりなかった。

女性は結婚・出産を経験するまで社会的に一人前とは認められず、経済的にも親に依存しなければならない。未婚女性は親の監視の元、行動範囲も限定されており、一九八〇年代までは若者だけで出稼ぎに行くこともなかった。彼女たちにとって、サラパンを謡うことは、それまで自分が身を置いていた親族や村の人間関係の外へと行動範囲が広がることを意味した。また選ばれて人前で謡うことは、多くの女性のあこがれであり、将来の伴侶となるかもしれない若い男性の視線に晒されるため気恥ずかしいことでもあった。選ばれなかった女性たちもまた一緒に寺院に謡いを聞きに行った。かつてサラパンは、若者にとって社交活動であり娯楽でもあった。また、受動的に謡い手として選ばれたにも関わらず、サラパンは彼女たちにとって一つの自己発現の方法だった。

現在、郡や県庁所在地の寺院で行われるロウソク献納儀礼、高僧の葬儀、寺院境内で行われるコンテスト、加えて対象村周辺で行われるサラパンの練習などの場面において、謡い手には、七~八歳の小学生から七〇歳代に至るまで幅広い年齢の女性がみられる。コンテストの公募がされると参加を考える小・中・高校の教師、僧侶、村の年配女性などが謡い手を召集する。特に年配女性の参加は顕著で、自主的にチームを作り参加する場合がある。年齢制限のないコンテストでは、若い未婚女性より五〇歳代以上の年配女性の方が参加者数は多い。また年配女性は、謡い手としてだけではなく、教える側にも回るようになった。

行政区内の各村にはサラパン・チームを組織しようとする数人の積極的な年配女性がいる。SH村では、村の婦人グループのリーダーとして活躍する五五歳(二〇〇一年調査時点)の女性が中心となっていた。彼女には、若い頃サラパンを謡った経験はない。しかし草木染製品の生産・販売に関わる中で、行政主導の物産展などの行事に参加するうちにサラパンに関心を持つようになり、一九九〇年代後半から自主的にサラパンを教え始めた。隣村であるKY村の五五歳の女性は、若い頃(一九五〇年代)にサラパンを様々な行事で謡ったことがある。一九八四年頃から僧侶や村長に頼まれて、村の子供たちに教えるようになった。二人とも、現在コンテストが公募される度、サラパンを知る俗人男性に教授を請い、それを村の若い娘に教えている。以前、未婚女性に対して僧侶がサラパンを教えていたが、現在教え手の中心はこのような年配女性である。彼女たちは、謡うことがうまく記憶力もよく、また自らが謡うことも好きである。

今では地元の印刷所がサラパン歌集を出し、謡い手も市販のサラパン歌集(29)を使用している場合がある。謡い手自身がこのような歌集から歌を選び、謡いやすいように歌詞を変えることも可能である他、コンテストのテーマに従って自らが作詞することもある。またタムノーンについては、かつて村の長老や僧侶に教えてもらった記憶や、テープに録音されたものを頼りに教えている。女性が女性に教える場合、強調されるのはサラパンを謡う際の礼儀作法、謡いの統一性、節回しの強弱等であり、詩の内容に関してはほとんど言及しない。ただしサラパンを謡いやすいように変えたり、サラパンを選択したりすることはできる。

女性がサラパンを教える場は、寺院の講堂である。必ず僧侶がいなければサラパンを教えることができないというわけではないが、僧侶をサラパン練習の場に招聘することが多い。しかし練習に立ち会った僧侶はサラパンを静かに聴き、ほとんどコメントを与えない。僧侶が練習の場にいることは、教えることや謡うことが戒律を守った上での仏教実践であることを教え手と謡い手の両方に認識させる。サラパンを聞いたり謡ったりという行為は、女性にとって、仏教実践であるという保証があってこそ行う意味があるようである。教え手である女性は、サラパンの歌を教えることも積徳行の一つである知識の教授（*witthayathan*）であるという意識がある。

このような年配女性に共通するのは、長期出稼ぎに行った経験がない点である。農村社会の生業構造の変化によって、女性の世代間の経験差が著しくなり、すでに見たようにサラパンを全く知らない世代もいる。未婚時代、宗教実践としても社会実践としても意識しないままサラパンを謡っていた世代が、年齢を重ね家族の責務をほぼ終えて、再びサラパンに興味を持ち始めたと考えられる。そして年配女性たちは、コンテストを機会に、仏教実践であるという認識を持ちつつ、同時に社会参加し自己発現する手段としてサラパンを利用している。

4　サラパンの多様性

すでに述べたように、コンテストには審査基準があり、サラパンの標準化が図られようとしている。儀礼形式や作法などの標準化は、コンテストに参加するために一定の型に合わせることで可能となる。しかしサラパンの歌の要素としての詞とタムノーンについては、審査基準が明確ではない。もともと近代タイ仏教が浸透する時代において、サラパン普及は僧侶の意志や能力に左右された。サラパンは東北タイにおける一つの歌の類型だと認識されているものの、詞やタムノーンは地域によって多様性があると考えられる。

一九九〇年代以降、詞については、コンテストのテーマに合わせて仏教以外のことも書かれるようになり世俗化したと言えるが、そもそも多様なものであったことから、本章では詞の時代的変化を明らかにすることはできない。しかしコンテストの場合、与えられた時間が一〇から一五分と短いために、それほど自由に創作や編曲ができるものではないことを指摘できるだろう。審査基準の中で規定されていたのは、詞の内容よりも、タムノーンの側面であった。タムノーンと呼ばれる中でも、主旋律については、いくつかのパターンがあり、その中から選んで謡われるが、節回しについては、謡い手の選択に任されている。サラパンを歌ったり聞いたりする人々が最もこだわる部分は、このような節回しである。謡い手が他のサラパン・チームとの差異化を図るとき、節回しに重点を置いて練習する。

また節回しとともに発音（*samniang*）の違いも、謡い手にとっては重要である。東北タイのサラパン以外にも、地方ごとに仏教の朗経から発展した様々な歌の形式がある。地方ごとに話し言葉の発音が違い、それが原因で朗経の節回しがずれて、サラパンのバリエーションが生じたのだとする説もある（Suwakhon 1989: 67）。仏教の制度化に伴い中部地方の朗経の節回しが、バンコクなどの都会の寺院で教理学習を修めた僧侶を通じて東北地方に伝えられた。タイ語は音韻面で、中国語やベトナム語と同様に声調言語の特徴を持つ。ラオ語もまた声調言語であるが、言語自体がすでに持つ発音や声調の違いは、朗経の節回しに大きな影響を与えたと考えられる。

このようにサラパンの節回しは、言語に付随する声調・発音の地域性、伝えた僧侶の個人的能力や謡い手の実践によって多様化した。それを標準化する方法としてコンテストがある。コンテストは、ある一定の標準を作り出し、それを何らかのメディアに乗せることによって広く普及させる効果がある。

すでに見たように、コンテストの審査員によって、正しい「地方語」が採点基準として取り上げられるようになった。

しかし東北タイで話されるラオ語、またはイサーン語と呼ばれる言語は、地方語であるがゆえに地域内の学校で言語として標準化が図られることはなかった[30]。それは語句の表記だけでなく、発音においても同じである。そもそもこのような口語の標準化は困難である。

女性は、サラパンの節回しの多様性に深く関わっている。かつてサラパンを謡った経験がある年配女性たちは、一九九〇年代以降のコンテスト・ブームの中で、教え手として再びサラパンに関わるようになった。その時、彼女たちは様々な節回しを取り入れて表現しようとしていた。サラパンの旋律自体は同じでも、節回しによって聞いた印象はかなり異なる。コンテストによっては、流行の民謡の節回しを取り入れることを禁止しているが、実際はかなりの度合いで節回しのアレンジがなされている。つまり彼女たちは優勝して賞金を得ることよりも、自分たちのやり方で謡いたいように謡うことを目的として参加している。サラパンの節回しの部分に、自己を表現し、それがまた彼女たちにとって楽しみでもあった。

四　サラパンと女性

1　サラパンをめぐる宗教実践の変化

これまで述べてきたサラパンをめぐる宗教実践が、一九九〇年の開発政策を境として、どのような点で変化したのかを表8-5にまとめた。本章において比較している一九九〇年代以前の実践とは、一九七〇~八〇年代に衰退する前の実践のことを示す。

一九九〇年代以降の政府主導の文化政策による宗教実践の変容の特徴は、それ以前から少しずつ見られた。行政主導でコンテストが開催されることによって、それまで村や地域でバラバラに行われていたサラパン実践が標準化されるようになった。一九九〇年代を契機としたサラパンをめぐる宗教実践の変化は、次の三点にまとめることができる。

第一に、場の変化である。仏教儀礼で謡われていたサラパンが、コンテスト型イベントで謡われるようになった。そのため仏教実践としての意味づけが変わった。

表 8-5　1990 年代を境にしたサラパン比較

	1990 年代以前	1990 年代以降
謡われる場	ロウソク献納儀礼	(ロウソク献納儀礼) 行政主導型コンテスト
謡う位置	本尊と僧侶に向かう 聴衆に背を向ける	ステージの上で 聴衆に向かう
目的	村落間交流 仏教普及	イベント コンテスト
報酬	参加賞	賞金
主催者	僧侶・村長	地方の文化・教育担当機関
場所	寺院	僧侶
教え手	僧侶・俗人男性 モーラム歌手	寺院・役所 僧侶・俗人男性 モーラム歌手 年配女性
謡い手	14–20 歳未婚女性	小学生から年配女性まで

それは謡う方向の変化に顕著に表れている。寺院で行われる儀礼において、謡い手は仏像と僧侶に正面から相対し、その他の儀礼参加者と同じ方向を向いていた。つまり謡い手は参加者全員の代表として、謡いを奉納していた。それに対してイベントにおけるコンテストで、謡い手はステージ上に添えられた仏像を斜め後ろまたは横にし、参加者と向き合って謡う。このとき謡いを聞く者は、儀礼参加者ではなく聴衆である。謡い手にとってステージ上であっても、サラパンを謡うことは仏教実践であり積徳の意識がある。しかし聴衆にとってサラパンの捉え方は多様である。年配女性は、聞くことも積徳だとする認識があるが、男性や若い女性にとって、娯楽的な意味あいの方が強い。

また村内で娯楽的側面を持つ実践の場が、村の外へと移動したことによって、村落社会の日常に埋め込まれていた文化要素の一部が取り出され、村落内の宗教実践の枠組みから外れた。仏教実践として標準化しようとする役人などが、仏教実践を文化実践として捉え、仏教文化を守ろうとすればするほど、村落社会の生活に根ざした仏教実践としての価値は減少していく。コンテストの出現によって、農耕カレンダーや年中行事の中に組み込まれ、日常生活の中で社会的にも意味があった実践のあり方自体を変えた。

第二に、コンテスト開催のために、歌と儀礼次第が標準化されると同時に節回しの面では逆に多様化した。

第三に、男女の役割に変化が生じた。それまで男性が教え、女性が謡う役割分担であったが、年配女性は教え手にもなり、詞を書くことも始めた。また男性によって選ばれた若い未婚女性だけでなく、年配女性が自ら進んでサラパン・コンテストに参加するようになった。

2 サラパンにおける女性の役割の変化

コンテストという形式が、女性に自らの意志で参加する機会を与え、それまで謡わなかった年配女性がサラパンを作りアレンジして謡うようになったと、これまで述べてきた。男性が教え手、女性が謡い手という役割分担が崩れ、女性が書き手、教え手にもなるようになった。このような役割変化について、次に考察を加える。

このようにサラパンをめぐる実践において男女の役割が変化した理由として、まず僧侶にとってサラパンの重要性が低下したことがあげられる。すでに述べたように、サラパンは、近代タイ仏教の地方への普及を通じた国民統合の一端を担った。そこには、タイ語教育を含む「タイ化」が根底にあった。ところが一九六〇年代以降に始まる社会経済的変化、および一九九〇年代以降の文化政策によって、「タイ化」はそれぞれの地方文化の特色を残した上でタイ人としての自意識の高揚を目指す方向へと変わった。国民統合過程における近代タイ仏教の役目は終わり、それにともないサラパンも、俗人に対する仏教普及の手段としての意味を減じた。

このように僧侶がサラパンをめぐる実践に積極的に関わらなくなった一方で、年配女性は、男性の代わりにサラパンを教える役割を担うようになっただけではなく、自らの意志で、その実践を発展させていた。

年配女性が、サラパンの実践に積極的に関わることができた理由には、次の二点がある。まずサラパンは謡いであったことである。調子や抑揚をつけて謡うことは、記憶を助け、感情移入できる以外に、自分の個性を表現する方法でもある。詞のような文字で書くことができる要素と異なり、他人の節回しと完全に同じものを再現することは不可能である。節回しは、書かれたものではないために自由に変えることができる。つまり文字化して基準を作ることが難しい声を強調した実践である。コンテストの審査基準で見たように、主催者である地方役人は節回しを標準化するために様々なことを規定しようとしているが、東北タイの地元の人や審査員自身に標準的なサラパンの概念はない。主旋律には、いくつか広く知られているものもあるが、地域差が大きな節回しは明文化されにくい。そのように明文化された基準を作ることができない分野であるからこそ、女性は参入することができた。

サラパンに年配女性が積極的に関わったもう一つの理由は、地元の文化伝統の継承が、生業構造の変化によって断絶したため、現在の五〇歳代以上の年配女性の存在が重要になったからである。換言すれば、一九九〇年代以降、行政側がコンテストを行おうとした時、村にいた女性は年配者ばかりだった。若い世代と異なり、彼女たちの多くは長期出稼ぎに出ておらず、伝統的生活様式を知ると同時に最近の村落社会の変化にも敏感に対応している世代である。それゆえ、ある特定の世代の女性が、サラパン・コンテストによって触発されてサラパンと積極的に関わりだした。

以上のようにサラパンにおける男女および世代による役割変化は、儀礼が村を離れ祭礼化する宗教的状況の中で起こったものである。その変化によって生じた女性の宗教実践における積極性は単に個人的な積極性を示すだけではなく、村落社会内の宗教的役割が変化したことを示す。特に五〇歳代以上の年配女性は、変化を促進させる新たな役割を担ったと言えるだろう。

五　おわりに

本章では、一九九〇年代の文化政策によるサラパンをめぐる宗教実践の変化に焦点を当てた。その結果、制度化されにくい声を強調する実践において女性が積極的な実践を行うようになったことが明らかになった。他の宗教実践についても、社会変容の影響や政策によって生じた変化を個別に見ていくことで、世代や経験の差によって生じる女性の宗教実践の多様性がより動態的に理解できるだろう。

宗教的行事が祭礼化する事例は、サラパンだけではない。宗教が文化要素として捉えられ、それまでの社会背景や歴史的流れとは関わりのない場に置き直される、宗教の脱文脈化と呼べるような現象は、近年様々なところでみられる。脱文脈化によって、村落社会において宗教実践を性や年齢で差異化してきた社会規範から離れ、女性の実践は儀礼の前面に押し出されたかのようである。またそのような実践の事例は、ロケット祭りや観光における踊りや歌のような身体的または声を強調する実践である。宗教実践における身体的実践や声の実践は、宗教的知識の継承や信仰の維持につながるにも関わらず、これまでの宗教実践研究では正面から取り扱われてこなかった。女性の宗教実践に着目することで、これまで論じられてこなかった宗教実践の身体的側面の重要性が浮き彫りになったことから、女性と身体的実践の関係について深く掘り下げることを今後の課題としたい。

註

(1)タイ国は、中部、北部、南部、東北部の四つの地方に大きく分けることができる。二〇〇二年の統計によると、東北地方は一六八、八五五・三平方キロメートルの土地(全土の三二・九パーセント)に、人口二一、六〇九、一八五人(全人口の三四・四パーセント)、四、九四〇、七九七軒の登録世帯(全国総世帯数の二八・五パーセント)がある(National Statistical Office 2003)。

(2)二〇〇〇年の統計によると平均月収は、バンコクおよびその近郊二四、六九〇バーツ、南部一一、四〇七バーツ、中部一三、三〇一バーツ、北部八、六四九バーツ、東北地方七、八五三バーツであった(National Statistical Office 2000)。

(3)本章の記述は、二〇〇四年一月一四日〜三月三一日、二〇〇五年八月一一日〜九月九日の二回、平成一五年度〜平成一七年度科学研究補助金 基盤研究(A)「東南アジア大陸部・西南中国の宗教と社会変容 —— 制度・境域・実践」(研究代表者:林行夫)によって実施した現地調査、および文献調査で得た資料に基づいている。また 二〇〇〇年一〇月から二〇〇二年三月までSH村で定着調査した時の資料も一部使用する。また本章で引用した年齢は、特に表記がない場合、二〇〇一年調査時点のものである。

(4)東北タイにおいてサラパンとサーラパン(長母音つき)という二つの呼称が混在して使用されている。東北タイ文化の在野研究家によれば、サラパンは音調とともに語ることで、サーラパンは、利用することができる価値をもつ話を語ることだという。そのためサラパンは朗経の種類であり、サーラパンは朗経するためのお話の名前として使い分けるべきだとしている(Suwing 1993: 16–17)。しかし実際には、役人、村人、そして僧侶も厳密に使い分けていない。

(5)サラパンヤ調読経のことで、サラパンヤ([P] *sarabhanna*)は、音楽的な調子をつけて語ること、唱誦、梵唄を意味する。タイではある形式を持つ詩(*chan*)を朗詠する調子のことを指す。サラパンのことを、サラパンヤと呼ぶ者もいるが、現在ではサラパンヤは読経の調子の呼称であり、サラパンは節と詞を含む歌全体のことを指す。

(6)マーライ経朗唱は、全国でみられる有名な経の朗唱だが、中部・南部の村落では葬式や結婚式の際、数人の男性が抑揚をつけてプラ・マーライ経を朗唱する慣習のことを指す(Poramin 1999, Aramrat 1994)。

(7)中部地方ではテート・レー(*thet lae*)と呼ばれ、東北タイとは異なる節をつけた説法である。

(8)雨安居期は僧侶が一ヵ所にとどまり修行に専念する特別な期間だが、俗人にとっても重要な意味を持つ。三ヵ月に及ぶ雨安居の期間、僧侶は食物以外の喜捨、例えば黄衣などを受け取ることができず、俗人も僧侶に喜捨するための大きな儀礼を行うことができない。しかし黄衣の代わりに日々行う儀礼の必需品であるロウソクを奉納することは許され、必要なときに必要なものを寄進することは大きな功徳につながるといわれる。

(9)中部タイの民謡を元に発展した歌謡曲。

(10)拍子木を打ち鳴らしながら語る詩形式の物語。アユタヤ時代からあったが、最初は散文で語られていた。その後「浪曲」のようにさわりの部分になると節回しをつけて歌われるようになった(冨田 一九九七)。

(11) ジャータカ（*chadok*）は仏陀の生前物語であり、仏教圏に広く分布する。中でも布施太子（Wessantara）の話は、「大ジャータカ（*Maha chat*）」と呼ばれ、タイ語に訳され人気がある。東北タイでは「ジャータカ誕生祭（*bun Phawet*）」の中で毎年僧侶が声に抑揚をつけて語り、その話を聞くこと自体が功徳を積むことであるとされ、多くの人が聞きに来る。

(12) タマユット派は、パーリ聖典への回帰を唱える派である。タイのサンガには他に多数を占める在来派（*Maha Nikai*）があるが、タマユット派の方が実践の厳格さ、王室との密接な関わりから、より権威ある派と見なされている（林 二〇〇〇：九）。

(13) 一八五三年に当時の地方国ウボンに、東北地方最初のタマユット派寺院スパット寺（Wat Suppattharaaram wongwihan）が建立された（Toem 1970: 616）。

(14) 俗人向けタイ語の教理試験教育（*thammasueksa*）が始まるのは、一九二七年である（Krom Kansatsana 1984: 48）。一九二九年に初めて三級の試験が行われ、続いて二級および一級の試験が、それぞれ一九三〇年と一九三五年に開始された（石井 一九七五：一八四）。そして地方都市の寺院でも俗人向けの仏教教育が広まっていった。

(15) 一九三二年にコラート州管区僧長として中央から任命されたシン師（Sing Khanuttuyakhamo 一八八〇—一九六一）は、瞑想・観法に長じた僧侶である。彼がサラパンヤ経を伝えたとされるところは多い。サコンナコン県のタイ・ヨーイ族の村で調査したタイ人も、何年からとは明確にしていないが、シン師とウンチャイ師がやって来て、アカートアムヌアイ郡のウドムラタナラーム森の寺（Wat Pa Udomrattanaram）に滞在したとき、村の老若男女にサラパンヤ経を教えた（Ratchadaphon 1993）と報告している。この時の「サラパンヤ経（*bot suat Saraphanya*）」とは、彼が書き残した仏教讃歌のことと思われる。

(16) 雨季が過ぎると全国で盛大に行われる、僧侶に黄衣を寄進する行事である。カティナ衣奉献祭を主催することは、多大な功徳をもたらすとされる。

(17) 村落開発における共同体文化（*watthanatham chumchon*）の重要性を主張したタイ知識人による共同体論については、北原（一九九六：六四—一三一）に詳しくまとめられている。

(18) UNESCOは一九八七年から一九九七年までの一〇年を「文化発展の世界一〇年（World Decade for Cultural Development）」と定めた。

(19) 二〇〇一年にタックシン政権になってから、行政改革が行われ、二〇〇二年に文化省が独立した省として再登場した。これより以前、ピブーン首相が政権にあった一九五二年、文化省が設立されたが、その後サリット政権時一九五八年には教育省などに合併・吸収されてなくなっていた。

(20) 社会経済開発計画で初めて「文化」が言及されたのは、第五次計画からであり、第六次計画では、精神と文化の開発計画が盛り込まれた。第七次社会経済開発計画（1992-1996）では、より文化発展が強調されるようになった。国家文化政策では、一九九四年を「国家文化キャンペーン年」と銘打って様々な活動を行った。

(21) 文化は一九三〇年代以降、立憲革命の目標である民族建設の成否を決する重大事として位置づけられた。その頃の文化とナショナリズムに関しては、村嶋（二〇〇二）参照のこと。

(22) コンケン県文化議会総務委員（Kammakan borihan Sapha Watthanatham cangwat Khonkaen）、コンケン文化センター書記官（Lekhanukan Sun Watthanatham cangwat Khonkaen）、科学省環境政策計画事務局地元の芸術環境保全組織集会議長（Prathan Samatcha Ongkon anurak singwaetlom sinlapakam thongthin Samnakngan nayobai lae phaen singwaetlom Krasuang Witthayasat）などの肩書きを持つ中・高校教師へのインタビューによる。

(23) 地方分権化が推進された結果、一九九四年行政区自治体法発布以降、行政区自治体が設置され、行政区の行政も担うようになった。

(24) 行政区自治体が設立された当初は、まだ文化行事に対する具体的な政策や予算がなかったが、二〇〇一年頃より議会指導で開催されるようになった。二〇〇一年の予算が不明なのは、担当者が変わったためである。またＭ一で集中して行われた理由は、Ｍ一が行政区の中心村であり、議会事務所があったからである。二〇〇二年からは他の農村にも主催地を振り分けるようになった。Ｍ七で多く開催された理由は、副議長がＭ七出身者であるということと、彼が積極的に強力を申し出たためである。

(25) 「開発僧」について詳しくは、Somboon（1977）, Phinit（1984）を参照のこと。

(26) ブン・クーンラーンは、東北地方で陰暦二月収穫後、籾を山のように積み上げて行う行事である。

(27) サラパンヤ節集団朗経（*kan suat mon mu thamnong saraphanya*）は、独特の節をつけてパーリ語を朗誦することであり、義務教育の中で教えられている。全国規模のコンテストを行う際、僧侶が審査基準を明文化し、一九六〇年に教育省が子供のための道徳・作法・精神鍛錬を目的とした規約（*rabiap krasuang sueksathikan wa duai kansuatmon wai phra khong nakrian pho.so. 2504*）を発効し、作法などを具体的に定めた（Pariyatikitcakoson n.d.: 5）。

(28) 出家経験が長かった俗人男性は、ティット（*thit*）またはチャン（*can*）と呼ばれる（Suwakhon 1989: 88）。チャンは僧侶であった時、国王から送られた僧侶の位階を持つ人のことで、ティットはそれがない人のことを呼ぶとき、個人名の前につける呼称である。しかし一般的に村人は位階に関係なく、出家経験が長く知識人であると思われる俗人男性を呼ぶとき、尊敬の念を持ってこれらの呼称を使用する。

(29) 東北地方の出版社が、東北タイ地方文化を編纂し出版することが増えている。例えば県庁所在地の宗教用具販売、仏教関係書販売を手がける会社では、サラパンなどの地方の口承文化や儀礼知識を小冊子にまとめ発行している。また、地方の地元知識人が自ら印刷所に原稿を持ち込み定期的に出版することもある。

(30) 僧侶や長期出家経験者によって編集されたイサーン語・中央語の辞書がある（Mahawirawong 1972, Pricha 1989）。しかしイサーン語が小・中・高校で教えられることはない。クメール語、プータイ語など、様々な言語を話す民族が混在する地域だが、それぞれの地区の学校で教えられるのは、中央タイ語である。一九四〇年ピブーン首相が、タイ民族はすべてタイ語を話しタイ文字を読むことができるようにすべきことを明言したように、タイ人としての帰属意識と言語は強く結びついていると捉えられることが多いが、日常生活における話し言葉を規定することは政策による強制だけでは難しい。テレビやラジオなどのメディアによる影響を考慮しなければならない。

参照文献

Aramrat Duangchana. 1994. Kansueksa prapheni suat Phramalai khong Amphoe Chaiya cangwat Suratthani. Nganwicai khong Samnakngan Khanakammakan Watthanatham haeng Chat, Krasuang Sueksathikan.（教育省国家文化委員会事務局調査報告書『スラータニー県チャイヤー郡住民のプラ・マーライ読経伝統研究』）

福井捷朗　一九八八『ドンデーン村――東北タイの農業生態』創文社。

林　行夫　一九八六「タイ仏教における女性の宗教的位相についての一考察」『龍谷大学社会学論集』7、一〇三―一二六頁。

――――　二〇〇〇『ラオ人社会の宗教と文化変容――東北タイの地域・宗教社会誌』京都大学学術出版会。

石井米雄　一九七五『上座部仏教の政治社会学』創文社。

Kamala Tiyavanich. 1997. *Forest Recollections: Wandering Monks in Twentieth-Century Thailand.* Honolulu: University of Hawai'i Press.

Keyes, Charles F. 1984. "Mother or Mistress but Never a Monk: Buddhist Notions of Female Gender in Rural Thailand". *American Ethnologist* 11: 223–241.

Khomchatluek. 2003. Mahakam Saraphan phak Isan. 27 August 2003, pp. 30.（タイ語新聞「イサーン地方のサラパン慶祝」）

北原　淳　一九九六『共同体の思想――村落開発理論の比較社会学』世界思想社。

Krom Kansatsana.1984. *Prawat kansueksa khong song.* Krungthep: Krasuang Sueksathikan.（教育省宗教局『僧教育史』）

Mahawirawong, Somdetphra. 1972. *Photcananukrom phak Isan-phak Klang.* Krungthep: Borisat Rong Phim Thaiwattanaphanit camkat.（『イサーン・中部地方語辞書』）

National Statistical Office. 2000. http://www.nso.go.th

――――　2003. *Key Statistic of Thailand 2003.* National Statistical Office, Ministry of Information and Communication Technology.

Nithi Iaosiwong. 1993. *Thongthiao Bunbangfai nai Isan.* Krungthep: Samnakphim Matichon.（『イサーンのバンファイ観光』）

村嶋英治　二〇〇二「タイ国の立憲革命期における文化とナショナリズム」池端雪浦他（編）『植民地抵抗運動とナショナリズムの展開』（岩波講座東南アジア史第七巻）岩波書店、二四一―二七〇頁。

Pariyatikitcakoson, Phra. n. d. *Nangsue khumue kan khaengkhan suatmon mu sansoen phra rattanatrai thamnong saraphanya.* Krungthep: Samnakngan borihan kansueksa phraphutthasatsana wan arthit haeng prathet Thai, Krom Kansatsana Krasuang Sueksathikan.（教育省宗教局タイ日曜仏教学校事務局『サラパンヤ節三宝賛歌集団朗経コンテストのためのマニュアル』）

Phinit Lapphathanan. 1984. Phrasong nai chonnabot phak Isan kap kan phatthana tam lakkan phueng ton eng. M.A. Thesis, Culalongkonmahawitthayalai.（「東北タイ農村の僧侶と自助更助原理の開発」）

Poramin Caruwon. 1999. Kan suebthot thamnong suat lae prapheni suat Phramalai thi ban Nongkhao cangwat Kanchanaburi. M.A. Thesis, Culalongkonmahawitthayalai.（「カンチャナブリ県ノンカオ村プラ・マーライ経の継承と伝統」）

Pricha Phinthong. 1989. *Saranukrom phasa Isan-Thai-Angkrit.* Ubonratchathani: Rongphim Siritham.（『イサーン・タイ・英語辞典』）

Ratchadaphon Thirawan. 1993. Bot suat Saraphanya khong Chao Thaiyoi Amphoe Akat'amnuai cangwat Sakonnakhon. Mahawitthayalai Srinakharinwirot Mahasarakham.（マハーサーラカーム・シーナカリンウィロート大学学士論文「サコンナコン県アカートアムヌアイ郡タイヨーイ族のサラパンヤ読経」）

Reynolds, Craig J. 1972. The Buddhist Monkhood in Nineteenth Century Thailand. PhD. Thesis, Cornell University.

Rosald, Michael Zimbalist. 1974. "Woman, Culture, and Society: A Theoretical Overview". In Michelle Z. Rosaldo and L. Lamphere (eds.), *Woman, Culture, and Society*, Stanford: Stanford University Press, pp. 17–42.

Rucira Wongkaeo. 1990. Ongprakop khong kanrong saraphan: Sueksakroni Amphoe Mueang Cangwat Mahasarakham. M.A. Thesis, Mahawitthayalai Srinakarinwirot Mahasarakham.（「サラパンヤ歌の構成要素――マハーサーラカーム県ムアン郡の事例」）

Samnakngan Khanakammakan Watthanatham Haeng Chat. 1994. *Phaen maebot pi ronnarong watthanatham thai pho.so.2537.* Samnakngan khanakammakan watthanatham haeng chat, Krasuang Sueksathikan.（教育省全国文化議会事務局「1994年度国家文化キャンペーン年計画書」）

Somboon Suksamran 1977. *Political Buddhism in Southeast Asia: The Role of the Sangha in the Modernization of Thailand.* London: C.Hurst & Company.

Suwakhon Somwatcharahit. 1989. Kansueksa Phleng Rong Saraphan khong cangwat Udonthani. MA Thesis, Mahawitthayalai Sinlapakon.（「ウドンタニー県のサラパン歌研究」）

Suwing Bunchim. 1993. *Saraphan Isan.* Ubonratchathani: Samnakphim moradok isan.（『東北タイのサラパン』）

Toem Wiphakphotchanakit. 1970. *Prawattisat Isan (lem thi 2).* Krungthep: Samnakphim Samakhom Sangkhommasat haeng Prathet Thai.（『東北タイの歴史［第二巻］』）

冨田竹二郎　一九八七『タイ日辞典』養徳社。

柳田国男　一九九八（一九四二）「祭から祭礼へ」『柳田國男全集第十三巻』東京：筑摩書房、三五八―五〇八頁。

第九章　近現代ビルマ（ミャンマー）における「経典仏教」の変遷

——〈実践〉〈制度〉〈境域〉の視点から

原田正美

はじめに

本章は、ビルマ[1]の近現代上座仏教徒社会における、パーリ経典、教理に関わる諸相を、当該社会の文脈で捉えることを試みるものである。ここではそれを「経典仏教」として検討する。この場合の「経典仏教」とは、三蔵経典そのものではなく、地域や時代によって異なる仕方で現実に機能する、経典にまつわる広い意味での実践を意味する。それは三蔵経典に関わる制度と、それに応戦する、あるいは応答、補完する出家在家による実践に加え、公認の歴史の中で語られなくなった足跡をも含む。そしてそうした個々の時代における経典仏教の変遷を跡付けることで、ビルマ固有の経典仏教の姿、ひいては上座仏教徒社会の特性の一端を明らかにできればと考える。

上座仏教の聖典であるパーリ三蔵経典やその教理については、従来、主に近代仏教学により検討されてきた。西洋近代仏教学は、仏教は聖典の中にこそ見出され、文献学という手法により解明されるという立場をとった。そのなかで初期の段階で最もよく保持された一切経であるパーリ聖典は、原始仏教の解明に資するものとして捉えられた[2]。その後仏教学はサンスクリット文献や漢訳を横断するという手法もとった。日本の近代仏教学は西欧に遅れてそれを模し、漢訳との比較において優位を保ちながら独自の発展を遂げた[3]。

当初、聖典が中心であった研究対象は、校訂も翻訳も漸次その直接の注釈書類へと裾野を広げた。しかしそこにおいても歴史的仏教の姿を解明するという方向は持ち続けられた[4]。今日なお保持され息づき信仰されている聖典が、上座仏教徒社会、とりわけ東南アジア大陸部において、実際具体的にどのようなあり方をしているかという視点はなかなか掬い上げられないままであった[5]。

一方で人類学からのアプローチは、教理や教義を所与のものとし、それに対抗する形で生まれ、現在の当該社会における仏教実践について検討してきた。元来教理と実践には乖離がある上に、上座仏教の経典は結集を経たものとして均一で共通のものであり、変更は見られないとみなされる前提も加わった。結果としてその実際が問われないまま、近代仏教学が描き出した教理を当地に展開した教理とみなし、その成果が援用されてきたといっても過言ではない。言い換えれば、仏教実践を検討するという中に、経典を取り巻く諸相が含まれることは稀であった[6]。

しかしながらひとたび東南アジアの各地に至った経典は、当該社会において、常に固有の「実践」的な側面、言い換えれば「現在機能しつつある[7]」側面をもっていた。

たとえばパーリ経典は当該地に展開した仏教全体の中で、どれほどの位置、比重を占めているのだろうか。あるいは経典にもし変更がないとして、それはどの程度のものであるのだろう。当地に至った三蔵経典は、王権や政府といった統治者側にとって、どのような意味を持つ、ないしは担っているのか、伝統的に経・律・論のいずれがどのように重視され、その中のどの経典がどのレベルで受容されているのか。

そして当地で新たに編まれた仏教書は何語で著され、朗詠や暗唱、あるいは理解等、いずれの形態をとったのだろうか。またそれは、時代のどのような変化に対峙、もしくは則して生まれ、出家、在家にどのように普及し、あるいは排斥され、人々の仏教観を形成していったのか等、地域や時代の変化によりそれぞれに異なる、経典の「実践」的展開の歴史があったものと思われる。

本章はその意味で、上座仏教徒社会の経典研究のあり方の一端を模索しつつ、近現代における経典とビルマ社会の相互作用の側面、経典の実践的側面の一端を捉えようとするものである。他の章と用語の使い方が多少なりとも異なると思われるので、以下に本章の立場を述べておきたい。

上述の通り、ここでは当該社会の文脈の中で展開した仏教経典をとりまく諸相を「経典仏教」(the practice of Canonical Buddhism)とし、「機能しつつある」「実践」的側面を、「制度」「境域」といったキーワードを手がかりに検討する。[8] 具体的には、英領植民地期から今日の軍政期に至る時代の、ビルマ社会における変化と、それに伴い、応答、応戦する、もしくは順応する、経典とそれを取りまく諸相の変化を、「三蔵経典」そのものにおける変化と、出家在家によるビルマ語による仏教書、法話や試験制度などから考える。[9] またこの論考では全体の大きな流れを捉えることを第一とし、その詳細については今後さらに議論を深めていく予定である。

この場合「制度」には二つあるであろう。すなわち一方には三蔵経典そのものにまつわる諸制度があり、もう一つが実際にどのような解釈が主流となり制度として定着したか、もしくはしなかったかという側面である。それは言語や法などのように権力が統制し権威化する所与の制度と、社会的行為がルーティン化し、行為の類型化がおき、その結果自ずと制度化したもの、と言い換えることができるだろう。それらの総体が、人々自身および他者を統御する「真理」にまつわる「制度」となっている、と見ることもできよう。

「境域」という場合、「経典仏教」そのものにおける境域として、何がそれをそうであるものとそうでないものとに区別したか、「正統」解釈と「異端」の書など、その振幅はどの程度か、という問題と関るものと考える。

近現代の流れをここでは、以下の三期に分けて考察する。第一期は、英領植民地期におけるサンガ(僧団)の存亡の危機に際し、ミンドン王による第五回仏典結集をはさんで、新たな経典観、理解、が誕生した時代である。第二期は独立後、ウー・ヌにより第六回仏典結集が開催され、一連の優遇政策に伴い、サンガが絶頂期を迎えた時期に起こった変化と、その後のネーウィン政権の出現、社会主義の台頭とともに、サンガが混迷期を体験した時代である。そして第三期はそれを収拾するような形で実施された八〇年の全宗派合同会議以降、サンガが世俗の管理下に置かれ、テーラワーダ「上座の教え」すなわち「経典」とその解釈そのものの定義についても、サンガ規則の中で明文化され、現在に至るまでの時期である。

一　経典仏教――「近代」化の模索（英領時代）

1　近代ビルマにおける正統聖典の成立

ビルマは一九世紀に入って、かつて経験したことの無い事態に陥った。すなわちコンバウン王朝時代に、拡張をみた版図が、すでにインド帝国を一州としていた大英帝国との戦争を引き起こし、国土が漸次イギリス領に割譲されるという事態であった。一八二四年から二六年の第一次英緬戦争によって、ターヤーワディ王（Thayawaddy 在位 1837–46）の治世にあったビルマは、ヤカインとタニンダーイー地方を失い、さらにパガン王（Pagan 在位 1846–52）の治世にバゴー領が併合、その翌年一八五二年にパガン王を倒して王位に就いたミンドン王（Mindon, 在位 1852–1878）は、イギリスとの和平交渉使節団を派遣し、イラワジ河下流域のビルマを割譲したのであった。その結果下ビルマにおける仏教は国王によって得ていた庇護を失うばかりか、新にキリスト教という他宗教との対峙を余儀なくされ、その侵食に脅かされるという事態に直面した。

一八五七年、新都マンダレー造営に着手したミンドン王は、当初から経典仏教にまつわる企図をもっていた。それはすなわち三蔵経典を刻記した大理石を擁するパゴダの建立と第五回仏典結集の開催であった。

金、銀の板に書かれたものは朽ち易く外道らの破壊にあえば、長くは存続し得ない。カッサパ仏の治世に造営された石窟は中劫を経て我らがゴーダマ仏の治世まで存在し、その石窟で修行をなされたと典籍に記されている。この釈尊の教法、三蔵経典をも、同様に久遠のものとするため石版に書き記そう。(Tin 1968: 368)

ミンドン王は即位四年目に、歴代の王が手で何度も書写させたものは間違いも多いとして、三蔵を校訂し、鉄筆による貝葉の書写、墨による書写、金箔を施した書写の三種の校訂版を作り始めていた。四人のサンガ主(タータナバイン *thadhanabaing*)とサヤドー(*hsayadaw* 師、尊師)が委員会を結成し、三〇人の学僧がテクストを調べ、五十人の学僧がそれらを校訂し、別の五〇人の学僧が再度それをチェックした。正しい写本であるとされるとそれらは百人がかりで書写された。それをダッキナヤーマ、シードーミンウンダイ、シーバンニーの三人の高僧が監督し、さらに国務院の書記が校訂、委員会のサヤドーが最終チェックをし、二〇〇〇枚にも昇った校訂済みの写本はアマラプーラからマンダレーの経庫に運ばれ、宮廷内で石工に七二九枚の大理石に刻ませた。一一一枚の律、二〇八枚のアビダンマ、四一〇枚の五ニカーヤはマハーローカマラゼインパゴダ、通称クドドー(Kudhodaw 御功徳)パゴダに設置された。完成式が一八六八年五月四日に執り行われ、三年後の一八七一年に第五回仏典結集が行われた。また一九一三年から修行者ウー・カンティの支援を得て、カナウン皇太子建立のサンダムニパゴダにアッタカター、ティーカーの大理石写本の造営が続いた[10](写真9-1)。このことは、聖典直接の注釈書、復注が、聖典同様、大切に伝持されてきたことを物語る。

大地に打ち立てられた大理石は、パーリ三蔵の場合それぞれに祠を擁するものであり、名実ともに経典パゴダ[11]となった。戦ではなく仏法により国を治める正法王としてのミンドン王の立場が内外に喧伝されると同時に、ここにおいて、五度目とされる結集がセイロンを離れて開催され、ビルマにおける正統聖典が成立したのであった。

写真 9–1　一時期のサンダムニパゴダの大理石版アッタカター，ティーカー
出典：Shwe Thawun Postcards. Daw Su Nyein Aye, Maze Media Co., Ltd.

正統・非正統についての認識

当時三蔵についての認識は比較的おおらかであったと考えられる。歴史的に見ても、一五世紀、パガンの碑文に記された経典寄進のリストを見る限り、少なくとも寄進されるに値する経典と認識されているものは、三蔵に限定されたものではなかった（Bode: 1904: 101–109）。確かにミンドン王は、正統聖典か否かにこだわり、例えば東南アジアに流布している固有のジャータカである、「ジンメーパンナータ」（[p]Zinmme Paṇṇāsa、所謂パンニャーサジャータカ）についても、偽経であるとしてそれを焼き払うよう命じたと伝えられている。(12) しかし、高僧モンユエ尊師は、コンバウン時代後期に盛んに編述された問答集のひとつ『普眼者釈義』（一八一一）において、ジンメーについて、「仏陀を賞賛したものである限り、高い評価を与えられるべき」と記し、また第五回仏典結集開催に際し、第二マウンダウン尊師は「それが聖典か否かということよりも、それがタータナー（thadhana 教法、[p]sāsana）にとって恩恵をもたらすかどうかを考えるほうがもっと重要である」と答えたという（Hkin 2003: 7f）。無論、パンニャーサそのものが特殊な捉えられかたをしていた可能性もあるが、チーテレーダッ尊師による仏陀伝『勝者の顕示』（一八五八年頃）の序文を見ても、ジャータタキ、トータタキなど多数の今日で言う外典を、仏典結集で誦出されたものではないが、伝統的に受け継がれてきたものであり、聖典と同様にみなすべきであるとして尊重し、典拠として示している。[13] またボードーパヤー王（Bodawhpaya, 在位一七八一―一八一九）時代、多くのサンスクリット文典が将来され、翻訳された。したがって、この時代多種多様な経典が混在し、少なくともそれらは出家者にとって広い意味で三蔵に順ずるものと認識されていたことは想像に難くない。それは一八八八年に成立した『三蔵文献史』においても確認される。またその後もその認識は残っていったものと思われる。

しかし同時に一つ言えることは、セイロンに連なるものとして、ビルマにおいて続けられてきた経典研究における注釈書編纂の伝統は、この時代からその歴史に幕を下ろしたということであろう。その後クドドー版の経典は、正統聖典として、一八八六年創設のハンターワディー社を中心とする出版社から刊本化され、各国から注文を受けるまで評価を確定するようになって行くのである。（Hanthawaddy 1965, Hkin Thi 1981）

2　レーディー尊師（Ledi Hsayadaw, Shin Nyanadaza, 1846–1923）の出現

この時代、仏教の存亡の危機に対して、果敢に応戦をした僧侶がビルマに出現している。それがレーディー尊師であった[14]（写真9-2）。

レーディー尊師は、一八六六年ミンドン王の治世に正式に比丘となって以降、ターヤーワディ王の王師であったサンジャウン僧院の尊師、ウー・スダッサナのもとで経典学習に励む一方、三蔵大臣ウー・ヤンや、ミンドン王、王朝最後の王ティーボー王にも仕えた。また第五回仏典結集に従事、仏教のみならず、科学、薬学、文法、占星術統治システムに革新的な思想を打ち出したといわれるヨー地方の領主、ウー・ポフライン（U Hpo Hlaing, 1823–1883）（Ba Thaung 2002(1962): 257*f*）とも知己になり、母語であるビルマ語の研鑽も積んだといわれる。一八七一年の第五回仏典結集に際

写真 9-2　レーディー尊師

出典：Aung Mun, U (Myat Su Mun). 2007. *Kyezushin Ledi Hsayadawhpayagyi i bawahpyittawzin.* Myat Su Mun Sape: 66

しては、法臘六年にして、サンジャウン僧院所属として参加、論蔵のうちの『論事』([p]Kathā Vatthu)を担当した。(15) 一八七七年、法臘一一年に、一等教授賞(*Pathama sadaw chabwe*)をミンドン王から拝受した。一八七九年サンジャウンの師が問うた波羅蜜に関する二〇の問いに対する答えを、一四年間の修行中に著し、『波羅蜜義釈』と題して師に捧げたところ、お前が答えるべきものではないと打ち捨てられたといわれるが、その頃から学僧としての頭角を現したと考えられる。『波羅蜜義釈』は師が最初に物した典籍であるが、このことは、教法を探求することにかけては、師と弟子といった因習に囚われず、またそれを究明するだけの教学研究の深さをすでに有していたことを象徴する出来事と見ることもできよう。ディーパニー(*dipani* 義釈、[p]dipani)と呼ばれる「義釈」は後に師が著す主題別ビルマ語散文仏教書のほとんどに付され、レーディー尊師による著作の代名詞ともなっていく。

師は、多種多様な書を、印刷出版が本格的に始動する時代に著したが、(16) この時代、師の経典仏教における足跡を明らかに刻んだのは、一八八五年に著された「牛の慈愛文」(Nwa Mittaza)であろう。それが著された年に、ビルマは全土が英領インドの一州と化した。ティーボー王(Thibaw, 在位一八七八―一八八八)が連行されたとき、師は次のような考えをもったといわれる。「ビルマをイギリス人が統治すれば陸上の動物は死滅するだろう。なぜなら西洋人は多く肉を食する人種だからである。彼らがここに来れば、牛、豚、やぎの屠殺場を作り、自分と部下たちが食べるために殺すだろう。牛は人間の命の恩人、両親も同様である。その恩は多大である。だから私は牛の肉を食べないと決心した。貴方達も食べないで欲しい」と懇願したという (Ledi 2004: 24)。

ミッタザー (*mittaza* 慈愛文) とは、当時流行した書簡の文体で、散文を基調とするが韻文も混ぜられ、下ビルマへの出稼ぎなどの移動がうまれたことによって遠く離れた、親子親戚間、友人同士の間などでやり取りされた。これを主として代筆したのが、僧侶であった。

下ビルマがイギリス領土と化して後、一八七二年にラングーンを新首都として定め、開拓が進められた。一八七二年に、ティンジー市場の傍らに牛肉市場が開かれるというニュースを一八七二年五月一日付けの創刊間もない「ビルマ新聞」(Myanma Dhadinza) が報じた。上ビルマをイギリスが支配すれば、ラングーンのように牛肉市場が開かれることは間違いないと思った師は、以来地方巡業に行き、いたるところで牛肉を食べないよう説いて回ったという (Ledi 2004: 225f)。

人間のように愛らしく語ることもできぬゆえ、つくねんとし、返事もせず、されるがままになっている。筋道立ててはっきりものが言えるなら、牛たちに本来物申す権利の在りしこと、明らかなり。……米、もろこし、ゴマ、ふくべ、なすびにまめ、地上一帯が盛り上がらんばかり、増えた金で欲しいものは手に入れ、伽藍建立、パゴダ造営、国が潤いしも、その礎は誰が築いたか、考えてみることもない。明白なのに気にも留めず、感謝もせず、気もそぞろ。友人にあるまじき態度なり。我らの肉、肝、脂肪たんまり、食卓の真ん中にどっさり用意し、笑いつつ味わう、夫と女房、咀嚼しては舌鼓、ごくりと飲み込む口の中、我らがつくりし飯を我らを惣菜として食すとは、恨み千万なり (Pe Maung Tin 1955: 356)。

このミッタザーはその後リーフレットに印刷配布され、オープンレターのような形で広く一般仏教徒の支持を受け、後に組織化され民族主義的運動に至るまでになった。また現在も随意ではあるが、広く見受けられる「牛肉を避ける（食べない）」という仏教徒の実践は、歴史的には長い伝統を有するものとされるが、[17]決定的な端緒はこの時代にあるといえる。

師はこれ以外にもサインビン村の村長に対し「飲酒の慈愛文」（一八八六）、モンユワの船主に対して「博打の慈愛文」（一八八八）を、モーゴウの宝石商に対し「ルビーの慈愛文」（一八九三）を著している（Pe Maung Tin 1955: 354f）。一八八二年、商人ウー・ワインによって寺院が建立され、滞在を要請されている（Monywa 1998: 12）が、これらのことからも、上ビルマにおいても、高僧と檀家のつながりが、王の庇護から民衆による庇護へと変化し、また檀家にもそれなりの財力があったことが窺える。牛肉食同様、飲酒、賭博もこの時代、新たにもち込まれた社会現象であった。[18]

さらに師は一八九七年、上座伝統の注釈書の間違いを指摘、『アビダンマッタサンガハ』（摂阿毘達磨義論［p］Abhidhammatthasaṅgaha）[19]の注釈を『パラマッタディーパニー（最勝義釈）』（［p］Paramattha Dīpanī（ṭīkā））と題して自らパーリ語で著した。この書は師の著作の中でも最も有名な一作とも言われる。この書が現れるまでの経緯として伝えられる一説には次のようなものがある。一八七三年、レーディー尊師はセイロンから来ていた僧侶たちと議論を交わした。それはアビダンマッタサンガハの復注であり、セイロンの比丘トゥミンガラーミーの著した『アビダンマッタ・ウィバワニー・ティーカー』（［P］Abhidhammattha Vibhāvinī Ṭīkā）についてのものであった。

［これを］ビルマではディーガージョー（名高い復注）とも、ディーガーフラ（優美な復注）とも呼んで、賞賛し、代々相承し重宝がった。しかしこれがビルマに至ったと知ったセイロンの賢人たちは、『できの悪いティーカーがザブーディ（ビルマ）に至った。そのティーカーは我々セイロンでは習いもしなければ気にも留めない。』と言ったものだ（Myat Su Mun ?:part3: 2f）。

ビルマで代々尊重されてきたアビダンマッタサンガハの復注を出来損ないと言ったのを、セイロンの僧侶が故意に軽蔑したと受け取ったレーディー師は、「わが国でも高僧方はディーガージョーとマニミンズー（ビルマのインワ時代にアリヤワンタが著したディーガージョーのさらなる注釈）は使用する習慣はなく、教授されることもなかった[20]」として、後にこの『パラマッタ』を著したという。そして「ディーガージー（偉大なディーガー）」、「ディーガーモー（誇るべきディーガー）」とも呼ばれるようになったという（Shwe 1910–12: 126）。

この書は当時高名なマハーウィトゥダヨン尊師やマンレー尊師らから高い評価を受けながら、ビルマにおいても初版本の出た一九〇〇年から、保守派との間に三五年以上にわたる論争を巻き起こしたという（Ledi 1995: ma）[21]。そして結局、今日アビダンマッタサンガハのティーカーとして使われているのは、セイロンで編纂された『ウィバワニー』に戻っており、現在アビダンマ試験の「優等」でも採用されている。

ところでレーディー尊師はそれ以外にも数多くのビルマ語散文による教理書を、上述したようにディーパニー（義釈）と冠して著した。パリヤッティ（*pariyatti* 教学）革命とも呼ぶべき、師がなしとげたことのひとつが、パーリ語の引用を極力避け、ビルマ語散文によって、まさに明快に理解できるよう仏教教理の本質を著したことであった。

> 我々ビルマ人にはもう一つ難しい問題が残っている。典籍を書く、編纂するとなると棚にあるありったけの、経庫にあるありったけの貝葉の包、文典をとりだすものだから、ゴキブリもヤモリもたまったものではない。貝葉を取り出しては前に置く、そんなことだから、パーリ聖典にはこうある、アッタカター、ティーカー、ヨーザナー、ニッサヤ、アーチャリヤワーダーはこういっている、として、自分が書く典籍に典拠や参照をありったけ盛り込んで編纂する。読むほうも、パーリ聖典もももれなく、アッタカター、ティーカー、ヨーザナー、ニッサヤもすべて渉猟している、あらゆる知識に造詣が深い、と絶賛する。（中略）パーリ文典の引用が多く、普通の人には読めない難解で深甚な文章であってこそ、編纂者の名誉が明らかになると

いうので、多くの引用がいたるところに散在すると、パーリ語ができないビルマ人はダンマラタ（教えの味わい）を享受することなく、功徳を得る程度のことで、生涯を終えてしまうのだ。（中略）我々の考えは、編纂者の名誉が明らかにならずとも構わない。典籍を見たものが、はっきりと明快に理解し知識を得るということをより重視して書いたものが多い。どうしても挿入しなければならないときにだけ、パーリ語を引用する。できるだけ少なくなるよう配慮して書いた。しかしながら、パーリ聖典の規則、教えの習わしから逸脱するわけではない。我々の典籍にパーリ語が入っていない、あまりに軽薄なことよ、と非難するものも一部にいる。我々はビルマ人のために書いている、パーリ人のために書いているのではない、といわねばならない始末だ（Wanita 1956: 75–76）。

また別のところでは次のように記されている。

経庫、貝葉棚の傍らで書を著すと、経庫、貝葉棚にある文典を取り出して見、書くので、経庫調、貝葉棚調の文体になり、無学なものには理解できない。それゆえ我々は僻地や山奥、茂みの奥に分け入り居住し書く。我々の文体は僻地調、山奥調、茂み調の文体が多いから、田舎の人間、山の民、知識の無いものにも理解できる。我々が編纂した書を読むなら、あたかも瞑想修行しているかのようになる（Chit San Win 1985: 65–66）。

レーディー尊師は一八八六年、寄進されたウー・ワインの僧院を出、モンユワから東北に五百弓（弦を張った弓の長さ五百分）人里はなれたレーディーという森林に分け入り、かねてからの望みであった森林住を始めた。レーディーとは「田を作る」という意味であるが、その森は、ありとあらゆる潅木が茂り陽光が差し込むことも無いような密林であった。人間はもとより猟師でさえ日中でもそこに入ることは無かった。植物だけでなく、鹿、インドキョン、バンテンウシや豹、虎にいたるまで、さらに鬼神、餓鬼、幽霊なども存在したという。尊師は資具を携え、一本のタマリンドの樹下になめし革を敷いて、そこで瞑想を始めた。近くの村を回って托鉢を行っていることを聞きつけた弟子たちが、僧院に戻るよう、それが駄目ならせめていま少し過ごし易い場所に変るよう懇願したが、ここ以外に居場所はないと固辞された。そのため弟子たちが急遽その場に一部屋の小屋を庵として寄進した。尊師は森の精霊やあらゆる存在に慈愛を送り、瞑想修行を続けたので、いかなる存在とも敵対することは無かったという。そしてその後その場に次第に僧院が建立され、今日あるレーディー僧院が建立された。尊師は以後一八九五年までその僧院で止住したという (Hla Paing: 79f)。

先の引用は、森林住、すなわち瞑想修行を積むことによって得た「実践」に基づく「理解」が師の仏教書には示されていることを意味するものであろう。

加えて、師の言とされるこれらの言及は、英領下に陥ったことによって起こった何がしかの民族観の変化と、レーディー師のビルマ語散文の著作が、経典仏教史に残した意味を明確に示しているといえる。すなわち既存の注釈のみを頼りとせず、またその権威を笠に着ることなく、自らの体験を通じて得た経典の理解、仏教の真髄を、他でもない自民族ビルマ人仏教徒のために、自身が明快なビルマ語で解き明かし伝えようとしたのであった。一八九五年以降、師は、個々の出家、在家に請われるままに、各地を移動しながら、鉛筆と紙を用いて、[22]七〇あまりのディーパニーを著した。一八九五年にはインド、マハーボーディーを訪れているが、その行きのマンダレー・ラングーン間の鉄道の中でリンガー (*linga* 四音一行詩) を書き、インド旅行中に完了したという『縁起義釈』(一八九五)、チャイティヨーパゴダ巡礼の際、修験者に求められて著した『明智道義釈』(一八九九)[23]、雨安居で立ち寄った僧院で、各地の要職に就く人々から懇願されていた『涅槃義釈』(一八九九) を著し、マンダレー市の役所の事務官の要請に応え『最高人義釈』(一九〇〇) を、ダッサヤー (緬方医)、サヤー・ミョに対し『業処義釈』(一九〇三) を、ピンマナーの沙羅双樹の山寺でワーゾー月 (七月頃) に『菩提道義釈』(一九〇四) を、同ダディンジュ月 (一〇月頃) に『出入息義釈』、『修習義釈』を、ラングーンに赴き

『正道義釈』（一九〇五）などを著している。

また師が経典仏教史に残した足跡の中で、今ひとつ重要なものが、『最上義要諦』（一九〇四）に代表される、ビルマ語韻文による、律、アビダンマ、綴り字などの暗唱のできる要諦すなわちタンケイッ形式の著作であった。

タンケイッ（*thankeit* 要諦）とはタンバウッ（*thanbauk* 三行韻詩）という四―三―五（もしくは七）音で構成され、それぞれ最終音、最終音、二番目に押韻された三行の詩を一節とする詩形を用いた韻文である。タンケイッというジャンルそのものはそれ以前から、タッポン・タンケイッ（正書法要諦）などが登場していた。師はそのスタイルを用いて、広くアビダンマ、律や綴りの暗唱テクストを作った。『アビダンマッタサンガハ』も六八六節のビルマ語韻文に姿を変えたのであった。それが『最上義要諦』である。師はこのテクストを元に、各地でアビダンマの講習を行ったという。それは次第にタンケイッ協会を形成するようになり、一九二六年には女性も含む協会の会員数は、全土で四〇万人に達したといわれる（Wannita 1956: 51）。

『最上義要諦問答集』には、「前半の六章でアビダンマの七文献を扱い、後半の三章は経蔵のエッセンスに相当する。これら九章を自分のものにした者は、律蔵を除く経典を暗唱できるのと同じである」と解説されている（Ledi U Pantita 1928: 316）。

ミャッスムン氏はピンマナー、ラングーン、シットゥエー、バテイン、モーラミャインと各地に会員数をもつようになったこの現象を「当時キリスト教の布教がはなばなしくなされている状況において、全土でアビダンマを唱える現象が起きた。それは組織としてすぐに団結することができ、ナショナリズムの高揚にも一役かった」としている（Myat b: 18）。

『最上義要諦』同様タンケイッと題されて著された『綴り字要諦』は、ビルマ文字の習得のために著された。これを学習すれば母音字、子音字、介子音、語末子音などひととおりのビルマ文字が習得できるように著されている。その最後に「トンルーシンビン・クナネボウダウィン・アリンガー（三界〔人間界、天界、梵天界〕の主、七曜日の仏陀伝の詩）」（一九〇三）が四音一行詩七節付随し、暗唱と綴り字が一致するよう意図されている。「この韻文を暗唱させ、朝晩一度ずつ生徒や子供たちに清らかな声と正確な抑揚で唱えさせ、礼拝させるべきである。直立不動の姿勢は敬意を表する姿勢の一つである。仏像の面前でお辞儀をし、胸に手を合わせて、唱えれば声もよく出る。最後にお辞儀をすること」と記されている（Ledi 1951: 24）。このことから、それまでの文字と発音だけでなく、仏陀の生涯を詠んだ詩が最後に合わさることにより、それを学ぶ子供たちの心に仏陀への敬愛の気持ちを培おうとしたことが窺い知れる。当時これに対しても仏陀の生涯を短い詩に詠んだとして批判もあったという。しかし「七曜日の仏陀伝の詩」はその後、学校の基礎教育課程でも唱えられるようになり、今日まで仏陀への祈りとして老若男女を問わず唱えられ続けている。

レーディー尊師のもう一つの応答として、触れておかなければならないのが、国外への仏教布教である。レーディー尊師は、一八八一年に英国で設立されたＰＴＳ（パーリ文献協会 Pali Text Society）から、経典について質問を受けるようになり、ヨーロッパに布教という法施を行うという意図から、一九一三年「仏教外国布教協会」（Naingangya buddhathathanapyu athingyi）[24]が設立され、ナーヤカ（顧問）という立場で加わった。一九一三―一四年のＰＴＳジャーナルに掲載されたリス・ディビッズ（Mrs.C.A.F.Rhys Davids, 1858–1942）の問いに対する、レーディー師の応答はそれらの活動の一端を示すものである。

シュエザンアウン（Shwe Zan Aung, 1881–1932）らの出現

上述のような活動ができる背景には、仏教を英語に翻訳することのできる人物の出現があった。レーディー尊師の西欧への布教を可能にした在家の知識人の一人が、シュエザンアウンであった。彼は早く一八二六年から英領下に入ったヤカイン州、シットゥエーに一八七一年に生まれた。一八八五年に高校を卒業、ラングーンカレッジに進学し、

一八九一年に当時ビルマで最高の学位であるウェイザーブェトゥ（特別学士）を取得した。彼はフォーシャマー博士（Dr. Forchammer）らのもとで当時履修科目の一つであったパーリ語を英語で学んだ。一八九二年から教育省、後に土地測量局に配属、一九〇二年に下級行政府に所属、一九〇七年に郡長府に昇格した。一九〇九年租税官として手腕を発揮した。一九二七年五五歳で健康上の理由で退職した。彼は一八九五年、アビダンマを勉強し始め、後にレーディー尊師の元でも学ぶようになる（Sahsodaw 2002: 354f）。

一方その当時アラン・ベネット（Allan Bennet, 1872–1923）という一人のイギリス人が一九〇一年、同じくヤカイン州シットゥエーで見習僧アーナンダマイトレーヤ、一九〇二年には比丘となり、法名もサンスクリットからパーリ語のアーナンダメッテーヤと改め、一九〇三年にマンダレーに至っている。同年、マンダレーの知識人らとマンダレー、シュエチーミンパゴダの境内に上ビルマ、ボウダターダナタマーガマ（International Buddhist Society, 国際仏教協会）を組織、同年一二月にはラングーン、シュエダゴンパゴダの裾地に英領下において、同年植民地政府下で最初のサンガ主となったタウングィン（Taunggin Thadhanabaing）尊師を長とし、ラングーンの著名人、西洋の研究者を加え、ボウダターダナタマーガマが正式に発足した。そしてその協会誌として一九〇三年九月、英語の仏教雑誌 *Buddhism* がビルマで始めて発刊された(25)。

シュエザンアウンはその第一巻二号（一九〇三年一二月発行）に、アビダンマの論考を載せている（Myat Su Mun 2001.10: 101f）。アーナンダメイティヤという法名をもつベネットはその後、一九〇八年にビルマン人のパトロンとミッションを率いてイギリスへ一時帰国、彼を介して、シュエザンアウンもまたリス・ディビッズらと交流するようになった（Hamphreys 1937: 19f）。ミッション到着後設立された、The Buddhist Society of Great Britain and Irland の副会長となったドクター・ミルズ（Dr.Edumund J.Mills F.R.S.）も、同様にレーディー尊師に書簡を送り、シュエザンアウンを介して仏教の宇宙観や、女性の出家等について質問している。尊師はそれに対し仏教の宇宙観の正真性や、比丘尼の存在の重要性などを答え、異教徒に対して仏典の優位性を盾に説諭している様子が窺える（Ledi 2004(a)）。

レーディー尊師はまたリス・ディビッズのことを賞賛して、名前の音が似ていることから、ロンドン・パーリデーウィー（ロンドンのパーリ学の女王）と呼んだ。ロンドン大学文学博士となって後、東洋アフリカ研究所でパーリ講師として勤め、のちにPTSを設立したパーリ学の先達リス・ディビッズ（Dr. Thomas William Rhys Davids）と結婚、以後ミセス・リスディビッズとしてパーリ研究の分野では最も著名な研究者の一人となった。彼女は夫に勧められ、往時の女性と心理学にかかわる分野を中心に研究したという。そのことからアビダンマ研究にも取り組んだ。

シュエザンアウンは一九一〇年『アビダンマッタサンガハ』を *Compedium of Philosophy* として、また一九一五年には『カターヴァットゥ』を *Points of Controversy* としてそれぞれ英訳をリス・ディビッズとともにPTSから出した。その後当時オクスフォード留学中であり、後にラングーン大学総長になったクリスチャンのウー・ペーマウンティン（U Pe Maung Tin, 1888–1973）によって『アッタサーリニー』が *Expositor,*（1920）に、『ヴィスディマッガ』は *The Path of Purity,*（1923）へと訳されていく（UHRC 1999: 22–30）。これらの流れの根幹を担ったのが、レーディー尊師であり、その背景にはラングーンカレッジの英語によるパーリ語のカリキュラム、イギリス人学者による教授、イギリス人比丘の誕生、本国との交流などがあった。

3　ヤッフレータヤーの登場

一九世紀末当時の一般的な状況として、説法のスタイルに変化が起きた。それはそれまでのヤッタウンタヤー（*yat htaung taya* 扇を立てる説法）から、ヤッフレータヤー（*yat hle taya* 扇を寝かす説法）が登場したということであった。ヤッ（扇）とは、椰子の葉で作られ、僧侶が日差しや雨を避けるのに用いられたが、それは法話の際には、お供え物と痰つぼの間に挟んで上半身を隠すように立てられた。経典には記されていないが、仏陀の時代には、従来より説かれてきた仕来りに則り、「オーターラナ」(解罪)、「カタナ」(説話)、「タラバニャ」(唱誦)の三種があり、「タラバニャ」の教えを扇を立てて大声で唱えたのを、ヤッタウンと呼んだのだという。ヤッフレーはといえば、近くにやってきた人たちに対し、世俗の会話ではなく、教え諭すところから始まって、大勢の聴衆に説教をするときにも、扇を持たずに説法をするようになった、ともある(Dhammateinna: ka)。

扇を立てる説法から扇を寝かす変化というのは、単に扇の問題ではなく、大勢の聴衆を前にして、経文を唱えることだけではなく、教えを説くことに比重が移ったということを意味するものと思われる。

ミンドン王の時代、一八六〇年に僧院を建立してシュエジン尊師を招聘し、布薩日の夜には尊師を招いて、王は教えを聴聞した。セッヨン尊師、ティンガザ尊師なども招かれ教えを聴いた、そのようにしてヤッフレーが発展した、という記述もある。そしてその教えを代々弟子たちが受け継ぐようになっていった。

またミンドン王の時代、「ホーザー」(*hawza* 説法文)と呼ばれる文学ジャンルも盛んになっていた。「ホーザー」とは経典の物語を、韻文を交えたビルマ語で綴ったものであったが、僧侶たちはそれを暗記して説法をすれば布施の実入りがよかったという。ミンドン王から褒賞金を受けた俗人のウー・ポンニャ(U Ponnya, 1812–1867)の『六牙象王物語』や『カーカワリヤ物語』などのウットゥ(*wuthtu*)は非常に人気があったという。また当時本格的に上演されるようになった高座劇、すなわち人形劇において、即興で世相を読み込むタージン(*thajin*)という手法も流行した(Hla Paing 1967: 195)。

ビルマには「ヤッフレーはセイン・ザニから」という言い伝えもあり、彼が一八九四年、第一シュエジン尊師の葬儀で涅槃経を説いたことに始まるという。彼の説教を聴き、聴衆は涙したといわれるが、当時ポーセインという芝居の役者が大人気で、その名を取ってセイン・ザニと名乗ったという。極端な場合、芝居の役者きどりの説教師、玉座に二人の僧侶が上がり、掛け合い漫才まがいのこともなされたというこのヤッフレーは、時代の流行のスタイルに影響を受けた部分もあったのであろう（Hla Paing 967: 196）。

それまで一般に僧侶は世俗の雑事とはかかわりをもたなかった。檀家が僧院に来て質問をすれば答える程度で、僧院での寄進、出家、カテイン祭など以外には、教えを説くということはそれほどなかったという。まずヤッタウンの説教では、ボウダティディボウドー（bokda-ati-bokdo,[P] buddhā ati buddho）仏陀は最勝の覚者なり）などと唱えた後、オーガータ（*ogata* [P]okāsa 聴許の懇願）、タラナゴン（*tharanagon*,[P] saraṇagamana 三帰依）、五戒（*ngaba thila*[P]sīla）の受戒、そして「持戒」や「布施」について教説を淡々と説く、というものであったともいう。そこでは、経典と説法、パーリ語とビルマ語、経典と現場のコンテクストが、乖離していた状況があった。すなわち経典を現実に面前にいる会衆にどのように説くか、という作法が今日のようにまだ定まっていなかった。[26]

当初はそうした高僧により説教が始められそれを記録にとどめたのが、後に、説教の参考書、虎の巻として、あらたに著されるようになったものと思われる。そこにおいては、「経の中にアビダンマを挿入する方法」「長ければここで切って終わってよい」となどの指導も随所に見られる。なかでもフネージョー尊師の説教時の作法を含むヤッフレーの指南書『輪廻断絶の書』（一八九〇年頃）の普及は、ヤッフレーへの移行を確実なものにするのに多きな役割を果したものと思われる。作家グェウーダウンは「ビルマの短編小説史」という論考の中で、その書を三二版で読んだと記し、「それらの説教書は、いわば小説であった。私が幼い頃からビルマが第二次世界大戦に巻き込まれる頃までというのは、ヤッフレーのダンマカティカ（*dhammkatika* 説法師 [p]dhammakathika）がたいそう流行した時代だった。つまりダンマカティカが流行したので、彼らのためにヤッフレー説教書が現在の小説のように豊富に出回ったということを申し上げたいのだ（Kyi Maung 1979: 13f）」とヤッフレーについて、短編小説の前史の中で述べている。

そしてヤッフレーは結果として経典、注釈書にある仏陀時代の人々の事跡（物語）を中心とした諸情報が、在家信者に伝達される回路を飛躍的に開き、今日の法話に連なる動きに定着したものと思われる。それは当初韻文を交えたものも多かったが、後に散文へ、さらに口語へと比重を移した。

「(一) 教えの説き方、つづり方をよく習得させる、(二) あたかもダンマカティカを招待して、途切れなく聴聞できるかのようにさせる、(三) ビルマ語を書くための知識が得られる、(四) 言葉の使い方、文章のつづり方を習得できる、(五) 他人が書いた文章、詩、話し言葉のなかに内容のあるなしを知ることができる、(六) この本を見ることで功徳が得られ、聴くことでも特別なる功徳が得られる」とヤッフレーの時代に活躍したレーディー尊師の弟子ウー・マウンマウンティンが述べている (Ledipantita 1907: gha)。

このことから、その後出版物として刊行されるようになるヤッフレーは、在家の人間が自ら経典の教えをダンマカティカを通じて聴聞するかのように、読むことを可能にし、個人が読むことを通じて経典に接する道を開いたものと思われる。

チャビン尊師 (Kyabin Hsayadaw, 1815–1895) の『チャビン説法集』、後にマウンティンアウン (Maung Tin Aung) によって *Burmese Monks Tales* に訳された[27]、ティンガザ尊師 (Tingaza Hsayadaw,1815–1886) の『ティンガザ説法集』(一九一一)、レーディー尊師の直弟子であったレーディーパンティタ・ウーマウンマウンジー (Ledi Pantita U Maung Maung Gyi, 1878–1939) が記した『トータマーラー』(一九二四) や『データナミンザリー』(一九〇七)『タードゥトンダリー』、また各僧院が著し伝えたヤッフレー説法書が数多く著された。

4 在家作家テインペーミン (Thein Pe Myint, 1914–1978) の出現

ヤッフレータヤーは、現実のコンテクストに応答し、アッタカターの事跡を中心とする多様な経典の物語を在家信者

に伝えるという意味をもったが、他方で、在家信者への迎合、人気取りに躍起になり、教法は二の次といった事態を招いた。それに対して、在家でマルクス主義者の作家、テインペーミンは一九三六年、『進歩僧』という小説を著し[28]、腐敗した僧団、なかでもダンマカティカと呼ばれた説法師の堕落と、迷妄な独身女性信者の仏教信仰を痛烈に批判した。この小説を読むことによって、ヤッフレタヤーの否定的側面、ひいては当時の仏教界の混乱した負の側面をうかがい知ることができる。以下はそのあらすじである[29]。

「トゥダザは三六歳の美男であったが、見習僧になって、説法師を目指すことにした。それは自ら名声をものにし、物質的にもまた、女性に対する関心を満たすのにも、最もよい方法だとわかったからだ。住職の私室は檀家から贈られた豪華な家具で満ちている。耳に心地よく好まれる説法をしながら女性を口説くのは僧侶にとっての特権であり、誰もそれを告発する勇気をもたない。トゥダザは同じ僧院に住まう尼僧ティラサリに言い寄り、ついに男女の間柄になる。しかし尼僧は住職とも関係を断ち切れずにいた。トゥダザはプローム（ピィ）に説教の勉強に行く。

一方ソーニュンは名家の出で、仏教の学識にも長け信心深いが、遺産を相続したものの吝嗇で、ただ布施にだけには気前がよい、四四歳の独身女性である。甥のトゥンシェンは貧しいが、叔母を動かしてなんとか大学に進学したいと考えている。

そのソーニュンはトゥダザの説教を聴きに行くことになる。初めての説教に緊張のあまり狼狽したトゥダザは苦し紛れに流行歌を歌う。それにあわせて説法をしたのが思いがけず好評を呼び、有名になる。ソーニュンは彼を一目で気に入り、食事をさし上げ袈裟を施す。

トゥダザは還俗して結婚したいとソーニュンに告げる。愛を告げられ舞い上がりつつも、僧侶を婿にすることを恐れるソーニュンに、トゥザタは甘い声で勇気をもつことを説く。そして八ヶ月後には結婚すると約束する、その裏には莫大な生活費を得られるとの計算があった。

トゥダザはラングーンで尼僧ティラサリに再び会い、ソーニュンの財産が得られれば迎えに来ると告げる。そこへ住職が現れ、三人は対決することになる。二人の男のいずれを選ぶかという問いに、ティラサリはトゥダザを選ぶ。住職は怒りのあまり刀で切りかかり、翌日の新聞が、死体の発見者、住職と報じ、事件は闇に葬られる。民族主義者になっていたトゥンシェインに記事を見せられたソーニュンは愕然とする。そこに響くのは仏教界を批判するトゥンシェインの声ばかりであった。」

当然のことながらこの作品は、僧界を騒然とさせた。

「テインペーミンはタキン・ティンペーとして政治家であった。政治家らしく問題を取り上げた。しかし当時僧界は、騒然となり『進歩僧』を否定した。それは皆が受け入れられるような形で書かれていなかったためである。一部の問題を、他の多くのサンガとの対比でバランスよく捉えず、それを全てとしたところに問題があった。しかし、この時から僧界は自らの世界を緊張感をもって見るようになった点は否定できない」(Hounwan 1975: 151)。

5 アシン・アーディサワンタ師 (Ashin Adissawantha, 1883–1951) の登場

シュエザンアウンと同時代に英領下に生まれ育った僧侶の一人、アーディサワンタ師は、この時代に極めて開明的とも言える仏教解釈を打ち出した。それは、解釈というより態度であり、ある意味では、「真理」を追究する「批判的」仏教解釈の立場と言ってもよいものであろう。しかしそれは弾劾を受け、後の、特に制度化以降のいわゆる公認の仏教史においては、語られることの無い足跡となっている。

一八八三年マンダレー管区、ヤメーティンの一村に生まれた彼は、五歳より僧院で学び、一四歳で見習僧になり、一九〇一年正式比丘となった。法臘五年で三蔵を習得し、教授しながら、ペンネームを用いてハンターワディー新聞に

経典に関するエッセイも書いた。各地を回って指導し、また自らも教えを請うた。パーリ語で『カッチャーヤナティンガハチャン』など文法書を著し、その後、『ミリンダパンハー逐語訳』などを著した。一九一四年に五十人あまりの弟子を従え、ラングーン、バズンタウンにアシン・アーデイサ僧院を建設した。[30] 一九一八年インドのベナレスに赴き、以後スリランカ、イギリスに渡った。その間、ヒンディー語を勉強、さらにウルドゥ、サンスクリット、英語、ベンガル語、グルムキ語、日本語を勉強する。ロンドンで二年間あまり滞在し、[31] フランス、イタリアを巡って、一九二八年に帰国した。僧院では、政府の援助を受けて、高校、英語無料学校を増設した。僧侶にも外国語を習得するよう促した。これに対して批判も受けたが、後に『異国語案内』(一九三九)を著し応戦した。

師は『アショカ王碑文ビルマ語訳』(一九三二)を著し、ウェールズ賞を受賞している。

一九三五年、『比丘尼に関する教法』を著し、比丘尼サンガの復興は仏陀の教えに適うとして、再興のために努めたが、サンガより公式に排斥を受け、その顛末を『比丘尼問題』(一九三六)に著した。それに対しては当時四〇冊余りの反論が出されたという。しかし結果として還俗を強いられることはなく、そのまま僧侶として過ごしたようだ。

緬暦一二九七(西暦一九三五)年、仏暦二四七九年に、アシン・アーデイサワンタは教法の利益のため、世界の利益のために、ベイクニタータノパデータと呼ばれる小サイズの本を出版した。その本の要旨は、(一)現代に比丘尼は存在すべきであり、(二)仏法は五〇〇〇年限りではなく、精進努力がある限り存続する、ということであった。(Adissawantha 1935: 8)

比丘尼復興のために書かれたこの書に対するサンガ側からの批判は、無論伝統の断たれたサンガを再興することはあり得ない、というものであったと推測されるが、公言された批判は提言そのものに対してではなく、別のところに向けられた。すなわち基本的に問題になった箇所は、『比丘尼に関する教法』における二四頁から二六頁までの記述であったとされる。それらの記述は以下のようなものであった。

まさしく間違いなく世界の利益をつかさどるために出現された我らが仏陀（パヤーシンドー）であってさえ、世界の全ての人々が満足し利益のみを得るように成すことはできなかった。一部の人間に対しては非難し、悪趣へ赴かせねばならなかった。一部の人間のみに対して、賞賛し教えの通り聴かせて、善処に、天の国、梵天、涅槃に至るまで、満足のきわみをもたらすということをなされたのである。（Adissawantha 1935: 24）

しかしながら、私たちになしうる仕事があるとすれば、誰か一人の賢者が、私たちの指摘し著した点に対し、ダンマの教えに則し説得力を示して粉砕し、その思想を私たちに自らのものとさせることができれば、私たちはそうした正しい考えをいつでも受け入れる用意がある。私たちは現在ある仏教のみを、間違いなく正しいと、確固として受け入れることができないでいる。正しくないかもしれない、と二つの心で疑いをもちつつ、正しい見解を得るべく探しているのだ。世界にある諸々の宗教思想をも同様に探求し、この現在ある仏教に、それが滅びない間にのみ、その思想に安立しているに過ぎない。したがって、この点について、正しい教え、思想を示すことができる人物が現れるなら、私たちは、いつでも弟子入りし、仕える用意ができている。[32]（Adissawantha 1935: 26）

アシン・アーディサワンタ（自分自身のこと）は、仏陀が説かれたといわれるもの全て、知られているもの全てを、仏説とみなすことも信じることもしない。自分自身の智慧で見、思慮してはじめて信じる。（Adissawantha 1935: 7）

またその後、僧侶間の争い、事件は、僧侶間で判決が下されるべきとして、『持律者法（ウィナヤダラ・ウパデー）』を著した。その内容は植民地政府下で一九三四年に律と別途制定されたことから批判を浴びた「律法」（The Buddhist Bhikkhus Religious Usages Bill）を支持するものであった。その後の顛末は『教法律公示』（一九四四）に見ることができる。

結果的に裁定を下すのみの役目しか持たない形骸化したサンガ主の立場は、タウングイン尊師の死去後消滅した。今日、ビルマでも英語による布教が是とされ、サンガ規則により、出家者が裁かれるという時代に至っている。[33] 比丘尼サンガの復興を求める動きは、排斥されたものの近年起きており、その開明性が、一部からアフマンタヤー・ライン(真理追究派)と呼ばれる所以となっているといえよう。[34]

彼は六〇歳まで、出家者として指導や著述活動を続け、一九四二年に還俗し、ウー・アウンミャットゥッに戻り、ドー・グェティンと結婚、その後も一九五一年に七〇歳で亡くなるまで同様の活動を続け、六〇余りの著作を残したという(Sahsodaw: 2002: 358–359)[35]。

二　経典仏教 ── 絶頂と混迷、内向期(ウー・ヌ時代、ネーウィン革命政府、社会主義時代)

1　三蔵憶持試験の再生

ビルマは、アウンサン将軍を失った後、篤信なる仏教徒ウー・ヌを首相として一九四八年に独立を果たした。その後五一年仏教評議会(ブッダ・サーサナカウンシル)等が設置されるに伴い仏教の振興がはかられ、一九五四―五六年には、仏滅二五〇〇年を記念して、第六回仏典結集を開催、独立国ビルマの国威宣揚をめざし国民国家の庇護による結集が開催された。そこにおいて、ビルマ第五回仏典結集の七二九枚の大理石写本、セイロン本、シャム本、カンボジア本、PTSのテクストを参照校合し、ビルマ文字の三蔵聖典四〇冊、アッタカター五一冊、ティーカー二六冊の出版、三蔵聖典のビルマ語訳、インド語訳、英訳等の事業がなされた（池田 一九九五：二八―三二）。またここにおいて三蔵聖典ははじめてビルマ語により全訳がなされた（生野 一九七一：一五七）。

ところで結集にいたる経緯は次のように語られている。

ビルマは独立を獲得したとき、国内は英領支配の遺物のため団結しておらず、内戦の危険と直面していた。英領支配という負担のもとで、百年余り衰退していた仏教も独立当初衰弱していた。その教法の幹が再び息吹を盛り返さなければ、国家も復興しないと、支配者層、出家と国民は考えた。それで結集を行うべき理由が生じていた。……

過去において結集を行った様子を見るなら、三蔵憶持師（*tipitakatdara*, [p]tipitakadhara）という人物なしで行われるということはなかった。ミンドン王の治世に結集を行ったときにも、パヤージー伽藍のシンザーガラ尊師が三蔵を唱えることができたのであった。それゆえ、ミンドン王はその尊師を支柱にして、結集を開催した。ビルマが結集を行うといったとき、他の上座仏教の繁栄している国々にも助言を求めた。そのとき、スリランカの人々は、結集をおこなうというのなら、ビルマに三蔵憶持師である人はいるのか、という問いを発した。それは確かに問うべき質問であった。過去、それぞれの時代にもそのような人物がいたからこそ、結集を行うことができたということを、仏教史で確認することができる。……

したがって、結集を再度検討するなら、第一回結集では、アーナンダ尊者が、第二回結集ではマハー・ヤタ尊者が、第三回結集では、マハー・モッガリプッタ尊者が、第四回結集では、マハー・ダンマラッキタ尊者が、第五回結集では、パヤージー尊師であられるザーガラビワンタ尊師が統率し、開催されたのである。それらの長老方は三蔵憶持師であった。ビルマが結集を行うというのであれば、そのような人物がいなければならない。実のところそのとき、ビルマにはティピタカダラはまだ存在しなかった。(Hto Hla: 159–160)

また私設の組織タータダナヌッガハにも同様の内容が記述されている。

ビルマ国在住の三蔵憶持師候補者らを覆い尽くしている灰を粉砕する、嵐のような問題が突きつけられた。インド、ベンガル湾を越えてビルマに至ったその問題とは、他でもない仏教が最も栄えている国といわれるビルマに、三蔵を暗記したティピタカダラが誕生したことがあるか、というスリランカからの問いであった。その大いなる問いは、第二次世界大戦が始まる以前、ビルマに届いた。そのとき、パーリ語の師であるサヤー・ワがビルマには誕生したことがない、と知る限りのことを答えた。そのことを知った長者サー・ウートゥィン（その後の国家仏教会議長、タータダナヌガッハ議長）、三蔵憶持師選出試験会議長タドーティィリトゥダンマは心を痛めた。ビルマは最も仏教が栄えている国、三蔵を熟知した僧侶は大勢いて、第五回仏典結集も開催された。試験も多種あり、いかに難解であろうと、それに答えた高名な僧侶も多数いた。ティピタカダラが出現しなかったのは、そうした試験がなかったからだ、試験があれば、間違いなく出現すると信じた。しかし英領下にあって、その試験は実現しなかった。(Thadhana Nuggaha 1958: 55f)

そこで、政府と国民による三蔵憶持師探しが始まった。それは他ならぬ試験を開催することであった。緬暦一三〇九年、ダバウン月満月日一日（一九四八年二月二四日）、大統領府で会議がもたれ、一三一〇年ワーゾー月から、新聞にティピタカダラの試験が開催されると広告が載せられたという。

結集は、それを行うことで仏教の振興と国家の繁栄を企図したものであった。そしてそのために、ティピタカダラすなわち三蔵憶持師はなくてはならない存在とされ、三蔵憶持試験が開催されたのであった。

写真 9–3　三蔵憶持師ミングン尊師（第六回仏典結集時）

出典：*Chattha Sangayana 2500th Buddha Jayanti Celebrations.* 1956: 23

三蔵憶持師・ミングン尊師（Mingun Hsayadaw, U Wisattatharabiwantha, 1911–1993）の誕生

その三蔵憶持試験に合格し、国民国家ビルマにおいてはじめて三蔵憶持者となり、仏典結集を統括したのが、ミングン尊師、シン・ウィセタターラビワンタであった（写真9–3）。

師は一九五一年、第三回三蔵憶持者選抜試験にてウィナヤ（律）五典に合格、一九五二年第四回試験にて、アビダンマ前半五典に合格、一九五三年第五回試験にてアビダンマ後半五典に合格、一九五四年第六回試験において、長部経典三典に合格し[36]、ビルマに三蔵憶持者現ると高らかに宣言されたのである。

三蔵試験は二部に分かれるという。第一部は律蔵五典、アビダンマ七典、経三典を暗誦しなければならない。試験においては、一日に三度を超えて、聖典を見直すなら、失格となる。その後、第二部として意味の筆記試験がある。この筆記試験では、経、律、論のパーリ聖典だけでなく、アッタカター、ティーカーなども渉猟しなければならないため、極めて広範囲にわたる、という。解答も、数時間、数日などではなく何ヶ月も長時間にわたって、解答しなければならない、とされる。

ミングン尊師が試験を受けたのは、三蔵試験が開催されて三度目の時であった。一九四九年二月三日、第一回の試験は、一五分で終わったという。一日に三度を超えて見直し、失格とみなされたからだった。ミングン尊師の前には一人として合格者は出ていなかった、という。律蔵を暗誦できる尊師が一人いたが、山寺で修行されたため、最後まで試験を受けられなかったという（Hto Hla 2004: 160）。

その後ミングン尊師は、ウー・ヌの要請を受けて、六巻八冊[37]におよぶ『国定大仏陀伝』（一九八二―八六）の編纂にかかる。ウー・ヌはその第一巻の序文（一九五五年一二月二八日付け）に要請の内容を以下のように記している。

（一）パーリ、アッタカター、ティーカー、アヌ、マドゥ、ヨーザナー、ガンティ、ウィネッサヤ、ガンダンタラの全てが、書かれたとおり、小さいもの、うずもれてしまっているもの、深甚なるもの、難解なるものなど、一つ残らず含まれたものであるよう。

（二）ゴーダマ仏陀が四五年間に説かれたこと、経、論、律のそれぞれのお経の一つ一つの要諦がもれなく含まれたものであるよう。

（三）過去に生まれた数々の仏陀伝より優れ充実したものであり、読み聴いて霊験あらたかになるにふさわしい仏陀伝であるよう。

（四）ゴーダマ仏陀の教法二五〇〇年を経た時代に、一人の三蔵憶持の尊師が編纂された偉大なる仏陀伝であるので、後世の人々の現世とその後の世に、涅槃に赴く場合の糧となるよう、来る二五〇〇年の間にわたる教法の金字塔、記念碑［となるべきもの］を打ち立てていただきたいと願いつつ。（Wiseitarabiwantha 1984: nagyi）

この途方もないともいうべき要請から窺い知れるのは、パーリ三蔵、アッタカター、ティーカーのみならず、ビルマが伝持しまた著したすべての典籍を聖典に準じるものとして尊ぶ態度と、パヤーゲエ[38]（*Hpaya nge*, 小さき仏陀）とも呼ばれた憶持師に対し寄せられた、一切全智にも比せられるような経典知識に対する絶大の信頼であったといえる。このことはウー・ヌが少なくともこの時点で伝統主義者であり、非批判的（traditionalist and uncritical）仏教徒であったというスミスの指摘を思い起こさせる（Smith1965: 144）。

各種試験制度、講習会の始動

独立後、各種仏教試験制度が本格的に始動する。経典試験は一七世紀タールン王（Thalun,1629–48在位）時代に始められ、ボードーパヤー、ミンドン王時代に隆盛を見、英領時代には新に、民間の試験制度が発足した。マンダレーのパリヤッティ・タータナヒタ協会（一八九一年より）をはじめ、ラングーン、モーラミャイン、ヘンサダ、バゴーと下ビルマ各地に同種の組織も発足した。植民地政府は社会の安定を図る手段として僧団を仏教試験に向かわせたとされる。日本軍政下においてのみ、試験は中断した。そして、独立後、仏教振興策として、一九五〇年に仏教評議会条令が制定され、具体的に取り掛かったのが、仏教経典のビルマ語訳の刊行とパーリ経典試験の実施であった（生野 一九七一：一五九）。基礎試験、講師試験、三蔵憶持試験に加え、一九五二年よりアビダンマ試験を開始した。アビダンマ試験は、ビルマ語訳をテクストとする試験で、より在家信者に開かれた試験である。アビダンマ（一般）、アビダンマ（優等）、ヴィスディマッガの三段階に分かれ、それがさらに三つの級をもつ。アビダンマ一般はティンジョーと呼ばれる『アビダンマッタサンガハ』、アビダンマ優等はディーガージョーと呼ばれるその『ティーカー』、そして『ヴィスディマッガ』についてそれぞれ問題が出されるというものである。また、試験が始動するに従い、それにそなえるためのミンガラービューハーなど互助会組織等による講習会も一九五六年頃から開催されるようになっていった。

同様に、独立運動に大きな役割を果たした、政治的活動が主体のＹＭＢＡは、独立後仏教普及活動にシフトし、一九四八年から子供たちを対象とする「仏陀伝試験」、「吉祥経（[p]Maṅgala sutta）試験」などを実施、それにともなう講習会を開始した（YMBA 2005: 192f）。

2　シン・オッカタ師（Shin Okkata, 1897–1978）の出現

ウー・ヌは仏教を擁護、それを推進力として、国家の統合をはかろうとした。国教化の動きを含む一連の優遇策は、数々の混乱を招き、六二年ネーウィンによるクーデターの引き金となった。その間、仏教界には多種多様な解釈が生まれ、その混乱を収拾する必要があり、六五年に全宗派の合同会議が開催される理由ともなった。その中で大きな派を形成した一人の僧侶が、シン・オッカタ師であった。彼が著した『ルーデールービッ』をはじめとする著作は、以後大きな議論を巻き起こした。

シン・オッカタ師はタウンドィンジー市に生まれる。七歳で寺子屋に通い、後に見習僧となる。見習僧時代には、毎夕、住職に新聞を読んで聞かせるという役目をおおせつかったという。その後マンダレー、ウィスダヨン僧院で学び、一三歳で三蔵を修め、頭角を現した。そこでもまた住職の身の回りの世話をしつつ、その都度質問をすることを許された。その日々の積み重ねにより、数年で傑出した学僧になったといわれる。しかし彼は、三蔵、仏法のみならず、占い、薬学、韻律、芝居の道化のせりふに至るまで、あらゆる世俗の事柄にも関心を寄せた。世事にたけることを恐れた伯父はタウンドゥインジーに呼び寄せ、正式に比丘となる。その後「仏教を理解するためには、仏教が誕生したインドに行かなければならない」と一九二三年、二五歳のときにインドに赴く。別の動機として、英語を勉強したいという意思が強かったと言われている。バラーナシに三年、レッカナウンに二年、パンジャブに一年半滞在した。当地で英語、ヒンディー、ウルドゥ、サンスクリット、ナーガリーなども学ぶ。そこで一時期、先達である上述アシン・アーデイサワンタ師と一

緒になる。また別に、キリスト教徒と論争になり、「サタン」の称号を受けたという逸話もある。小部経典の一つ『ダンマパダ（法句経）』をウルドゥ語で著し三〇〇〇冊を出版したとも言われている。一九三〇年ビルマに戻ると、タウンドゥインジーで、なくてはならない説教師となるが、すでに名を馳せていた僧侶たちとの確執から、女性問題が捏造され、排斥されたこともあったという。オッカタ師自身は動じなかったが、見習僧時代の住職が控訴し、後に師の汚名を回復した。タウンドィンジーにて英語、ビルマ語両言語による高校を開設。他方で比丘たちにも指導を続けた。「貧しいものに仕えることは、仏陀に仕えること」というスローガンを掲げていた[39]。またチン人、カレン人のクリスチャンにも仏教を布教した。一九三六年、プロームのチャウクイン村のチン人を、村ごと仏教に改宗させた経緯は後にタキン・ミャッサインにより『チャウクィン革命』（一九六二）として出版された。新聞、雑誌にオッカタ、ボーミッターのペンネームでエッセイを書き、第二次世界大戦勃発直後には、ビルマ放送局から平和と反戦のメッセージを英語で発信したこともあるという。

その後も多数の文献を著しながら、平和を訴え、反戦、反植民地主義を説いた。一九五五─五六には、世界平和会議のビルマ代表として、中国、ソビエト、スエーデン、ヨーロッパ各地を巡り、またインドで開催されたアジア作家会議にもビルマ代表として参加している（Shin Okkata 1967: 178–196）。

『ルーデールービッ』（ルーは「人」、テーは「死ぬ」の意、ピッは「生じる」の意味。よって「人間は死に人間に生まれる」）は一九五九年に出版された。この書は、死を仏教と「進化論[40]」等から捉え直し、「人間という生き物が死して後、もし何かに生じる可能性があるとすれば、人間のほかになりうるものといってない」と説き、地獄界や天界、梵天界の存在を否定、人間には人間界以外に暮らす場所はない、などとした。人類が類人猿から派生してきた経緯を複数の欧文文献により示し、人類は生物の中で最も進化した存在であり、遡及することはなく、餓鬼や幽霊、動物に戻ることもない、また死後赴くと言われる天界というものも愚かさの中から生じた思想であり、存在しない、とした。また人体を構成するのはダッテーとダッシン（dat the dat shin, 生の要素と死の要素の意）であり、それらは滅せず、尽きることがなく、またそれは他のどの生物にもないもの、とした。

無生物の中で金は最も尊い形態である。それはいろいろに姿を変えるが、金の本質は変わらない。金はその母体であった土に戻るということは決してない。同様に人間も生物の中で最も尊い頂点に達した生き物である。もちろん金同様に姿形を変えることはある。しかし前述したとおり、人類の系譜、発展の歴史を見れば、今の姿が最も高いレベルにある。ただそれらの研究はほとんどが生の時間について述べており、死後の人間のありようについては述べていない。人々は金の腕輪であれ、指輪、ネックレス、イヤリングであれ、壊れてもまた金に再生するという点についてはありのままに受け入れている。それは金が鉱物の中で最終的な要素であるからだ。ところが生物の中で、最も発達した人間の将来について、まぎれもなく人間に再生するということを受け入れることは彼らにとって非常に困難な作業である。人間の身体を構成するダッテー、ダッシンというのははじめも終わりもない、恒常的に存在する性質をもっている。金が他の鉱物になることがないように、人間も他の生物になることはないのである。人間が最も発達した尊い極みに位置する生物であるということについては誰もが認めている。従って、人は死んだ後、引き続き生じるとすれば、人間以外の他の生物になることはない。（Okkata 1963: 304f）

またそのことを理解することにより、人は過去世と来世、地獄、天界という死に対する蒙昧な恐怖と期待の覆いから自由になり、理性的に考え、正しいか否かを批判的に分析、探求し、世の人の発展のために、ウィサーラナニャン（考察の智慧）という智慧の光の導きにより進むとし、それをアリヤラン（聖なる道）と呼んだ（Okkata 1963: 131f）[41]。

人は人間界のほかにどこにも暮らせる場所とてない。そのことをしっかりと心にとどめておけば、人々の心を多い尽くしている恐れと期待は自ずと雲散霧消してしまうだろう」「恐れや期待から生じる執着を粉砕するため、また、過去を崇め、現在を恨むという、身についてしまった志向を打破するため、思考し批判するということは犯罪であり、臆病に人の言うがまま目をつぶって信じることが尊い波羅蜜の実践、功徳という信仰を打ち破るため、我々はあたうる限り奮闘する必要がある。(Okkata 1963: 307f)

ここにおいて、経典の再解釈を一歩進めて、出家により新たな思想が打ち立てられたことは、特筆すべきことであろう。

本書は大きな反響を呼び、「以前は、三〇歳程度の年齢なら、宗教の記述などなんにも関係がないと思っていた。それがいまやもっと若い者たちまでもが、仏教の文献や思想について、議論するようになっている。それが『ルーデールービッ』がもたらした恩恵だ」(Myat Hsaing 1964: 11)とも言われた。

しかしオッカタ師の『ルーデー』が世に出ると、即座にYMBA、住職会、社会主義批判の一派までも巻き込んだ反対のキャンペーンが繰り広げられたという。そしてオッカタ師を始め、編者、出版社、印刷会社ら関係者が、暫定政権であったネーウィン政権下の一九五九年八月から八ヶ月余りにわたり投獄された(緊急謀議防御法アイェーボーシーマンチェカーグェイェー、五条、(1)kaによる)(Okkata: 1963: ka f)。

ルーデールービッの思想は、後の判決文には「仏陀の教説である三一界の中で、目に見える人間界、畜生界のみを受け入れ、残りの二十九界を排除している。業という真理を斥けた外道の師たちのように、功徳悪徳も排除している。真の仏陀、教え、サンガをむごたらしいまでに侮辱している。したがってオッカタ師の思想を排斥したのである」と記されている。それによれば、師の書はテープの法話などを含めて三九種あり、二一種の言及について、弾劾がなされたとされる(Thathanayei 1981: 9–89)。

3　ウィパッタナー（*Wipatthana* 内観、[p] Vipassanā）瞑想関連の書

一九五〇年以降、仏教評議会はまた近代上座仏教における瞑想の重要性を強調し、瞑想センター（*thadhana yeitha*）を各地に設立して行った。さらに私設のタータナヌッガハ協会等も全土に瞑想道場を広めて行く。そしてそれに伴い、各種のウィパッタナー瞑想に関する書物も著され、瞑想実習同様、書物も一般在家信者も身近なものとなっていった。『モーニン・ウィパッタナー実習法エッセンス―悟りの段階を高める教え』（一九五一）、モーゴウ尊師の『ウィパッタナー実践法』（一九五五）、『インタナショナルメディテーションセンター紹介とビルマにおける仏教瞑想』（英語、一九六一）、『スンルン実践法、輪廻を離れるウィパッタナー観想本』（一九六二）、『テーイングー尊師の教えと体験的タマタ・ウィパッタナーの実践』（一九六六）、『マハースィー尊師直説・ウィパッタナーが導く教え』（一九六九）などである。

例えば、レーディー尊師は、当時アーナーパーナ瞑想、ウィパッタナー瞑想について、ディーパニーを著していた。それは在家の信者テッジー（一八七三―一九四五）によって、具体的な瞑想法となり、在家信者に広められ、その弟子の一人であったウー・バキン（一八九九―一九七一）は上記インターナショナル・メディテーションセンターを設立、今日その弟子の一人であるウー・ゴエンカ（Goenka, S.N.,1924-）はレーディー方式としてそれを母国インドを中心に世界各地にまで広めている。師は国連の宗教会議で演説をするほどの宗教家として知られるに至っているが、主要な瞑想が定着し始めたのが、この時期である。（写真9-4）そして後に敷かれるようになる思想統制のなかで、僧侶が編纂する書物は、ウィパッタナー関連に比重を移すようになった。

写真 9–4　レーディー式瞑想所の一つ（ヤンゴン）

4　内向期における在家作家、ダンマサリヤの出現

この時期、在家作家の中にも、仏教を多様なかたちで書く作家が現れた。それらは種々の機会にあわせて、経典にのっとり仏法を伝達する手法をとる法話の形式に別の要素をもち込んだ。一九四九年よりロンドン大学東洋アフリカ研究所で客員教員をしながら、チベット語や言語学を学んだウー・エーマウン（U Aye Maung, 1904–1984）は、リス・ディビッズらの西欧の仏教学者による、大乗を含む仏教全体についての研究成果を盛り込んだ、三巻からなる『仏陀と仏陀の思想』（一九六三）を著した。また小説家グェウーダウン（Ngwe U Daung）はグェターイー、ミャワディなどの雑誌に、パーリ聖典、アッタカターの物語を小説に書きなおし、連載した。後にそれは『仏陀の文章絵画』（一九六四～）として、書物になっている。またバラナシ、ヒンドゥ大学で五年にわたり勉強、ヒンディ語でインドの新聞に連載、ヒンディ語や英語から翻訳を多く手がける作家パーラグー（Paragu, 1921–）は、一九六四年『仏陀の日記』を翻

訳した。これは*Swami Satya Bhakta*氏が著したヒンディ語の*Buddha-Hridaya*（Buddha Diary）のビルマ語訳とのことである。作品は仏陀のモノローグによる内面の描写が中心で、マーラの誘惑などが、内面の葛藤として表されていたことに感銘を受け翻訳した旨が、訳者の序文に記されている。さらにマンダレー大学パーリ語教師であったときに、ＳＯＡＳに留学し、インドー・アーリヤン語の修士号をもつウー・ミンスェ（ロンドン）（U Myint Swe, 1933～）は一九七一年『新仏陀伝』を、リスディビッズやマララセケラらの仏陀伝とも照合して著した。他方、試験に合格してダンマサリヤ（*dhammasariya*, 教法講師、[p]dhammācariya）の称号を取得した、ウー・テーフライン（Dhammacariya U Htay Hling）は『ビルマの瞑想修行の歴史に残る阿羅漢と特別なる方々』（一九七三）を著した。一九七五年、哲学科の教員であるナンダティンザン（Nanda Teinzan, 1947～）は他の哲学思想とともに仏陀の思想を明らかにし『生の意味と生の真』を表した。作家であり、映画監督でもあったウー・トゥカ（U Thuhka, 1909–2004）の味わい深いエッセイを集めた『ミッタートゥッ』（慈経）他（一九八一合本）もロングセラーとなっている。このようにビルマ式社会主義時代において、書物や雑誌に見られる経典仏教は在家作家らによって受け継がれていった。

三　経典仏教――制度化以降（八〇年～民主化運動、ＳＬＯＲＣ、ＳＰＤＣ政権下の時代）

1　軍政下における「正統なる解釈」の制度化

一九八〇年、ネーウィン政権下において全宗派合同会議が開催された。この開催はすでに六五年に、種々の有力ガイン（宗派）に対する統制の必要から開催が試みられていたが、結論が得られず、もち越されたものであった。一九六四～六五年に統治者側が脅威を感じた事態として、僧侶の反政府運動の多発化、反社会的なシュエインチョーガインらの勢力の増大や、僧侶の商業活動、などが指摘されてきた（生野　一九八二：五六）が、そのほかの思想的脅威、運動の一つに、上述したアシン・オッカタ師の『ルーデールービッ』が含まれていたことは間違いない。『ルーデー』は一九六三年に再版され、一九六四年に『ルーデー問題』（ludhelubit pyatthana）と題された解説書が出版されている。[42]このように全国レベルでの統一サンガの成立は、ウー・ヌの仏教国教化の動きを含む優遇政策の破綻の流れを受け、ネーウィン将軍の登場による国民国家崩壊の阻止、反政府僧への統制という思惑を内包しながら、建前としてサンガに対し宗教者たる自覚の高揚、宗教実践面での統合と抑制を促すものと捉えられる。

そして結果としてこの会議がビルマの経典仏教にもたらした意味は、サンガ組織基本法における上座仏教の定義に認められる。すなわちそこにおいて、「テーラワーダ（上座の教え）とは、第一回仏典結集から第六回仏典結集までの六回の結集で誦出された、パーリ聖典、アッタカター、ティーカーなどの三蔵を指す」（Pyidaunzu 1996: 20）と明記された点にあろう。[43]これにより、名実ともに正統聖典とその正統な解釈が制度化されたと考えることができる。

2　経典仏教のその後

八八年全土で民主化運動が起こり、それを武力で弾圧してSLORC（国家平和秩序回復評議会）軍政が誕生した。以後軍政は社会主義を放棄、市場経済に移行し、一転して仏教を擁護する姿勢をアピールしその正当性を誇示した。しかし、九〇年の選挙結果の無効化時における、僧侶の平和的抵抗運動に対する弾圧、とりわけ僧侶への発砲、殺害という事態は、当初より軍政の仏教に対するもう一つの顔を露呈させるものであった。[44]以後SPDC（国家平和発展評議会）へといたる軍政は国内の諸地域、諸民族、国際社会と交差しつつ、「ミャンマー化」による国民統合の一つの核として、[45]優遇と統制の両側面から種々の仏教政策を推進している（第二章参照）。

その後の経典仏教において、大きな影響力をもつ僧侶の一人として、アシン・ザナカビワンタ師（Ashin Zanakabiwantha, 1900–1977）をあげることができるだろう。師は、ビルマの歴史学者タントゥン氏によって、「二〇世紀にビルマが輩出した最も傑出した人物」と絶賛された。一九四八年に『未来の教法』を著し仏教国教化に一役買っている。一九三二年に著された『自ら実践するアビダンマ』は一九七九年に九版を数え一〇〇〇〇という破格の部数が出版されている。一九三八年には『ディーガージョー逐語訳』（前出レーディー尊師が間違いを指摘して議論を巻き起こしたティーカーの逐語訳）も著したことからも窺えるように、小学生向けの仏教入門から僧侶のための文法書に至るまで、六三冊とも言われる師のビルマ語による著作は、基本的に三蔵経典、アッタカター、ティーカーに拠るもので、現在最もよく参照されるテクスト群となっている。レーディー尊師の著作はもはや古典と位置づけられている。

ティータグー尊師（Thitagu（Sitagu）Hsayadaw, Ashin Nyanittara 1937～）は、同じく経典の偈の引用、そのニッサヤ、散文、解釈というスタイルながらそれを朗々と説き、その学識の深さのみならず、深く響きわたる朗誦の妙とで名を馳せていた。八〇年にティータグー協会を設立し、多くの僧院、尼僧院を擁するザガインにイラワジ河の水を利用し供給するプロジェクトや病院創設などを始めた。一九九四年、自らティータグー国際仏教学院を同地に主催、アメリカにビハーラを創設し内外の布教に熱を入れている（http://www.sitagu.org/burma/）。師は八八年民主化運動の際、「王への教戒経」を説いたとして知られていた。サンガ大長老会とは一線を画しながらも、近年ＳＰＤＣが開催した第四回世界仏教会議（二〇〇四）の議長を務めた。

在家の動きとしては、アビダンマ講習会の隆盛が挙げられよう。講師として最も著名な在家の作家ドクター・ミンティンムン（Dr. Minn Tin Mun, 1934～）はイリノイ大学化学のPh.Dをもつ、ヤンゴン大学化学の教授であった。彼自身

写真9–5　宗教局主催アビダンマ講習会

アビダンマの一般、優等及び、ヴィスディマッガの各試験に全国一位で合格し、その後、八三年頃から大学のダマヨン（説法堂）などで、主として大学生を対象に講習会を行い、後に国内のみならず、各国を回ってビルマ人仏教徒を対象に講習会を続けている。氏のベストセラー『仏陀のアビダンマのエッセンス』（二〇〇一年第四版）は、「仏陀によって人間界ではなく忉利天で説かれた最も尊い教え、それはサーリプッタ尊者によって人間界において同時に説かれたものであり、それをアヌルッダ長老がさらに要約した」アビダンマッタサンガハの講義を、アシン・ザナカビワンタ師の著作とナラダ尊師のチャートを用い著されたとされる。氏の講習会であれば一日七〜八時間で三、四日、あるいは夜三時間合計一〇日間で講義が受けられるという。同様に、以前からあった各地域の僧院、ＹＭＢＡやあるいはミンガラービューハー、ダマビューハーなどの互助会によるものに加え、九二年から始まった宗教局主催のアビダンマ講習会も盛況を見せている（写真9–5）。ビルマのアビダンマ志向は確実に裾野を広げている。他方で九三年に創設された体制翼賛組織ＵＳＤＡも「文化講座」として仏教全般に関する基礎、中級、上級講座を開催するようになっている。

軍政に対する僧侶側からの応戦の動きも、九〇年の総選挙結果の無効化以後顕在化した。明らかな態度の表明は、今日国を脱出した僧侶例えば、青年僧侶連盟の議長ケーマーサーラ師（Ashin Kemasara, 1957～）などによって出されている。師は三蔵を尊重し、またサンガの存続を第一として、軍政の批判すべき動きについては、「仏陀も必要がある場合は布施を拒否することもやむを得ないと説いた」として経典に典拠を求めた「覆鉢」[46]運動を出家者による正統な行動とし、反政府の立場を明確にしている。覆鉢とは、在家から差し出された布施等を拒否し功徳の機会を付与しないことを意味する。その典拠は次のような経典に見出されるとされる。

リチャビ国のヴァッダはメッティヤとブンマジャカ（比丘）の友人であった。彼らの煽動により、ダッバマッラプッタ比丘について自分の妻と姦淫を犯した、と「偽って」非難した。ダッバはそれを否定し、それを聞いた仏陀は、ヴァッダに対し覆鉢をなすよう、比丘たちに宣言した。アーナンダがヴァッダを訪れ、ことの次第を伝えると、ヴァッダは気絶し、後に家族を伴い仏陀のもとに参じ、許しを請う。仏陀はヴァッダに、サンガのもとに行き、過ちを告白謝罪するよう命じ、彼はそれに従った。その後で、仏陀は宣言を撤回された。〔Vin.ii.124f〕(Malalasekera 2002(1983): 819)

どのような場合に覆鉢が宣言されるかについては、「比丘らよ、八分を具足せる優婆塞には覆鉢をなすべし。いわく、比丘の所得なからしめんと企て、比丘らの不利を企て、比丘らの住処なからしめんと企て、比丘らを毀傷し、比丘と比丘とを離間し、仏を毀し、法を毀し、僧を毀するなり。比丘らよ、かくのごとき八分を具足せる優婆塞には覆鉢をなすべきことを許す」（南伝大蔵経第四巻、律、小品、一九〇―一九四）に見出される。一度覆鉢が宣言されると、一定の作法に則り撤回されない限り有効なままであるとされる。

僧侶の中にあって、ウー・ゾーティカ師（Hsayadaw U Zawtika, 1947～）も新しい法話のスタイルを打ち立てた。長期間の瞑想修行と米、カナダなどのでの滞在歴も持つ。法話には必ずといっていいほど西欧の文献や時にはニューエイジ系の仏教書からのフレーズが引用される。パーリ語も短いガーターなどがひかれ、アッタカターの注釈とは別に、それらを相互に深く解釈していくという手法をとる。九〇年代後半あたりから著名になり、現在まで一五冊余りの法話録が出版され、いずれもベストセラーになっており、多くの読者を擁する。ムスリムから改宗した師は、キリスト教ミッションスクール出身、ラングーン工科大学を卒業している。現在娘とともに住まい、土、日曜日に自宅で説法会ではない討論会とする会を主催している。「善業、悪業というのは自然の摂理である。人が定めた規定ではない。……善と定められたもののすべてが善業になるのではない。悪と定められたものすべてが、悪業になるとは限らない。これは自然の摂理なのだ。例えば唐辛子を甘いと規定するだけで、その味が甘くはならないように。辛いという性質に変わりはない。それと同じだ。……心の中を見てそれが澄み切って潔く清涼であれば善業が生じている。苦しく熱く燃え荒々しく容赦ない粗野な性質が存在していれば悪業が生じている。それは誰に尋ねるまでもなく知ることができる」(Zawtika 1998: 9–10)といった彼の語り口は斬新で時に辛らつである。(47)

また、八八年の民主化運動でたち現れたアウンサンスーチー(Aung San Suu Kyi, 1945～)の仏教観も、新たな視覚をもち込んだといえる。それを示す一例は、仏陀にまつわるアウンサンスーチーの言及に対する軍政の反応、批判であろう。アウンサンスーチーは八八年一二月三日のスピーチで、民族の大義のために行動するためには、人に左右されてはならず、高い見識をもたねばならないとし、自分たち自身も高い見識をもてる、努力すれば仏陀にもなれるというではないか、という文脈で「尊き仏陀も普通の人間だったのです」と発言した。これに対して後に政府は「スーチーは仏陀も普通の人間だったと発言した」と批判したのだった。(48) これを筋違いの批判ととるのは容易だが、この出来事は―改めて詳細に検討される必要があろうが―両者の仏陀観の違い、スーチー氏の発言がもつ批判を誘発するような微妙な異質感と少なくとも当時の正統もしくは公認とされる仏陀観との違いを、意図的にせよ際立たせた出来事といえる。政府側はその言及に対し、「較べるべきでないものを比較した」（労働者人民日報 loktha pyidhu neizin 一九八九年六月二三日、七頁）と批判したのであった。

「社会に関与する仏教」を含むスーチー氏の仏教観（伊野 二〇〇一：六五―九二）は、ある種普遍的であり、基本的に経典重視の体制とは対照をなす。氏のアフマンタヤー（*ahmantaya* 真理）を希求し貫こうとする姿勢は、政府批判の回路を介して浸透しているように見受けられる。波紋という形をとるにせよ、今後浸透する可能性も必ずしも否定されない。国民会議が再開した九〇年代後半以降言論統制も強化された。その状況下にあって、二〇〇五年現在、禅や大乗関連、あるいは仏教を哲学思想の一つとして取り扱ったかつての書物は、一般に検閲に通らず、再版できない状態になっていると聞く。その意味ではビルマの近現代経典仏教の歴史において、最も「テーラワーダ」色が強化されている時代ともいえるかもしれない。

おわりにかえて

本章で取り上げたアーディサワンタ師やオッカタ師は、今日公認の歴史において触れられることはない。しかし今なお人々の口にのぼることがあり、『比丘尼』と『ルーデー』は一定の年齢層の間では知られている。そのことからも当時大きな議論を巻き起こしたことが確認される。彼らはいわば「境域」を担わされているが、時代の趨勢の中で生まれ、植民地政府やナショナリスト、仏教界、在家市民と親和しまた軋轢を生み、その後の制度をつくり、それにより排除されながらも、異なる形でビルマ仏教の位相形成の一端を担ってきた。結果としてレーディー尊師の新たなティーカーも含め、近代化の中での挑戦は、聖典、アッタカター、ティーカー「三位一体」（奥平 二〇〇五：四〇）の経典回帰へと大きく揺れ戻され、それを制度化することで着地点を見出すに至った。ビルマの経典仏教の振幅の幅を示すと同時に、それらの出来事を封印してきた事実そのものがビルマの特性として浮かび上がる。独立を維持したまま早くから王室により近代合理主義の視座が導入され主要な流れを形成してきたタイとは対照的である。

今日、僧侶が経典を暗誦し、アッタカターの物語を引用して、パーリ語、その逐語訳、ビルマ語散文、解説という一定のスタイルを含む法話を日常的に聴聞する機会を在家信者は持っている。任意ながら牛肉を食すること避け、アビダンマ学習熱もやむことがない。それらは経典伝来時から一貫してそうであったように一見見える。しかしこれまで見てきたように、そうした実践もまた、経典仏教が歴史的変遷を経、現代ある国家の体制や諸制度、境域の振幅内での異なる実践とともに、作用しあっている姿と捉えることができる。

ここでは出版物としてのビルマ語による仏教書を中心にその足跡をたどった。個々の事例についてさらに議論を深めて行かねばならない。そこにはまた信仰や祈り、朗詠や誦出、秘儀的な文脈など、経典仏教の異なる側面も多く残されている。今後も公認の歴史で語られなくなっている消息も含め、その姿を明らかにすることで、ビルマ仏教の特性を検討してゆきたい。

註

（1）本章では、ビルマ語の myanma に対し、近現代を通じて用いられた訳語の「ビルマ」を使用している。ただし一九八九年六月、英語の国名を Myanmar に変更して以降の事柄に関わる場合、「ミャンマー」を使用している場合がある。

（2）渡辺は西洋における仏教観の構築に大きな影響を与えた、リス・ディビッズ（T. W. Rhys Davids）やオルデンベルク（H. Oldenberg）等に見られる研究方法について「聖典の中でも合理的事実に属する部分が最も古く、神話や奇跡など超自然的な事実に関するものは後世の付加物である」「パーリ文や漢訳などさまざまの聖典に共通する部分は最も古く、その一方にしかないものは後世の付加物である」「仏陀はもともとただ極めて優れた人物であって、その教えは哲学的理論的であったが、後にその仏陀を神のようにあがめる信仰が起こり、超人的な存在とみられるようになった」「したがってパーリ文やこれと一致する漢訳阿含や、律の一部が原始仏教の最も確実な資料である」という立場をとっていたとしている（渡辺　一九六六：一八五—一八七）。

（3）日本におけるパーリ学も、その遅れは七〇年ともいわれるが、漢訳経典との比較というアプローチを特徴としつつも、西洋の仏教学の影響を色濃く受けてきた。一九三五—四一年にかけて『南伝大蔵経』として聖典と註釈書の一部が日本語に翻訳された。また原始仏教研究の泰斗、中村は、自身の研究態度を以下のように述べたことがある。「まずとり上げるべきは近代の学問の原典批判的方法であり、思想の発展を考えるならまず、後代の典籍よりも古い典籍に依らねばならないこと、すなわちパーリ聖典のスッタやガータで書かれた物を重視すべきである」「聖典の古い部分には割合に神話的要素や釈尊の超人化、神格化は少ないけれど、絶無ではなく存在するので、歴史的人物に到達するには考古学などの確実な資料による必要がある」「仏教外の諸資料と経典の古層を比較すれば共通する部分が多いので、その相違にこそ人間としての仏陀の有する歴史的意義が明らかになる」（中村　一九五八：一一—一八頁要約）。

（4）アッタカター文献研究の第一人者、森は註釈文献の意義について「（前略）勿論、アッタカターの解釈説明を全て無条件で是認する必要はないし、その註釈に若し上座部的偏向が発見できればそれを正しく是正し、是々非々の立場に立ってこれを参照利用すればよいのではなかろうか。しかしとにかく、これだけ厖大かつ詳細な古代インド人・古代スリランカ人（彼等の存在は釈尊に対する距離において現代の我々とは比較にならない程近いものである）の理解説明が網羅的に示されているアッタカター文献を無視して正しい翻訳が可能とは考えられない。」と記している（森　一九八四　序）。なお、日本においてアッタカター、ティーカーに忠実にパーリ聖典が翻訳されたのは、一九九七年からで、現在も刊行が進行中である、片山一良氏による翻訳がある。

（5）近代仏教学のあり方には様々な立場から疑問も投げかけられてきた。（下田　二〇〇一、二〇〇二等）。また前田によりにおいて、すでに近代仏教学に対する問題提起がなされている。（前田　一九七七）。スリランカについては、内外において先駆的著作が出されている（Gobmrich 1988）（前田編　一九八六）。前田はそこにおいて仏教学の立場を保持しつつ、地域固有の現代仏教を研究する手法として「存在形態」というアプローチを提唱した。なおそこにおける「ドクトリナルブディズム」と「ポピュラーブディズム」の区分によれば、ここでの「経典仏教」は前者に近いかもしれないが、必ずしもポピュラーブディズムと対抗するものとは考えていない。

（6）「経典仏教」という語を用い、それとの対比でジューンナッシュ（June Nash）、マニングナッシュ（Manning Nash）、メンデルソン（Mendelson, E.M.）、スパイロ（Spiro, M.E）など先行する人類学研究を比較し整理検討したものとして（田村　一九八七）がある。「経典仏教」についての厳密な議論は見られないが、なお「経典仏教」を再考する上で示唆に富む。また、ここでの「経典仏教」の立場とは異なるものの、経典の記述と仏教社会のあり方との呼応関係を含めて論じたものに（森部　一九九八：一—二八）。

（7）前出下田は、ラカプラの documentary aspect と work-like aspect（ドミニク・ラカプラ著、訳書　一九九三『思想史再考』平凡社：二九）という議論を、「過去において生み出されてきた側面と、現代機能しつつある側面」と捉え、前者中心の仏教学の手法に一石を投じた。また「仏教文献をより広い仏教世界のコンテクストにおきなおす」、「信仰者の「内側」、「外側」、「それを度外視した視点」をもつ」、「伝統的に受け継がれた読み、新に生まれる読み、それが生み出されるに至った経緯を重層的に読みこむこと」、などを提言している。（下田 二〇〇一：一一三）

（8）経典、教理の機能する側面と、いわゆる「実践仏教」との違い、関りについても今後検討する必要がある。

（9）石井は上座仏教の近代化への応戦を、サンガの宗教と在家の宗教の複合体として捉え、前者をさらに、自己変革型と順応型等として以下のようなモデルを提示している。ここではこれを参考にし、近現代の経典仏教の流れをイメージしている。（石井 1991: 163–164）

近代化の応戦
- サンガの応戦
  - 自己変革型—在家への関心の深化、教理の新展開
  - 順応型
- 在家の応戦—補完・弁証型

（10）アッタカター（Atthakathā）とは、ブッダゴーサ（Buddhaghosa: AD370–450頃）の時代にセイロンの大寺（Mahāvihāra）派において大きな完成をみたパーリ聖典の直接の注釈を指す。基本的に語義解釈、文法的説明、哲学的、仏教学的、法的解釈などを伴う。ジャータカやダンマパダなどの場合、仏陀を取り巻く出家、在家、天、精霊から、動物、餓鬼にいたるあらゆる存在の物語を含む。例えば『ダンマパダ』のアッタカターの事跡（物語）が持つ物語の構成要素として、聖典の偈の引用、誰に因んで語られたかの言及、現世の事跡、偈が説かれることによる事跡の終了、偈の逐語訳と語義解釈、聴聞したものが得た悟りの段階、過去世の事跡、現世と過去世の人物の比定が含まれる。（Burlingame 1969）なおアッタカターによる解釈の一端については、（原田 一九九一）。ティーカー（ṭikā）とは、ダンマパーラ（Dhammapālā: 一二世紀頃?）らにより著された復注類のことで（Hinuber 1997）、アッタカターの解釈に不明がある場合参照される。さらに厳密に、あるいはアッタカターを横断して解釈を深めたもの。またティーカー文献を含めた理解の例について（原田 二〇〇二）。アッタカター、ティーカーを含むマンダレーの大理石写本について、（Amar 1974）。ビルマではティーカーはディーガーと有声化するが本章ではパーリ聖典に関わるものをティーカー、ビルマで命名されるなどローカルな使用の場合ディーガーとしている。

（11）パゴダには、四種類あるとされる。それぞれ、仏像、舎利、仏陀の遺物、経典を擁する。

（12）タイのダムロン王子による言及（スキリング 2004: 44）。この見解はジャイニーにより引き継がれた（Jaini 1981: iii）。しかし、ビルマ人研究者はそれを否定している（スキリング 2004: 71）。

（13）Kyitheledat (1972: 3f.)。Jātatthakī, Sotatthakī はいずれも東南アジア固有の、ジャータカの異なるバージョン（Hinuber 1997: 199–200）。なおこの『勝者の顕示』は経典、注釈書を渉猟し、一冊の書として編まれたものだが、人間仏陀の生涯を完結した形で捉えようとした最初期の仏陀伝として、英領期には家々に置かれたともいわれ、今日まで最もよく再版され読まれている。

（14）レーディ尊師については、ボードがその著作について取り上げた（Bode 1909: 97）くらいで、既存の研究では英領時代に著名な僧と頻繁に言及されてきたが、重要性が認識されながらも詳細な検討がこれまでなされてこなかったといえる。本国ビルマにおいては、その名を知らない仏教徒はいないといえるだろうが、これまで研究は古典文学の分野で扱われた。しかし近年復刻版が出版され、研究も現れつつある。

ここではいずれも直弟子であった、レーディー・ウーワニタ、レーディー・ウーフラパインの尊師伝記と、チッサンウィン、ミャッスムン両氏のエッセイ等による論考、キンヌェヌェマ、ニョーニョーソー両ビルマ語修士論文、モンユワ大学ビルマ語学科による論文を参照している。

(15) サンジャウン僧院は相応部パーリ聖典を担当したとする説もある。

(16) 尊師の著作は、パーリ語、パーリ語ビルマ語ニッサヤ（逐語訳）、ビルマ語散文、ビルマ語韻文の四種に分かれる。散文には、ミッタザーなど韻散混交のもの、韻文には、リンガー、ヤドゥの他、当時流行したテーダッ、レージョーなども含まれる。また、すでに一八七〇年以降、下ビルマでは印刷が本格化していた（Bode 1909: 94）。

(17) 古くはピンヤ時代（1298–1364）の宰相サトゥリンガバラによるパーリ語『ローカニーティ』にも「牛はすべての人々を養い、財産をもたらす、だから、両親に対するのと同じように牛を大切にし、養育するがよい」「牛の肉を食べるのは、自分の母親の肉を食べるのと同じ、牛が死んだ時には、禿鷹に与え、あるいは河に流すがよい」（151, 152）と記されている（ウー・ウェプーラ　一九八二：一〇七）。

(18) こうした内容を含めレーディ尊師と牛肉非食運動等について検討しているものに（Guy Lubeigt. 2005）。

(19) アビダンマッタサンガハは、アビダンマの綱要書であるが、セイロンの学僧アヌルッダにより、西暦一〇〇〇年前後に著された（水野　一九八〇：一）。

(20) この言及は一九〇〇年初版本の序文にあるとされる（Hla Paing 1967: 115）。

(21) 『パラマッタ』では、『ディーガージョー』の間違い、二四五箇所を指摘しているとされる。また「この言及はよくない」「前後で矛盾している」「（マニミンズー）は糠の詰まった倉庫」などという酷評も含まれるとする。三五年間の論争で約四〇冊のパーリ語、ビルマ語による文献が著されたという（Ledi 1995: ma）。（二〇冊余りが批判的な立場から書かれたとする（Hla Paing 1967: 118）。）さらにPTSから出された『アビダンマッタサンガハ』の英訳の序文において、リス・ディビッズは、他の参照文献とともにこの書を挙げ、近年ビルマで物議をかもし、まだ広く受け入れられていないが、当該書ではしばしば参照している旨、記している（Shew Zan Aung 1910: ix）。また後述するアーディサワンタ師はこの書を支持する立場からハンターワディー新聞に連載を書いたことがあるという（Hla Paing 1967: 118）。

(22) なお、氏は二〇〇七年に、レーディー研究の集大成として、*Kyezushin Ledi Hsayadaw i bawa hpyittawzin*（レーディー尊師の生涯）を上梓された。

(23) メンデルソンはこの書（*weikza magga dipani*）について、「諸宗派をまとめるため、ウェイザーの威力は上座仏教の厳格な実践によって得られるものに他ならないことを説いたもの、と捉えられるが、結果として多くの宗派が誕生した」とも記しており、不明な点が多い。（Mendelson1975: 145）ウェイザーとは、種々の術の習得により超自然的な力を得、不死身の身体を獲得した存在（土佐　二〇〇〇）。なお、師の著作には、雨乞いの偈、ペストから身を守る偈などもあり、薬学、護符など幅広い知識も兼ね備えていた。それらについても今後明らかになることが望まれる。

(24) （一）三蔵経典をローマナイズすること、また英語に翻訳するのを手助けする、（二）ロンドンのグレートブリトゥン・アイルランド仏教布教協会の発展を支援する、（三）レーディー師の著したディーパニーの中で、ふさわしいものをローマナイズする、英語に翻訳する、それについての事業と資金を負担する、（四）ヨーロッパ諸国から尊師に対してなされた質問の答えを、ローマナイズする、英訳する、その資金を負担する、（五）外国の仏教布教団体に対し、レーディー尊師が送った手紙を、当該国の現地語に翻訳し新聞などに掲載する、その費用を負担する、（六）ヨーロッパ諸国が仏教布教のために行う事業全般を支援する、というのが主な主旨であったという（Nyo Nyo Soe 1981: 30）。協会はマンダレーを拠点に各地に広がり、そこでその主旨に賛同する人々から寄付を募った。

（25）その記念すべき第一号は一七六頁に及び、アーナンダメッテーヤが啓発をうけたというサー・エドウィン・アーノルド（Sir Edwin Arnold）のシュエダゴンパゴダに寄せた巻頭の詩、エディターとなったアーナンダメィテーヤの論説「未来を信じて」、リス・ディビッズ教授の論考「仏教に関る三つの道徳」、ドクターローリンゴーの「シェイクスピアと仏教文学」、碑文長官トーセインコーの「パタマビャン（仏教基礎）試験について」、長官夫人（ミンジーガドー）ドー・ミャメーの「ビルマ女性のこと」、マウンポーメーの「伝統的信仰」、アーナンダメッテーヤの以後連載となるエッセイ「シュエダゴンパゴダの陰に抱かれ」、ドクター・ニューマンの「ラーフラへの教戒経」、宗教ニュース、覚書等が、シュエダゴンパゴダ、マンダレーのミャタウン寺院、ナガー戒壇他の写真一二枚とともに掲載されたという。四ヶ月に一度発行、協会会員に無料で配布され、非会員には三〇シリング（二ルピー）で売られた。発行元は長官夫人ドー・ミャメーの住所であるヤンゴン、シュエダゴンパゴダ通り一番地、印刷出版はヤンゴンのスーレーパゴダ通りにあるハンタワディ出版社によるとされる（Myat Su Mun 2001.10: 101f）。

（26）説教の形態の変化については、主としてヤンゴンの長老P師、マンダレーの長老D師、ミャッスムン氏にご教示を賜った。

（27）Maung Htin Aung. 1966. *Burmese Monk's Tales*, New York and London: Columbia University Press.

（28）戦後第二版、一九六八年版の序文には、アーデイサワンタ（後述）僧院に滞在中のオッカタ師（後述）に礼拝するために、テイペーミンが行った際のやりとりが記されている。そこにはまた初版の序文をウー・ヌ（後述）が書いたが、もはやそれを使うわけには行かないので、アシンピンニャーゾータ師が序を著したとある。メンデルソンはそれを指摘しているが、その中の会話をオッカタ師とテインペーミンとのやりとりとしている点、ビルマ語を読み間違えている（Mendelson 1977: 214）。

（29）（南田　一九八〇）に多くを依っている。

（30）当時の面影を伝えるものはないとのことであったが、現在でもトゥダンマ派の僧院として存在する。

（31）*Development of Buddhism in England*, p. 60f において、一九二五年に比丘アーディサワンタがイギリスにいたことが記されている。

（32）「二四―二六の言葉は、パーリ聖典、アッタカター、ティーカーの言葉ではない。ビルマ語のみによるものであり、その記述が間違っていることを国は知っている。したがって撤回させるにしても、年配の長老がたに申し訳ないので、どの組織、どの協会にも、取るに足りないこととして、撤回させるに至らなかった」という引用を付した一二九七年（西暦一九三五年）ダザウンモン月黒分四日付けのトゥリヤ新聞の中傷記事により『アイェーボン』を著す決意を固くしたとしている（Adissawantha 1936: 16）。

（33）実際、この法令は今日のサンガ規則に体裁が似ている。

(34) 調査では、レーディー尊師、アーデイサワンタ師、後述オッカタ師をアフマンタヤー・ラインと呼ぶ向きもみられた。
(35)『作家達の伝記』において、ウー・アウンミャットゥッ(U Aung Myat Tut)という俗人名で二〇〇二年版から収録されるようになった。
(36) ウィナヤ(律)五典は二二六〇頁、トウタン(経)三典は七八二頁、アビダンマ(論)七典は四九四一頁、本の冊数でいえば二〇冊、頁の合計は七九八三頁、これを暗誦しなければならない、という。また筆記の場合、それら二〇冊のほかに、アッタカター一〇冊三八一三頁、ティーカー一四冊六一二一頁、本の合計二四冊九九三四頁、両者をあわせると一七九一七頁に精通していなければならない、という。しかしまだここにはニッサヤなど実際必要となる他の典籍は含まれていない、とある(Hto Hla 2004: 162)。
(37) 第六回仏典結集の六と、八正道の八にちなんで、六巻八冊になったといわれる。
(38) ビルマ青年僧侶連盟議長アシン・ケーマーサーラ師のご教示による。
(39) 師は一般に共産主義者のため排斥されたと言われるが、師の思想的背景については、あらためて検討される必要がある。
(40) *Origin and Evolution of life*, *Descent of man*(1866), *General Mophology* (1861), *Problem of Man Ancestry* (1918), *Evolution and Progress of Mankind* (1923), *Man's place in Nature* (1863), *Evolution of Man*, Keith の *Rivista Pianthroplogia*, などを参照している。
(41) 二〇〇五、六年の調査では、「師はアウンサン将軍から書くことを頼まれた、それにより、人々を死の恐怖から解放しようとしたのだと思う」といった反応も聞かれた。
(42) 後の判決文には63年出版の第二版、『ルーデー問題』の両方が証拠として採用されている。
(43) 小島敬裕氏よりご教示を賜った。また筆者が入手できなかった他の重要な文献についてもご協力を賜った。記して感謝申し上げます。
(44) 九〇年八月八日、民主化運動二周年記念日にマンダレーにおいて七〇〇〇名の僧侶が、平和裏に托鉢を受けていたのに対し軍が発砲、二名の僧侶が死亡、けが人も多数でた。なお出家者を殺害することは、五大罪の一つに比せられる。五大罪とは、母親の殺害、父親の殺害、阿羅漢の殺害、仏陀に血を流させる、サンガを分裂させる。また多くの僧侶が投獄、還俗させられ、獄中で亡くなった。(AAPP 2004)
(45) 現代のビルマ仏教が置かれている文脈については(土佐 二〇〇二)が示唆に富む。
(46) パーリ語 patta nikkujjana, ビルマでは pattam nikkujjana kamma(鉢伏せ行)として用いられる。律蔵の典拠についてケーマーサーラ師にご教示を賜った。
(47) 例えば『気づきという心の家』では、「不放逸なる人は死せず、放逸なる人は死者に似たり」という偈の引用に始まり、Joseph Goldstein の *Insight Meditation, The Practice of Freedom* (1983, Newleaf) に含まれる詩の各行について解説することで気づきについて説いている。引用部分はそこからのもの。
(48) スーチー発言の脈絡は以下の通り。「そこで今日は民族記念日ですので、これを期に、民族の大義のために全ての人々が行動していくという決議を採択していただきたいと考えます。民族の大義というのは、国家の利益のため、連邦を堅固なものとするため、連邦に住む大多数の人々の利益のためにはたさねばならない事柄です。民族の大義を遂行していく場合には、人物に左右されたり、個人的好みに左右されてはいけないと、私たちの綱領には書かれています。人物に左右されないでください。それは、良き伝統とは言えません。私たちが、引き続き進んで行かなければならない旅においては、真の誠実さ、純粋な心をもって進んでいっていただきたいと思います。ですから私は、全ての人にこう言っています。高い見識をもってください。最も高い見識で物事を考えてください。努力すれば仏陀にもなれるという、言い伝えがあるではありませんか。どうして高い見識で物事を考えられないことがありましょうか。努力すれば普通の人間であっても仏陀にさえなれるのです。尊き仏陀も普通の人間だったのです。尊き仏陀のように、仏陀のように修業に励めば、人間は高い見識をもつことができるのです。」（伊野 一九九六：七一）。また『労働者人民日報』(loukhta pyidhu neizin) では、六月一九日に国民民主連盟の青年部が、政府が国名をBurmaからビルマ語発音のMyanmarに変えた事に対して、「バをマに変えるのは、ボウッダ（仏陀）をモウッダと呼ぶようなもの」といって冒涜した、という事件と絡めて非難している。

参照文献

ビルマ語

Adissawantha, Ashin. 1944 *Dhammawinayapyantan.*（教法律公示）
Amar, Daw Ludu. 1974. *Gababma Akyizon Saouk.* Mandalay.（世界一大きい本）
Bathaung, U. Bohmu. 2002(1962). *Sahsodawmya attouppatti.* Yangon.（作家達の経歴）
Chit San Win. 1985. *Myat Ledi.* Yangon（尊きレーディー）
Chit San Win. 2003. *Ledi innabe hma chindhi min heindhan.* Yangon（レーディー尊師についてのエッセイ集）
Dhammateinna, U. ? Withoddhayon Yathlebaungyot(pahtamatwe), Yangon（ウィトダヨン・ヤッフレー集）
Hanthawaddy Press. 1965. *Hanthawaddy Saouk Kektalauk* 1964-1965. Yangon（ハンタワディ社出版物カタログ）
Hkin Nwe Nwe, Ma. 1979. *Ledi Hsayadaw i zagabye ko lela chet.*（修士論文、レーディ尊師散文研究）
Hkin Thi Ma Aye. 1981. *Hanthawaddy saouktaik thamaing hnin yintaikthouk sasaayin*(Diploma thesis, ハンタワディ出版社の歴史と出版物）
Hto Hla, U. 2004. *Hnahseyazu I maha ludha, Ashin Wiseitatharabhiwantha, Tipitaka-dara Dhammabadawarika*, Yangon: UHRC（偉大なる人、三蔵憶持者）
Hla Paing, Ledi. 1967. *Ledi gandawingyaumya thamaing.* Mandalay: Thuhkawadi（レーディー尊師伝）
Honwan.U, Hkin Aye.U.1975. Mynama Wuthtu. *Myanmabmu(pahtamatwe).* Yangon（ビルマの小説）
Kyi Maung. U. 1979. Myanma Wuthtuto Thamaing. *Wuthtuto sadammya.(pahtamatwe)*Yangon: Sapei Beiman.（ビルマ短編小説史）
Ledi Hsayadaw. 1951 *Thinpongyi thankeit.* Yangon（綴り字要諦）
Ledi Hsayadaw. 2004(a). *Naingangya pouhsa apye baungyouk.* Yangon.（外国人の問いと答え集）
Ledi Hsayadaw Hpayagyi. 2004(b). *Ganbira Gabyakyan.* Yangon: Myat Su Mun Sape.（レーディー尊師詩集）

Ledi U Pantita. 1928. *Paramathta thankeit thayouk hkwepon amei apyei*. Yangon.（パラマッタンケイッ解説と一問一答）
Ledi Pantita. 1907? *Dethana Minzari Kyan*. Yangon: Ishsataya Pitakat Ponhneit tait.（説教集）
Myanmasahtana, Monywa Tekahto.1998(?) *Ledi Hsayadawhpayagyi i bawa hnin sape thutethana sadan*.（モンユワ大学ビルマ語学科編、レーディー尊師の生涯と文学）
Myat Su Mun. a. *Ledi Hsayadaw*.（原稿、レーディー尊師）
Myat Su Mun. b. *Ledi Hsayadawgyi hnint athinahpwe*（原稿、レーディー尊師と組織）
Myat Su Mun. 2001. "Myanmanaingan hunait pahtamauzon htoukweihkedho badhayei sa saung", *Myat Su Mun Badhayei maggazin no.*1（ビルマで最初に発刊された仏教雑誌）
Nyo Nyo Soe, Ma. 1981. *Ledi Hsayadaw i bawa hnin sape.*（修士論文、レーディー尊師の生涯と文学）
Pyidaungzu Myanma naingan i Hpwezioukchoukpon Achegan Upade; The Constitution of The Union Of Burma(1947)
Pe Maung Tin, U. 1955. *Myanmasape Thamaing*. Rangoon.（ビルマ文学史）
Shin Okkata bawa hnin abidhamma. 1967 Yangon.（オッカタ師の生涯と哲学）
Shwe Zan Aung. 1910–12. Abhidhamma Literature in Burma. *JPTS*（ビルマにおけるアビダンマ文献）
Thathanayei Uzihtana. 1981. *Lutheilupyit Winishsaya*. Yangon.（ルーデー判決）
Tin, U. 1968.*Konbaungshet Mahayazawindawgyi*, vol.3, Yangon.（コンバウン王統史）
Wanita, Ledi. 1956. *Ledi Maha Hteyouppatti kahta*. Rangoon: Hanthawaddy.（レーディー尊師伝記）
Wiseitarabiwantha, U. 1986. *Naingandaw Buddha Thathana Maha Buddhawin*. Vol. 1, Part.1. Yangon（国定仏陀伝）
YMBA（*1906–2006*）*yapye mawgunsazaung* 2005（YMBA百周年記念誌）

英語

Assistant Associaton for Political Prizoners(Burma). 2004 *Burma: A Land Where Buddhist Monks Are Disrobed and Detained in Dagerous*
Engene Watson Burlingame transl. 1969 *Buddhist Legends*. Part 1. PTS
Christmas Humphreys. 1937. *The Development of Buddhism in England*. London
Guy Lubeigt. 2005. Introduction of western culture in Myanmar in the 19th century: from Civilian Acceptance to Religious Resistance. *Essays in Commrmoration of the Golden Jubilee of the Myanmar Historical Commission,* Ministry of Education, Union of Myanmar. Yangon.
Hkin Aye, U. 2003. "Zimme Pannatha(Paññāsa Jātaka) and Myanmar Literature", *Tradition and Knowledge in Southeast Asia* 17–19 December 2003. Yangon
Jaini, P.S.(ed.). 1981. *Paññāsa-Jātaka or Zimme Paṇṇāsa(in the Burmese Recension)*I. London

Mabel Haynes Bode. Ph.D. 1909. *The Pali Literature of Burma*. London
Malalasekera.G.P. 2002(1983). *Dictionary of Pali Proper Names* Vol. II. New Delhi
Mendelson. E. Michael. 1975. *Sangha and State in Burma, A study of Monastic Sectarianism and Leadership*. Cornell University Press.
Oskar von Hinuber.2001(1997). *A Handbook of Pali Literature*. New Delhi
Richard F. Gombrich. 1988. *Theravada Buddhism: A social history from ancient Benares to modern Colonbo*. （森祖道、山川一成訳、二〇〇五、『インド・スリランカ上座仏教史 ── テーラワーダの社会』春秋社）
Smith Donald E. 1965. *Religion and Politics in Burma*. Princeton
Shwe Zan Aung, B.A. and Mrs. Rhys Davids, M.A.tr. 1910. *Compediunm of Philosophy*. London: PTS
UHRC. *U Pe Maung Tin A Tribute*. 1999. Yangon

日本語
池田正隆　一九九五『ビルマ仏教』法藏館。
生野善應　一九六九　「ビルマの仏教」山本達郎編『東南アジアの宗教と政治』日本国際問題研究所、一四〇―一七二頁。
生野善應　一九八二　「ビルマ上座部全宗派合同会議」『亜細亜大学アジア研究所紀要』九：五五―八六頁。
石井米雄　一九九一　『タイ仏教入門』めこん。
伊野憲治編訳　一九九六　『アウンサンスーチー演説集』みすず書房。
伊野憲治　二〇〇一　『アウンサンスーチーの思想と行動』アジア女性交流・研究フォーラム。
奥平龍二　二〇〇五　「ミャンマー上座仏教の制度改革――「国家仏教学大学」創設の意義、成果及びその役割」『パーリ学仏教文化学』**12**：31-44。
ウー・ウェープッラ監修、故ウー・ダンマサーラ訳　一九八二『処世訓――ローカニーティ』世界平和パゴダ。
下田正弘　二〇〇一　「〈近代仏教学〉と〈仏教〉」『佛教學セミナー』七三：九七―一一八頁。
――――　二〇〇二　「生活世界の「復権」『宗教研究』三三三：一―二六頁。
田村克己　一九八七　「ビルマの精霊信仰再考序説」鹿児島大学教養部史録一九：三九―五三頁。
土佐桂子　二〇〇〇　『ビルマのウェイザー信仰』勁草書房。
――――　二〇〇二　「民族紛争のなかの指導者　ミャンマー連邦カレン州の僧侶の「仏教布教」『民族の運動と指導者たち　歴史のなかの人々』山川出版社：一九四―二一三頁。
中村　元　一九五八　『ゴーダマ・ブッダ　釈尊伝』法藏館

ピーター・スキリング（畝部俊也訳） 二〇〇四 「東南アジアにおけるジャータカとパンニャーサ・ジャータカ」大谷大学『真宗総合研究所研究紀要』二二：一一―七四頁。
原田正美 一九九一 「アッャタカターが物語る世界―ダンマパダを中心に」石井米雄編『講座仏教の受容と変容2 東南アジア編』佼成出版：一六三―一九六頁。
―――― 二〇〇二 「ビルマ語仏教典籍“Yasavaḍḍhana Vatthu”（称誉増大物語）における yasa の解釈が示すもの」『パーリ学仏教文化学』一六：九七―一〇八頁。
水野弘元監修、ウー・ウェープッラ、戸田忠訳注 一九八〇 『アビダンマッタサンガハ 南方仏教哲学教義概説』、アビダンマッタサンガハ刊行会。
南田みどり 一九八〇 「テインペーミンとテッポンジー―最愛の長編小説の意義」『外国語・外国文学研究』四：二九―四二頁。
渡辺照宏 一九六六 『新釈尊伝』大法輪閣。
前田慧學編 一九七七 「現代仏教研究への志向」『東海佛教』二二：一―八頁。
前田慧學 一九八六 『現代スリランカの上座仏教』山喜房仏書林。
森 祖道 一九八四 『パーリ仏教註釈文献の研究』山喜房仏書林。
森部 一 一九九八 『タイの上座仏教と社会―文化人類学的考察』、山喜房佛書林。

第9章付表　近現代経典仏教の動き

時代	年	時代の主要な動き，制度に関わるもの	経典仏教の主要な動き，出家・在家のビルマ語主要作品	議論を巻き起こした書等
英領時代	1852	下ビルマ英領下に		
	1858頃		チーテレーダッ尊師『勝者の顕示』(1)	
	1868	クドドーパゴダ完成		
	1871	第五回仏典結集		
	19世紀後期		扇を寝かす説法が始まる	
	1885	ビルマ全土，イギリス領に	レーディー尊師「牛の慈愛文」(2)	
	1888		ウー・ヤン『三蔵文献史』(3)	
	1890頃		フネージョー尊師『輪廻断絶の書』(4)	
	1895		レーディー尊師、諸義釈（ディーパニ）を著し始める	
	1897			レーディー尊師『パラマッタディーパニー（最勝義釈）』（パーリ語）
	1903		国際仏教協会設立，*Buddhism* 発刊 レーディー尊師「七曜仏陀伝詩」(5)	
	1904		レーディー尊師『最上義要諦』(6)	
	1907		ウー・マウンマウンジー『データナミンズーリ』説法集 (7)	
	1910		*Compedium of Philosophy* 出版	
	1913	サンダムニパゴダ，アッタカター・ティーカーの大理石写本造営開始	『ティンガザ説法集』(8) 仏教外国布教協会設立 ～14　*JPTS* にレーディー尊師の応答掲載	
	1915		*Points of Controversy* 出版	
	1920		*Expositor* 出版	
	1923		*The Path of Purity* 出版	
	1935			アシンアーデイサワンタ師『比丘尼に関る教法』(9)
	1936			アシンアーデイサワンタ師『比丘尼問題』(10)
				テインペーミン『進歩層』(11) シンオッカタ，プローム，チャウ

				クイン村のチン人クリスチャンを村ごと仏教徒に改宗させる
ウー・ヌ時代，ネーウィン時代	1948	独立．ウー・ヌ首相就任	基礎，講師，三蔵憶持試験開始 YMBA 仏陀伝，吉祥経試験開始 アシンザナカビワンタ尊師『未来の教法』(12)	
	1951	仏教評議会設置		
	1952		アビダンマ試験開始	
	1954 ～ 56	第六回仏典結集	三蔵憶持僧ミングン尊師の誕生 この頃より互助組織によるアビダンマ講習会開始	
	1950 ～		この頃より種々のウィパッタナー瞑想書が刊行	
	1959			シンオッカタ師『ルーデールーピッ』(13)
	1962	ネーウィン議長・革命評議会樹立		タキンミャッサイン『シンオッカタとチャウクイン革命』(14)
	1963		ウー・エーマウン『仏陀と仏陀の思想』(16)	
	1964		パーラグー『仏陀の日記』(17) グエウーダウン『仏陀の文章絵画』(18)	タキンミャッサイン『ルーデー問題』(15)
	1974		ダンマサリヤ・ウー・テーフライン『ビルマ瞑想実践の歴史に残る阿羅漢と特別なる方々』(19)	
	1975		ナンダティンザン『生の意味と生の真』(20) この頃，ウー・トゥカ『慈経』(21)	
	1977		ウー・ミンスェ『新大仏陀伝』(22)	
全宗派合同会議以降	1980	全宗派合同会議		
	1981	サンガ裁判の記録刊行され始める		
	1982 ～ 86		ミングン尊師『国定仏陀伝』刊行(23) アシンザナカビワンタの各著作，教理解説書の主流に	
	1988	民主化運動 SLORC 創設	ティータグー尊師「王への教戒経」を説く	
	1989			アウンサンスーチーの「仏陀も普通の人間だった」発言に対する政府による批判
	1990	総選挙	この頃，ドクター・ミンティンムン『仏陀のアビダンマのエッセンス』(24)	覆鉢

	1995			この頃から過去に出版された禅，大乗，仏教を一哲学思想として扱う，等の文献再版できず
	1998		ウー・ゾーティカ尊師『気づきという心の家』(25)	
	2004	世界仏教会議開催		

当該（所収）文献

(1) Kyitheledat Hsayadaw. 1971. *Zinatta Pakathani.* Yangon

(2) Ledi Hsayadaw Hpayagyi. 2004. *Ganhbira Gabyakyan.* Myat Su Mun Sape.

(3) Yan, U. 1905. *Pitakat Thamaing.* Yangon. Thudhammawaddy

(4) Hnegyaw Hsayadaw. 1990 (5th edition). *Waddhabedani Kyan Tayabaungyout.* Yangon: Myintmo

(5) Ledi Hsayadaw Hpayagyi. 1951. *Thinpongyi Thankeit*: Myanma alin Dhadhinza ponhneit tait

(6) Ledi Hsayadaw Hpayagyi. 1956. *Paramathta Thankeit Kyan.* Yangon: Hanthawadi

(7) Maung Maung Gyi.U. Ledipantita. 1907 *Dethana Minzari Kyan(pahtamatwe).* Yangon

(8) Thingaza Hsayadaw Hpayagyi. 1962. *Thingaza zagabon baungyout.* Yangon

(9) Adissawantha, Ashin.1935. *Bikhkuni Thathano Padetha Kyan.* Yangon

(10) Adissawantha, Ashin.1936. *Bikhkuni Ayebon.* Yangon

(11) Thein Pe.1968. *Tet Hpongyi.* Yangon: Aung Thuriya Sape

(12) Zanakabiwantha, Ashin. 1979(10th edition). *Anagat Thathanayei.* Yangon: Thathanayei Uzihtana.

(13) Okkata, Shin. 1963(2nd edition). 1963. *Luthei Luhpyit.* Yangon: Myanmabyuhasa ponhneit tait

(14) Myat Hsaing, Thahkin. 1962. Shin *Okkata hnint Kyaukwin Ayeidawbon.* Yangon: Shwepyidan

(15) Myat Hsaing. Thahkin. 1964. *Luthei Luhpit Pyatthana.* Yangon: Pyidhualin

(16) Aye Maung, U. 1964(1963)–65. *Budhda hnint Buddhawada.*3 vols. Yangon: AyeAyesa ponhuneit tait

(17) Paragu. 1974(1964). *Buddha Dainyari.* Yangon: Loka sape

(18) Ngwe U Daung. 1978(1976). *Buddha Sabagyi.* 3vols. Yangon: Hsan Nyunt U ponhneit tait

(19) Hte Hlaing, U, Dhanmasariya. 1993(1973). *Myanmanaingan Patipatti Thatanawin Yahanda hnint Puggohtu mya.* Yangon: Buddhaathan Sape

(20) Nanda Theinzan.1989(1975). *Bawa Adeibe hnint bawa thissa.* Yangon: Hlaing Thit Sape

(21) Thuhka, U. 1981(2nd.edition). *Metta Thout.* Yangon

(22) Myint Swe, U, Maha Wizza London. 1977. *Maha Buddhawin thit.* Yangon: Hnalon Hla

(23) Wiseitarabiwantha, U, Hsayadaw.1986–88. *Naingandaw Buddha Thathana Maha Buddhawin.* 6 vols. 8 books. Yangon: Thathanayei Uzihtana

(24) Minn Tin Mun, Dr. 1993(3rd edition). *Buddha Abidhamma Ahnit chout.* Yangon: Yadanamin

(25) Zawtika, U, Hsayadaw. 1998. *Dhadi hsode neiein.* Yangon: Yedagun Sape

第三部　アイデンティティの〈境域〉

第一〇章　仏教国家タイと非仏教系山地民

——キリスト教徒ラフおよび伝統派ラフの事例

西本陽一

はじめに

タイは「仏教国」だと言われる。タイ国憲法は国民の信仰の自由を保障しているが[1]、国家行事では僧侶司式の仏教儀礼がおこなわれ、学校では仏教の授業に多くの時間が割かれている。仏教はタイ人の生活中に空気のように偏在し、事実上の国教と言ってよい。「民族、宗教、国王」(chat, satsana, phramahakasat) という語に示されるように、タイ人／タイ国民であれば、「宗教」(ここでは「仏教」を指す) を信奉し、国王を敬う者だという考えは、タイの日常生活において疑問を付す以前の当然の前提として受け入れられている。

仏教がタイの事実上の国教であり、タイ人であれば仏教徒だと見做される現実は、タイ国内に居住する非仏教徒人口にとって、「信仰の自由」だけにとどまらない問題となる。タイ人／タイ国民＝仏教徒という前提によって、非仏教徒人口はしばしば、単に宗教的マイノリティであるばかりでなく、民族的マイノリティであり、非タイ国民としてタイの国民統合を脅かす者と見做されることになる。非仏教徒は、タイ人／タイ国民の理想モデルから外れるのである。

本章が取りあげるのは、「仏教国」タイにおいて、非仏教徒の集団 (具体的には、キリスト教徒山地民ラフと「精霊崇拝者」山地民ラフ) が、いかなる状況におかれ、その状況下でいかに生きているかという問題である。言い換えれば、本章が報告するのは、「国家仏教化」(本書第四章) の進んだタイ王国において、「国家仏教化」が非仏教系集団の宗教面のみならず、国民統合や民族アイデンティティに関わる問題となっている有り様である。

以下では、まずタイ政府の非仏教系宗教への態度と政策を概観した後、タイにおけるキリスト教徒山地民 (ラフ) および「精霊崇拝者」山地民（ラフ）の現状を報告し、「仏教国」タイにおける非仏教徒集団が直面する問題を検討する。キリスト教徒ラフと伝統派ラフという非仏教徒集団が、仏教的な価値が支配的なタイ国において、それぞれ実際にいかなる問題に直面し、それらとどう折りあいをつけようとしているかという問題を考察する。

一　タイ政府の非仏教系宗教への政策と態度

1　タイ国の宗教人口

タイ統計局による二〇〇〇年の宗教別の人口構成は、表10-1に示される通りである。[2]

全人口の大部分（九五パーセント）は仏教徒で、特に東北部では住民の九九パーセントが仏教徒で占められる。ムスリムは全人口の五パーセント弱であるが、南部では住民の三〇パーセント近くを占める。[3] 一方、キリスト教徒は全人口の一パーセント弱に過ぎない。北部では住民の中に占めるキリスト教徒の割合はやや高く（二パーセント弱）、またタイのキリスト教徒の約半分が北部に居住している。東北部のキリスト教徒の多くはカトリック信徒である。[4]

さらに、タイ政府の宗教統計には「精霊崇拝」や「アニミズム」といった項目はなく、国民の宗教帰属はいわゆる成立宗教のいずれかに分類される。[5] これは、生活レベルでは「精霊崇拝者」（khon thue phi）とされる非仏教系住民が、統計上は成立宗教の信徒とされていることを意味する。この公的な統計と実際の生活における宗教範疇のずれは、本章後半で論じられる「精霊崇拝者」山地民に関わってくる問題である。

表 10−1　タイの宗教別の人口構成

	全国合計		バンコク		中部（バンコクを除く）		地方北部		東北部		南部	
宗教	千人	%	千人	%	千人	%	千人	%	千人	%	千人	%
仏教	57,324.6	94.6	5,972.8	94.5	13,898.9	98.6	11,106.5	97.7	20,633.6	99.4	5,712.8	70.8
イスラーム	2,815.9	4.6	274.1	4.3	156.4	1.1	26.0	0.2	13.5	0.1	2,345.8	29.1
キリスト教	438.6	0.7	64.4	1	41.5	0.3	216.0	1.9	110.6	0.5	6.1	0.1
ヒンドゥー教	2.9	0	0.2	0	1.7	0	0.4	0	0.3	0	0.3	0
儒教	4.9	0	2.6	0	0.8	0	0.9	0	0.2	0	0.3	0
その他	19.9	0	5.1	0.1	0.2	0	13.4	0.1	0.7	0	0.5	0
無宗教	6.0	0	0.7	0	0.7	0	4.4	0	0.1	0	0.1	0
不明	4.5	0	0.2	0	1.4	0	0.2	0	0.8	0	2.0	0
合計	60,617.2		6,320.2		14,101.5		11,367.8		20,759.9		8,067.8	

出所：Population and Housing Census 2000 by National Statistic Office of Thailand: as per April, 2000 より作成

2　タイ政府の非仏教系諸宗教に対する政策と態度

タイでは現在、非仏教系の諸宗教は、「その他の諸宗教」(satsana uen uen)、「他宗教」(satsana uen) という範疇に入れられ、宗務局が管轄している。宗務局は以前には教育省下にあり、仏教および非仏教系の諸宗教の両方(「種々の宗教」sasana tang tang と呼ばれる)を管轄していたが、二〇〇二年一〇月より、国家仏教庁が仏教を管轄する専門機関として分離するとともに、宗務局は非仏教系の諸宗教を管轄する機関となり文化省の傘下に入った[6]。仏教を専門的にあつかう行政機関の設立は、タイ国における仏教の他宗教への優越性を示すものととらえられる[7]。

タイ(シャム)のキリスト教に対する態度については、タイが絶対王制をとっていた二〇世紀初めまでは、外国人のキリスト教宣教師の管理は国王によっていた。かつては国王が宣教師または教会に土地を与えたり、国内における身分を認定することなどにより、彼らの国内滞在と布教活動を認可していた (Satian ed. n.d.)。外国人宣教師がシャム国内に滞在して活動するに際して、国王は居住や活動の便宜を図る個人的なパトロンとしてふるまっていた (cf. 教育省宗務局宗教保護部タイ国内宗教団体係 n.d.: 1)。また、宣教師たちがバンコク以外の地方で布教活動をおこなうためには、当該地方の領主に居住や活動への許可を得る必要があった[8]。前近代においては、国の各所を統治する王や領主の個人的パトロネージ

によって、外国宗教は個別に管理されていたのである。

その後一九六〇年代初めまでは、タイにはタイ人および外国人による宗教団体が二百以上あったが、ゆるやかな政府管理の下で、これらの団体はほとんど自由に活動していた。管轄省庁も宗教によって異なり、キリスト教は外務省港湾局（krom tha, krasuang tang prathet）が管轄していた一方で、イスラームは内務省（krasuang mahathai）の管轄だった。しかし、一九六四年から宗務局は、これらの宗教団体に対する管理を一本化する政策を開始する（教育省宗務局宗教保護部タイ国内宗教団体係 n.d.: 1–2）。長期的に見るならば、タイの統治形態の絶対王制から立憲君主制への変化を反映し、諸宗教団体や外国人宣教師に対する管理も、国王による個人的な保護の供与から、国家のさまざまな省庁による管理を経て、宗務局を通した一元的な政府政策の実施へと変化してきた。一九六九年からは、宗務局による「種々の宗教」（非仏教系の諸宗教）に関する諸規則が公布され、宗教行政の法的面での整備も開始される[9]。

一九六九年の「種々の宗教に関する宗務局規則[10]」では、独自の教義を有し、五千人以上の信徒をもち、教義がタイの法律に反せず、政治的な目的を隠しもたない団体を「宗教団体」（ongkan satsana）として承認することを定めている。団体が公的な承認を得るには、宗務局に必要書類を提出し、承認されれば、承認証を発行するとされている。承認された団体は、組織やその活動について宗務局に報告をおこなう義務がある。一方、ある宗教の活動促進のために設立された信徒たちによる運営組織は「宗教的な団体」（ongkan thang satsana）と呼ばれ、規模や目的によって、「宗教的な大団体」（ongkan yai thang sasana）、「宗教的な小団体」（ongkan yoi thang satsana）、「宗教的な特別団体」（ongkan phiset thang sasana）に分かれる。タイで活動する教会が政府の承認を得る場合には、三種の「宗教的な団体」のいずれかとして承認される[11]。現在までのところ、キリスト教系の教会組織では、一九六九年に承認された三団体と一九七七年と一九七九年にそれぞれ承認された二団体[12]の合計五団体が、タイ政府によって承認された「宗教的な団体」として合法的に活動している。一九七九年以降に新たに「宗教的な団体」として宗務局から承認された団体はなく、新しく承認をおこなわず、既存の

表 10-2　宗務局がその宗教的な団体としての身分を承認した種々の宗教団体（1988 年時点）

承認年	承認の種類	団体名	宗教・教派
1969	宗教的な大団体	Phuthasamakhom haeng prathet thai nai phrabaromrachupatham	仏教
1969	宗教的な大団体	Khana kamakan klang islam haeng prathet thai	イスラーム
1969	宗教的な大団体	Samakhom katholik haeng prathet thai	カトリック
1969	宗教的な大団体	Sapha khristacak nai prathet thai	プロテスタント
1969	宗教的な大団体	Sahakit khristian haeng prathet thai	プロテスタント
1969	宗教的な大団体	Samnak phram phrarachakhru nai samnak phrarachawang	ヒンドゥー教
1969	宗教的な大団体	Samakhom Hindu samat	ヒンドゥー教
1969	宗教的な大団体	Samakhom hindu tham sapha	ヒンドゥー教
1969	宗教的な大団体	Samakhom sikhurusing sapha	シーク教
1969	宗教的な特殊団体	Ongkan phutthasasanik samphan haeng prathet thai	仏教
1969	宗教的な特殊団体	Samnak cularachamontri	イスラーム
1969	宗教的な特殊団体	Samnak sasanathut phu thaen phrasantapapa	カトリック
1969	宗教的な特殊団体	Sapha pramuk haeng patluang romankatholik	カトリック
1977	宗教的な小団体	Khristcak khana baeptis (Foregin Mission Board)	プロテスタント
1979	宗教的な小団体	Khristacak wansao haeng prathet thai (Sewende aetwenis haeng prathet thai)	プロテスタント

出所：（教育省宗務局宗教保護部タイ国内宗教団体係 nd: 7–9）を一部改変

「宗教的な団体」を通して外国宗教を管理してゆくことがタイ政府の方針とみられる。

一九七〇年代以降のタイでは、海外からの新宗教の流入や国内のカルト運動の増加などの変化が見られた（林二〇〇四：二一五）。このような状況の中で、一九八〇年と一九八一年とに、「仏暦二五二三年の外国人宗教布教者の旅行書類の期限延長のための証明書類発行に関する宗務局規則⑬」と「仏暦二五二四年のタイにおける外国人宗教布教者の宗教布教に関する宗務局規則⑭」がそれぞれ公布された。これはタイ滞在許可手続きを通して、タイ国内で活動する外国人宗教布教者を把握・管理しようとするものである⑮。さらに一九八二年に宗務局は、「仏暦二五二五年の種々の宗教に関する宗務局規則（第二版）⑯」を公布し、宗教間の協調を妨げたり、政治に関与した場合などには、承認された宗教団体に対する保護供与の変更や撤回をおこなうこともあると規定し、タイで活動する外国人布教者の管理を強めた。

このように、宗務局の政策は、仏教、イスラーム、キリスト教、ヒンドゥー教、シーク教の活動団体を「宗教的な団体」として公認することによって、これらの宗教に対して保護と援助を与えるとともに、これらの活動団体がそれに属する個別の教会や宗教集団の活動について責任を負うという基本システムをとっている。一九八〇年代初めに交付された諸規則は、外国人の宗教布教活動が、タイの慣習文化、法律、秩序などに反することを禁じるとともに、それが政治活動や反社会的な宗教カルトとならないように警戒している。外国人の宗教布教者の管理は、公的に承認された「宗教的な団体」への所属とタイ国滞在許可の点からなされることが明文化された。宗務局はキリスト教については、「宗教的な団体」を五つ承認し、タイ国内で活動する教会と布教者を、それらのいずれかに所属するように定め、外国人布教者のビザ申請もこれらの公認「宗教的な団体」を通じてあらかじめ申請するようにしたのである。そして、各団体がもつ外国人布教者の「クオーター」(割当数)を定めることにより、外国人布教者の数と活動とを管理する仕組みとなっている。

宗教団体が政府によって「宗教的な団体」として承認されることおよび個別の教会や布教者が政府承認の「宗教的な団体」に属することには、団体名義による不動産取得、政府からの援助金、免税待遇、団体に属する外国人布教者のビザ取得などに関する利がある。宗務局を通じた政府の宗教政策は、「宗教的な団体」の承認と保護供与を基本としておこなわれてきたのである。

しかし実際には、公認の「宗教的な団体」に属さずに活動している教会や宣教師は数多く存在し[17]、非公認の宗教布教者たちの活動に対する公的な制限はほとんどない(U.S. Department of State 2005)。宗務局もこれらの非公認の教会や布教者の存在を全く知らないわけではないが、すぐにそれらに対して対策を講じるよりも、問題が起こらないかぎりは静観するという態度を取っている(二〇〇三年九月の宗務局職員へのインタビュー)。概して、現在でも「仏教国」タイの非仏教系諸宗教(イスラームを除く)に対する態度は、過去と同様に寛容なものだと言える。

二　仏教国タイにおける山地民キリスト教徒（ラフ）

前節まででは、タイ（シャム）のキリスト教を含む非仏教系諸宗教に対する態度と政策について概観した。これを受けて本節では、第一の具体事例として、タイ国内に居住するキリスト教徒のラフ集団を取りあげる。仏教国タイにおいて、民族的なマイノリティ（「山地民」chao khao）であると同時に宗教的なマイノリティである同集団が、いかなる状況におかれ、それにどのように対応しながら生きているかという問題を検討するのである。

1　キリスト教徒ラフ

ラフはラフ語という、チベット・ビルマ語系の一言語の話者で、伝統的に高地での焼畑耕作を主要な生業としてきた。ラフの居住する地域は、中国西南地区、ビルマ・シャン州、タイ北部、ラオス北西部、ベトナム北西端など複数の国々にわたり、総人口はおそらく七〇万人を越える。タイにおいてラフは「山地民」（chao khao）のひとつとして、地理的にも社会的にも周縁的な少数民族の立場にある（写真10-1、2）(18)。

ラフの信仰形態には下位集団ごとに違いがあるが、一般化するならば、至高神「グシャ」G'ui, sha および「ネ」ne̖ と総称される多くの精霊の存在を信じている。この点ではグシャをキリスト教の神、ネを悪魔・悪霊と理解するキリスト教徒のラフも例外ではない。

写真 10−1　教会の前に並ぶキリスト教徒ラフの牧師（1996 年 12 月 22 日）

写真 10−2　キリスト教徒ラフの村教会での礼拝（1999 年 11 月 28 日）

ラフは明代（一三六八～一六四四年）には既に雲南地方に住んでいて、シャン族地方領主の支配下にあった。しかし、清代以降に本格化する「改土帰流」（直接統治化）政策により、ラフの政治・宗教統合は解体され、地方首領の権限も削られてゆく。それに対してラフは、十八世紀から二〇世紀の初めまで、しばしばメシア的な指導者に率いられて反乱を起こしたが、十九世紀末までには多くが中国の支配下に入るとともに、一部はビルマやラオスへと逃れた。ラフのビルマ移住は二〇世紀の前半を通して続いたが、第二次世界大戦、中国国民党軍のビルマ・シャン州への侵入、シャン軍等の民族解放軍の武装闘争などで、ラフは徴兵、殺人や虐待、「税」の徴収等のさまざまな苦難に遭った。シャン州の混乱のために、一九五〇年代以降にキリスト教徒ラフはタイへと移住を開始するが、ビルマでネ・ウィン政権が生まれた一九六二年以後には移住者は特に増加した（Lewis and Lewis 1981 : tape 4）。ラフの移動の歴史は、各国中央政府による支配拡大への反抗、その失敗、統治の及びにくい地域への逃亡としてとらえられる。

現在、タイに居住するキリスト教徒のラフの多数派はバプテスト派に属し、その大部分は二〇世紀初めに中国やビルマで改宗したラフの子孫である（Walker 1992 : 61）。タイのキリスト教徒のラフの多くは、焼畑の新耕地を求めるとともに、平地諸民族による抑圧や混乱から逃れるため、雲南からビルマを経てタイへと移動してきた。歴史的に、ラフの居住してきた地域は、生態的な環境を基礎にひとつの地理的世界を形成し、そこでの人間集団関係は「平地民」と「山地民」との共生と競合によって構成されていた。ラフは「山地民」のひとつで、シャン人、北タイ人などを主要な隣接民族としていた。しかし、生態的な環境が支配的であったこの社会空間では、国境線画定と近代国家建設によって、次第に国家的なコンテクストが支配的になってくる（西本　二〇〇四）。現在では、タイ政府による山地民政策はラフの生活形態を大きく変え、その自律性や移動の自由を制限する結果となっている。宗教面においても、キリスト教徒ラフがタイに暮らす以上、宗務局による「その他の諸宗教」に対する政策は、もはや無視できない意味をもっている。

2　仏教国タイにおける民族キリスト教会

正確な統計はないものの、現在ビルマとタイのラフ人口の少なからぬ部分がキリスト教徒である。ビルマとタイにおけるキリスト教徒のラフの最大宗派はバプテスト派であり、これにつづくのはカトリックである。タイでは、ラフのバプテスト派もいくつかの教会組織に分かれるが、このうち大部分の人びとは民族教会 Thailand Lahu Baptist Convention（TLBC）[19]に属している。正確な数字を得るのは困難であるが、タイのラフ人口の五分の一強ほどがキリスト教徒だと考えられる[20]。ラフはタイの「山地民」（chao khao）のなかで、カレン（そして近年多くの改宗が見られるアカ）とともに、キリスト教徒人口の割合が高い集団である。

タイのラフのキリスト教徒には、ラフが中心となって組織された民族教会に属する者もあり、またタイ人など他民族が中心の教会組織に属している者もある。しかし、全体的にみて、キリスト教徒のラフの大多数がTLBCに属している。よって以下では、TLBCを例にとって、ラフ教会の歴史を振り返り、その組織や活動を検討したい。

現在タイに居住するキリスト教徒ラフの殆どは、一九五〇年以降にやってきたビルマからの移住者である。当初キリスト教徒のラフはタイ国内に所属教会がなかったが、一九六四年にカレンの教会（Karen Baptist Convention）に加わった（Long 1964 cited in Walker 2003: 723）。しかし、キリスト教徒ラフは自らの教会組織を設立することを望み、ルイス夫妻をタイへ招請し、一九六九年にカレン教会内部にLahu-Akha-Lisu Association of Churches（L-A-L）を組織し[21]、一九七一年に独立の教会組織を作るためにカレン教会から離脱した。一九七五年にL-A-LはLahu Baptist Churches in Thailand（LBCT）[22]と改称し[23]、一九七六年の年次祈祷大会[24]では、新教会の憲章が承認された（Pathiphat 1991: 24–26, A dul 1995: 2–4）。一九八六年からポール・ルイスはTLBCの仕事を離れてアカ教会の活動を始めたが（Lewis and Lewis n.d.: 14）、その後もオーストラリアや米国から宣教師家族が派遣されている。多民族信徒による教会組織化の試みは失敗し、キリスト教徒ラフによる民族教会設立という結果となったのである。

LTBCの憲章はその目的を「精神、教育、農業、医療、文化」(Phathiphat 1991: 26–27)の五つの側面から規定している。精神的な目的とは、キリスト教を広めると同時に、信徒のキリスト教徒としての質を高めることである。教育的な目的は、信徒に教育を提供するだけでなく、タイ人としての意識を促進することと規定されている。農業的な目的は、焼畑耕作に代えて定住耕作を促進すること、農産品の適正な価格づけを支援すること、そして工芸品の販売である。医療面の目的には、健康管理と衛生サービスの提供のほかに、家族計画も含まれている。文化的な目的は、ラフがタイ国家の文化に敬意を払うようにすると同時に、ラフの文化と識字を促進することである(Phathiphat 1991: 26–27)。このように、LTBCの憲章は教会の方向性を、タイ国家の開発政策路線とほぼ一致するような方向で定めている。しかし一方で、キリスト教やラフのアイデンティティおよびラフ語識字の促進等の政策は、究極的にはタイの国家政策とはぶつかることになる(片岡 一九九四)[25]。現在では、国家の行政的サービスの周辺地域への拡大により、かつてラフ教会が担っていた、村の学校の建設、中央タイ語の教育、医療サービス、定住耕作促進などにおける仕事の多くは、国家によって担われるようになった。しかし、ラフ教会の最初の憲章において謳われていた方向性は、基本的に今日でも変わっていない[26]。

精神、教育、文化活動を担う部署の他に、TLBCの組織には婦人会、青年会、「地区」(hkeh.)[27]がある。婦人会と青年会は、非キリスト教徒への伝道者のための経済支援、聖書学習会、他教会の婦人会・青年会との交流などの活動を行なっている。七つの「地区」にもそれぞれ、婦人会と青年会があり、農業面を除くと、「地区」という部分とTLBC全体とは、相似した組織形態を有している。

一九九二年にはTLBCは正式に、タイのプロテスタント系全国組織であるChurch of Christ in Thailand(CCT)の

第一八部を構成することになった（Chayan 1997: 86）。資金面でＴＬＢＣは九〇％以上を外国からの援助に頼るもの[28]の、いまではラフ人指導者がＴＬＢＣ運営の中心となっている。しかし、教会職員や牧師による資金流用の噂は絶えない（Pathiphat 1991: 45）。一九九六年に教会書記長が任期終了前に亡くなると、派閥間の対立が顕在化し、年次祈祷大会が開かれない異常事態となった。そして選挙で次期教会指導者が選出された後も、一方の派閥は選挙結果を認めず、一九九七年にＴＬＢＣから分離して新教会 Thailand Lahu Christian Convention（ＴＬＣＣ）を組織した[29]。さらに二〇〇四年には、再選に敗れた前ＴＬＢＣ議長を中心にＴＬＮＣ（Thailand Lahu National Convention）が設立されている（cf. 片岡二〇〇七：二三三）。ラフ自身が教会運営の中心となっている一方で、個人的な資金流用や派閥による分裂の傾向は大きな問題として残っている。

キリスト教徒ラフの村は、基本的に一村が一教会区を構成している。隣接するこれらの村落教会が集まってひとつ「地区」を構成し、ＴＬＢＣ全体は合計十の「地区」から構成されている[30]。キリスト教徒ラフ社会は、教会組織を通じて、全村が中央集権的かつ階層的に組織化されているのである。

ＴＬＢＣは、プロテスタント系全国組織のＣＣＴに参加している。現在のタイの法律では、キリスト教会が正式に活動するには、国家が承認した五つの「宗教的な団体」（ongkan thang sasana）のいずれかに所属しなければならない。ＴＬＢＣは公認の「宗教的な団体」であるＣＣＴに属することで、公的な承認を得た教会とされる。

タイ系民族が多数を占めるタイにおいて、北部の「山地民」（chao khao）は民族的なマイノリティであるが、キリスト教徒の「山地民」は、さらに宗教的なマイノリティでもある。タイのキリスト教徒ラフは、その多くがビルマからの近年の移住者で、タイ語も不自由で、正式なタイ国籍が得られていない者も少なくない。このような、民族、宗教、国民という三重の意味での周縁者という状況において、山地民キリスト教徒にとって、所属教会がタイ政府公認の団体であることの利は大きい。タイのキリスト教会の殆どは、布教の他に、医療や福祉などの開発活動も同時に行っているため、貧しい山地民の教会は、大きな「宗教的な団体」に属することにより、物質的な援助へのアクセスを得る。物質的な利益のほかにも、公認の教会に属する山地民キリスト教徒は、身分的な保証を得ることができる。タイ国籍を持たないことも多い山地民伝道師は、CCT発行の伝道師証によって、国民携帯証に代えることができ、その活動を保証されるのである。[31]

民族教会のもつ合理的な組織形態もまた、キリスト教徒ラフによる近代社会への適応に大きな意味をもってきた。現在でも、非キリスト教徒のラフの多くが村落レベルを超えた中央集権的・合理的な組織を欠いているのに対し、TLBCはキリスト教徒ラフを、村落教会―地区―教会中心という階層によって中央集権的に組織している。組織化の面においても、ラフ教会を通じてキリスト教徒ラフがタイの国家的な制度と結びつけられるという側面の一方で、教会が可能にするネットワークは、タイのホスト集団を飛び越えて、キリスト教徒ラフを海外のキリスト教徒集団と直接に結びつけることを可能にする。このことは、国家や国王に対する忠誠心を欠き、タイ人よりも海外の「西洋人」とより緊密に結びついているという、タイのホスト民族による山地民キリスト教徒のイメージの強化にもつながってゆくものである。

以上のようにラフ教会は、キリスト教徒ラフのために近代社会への適応手段や「他人の国」(shu mvuhˇ mi̬)[32]における一定の立場を確保する一方で、国家のホスト集団と異なる民族的・宗教的なアイデンティティの維持・形成に寄与していると言うことができる。

3　仏教国タイにおいて山地民キリスト教徒であること

以上で見てきた通り、タイの民族・宗教的なマイノリティであるキリスト教徒ラフにとって、民族教会の組織と活動とは大きな役割をもってきた。それでは、キリスト教徒ラフの実際の生活面では、仏教国タイにおいて山地民キリスト教徒であることはどのような意味をもっているであろうか。

　この問題は例えば、筆者が調査村で聞いた礼拝での説教に現われている。筆者の調査村の村牧師は日曜日の教会での礼拝の際に、来世のために準備することの重要さを繰返し説いていた。そして当時自身もまだタイのＩＤカードを得ていなかった村牧師は、村人の中にはタイ国のＩＤカード（baˆ）をもたない者も多く、そのためにタイの国境警備警察などから迫害されることになるが、そのような者たちも、もし「よきキリスト者」（daˬ ve Hkriˬ yaˇ）[33]であるならば、「神の国」（G'uiˬ sha ve mvuhˇ miˬ）へ到るカード（baˆ）をもっているようなものだと説教した。信仰↓神の国、ＩＤカード↓タイ国家での居所という語りは、この村牧師のみならず他のキリスト教徒ラフの聖職者からも聞かれるものだった。政治と宗教についてパラレルに述べるこのような比喩において「カード」とは、人びとにある共同体への加入と居所の付与を保障するものである。一方、現世における政治的な共同体への十全な加入が認められていないキリスト教徒ラフの人びとは、信仰という別の基準によって、来世における宗教的な共同体での居所を得ると語られる。現世で政治的に繁栄するタイ人と苦境にあるキリスト教徒ラフは、来世ではその立場が逆転するとされ、虐げられた自らの救済が希求される。

　ラフにおけるキリスト教は、キリスト教徒であるラフという宗教・民族的な範疇の中で、彼らの民族的な集団意識を強める方向に働いているように見える。キリスト教徒ラフは、民族としての「ラフ」（この場合「ラフ」という語で、キリスト教徒ラフが意味される）の運命に関心を抱き、礼拝の説教でもしばしば「ラフ民族」の苦難について語られる。キリスト教徒ラフはしばしば自らを旧約聖書のイスラエルの民になぞらえ、亡国、離散、流浪、他民族の支配による民族の苦難を語る（Nishimoto 2000, 西本　二〇〇〇）。キリスト教徒ラフは聖書の様々な教えの中でも、抑圧された少数民族としての彼らの苦難の歴史に、説明や救済の可能性をあたえてくれるような要素に関心を抱き、それらを好んで取りあげる（Lewis and Lewis 1981: tapes 3, 6, etc.）。キリスト教徒ラフの間に新しく形成された歴史物語は、ユダヤ民族のそれとパラレルな形を示しているが、その神話世界が提示する新しい歴史観は、抑圧されてきた民としてのキリスト教徒ラフの社会的経験を分節化し、未来においていつか救済されるべき者という新たな意味を与えた(西本　二〇〇六)。

このようにキリスト教は、タイ国という「他人の国に住む」(shu mvuhˇ mi, chehˇ ve) キリスト教徒ラフの経験に、聖書やイスラエルの民の物語を参照することによって、独特の意味を与えている。現実においては苦難に直面する彼らの経験にキリスト教は、本来自分たちこそが義であり、いずれは救済されるという意識を与え、抑圧された民としての経験を逆説的に正当化していると言えるのである。

三　仏教国タイにおける山地民「精霊崇拝者」(ラフ)

平地のタイ系民族に比して、キリスト教の浸透が著しい「山地民」であるが、その人口の中ではいぜんキリスト教徒よりも非キリスト教徒の割合が圧倒的に多い。これらの山地民の非キリスト教徒は、自他共に認める仏教徒である場合を除き、周辺民族からは「精霊崇拝者」(khon thue phi) や「伝統宗教」(satsana dang deum) を奉じる者と見做されている。本節では、仏教国タイにおいて「精霊崇拝者」または「伝統宗教」信奉者と見做されている山地民集団の現状と対応のあり方を報告する。具体事例として取りあげるのは、彼ら自身が「ラフの昔からの本当の(宗教慣習的な)やり方」をおこなっていると主張する、非キリスト教徒の赤ラフ集団である(以下では「伝統派ラフ」と呼ぶ[34])。

「伝統派ラフ」は、近隣のタイ系民族(北タイ人、中央タイ人、シャン人)からは、「精霊崇拝者」(khon thue phi) と軽蔑的に見られることが多い。彼らの宗教が「伝統宗教」(satsana dang deum) と呼ばれる場合にも、遅れた原始的な宗教とい

写真 10−3　伝統派ラフの神殿の内部（2000 年 10 月 12 日）

う意味合いが強い（写真10−2）。

しかし実際には、伝統派ラフの人々が究極的に崇拝する（「頭を下げる」oˇ k'o˗ pui ve）対象は、至高神グシャである。「グシャがタイ国の首相なら、ネはその警察官または兵士」、「グシャがタイ国の王なら、ネは郡長とか県知事といったもの」などの言葉に示されるように、ネは、グシャの部下あるいは代理人と位置づけられる。伝統派ラフが儀礼や祭祀において、実際に働きかける対象はネであることが多いが、これらは「精霊崇拝」と言うよりも、ネ祭祀を通した「グシャ崇拝」（グシャの代理者への働きかけ）と呼ぶほうが適当である。上述の伝統派ラフの言葉で示される通り、個人の個別の問題に対処するために、はじめからわざわざ「タイ首相」や「タイ国王」（至高神グシャ）に訴える必要はなく、訴えるべき対象はより直接の担当者（ネ）なのである。[35]

このことは伝統派ラフ自身による主張にも表れている。伝統派ラフの語彙には「宗教」という一般概念を示す語も、伝統派ラフの「宗教」を呼ぶ語も存在しない一方で、「あなたはどんな（宗教的な）やり方［aw˰ liˇ］を用いるか?·」とか「あなた方は何に頭を下げるか［oˇ k'o˗ pui ve = 礼拝する］?·」といった方法で、相手の「宗教」を問題にすることができる。前者の質問に対する伝統派ラフの答えは「ラフのやり方」(Laˇ Hu˯ aw˯ liˇ) であったり、より個別的には「おれたちは蝋燭を燃やす者 [pehˇ tu˭ paˍ] だ」あるいは「おれたちは糸を結ぶ者 [a˭ mvuh hkeh tcuh˭ paˍ] だ」であるが、後者の質問に対してはほぼ確実に「グシャを崇拝する」(G'ui˯ sha hta˯ o˭ k'oˍ pui ve yo˯) という答えが返ってくる。外部者からは「精霊崇拝者」と軽蔑的に見做される伝統派ラフは、よりイーミックな視点からは、「グシャ崇拝者」と呼ぶべき人々である。そして、この宗教帰属についての当事者と外部者の間の認識の違いは、伝統派ラフの実際の生活上で、ある興味深い現象として現われる。

宗教帰属の問題は、伝統派ラフが地方役人などを通してタイの行政と接する場面でしばしば問題となる。その顕著な例は、タイの国民携帯証 (IDカード) を申請・作成する場面である。タイの国民携帯証には宗教帰属の項目があり、法律上は空欄にすることも可能であるが、筆者の調査地周辺では、実際には国民携帯証の宗教帰属は、「仏教徒」、「キリスト教徒」、「ムスリム」の三種のみから選択されている。そして伝統派ラフの申請者は例外なく「仏教徒」を、抵抗なく選択しており[36]、その結果彼らは行政上は「仏教徒」と範疇づけられる。

教育や開発の分野においても、宗教帰属が関係する場合がある。伝統派ラフの貧しい子弟が、教育を受けるために、タイの仏教寺院で見習僧となって生活している例はしばしば見られることである[37]。また、タイの仏教機関によって派遣された僧侶が、山地民村落の近くに居所を設けて、仏教の指導とともに村落開発を試みる例が見られるが、筆者の見る限り、対象集落にはキリスト教徒ラフ村はない。後者の例では、伝統派ラフの人びとは、毎朝のタイ人僧侶の托鉢に応じ、安息日にはタイ人僧侶の止住地におもむき仏教行事に参加する。教育や開発の機会において伝統派ラフの人びとは、仏教的価値にさらされることに対して抵抗感を示さない。

現在ラフの正月祭は、共同体のための祭祀というばかりでなく、正月祭の期間中に他所に儀礼的な訪問をおこなうことを通して、村落同士や村落と外部社会との紐帯を確認・形成する機会である。筆者の調査地の伝統派ラフが儀礼的な訪問をおこなった先は、行政村長の居所である隣接のキリスト教徒村、近隣のタイの保健センター、郡の病院、北タイ人の区長宅のほか、郡内最大の仏教寺院であった。このタイ寺院で、伝統派ラフの村人は、ラフの正月の踊りを披露するとともに、住職の話を聞き、新年の祝福を受ける。仏教寺院側は、伝統派ラフの調査村の神殿の改築や設備に対して、時々物質的な援助をしていた。正月祭に伝統派ラフの人びとが誰に対して儀礼的な訪問を行うかを見ることは、彼らの社会関係を研究することだが、ここでも仏教寺院は重要な関係先となっているのである。

このような諸機会で見られる通り、調査村の伝統派ラフは、タイ社会との接触場面では、しばしば仏教徒であるかのごとく振る舞う。そして、そこには欺瞞や抵抗感は見られない。しかし、生活面での「グシャ崇拝者」としての意識と、タイ社会との接触場面での「仏教徒」という範疇化はいかにして可能になるのだろうか。結論を先取りすれば、一見矛盾するかに見える「グシャ崇拝者」と「仏教徒」という立場の両立は、タイ系仏教と伝統派ラフの宗教実践との間に存在する一種の親和性によって可能になる。以下ではその親和性を具体的に示す。

伝統派ラフの村における神殿と祭司とは、タイ系仏教徒の村の寺院と住職とに比されて語られる。村落祭祀の場である神殿（hawˉ yeh.）は、タイ語では「寺」wat と表現されるが、調査地の前村長は「私たちの村には、『寺』もあり『プジョン』[38]［祭司］もちゃんといる」としばしば語っていた。「仏教国」タイでは、村落に共同体が世話をする仏教寺院があり、寺院に止住する僧侶がいることが、村落の理想モデルとなっている。伝統派ラフは、神殿と祭司の存在を持ち出すことによって、自らの村がタイの理想村落モデルに合致した村だという主張をおこなうことができるのである。

伝統派ラフの年中行事にはタイ仏教のそれにはパラレルな性格をもつものが多い。「大祭」（shinˉ lonˉ）と呼ばれる三つの主要年間行事は、それぞれタイ暦の旧正月ソンクラーン、入安居、出安居を基準におこなわれる。新月と満月の日は「戒日」（shinˉ nyi）と呼ばれる安息日で、タイ暦の「仏日」に一致する他[39]、仕事、肉食、精白、性交などを回避し、祭壇にご飯を供え、蝋燭を点して宗教的に過ごすべき日とされている。伝統派ラフの「戒日」は、タイ系仏教の「仏日」（wan phra）や「戒日」（wan sin）と様々な点において類似する。伝統派ラフとタイ仏教の年中行事は、期日においても内容においても、相似したものが多いのである。

伝統派ラフの宗教的シンボルにも、低地タイ人のそれと共通するものが多い。村落祭祀の場である神殿の内部や祭司の儀礼衣は、白と黄を基調とするが、これらはタイ仏教でも中心的な色彩である。儀礼具においても、「卒塔婆の木」（kaw moˇ ceh.）や「旗の木」（htuˇ ceh.）など、名称や形状から判断して、低地のタイ系民族に由来すると考えられるものが多い（写真10−3、4）。伝統派ラフの宗教実践の中心である、蝋燭を燃やして礼拝し、手首などに白糸を巻いて祝福する実践は、低地のタイ系民族と共通する儀礼行為である。[40]

伝統派ラフの意識において、「仏教徒」という宗教帰属は、グシャ崇拝となんら矛盾せず、抵抗なく受け入れられるものである。彼らの宗教が何であるかを問題にして、「あなた方は何に頭を下げるか？」と尋ねれば、「グシャに頭を下げる」という答えが返ってくるのは確実だが、「あなた方は仏教徒か？」と質問の方向を変えると、違った言葉が返ってくる。後者に対する伝統派ラフの答えは一般に、「そうだ」（yo.）または「そうだ、だって奴ら［タイ人、北タイ人の仏教徒］も蝋燭を燃やすだろう」（Yo., Yawˇ hui ka, pehˇ haw_ tuˉ ve law.）という肯定である。伝統派ラフのこのような回答に見られるのは、崇拝の対象（グシャや仏陀）よりも、祭祀のやり方（蝋燭を燃やす、白糸を結ぶ）によって、宗教的帰属を判断する態度である。[41] 多くの祭祀具や実践を共有するラフ宗教とタイ系仏教とは、伝統派ラフにとっては連続的なものであり、彼らは「グシャ崇拝者」であると同時に、「仏教徒かと言われれば仏教徒」なのである。

このように伝統派ラフは、国民携帯証（ＩＤカード）の記載や政府統計においては、「仏教徒」とされている一方、地域的な民族間関係においては、近隣のタイ系民族にから「精霊崇拝者」や「伝統宗教」信奉者として軽蔑的に見られている。しかし、伝統派ラフの「宗教」の実態は、信仰面においては、至高神グシャに対する崇拝を核とする一方で、実践面においては、「蝋燭を燃やす」（pehˇ haw_ tuˉ ve）や「糸を結ぶ」（aˇ mvuh hkeh tcuhˉ ve）儀礼行為が中心になっている。[42] 伝

写真 10−4　グシャに対して祈祷をおこなう伝統派ラフのシャーマン（2000 年 10 月 12 日）

統派ラフの宗教アイデンティティは、タイ系の仏教に対して排除的でなく、連続的で、「仏教徒と言われれば仏教徒」といったものである。伝統派ラフは自らが「ラフの昔からの本当のやり方」を信奉していると主張する一方で、行政による「仏教徒」としての名づけに対して、抵抗なく肯定する。伝統派ラフのこのような態度は、信仰の対象よりも、祭祀のやり方を基準として、宗教的アイデンティティを判断しようとする彼らの姿勢による。ラフ独自の宗教を実践しながらも、制度との関わりにおいては、「仏教徒」と見做され、何の問題もなくそのようにふるまう伝統派ラフの態度の裏には、以上のような構図が見られるのである。

おわりに —— 仏教国家と非仏教系民族集団

本章では、仏教が事実上の国教であるタイにおいて、非仏教徒集団がいかなる状況に置かれ、いかに生きているかという問題を取りあげ、考察してきた。

タイ（シャム）の非仏教系の宗教に対する政策は、かつては国王や領主によるパトロン的な個別対応から、別々の省庁が種々の宗教組織を管轄する時代を経て、宗務局が一元的に諸宗教への政策を担当するシステムに変わってきた。二〇〇二年からは、仏教と非仏教系の諸宗教に対する担当部署が分離し、新たに文化省下に置かれた宗務局が、仏教を除く諸宗教団体を担当することになった。このような時代に応じた変化にもかかわらず、タイ（シャム）国のキリスト教に対する態度は比較的に寛容で、キリスト教が国家体制に対して大きな脅威とならないかぎり、自由な活動を許すというものであった。

非仏教系集団の第一の事例として取りあげたキリスト教徒ラフは、近年のビルマからの移住者で、民族、宗教、国民性のすべての点から、タイにおいて社会的な周縁に置かれている。特に冷戦期には、国境地帯に存在する非「タイ人」として見做された同集団は、政府からは国家安全保障に対する潜在的な危険と見做されてきた。このように複数の面からなる非「タイ人」という立場にキリスト教徒ラフが対応するために、ラフの民族教会は大きな助けとなってきた。国家の政策方向に相反する潜在性は残しながらも、ラフ教会は宗教布教にとどまらない総合的な開発・文明化政策を進めてきたが、それはタイの国家開発政策の方向と一致するものであった。一方、組織の面でもラフ教会は、キリスト教徒ラフを中央集権的に組織し、ラフ教会がタイ政府公認の「宗教的な団体」の一部を構成することで、信徒たちに身分的な保証を与えている。組織と活動の両面から、ラフ教会はキリスト教徒ラフが近代社会へと適応し、民族的・宗教的なアイデンティティを保持しつつ、タイという移住先国での身分的な保証を確保する助けとなっている。

さらにキリスト教は、「他人の国に住み、他人の奴隷をする」(shu mvuhˇ mi, chehˇ ve) キリスト教徒ラフの歴史的・社会的な苦難の経験に、聖書やイスラエルの民の物語を参照することによって、独特の意味を与え、それを分節化している。現実にはキリスト教徒ラフは、仏教徒タイ人がホスト民族であり、仏教的な価値観が卓越するタイという国家の中で、周縁的な少数民族として暮している。しかしキリスト教はその彼らの苦難の経験に、本来自分たちこそが義であり、いずれは救済されるのだという意味を与え、抑圧された民としての経験を逆説的に正当化しているのである。

非仏教系集団の第二の事例として取りあげた伝統派ラフは、近隣のタイ系民族からは「精霊崇拝者」と見做され、行政的な扱いでは「仏教徒」の範疇に置かれるが、実際には、諸精霊への儀礼的な働きかけをおこないながらも、究極的には至高神グシャを崇拝の対象とする者たちである。しかし、「グシャ崇拝者」である伝統派ラフは、仏教が圧倒的なタイにおいても、宗教的に大きな問題には直面していない。これは、崇拝の対象よりも、祭祀のやり方にもとづいて宗教的な帰属を判断する伝統派ラフが、儀礼具や儀礼行為の類似性ゆえに、タイ系の仏教に対して一種の親近感を抱いていることによる。祭祀の類似性から来る宗教的な親和性は、伝統派ラフをして「仏教徒と言われれば仏教徒」という意識をもたせ、制度の中で「仏教徒」とされることに抵抗感ない一方で、「ラフの昔からの本当の（宗教慣習的な）やり方」を信奉しているという主張の下で、民族的・宗教的なアイデンティティを維持・形成させているのである。

本章冒頭で問題提起した通り、事実上の仏教国であるタイにおいて、住民の宗教帰属は「宗教」の問題のみにとどまらず、民族的アイデンティティや国民統合およびナショナリズムの問題でもある。キリスト教徒ラフと伝統派ラフの事例が示すのは、これらの集団の宗教のあり方が、宗教的な帰属の問題を超えて、民族的・国民としてのアイデンティティの問題とも関連していることであった。社会的な周縁者であるこれらの集団にとって「宗教」は、「他人の国」における自らの地歩を確保するための重要な要素となっているのである。

註

（1）タイ国憲法は国民に仏教以外の宗教についても信仰の自由を保障している。しかし、一方で憲法は「国王は仏教徒であり、宗教の保護者である」（第九条）と規定している。同時に第七三条は、「国は仏教および他の宗教を保護し、あらゆる宗教の教徒間の理解および合意を促進するとともに、宗教の原理に基づく道徳の確立および生活の改善を支援しなければならない」と定めている。

（2）宗務局による二〇〇五年の宗教別人口構成は、統計局による二〇〇〇年データの数字をそのまま示している。

(3) これはかつてのマレー系朝貢国の一部が、タイに編入されたという歴史的な経緯による。マレーシアと国境を接するパタニー、ヤラー、ナラティワート三県では、ムスリム人口の割合は七〇～八〇パーセントを占め、住民の中で多数派を形成している。

(4) 司教区別カトリック信徒数については、林（編）（二〇〇六：四〇）を参照。

(5) 二〇〇〇年の宗教人口統計から、「無宗教」という項目が現われた。

(6)「文化省宗務局の公務分割についての二〇〇二年省規則」*Kotkrasuang baengsuan ratchakan kromsasana krasuangwatthanatham pho so 2545.*

(7) 国家仏教長設立と「他宗教」行政の分離についての詳しい経緯に関しては、本書第五章を参照のこと。

(8) モンクット王（ラーマ四世）とも親交のあった長老派教会のマクギルヴァリー（McGilvary）師は、一八五九年にペチャブリの領主と会見し、次のような言葉をもらっている。「師よ、私はあなたにペチャブリに来てもらいたい。あなたには家族がない。私はあなたに家を準備し、必要なすべての助力を差し上げよう。あなたは好きなだけキリスト教を布教してよい、私の息子に英語を教えてくれるならば」（Wells 1958: 50）。マクギルヴァリーは一八六七年にチェンマイに伝道所を設立して北部に進出するが、それに際して彼がチェンマイでの居住と活動の許可を北部の領主とシャム王の両方に求めていることは（Wells 1958: 52）、前近代から近代への過渡期にあったシャムの国家体制を反映したものだと考えられる。

(9) 林（編）（二〇〇六：三二一―三九）に「資料編」として各種法令の邦訳を付した。

(10) *Rabiap kromkansatsana waduai ongkansasana tang tang pho so 2512.*

(11) この「仏暦二五一二年の種々の宗教に関する宗務局規則」が公布された一九六九年には、タイ国カトリック教会（Samakhom katholik haeng prathet thai）、タイ国キリスト教会（CCT: Sapha khristacak nai prathet thai）、タイ国クリスチャン連合（EFT: Sahakit khristian haeng prathet thai）が「宗教的な大団体」として承認されている（教育省宗務局宗教保護部タイ国内宗教団体係 n.d.: 七）。

一九七〇年に公布された「宗教的な位階の呼称に関する規定についての宗務局公告」では、それまでタイ仏教で用いられる呼称をカトリック組織にも使用してきたために生じていた混乱を解決するために、カトリック組織に対して用いるべき公的な呼称を規定している。

(12) 一九七七年と一九七九年には、南部バプテスト教会（*Saha khriscak baeptis haeg prathet thai*）およびタイ国セブンデーアドベンテスト教会（*Munlanithi Sewende Aedwentis haeng prathet thai*）が、それぞれ「宗教的な小団体」として承認を受けている（教育省宗務局宗教保護部タイ国内宗教団体係 n.d.: 9）。セブンデーアドベンテスト教会はタイ語でかつて*Khriscak wan sao haeng prathet thai*とも称した。米国ではキリスト教系の新宗教と見做されるセブンデーアドベンテスト教会は、タイ政府の分類ではプロテスタント系の宗教団体とされている。

(13) *Rabiap kromkansasana waduai kan ok nangsue raprong phua to ayu nangsue duen than khong phu phuei phrae sasana chao tang pratet pho so 2523.*

(14) *Rabiap kromkansasana waduai kan phueiphrae sasana khong phu phueiphrae sasana chao tangchat nai prathet thai pho so 2524.*

(15) 外国人布教者の滞在許可延長に際しては、宗務局がそのための証明書類を発行することになるが、この証明書類発行のためには、外国人布教者の属する政府公認の宗教団体が宗務局に諸書類を提出しなければならない。各団体は四ヶ月ごとにそれに属する外国人布教者の活動について宗務局に報告する義務をもち、宗務局は各団体の外国人布教者の数を規定する権限をもつ。外国人布教者は、タイの秩序、法律、慣習、倫理などに則って活動しなければならず、国民や宗教間の調和を尊重し、誘引、騙し、誹謗等をおこなってはならない。違反の場合には、宗務局は外国人布教者の滞在許可延長に必要な証明書類の発行をやめたり、宗教団体がすでに得ている公的な承認を取り消すこともあると規定している。

(16) *Rabiap kromkansatsana waduai ongkansasana tang tang (chabap thi 2) pho so 2525.*

(17) これらの五大教会組織に属せずに活動している教会や宣教師もいて、中でも頻繁に挙げられるのは、「モーモン」(モルモン)である。宗務局も彼らの存在と活動を知っている。他にも「サイエーン」(「クリスチャン・サイエンス」)もまた「非公認」の団体である。

(18) 以下において「キリスト教徒ラフ」という語で指示されるのは、タイのラフの民族教会TLBC(後述)に属する人びとのうち黄ラフとラフ・シェレを除く人びと(およびそれに到る過去の系列の人びと)とする。

(19) ラフ語名は“Htai¯ Mvuhˇ Mi˰ Laˇ Huˍ Γ K'a˄ Tuˍ Ve Aw˰ Moˍ.”(Htai-Lim)である。字義通りには「タイ国ラフ浸水集団」である。「浸水」とはバプテスト派教会のおこなう、全身を水に浸すことによるバプテズムを意味する。

(20) 二〇〇三年八月時点で、TLBCの信徒数は一万五千五一三名である。また一九九六年にTLBCから離脱した、黄ラフを中心とするラフ教会TLCC(後述)は、二〇〇〇年頃にCCT第六部に加入したが、二〇〇三年八月時点で四千六八六名の信徒をもつとしている。CCT以外のプロテスタント教会組織に属するラフ教会の信徒、さらには独立系教会のラフ信徒も存在する。カトリックのラフ信徒数は、二〇〇〇年一月時点で二千人程と推定される。これらを単純に合計すれば、タイのラフのキリスト教徒人口は二万二千一九九人となる。タイ政府による二〇〇二年山地民人口統計におけるラフ人口は十万二千八七六人である(社会開発と人間保障社会開発と福利局 二〇〇二)。宣教師ルイス夫妻は一九八四年の時点で、「タイのラフ全人口の三分の一がキリスト教コミュニティの中に住んでいる」と推計していた。

(21) L-A-Lは実際にはほとんどがラフの信徒と若干のアカの信徒からなる教会組織であったが、アカやリスへの活動を見越してこう命名された(Lewis and Lewis 1981)。しかし、実際はその後もL-A-Lは、ラフ中心の活動が続いた。

(22) いつ“Lahu Baptist Convention in Thailand”が現在の名称“Thailand Lahu Baptist Convention”に変更されたかは不明である。

(23) 一九七六年にはHtai¯ Mvuhˇ Mi˰ Laˇ Huˍ Γ K'a˄ Tuˍ Ve Aw˰ Moˍ (Htai-Lim)というラフ名を採用した。

(24) ラフのバプテスト教会は、年に一度三月の終わりから四月初めの乾季の農閑期に、一般の村人を含む各地の教会員が一箇所に集まり、野営をしながら三泊四日のあいだ祈祷会をおこなう。ビルマ時代からの伝統である。ラフ語では“bon pawehˇ lon¯”(祝福—祭—大:「大宗教祭」)あるいは“siˇ g'oˇ-eˇ”(「会議」:ビルマ語由来)と呼ばれる。

(25) タイの国家政策は、教育や行政における中央タイ語のみの使用をひとつの柱とする。

(26) LBCTとTLBCの各分野における活動の詳細については、西本(二〇〇五:六四-六九)を参照のこと。

(27) タイ語の“khet”(地域、地区)の借用語である。

(28) TLBCの当時の議長アドゥン(A dul Na ma)氏からの聞き取り(二〇〇〇年七月五日)。
(29) ラフ語名は"Htaiˇ Mvuhˇ Mi, Laˇ Hu, Hkri, Yaˇ Aw, Mo_"、タイ語名は"Khana Kriscak Lahu nai Prathet Thai"である。
(30)「地区」の他に「信徒単位」もふたつ存在する。二〇〇二年時点では、信徒単位二ヶ所に加えて、第一地区に一四教会、第二地区に七教会、第三地区に一七教会、第四地区に一三教会、第五地区に七教会、第六地区に九教会、第七地区に九教会、メーサリアン地区に二教会、ワ教会地区に二教会、メホンソン地区に五教会が存在する。
(31) あるCCT職員は「ある山地民伝道師が新しい村に入って活動していたところ、近くの仏教徒のタイ人たちが快く思わず、不審者がいると警察に通報したことがある」と語った。このような事態に備えるためにも、CCTがそれに所属する山地民教会の伝道師に「伝道師証」を発行し、携帯を促している。また、筆者の調査地の村人がタイ国籍を申請していた一九九七年当時に、ビルマ出身のラフ人伝道師夫妻が、国籍申請の際にもCCTが「助けてくれる」と語ったこともあった。
(32) 自ら国家を形成しないラフにとって、彼らが居住するタイ国やビルマなどは「他人の国」と表現される。
(33)「よきキリスト者」とあるためには、伝道、教会への一〇分の一献金、村牧師を扶養すること等の「グシャの[ための]仕事」(G'ui, sha ve kan˯)を果たさなければならないとされる。キリスト教徒ラフにおいては、村牧師は村人による金銭、物品、労働の拠出によって部分的に扶養される。
(34) 伝統派ラフの宗教については、西本(二〇〇八)を参照のこと。
(35) ただし、伝統派ラフの歴史で繰り返されてきた千年王国的な宗教運動においては、精霊への儀礼的な懇願行為の否定とグシャのみの崇拝、つまり、ネ祭祀からグシャ崇拝への傾斜と呼ぶべき運動がしばしば見られる。また、伝統派ラフとキリスト教徒ラフのネに対する意味づけは対照的(前者においては両義的、後者においては一義的な悪)であるが、両集団に共通するのは、グシャを究極の崇拝対象とすることである。ラフは下位集団ごとに大きな宗教的多様性がみられるが、大部分はこの「グシャ崇拝」という点で共通している。
(36) 一方で、「キリスト教徒」として国民携帯証に記載されることに対しては、伝統派ラフは大きな抵抗感をもっていた。筆者の観察した事例では、ある伝統派ラフの村人の宗教帰属記載が、誤って「キリスト教徒」とされていたが、その記載を見た人々は、「どこかで死んだ場合に、これではキリスト教徒として埋葬されてしまう」と言って、動揺を示していた。
(37) キリスト教徒ラフの子弟がタイの寺院で出家することは、殆ど考えられない。キリスト教徒ラフが子弟の教育機会を得るためにとる方法は、キリスト教会が運営する生徒寮へ寄宿させたり、キリスト教会を通して奨学金を探したりすることである。
(38) プジョンはシャン語の「寺守」を意味する語に由来し、伝統派ラフがタイ系民族と話す際に、村の神殿を管理する祭司を指して使う語である。ラフ語ではこの村の祭司は「トボ」to bo と呼ばれる。
(39) 実際には、タイ暦の「仏日」は、満月と新月の日の他に二度の半月の日も含め、ひと月に四度ある。このうち伝統派ラフの「戒日」に一致するのは満月と新月の「仏日」のみである。

（40）これらは、厳密には仏教が教える祭祀のやり方ではないが、タイ系仏教徒の間で広く見られる儀礼行為である。

（41）一般の日本人家庭で、（線香や）蝋燭を点して礼拝することなどを話すと、伝統派ラフの村人はしばしば「ラフも日本人も同じなんだ」といった言葉を発したものだった。また、祭祀において蝋燭を点さないバプテスト派のキリスト教徒に対しては、宗教的な差異が強調される一方で、蝋燭を点すカトリック（ca bo_ と呼ばれる）に対しては、「やつらも蝋燭を燃やす」と、一種の親近感めいたものが表現されることがあった。

（42）伝統派ラフの宗教的な自称はしばしば、「蝋燭を燃やす者」（pehˇ tuˉ pa_）や「糸を結ぶ者」（aˉ mvuh hkehn tcuhˉ pa_）である。

参照文献

A dul Nama. 1995 Hai-Lim 25 Hk'aw, Ju Bi Li (Thailand Lahu Baptist Convention 25 Years Jubilee). Chiang Mai: Thailand Lahu Baptist Convention.

Chayan Hiranphan. 1997 60 Pi Sapha Khriscak: Bangkok: Church of Christ in Thailand.（タイ語）

Church of Christ in Thailand, The. 2003. *Update 2003* (*nangsue khomun saphakhristacak*) Bangkok: Personnel Development Unit of the Church of Christ in Thailand.（タイ語）

林　行夫　二〇〇四「隠蔽される身体と〈絆〉の所在――制度宗教の表象とタイ仏教危機論」池上良正他（編）『岩波講座宗教第六巻　絆』二一五―二四三頁所収、東京：岩波書店。

林　行夫（編）　二〇〇六『東南アジア・西南中国の宗教と社会変容―制度・境域・実践』（平成一五―一七年度科学研究補助金・基盤研究（A）［一］課題番号一五二五二〇〇三研究成果報告書）［xii ＋九九七頁］。

片岡　樹　一九九四「ラフ族――山地民とキリスト教」小野澤正喜（編）『暮らしがわかるアジア読本タイ』二一〇―二一五頁所収、東京：河出書房新社。

片岡　樹　二〇〇七『タイ山地一神教徒の民族誌――キリスト教徒ラフの国家・民族・文化』東京：風響社。

教育省宗務局宗教保護部タイ国内宗教団体係（Fai ongkan sasana nai prathet thai, kong sasanupatham, krom kan sasana, krasuang sueksathikan）. n.d. ［c.1989？］『その他の宗教保護に関する仕事実践の手引き』（Khumue kan pathibat ngan kiao kap ngan upatham sasana uen）バンコク：宗教印刷所（rong phim kan sasana）

Lewis, Paul and Elaine Lewis. n.d. G'ui, sha ve ha, pehˇ ve pa taw yo.（グシャの愛のお陰である）MS.（ラフ語）

Lewis, Paul and Elaine Lewis. 1981 Oral History Interview OHE 9/81. パヤップ大学文書館蔵の八巻のカセットテープ。

Lewis, Paul and Elaine Lewis. *1984 Peoples of the Golden Triangle*. London: Thames and Hudson

Long, Sylvia M. 1964 "Lahu Report". Chiang Mai: Overseas Missionary Fellowship. Typescript. (London: China Inland Mission Archives).
西本陽一　二〇〇〇「北タイ・クリスチャン・ラフ族における民族関係の経験と自嘲の語り」『民族学研究』六四（四）：四二五―四四六頁。
――――　二〇〇四「山の民から少数民族へ――タイ北部・ラフの山地民意識とその変化」『地学雑誌』一一三（二）：二八三―二九三頁。
――――　二〇〇五「山地少数民族ラフにおけるキリスト教」『金沢大学文学部論集 行動科学・哲学篇』二五：五七―八九頁。
――――　二〇〇六「神話の社会空間――山地民ラフの『文字／本の喪失』の物語」西井凉子・田辺繁治（編）『社会空間の人類学 ―― マテリアリティ・主体・モダニティ』京都：世界思想社、二八六―三〇六頁.
――――　二〇〇六「仏教国家と境域民族――タイ国と非仏教系山地民の接触面」林行夫（編）『東南アジア・西南中国の宗教と社会変容』、一―三一頁。
――――　二〇〇八「伝統宗教の動態――北タイ・赤ラフ族の宗教」『金沢大学文学部論集　行動科学・哲学篇』二八：六五―一七二頁。
NISHIMOTO Yoichi. 2000. Lahu Narratives of Inferiority: Christianity and Minority in Ethnic Power Relations. Chiang Rai: The Center for Inter-Ethnic Studies, Rajabhat Institute Chiang Rai.
________. 2003. "The Religion of the Lahu Nyi (Red Lahu) in Northern Thailand: General Description with Preliminary Remarks"『金沢大学文学部論集 行動科学・哲学篇』二三：一一五―一三八頁。
Pathiphat Patthanakaya. 1991. "Sueksa Prawat Khriscak Lahu Baeptis nai Prathet Thai"（タイ国ラフ・バプテスト教会の歴史の研究）。パヤップ大学修士論文（タイ語）。
Satian Wichailak ed. n.d. "Phrarachbanyat waduai laksanathana khong watbatluang romankhatholik nai krungsayam tam kotmai ro so 128" Bangkok: Nitiwet.
社会開発と人間保障省社会開発と福利局（Krom Phatthanaa Sangkhom lae Sawatdikan, Krasuang Kaan Phatthanaa lae Khwaammankhong khong Manut）. 2002. *Thamnip Chumchon bon Phuenthisuung 20 Cangwat nai Prathet Thai Pho So 2545 (Highland Communities within 20 Provinces of Thailand, 2002)*. n. p: Krom Phatthana Sangkhom lae Sawatdikan, Krasuang Kanphatthana lae Khwammankhon khong Manut.（タイ語）。
Smally, William. 1994. Linguistic Diversity and National Unity: Language Ecology in Thailand. Chicago: University of Chicago Press.
U.S. Department of State, The. 2005. International Religious Freedom Report 2005: Thailand.（http://www.state.gov/g/drl/rls/irf/2005/51531.htm）.
Walker, Anthony R. 1992. Northern Thailand as Geo-Ethnic Mosaic. In The Highland Heritage: Collected Essays on Upland North Thailand edited by Anthony R. Walker, pp. 1–93. Singapore: Suvarnabhumi Books.
Wells, Kenneth E. 1958. History of Protestant Work in Thailand 1828–1958. Bangkok: Church of Christ in Thailand.

第一一章　カレン州パアンにおける仏教徒ポー・カレンの宗教実践

速水洋子

はじめに

ズウェカビン山は、カレン州の州都パアンの南に聳え、ビルマ（ミャンマー）[1]の多くのカレンにとっては象徴とも聖地ともいえる威容の山である（写真11-1）。沼沢の多い平原のあちこちに石灰岩質の岩山が突出し、そこには寺院や祠、パゴダなどが建てられている。ドンインと呼ばれる地区[2]にあるそうしたパゴダの一つに、雨季を待つ酷暑の中で、美しくカレン衣装を着飾った何十組もの若いカップルがひしめくように集う日がある。正午になって太陽が傾き始める前に、結婚の誓願を立てるためである。この「集団結婚」のような光景は、しかし地元パアン周辺の人々には当たり前の年中行事である。ここで誓願を立てるのは、「ドゥーウェー」と呼ばれる宗教実践に関与する、ズウェカビン山東西の広範囲にわたる地域の仏教徒ポー・カレンの人々である。本章は、この地域で仏教を中心に展開する多重の宗教実践を対象とし、中でもこのドゥーウェー実践に焦点を当てる。

パアン[3]の平野部における仏教徒ポー・カレン地域には、重層的で豊かな民俗・宗教世界が見いだされる。仏教徒ポー・カレン文化の仏教実践はここを中心に展開したが、一方で同地域はビルマ仏教の歴史的・政治的過程の周縁に位置づけられてきた。

ビルマにおけるカレンの宗教実践に関わる論考は、いずれもタイ側からの調査とビルマ外で入手可能な英語文献を通じて分析が試みられてきた（Stern 1968; Gravers 2001; 速水 二〇〇四）。本章では近年のカレン州における調査・資料収集によって明らかになった従来の研究では触れられていない宗教実践をとりあげる[4]。そして、これらを植民地期以来、当

写真 11−1　ズウェカビン山の威容

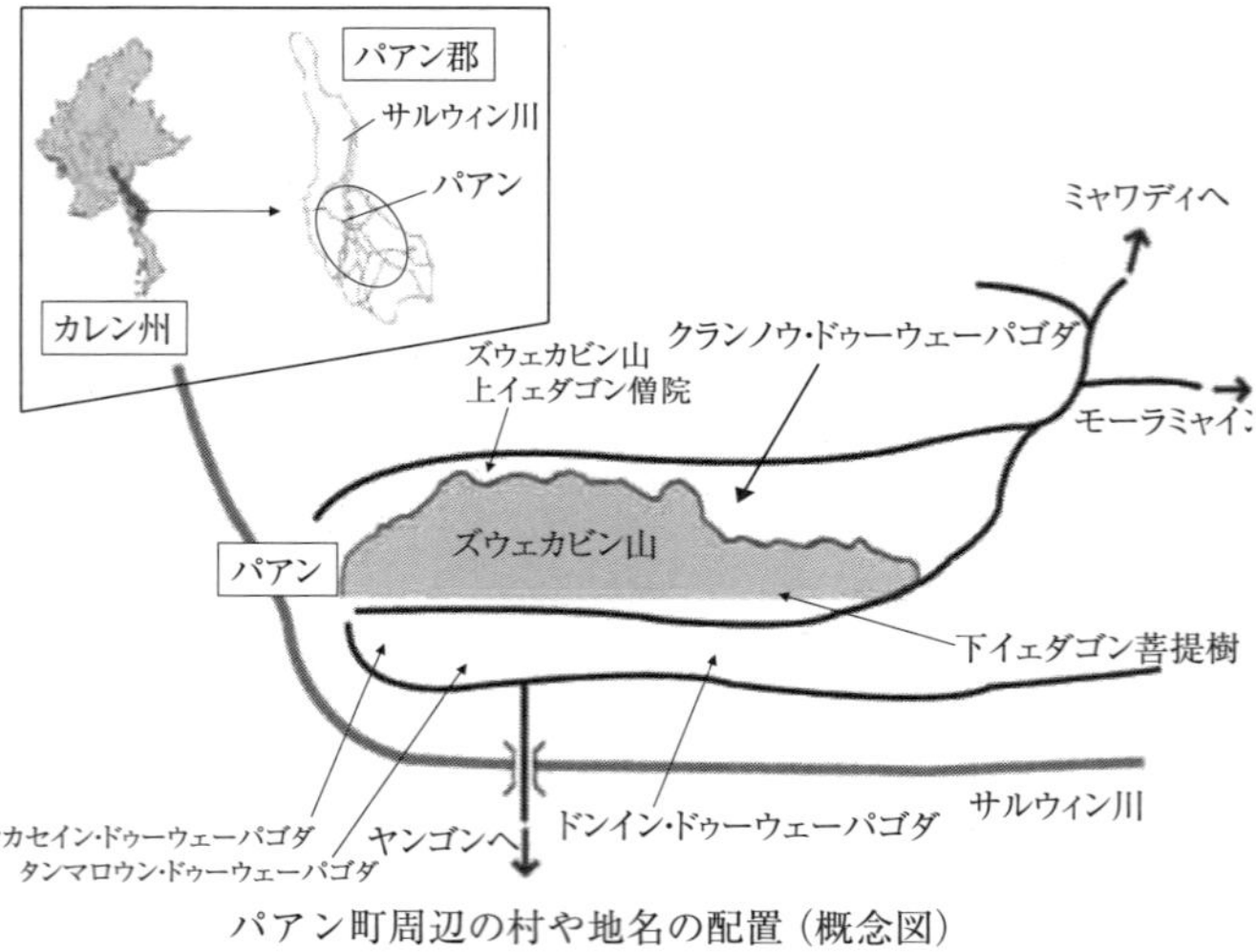

パアン町周辺の村や地名の配置（概念図）

地で展開してきた仏教を含む宗教実践の動態的な過程の中に位置付けていく。理解のための文脈とは、第一に国境に近いこの地域に生活する人々が経験してきた歴史的な背景と社会・政治過程の変動であり、第二にカレンの慣習と宗教実践との相互に連関する動態であり、第三に当地のカレンの、そしてカレン仏教実践のビルマの宗教における位置付けである。本章は、今日のカレン州パアン郡における宗教実践をこのような多重な文脈において分析し、これまでビルマの宗教実践について提示されてきた枠組にも依拠しながら検討することを目的とする。そして、宗教実践の動態に、少数民族としてのアイデンティティがどのように関与するかを考察する。ただし、宗教実践と民族のアイデンティティが結節することを所与の前提とするのではない。事象を追ってみると、ここで扱う宗教運動・宗教実践はいずれも、顕著に民族への再帰的な言説を含んでおり、そうなるに至った歴史的文脈を検討する必要がある。

一　東部仏教徒カレン文化の重層性

カレン州平野部在住カレンの間で、仏教は一八世紀末から一九世紀初期にかけて伝播されたと言われる[5]。十九世紀半ばにはズウェカビン山上の上イェダゴン僧院でポー・カレン仏教徒文字が考案され[6]、山を取り巻く平野部の寺院では、仏教カレン文字文化が花開き、多くの貝葉文書が記された。下ビルマは、一九世紀前半より植民地化の進行とともに社会的にも政治的にも激動の時代にあった。王権支配がもはや上ビルマに限定される中で、ミンドン王（一八五二〜七七）は仏教浄化を志すが、特にその統制の届かない下ビルマでは、数多の宗派が生まれた（Mendelson 1975: 102–111）。以下にみるポー・カレン仏教も、同じ流れの中で開花したといえるだろう。またこの時期から二〇世紀初頭まで、はじめは下ビルマで、一八八〇年代の上ビルマの英領化後は上ビルマでも、カリスマ的指導者が植民地下の重税にあえぐ人々を動員して、未来王、転輪聖王を名乗って運動を起こすという事例が頻繁に見られた（Mendelson 1975: 175–79; 1961a; 1961b; Gravers 2001: 4–5; 土佐 二〇〇〇：二三四―二三七）。こうした指導者たちは、錬金術や占星術などに長じ、超自然的な力を持つ者として民衆を動員している。丁度同じ時期、カレン人口の多い東部地域でも多くの宗教運動が未来王、あるいは未来仏、弥勒仏の名のもとに起こった。

一方、モーラミャインを拠点としたキリスト教宣教がパアン近郊に波及し一八三六年にズウェカビン山麓のドンインにポー・カレンを対象とするバプテストの宣教拠点ができた。カレンの人々の中に知識や文字への強い希求を見出したバプテスト宣教師たちは、自分たちこそ文字のないカレンに文字と書物をもたらすのだと主張し、印刷物を刊行・配布していた(7)。このキリスト教宣教は上イェダゴン僧院を中心とする地元僧侶達には脅威となり、その対抗意識を煽った(8)。同時期、十九世紀半ばのドンインを中心とするカレンの間には、弥勒仏信仰をかかげたセクト的な宗教運動が複数、開始された。それらの多くがやはり文字や文書を救済の重要なポイントとしていたことも、上述のような当時の下ビルマの政治社会状況のみならず、ポー・カレン仏教文字文化やキリスト教到来を含む新たな動きに呼応したものであったことを物語る。

時代は下り、独立（一九四八年）後、この東部カレン地域は民族闘争を展開するKNU（カレン民族同盟）の軍であるKNLA（カレン民族解放軍）とビルマ軍の間で翻弄された。KNU勢力は次第に国境の山地へとその領域が限定されていくが、一九八〇年代まで当地の住民は双方の軍の応酬に影響を被り続けた。一方中央では一九八〇年、ネーウィン政権は政教分離の基本方針のもと、全宗派合同会議にて公認九宗派を決定し、仏教政策を転換し、仏教浄化と保護の名の下に政治権力による強権的支配を仏教にも及ばせるようになる。僧侶を登録させ、国家統治によって危険な存在ともなりうる政治僧や、超自然的な「力」を信仰する民衆の活動を統制していき、中央化したサンガの組織が確定された（小

島 二〇〇六：三四九―三五二；Matthews 1993)。

この時期、パアン周辺の仏教世界も変貌する。地域のカレン仏教文化の中心であったパアン周辺の主要な寺院の僧正は、ビルマ人僧侶に代わられた。特に、象徴的なのは、カレン仏教文化発祥の地ともされるズウェカビン山頂にある上イェダゴン僧院に、それまで続いていた地元カレンの信奉を集める地元出身僧正に代わり、ビルマ人の僧正が就いた(9)。現在の僧正は、モン州出身のビルマ人で、パアン郡のサンガを統括し、公共事業に熱心で、体制のバックアップを得てクリニックや学校、寺院の建築を進めている。一九九〇年代には西側山麓の広大な敷地に千仏を配し、百八のパゴダを建立する許可を得ており、ここは現在ではローマニ果樹園と呼ばれて若者を中心に憩いの場となっている。さらに、西南山麓にも僧院と千体の仏像を建て、デイェ果樹園という敷地を用意しており、二〇〇四年に建設を始めている。僧正自身の言葉によると、宗教用地であっても山麓を放置していると、周囲の農民が入って生活を営むので、敷地を区切ってスクォッターが入れないようにし、そこへ仏像とパゴダの庭園を築き、仏教の楽園とするという計画である。

このようにビルマ人僧侶を送り、ズウェカビンを中心にパゴダを建ててビルマ仏教のもとで、中央仏教組織に組み入れていく一方で、地元で尊敬されるカレン僧侶にはビルマサンガの称号を与えている。前述のザガラ僧正はカレン語の著作もあり知識僧として知られるドンイン地区コータウン村の寺院の住職だが二〇〇四年に称号を授与されている(10)。

一方同時期に、そのような体制の統制を受けずに地元ばかりか全土の民衆の支持を得る僧侶が出現した。一九八一年にパアン東部のターマニャ山に籠もって修行を始めた僧侶ウ・ウィナヤが、ターマニャ僧正として次第に名声を得たのである。一九八〇年代半ばから僧正を信奉する人々が徐々に集まり集落を形成した（土佐　二〇〇五）。政治的に中立を保った同僧正が名声を得て、参拝者が増加したのが一九九〇年代であり、特にアウンサンスーチー氏の一九九五年の訪問はよく知られる。

ちょうどこの頃、同僧正の弟子ウ・トゥザナは、民族闘争の母体であったカレン民族同盟（ＫＮＵ）が優勢を誇る国境地帯の丘にパゴダを建立しはじめた。キリスト教徒が指導層を形成するKNUにあって仏教徒カレンは貧しい歩兵が多く、彼らが同師にしたがって民主カレン仏教徒組織（DKBO）を結成し、一九九四年にKNUより分派した。同師は、五十の白いパゴダを建立することでこの地に平和をもたらすことを予言し、帰依者は彼の超自然的な力を信じ、彼の聖水を飲んで菜食を守り、ミャインジーグー寺院で瞑想修行を行い、一時は二〇〇〇人ともいわれた（Gravers 2001）。DKBOの軍隊であるDKBAはビルマ体制側（当初はSLORC、一九九七年以後はSPDC）に付いてKNUと戦い、徐々にパアンの平地部で勢力を増した。パアン郡内の道が整備され体制のバックアップを得たDKBAが常駐して一定の秩序を得ると、首都からの道も整備され、一九九〇年代後半にはこの地域はブラウンゾーンから解放された。ミャインジーグー僧正はその実践において師であるターマニャ僧正と類似しており、民衆の帰依の原動力ともいえるのは修行によって獲得された超自然的な力である点も共通している。しかしDKBAが体制側に動員され、キン・ニュンが政権の中枢にいた時期には、政治権力と良好な関係をもった点、あくまでも中立を保ったターマニャ僧正と一線を画する。

このように一九八〇年代以降のパアン郡内のポー・カレン仏教は、ビルマ仏教世界に組み入れられ、政治・軍事的な動向に大きく左右された。その中で地元出身のカレン僧侶の対応も、世俗信徒の帰依も一様ではなかった。まずは、植民地期以来の多様な宗教実践の中でも上述の宗教運動について、仏教との位置関係に注意しつつみてみよう。

二　宗教実践の多様性

上述のように、上イェダゴン僧院を中心に、カレン仏教文化が開花したのは十九世紀半ば以降である。同時期、未来仏の到来を信じるセクト的な宗教共同体（ビルマ語では「ガイン」と称される）が間歇的に生まれ、中でも一八六〇年代から今日まで続いているのがタラコウンとレーケーである。[11]

タラコウンは、一八六〇年代にカレン州東部で創始され、現在もタイとビルマ両国に信者を持つ。[12] 創始者であるソー・ヨウ（スゴー・カレン語。ポー・カレン語ではジョン・ユー）は、伝承上のカレン仏教の祖プーターマイ（脚注5参照）と縁のある人物とされる。「カレン衣装を着用して始めてタラコウンになれる」として男性は髷が義務づけられ、カレンの伝統の継承、秩序と平和を保って、結束して生活をしながら、未来仏の到来によるカレン王国の実現と救済の時を待つ（Stern 1968: 317）。弥勒信仰と精霊信仰、カレンの慣習が混在した実践である。地元民俗誌家マン・ティン・ナウンによればば家庭生活に密着した一五戒を結婚式の時などに教えた（Man Thint Naung 2006b: 23-27）。一九五九年当時、ビルマ側ではパアンを中心に一万の信者を数えたが（Tadaw 1959）、その後、民族闘争に加わってビルマ兵によって大量に殺された事件（一九六七年）などにより勢いを失ったとされ、主にタイ側で続いている（Stern 1968: 325; Gravers 2001）。タラコウンは、仏教実践と関係が深い。信者は仏をも拝し、祭礼には僧侶も招かれ、リーダーとともに小屋にこもるが、リーダーは僧侶よりも上に位置づけられ、仏教と共存しながらも差異化し序列化している。

タラコウンと同時期にやはりパアン近郊でレーケー実践が始められた。[13] 伝承によると一八四〇年代に二人の僧侶がズウェカビン山上にて七日七晩断食修行をして神仏から文字を授かり、その後一八六〇年代にサルウィン川西岸のフニッチャ村で年長の男女がこの文字で記された文書を授かったのがレーケーの始まりとされる。この二人を中心に、弥勒仏が金の船で迎えに来ると信じ、仏法と両親を重んじる実践を続けてきた。前述のズウェカビン山上のカレン仏教文化の担い手ウ・ヤウンは還俗後、レーケーに参与したと言われる。しかしレーケーは仏教実践と一線を画し、僧侶を拝むことをしない。独特のパゴダを造り、レーケーの書を読んで弥勒の到来を信じる。レーケー実践は、文字と宗教テキスト、そして弥勒信仰を核とし、そこにカレンの慣習・規範や伝承の重視が加わる。実践の中心は土曜礼拝と菜食主義[14]で、広くカレン州一帯に分布する[15]。

レーケーはタラコウンと類似点も多いが、現在タラコウンが劣勢にあるのに対し、地域的にも広がりを見せ、若い信者も確保している。その後の両セクトの実践の盛衰は対照的だが、いずれもその主張や実践形態を変化させながら、独自性を保ってきた。スターンは、「レーケーもタラコウンも同様の運動中の最後のものではなく、正統仏教やキリスト教の動態的な宣教の圧力ばかりか後続の多くの同様の運動に対しても自らの主張を守り続けてきた」と記している（Stern 1968: 308）。帰依者を集めた力ある始祖の亡き後も代を経て組織を保ち、時代に即応しながら存続している。

これら永年の宗教集団に対して、現在初代の若きカリスマ的指導者を持つ新興の宗教実践として同地域で信者を獲得しているのがプータキー信仰である[16]。現在三〇代半ばのプータキーはドンイン在住だった高校時代、「自分があまりに他の生徒と違うので（学校に）通えなくなり」、一七歳で見習僧となり、三年三月三日間瞑想修行を行った。しかし頭髪を伸ばして僧侶らの反感をかったため寺を出て、プータキー（カレンの伝承の人物）を名乗るようになった。前世、自分はスゴー・カレンでプータキーと呼ばれていた、また別の前世でドンインのカレン王であったと名乗り、王の装束、ブラーフマの装束など十二種類の装束を、時と場合に応じて着用する。信者は一様に髷を結い、修行者は白衣を、一般信徒はカレン衣装を身につける。プータキー自身、信仰の核はカレンの慣習と仏教であるとし、実践の目的は第一に力による加護を得ること、第二に弥勒仏の到来を待ち、その後涅槃に達することであると語る。また、カレン民族・文化が消えないようにカレンの慣習を守ることを重視するという。信者は一生菜食を守るが、特にプータキーは米のゆで汁のみで固形物は食べない。自らの実践については、瞑想による超越的な知と、カレンの慣習の保持を強調する。知識はどこで学んだのかと尋ねると「自分の知で考え魂で見るように集中して（サマティ）知る。本などから学ぶのではない。自分が修行で得た知識である。書く人より実践する人が正しい」と答えた。

当初、プータキーの実践集団はズウェカビン西南麓のドンインにあるイェダゴン池のそばで一〇年間過ごし二〇〇体

写真 11-2　プータキーの帰依者集団が建てたパゴダ群

ものパゴダ群の建設を始めた（写真11-2）。先述のローマニ果樹園やディイェ果樹園などのビルマ人上イェダゴン僧正によるパゴダ建立計画も九〇年代以来であるが、同じズウェカビン山西麓に隣り合って展開するパゴダ建立競争の観がある。しかもプータキーは当初、僧侶を拝さず、集めた寄進を寺院にもたらすことなく自らの事業と運動に注ぎ、かつ若いときからの奇行の故に宗教局や周囲仏教徒からの批判や風当たりが強かった。そこで、一九九八年に本拠地を東のジャイン川の近くへ移した。プータキーは修行の初期に、アランタヤ僧正（徹底した菜食主義で信者を集めて一九六〇年代から共同体を形成したカリスマ的な僧侶）のもとで教えを乞い、そこで菜食を守るようになった。その後は同様に菜食主義を貫く共同体を形成したターマニャ僧正にも教えをうけ、パゴダを建設することやジャインに移動することなどについては同僧正のアドバイスを仰いだという。仏教側からの批判を受けたプータキーは、当地で尊敬を集める同僧正を訪れて帰依し、自らの正当化を図ってきたとみることもできるだろう。

以上ここまで見てきた三つの宗教実践共同体は、その契機として弥勒仏信仰を含む救済志向の実践と特徴づけることができ、いずれもゆるやかな集団として認識されビルマ語でガインと呼ばれる。スターンは、一九世紀以来のカレンの宗教運動のうち、タラコウンやレーケーなどは、救世主としての弥勒仏の到来とカレンの新しい世界の到来を待つもので、その原因として低地文明への羨望と、そうした文明の担い手による抑圧に対する苦い思いがあり、その実践においてはビルマ仏教の影響が強いとしている（Stern 1968）。すなわちビルマ仏教の影響を受けた実践を通じて、ビルマへの抵抗あるいは逃避を試みているというのである。

グレイヴァースは上述のウ・トゥザナやタラコウンなどを論じる中で、スターンと同様にカレンの宗教運動はビルマやモンの宗教・宇宙観と深いかかわりを持ち、ビルマの民衆仏教と多くの共通性をもつことを認めながら、そうした中でカレン文化の特定性を示していると論じる（Gravers 2001: 22）。それは弥勒仏の到来を待って共同生活をし、パゴダや建立物、菜食と道徳的生活、そしてカレンの慣習を守ることでその到来に相応しい一つの世界を形成していこうとする、という点である。そして、「過去と現在の不整合、文化やアイデンティティへの配慮のなさ、道徳秩序の腐敗、生業の不確実性に対し、ゆがんだ世界を是正するために儀礼的力や過去の文化・歴史とのつながりの記憶を動員した」一つの聖なる世界の再統合を試みている（*ibid.* 24–25）とする。

スターンの羨望と苦々しさという解釈は時代限定的であるとはいえ、同様の民族感情は現代まで連綿と続いていることを考えれば否定することはできない。そしてグレイヴァースの議論は、そこにカレンの歴史と記憶の蓄積という視点を加えている。たしかに、こうした宗教運動や共同体はカレンの例に限らず、特定の政治的事情や時代状況に限定されることなく出現し存続してきた。同地域のカレンにあってそれは繰り返されるモチーフともなり、繰り返すこと自体が一つ一つの運動にさらに力を与えている。ただし両者とも、カレンのこうした宗教運動への仏教運動の影響を観念的にとらえており、具体的なビルマ仏教の制度的展開や、そこに包含されるカレンの仏教との関わりの中で論じることはしていない。カレン仏教がそもそもモン・ビルマ仏教との関係性の中で派生し、その関係性の中で展開してきていることを考えれば、こうした運動もカレン的特性を議論する以前に、ビルマ仏教全体の広がりの中で理解する必要がある。

メンデルソンは、ビルマの宗教は一つであるとし、そこに精霊信仰、仏教と並び第三の構成要素として錬金術、占星術、呪術、薬草学など世俗の技と瞑想を力の源泉とするウェイザー（秘義的実践集団の指導者となる超越的力を持つ存在）信仰をあげている（Mendelson 1961a: 230）。しかし、同時にこれら三つを相互に切り離されたものとみなすよりも、その理解を通じて「純粋仏教」という概念自体が問われることになるのではないかと述べ（*ibid.* 231）、また正統仏教と非正統仏教や異端といった概念も相対化することを提案している（1961b: 578）。ウェイザー信仰はガインと呼ばれる師弟の集団を形成し、ウェイザーを転輪聖王、未来王とし、未来仏の到来を待望する救済志向の集団とする（1961a: 231–35）。上述のカレンの運動はまさにこうした文脈で理解されよう。

秘儀的実践と結びつく未来王の思想は植民地期の十九世紀には頻発した救済志向の宗教運動に顕現する。それらは、支配的仏教伝統に周縁的に関わる少数者の実践であり（Spiro 1970: 163–187）、政治・経済・社会的危機に浮上するものであることが強調されてきた（Tambiah 1984; Spiro 1970; Stern 1968）。たとえばサヤ・サンの反乱に代表されるように転輪聖王や未来王を名乗る指導者が、超自然的な力を主張して、英国統治下で反乱を起こした。それは上述のような見方によれば外来者による統治に反対し仏教王を待望するものだったと理解される。しかし、メンデルソンは、独立後もウェイザー信仰が続いていることをみれば、こうした思想や運動は単に政治的で時代限定的なものではなく、宗教的にビルマ仏教実践のただなかに位置づけるべきものと論じる（Mendelson 1961a）。また、ショーバーも、こうした傾向を必ずしも政治的反対運動としてのみとらえるのではなくむしろ、規範的仏教も秘義的実践もいずれも仏教伝統のただ中から派生したものであり、仏教か非仏教か単純に線引きすることはできず、上座仏教のただ中にあって、秘義的実践集団と僧院集団、および世俗との関係の中でみるべきであると論じる（Schober 1988）。

こうした従来の議論に、権力による知識や実践の定義づけという視角を明確に取り入れたのが土佐桂子である。ウェイザーについて議論する中で、土佐はビルマにおける世俗的知識と宗教的知識が仏教とその周辺において再編される過程を、近代以降の宗教や知識を巡る権力の動きの中でとらえる必要を指摘する（土佐 二〇〇〇）。国家の制度宗教としての仏教がボードーパヤ王（一八世紀末）時代から定義づけられ、それは世俗的知識が仏教から排除されていく過程へつながっていく。何が仏教で何がそうでないかの線引きをするのは権力の介在による。特に一九八〇年代のネーウィン政権の仏教政策の中で錬金術や呪術などの世俗の知識（ローキーピンニャー）に関わるものをサンガから分離することが目指された。ローキーピンニャーとは、錬金術、占星術、民間医療、呪符の術、予兆の解釈などの世俗的知識の総称（土佐 二〇〇〇：三一八）であり、従来仏教的知識（ロコウタラピンニャー）と不可分だった。ネーウィンの下で、こうした世俗的知識を体系化して利用する一方で、サンガと仏教的知識をその実践や実践者から分離する。そして、こうした知識を瞑想修行や雑多な密教や大乗仏教に通ずる要素とともに取り入れ、超自然的な力を持つものとして帰依者を集めるセクト（ガイン）に対して弾圧を行っている（土佐 二〇〇〇：二五一―五三）。しかし土佐はまさにそのような線引きが、逆に境界領域の秘儀的実践やウェイザー信仰の強化につながっていると論ずる。宗教と世俗の境界領域ともいえるところで生じるそうした知識と力が宗教実践の中で動員され、一般民衆に受け入れられ、政治権力によって排除されることで逆に強化される。カレンに見られる一連の宗教運動はこうしたビルマ仏教における知識と力にもとづく千年王国的救済思想と別ものではない。そして近代以降の宗教・知識をめぐる権力の動きとも不可分である。次に見るドゥーウェー実践において、この点を追究する。

三　ドゥーウェー実践

この地域の人々のあいだでは、タラコウンやレーケーとしばしば並列して挙げられ、同時期に同地域で始まったポー・カレンの宗教実践にドゥーウェーがある。実践者は仏教徒であり、特定の信仰集団に帰属、帰依しているという意識はない。ドゥーウェー実践者は自らをヨーヤウィン（伝統に従う者）とみなしており、タラコウンやレーケーのような共同体／ガインを構成するわけではない。ところが、ドゥーウェー実践をめぐってその来歴・実践・それらをめぐる言説などを調査すると、書き手、語り手、実践の担い手やその時代により、仏教的な実践との関連のみならず、上述のような未来王信仰、精霊信仰との関与、そしてカレンの慣習に至るまで非常に幅広い諸要素があたかも万華鏡を覗くように見えては隠れ容易にその実態をつかむことを許さない。まずはその様態をここで追求してみたい。

1　来歴と組織

発祥の地は現在のドンインのドゥーウェー・パゴダのあるタオゥポン村で、創始者はシン・ドゥーウォンという人物だった。[17]当時、ズウェカビン山周辺のポー・カレンは精霊を祀り酒とトリの供犠を行っていた。アヴァで見習僧になったドゥーウォンが、この地に戻り、墓場で生活しながら毎朝托鉢に歩いた。[18]大きな菩提樹の霊を祀って家畜や酒で供犠を行っていた農民に彼は、瞑想と菜食を教えた。見習僧として修業中に得た知識によって病気の人々を治癒したとも伝えられる（Man Ne San 2005: 53）。村人達は彼のために僧院を建て、村は彼の滞在によって繁栄し、彼の名声が高まった。人々は次第に彼の力を信じるようになり、彼が菩提樹の下で悪霊を祓う護呪経を唱え木を伐り倒し、そこに経典とドゥーウォン自身の杖を納めてパゴダを建立したことで、人々は供犠をやめることができた（Man Thint Naung 2006a: 28-34）。ドゥーウェー実践はドンインで創始され、創設期にフラインボエ郡の南、ローンカイン村にもパゴダが建立され[19]、ドンインと同様のドゥーウォンをめぐる伝承が伝えられる（Man Thint Naung 2006b: 54-97）。現地のカレン知識僧であるサンタナ僧正（筆名マンネーザン）はドゥーウォンが僧侶の域を超え、未来王として知られていたと記している（Man Ne San 2005: 97-99）。いずれにせよドゥーウォンが当地にて帰依者を集め名声も高く、弥勒仏あるいは未来王として特別の力を持つ者として敬われたという点ではいずれの記述も一致している。

これがドゥーウェー実践の始まりである。即ち、精霊信仰の土地の民衆に仏教実践をもたらしたことを象徴的に表しているのがドゥーウェー・パゴダである。ドンインの七〇歳代のある古老の話では、彼が幼少の頃、村の人々は仏教寺院に行くことはなかったが、ドゥーウェー・パゴダでの誓願には皆が行っていた。大人たちが寺院に行くようになったのは彼が一五、六歳の頃（一九四五年頃）からだったという。この語りを聞く限り、上で見たように一九世紀半ばには既にこの地域に仏教が定着し、寺院を中心とする仏教文化が開花してはいたが、それはあくまでも寺院中心のもので、近郊農民の間では精霊信仰の上にパゴダを中心とするドゥーウェーが実践として定着しており、寺院中心の仏教実践はさほど一般化していなかったと考えられる。いずれにせよ、当時の報告を読む限り当初、ドゥーウェー実践はタラコウン、レーケーのようにガインと呼ばれる集団による弥勒仏信仰と実践と類似のものとして理解されていたようだ[20]。

こうした事態に大きな転機をもたらしたのは、地元僧侶たちである。地元のカレン僧侶達がドゥーウェーを仏教の立場から再定義したのである。一九七三年にパアン周辺の有力寺院のカレン僧侶四名を中心に、ドンイン・パゴダを改修し、以後、ドゥーウェーは改めて仏教実践の中に位置づけられた（写真11-3）。パゴダの敷地にある石碑は、一九七三

写真 11-3　改修されたドンイン・パゴダ

年のパゴダの再建を記念して建てられたもので、そこには以下のように記されている。「パアン郡、ドンイン地区、タオゥポン村落区にて一九七三年カソゥン月が満ち始める二日目の木曜、一五〇名の僧侶と三〇〇名以上の人々がパアン、フラインボエ、ヤンゴンなどから集まった。目的は、ドゥーウェー・パゴダの境内を仏教の礼拝所として認め、そこで礼拝することができるようにし、カレン地域における仏教を維持するためで、ここでサンガとサンガの勧めにしたがう人々の委員会を形成することを決定した」。

これとともに、パトロンや理事となる僧侶四名、監事四名、管財人三名、監査三名の名前が記された。いずれも、パアン郡内およびフラインボエの寺院の僧侶達で、当時イェダゴン寺院にいたエィンドリヤ僧正、サンタナ僧正やザガラ僧正のような地元カレン出身知識僧も含まれている。同年ダボードゥェ月にパゴダの基礎が築かれ、翌年パゴダの尖塔の傘が納められたと記されている。この時点で、ドゥーウェー実践を仏教の中に位置づけようとする地元僧侶達の意志が働いたことは間違いない。このパゴダの改修事業の時に地元僧侶らの手で出版された記録に、次のように記されている「我々は、ドゥーウェー・パゴダが、仏教の礼拝の場として相応しいかどうかを評価するためにこの記録を残している。そして今や、ドゥーウェー・パゴダは仏教の目的に相応しいことが明確である」(Anonymous circa 1974: 28)。その後、ザガラ僧正はパゴダ修復や、パゴダ横の建物の建設に尽力し今に至るまでパゴダの後見役である。こうして、この時点でドゥーウェーはパアンのカレン仏教実践のただ中に位置付けられたのである。

パゴダを運営する管理委員会（ゴウパカ）は、祭司長[21]を囲んでドゥーウェー実践を司り寄進を管理する。二〇〇五年は、まとまった収入で集会所を建設し、信徒が管理のため常住できるようにした。ドゥーウェー・パゴダには日々、遠く近くから実践者が誓願を立てたり、祈願をしたり、あるいは占いのために参拝に来る。このため祭司と書記、および占い師が必ず午前中は詰めている。一年に一度司祭達、ゴウパカ、委員会の僧侶達が集まって運営について話し合う。

2　実践内容 ―― 結婚の誓願と家の儀礼

ドゥーウェー実践者にとって最も重要なのは結婚時の誓願の儀式である。[22]実際の結婚式そのものは、それぞれの方法（たとえばカレンの慣習に則った精霊信仰の方法、僧侶を呼ぶ方法など）で執り行い、宴をもつが、それと相前後して必ずドゥーウェー・パゴダを訪れて祭司に誓願の儀式を執行してもらう。

結婚の誓願の儀式は、雨安居を除けば一年中いつ行っても良いとはいえ、吉日とされる日はカソゥン月（四月末）、中でも満月の手前の木曜と土曜、そしてダボードゥェ月（六月初）、中でも満月の手前、つまり月が満ちる間の火曜と木曜の正午までである。[23]こうしたことから、上述の吉日にはドンインのドゥーウェー・パゴダには百組を越える新郎新婦や、若い夫婦が訪れる。

写真 11-4　ドゥーウェー実践における結婚の誓願

結婚の誓願に際しては、ドンインでは男性がココナツ、女性が白い布で包んだキンマ入れを持ち、九割のカップルがカレンの民族衣装を着用している。受付で千五百チャットの儀礼料と五百チャットの供物料を渡して名前と村名を告げ、供物をもって祭司の前に二人で座す。供物は、粳米と糯米一カップずつ、ココナツ、キンマの葉と実、フトモモの葉、蜜蝋、金箔、ターメリックの粉、葉巻五本、である。まず男女の名を聞いた上で、誓願はカレン語で三度に分けて行う。一度目は祭司がドゥーウォンに対して新郎新婦の誓願の言葉を言い、二度目は祭司がココナツの汁をたらして潅水供養をし、男女も声を合わせて土地の精霊に祈り、三度目は皆に功徳を配るよう再度ドゥーウォンに祈る（写真11-4）。

このような誓願は、当初結婚時に行うべきものとされていた。当時この地域のカレンのあいだでは、婚前に女性が妊娠すると大変不都合が生じ、新郎新婦が村へ弁償を支払った上に追放されるというように、性的規範が厳しかったことが窺えるが、(24) ドゥーウェーの誓願自体がこうした性規範の統制と関わっていたようだ。結婚の誓願という実践内容は創始者ドゥーウォンによって定められたとされる。彼が仏法をカレン語に訳す中で、ドゥーウェーの伝統や約束事を発案し（Man Ne San 2005: 3）、そこにはこの地域のカレンの生活慣習を取り入れドゥーウェーの実践者達が新しい家を建てるとき、旅に出るとき、耕作にあたって、など守るべき事項が定められ、中でも結婚に関する約束事が最も厳しかったとある（*Ibid.* 60, 72）[25]。

現在も多くの場合、ドゥーウェーの誓願に来るのはこれから結婚する、あるいは一両日中に結婚した新郎新婦であるが、そうでない例も少なくない。すなわち、現在若い人々に多いタイ側への労働移動の合間を縫って、赤子を抱いて、あるいは子供の手を引いて初めて誓願のために戻ってくる、というものである。出稼ぎ労働の増加とともに実践内容を少しずつずらしながら、肝要な部分は持続しているのである。

ドンインの近くでドゥーウェーを実践する女性によると「ドンインで一年に一回ダバウン月の満月に供物を捧げて危険から守ってもらう。また結婚の時に誓わないと頭がおかしくなる。ドゥーウェーは家の守護神であり、結婚を報告しに行く」。ドゥーウェー実践を、この実践者は自らの家と結びつけており、その実践の中心に結婚の誓願があると述べている。パゴダをめぐる信仰と実践としてのドゥーウェーは、結婚と家での生活という実践者の日常実践と密接に関係しているのだ（Man Thint Naung 2006b: 100–108）。

ドゥーウェー・パゴダの大祭は、ダボードウェ月の満月の火祭りであるが、パゴダ境内中央に焚き火を用意し、信者が竹竿に括り付けた糸やサトウキビの竿を家族員の数だけ、それぞれ家族員の背丈と同じ長さに切って束ねて持ち寄り、境内の中央に建てた柱に立てかけていく（写真11-5）。満月が高くあがった頃、僧侶と管理委員会（ゴウパカ）による読経が始まり、女性達とゴウパカが行列し、踊りながら九回時計回りにこの周りを回る。その後、焚き火に着火して一夜で焼く。

このようにドゥーウェーは実践者にとって、何よりも家族の安寧と繁栄を願うものと言うことができよう[26]。その限

写真 11-5　ダボードウェ月の満月の火祭り

りでは、従来この地方を含め、カレン地域で広く家で行われてきた祖霊を対照とする儀礼アォンへーと共通する。地元の人々のアォンへーの説明は「女性の家の祭り」「家の精霊の祭り」というもので、母から娘へ継がれ、長女がリーダーを務めるもので、特にカソゥン月（六〜七月）に行われる。ズウェカビンの東側、クランノウでは三分の一に当たる百戸が今もこの儀礼をドゥーウェーと並存させて行っている。この場合はアォンへーも菜食（果物、ゴマ、ご飯、ポプコーン状の米）で行う。あるドゥーウェー実践者の話では、「アォンへーの方が「格が高い」」、「ややこしい」」、すなわち、慣習が多く大変だ、という。しかし、病気のときや、何か新しいことを始めるときなどに行うのは、ドゥーウェーも同様である。さらに実際に、ドゥーウェーについての書物の多くは、これが「女性のものである」ことを強調する。ドゥーウェー実践者は慣習を世代から世代へ細則に到るまで伝えていく。したがって、実践者の家族にあっては、母親が大きな影響力を持ち、重要な決定を行うのであり、特に伝統の維持については母親の義務であるという。これは、まさにアォ

表 11-1　インタビューから集計したドンイン地区内ドゥーウェーの誓願実践の組合せ

DYのみ	9	
2ヶ所	18	DY+イェダゴン (11)、及び　DY+カモウカセイン (7)
3ヶ所	4	DY+イェダゴン+カモウカセイン (4)
4ヶ所以上	4	DY+イェダゴン+カモウカセイン+タンマロウン (4)

(DY＝ドンイン・パゴダ)

ンへーと同様である。ドゥーウェー実践に父親が不在であっても一向に問題はないが、母親がいなくては執行できず、母親こそが中心であることが強調される (Man Ne San 2005: 11–14)。このように実践者であるカレンの側から見たこのドゥーウェー実践は、何をおいても家の実践であり、まさにアォンへーと同様に母から子へ受け継がれるもので、アォンへーとの重複が顕著である。上述の伝承に伝えられるその成り立ちからみても、ドゥーウェー実践はアォンへーを含む精霊への動物供犠の代替としてもたらされたと考えて良いだろう。

3　ドゥーウェー実践の場の広がりと多様性

ズウェカビン周辺のドゥーウェー実践の中心地は、ドンインのパゴダであり、ここにはパアン郡内に限らず広範囲から参拝者が集まる。一方、広範囲の信者の参拝を容易にするため、ドゥーウェー実践に連なる祈願を行うパゴダ群が、ドンイン地区以外にもズウェカビン東麓のクランノウとフラインボエ郡南部を中心に点在する。

ドンインのパゴダに結婚の誓願儀礼に訪れる新郎新婦の多くは、当日、ここだけではなく複数の同地区内のドゥーウェー・パゴダを組み合わせて誓願を実施する (図11–1・表11–1参照)。この「誓願コース」の場を構成するのは、ズウェカビン山西側のドンインを中心とするドゥーウェー実践の場合はドンイン村のパゴダの他に二つの近隣村のパゴダと、イェダゴン僧院の滝に近い菩提樹の木も誓願の場になっている。しかも、その組合せに関しては新郎新婦それぞれについて、母から子への実践の継承が重んじられる。新郎側と新婦側双方の実践を組み合わせ、多い場合にはドンイン・パゴダも含めて四ヶ所も回る。何よりも実践者達を駆り立てるのは、母から代々継承されたドゥーウェー実践を継がなければ、何らかの凶事が起きるという怖れのようである。これら一つ一つのパゴダをめぐる成り立ちや実践、パゴダの司祭やその司祭をめぐる約束事の詳細をみると、ドゥーウェー実践の広がりが、単に地理的なばかりでなく、実践内容として非常に広範囲のものを包含していることがわかる。仏教的な所作から、そもそも否定したはずの精霊信仰などがどの程度許容されているかという点でもかなり幅がみられる。

例えば、ローンカイン村では儀礼の初めに必ず三宝帰依を唱える。一方、タンマロウン村にあるドゥーウェー・パゴダの祭司は女性であり、母系に継承される。四年前、祭司であった母が亡くなり、後を継いだ。自宅のテラスには祭壇があり、すぐ隣にパゴダがある。英国植民地時代からあったもので、村が仏教化したときに彼女の祖先が精霊信仰の土地にパゴダを建てた。祭司は、自身菜食を貫き、飲酒もしない。彼女の代まで、この村で行うドゥーウェーの誓願儀礼には酒を用いていたが、近年、彼女に夢でお告げがあって、酒の使用をやめてソーダに変更したのだと、彼女自身が述懐した[27]（写真11-6）。このソーダを用いて行う儀礼は、一本のビンの酒を盃に注いで振る舞い、回し飲みし、祈るというもので、他のドゥーウェー・パゴダでは行われていない。地に「酒」を注ぐその所作や手順は筆者が北部タイのカレン村落で頻繁に目にした守護霊に祈る「クウェスィ」（酒を注ぐ）儀礼と全く同じものであった（Hayami 2004）。タンマロウンの祭司によるドゥーウェーの解釈は精霊信仰に基づく慣習を守るカレンの日常実践に近いものと思われる。前述の様にドンインのドゥーウェー祭司による誓願も三度のうちの二度目は土地の精霊に行っている。

イエダゴンの滝の下にもドゥーウェーの誓願の場がある。厳密に言えば、ここの儀礼はドゥーウェーとは無関係だとゴウパカは強調する。ここにはパゴダはなく、二本の菩提樹があり、祠に仏像が祭られている。すなわちドンインのドゥーウェーの創設時に、シン・ドゥーウォンが切り倒し、否定されたはずの菩提樹と精霊の信仰が色濃く残っている。ここで新郎新婦は、木に聖水をかけ、花婿が木に糸を巻きながら三周時計回りに回る。祭司が二人の名を聞いて、供物を捧

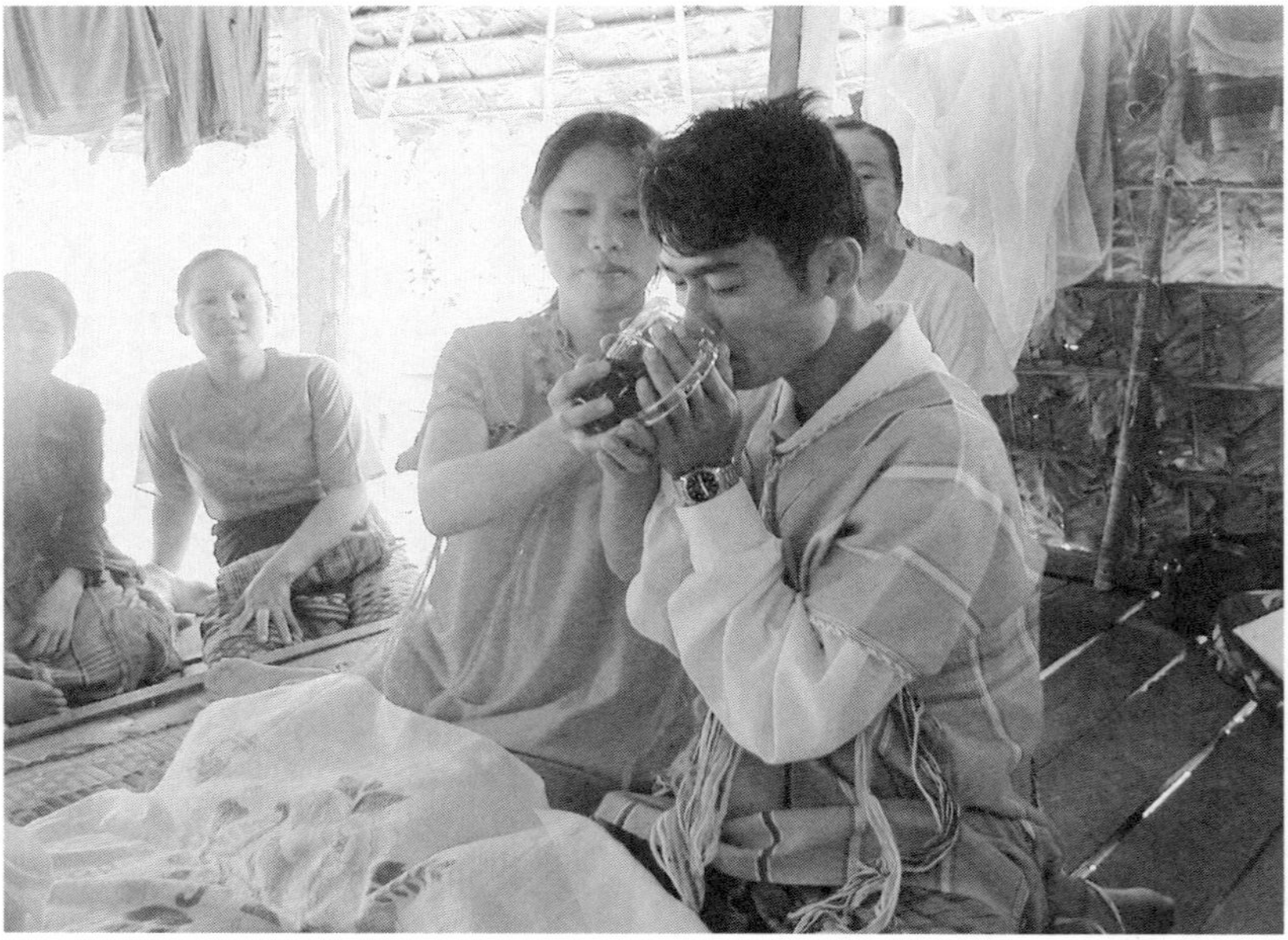

写真 11-6　祭司によるソーダを用いた儀礼

げ持って祈るのは他のパゴダの儀礼と同様である。

先述の通りドンインのパゴダを中心とする結婚の誓願儀礼の誓願者は吉日に集中する。カソゥン月の満月の前の木曜日は最多で、一日（といっても午前中で終了する）で総勢二二三組ものカップルが訪れたこともあると聞いた。二〇〇七年のダボードウェ月とカソゥン月に、四二組のカップルに簡単なインタビューを行った。当日の順路については、二つ以上回るという回答がほぼ三分の二を占める中で、ベースとなるのは主たる祭場であるドンインと、今ひとつはパゴダのない精霊信仰の滝の下の菩提樹である（表11-1参照）。

以上見てきたように、ドゥーウェーのパゴダを中心とする委員会や僧侶がどのようにドゥーウェーを仏教実践として位置づけるにしても、実践者達が実際に巡回して行う実践は、精霊信仰と近接するものをも含み込んでいるのである。

年長のゴウパカに尋ねると、「プーセインイェというパゴダ建立時の司祭はナッサヤ（精霊信仰の呪術師）だった。中にはナッカドウ（霊媒師）という者もあるが、もはや（ドゥーウェーは）仏教になったのでそのようには言わない。」一般の実践者の多くは、ドゥーウェーはヨーヤ（慣習）であると強調するが、そこに菩提樹での祈祷など、精霊信仰的な要素が加わることを否定しない。参与者の理解はこのように多様である。さらに起源に関わる伝承には、救世主待望や超自然的な力の主張も見出される。ドゥーウェー実践はタラコウン、レーケーやプータキー信仰と異なりガインと呼ばれるような明確な信者の共同体が存在するわけでもない。しかしズウェカビン山の東西に広範囲に点在するドゥーウェーのパゴダ、それらのパゴダを守り菜食をする祭司、カレンの慣習の共有と継承、生活道徳の強調は、いずれもこの広範囲の地域にカレンの慣習と実践が共有されるパゴダを中心とする空間的広がりが形成されていることを示している。

四　総括

本章ではパアンを中心に展開するポー・カレンの多層からなる宗教実践を、カレンの生活・慣習の中に位置づけるとともに地域の歴史的経験の裏付けとビルマ仏教世界とのかかわりの中で展開してきたものとしてとらえてきた。

一九世紀植民地下の下ビルマにおける千年王国的反乱の頻発と、仏教の多宗派状況のもとで、カレン州でもカレン仏教が開花した。同時に、カレン文字を用いた仏教文化振興とそのかたわらで慣習や民俗信仰を取り込んだ宗教運動が起きている。それは英国植民地化に対抗すると同時に、ビルマ仏教世界に対しても差異化した仏教文化や、宗教運動であった。だからこそカレンの伝承や慣習、そしてカレン文字がいずれの場合も重要な要素になり、伝承の中でも知識の具現化、象徴とされる文字が、仏教的な文脈においてもまた当時の宗教集団の中でも重要な役割を果たし、かつこれらの実践をカレンのものと特徴づけている[28]。後にビルマ世界では、植民地統治に対して仏教とナショナリズムが結びついていく。これに先立って、このカレンの宗教運動は近代的なナショナリズム運動のような主義主張や組織をもつものではないが、カレンとしての自意識を自己再帰的に確認する運動であった。

ネーウィン体制下の一九八〇年以後、仏教保護の名の下で仏教実践へ統制が強化され、カレン州のカレン仏教の世界は次第にビルマの体制に準じて宗教省とサンガの吸引力に引き込まれていった。キリスト教徒が主導するKNUの民族闘争から仏教徒のDKBAが分派し、体制の支持を得たDKBAがこの地域の主力となったことで、仏教徒カレン農民の多いパアン地域は一定の政治的安定を得る。パアンの主要なカレン仏教寺院にはビルマの僧正が着任し、地元で尊敬を集めるカレン僧侶に称号が与えられた。一九世紀からカレン仏教の中心ともなっていたパアン近郊は、ビルマにおける仏教をめぐる政治的な動きからも、宗教の名を冠した分派抗争とも無縁ではいられなかった。しかし、そうしたカレン州のカレン仏教をめぐるビルマ化の流れの中でも、まさにそのようなビルマ民衆仏教の性格を体現しつつ、体制による仏教の利用や統制の流れとは別のところに位置づけられるのがターマニャ僧正やプータキー信仰といえるだろう。

1　仏教実践とその外縁

仏教制度化の動きは僧侶と在俗、仏教的知識と世俗的知識、僧侶が関わるべきことと関わるべきでないことの間に線を引こうとしてきた。しかし、カレン州の例をとってみても、何をもって「正統仏教」とするかは、宗教省を中心とする国家主導の仏教、僧院組織、そして現地のカレン僧侶の、どの視点に立つかによっても答は異なる。一方、実践者、帰依者の視点からみると、線引きは困難であるばかりか必然性もなく、むしろ重要なのは、どの加護の力に連なるべきか、という問題となる。

パゴダ建立を例にとってみる。パゴダ建立は、積徳行為であると同時に徳を裏付ける行為であり、建立に成功する者は菜食を守り、護経を唱え、護呪の力を必要とする。そして建立が成功することが選ばれた者としての力の証となる。パゴダ建立は、そのような加護によって一つの世界を打ち立てるという側面と、力の証として威信の指標となり、それゆえに権力とも結びつきやすい側面とがある(土佐 二〇〇〇：一二九―一三二)。それと同時に、グレイヴァースが指摘するように、パゴダ建立は、一つの世界の建設でもある(Gravers 2001)。

本章で例にとった宗教従事者や運動は、いずれもパゴダ建立に関与する。ビルマサンガに連なるイェダゴン僧正による近年の精力的なズウェカビン山麓の宗教用地確保と千仏建立は、政治的バックアップを得て成し遂げたもので、力を示す行為であり、ビルマ仏教世界をカレン州の辺境へともたらすものである。それに対抗するように同じ山麓に現在も建立が続くのが新興の宗教実践共同体のリーダーであるプータキーのパゴダである。プータキーは菜食と瞑想修行や内観による透視の力と知を強調し、ブラーフマ信仰と仏教を混合させる世界観の中で未来王としての自分を打ち出し、自らを仏僧とも世俗とも別のものと規定し、寄進を促して建立事業を行う。救済をもたらすプータキーのこうした実践は、秘義的実践カルトの担い手の類型にあてはまる(Schober 1988)。その一方でプータキーは仏教世界で敬信される高僧の力に依拠することによって、仏教実践としての正当化を図っており、自らの究極の目標は涅槃であると述べている。以上のように、秘義的実践、修行や菜食、仏法、サンガにおける立場、などそれぞれ重なり合いつつ異なる力の根拠を背景にパゴダを建立している。そのどこからどこまでが仏教であるか、という区別を帰依者は問わないのである。

一方ターマニャ僧正はパゴダばかりか、ターマニャ山全山に僧院を中心とする菜食と修行の政治的中立と平和の支配する空間を形成した。仏教浄化政策の中で体制に恭順を示す僧侶がサンガ組織の高位にあるのに対し、瞑想修行するターマニャ僧正は民衆の敬意を集め、僧正が仏教聖者として涅槃に到達するのか、ウェイザーのように世俗知識と瞑想によって解脱するのかは、帰依者の見方によってどちらでもありえ、大きな問題ではない(土佐 二〇〇〇：一八八―

一九〇)。秘義的実践カルトで菜食や瞑想修行によって解脱を目指すのと、仏教世界のただ中で涅槃に近づくのと、方法としての境界は明瞭であるが、その境地に近づいた者を目前にするとその相違はあまり意味をもたないのである(Schober 1988)。ウ・トゥザナもまたパゴダの建立という実践によってKNUへのオルタナティヴとなるカレン世界の平和の空間を形成し、帰依者を集めたが、反KNUのスタンスにより、政治的に体制にとりこまれやすかった。

ウェイザーについての研究の中で土佐は、一八世紀末ボードーパヤ王以来、国家の制度的な仏教が形作られる中で、仏教浄化の名のもとに、世俗の知識と仏教的知識(ロコウタラ)の境界が明確にされ、前者は別の知識の体系として囲い込み仏教から分離されることで、仏教の輪郭が明瞭にされてきたと論じる。そのことでかえってそこからこぼれて切り離された知識や力が、世俗の実践者と結んで逆に強化され、存続してきた(土佐 二〇〇〇)。一九八〇年の全宗派合同会議後の仏教統制は、サンガをそうした秘義的な実践からさらに引き離してきた。特に十九世紀植民地下に生じた宗教運動は特定の政治状況下における抵抗として読むことができるとしても、より大きな歴史の流れの中でウェイザー信仰や、その基盤となる秘義的実践は、近代において仏教とそうでないものの線引きが行われる過程で、逆に成長を遂げたというのである。

一方カレン世界では、プータキーの勃興や近年のレーケーの再強化、ドゥーウェー実践の仏教化も一連の仏教浄化政策がポー・カレン仏教世界に波及した文脈の中で理解すべきではないだろうか。制度的な仏教による線引きの過程は、逆に境界領域の実践を仏教の中に再定義するにせよ、排除して別の名を与えるにせよ、存続強化させる方向に作用しているのである。

2　ドゥーウェー実践の位置付け

ドゥーウェーのパゴダについては、開祖の伝承をそのまま受け入れるなら、精霊祭祀を排除する上で、人々が依拠し、パゴダ建立の力ともなったのは、超自然的な力を持った見習僧であった。まだ世俗の民衆の日常実践として仏教が根付いていなかった時期に、ドゥーウェーは、精霊信仰と仏教実践の橋渡しとして当時の民衆に受け入れられた。これは伝承による限り、ドゥーウォンが僧侶（実際には見習い僧であったらしい）であるからというよりは、精霊に代わる加護をもたらす力によると認識されたからと思われる。ここでもそれが仏教寺院での修行と知識を元にした仏法の力によると理解すべきか、行者としての秘義的な力によるのかはさして問題ではない。しかしその後、一九七三年に地元カレン僧侶達がパゴダを改修したのは、明らかに同パゴダを改めて地元カレン僧侶らのイニシアティヴにより仏教の中に位置付け直したのである。パゴダを守る俗人にとってはこの再定義によって仏教実践として存続を図ることができ、僧侶の側からみれば、草の根の仏教化にも一役買った。

ドンイン・パゴダのゴウパカである農民ソー・エル氏は、毎朝パゴダを訪れ、自ら礼拝をして見回りを欠かさない。彼によれば、「ここには仏像はあるが僧侶は不在、上半分が仏教、下半分がヨーヤ（慣習）である。僧侶から見ても何の問題もない」。慣習として仏教と並存可能なドゥーウェーはその意味でレーケーやプータキーとは別のものとするのが、多くの実践者やカレン僧侶の基本的な立場である。そのように判断することによってドゥーウェーを問題なく仏教実践の中に位置づけることができる。しかし、ビルマ仏教組織の高位にある僧侶はそのようには説得されない。調査当時カレン州のサンガ代表であった上イェダゴン僧正は、「ドゥーウェーはナッ（精霊）信仰であり、仏教ではないが、カレンの人々にこれをやらせておかないと不満が出るので自由にさせている。祭司はナッカダウ（霊媒師）である」。このようにビルマ体制側の僧侶は、ドゥーウェー実践を危ぶみ、仏教の外に位置付けつつ、むしろ政治的な考慮から許容している。

最後に、カレンの慣習の世界との関わり、そして国境域の少数民族の歴史的・社会的・政治的におかれた状況に視点を戻そう。ドゥーウェー実践において帰依者が最も強調するのは家の加護としての側面と、次世代への継承へのこだわりである。精霊信仰が仏教に上書きされた開祖の時代、慣習的実践のうちの家の継承の論理を受け継ぎつつ改変し、その後仏教実践に位置づけ直したのがドゥーウェーの実践であった。ドゥーウェー、タラコウン、レーケーのいずれも、カレンの慣習、特に家や婚姻、日々の生活の中での約束事、こうしたことを細かく規定して継承することを重視する。その戒や約束事では家庭生活、特に親子関係や夫婦関係と婚姻に関するものが中心にあるのだ。ビルマのガインや秘儀的実践集団と大きく異なるのはまさにこの点ではないだろうか。タラコウンやレーケー、そしてドゥーウェーも、代を重ねるにしたがって秘義的側面を弱め、組織を強化し、実践内容を変容させながら存続してきた。そしてカレンの生活の中に埋め込まれた様々な慣習や規範を継承しており、これらの慣習を自己再帰的に指し示し、強調し、継承を促すメタレベルのメッセージとなっている。

「仏教」の外縁は帰依者、始祖と組織のリーダー、サンガ、権力者によって様々に語られる。正統性はそうした語りと実践の中で形成されていく。様々な根拠をもつ力の磁場とその力への帰依として現存する宗教実践において、実践者にとって重要なのはいかなる力にせよパゴダの建立によって新しい世界が打ち立てられ、帰依者を集めるとともに、その力と帰依が継承されていくことでもある。カレンの場合はそこに日常的な慣習と実践が深く結びつき、それゆえにこそ継承が重要になる。そして、実践の継承が強調されるからこそ、それが「民族」や「家族」などの自己回帰と帰属、アイデンティティの器ともなりうる。

註

（1）一九九〇年に体制は、自国名の外国語表記を「ミャンマー」と改めたが、本章においてはそれ以前の時期からの記述も多く、一貫して「ビルマ」を用いることとする。

（2）地元の人々は、パアン郡内、ズヴェカビン山西南部山麓にある三つの村落区（タオゥポン、コータゥン、ドンイン）全域をドンイン地区と呼ぶ。本章でこれを「ドンイン村」と「ドンイン地区」と呼び分ける。パゴダがあるのはタオゥポン村である。

（3）パアン県は、パアン、フラインボエ、パーポン、タンダーンの四つの郡からなる。四万一〇〇〇人の人口は、カレン、ビルマ、モン、パオ、インド系、中国系などで構成される。シナ・チベット語族に属するカレン系言語の中でも、ビルマとタイの両国において最も話者が多いのは、スゴー・カレン語とポー・カレン語であり、本章の対象となるのは主にポー・カレン話者である。

（4）ただし現地パアンで刊行された現地民俗誌家や僧侶による書籍があり、これらも資料として用いる。調査にあたっては、二〇〇五年三月についてはSEAMEO-CHATを通じて教育省の許可を得て行い、ウ・トゥンアウンチャイン所長、キャロル・アン・ティッタ副所長および、当時所員であったソーミン氏にお世話になった。調査は二〇〇五年三月および九月、二〇〇六年二月および四月、二〇〇七年二月および四月に行った。初年度は土佐桂子氏と同道しビルマの宗教世界について様々にご教示いただきながら調査をする貴重な機会を得た。帰国後、ビルマ語文献の訳および抄訳をミミジョー氏が引き受けてくださった。また、調査地で、ドンイン・パゴダの方達を始め筆者らを快く受け入れて下さった現地の皆様に深く感謝申し上げたい。尚、二〇〇七年八月にビルマでは僧侶による体制への抗議とそれに対する武力鎮圧が相次いだ。二〇〇八年九月、ヤンゴンで現地出身僧侶に確認したかぎり、このことはここで記述するパアンの仏教状況に直接の影響は及ぼしてはいないと聞いたが、詳細は明らかではない。

（5）ポー・カレン仏教の伝承の祖はプーターマイと言い、その時期は十八世紀後半のボードーパヤ王の時代（一七八二〜一八一九）とも（Kunnawuntha 1926: 20）、十九世紀半ばのミンドン王の時代（一八五三〜一八七八統治）ともされる。伝承によると彼はアヴァで特別に王の許可を得て、受戒し、経典を学んだ。その後故郷カレン州ジャインに僧院を建立した（Womack 2005: 130）とされ、仏教徒ポー・カレン文字の考案とも関連づけて語られる。今日のカレンの語りによればズヴェカビン山頂の上イェダゴン僧院もプーターマイが一七四九年に建立したという説もある（U Zagara 1962）。しかし、同地域にはモン王国時代の、古くは七世紀の仏教遺跡も点在し、在地のカレンが十八世紀よりも早くから仏教の影響を受けていたとも考えられる。

（6）隠遁者の草庵があったズヴェカビン山の山頂に一八五〇年にカレン僧侶ウ・ヤウンにより上イェダゴン僧院が創設された。彼は同僧院にてモン文字をベースにしたカレン文字を用いパーリ語やモン語の経典、カレンの民話やモンの物語、経典や説話の翻訳を次々と行い、カレンの文字文化を振興し、カレンの仏教実践の強化とともにカレン文化の保存を目指した。現在確認されている最古の仏教ポー・カレン文字文書は一八五一年の同僧院のもので（Womack 2005: 127–8）、一九二〇年には少なくともパアン周辺の一三の僧院でこうした文書が記されていた。但し、仏教ポー・カレン文字はポー・カレン仏教の振興とともにより古くに考案されていたという可能性も否定できない（Womack

2005: 128–129)。

(7) キリスト教徒ポー・カレン文字はこの頃、複数のシステムが考案された。カレン宣教はテナッセリムのモーラミャイン、タヴォイ（ダウェイ）、メルグイ（ベイ）の三拠点で始まり、各拠点で現地方言に基づく文字化が進められた。モーラミャイン宣教区内にあったドンインでは一八三七年に宣教師エレナー・マコンバーが手書きでスゴー・カレン文字を応用したポー・カレン文字を作った。一八三八年にはモーラミャインの宣教師でスゴー文字の考案者であるウェードが、ローマ字とビルマ文字を混合したポー文字を考案し、印刷物が発刊された。その後宣教師ブレイトンがデルタのポー・カレン語をビルマ文字を用いて文字化し、一八四六年以降はこれがキリスト教徒のポー文字として標準化された（Womack 2005: 114–118）。

(8) ドンインの宣教拠点は建設直後の一八三八年までに三度の火事に遭っている。宣教の対象となるカレンを「無文字の人々」として文字化・文明化することを謳うキリスト教に対して、仏教文字文化振興を担う仏教徒側の抵抗は大きかったと推察される（Womack 2005: 154）。

(9) ネーウィン時代に僧正となった最初のビルマ人僧正は、現国家平和発展評議会（SPDC）議長タンシュウェと親交が深い人物だった。現僧正は、その甥でもあるチャイトー出身のビルマ人僧侶、パタンダウ・カウィダーサ僧正である。

(10) Aghta Mahar Thadelema Zau Tikadaza Badaneda ZarGala という称号を二〇〇四年に宗教省から与えられた。寺院内にはポー語で彼の偉大さを説明する看板も立っており、Thi kau〔国の意味、カレン州ともミャンマー国家ともとれる〕にとっての良き師であると記されている。

(11) さらにこれらに先立って十八世紀後半からカレンが関与した未来王の名を冠した反乱や、一八二〇年代から三〇年代に、モーラミャインの東でアメリカバプテスト宣教師達が遭遇した弥勒仏の名を語る指導者による宗教運動、また、一八四〇年代から国境の両側や、カヤ州からデルタのバセインに至るまで未来王を名乗る指導者による数多くの宗教運動が見られた（速水　二〇〇四; Gravers 2001; 2006; Stern 1968）。

(12) タラコウンに関する記述は、Dodge and Stern (n.d.), Stern (1968), Gravers (2001) 及び元タラコウンのボウンクー（指導者）故マウンビー氏の子息へのインタビューによる。ポー支部はタイ側へ移り、最盛期はバンコク西部まで広がったが、二十世紀初頭には劣勢となり、指導者プージャイの後継者が途絶し、信者の多くは仏教に帰依した。スゴー支部はタイ側のサンクラブリの北（ウンパーン県メーチャン郡レートンク村）へ移り現在まで続いている（Kwanchewan 2007）。

(13) レーケーに関する記述は Stern (1968) とドンインやパアンでの信者へのインタビューや礼拝の参与観察をもとにしている。

(14) ただし菜食主義は三段階に分けて守られており、レーケーの師クラスは誓いの後は一生菜食を守るが、その下のクラスは、毎週木・金・土のみ、そして一般信徒は土曜日のみ守る。

(15) パアン、ドンイン、フラインボエ、ジャインセジィ、フニッチャ、モン州ではジャインマヨなどに合計六〇あまりの礼拝所がある。

(16) 以下の記述は、プータキー村およびドンインにおける本人への二度のインタビューや複数の信者、被信者への聞き書きに基づく。

(17) ドゥーウェーの来歴について書かれたものは全て伝承に基づいており、年代や創始者について確かな記録はない。最も記述が詳しいのは、上述の三名のカレン知識人僧侶の一人サンタナ僧正がマンネザンの筆名で記した書であり、マンティンナウンは、一九九六年来これに改訂を加えながら何冊か著している。(anonymous n.d.; Kunna Wuntha 1926; Man Ne San 2005; Man Thint Naung 2006a; b) 創設がどの時期であったかについては、ドゥウォンが帰村したのが一七八八年とする説 (Man Thint Naung に引用 2006a: 54) と、一八三〇年代とする (Kunna Wuntha 1926: 24) 説があるが、現信者の語りから逆算すると、後者の説が信憑性が高い。

(18) 墓場で霊などに惑わされることなく起居することはウェイザー等、超自然的な力を持つ者の特徴とされる。

(19) 現在ドゥーウェーのパゴダ群は、パアン郡ズウェカビン山西南麓ドンインのパゴダ群、同東麓のクランノウ（現在の正式名はオゥンダベイン村落区）のパゴダ群、そしてフラインボエ郡のパゴダ郡がある。

(20) 一九二六年の仏僧の著した書物に、僧侶としてタラコウン、レーケーと並んでドゥーウェー実践を仏教の立場から批判している (Kunna Wuntha 1926)。宣教師ドッジと人類学者スターンの記録も、間接情報に基づくと思われるが、ドゥーウェーをタラコウンやレーケーと平行して挙げ、その実践内容については弥勒信仰で、白い衣装をつけ、二つのパゴダで供物を捧げることで救済を求めると記している (Stern and Dodge n.d.14, Stern 1967: 320)。一九七一年にビルマ社会主義計画党が出版した民族紹介のカレンの巻では、ドゥーウェーは仏教として認められておらず、マンネザンは多くの人々がこのパゴダをドゥーウェーの精霊のための祠と誤解していたと指摘する (Man Ne San 2005: 103–108)。

(21) ドンインの現在の祭司長（ビルマ語でドゥーウェー・テインまたはドゥーウェー・サヤ）は七〇歳になるチッシュウェ師である。親から子へと継ぐ例もあるが、彼の場合は、少年時代から当時の祭司長を手伝って出入りしていた経緯から祭司長となった。

(22) ビルマ語で、ティッサ・ダイン、ポー・カレン語でオ・キン・ロン・トォウ・ジャ（受戒と誓願）という。

(23) 東ポー・カレン語の歌に、次のように歌われている。「カソゥン月に、ピンマの花が咲き、空が暗い雲におおわれ、雨と雷が始まる。農民の稲作が始まる。ドゥーウェー信者のカレンはこの季節に集団で礼拝する」(Man Thint Naung 2006a: 3)。カソゥン月の次、ネヤウン月にも満月の前の火曜日に多い。雨安居で農繁期でもある雨季の間は行われない。

(24) マンティンナウンも、カレンは処女性を非常に重んじると記している (Man Thint Naung 2006a: 5)。

(25) ドゥーウォンは従来からのカレンの慣習を重んじ、うまくくみ上げることで、仏教を教えたという。たとえば、ドゥーウェー信者の家に酒を持ち込むことを禁ずる、結婚前の女性が妊娠した場合村から追放する、など多くはカレンの慣習に見出される要素がそのままドゥーウェー実践にも適用されたものだった (Man Ne San 2005: 113–124)。しかし、条文化されたような規定ではなくあくまでも、共有される慣習である。いずれにせよ、ドゥーウェーの結婚の誓願は、それ以前からあったカレン社会の規範や慣習に則ったものであることは間違いない。

(26) マンティンナウンの書に序文を寄せた僧侶は、ドゥーウェーの要点を三つにまとめている：(一) 仏法にしたがって、家族の生活と正しい行いに関わる、(二) 他の家族に敬意を示す、そして、(三) 夫婦の間の正しい行いを教える (Man Thint Naung 2006a)。

(27) 後に、ドンインの祭司にこの件を確認すると、酒の使用を禁じたのは、ドゥーウェーのゴウパカと自治体の役職者達であったという。

(28) ただし、これらの宗教運動がすべてカレンのみのものだったわけではない。一八五二年の反植民地政府の政治的運動の色彩の強かったものは、シャンやカレンニも含んでいた (Stern 1968: 308)。また、タラコウンにもシャンが参加していたと記されているが、今日の状況を見る限り、信者の配偶者として関わりを持つという以外では、こうした例は聞かれなかった。

参照文献

Anonymous. (circa 1973). Duwei Pagoda. The Maintenance Record of Duwei Pagoda. Compiled by the Duwae maintenance committee..

Anonymous. (circa 1974). "The Record of the Renovation of Du-wun Pagoda."

Gravers, Mikael. 2001. "Cosmology, Prophets, and Rebellion among the Buddhist Karen in Burma and Thailand." In *Moussons* Vol.4: 3–31.

Gravers, Mikael. 2007. "Conversion and Identity: Religion and the Formation of Karen Ethnic Idenity in Burma" in Gravers, Mikael (ed.) *Exploring Ethnic Diversity in Burma*.NIAS Press: Copenhagen. pp.227–259.

Hayami, Yoko. 2004. *Between Hills and Plains: Power and Practice in Socio-Religious Dynamics among Karen*. Trans-Pacific Press and Kyoto University Press.

速水洋子　二〇〇四「タイ・ビルマ国境域の〈カレン〉から見る民族と宗教の動態」加藤剛（編）『変容する東南アジア社会　民族・宗教・文化の動態』めこん、二〇一―二四四頁。

伊東利勝　一九九一「南伝上座部仏教圏の救世主と民衆反乱」講座仏教の受容と変容２：石井米雄（編）『東南アジア編』東京：佼正出版社、一九七―二四〇頁。

小島敬裕　二〇〇六「現代ミャンマーにおける仏教の制度再編――「一九八〇年全宗派合同会議」後の仏教と国家」京都大学大学院アジア・アフリカ地域研究研究科提出博士予備論文。

Kunna Wuntha (Kau-hlaing Sayadaw) . 1926. Ba-tha-hman-shin-tan (真の宗教の書) .

Kwanchewan Buadaeng. 2007. "Chumchon Talaku thi Letawngkhu: Kaan Prapsaang Manoophaap lae Kaan Pathibat" in Kwanchewan Buadaeng and Apinnya Phuangphuusakul Eds. *Khaam Khawp Faa: 60 Pii Shigeharu Tanabe*. Sirinthorn Anthropology Center. Pp.147–174.

Man Ne San. 2005. Thit-Sa-Taing Duwei (『ドゥーウェーの誓願』) Yangon: Yone-Kyi-Chet Sar-pe.

Man Thint Naung. 2006a. Thit-sa Taing-Ti Thone-su-thau Duwei Zedi (『誓願のための三つのドゥーウェー・パゴダ』)、Yangon: Yone-Kyi-Chat Sar-Pe.

Man Thint Naung. 2006b. Thit-sa Man-Daing Duwei Zedi, Kyain-longkaing, Thonese-thonesu, Kaukpalut, Kyone-pine, Mya-pa-taing (『誓願のためのドゥーウェー・パゴダ』)、Yangon: Yone Kyi Chat Sar-pe.

Matthews, Bruce, 1993, "Buddhism Under a Military Regime: the Iron Heel in Burma." In *Asian Survey* Vol. 33: 408–423.

Mendelson, Michael E. 1961a. "The King of the Weaving Mountain." *Royal Central Asian Journal*, 48: 229–37.

Mendelson, Michael E. 1961b "A Messianic Buddhist Association in Upper Burma" *Bulletin of School of Oriental and African Studies*. 24: 560–80.

Mendelson, Michael E. 1975 *Sangha and State in Burma: A Study of Monastic Sectarianism and Leadership.* John Ferguson (ed.) Ithaca and London: Cornell University Press.

Schober, Juliane. 1988. "The Path to Buddhahood: The Spiritual Mission and Social Organization of Mysticism in Contemporary Burma." *Crossroads* 4: 1: 13–30.

Spiro, Melford. 1970. *Buddhism and Society: A Great Tradition and Its Burmese Vicissitudes.* New York, Harper & Row.

Stern, Theodore. 1968. "Ariya and the Golden Book: A Millenarian Buddhist Sect Among the Karen" in *Journal of Asian Studies* 27(2): 297–328.

Stern, Theodore, and Paul Dodge. n.d. "Telakhon, A Millenary Buddhist Sect among the Karen"MS.19pp. Payap University Archives.

Tadaw, Saw Hanson 1959 "The Karens of Burma" *Journal of the British Royal Society*, Vol.XLII, pt.2.

Tambiah, S.J. 1984. *The Buddhist Saints of the Forest and the Cult of Amulets.* Cambridge, Cambridge University Press.

U Zagara n.d. (MS of his speech). Kauk-dan Sasana-rekita monastery, Don-Yin, Pa-an.

土佐桂子　二〇〇〇『ビルマのウェイザー信仰』勁草書房。

—　二〇〇五「ビルマにおける高僧信仰の現在—巡礼地形成における社会的ダイナミズム」『社会人類学年報』三一：三一—六〇頁。

Womack William Burgess. 2005. Literate Networks and the Production of Sgaw and Pwo Karen Writing in Burma, c.1830–1930. Thesis submitted for the degree of Doctor of Philosophy. School of Oriental and African Studies, University of London.

第一二章　中国雲南省徳宏州ドアン族の仏教文化と土着信仰

楊　光遠（著）・兼重　努（訳）
長谷川　清（校閲）

はじめに

筆者は二〇〇四年から二〇〇六年にかけて通算四度ドゥホン（徳宏）州に赴いてタイ族とドアン族の集落で臨地調査を実施した。ドアン族の少なからぬ村人がタイ語を話し、仏教信仰においてはタイ族と多くの共通点があることがわかった。仏教信仰を含むドアン族の生活を調べることは、ドアン族の社会生活と信仰について包括的な認識をもつことである。その後数回の調査では、ドアン族の複数の村を集中的に調査した。筆者は徳宏タイ語を解するので、母語でドアン族の村人と会話できた。そのため、本章で使用するデータはすべて一次資料である。

ドアン族は、中国雲南《ユンナン》省の少数民族のひとつで、主にドゥホン、パオシャン（保山）、リンツァン（臨滄）一帯の山地、半山地に分布し、国境に跨って居住する民族である。生産条件が劣っているため、経済発展は相対的に停滞している。ドアン族は長い間、漢族、タイ族、ジンポー族などの隣接民族との間に友好的な往来を続け、とりわけタイ族とは長期にわたり密な接触をもっていた。民族間で相互に行き来することによって、しばしば、たとえば生活様式や生産技術など先進的なものの学習や摂取を含め、互いに影響を与えあってきた。

従来、ドアン族は原始農法に依拠した農耕で暮らしをたて、穀物、水稲とトウモロコシを栽培してきた。とくに茶葉、瓜、果物、野菜の栽培に長けている。だが、後進的な生産力と劣悪な自然条件のため、生活水準は高くなく生活も豊かとはいえない。同時に、耕作可能な土地が少ないため自然災害に対する防御能力も低い。

近年、当地の政府はドアン族の生産力発展と生活向上、伝統文化習俗の保存と伝承ならびに経済社会発展を非常に重視し、大いに扶助と補助を与え、教育と科学技術文明を徐々にそれぞれのドアン族の村に導入し、民族自身の優位性を発揮することを奨励している。ドアン族自身も優秀な文化を高揚し、伝統習俗を保存することに十分に注意している。これは民族文化から劣っているものを取り去り、優れたものを残すという止揚の過程であるとともに、地区の間、民族の間にある、文化、科学教育のそれぞれの領域の発展の不均衡、大きすぎる格差の問題を解決し、共同富裕、国泰民安（国が泰平で民の暮らしも平安であること）、科学、文化や教育の振興という、実際的で先の長い任務を実現することでもある。

筆者はルーシー（潞西）、ルイリー（瑞麗）、ロンチュワーン（隴川）などの県や市のドアン族の村への数回の訪問調査において、主にドアン族の南伝上座仏教（以下、仏教）にたいする信仰と原始宗教の信仰を文化の視点から考察した。現地のドアン族居民とタイ語を用いて交流することによって、地元の大きな四季の節句行事について理解し、一部の節句の祝典と宗教儀式に遭遇しこの眼で観察することができた。その印象は、以下のとおりである。

（一）ドアン族は、長期にわたる他民族との往来との密な接触により、大きな影響をうけている。その影響は文化の方面におよび、ある程度民族の性格を変えてもいる。同時に、二つの種類（もしくは多くの種類）の文化の融合はその民族固有の文化を反映している。たとえば、ドアン族はタイ族の文化の影響を深く受けている、しかし、同時にドアン族は自らの原始文化および独特の人文風情を保持している。言語から暮らしに至るまで多くの方面においてそうした影響を具現している。たとえば、読経ではタイ語を主に用いる。経典もタイ語で書かれている。ドアン族が崇拝するツァオホーマン（tsao^{3}ho^{1}man^{3}）［村の守護霊］、キエンツァオマン（kian^{6}tsau^{6}man^{3}）［村の中心の神］などの呼称、社会生活、労働生産、各種の自然現象、家庭の成員などの名称は、すべてタイ語を用いている。

二つの民族が宗教信仰の面で類似する場合、この信仰に関わる儀礼や行事の参加者は、その過程で使用される言語について熟知あるいは精通しているのが普通である。現在のドアン族とタイ族では、前者が後者からより多くの影響を受けている。二つの民族はともに仏教を信仰するが、ドアン族の信徒は中高年層が主体である。したがってドアン族でタイ語を話せるのは、多くが中高年および仏事に多く関わる人たちである。もちろん、居住環境も大きな決定作用をもつことは否定しえない。

(二)ドアン族は仏教の影響を深く受けている民族の一つである。多くの古老たちが語るところでは、仏教信仰の歴史はおそらくかなり長い。故地から現在地に移る前も仏教寺院を持っていたが、移住の際に新しく建て直し、それを精神の支柱として残してきた。調査中、ある老人が言った。「寺がなければ、亡くなった父母を祭る場所はないし、功徳もないのである」。

(三)ドゥホン地区のタイ族とドアン族の仏教寺院はひろく存在する。しかし、すべての寺で僧侶の暮らしの世話をしているわけではない。多くの寺院は村民が管理する。信徒は安居(ワ wa^{5})の期間に修行をする。一〇数年前では、寺院で寝泊まりしたものだが、現在寺に泊まる信徒は徐々に減少している。これは比較的顕著な変化である。

一　ドアン族の歴史、ルーツと現状

ドアン族は中国の五六民族のひとつである。雲南省で人口が比較的少ない七つの民族の一つであり、全国で一万七〇〇〇人余りである。ドゥホン、パオシャン(保山)、リンツァン(臨滄)などの地に分布し、ドゥホン州には一万三〇〇〇人余りが住む。人口は少ないもののドアン族の歴史は古く、史書に記載されている漢晋期の濮人《プーレン》が発展してきたものであり、唐代の朴子蛮《プーズマン》の一部に属している。清代になって波龍《ポーロン》あるいは崩龍《ポンロン》と称されるようになった。ドアン族はプゥリエ(布列《プゥリエ》)、ラオマイ(繞買《ラオマイ》)、ラオジン(繞静《ラオジン》)、ラオポー(繞博《ラオポー》)という四つの大きな下位集団に分かれる。

雲南省西南部の古い民族のひとつで、歴史が長く文化が光り輝き、風情が濃くて生活様式が独特な土着民族である。それは国境を跨ぐ民族であり、比較的分散して居住し、多くが山地と辺境地区に生活することが大きな特徴である。それに比べるとビルマ（ミャンマー）領内のドアン族の人口は比較的多く、数十万人に達する（訳者註：ビルマ側に住むドアン族はパラウン族と呼ばれる。自称はともにドアンである。中国では清代以来の漢文典籍に則り一九五〇年代の民族識別の時にポンロン（崩龍）族という民族名に定められたが、一九八五年に自民族からの希望によりドアン（徳昂）族と改称された（中・劉一九八八：四〇九―四一〇））。言語区分において、ドアン族は中国・雲南省のワ族やプーラン族と同じく、オーストロネシア語系モン＝クメール語族ワ・ドアン語支に属する。かつて自民族の文字を持たず、多くはドゥホン・タイ文字を用いてきた。茶の栽培に長じているため「古い茶の農民」と称されている。

多くのドアン族は漢族、ジンポー族、タイ族と雑居し、タイ族文化の影響を強く受けて仏教を信仰し、それに関連する宗教行事、祝典や儀式を行うときはいつもタイ語を使う。ドアン族の伝統的な節句は主にポイ・サンキエン（poi^{2}sang^{2}kian^{5}）［水かけ祭］とポイ・クンスアイマラカ（滾思艾嫣勒嘎《クンスアイマラカ》）――すなわち龍陽節である。ドアン族の伝承では、龍が母で太陽が父であり、龍と太陽が崇拝の対象となっている。

二　社会環境と言語接触

二〇〇四年八月に筆者はロンチュワーン県チャンホン（章鳳）鎮のフーロン（戸弄）村村民委員会に属するいくつかの集落で調査をした。二〇〇五年三月と八月にもその村に赴き、当年七一歳のドアン族の老人に聴き取りをした。

調査地の位置（ドゥホン州）
出所：周峻松等編『雲南省地図冊』（中国地図出版社，2006年）に基づく．

二〇〇五年三月には、サンタイシャン（三台山）郷のチュートンクワ（出東瓜）村のドアン族が集住する地区を調査した。また、同年八月はルイリー市の四つのドアン族集落で調査をした。訪れたのはクワンソン（広松）村、ナンシャン（南尚）村、ホーナンマオ（賀南冒）村（訳者註：後述では $\mathrm{ho}^{1}\mathrm{lam}^{4}\mathrm{mau}^{3}$）、クワンカー（広卡）村である。二〇〇六年二月は再びルーシー市サンタイシャン郷のチュートンクワ村、ルイリー市のナンシャン村、ホーナンマオ村、クワンカー村、ロンチュワーン県のフーロン村を単独で訪れ、調査を行った。ドアン族は日常生活の営みのうえでもタイ族と往来がさかんで、仏教信仰の方面でも多くの共通点があると筆者は感じた。

多くの語彙の発音はタイ語と同じか似ている。タイ族は当地の人口多数派民族である。タイ族はドアン族と生産、生活面で互いに密接に交流しており、ドアン族にたいして言語方面の影響を及ぼした。具体的には、ドアン族はタイ族の言語を吸収して生活のなかで運用している。ドアン族はタイ語を流暢に操る。例えば、ロンチュワーン県のフーロン村はドアン族とタイ族が雑居する地区で、老若男女は外向けにはタイ語を話し、家庭内と自民族の間ではドアン語を話す。またルーシー市サンタイシャン郷のチュートンクワ村とルイリー市ムンシュウ（勐秀）郷のクワンカー村という二つのドアン族の村はタイ族の村から少なくとも八〜一〇キロメートル離れているが、一部の老人はタイ語を話す。現地を訪れると容易に以上のことに気づく。

ドアン族の仏教における「タイ族化」の特徴はかなり突出している。筆者は調査ではすべてタイ語を使用した。老年、中年、青年のドアン族の人びとは一般にタイ語を話すことができる。儀礼を司るホールー（ho^1lu^5）〈後述〉は必ずタイ語を話さなければならず、基本的にタイ語で読経する。タイ語の理解度は地域によって以下のようないくつかのレベルにわかれる。

（一）ルーシー市サンタイシャン郷のチュートンクワ村の村民はタイ語を話すことができるが、あまり一般的ではない。

（二）ナンシャン村、ホーナンマオ村およびクワンカー村などのルイリー市のドアン族の老人は流暢なタイ語を話すことができる。

（三）ロンチュワーン県のフーロン村のドアン族は老人から子供まで一般にタイ語を話すことができる。

言語の影響は環境と関係がある。サンタイシャン郷のチュートンクワ村はタイ族の村から遠いものの、接触はある。ルイリー市のクワンカー村は山のなかにあり、タイ族の村から一〇数キロメートル離れている。けれどもナンシャン村とホーナンマオ村はタイ族の村から一キロメートルも離れていない。ロンチュワーン県チャンホン鎮のフーロン村は四つの小さな集落―パイシュンハ（派順哈）［茅草の園という意］、パイカン（派剛）［中間の村］、パイロン（派弄）［大きな村］、パイノン（派農）［湖辺の村］よりなる。かつてドアン族とタイ族はひとところに雑居し、周辺村も多くがタイ族の村であった。また当地のドアン族の人称排行（訳者註：兄弟の長幼の順序をあらわす人称）序数詞における男性と女性の排行はすべてタイ語の語彙である。たとえば長男、次男、長女、次女などの呼称である。数詞などの基本語彙もみなタイ語の詞である。第二に同じ宗教信仰と祭日、たとえば、ドアン族とタイ族はともに仏教を信じ、仏教用語はすべて一致する。パーリ語からの借用語はパラ（pha^2la^2）すなわち仏、仏祖、タラ（達拉《タラ》［仏教経典］）、シャーンハ（尚哈《シャーンハ》［僧侶］）などである。一年のうちの節句—主に仏教の色彩を帯びた節句は一致する。たとえば二月のソムロ（som^1lo^1）［白い柴を焼く］、四月のポイ・サンキエン［水かけ祭］、タイ暦八月一五日に始まるハオワ（毫窪《ハオワ》）（筆者註：人によっては「関門節」と訳し、タイ国では「守夏節」（入安居）という。雨季に僧侶と仏教徒が修行する期間であり、三ヶ月間続く。以下、ハオワと表記する—訳者）、一一月一五日のオクワ（uok^9wa^5）（筆者註：人によっては「開門節」と訳し、タイ国では「出夏節」（出安居）という。年に一度の修行期間の終わり）。カントー（kan^5to^2）［懺悔、贖罪という意味］が続き、村と村の間で相互に相手の村の寺院に参詣、懺悔に行って、相互の間の関係を密接にする。一二月一五日の「カティナ衣奉献祭」では、村民が僧侶に袈裟を捧げる。

三　仏教信仰についての概況

かつてドゥホンの上座仏教には、四つの主要な「教派」があった。すなわち、ヨン（潤《ルン》）、トーリエ（多列《トゥオリエ》）、ツォティ（左抵《ツォティ》）、ポイツォン（擺奘《バイチュワン》）である［訳者註：教派名のカタカナ表記は長谷川（一九九六）にならった］。現在ではすっかり様変わりし、相互に区分しないか、その区分が曖昧になっている。かつて、異なる教派同士は互いに招請せず、交流もきわめて少なかったが、今ではポイをやること［功徳を積むこと］、コンム（$kuang^2mu^2$）のポイ［仏塔のポイ］など、主要な仏教祭日はすべて一致している。したがって、ドアン族の仏教信仰にたいする理解にあたっては、まずいくつかの名称から明確にしておく必要がある。その例を以下にみよう。

（一）ホールー：ドアン族の村人が兼職するホールーは、在家信徒をリードして読経したり、村の仏教事務を切り盛りしたりする教長あるいは祭師であり、みなタイ語を話すことができ、タイ語で読経することにも熟練している。八月はドゥホン州のタイ族、ドアン族地区の仏教の守夏節の期間であるので、村に行くと、地元の人々がよその村にソンペン（$song^5pen^2$）―― 仏教儀式のひとつで仏祖、僧侶に斎飯を贈る（訳者註：ルーハオソム（$lu^5xau^3suam^2$）と呼ばれる）場面 ―― にしばしば遭遇する。

（二）ハオワ、すなわちワの期間に入るときには大きな祭を一度行う。人びとは日常の欠点、誤り、足らないところがあれば、ハオワの期間に自分の過ちを反省し悔い改めをする。三ヶ月の期間の半分をカンワ（剛窪《カンワ》）と呼び、大祭を一度実施する。満二ヶ月目をツァーレ（tsa^5le^2）といい、大祭を一回行う。満三ヶ月目はすなわちオクワで、もう一回大祭をする。ドゥホン地区では「関門節」という。タイ暦八月一五日から一一月一五日までが仏教の関門節である。この期間、僧侶（訳者註：原文では和尚と表記してあるが僧侶と訳した。以下これにならう）はすべて寺で修行しなければならない。ドゥホン地区では、仏教信徒たちは七日に一回の斎日（仏日）に寺へ行き、経を読経を聴き、経を詠み、修行をする。八戒を守る老人の一部は志願して僧侶同様、寺で三ヶ月間修行する。

（三）ツォン（$tsuang^2$）（ドアン語とタイ語で同一の仏教用語）、は仏寺という意味。漢伝仏教の「大殿」に相当する。ツォンシンとは僧侶が修行し自分の過ちを反省する場所である。

（四）コンムとは仏塔のことである。

（五）ポイ（$puai^2$）とはタイ族の喜びの色彩を帯びた行事である。ポイは仏教と関係した慶典儀式といえる。たとえば固定しているポイは盆地全体で行われる。歴史的にロンチュワーン県のチンカン（景坎）仏塔では毎年旧正月前後のタイ暦二三日に行い、「チンカン仏塔のポイ」または「二三日のポイ」とよばれている。各々の村は象脚鼓と大きな銅鑼を打ち鳴らして歌い踊って慶賀の念をあらわし、ポイの経費の支出の各項目に対して功徳の募金をする。かつては、主催する村々は木の葉でしっかり包んだ「千包飯」［ハオヘンホー（xao^{3}heng^{1}ho^{5}）］を配った。これをザーカ（扎嘎《ザーカ》）と言い、「喜捨」を意味する。このようなポイは三、四日間行われ、盆地全体から、外の県から、および国外から僧侶、善男信女が参詣に訪れる。老若男女は祭日の晴れ着を身につけポイへと駆けつける。この時は商売の好機でもある。様子は盛大で、賑やかなことこの上ない。この類のポイはムアン（盆地）全体のポイであり、名声は大きい。

ポイ・ロー（lo^{4}）とは、他界した僧侶のために行う盛大な葬礼であり、通常三、四日間行う。各地の僧侶がみな参加し、各村の老若男女もやってくる。葬送の時、僧侶の遺体の入った棺を木の車（車をローという）にのせ、数本の太い縄で車を縛りつける。いくつかの村の青年壮年の男性が両側に分かれ、競って車を引っぱる。その光景は、あたかも綱引き競技のようである。時には一方の引っ張る力が大きく、車を飛ぶような勢いで引っぱってしまうので、見物人はみな車にひかれるのを恐れてすばやく避難する。このような大規模なポイを行うのは、出家後、生涯還俗せず、清い心で欲少なく仏教の各種の清い規則と戒律を守ることがとても殊勝なことであり、その境地は非常に高く、賞賛に値するものと、人びとがみなしているからである。

（六）オクワとは「ワを出る」ことであり、安居期間が過ぎるという意味である。タイ暦の八月一五日から数えて満三ヶ月目になると出安居となる。オクワの当日すなわち一一月一四日の夜から一五日の早朝にかけてをタンマ（tang^{5}mat^{9}）という。オクワとは禁忌と僧の守るべき戒律の解禁日であり、加えて、この時節は盆地全体の穀物が黄金色に染まり、収穫が間近となり、豊作が望まれ、もうじき新米を食べることができるので、人びとはいかにも大変興奮しているように見える。その数日後にカントーが行われる。カントーとは仏教祭祀が民間の慶事と結びついた節句であり、その当日村々の人びとはみな象脚鼓をたたきながら自分たちの村の仏寺にて、あるいは別の村に行ってカントーをする。

（七）戒律を守る。タイ語でトゥシン（$thɯ^{1}sin^{1}$）という。一般に当地のタイ族、ドアン族の中年男女は年齢が三五歳以上になると戒律を守りはじめる。まず五つの戒律［シンハ（$sin^{1}ha^{3}$）］を守る。老人の一部も自らすすんで八つの戒律［シンピェート（$sin^{1}piat^{9}$）］を守るが、これはさらに厳格さを増す。仏教の信徒は平常、タイ暦の毎月の八日、一五日、二三、三〇日の四日、各自の家で読経する。あるいは少なくともルンモン（$lən^{6}mon^{2}$）＝「月圓日」（太陰暦の毎月一五日）とルンラップ（$lən^{6}lap^{7}$）＝「月閉日」（毎月三〇日）の二日は読経して仏像に礼拝するが、読経の主な内容はやはり五戒と八戒である。ワの期間は七日に一回の礼拝の日に仏寺に行って集まり、戒律を守って修行する。

（八）ツァオホーマンはタイ語で「村の守護霊」の意味である。ドアン族は村の中に祠堂を建て、村の守護霊へのお祭と礼拝を行う。ルイリーのホーナンマオ村の守護霊の祠には一間の部屋がつけられていて、中には寝台が置かれ布団がしかれ、横には守護霊が騎乗するための馬が一頭彫刻されている。

（九）キエンツァオマンとはタイ語で村の中心の神霊の意味である。ツァオホーマンに似たドアン族の守護霊である。

（一〇）ソンペンとは当地の民衆仏教行事の一つである。ペンとは「僧侶の昼食」のことである。ワの期間に、日ごろからつきあいがあって関係がよい村は、相互にソンペン行事を一回行う。これは実際に相手村の仏寺に参詣と訪問にでかける行事である。二つの村のホールーがいっしょになって二つの村の信徒を組織して読経し、仏像に礼拝し、供物を献上する。ホストの村は米や料理でゲストを歓待する。

（一一）カントーには懺悔する、贖罪する、献上する、跪いてぬかずくという意味がある。カントーを通して罪悪と過失から解脱できると当地の仏教徒は考えている。カントーという言葉の内容は次のようになる。〈私はかつて過ちを犯し罪がある。現在三ヶ月間のワの期間は終了した。私は解脱を請い求める。自分が今まで犯した罪過を消し去り、平安で順調に暮らしていけるように請い求める。〉

(一二)ソムロとは「白い柴を焼く」ことであり、仏教儀式の一つである。冬に仏のために白い柴を一回焼く。白い柴は前もって各家が山から集めてきたものであり、一家に数本である。白い柴が必要なので、当地ではしばしば木の質が白色の塩酸果の樹を用いている。旧正月の約半月後、各村は仏寺の中あるいはその門前に白い柴を積み上げる。夜九時ごろ、ホールー、あるいは僧侶を呼んで読経してもらい、供物を捧げ、白い柴の上にろうそくの火をともす。その後尖塔の形をしたてっぺんに火をともし、ごうごうと火をたく。

四　調査地における事例研究

1　ロンチュワーン県チャンホン鎮フーロン村

(調査協力者：チュワンユエ(庄約)、男、七一歳、二〇〇五年八月、二〇〇六年二月)

筆者はロンチュワーン県チャンホン鎮のフーロン村村民委員会のパイカン寨の一人のドアン族の男性にたいして二度調査を行った。使用言語はドゥホン・タイ語である。以下はその会話の一部である。

ロンチュワーン県のドアン族の人びとは耳輪をつけてベルトを締めており、ホーマイ支系[フマイサイラン(hu mai sai laŋ)](声調記号の脱落 —— 訳者)と呼ばれる。女性は両耳に孔をあけ耳輪をする。男性も耳に孔をあけるが左耳だけである。ベルトは黄色である。布あるいは薄くて柔らかい絹織物のどちらでもよい。

ロンチュワーン県では一三の寺院に住持職の僧侶がいるが、その他の寺院には僧侶がおらず、仏寺があるだけである。たとえばクアンムチンカン(広母景坎)寺、ディエサ(迭撒)寺、ロンシャー(弄沙)寺、ロンシュウ(弄秀)寺、ロンホン

（弄虹）寺、ナントォ（南多）寺、マンイェン（曼燕）寺、クワンシャン（広相）寺、チィエチャン（姐昌）寺、ホーロン（賀弄）寺がそうである。経はみな同じである。僧侶はビルマ人の場合もあれば、地元の人の場合もある。クアンムチンカン寺には二人の地元の見習僧（訳者註：原文では小和尚となっているが、見習僧と訳した。以下これにならう）がいる。一人はチィエカン（姐坎）村、もう一人はマンパン（曼棒）村出身である。ファンシャン（晃相）寺の住持職の僧侶はロンチュワーン（弄転）村出身なので見習僧もその村から来ている。各地の仏寺の住持職の僧侶はもともと修行していた仏寺と多くの関係をもっている。たとえばフーロン寺の住持職の僧侶はかつてビルマのムセ（木姐）の仏寺で修行した。だから彼がいる仏寺は毎年カントーの際にムセの仏寺に参詣にゆく。これは弟子が師匠に拝謁することに相当し、一種の交流と訪問でもある。ビルマ側の教派はスータンマ（su^{4} tham^{5} ma^{5}）である。

たとえば二〇〇五年のタイ暦の八月三〇日、ロンチュワーン県仏教のアチャン族の仏寺、タイ族の仏寺、ドアン族の仏寺の二四名の住持職の僧侶（おそらくロンチュワーン県のすべての仏爺）はチャンホン鎮のロンシュウ村仏寺のツォンシンに集まって仏像に礼拝し読経した。ロンシュウ寺の住持職の僧侶の修行年数が最も長く、資格が最も古いので、召集の主催者になることができる。

僧侶が持戒して寺院でくらす年限をタイ語でワ（窪《ワ》）といい、ひとつのワは仏暦の一年一年に相当する。ワが最長の人が、僧侶としての資格ももっとも古いのである。

俗人の招請にたいして僧侶は限定を設けて参加する。その条件とは、第一に施主が要請していること、第二にしきたりにあっているかどうかである。たとえば、フーロン付近のロンチュワーン（弄転）村、チィエハン（姐喊）村、トゥオファン（多晃）村、ロンモー（弄麼）村などで葬式を行う場合、新居に入居する場合は僧侶を招請してタイ語でヤップ（jap^{8}）という儀礼を行うが、結婚式には僧侶は呼ばない。マンパン村、シャンシュ（上許）村では新築家屋への入居儀礼でも僧侶は呼ばない。

フーロン村のタイ族、ドアン族には、パイカオ（派高）、パイロン（派弄）、パイノン（派龍）（湖の村）、パイカン、パイシュンハという五集落がある。ドアン族の歴史と来歴については、先代の人びとの言い伝えを老人が聞いたにすぎないというが、ドアン族はホーホアン（ho^{1}xuang^{1}）［瀾滄江＝メコン河］の上流から移ってきた。一方、タイ族はホーホン（ho^{1}xong^{1}）［怒江］の上流から移ってきた。下ってきてから後、ルイリー境内のクワンソン山区に居住した。ロンチュワーン県境内のフクオ（護国）山に居住しているのはみなドアン族である。実際のところ、かつてのロンチュワーン県ではドアン族が多く暮らし、その後ビルマに移住し、川を下ってレイロン（雷弄）一帯に居住した。ドアン族には多くの支系があり、互いに言葉が通じない。「ここのドアン族はマンシー（芒市）のドアン族と異なる。服装も違う。彼らの支系はピリエ（比例《ピリエ》）という。我々はホーマイ（賀邁《ホーマイ》）支系である。ホーマイの意味は、男子の左耳に孔をあけ（女性は両耳にあける）、黄色のベルトを巻くということである。だから黄色紐のホーマイと呼ぶ。ラムティエプ（lam^{4}thiap^{9}）［南貼］村から下ってきたのはすべてがドアン族で、昔はロンチュワーン県にはタイ族の村は五、六村しかなかった。私の父の世代の時にロンチュワーン県のチャンホン鎮のマンパンの上にいったところのラムワット（lam^{4}vat^{8}）［南窪］山の上にマンパン村、ユンソン（允宋）村があった。私の父はルーリエ（呂列）の人であるが、ルーリエ山から下りてきた家は現在三戸だけとなっている。我々が上から移ってきてからすでに二百年以上たつ。我々の歴史はかつてタイ語の本に書かれていた。だが文化大革命の時に焼かれてしまった。当時上から移住して来た家は今では三戸だけになってしまった。その他の家はみなよその村から来て住んでいるものだ」。

当地では僧侶をメンチャン（門章《メンチャン》）と呼び、大和尚をチャオチー（召吉《チャオチー》）と呼ぶ。黄色の袈裟を着ていない人のことをカピ（嘎比《カピ》）［沙彌］と呼ぶ。二〇歳未満の人はメンチャンにはなれない。ドアン族は山の凹地にツォンシン（tsuang^{2}sin^{1}）［結界をもつ布薩堂］（訳者註：原文にある「信」を国際音標に改めた）をもつのに対して、タイ族のツォンシンはすべて寺院のなかにあることが今回の調査で判明した。ツォンシンとは、僧侶が正しく持戒しているかどうか、その過ちを反省

写真 12−1　徳宏ドアン族寺院の布薩堂

し悔悟し具足戒を詠み上げ儀式を行うために寺院の中に設けられた場所である。一般在家者は、僧侶が身体を浄める場所すなわち持戒の姿勢を顧みる場所だという。

我々の村のツォンシンは山の凹地にある。我々は山の凹地にあるツォンシンで布薩をするが、寺院内では行わない。昔のドアン族には、山の凹地のツォンシンしかなかった。ビルマの教派が入ってきてから、はじめて寺院施設の中にツォンシンをもつようになった（ドアン族は自ら信奉するのは自分たちの伝統的な仏教であると考えており、後から来た仏教を「ビルマ教派の仏教」とみなしている）。寺院のなかのツォンシンをシンザームザー（信扎姆扎《シンザームザー》）と呼ぶ。ビルマではツォンシンを建てる場所では、土地を全て買って寺院の所有とする。しかし、我々のところでは、沼沢に亭を建てれば、それがツォンシンとなる。関門節に入る前に、僧侶はまずそこに入って読経しなければならない。関門節の中期になると、僧侶は必ず二度目の読経に行かなければならない。ツァーレと呼ばれる、ワの期間の満二ヶ月目になると、三回目の読経に行く。ワを出る時にもう一度拝みに行く。あわせて四回である。僧侶の僧位階の昇格もツォンシンで儀礼を行う。

聴き取りによると、ツォンシンは古い世代の人が伝えてきたものである。その村のユエン（約恩《ユエン》）という老人の三〇数歳の息子もすでに数十年前に放棄された彼らの村のツォンシンがもともとどこにあったかを知っている。筆者の求めに応じて、二〇〇六年二月五日にその村のツォンシンの遺跡を見につれていってくれた。それはその村の東側で、集落から二百数メートル離れたところにツァオホーマンすなわち村の守護霊の祠があり、精霊の祠はひとつの小さな建物となっている。ツァオホーマンから東南方向に約四、五百メートル行った密林のなか、我々は密に茂った草むら、籐と樹林のなかを歩いた。足の下は湿っぽくぬかるんだ泥道であった。村人はみなこの場所を知ってはいるけれど、九〇歳の老婆であるナイハンリャン（乃喊良）でさえも、ツォンシンについては聞いたことがあるだけで見たことはない。ツァオホーマン付近には、かつてフェイレイシャン（費雷相）という集落があったが、後に村ごとよそへ引っ越してしまった。

筆者が調査したパイカン村は、タイ語の意味では「中間の村」であり、その北側はパイロン（派弄）（大きな村）である。南側にはパイノン（派龍）（池の村）、南北の方向にはパイシュンハ（茅の園）があるが、今ではフェイレイシャン集落は無くなっている。ロンチュワーン県チャンホン鎮のフーロン村のいくつかのドアン族の村の情況に照らして推測できるのは、以前ここの人口はかなり密集しており、仏教が盛んであっただろうということである。筆者が子供のころ歩いた、村の中間を貫通する石畳の道と長い石の板でふたをしてある道端の井戸（現在は廃棄されている）は、古くて素朴でベールに包まれているドアン族の独特の文化を感じさせる。

筆者の問：「ツォンシンというのは、池の中に小さな亭を建てるものだとあなたは言いますが、あなたの村の寺にはツォンシンはあるのですか？」

答：「我々の村の寺にはツォンシンはありません。寺と蔵経堂があるだけです。」

問：「もし、僧侶がツォンシンに入って読経したい場合、必ず、山の凹地にあるツォンシンに行かなければならないのですか？」

答：「そうです。昔、我々ドアン族の仏寺の僧侶は必ず山の凹地のツォンシンに行かなければなりませんでした。修繕に行かなかったので、我々の村のツォンシンはとっくの昔に荒廃して今はその跡があるだけです。もし僧侶がツォンシンに行きたいのなら、今では仏寺のなかにあるツォンシンに行ってお供えし、ひざまずいてぬかずくほかありません。」

問：「どこのツォンシンに行くのですか？」

答：「今年（二〇〇五年）はおそらくチャンホン鎮のロンシュウ仏寺にお供えと読経にゆくでしょう。なぜならその仏寺の仏爺は仏暦（訳者註：出家年数）が最も長いからです。我々ロンチュワーン県ではロンシュウ仏寺を除くと、ファンシャン（晃相）村仏寺の僧侶の仏暦が最も長く、人びとから尊敬を受けています。しかし、ロンクワン（弄貫）村仏寺の僧侶は窃盗をはたらいたので追放されました。

我々が僧侶を養うのに、一戸あたり一年に一〇元、一筒（二千五百グラム）の米を出し、村全体で五百元あまりの金、五籠あまりの米を集めます。このほか我々のところでは積徳のために現金を寄進する人がおり、数千元をも喜捨する人がいます。だから僧侶は寄付をつのりにゆく必要はありません。僧侶の中には、手相を見たり、占いをしたりするものもいて収入はさらに多くなっています。パイロン（派弄）村の仏寺では、毎年献納される袈裟は三セットで、すべてを着ることができません。掛布団も累積すれば少なくともトラクター二台分の量になります。」

問：「現在、僧侶のいない村がある。ホールーがいてこそはじめて信徒を導いて仏像を礼拝することができるのですか？」

答：「そうではありません。もしホールーがいなくても、老人は自分で仏像を礼拝することができます。しかし、読経する日はすべてホールーが先頭に立って仏像に礼拝します。読経する日でない場合は、ホールーは普通行きません。ホールーになるには少なからぬ困難があり、簡単なことではありません。村民が結婚すると、彼は祝福と吉祥の詞を述べに行きます。村民が葬式を出すと、行って読経し亡霊を済度します。村人が新居を建てると、タイ語で『マンカラー』（芒戛拉《マンカラー》）という祝福の詞を唱えに行きます。人びとがくれる分だけが、彼の報酬となります。そのほか寺役［プツォン（$pu^5 tsuang^2$）］もたいへんきつく、方々に仕事に行かなければなりません。だから仏寺の供え物のいくらかは彼らのものとなります。」

問：「老人であるあなたは『マンカラー』を唱えることができますか？」

答：「私は文字を知らないので、唱えることはできません。けれども他の人が唱えれば、私はそのあとについて唱えることはできます。我々は五戒を持つ（守る）場合、まず僧侶に向かって『私に五戒を授けてください』と請い求めます。五戒を守るということは、まず僧侶が先導して五戒の経を唱え、その後は五つの戒にもとづいて行いをせねばならず、魚やエビを捕まえてはならない、殺生してはならないなどを自分にたいして求めるということです。信徒のなかには八条の戒を守る人もいます。信徒が八戒を守りたい場合、誰がその人を監督するのでしょうか？　自分でそれを守り、自覚に頼るしかありません。五戒を守りたいが、自分ではできず、品行が方正でなく、たとえば生き物をむやみに殺すなど、悪事まで働いてしまうのならば、それはすなわち約束を破ることであり、それでは、その人が喜捨したものとその人が言った言葉も意味がないものになってしまいます。」

たいへん幸運なことに、二〇〇五年八月中旬、我々がパイカン仏寺で調査をした時は、ちょうど関門節の期間中にあたり、タイ族とドアン族の老婦人が数名で八戒を得て持戒行をしているところだった。我々は老人たちと懇談してその村の宗教信仰、仏事の活動と祭日、ドアン族の伝説、ルーツなどの内容に関する調査をした。

以下は我々が懇談した人びとのうち、八戒を守る数名の老人たちのおおよその情況である。（筆者註：ライ［(lai^{2}) 漢字で書くと莱《ライ》］は女性信徒の総称、シン［(xing^{2}) 漢字で書くと星《シン》］は男性信徒の総称である。この寺で八戒を得て持戒行をしている人は全部で男性四名、女性一二名、読経（礼拝）する日は昼食のみとる。）

老人たちは別々の村から来ていた。以下は八戒の持戒行をしている老婦人の名簿である。

ライ・レイハン（莱雷罕）　七五歳　チャンホン鎮
ライ・タンヘン（莱坦很）　六七歳　チャンホン鎮ロンクワン（弄貫）村公所トゥオコン（多公）村の人
ライ・チュアンシァン（莱装相）　七一歳　チャンホン鎮フーロン弁事処シャンサー（項撒）村の人
ライ・チュアンメン（莱装門）　老人　チャンホン鎮ナントォ村
ライ・パンシャン（莱板相）　老人　チャンホン鎮シャンシュ村
ライ・シュアイハン（莱帥罕）　老人　チャンホン鎮ロンチュワーン（弄転）村
ライ・マイエン（莱邁恩）　老人　チャンホン鎮シャンサー村
ライ・パンサイ（莱板賽）　老人　チャンホン鎮シャンサー村
ライ・ハンリャン（莱罕亮）　九〇歳　チャンホン鎮フーロンのパイカン村

老人たちはいう。

外の村から我々のパイカン村に修行に来る人は比較的多い。当村にはもともと五人の老人がいたが、今では三人が他界した。マンパン村の老人はもともとここへ仏像を礼拝しに来ていた。彼らが、読経、供物の献上、仏像の礼拝ができるようになってからすぐに、当村の仏寺で自ら八戒を守るようになった。ムセ（木姐）村から来た当村の住持職の僧侶は二月一五日にパイロン（派弄）仏寺に移っていった。彼の仏学の水準はとても高かった。けれども我々の村は小さく、経済条件も劣るので、生活の面倒をみることができない。パイロン（派弄）村の寺は一九五八年（その年、大躍進が始まる）に破壊されたことがあるが、我々の村の仏寺は破壊されなかった。その後しばらくの間、皆が我村の仏寺に集まってきた。とくに関門節の時に仏像を礼拝しにくる人の波は潮のごとく多かった。現在各村がみな仏寺をもつようになったので、ここに来る人は多くなくなった。現在の村の仏寺は二〇〇三年に建て替えたものである。

寺には僧侶がいないので、すべて自力で修行している。用意しなければならない供物は切花、膨化米などで、みなお盆に装って仏爺に捧げる。仏爺僧侶がいない場合、自分で願をかけ、毎日八戒経を唱える。仏寺に集まって八戒を修行するとき、普通水を飲もうと思わないし、腹もへらず、食べ物を食べたいとも思わない。八戒を守っている人は、正午をすぎると摂食しない。仏寺で夕食をとることは許されていない。家に帰ってから、はじめて夕食をたべることができる。仏寺で修行するとき、人びとが喜捨したものはどれも、食べてはならない。腹がへっても耐えねばならない。だから家に戻ったときは往々にしておなかがぺこぺこである。

ワの期間に入ると、中高年の多くの人たちは五戒を守り、五戒経を唱え終え、経を聴いてから帰ってゆく。普通の情況においては、村が小さく、信徒が多くない場合、寺に泊まるか泊まらないかという事情は村ごとに決まっている。ワの期間のたびに七日間読経する村もあれば、一三日間読経する村もある。

八戒を守る老人は寺に泊まるので、各自が米を持参する。野菜に至っては自分で植えるか、買うかして、村人も一部分を喜捨する。老人は茶葉の袋を用いて人びとに喜捨を招請する（昔、茶葉の袋はドゥホンのタイ族とドアン族において、結婚やそのほかの事務の招待状として使われた）。

空が白んだばかりの頃に八戒を守る老人たちは起床する。まず行うのはタイ語でルーソム（$lu^{5}suam^{2}$）という、斎飯を仏祖に供えることである。続けて読経して仏祖を賞賛し水を垂らす［ヤートラム（$jat^{9}lam^{4}$）］。その後各自が静かに座って、できるだけ心の中からさまざまな雑念を払って仏事に思いをめぐらし、黙々と経文を唱え、唱え終わってからはじめて言葉をかわすことが許される。八戒を守る老人についていえば、ワの期間に入った初日、すなわちホーワ（$ho^{1}va^{5}$）から、八戒（八条の戒律経典）を守ることを始める。読経し座禅し、仏寺のなかで実践し毎日自分で修行し、七日間続ける。なかには二四日間続ける人もいる。この期間はお互いに言葉をかわしてはならない。読経が終わってはじめて自由に交流することができる。七日間あるいは二四日間のホーワの後は毎日一時間読経する。

本村で五戒を守る人の数は少なくない。一般に年齢は四、五〇歳近くで、男女あわせて約百人である。五戒を守る老人と八戒を守る老人は同じではない。関門節の期間中、一般的に言うと、仏像への礼拝が終われば家に帰ってもよいが、次の五つの戒律を守らなければならない。すなわち、殺さない、うそをつかない、盗まない、姦淫しない、大酒を飲まない、である。もし引き続いて八戒を遵守する場合は、家には帰らず仏寺に泊まる。仏寺に住持職の僧侶がいる場合、朝の一時間は、僧侶がリードして読経する。

村では平均して一軒あたり毎年、一筒（二五〇〇グラム）の米、一〇元の現金を住持職の僧侶に与え、日ごろは僧侶が自炊して食べる。仏寺にはそのほか二人の見習僧がいて、炊事や雑用の仕事は彼らがやる。野菜などは村人に寄付を求める。魚や肉はあまり食べない。ドアン族の僧侶は塩魚を好んで食べる。

ソンペン（ペンとは斎飯の意）は村と村との間で仏事行事を行う、一種の仏教祭祀行事である。どの村も一年に一度ソンペンをする。三ヶ月の「関門節」（タイ国では『守夏節』）において、村と村の間で相手村の仏寺に行って仏像を礼拝する。全村の人びとがあらかじめ準備をしておき、ビスケットや果物や各種のモチ菓子などの食品をそろえておく。また、香、ろうそく、切花、膨化米等も不可欠である。双方のホールーがきちんと定めた日の当日、老年、中年、青年が全村の人びとを率いて、参詣先の某村の某寺へ行く。ホスト役の村もすでに準備を整えており、時候の挨拶をひととおり済ませてから、双方の村人は仏寺の中で仏像を礼拝する。ゲスト側の村のホールーはみなをリードして読経する。その大意は「今日、××村の善男善女たちが△△村の仏寺に仏祖を拝みに敬虔にもやってきた。」というものである。一般に、読経が終わると、各種の食品、香、ろうそく、膨化米、切花がいっぱいに詰められた竹の盆を捧げ持ち、仏祖に捧げる。

旧正月の期間はその村は仏教に関係する活動は行わない。

ソンペンとワの期間が終わったときに行うカントーは、村と村の間の仏事交流における相互訪問、村民の間の訪問とつきあいに相当する。ホスト側の村はみな非常に熱心に接待し、村中の人びとが一緒に料理を作り、客人をもてなす。

パイカン村のソンペンの行き先の村は、チャンホン鎮内のマンパン、シャンシュ、ロンモー（弄麼）、チェハン（姐罕）、ロンモー（弄莫）、ラーシャン（拉相）、ユンハイ（允海）、シャンサーなどであり、それらの村は同じ教派［カン（kang^{2}）］（訳者註：楊光遠（二〇〇二）に基づき、表記の誤りを改めた）である。

ここでは毎年、白い柴を焼く儀式（ソムロ）を行い、一種のモチ菓子であるハオヤク（毫亜谷《ハオヤク》）を仏に供える。白い柴として用いるものには塩酸樹［マイマクポット（mai^{4}mak^{9}phuat^{8}）］、漆樹［マイハック（mai^{4}hak^{8}）］がある。ポイ・サンキエン（水かけ祭）の時、初日は小さな仏像を洗い、村人全員がやってくる。若い男と若い女がお互いに水をかけあう。

老人たちが紹介するところによると、パイカン村は一度「龍陽節」を行ったことがある。「龍陽節」に関するドアン族の伝説は以下のようである。その昔、一匹の龍の母が三つの卵を産んだ。太陽の光が照らし、それらは三匹の小さな龍に変わった。いい伝えによると、この三匹の小龍がドアン族の祖先なのである。だから龍はドアン族の母で太陽は父なのである。

最初、龍の女は河に水浴びに行った。太陽の王子は大きな鳥に変身して飛んできて彼女をくわえようとした。大きな鳥は龍の女を見つけると若くて顔がきりっとしている青年に変身し、龍女とめぐりあった。その後二人は結婚して夫婦となった。間もなく大きな鳥は飛んでいった。龍女はすでに身ごもっており、石の傍に三つの卵を産んだ。太陽が卵を照らし、だんだん暖かく、高温になってゆくにつれて卵は孵化し、長男、次男、三男の三兄弟が生まれた。三兄弟は徐々に大きくなり、相談して言うには「母さんが僕たちを守ってくれている。僕たちはもう大きくなったが、どうすべきであろうか」。母龍は言った。「私は龍の女だ。私の家は龍の国、海の水のなかにある。今から私は家に帰ることにする」。三人の息子たちは言った。「母さん、もし行くのなら、変身して僕たちに（姿を）見せて、（変身の）結果も知らせてください」。龍の女は身を揺らせて変身した。変身して姿を現したのは龍であった。ドアン族が着用している衣装の頭巾は背中と同じく、太陽の王子を象徴している。

何はさておき、太陽王子は帰るとすぐ考えをめぐらせた。私と龍女は結婚して夫婦となったが、彼女にまだ（結婚の）しるしを贈っていない。そこで宝石を取りだしてカラスの首に掛けて龍女を捜しにやらせた。カラスはもともと怠け者で食いしん坊なので、飛んでいるうちに、ふと、炊事の煙が上がっている場所を見かけると、このように思った。「そこには必ずうまいものがあるはずだ」。すぐに包みを掛けて、ものを食べに飛んで行った。このとき一つがいのおしどりがそれを見て、腑に落ちなく思った。「これはいったい全体、誰の包みであろうか？中には玉石が入っている」。ついでに宝石を取り出して、かわりに石を包みの中に入れた。カラスはおなかいっぱいになって戻ってきて、包みの中のものをよく見ずに、包みを首にかけて飛んで行き、それを龍女に手渡して言った。「太陽王子があなたに贈り物をひとつ贈ります」。龍女が見ると、贈り物とはなんと石ころ一個だったので、腹立ち紛れに、三人の子供を捨て去って龍の国に帰っていった。その後この三人の息子たちは徐々に大きくなって、ともに顔がきりっとした青年になった。使用人になろうとし、王城に着くと国王の使用人になった。彼ら三人兄弟の長男は国王の娘に向かって、縁談を持ち込んだ。許可を得て所帯をもった。数年たって、長男と妻は大家庭から分家した。……伝説によるとドアン族は瀾滄江（メコン川）から移動してきたのだという。

したがって、太陽と龍はドアン族の指標となり、「龍陽節」はドアン族の節句となった。「陽」は父をあらわし、「龍」は母をあらわす。龍陽節はまたポイ・ラティン（拉丁《ラティン》）とも呼ばれる。一九九五年にロンチュワーン県のドアン族はチャンホン鎮のフーロン村の出入り口のところに「龍陽」の塑像の塔を建立した。その塔は四角形で四つの面にはみなドアン文字の字母が書かれている。「龍陽」の塑像塔が建立されて後、一九九六年二月一九日にこの地で第一回の「龍陽節」が開かれ、ルーシー市、ルイリー市、インジャン（盈江）県、リャンホー（梁河）県などの地およびビルマからドアン族を招待した。皆は着飾ってやって来て節句に参加した。人びとは広場の中央に一本の龍の柱を立てて、龍の柱の下に竹と木で囲った大きな花籠を作り、それはあたかも、タイ族の水かけ祭の水かけの木（花樹）のようであった。人びとは自発的に切花や木の葉を摘んできて花かごを飾って、彩りを添え、泉の水をそそいだ。そのため、リャンホー県のドアン族は「龍陽節」のことを「澆花節」（花に水をそそぐ節句）とも呼ぶ。けれども、それはタイ族が水かけ祭の一日前にわざわざ組織的に山に登って花を摘むこととは異なる。

人びとは歌って踊る。思う存分歌って、踊って自分たちの祭を楽しく祝う。最も賑やかなのは夜で、各地からやってきた代表団がそれぞれのすばらしい出し物を披露する。若者男女は花かごを編み上げ、お互いに贈りあって交友を示す。一九九六年にロンチュワーン県のフーロン村で行われた「龍陽節」では、ドアン族二〇〇〇人あまりがこの節句の祝典に参加した。このほか、その他の民族もやって来て盛大な集いに参加した。そのため、規模はたいへん大きなものとなった。この後、習いになったようで、三年に一度行われる。一九九九年、二〇〇二年に龍陽節をそれぞれ行った。今年（二〇〇六年）にも期日どおりに行うよう準備している。

さらに筆者はその村のドアン族の仏教儀礼の一部についても聞き取り調査を行った。以下は老人たちとの対話の一部である。

問：「ここではポイ・パラ（仏像の開眼式）をやる人がいますか？　いつ行うのですか？」

答：「ポイ・パラをやるのは普通収穫後の農閑期です。すなわち毎年旧正月の前後に行うのが比較的時宜に適しています。

去年（二〇〇四年）、パイシュンハ村の一軒の村人が仏像を一体請来してきました。この家の人は多くの親戚や友人を招待しました。彼の家でやったポイ・パラはとても賑やかなものでした。」

ポイ・パラ（仏像の開眼儀式）を行う場合は、通常、まずルイリー市のロンアン（弄安）に行って仏像を請来する。そこにはさまざまな様式の仏像が多く陳列してある。価格は千元から数千元と多様である。仏像は買って（請来して）もかまわない。買うと木組みを作って、仏像を入れる。ポイをやる前に、主催する家は村の各家と村外の親戚や友人をあらかじめ招待する。一日目、村内の老人を家に呼んで、各種の準備をととのえるのを手伝ってもらう。まず仏を寺の中に運び込む。二日目、この村と外の村の客人が来臨する。客人はみな切花を携えて来て仏に捧げる。さらに、主催する家に現金を少し贈って経済的に援助する。主催する家は客の到来を待ち、客人を接待する。この日もまたもっとも重要な日である。この日には開眼式を行わなければならない。（すなわち塔心をとりつけ、仏寺の僧侶に読経に来てもらう）。ポイをする前、塔心をとりつける前、および僧侶が読経をする前には、まだパラ（仏像）と呼ぶことはできない。ポイ・パラ儀式を行って初めて、正式にパラとなるのである。例をあげよう。開眼前の仏像は人がその上を跨いで行ってもかまわない。しかし開眼を終えてからは、跨ぐのは許されなくなる。一部の人びとは爆竹をたくさん準備する。親戚の家が供えるものには金箔で作った金樹や銀樹もある。三日目は最終日で、斎飯を捧げる［ルーハオソム（$lu^5 xau^3 suam^2$）］。親戚は家の中に泊まり、斎飯を捧げ終わったのち終了する。

昔は、仏像を買う場合はルイリー川の対岸のビルマのムセ（木姐）鎮でなければ手に入らなかった。もしさらに大きな仏像を入手したければビルマの二番目の大都市であるマンダレーまで行かなければ買うことができなかった。一般的に言えば、タイ暦の六月（太陽暦の四月）になるとポイは行わない。農作業をしなければならないからだ。二、三〇年前の頃は、ポイ・パラを一回やっても三〇〇～五〇〇元ほどしかかからなかった。当時は仏像一体に二、三〇元しかかからなかった。今ではポイを一回やるのに六〇〇〇〇元あまりかかる。

タイ暦の一一月二三日に行うポイがある。村の中で仏塔のポイを行う。昔の二三日のポイは老齢層のポイであり、一日しか行わず、仏像への礼拝と掛け合い歌の競技会があった。これはタイ族のポイであった。今日の二三日のポイにはすでに多くの内容が付け加わり、商業意識が比較的濃いものとなっている。

ロンチュワーン県のドアン族が信仰する仏教はトーリエ（多列）派である。タイ族にもトーリエ派はあるけれども、タイ族でそれより多いのはポイツォン（擺奘）とヨン（潤）派である。トーリエ派は以前、樹林の中で伝教し生活するものであった。したがって、昔、ロンチュワーン県のドアン族にたいする仏教のトーリエ派の影響は僧侶が肉、豚の油を食べず、ゴマ油だけを食べること、仮に肉食するにしても牛肉に限るということであった。ここ数年来変化はあったが、おおっぴらには食べることはしない。仏寺で行われるあらゆる行事では酒を飲まない。タイ族のなかのポイツォン派は豚を殺してもよいが、ドアン族でトーリエ派を信仰する村では、昔、豚を飼っておらず豚を殺すなんてとんでもなかった。彼らが鶏を飼うのも夜明けを知らせるのに使うだけであった。

ともにトーリエ派でありながら、パイシュンハ仏寺とパイカン仏寺では異なるところもあった。僧侶の師門も同じではない。違いの一つは、外出時に、暑くて袈裟を脱ぐ際、シュンハ（順哈）村の僧侶の場合は上着（袈裟）を折りたたんで頭の上に乗せるが、パイカン村の僧侶は折りたたんで肩の上に乗せる。

村人：「……このほか、パイシュンハ村はフーラン（戸蘭）山の上から来たのだが、我々はレイリエン（雷連）山から来た。昔、ここフーロンには三つの仏寺があった。レイリエン山から来た人びと、ナンワー（南哇）村から来た人びとと諾諾山から来た人びとはみなもともと自分たちの仏寺を「持ってきた」。「持ってきた」というのは仏寺を運んで来たということではない。家屋は運べない。しかし、仏像と経は運ぶことができ、仏寺は建て直すことができる。しかし、すべて小さな仏寺であったので、着いてから村民は言った。我々は合併しよう。レイリエン山から来た人の数が多かったので、パイカン寺と合併した。我々の仏寺はウーチャン（吾帳）であり、隣の村の仏寺はマンチュウ（芒久）という。ロンモー（弄麼）村のドアンも集まって我々の仏寺に来る。昔、ドアン族の村は少なくなかった。ラーシャン（拉相）村、ロンチュワーン（弄転）村、ラムテイプ（lam^{4}thiap^9）［南貼］）村、ユンファン（允晃）などはすべてドアン族の村だ。フクオ山の上までずっと。」

問：「カントーのポイをする時は資金を集めなければならないのか？」

答：「それは若者のことです。男子は一人あたり五元を出します。二人の息子がいれば一〇元です。娘が出す額はすこし少ない。集めた金はご飯やおかずを買って客人を接待するのに使います。仏寺に行ってカントーする時、朝早くから老人は清掃と整理に行きます。夜は老若男女が一緒に仏像の前に行き、懺悔と贖罪をし、僧侶は読経を教えます。我々が信じているのはトーリエ派です。規則は厳格です。たとえば殺生はしてはならない。魚やエビを捕まえただけで「殺生」となる。大酒を飲んではいけないなどです。一部の老人でさえも、教えの規則を守ることができません。若者ならさらに難しいです。」

村人：「我々の村はドアン族、タイ族、漢族が雑居する村です。ドアン族は家のなかではドアン語を話し、外ではタイ語あるいは漢語を話します。」

村の中でポイを行うほかに、個々の家庭で行うポイは仏像のポイ以外に、経典のポイがある。仏名の名づけも一緒に行う場合がある。我々はカティナ衣奉献のポイを行い、仏寺の住持職の僧侶に来てもらい名づけを手伝ってもらう。仏名は幾つかのクラスに分かれている。たとえばモーク［（muak^9）漢字表記では莫］、続けてヨット［（juat^8）約］、またツォン［（tsuang^2）奘］、さらにロイ［（luai^6）雷］に至る。仏名をひとつつけるたびにポイを一回行う。これをポイ・ルーリック（lu^{5}lik^8）という。まず、小さなラックツァプマット（lak^{8}tsap mat^8）（声調記号の一部脱落 —— 訳者）を「木の囲い」で囲って、突起した場所をひとつつくり、仏寺にお供えしたい経をその中に入れる。

夜になると、ホールー（ツォンカともいう）を招いて村の老人のために読経してもらう。彼らに一食分の食事をふるまう。仏名をつけたい人が数人いる場合には、住持職の僧侶はその夜にまずこれらの人たちの生辰八字（生まれた年・月・日・時を十干・十二支で組み合わせ八字であらわしたもの）を見る。次の日に個人につける名前を書き出す。この時、名前をつけてもらいたい人を座らせておき、僧侶は名前を読み上げて彼らに聞かせる。これを「賜名」という。たとえば、某人の昔の名前はこのようであった。現在新たにつけた仏名は何々である、という具合に。ある家で「仏名をつけるポイ」を行う場合、たとえば父親が仏名をつけるとするならば、その子供たちも同時に仏名をつけてもよい。多くの場合、一家の数人が同時につける。このようにすると、お金を節約することができ、経済的だからである。たとえば、男の主人が仏名を持つと、妻は夫の名前に従う。男主人がタンエン（坦恩《タンエン》）という名前であれば、その妻をヤー・タンエン（雅坦《ヤータン》恩《エン》）という名前で呼ぶ。男主人がタンシャン（坦相《タンシャン》）という名前であれば、その妻をヤー・タンシャン（雅坦相《ヤータンシャン》）という名前で呼ぶ。男主人がレイシャン（雷相《レイシャン》）という名前であれば、その妻はヤー・レイシャン（雅雷相《ヤーレイシャン》）という名前で呼ばれる。ヤーとはタイ語で祖母という意味であるが、男主人の名前の前に冠すると妻という意味をあらわす。このようなポイは一日行われる。その日の夜、中高年の人たちは読経を聴き、ホストの家は客人に千切り状のお菓子の夜食を振舞う。このことをタイ語でザーカ（扎嘎《ザーカ》）［喜捨］という。二日目の朝に斎飯を捧げると終了する。多くの家ではみなこの種のポイを行う。カティナ衣奉献祭の時、仏寺において仏名をつける人が多い場合には、名前をつけてもらう人はお金を出し合って村全体の人に食事をふるまう。カティナ衣奉献祭はタイ暦の一二月一五日である。一四日の夜には「走串」をやる。その意は「村の中を練り歩く」ことである。夜村の中を練り歩く時には、まがきで囲ってベッドの枠に似た木の囲いを作って、切花を挿し、袈裟を中に入れ、二本の天秤棒で木の囲いを担ぐ。カティナ衣奉献祭になると、仏祖の服を着替えさせる。カティナ衣奉献祭において信徒たちは仏祖に袈裟を献上するが、仏寺の中にある仏の数だけ袈裟を捧げる。練り歩く人びとが木の囲いを担いで家の中に入ってきた場合、食べ物を喜捨し、皆に食べさせなければならない。

時には「走串」（練り歩き）は夜明けまで練り歩く。マンシー（芒市）のある老人はポイをやったことがなく、仏名をつけていないため、年老いるまでずっとポー・イエ（po^{6}je^{3}）（イエは長女、ポーは父親、イエの父親という意味）と称されている。タイ語社会では、このような呼称は仏名に比べると、明らかに身分と地位が低い。ポイ・ルーリック（lu^{5}lik^{8}）とは経典を奉献するポイであり、「名前をつけるポイ」でもある。経は（リック）タム［(里)《リック》坦《タム》］と呼ばれる。だからこのようなポイの主催者がもつ仏名にはすべてタム［坦《タム》］（経典）という言葉が名前の中に入れられる。

仏事を行う際、酒は飲んではいけないが、村人のなかには喜捨するときに耐えきれず飲むものや、酔っ払って歌いだす人もいる。もうすぐワを出る段になると、人びとの心は躍る。我々の村には、その日に豚一頭を丸焼きにして、皆に飲み食いさせた、とても気前がよい人が一人いた。今年我々の村はひとつのポイ・パンソイ（pan^{2}suai^{2}）、すなわち上手に作った各様の美しい図案の花紋を仏寺の壁に貼る行事を行って、大変にぎやかであった。これは青少年と婦人のポイである。これらの美しい図案の花紋は青少年と婦人が仏寺に捧げる貢物である。

ロンチュワーン県チャンホン鎮フーロン村パイロン（派弄）仏寺
（調査協力者：ツァオスーナー（召蘇納）、僧侶、二九歳、二〇〇五年八月）

住持職の僧侶の名前はツァオスーナー（tsao^{3}su^{2}na^{4}）［召蘇納］といい、一四歳で出家し、一六歳でビルマ領内のムセ（木姐）寺に住み、後にクアンムー（広母）寺にて僧侶に昇格し、現在二九歳である。二〇〇五年八月で来て四年になる。寺には二人の見習僧がいて一人は一五歳、もう一人は一二歳である。彼らが用いるのはすべて円形体の文字である。フーロンのドアン族には見習僧をやっている人はいない。

僧侶によると、ロンチュワーン県の大きな礼拝は二日間行う。初日は「集いの日」［ワンピット（van^{2}phit^{8}）］である。二日目は「礼拝日」あるいは「経の日」［ワンシン（van^{2}sin^{1}）］である。礼拝日は斎飯を供える［ルーソム（lu^{5}suam^{2}）という］。

現在、ワの期間の大きな礼拝は三回ある。一つはワに入る最初の礼拝［ホーワ（ho^{1}va^{5}）という］でタイ暦の八月一五日の日である。二つ目の礼拝はワの期間の満二ヶ月目であり、タイ暦の一一月三〇日にあたり、仏暦でツァーレという。第三の礼拝はワの期間の終わりであり、オクワである。

2　ルイリー市の三つのドアン族の村

当地のドアン族は、自らのことを次のように紹介する。黒い服を着ているのは「銀ドアン」［トゥアングン（te^{3}ang^{3}ngen^{2}）］と称し、緑、紫、まだら、赤の服を着ているのは「金ドアン」［トゥアンハム（te^{3}ang^{3}xam^{2}）］、「玉ドアン」［トゥアンシエン（te^{3}ang^{3}xiang^{1}）］という。男は黒い服で、ピンクのターバン。女性は多くはまだら、黒、赤の服で、各色のターバンをつけ、頭飾りもつけている。

ルイリー市ナンシャン村（**調査協力者：ハンユエ（喊約）、男、六三歳、二〇〇六年一月**）

ナンシャン村はもともと五〇余戸だったが、現在は六七戸に増えている。そのうち四戸がリス族、一戸がタイ族、その他はドアン族である。この村は一九五八年によその村から移住してきたものであり、もともとのサーペ（sa^{6}pe^{2}［沙別］）、コンサック（kuang^{2}sak^{8}［広沙］）、ラムコン（lam^{4}kuan^{2}［南管］）という三つの村が合わさってナンシャン村と呼ばれる。一九八〇年代初頭ごろに仏寺を建立したが、仏寺には僧侶はおらず、ホールー［パンタックカ（pan^{2}tak^{8}ka^{5}）］がいるだけである。紹介によると、もともとのクアンサ村とサーペ村にはそれぞれ自分たちの仏寺はあったが、僧侶はいなかった。ただしラムクワン村には仏寺がなかった。僧侶がいなかった原因は、第一に経済状態が悪くて、人びとは僧侶の生活の面倒をみたがらないこと。第二に経済条件が比較的よくても、人びとは負担の増加を厭ったからである。

村には六〇歳を過ぎた老人があわせて一四人いる。男性が四人、女性が一〇人で、全員が仏教を信仰している。けれどもワの期間の修行では仏寺には泊まらない。ホールーはサンアイメット（sang^{5} ʔai^{3} miat^{8}）といい、三〇数歳であり、ビルマのナンパー（南壩）のクワンタップ（広搭［kuang^{2} tap^{8}］）仏寺から招聘されてきた。村が彼を招聘している期間中は、彼に五ムーの田を耕作してもらい、生活の糧とする。招聘が終わればこの田の耕作はできなくなる。

一年のうち、ホールーが参与して行わなければならないのは以下のことである。村人は弔事、慶事［ヘートヘーク（het^{9} xiak^{9}）］、新居への入居など仏事にかかわる行事を行う。たとえばカントー、カティナ衣奉献祭、水かけ祭、ワの期間中の七日間の読経日（礼拝日ともいう）である。ホールーになる人は、第一に自らの意志でその職につく。第二に一定のタイ語のレベルを持たねばならず、経文を唱えること、慶事や新居を建設するときの祝詞『マンカラー』を唱えること、弔事において済度の経典を唱えることに長じていなければならない。家のなかで、自分で事を処理するときはすべて、自らお金を出してホールーを呼ばねばならない。

ホールーの水準を向上させるために、当地の仏教協会はホールーの育成活動を行っている。各県の仏寺はホールーを選抜して参加させなければならない。もともとルイリー市ロンタオ（弄島）郷マンアイ（曼艾）村の仏寺で育成活動を組織していたが、後にチンヤー（金鴨）寺で行うようになった。一年に一度（毎年一月の農閑期）で、期間は四晩五日である。このような活動が組織されてすでに十数年になる。二〇〇四年の活動はタイ暦の八月五日から一〇月まで行われ、あわせて一三〇名のホールーが参加した。育成の目的は各種の仏事を行う用語を統一させることであり、これらの統一用語はすでに編集されて書物となっており、これをもとにホールーのレベルをあげる。ホールーが使うタイ文字はおもに円形体のタイ文字であり、唱える経文の文字も円形体文字［ライトンチュアン（莱棟展《ライトンチュアン》）］である。育成の費用は仏寺が提供する。ホールー自身も少しは功徳を積んで喜捨する。総じてレベルの高いホールーに講義に来てもらう。

ここでの仏教生活には主に次のようなものがある。

白い柴を焼くことをタイ語でソムロという。これは仏教の儀式で、聞くところによると、昔、一人の僧が荒れた山林の、密に茂っている草むらの中で雨に濡れ、飢えと寒さが迫ってきたとき、一人の村民に救助された。この村人はすぐに火を起こして、僧に暖を与え、身体は回復した。この後、毎年白い柴を焼くことになったそうだ。村人たちはこの行事の前に一人一〇数元ずつ出し、白色の木質の樹を採ってきて、皮をはいでから仏寺に送り届ける。タイ暦四月一四日の夜になると、仏教徒たちは白い柴を組み合わせて作った骨組みにろうそくをともし、供祭の儀式を行う。すなわち積み上げてある柴の、向かって東側にテーブルをひとつ置き、テーブルの上には供え物と切花をならべる。仏寺によっては南側に草を敷いて供物を並べる。仏爺に読経してもらい、夜九時あるいは十時ごろに点火を始める。一人の村人が四角形に積んである三メートルの高さの白い柴の骨組みの上によじ登り点火する。火は間もなく上から下向きに焼いてゆく。地方によっては大きな火がごうごうと燃えるときに、傍らで礼砲をならす。白い柴を燃やす儀式は旧正月を迎え、万物がよみがえる春に入ったことを人びとに告げる。

ワを出る日（十一月一四日）の夕方には千本のろうそくと千本の香に火をともし、千本の切花をさすが、きっちりこの数でなくてはならず、これより多くても少なくてもいけない。一五日の朝は仏像に礼拝する儀式が行われる。

キエンツァオマン（村の中心の祠）は村の仏寺の傍らのザールオファーン（扎洛房《ザールオファーン》）、すなわち、昔老人がワの期間の三ヶ月の間修行した臨時の宿泊所にあって、主に老人と若い人の仏事の行事の集会に用いられた。シャーペイ（沙貝）村が移ってくる前にツァオホーマン（村の守護霊）があったが、現在はなくなっている。キエンツァオマン（村の中心の祠）は集落の中間に五十数センチの高さで立てられる一つのセメントの円形体であり、セメント製の棒くいと言ってもよい。老人が紹介して言うには、（二〇〇二年ごろに）このキエンツァオマン（村の中心の祠）を立ててからすでに三年あまりの時間がたっている。三年前にキエンツァオマンを立てた時、当地で飲み水を入れる土缶［モーラムリン（mo^{3}lam^{4}lin^{6}）］の中に、砕いた金銀と腕輪と指輪をいれ、さらにゴマ油を加えて浸した。当時ルイリー市シャンシャー（項沙）村仏寺の僧侶に頼んでよい日（七月のある一日）を選んでもらい、昔から選んでおいた場所に一メートルの深さの穴を掘り、村の中の徳が高く人望が厚い男性の老人に土の缶を穴の中に入れてもらい、土でよくそれを埋め、約一・五メートルの長さで、茶碗の口の太さのカン（という樹）を植えて、尖った部分を上に向けた。（筆者註：カンの樹のカンの発音は［kang²］であり、「遠ざける」ことを表す。災難を「遠ざける」という意味である。）シャンサー村の寺の五名の僧侶に頼んで、キエンツァオマン（村の中心の祠）を立てる儀式をやってもらった」。儀式をしたときには東西南北の道の入り口を若い人に守ってもらい、外の人を村の中に入らせず、村人も外に出さなかった。午後三時ごろに始まり、五、六時に終わり、村人は各自の家に帰った。キエンツァオマン（村の中心の祠）を祭る意義は村人が平安で健康で、生産が発展し、生活が幸福で、子供が勉強して立派になることを願うことである。当日は祭祀が終わるとすぐに終了した。

ハオワの期間、「集いの日」と「読経日」には毎回、全村の中高年の人びとが朝八時にバナナとモチ菓子などの食品や切花を携えて仏寺に行って献上する。正午に仏寺に行き仏の経を聴く。このほかハオワの期間、ナンシャン村の中高年の人びともクワンソン村（ドアン族）、フェイハイレイ（菲海雷）、ロンマ（弄瑪）、ホーナンマオ村（ドアン族）、マンハン（曼喊）村（タイ族）に行きソンペンする。贈る供物は主に米、モチ菓子、小さな旗、経の幡、切花などである。ナンシャン村はもう二、三年もカントーをやっていないと老人は言った。

何故ビルマのロンマ村までソンペンに行かねばならないのかと、筆者が尋ねたところ、その答えは、この村は仏寺を建立して後、仏像を招来するときにロンマ村の手助けを得た。時間はずいぶんたってはいるものの、この恩をナンシャン村はずっと忘れていないからというものであった。一九九六年七月二六日ナンシャン村の仏寺が落成してから、ポイ・ツォン（仏寺の開眼儀式）も行った。当時はロンマとシャンサーの仏爺に来てもらって儀式と読経を行った。ソンペンの方面で往来があるだけではなく、毎年のカントー期間に、その村は上述の村にカントーをしに行き交流している。ワの期間の「経を聴く日」ごとに三、四〇歳以上の人はみなザールオファーンへ行って経を聴く。唱える経は『クアンムコン

（広母公《クアンムコン》）』（ヴェッサンダラ）であり、一家の人びとが仏教をあがめ尊び、自分の家の子供を仏祖に捧げて「塔心」としたというジャータカ物語を語る。「経を聴く日」の当日、青年たちはザールオファーンの前に行きドラをたたき太鼓を打ち、さらに老人にモチ菓子、茶や白湯、千切り状のお菓子などの食品を喜捨する。

カティナ衣奉献祭は、一二月一四日の夜には仏寺に行って切花を供え、朝には読経に行き、朝食を供える。午後には読経を聴き、仏祖に袈裟を捧げ、仏像一体一体の肩に袈裟をかけ（袈裟はすべて村民が街で買って来たものである）、そのほかモチ菓子を供える。

ポイ・サンキエン（水かけ祭）はタイ暦の五月である。その期間我々の村はホーナンマオ、マンハン、ロンマなどの村の仏寺を訪問し参詣する。さらに仏像に水を浴びせて、去年の一二月にかけた袈裟をはずす。

その村は仏寺を建設し終わったとき、ポイ・ツォン（仏寺のポイ）を行い、この市のシャンサー村の仏寺、ホーナンマオ村、クワンソン村、クワンカー、ホーユエ（賀約）、マンハン、ロイモン（luai^{6}mon^2［雷門］）などの村々のドアン族を招聘してポイをする。それは主に老人である。

通婚情況：以前三つの村はお互いに通婚していた。現在でも外の村と通婚しており、ドアン族内部での通婚が主であるが、ここ数年来、漢族、ジンポー族、タイ族との通婚もある。

マンハン村の村長は言う。昔この村は土司の墓を守る村で、ロンハム（long^{6}xam^2［隴罕］、金陵墓という意味）とよばれる。昔、多くの人びとはドアン族であったが、後にだんだんとタイ族に変わってしまった。

ルイリー市ホーナンマオ村（調査協力者：村長、男、四〇数歳、二〇〇六年一月）

ホーナンマオ村は二六戸、一六〇数人であり、この仏寺には一九五八年以前には僧侶がいた。かつて二人のホールーがいたが、今では世を去ってしまっている。そのうちの一人は還俗した僧侶であり、読経はできるが、仏事はできない。

もう一人は、仏事はできるが、読経ができない。だからこの村では二人のホールーを呼ばなければならなかった。仏寺は数度にわたる修復を経て、二〇〇五年にやっと再建の仕事が完了した。かかった資金は一七万元であった。仏寺を建てるときは一戸あたり五〇元を寄付したが、やはり資金を集めるのが難しく、五、六万元が不足した。この村の生活資金の出所は主にレモン栽培、養豚に依拠している。しかし、耕作可能な土地は少ない。

ドアン族はなぜタイ語、タイ文字を理解できるのかと筆者が尋ねたところ、ホーナンマオ村のドアン族の人が説明するには、タイ族、ジンポー族などはみな文字を持つが、ドアン族には文字がないので、他民族の文字を学ぶほかないということであった。

ホーナンマオ村にはツァオホーマン（村の守護霊）があって、集落の東側に位置しており、それはちょうど自動車道路の傍らで、一部屋分の家屋が建てられている。内部には一頭の白馬の彫刻が施され、寝台の上には一組の衣服が並べてある。

ルイリー市パンパーマン（棒帕曼）村（調査協力者：ユエエン（約恩）、ホールー、五九歳、二〇〇五年八月）

この村は一九五八、五九年にクワンソンから移住してきた。昔、祖先の時代の仏寺には僧侶がいたが、今は僧侶はおらず、仏寺があるだけである。村には五二戸ある。この日はタイ暦の九月五日で、その三日後は読経をする仏日［ワンシン（$\mathrm{van}^{2}\mathrm{sin}^{1}$）］であり、一年のうち三ヶ月のワの期間内の一日はソンペン（僧侶の正午の食事の意）である。この日七、八キロメートル離れたナンシャン村の人びとがソンペンに来るのをちょうどこの村の村民は待っているところであった。彼らは一台のハンド・トラクターに乗ってやってきた。多くは中年の人で、どの家からも一人以上がパンパーマン村へ赴くソンペンの行事に参加していた。僧侶に食事を贈るという、ひとつの仏教儀式としての仏教徒のソンペンは敬虔さと誠実さをあらわす。と同時に、それは村落の間で相互に行う仏事交流行事の要でもある。ソンペン儀式は仏寺の中でおこなわれ、それには以下のようないくつかの項目がある。

（一）カントーパラ（カントーは「懺悔する、罪をわびる」という意味であり、パラは「仏祖、仏像」という意味。カントーパラは「仏祖に罪をわびる」という意味であると同時に「仏祖を賛美する」という意味も含む。）

（二）　カオルーカオタン（kao^{5}lu^{5}kao^{5}tan^{2}）は仏祖に報告すること。そもそもの由来の話は、我々がソンペンに来たこと、我々が功徳を積みに来て、僧侶に昼食を捧げることを仏祖に告げることなのである。

（三）ルーハオラムソム（lu^{5}xao^{3}lam^{4}suam^{2}）パラ。これは仏祖に食べ物や食事を捧げ、喜捨することを意味する。ゲストの村のホールーは盆を捧げ持つ。盆には米、モチ菓子、クチナシの花、膨化米、小さな旗などが入れてある。

（四）五戒の経を唱える。ホールーは皆をリードしてパーリ語の五戒の経を唱える。これは教徒が仏教を信仰する最も基本的な戒律である。五つの戒律の内容は、殺生しない、盗まない、姦淫しない、うそを言わない、酒を飲まない、である。

（五）賞賛の水を垂らすヤートラムの儀式

一　仏祖（パラ）を賞賛する

二　仏の経（達拉《タラ》）を賞賛する

三　僧侶（尚哈《シャーンハ》）を賞賛する

四　父母（ポーメー）を賞賛する

五　教師（下沙巴《シャシャバ》）を賞賛する

この儀式はその恩を忘れないためのものである。

ユエエン（約恩）は言う。「ワの三ヶ月間において、一年に一回ソンペンをし、二、三時間読経する。このことはタイ族の習慣と同じである。今日はナンシャン村のドアン族がわが村の仏寺にソンペンに来るので、クチナシの花、膨化米、米、ビスケット、モチ菓子、小さな旗を用意しなければならない」。

ハオワ：タイ暦の八月一五日には、この村はナンシャン村の仏寺と行き来がある。パンパーマン村はナンシャン村と情況が同じであって、仏寺はあるが僧侶はいない。ビルマのドアン族の仏教用語はドアン語であるが、ドゥホン地区のドアン族の仏教用語はタイ語である。この村には男女の信徒が四〇人前後いる。毎月斎日（読経日）が四日ある。ワの期間中は鶏や豚の殺生は禁じられる。ドアン族は仏教儀式を行うだけでなく、タイ語の語彙の多くの概念をも受容している。昔と違っているのは、昔はワの期間中、老人が仏寺にやってきて泊まり、戒律を守り修行したが、現在では泊まらなくなってしまったことである。現在若い人には仏の信仰の変化がみられる。

タイ暦の一一月一五日にワを出た後、一二三日のポイを行う。一二月一五（一四）日にはカティナ衣奉献祭があって、袈裟を捧げる。それはポイ・シャンカン（尚干《シャンカン》）（シャンカンとは袈裟のこと）とも呼ばれる。仏寺で仏像に礼拝し、喜捨し袈裟を捧げ、袈裟を仏像の肩にかけ、食品（モチ）を供える。二月の白い柴を焼く（ソムロ）節句では、おかゆを供える。この村はクワンハ（広哈）、マンハン、ナンシャンなどいくつかのドアン族の村とソンペンという方法を使って行き来しているが、なぜこのような往来をするのかと筆者は質問した。答えは、以前、仏寺の僧侶は師承関係をもっており、それをずっと持ち続けてきた。カントー、ソンペンなどはすべて村と村との集団的な活動であるので、このような関係でつながっているということであった。

聞くところによると、この村はかなり昔から仏寺があって、トーリエ派に属しているという。しかし、百余年にわたり僧侶がいなかった。村の中にも僧侶になろうとする子供もいなかった。老人は多くない。だからハオワ期間に寺に泊まる老人はいない。女性信徒は男性信徒よりも多く、全部で老人は十数人いる。

ヤップ（jap^{8}）は仏教の祭祀活動である。もし村の不運を取り除き、幸運を呼び込み、人や家畜の生命力を強化し、五穀豊穣を得たければ、ヤップマン（圧曼《ヤマン》）をする必要がある。ヤップマンとは「村祭祀」という意味である。新しく家を建てる場合、自分の家族がよい生活を送ることができるように、僧侶を招いて祭祀の儀式を行う必要がある。祝詞においては一般に、悪鬼の駆逐、主催者の家の中からそれを追い出し、家全体の平安の加護、財産の安全、災禍の除去を願う。僧侶は保護が必要な物品を白い糸で巻き始める。たとえば、主人の家にハンド・トラクターが一台ある場合、それにも糸を巻かなければならない。

僧侶内部のヤップ、すなわち見習僧から僧侶への位階の昇進について。長らく見習僧をやっており満二〇歳であることが条件で、この条件に達していれば昇進可能である。昇進する時、徳望が高い数名の長老が証人または昇格審査委員会のメンバーにならなければならない。まず読経した後、昇進者に「仏法、仏規が守れるか」と尋ねる。見習僧は承諾と保証を受けた後、昇進することができる。こうした行事もヤップと呼ばれ、普通三〇分程度行われる。

ポイ・サンルアン（sang^{5}luang^2）（俗家の子弟が見習僧になるポイ）について。一般に父母が息子を見習僧にさせるが、自らが志願して見習僧になる場合もある。見習僧になる男の子は、その前に七、八歳の時、仏寺に行って一、二年勉強する。多くはタイ文字、仏の経を学び、雑役もする。見習僧になることが確定してから、吉日を選んで、ポイ・サンルアンを行う。見習僧には生みの実父母がいるが、ポイ・サンルアンを行う場合には、見習僧出家をサポートする「教父」「教母」を招く必要がある。既婚の教母はメー・レンロン（me^{6}leng^{4}long^1）、未婚の教母はメー・レンサオ（me^{6}leng^{4}sao^1）、教父はポー・ロンレン（po^{6}long^{1}leng^4）と呼ばれ、「男の子の教父」はポー・レンマオ（po^{6}leng^{4}mao^5）、「女の子の教母」はメー・レンサオ（me^{6}leng^{4}sao^1）と呼ばれる。

家で教父と教母を一五人前後招待するので、招待された教父と教母たちは「見習僧の昇任儀礼」のための資金援助をしなければならない。農村でこのようなポイを行う場合、参加者は節句の時と同様、普通は数十人である。ホストの家は数卓の料理を並べ、祝賀の意を示す。正午には本村でパレードをする。パレードの前、教母は見習僧に化粧をし、顔にピンクの色を塗り、塔の形をした先の尖った帽子を頭に被せる。教父が肩車してパレードする。ドラと太鼓の楽隊が前にいて象脚鼓をたたき、教母は見習僧の頭の上から膨化米や小銭を撒く。このことを「金雨銀雨」「フォンゴンフォンハム〔fon^1 ngon^2 fon^1 xam^2）〕を撒くという。

仏寺の中の雑役係とホールーは、お盆を持って、村民からの寄付金を受け付ける。その後、大和尚（訳者註：原文では大和尚。原文に従った）と新米の見習僧が一緒に食事をとる。にぎやかな場景はまるで婚礼のようである。袈裟を着る前に僧侶は読経し、見習僧も読経して決心を表明する。その後、大和尚は見習僧に袈裟の着方を教える。

村人はどうしてタイ語を話せるのか、どの節句と習慣がタイ族と同じなのかと筆者がホールーに尋ねたところ、彼日く「宗教信仰と習俗（仏教と水かけ祭）が同じだから、二つの民族は多くの方面で共通点をもつのだ。言語の接触によってタイ語はドアン族に重要な影響を及ぼしてきた。以上はすべてドアン族がタイ語を話すことができる原因といえる。要するに宗教、習俗、節句が同じであること、商業、商売など生産、生活の必要があるからだ。簡単に言えば街で食材や果物を売る場合、すべてタイ族を相手にしなければならないのだ」。

ルイリー市ムンシュウ郷クワンハ村（調査協力者：ヤー・マンハン（雅曼喊）、女、五七歳、一九六四年にナンシャン村からクワンハ村に嫁いできた。この村に住んで四二年になる。二〇〇五年八月）

クワンハ村はルイリー市から約一五キロメートル離れており、ルイリー市とロンチュワーン県の境にある。幹線自動車道路を外れて山の間の石の道を約八・九キロメートル行ったところの、比較的平坦な山の上に位置している。その村は三二戸で、一八〇数人である。付近にはその村と往来が密接なドアン族のロイモン（luai^6 mon^2〔雷門〕）村があり、戸数は二四戸で、人口は一五〇余名である。

文化大革命以降、クワンハ村は一九八二年に寺の再建を始めた。何故寺を建てるのかと、見知らぬ農民に筆者が尋ねたところ、答えて言った。「人が死んで祭る〔ルー（lu^5）〕場所がないと、生きている人は何の功徳〔アツォ（a^6 tso^2）〕もない」と（筆者註：この言葉からこの人の仏教信仰が堅固で根が深いことが推察される）。クワンカー村は仏塔を建てるとき、塔心

写真 12−2　徳宏ドアン族寺院の仏塔

［サンタート（sang^{2}that^{8}）］を掘り出した。その塔はすでに五〇〇年あまりの歴史があるとヤー・マンハンは言った。

社会通念に照らしていえば、人びとが生活するにはまず村を作らねばならない。住む場所ができてから、仏寺を建て、それから仏塔を建てる。仏塔は普通仏寺の中に建てる。文化大革命の後、一九八二年に宗教政策が回復し、クワンカー村の村民は一戸あたり五〇元の資金を出し合って仏寺を建設した。当時三軒の家がお金を出して家のてっぺんの鉄板を購入した。彼らが寄付した資金は多かった。この三軒はマイシャンイ（麦相依《マイシャンイ》）の家、シュアイエン（帥恩《シュアイエン》）の家、ヤー・シュアイエン（雅帥恩《ヤーシュアイエン》）の家であった。

仏名をつける

クワンカー村の村民は生後、人称排行（訳者註：長幼の順序をあらわす人称）に従って名前をつける。男性はアイ［(ʔai^{3}) 漢字表記では岩］（長男）、イ［(ji^{6}) 依］（次男）、サム［(sam^{1}) 三］（三男）、サイ［(sai^{5}) 賽］（四男）、ゴ［(ʔo^{4}) 俄］（五男）、ロック［(lok^{8}) 陸］（六男）。女性はイエ［(je^3) 月］（長女）、イ［(ʔi^5) 玉］（次女）、アム［(ʔam^6) 安］（三女）、アイ［(ʔai^5) 艾］（四女）、オ［(ʔo^3) 娥］（五女）、オック［(ʔok^7) 窩］（六女）。上述のこれらの人称排行の序数詞はすべてタイ語の詞である。

　これらの男女の排行に用いられる名前は成人になるまでずっと保持される。結婚してからは一般に仏名［ツゥタム (tsu^6 tham^2)］を持たねばならない。仏名はポイ（一種の仏教儀式、往々にしてある種の祝典と関係する）を行うことを通してつけられる。ポイの種類はとても多い。たとえば、見習僧の剃髪の儀式はポイ・ハムサン (xam^5 sang^5) という。ある村で仏寺を建てる場合、その仏寺の開眼儀式をポイ・ツォンという（ツォンとは仏寺のこと）。ある仏寺が一体の仏像を請来し、その仏のためにポイ・パラと呼ばれる開眼儀式を行う場合、仏名（ツゥタム）をつける儀礼をポイ・ツゥタムという。「仏名をつけるポイ」の主な内容は経を捧げる［ルーリック (lu^{5}lik^8)］ことである。『スータ（蘇達《スータ》）』のように、人に頼んで写経してもらう経もあるし、ジャータカ『リックアロン (lik^8 ʔa^{6}long^2)』という経もある。つけられる名前は通常ポイシエン (poi^{2}xiang^1)［漢字では擺相］、ポイタム (poi^{2}tham^2)［擺坦］、タムソイ (tham^{2}suai^3)［坦帥］などである。仏名をつけた後、僧侶は一枚の紙にその名前を書いて主人に渡す。仏寺に行って朝食を捧げ［ルーソム (lu^5 suam^2)］たら終了である。

　レベルがさらに高い名前には「ティ」という音（thi^{2}とは『塔の先端』のような『先端、てっぺん』を意味する）を使う。その場合、一般に幡［ホン (xuan^5)］を捧げる（幡を立てるのは通常ワの期間を出るときであり、功徳を積みたいと思っている人は仏寺の庭に大龍竹を使って幡を立てる。経の幡は白色である）、また「仏塔の先端」［ティコンム］（コンムとは仏塔の意）を捧げる人もいる。

ポイ・パラ

パラとは仏祖の意味であり、仏寺のなかに安置されている仏像のこともいう。もし、ある村が仏を一体買う場合、心臓を入れていなければ、これを仏と呼ぶことはできない。五年前、クワンカー村はポイ・パラを一度行った。当時、村はルイリー市のチェカオ（姐告）というところに仏像を買いに数名の老人を派遣した。およそ二〇〇〇元を費やして、仏像を請来して戻ってきてから、供物の準備と製作をした。四対の八本の幡を準備した。そのうちの一種はファンカオ（煥高《ファンカオ》）といい、糸でつなげなければならない。鍋、スプーン、水桶などの炊事用具、一本の傘（装飾品）、一セットの組布団、二セットの僧侶の袈裟などの供え物も準備した。挙行された日は一月一一日であった。ポイ・パラをやるには日どりを選ばなければならない。もし一月に間に合わないならば、タイ暦の六月まで延期する。しかし六月は春の耕作で多忙の時期になっているので、通常、ポイは行わない。

大規模なポイを行うにはまず客人を招待する。ドアン族の習慣によると、干した茶葉で作った袋を招聘状とし、人をやって招聘先の人の手に届ける。同時にある村（あるいはある家）がどんな用事で招聘するのかを告げる。もし文字で書かれた招聘状があれば、一袋の茶葉を同封する。茶葉の袋は招聘状とすることができるし、贈り物とすることもできる。

その村は一月一一日を開始日とすると先に述べたが、一月一二日はお客が参加する日である。一月一三日は祭って拝む日なおかつ開眼の日［ワンルー（van^2lu^5）］である。主宰する僧侶が仏像の「心臓」［タート（$thar^8$）］を入れるが、その心臓は孔雀の尻尾、砕いた玉石と銀を、ロウを使って混ぜ合わせて一つの球形にしたものである。仏像の底の部分に孔があれば、そこからそれを入れ、孔がなければ仏像の脇の下から入れる。仏塔を建てる場合はその時に「塔心」を塔の底の部分の真ん中に入れる。招聘した僧侶はルイリー旧市街（ムンマオ鎮 —— 訳者註）のトンメン（東門）仏寺とシーメン（西門）仏寺の僧侶であり、ビルマのドアン族の仏寺であるレイメン（雷門）仏寺の僧侶もやってきて読経した。

写真 12-3　徳宏ドアン族の僧侶

パレード［トンポイ（thuang^{6}poi^2）］は各種の仏事を行う際、不可欠なものの一つである。正午のころ、若い人は取り囲むようにしてパレードし、若い男たちはドラをたたき太鼓を打ち、四人で仏像を担ぐ。その他の人びとは紙の花を巻きつけて樹状にしたもの、碗やスプーンなどの供物を担いで、村の主要な道路を何周かパレードした後、仏寺に入る。このような場面は人がとても多く、たいへんにぎやかであり、担がれている仏像にたいして膨化米を撒くことを専門に行う人もいる。このことを「金雨銀雨」［フォンゴンフォンハム（fon^{1}ngon^{2}fon^{1}xam^2）］と呼ぶ。

次の日の朝早く、村民は仏寺に行って仏祖に四九個の団子状のご飯［ハオパンコン（xao^{3}pan^{6}kuan^6）］を供える。これは、洗面器に入れた団子状のご飯であり、底に金箔の紙を敷く。中間の団子状のご飯は少し大きく、周囲の団子状のご飯はナツメと同じくらいの大きさであり、指を使って円形に作られる。ハオパンコンが入っている容器を捧げる人は必ず初婚同士の夫婦のうちの一人でなければならないが、男女どちらでもかまわない。この行為はとても神聖なことだと考えられているので、離婚歴のある人、不品行な人は担ぐことはできない。献上するものは、切花、喊果樹の枝［ヨットハムコー（$juat^{8}xam^{2}ko^{5}$）］、大青樹の葉と菩提樹の葉［マウホンマウハイ（$mau^{6}hong^{2}mau^{6}hai^{2}$）］、芽皮草［ヤーペット（$ja^{3}phiat^{8}$）］であり、束にして竹の籠に入れて仏に捧げる。村人が紹介して言うには、仏祖は以前これらの切花と緑の樹の枝をお供えになられた。これらの緑の枝と切花は後にパラン（巴郎《パラン》）［仏台、宝座］へと変わった。

パレードする人の群れは仏寺の中で三度回った後、ザールオファーンに行ってお供えをする。主宰の僧侶は早朝四時に読経し、さらに仏祖に向かってハオパンコンを献上し、続けて仏の朝食［ハオソム（$xau^{3}suam^{2}$）］を供える。僧侶が供え終わってから、朝食を食べる。その後はじめて仏像を大殿に担ぎ上げ、各種の供物を置く。まずカントー経（懺悔経）を唱えた後、僧侶たちは八つの戒律の経を唱え、村人は五つの戒律の経を唱える。唱え終わってから、水を垂らし、読経して終了する。

ポイをする時は、クワンカー村の一つの大きな家に属するいくつかの小さな家がそれぞれ一部を分担する。たとえば、ヤー・マンハンの家が寄付したのは碗、スプーン、水桶および家具であった。死んで亡霊となった父母［ペンパーペンピー（$pen^{6}pha^{4}pen^{6}phi^{1}$）］に与えることを心から願い、彼らが苦難から逃れることを望むものであった。息子と娘が供物を贈ることはそのほかに父母の恩に報いたいという意味もある。

ルイリー市クワンカー村（調査協力者：マイシャン（麦相）、男、七四歳、二〇〇六年一月）

老人はすでに四代にわたりこの村に居住している。村の歴史はかなり古く、どこから移住してきたのか誰も語ることができない。寺は壊れればすぐに修理する。すでに何度も修復した。この村の仏寺は文化大革命の時に、「供物を喜捨することは浪費」といわれて攻撃を受けた。一九八二年に仏教が回復し始めてから仏寺を再建した。仏寺を建てる時、私の家は全部で八〇〇〇数元を捧げた。すべて兄弟数人と息子が一所懸命に集めた金であった。村でポイをやるときには、我々はお金を出してテーブル、碗、スプーン、掛け布団と敷布団などの供え物を買うと同時に仏像を一体買って請来し、うちの村の仏寺に捧げ、我々は仏寺に行って僧侶を拝み、死んだ父母も拝んだ。供え物は拝み終わったあと仏寺の所有になる。我々喜捨し寄贈した者は功徳（アツォ）を得たのである。

老人は言った。この村は五年前にポイ・パラ［仏像のポイ］を一度やったことがある。そのときは水かけ祭と一緒にやった。インジャン県、リャンホー県、ロンチュワーン県とルーシー市のドアン族が来て祝賀した。ビルマのドアン族の仏寺の僧侶もやってきて大きなポイに参加し、各種の供物［オツァ（ʔo^{5}tsa^{5}）］を供えた。

二〇〇二年四月に村中の人びとがお金を出し合って仏塔を建てた。完成してから仏塔のポイであるポイ・コンムすなわち開眼儀礼を行った。招待するべきゲストはルーシーのサンタイシャン郷のチュートンクワ村のドアン族、ルイリー市旧市街のトンメン（東門）仏寺、ビルマのナンカン（南坎）、ムセという二つの街の仏寺の僧侶、さらに付近の村の漢族、ジンポー（景頗）族である。招待に応じてやってきた村々は、若い男性と娘たちが皆で象脚鼓をたたいてワンポイ［（vang^{5}poi^{2}）祝賀の意］を表した。

「大きなポイは六、七日間行われる。節句の雰囲気を盛り上げるため、我々はビルマのドアン族の舞踏チーム［カツァート（ka^{3}tsat^{8}）］を招聘して、三日三晩上演してもらった。招待した客人は千人あまり、一回の食事には二〇〇から二五〇キログラムの米が必要だった。村人は六〇〇元出した。私の弟は四〇〇〇数元出し、息子は一〇〇〇元出した。私は一〇〇〇元出し、親戚は一〇〇〇元出した者、五〇〇元、三〇〇元を出した者もいる。最低でも五〇元は出した。」

クワンカー村では、仏寺に入って修行する老人は十数名いる。ワの期間の「経を聴く仏日」［ワンシン（van^{2}sin^{1}）］には村中の老若男女がみな行く。このほか太陰暦の毎月の三〇日「月閉日」［ルンラップ（lan^{6}lap^{7}）］と毎月の一五日「月圓日」［ルンモン（lan^{6}mon^{2}）］の二日も読経と経を聴きに行く。

村ではビルマのナンカンのドアン族の村からきたチュアンエン（奘恩）という名のホールーを請来した。彼は現在六六歳で、かつて三年間僧侶をやったことがある。クワンカー村にやってきてすでに三年になる。昔、村の中では、彼に一年目には二〇籠の籾殻つきの米をホールー就任の手当として与え、二年目には四〇籠の籾殻つきの米を与え、三年目には彼に五ムーの田を耕作させた。一年間の産量は百籠であった。この五ムーの田はホールー田であり、在任期間中に限って、ホールーはこの田の耕作権を持つことができる。ホールーをやめれば、耕作できなくなる。

クワンカー村はカントーの時はルイリー市の旧市街のタイ族のナンメン（南門）寺とペイメン（北門）寺へ参詣と訪問に行くが、路程がとても遠いので間に合わないこともあった。毎年必ず行くのはロイモン（luai^{6}mon^{2}［雷門］）とホーナンマオ（ho^{1}lam^{4}mau^{3}）という二つのドアン族の村である。

ワの期間が過ぎた後のオクワでは、一一月一五日がカントーであり、一二月一五日になるとカティナ衣奉献祭である。この日はポイ・シャンカン（尚干《シャンカン》）［仏祖に袈裟を献上する日］ともいい、村では袈裟を買って献上し、仏像一体ごとに一枚の袈裟を肩にかける。

土着宗教：クワンカー村の仏寺の庭の大きな入り口の右側に小さな建物がひとつある。これはこの村の守護霊の祠（村の守護霊の住処）である。村では毎年二回、セームン（se^{3}meng^{2}）を拝みにやってくる。全村の老若男女の健康と平安、伝染病にかからないこと、五穀豊穣、家畜の繁殖を祈る。セームンを拝む日は二日ある。ひとつは毎年のタイ暦の正月の獅子の日［ワンイエンカ（van^{2}iang^{5}ka^{5}）］の火曜日である。二つ目はタイ暦の七月のゾウの日［ワンポクトフ（van^{2}pok^{8}to^{6}hu^{2}）］の水曜日である。村人たちはモチ、米、籾殻つきの米、一本の傘、凧（地方の守護神を『凧』に乗せて各地を巡視させる）を用意する。

「セームンの祭」では上述の特定の日に村の老人のリーダー［タオマン（thau^{3}man^{3}）＝首領］が三人の老人を従えて傘と凧を製作し、神の祠を掃除し、ひと束の紙の花を挿す。さらに午後四時に祭祀する。神の祭祀には村人たちは参加しないが、どの家もモチをつくってお供えに行き、かつ、竹ひごで編んだ入れ物にモチ米の粉で作った団子状の食品を少なくとも三個入れて、各自の家の中に掛ける。また、戸口には串団子をひとつずつ掛ける。普段村の中でドラや太鼓をたたく場合は、セームンをおびえさせることがないように、かならず前もってセームンに報告しておく。

この神の祠の傍らに一匹の龍と一つの太陽が彫刻してある。村長が紹介して言うには、「龍」はドアン族の母親であり、「太陽」は父親であるから、龍と太陽はドアン族の指標なのである。なぜ漢語が話せるのかと老人に質問すると、彼が答えていわく、「私は小さい頃から、タイ族、ジンポー族と一緒に生活していた。街に出る場合、一〇数キロメートル離れたルイリーの街［カートウェン（$kat^{9}veng^{2}$）］に行くことが多い。彼らとの接触は少なくないのだ」。

3　ルーシー市サンタイシャン郷チュートンクワ村（調査協力者：リーラシュアイ（李臘帥）、ホールルー、六〇歳。二〇〇六年一月二三日）

ルーシー市サンタイシャン郷はドゥホン州のドアン族の主要な集住地域のひとつであり、郷全体の人口は六六〇〇余人である。ドアン族は三六〇〇人で、人口の五九・九パーセントを占める（二〇〇二年統計）。ドアン族が居住する村はチュートンクワ村、ツァオワイ（早外）村、ムンタン（勐丹）村、ナンフー（南虎）村、フーラー（戸拉）村、ロンシュイコウ（冷水溝）村、ロンシュイコウ（冷水溝）新村、マーポーズ（馬脖子）村、ムンモー（勐麼）村、ナンフー（南虎）新村、インチェン（允欠）村、パンワイ（邦外）村、パンワイ（邦外）新村、パータンパ（帕当覇）村、チュートンクワ新村である。上述の村々において、「新村」にはいずれも仏寺がないが、その他の古い村々にはすべて仏寺、仏像がある。しかし、郷全体で僧侶がいるのはチュートンクワ村の仏寺だけである。仏教はひとつの伝統で、もともと保持され続けてきたものだが、伝統が保存されることもあれば、変化することもあるということを、以上のことは物語っている。しかるに、「新

写真 12–4　徳宏ドアン族の仏教寺院

村」には仏寺が生まれていないのである。

チュートンクワ村に八〇数人いる四〇歳以上の中高年の人びとは寺に入って、仏を拝み、教えを信じている。仏寺に入らず、仏も拝まない人も少数いる。住持職の僧侶はこの村の人で、俗名をサイオン（sai^5 $ʔuang^5$）という。僧名はクオリエワ（果列窪《クオリエワ》）という。彼の実家はこの村にある。彼はかつてビルマのパンシタイ（邦士代）仏寺で僧侶をやっていたことがある。剃髪して出家者（訳者註：原文では僧と表記）になって二〇年あまりになる。

チュートンクワ寺はビルマのパンシタイ仏寺（歩いて約一日かかる）、ルーシー市内のムンカー（勐嘎）郷のドアン族のマンシャン（曼相）村（約一〇数キロメートルの道のり）、そしてシュェンカン（軒崗）郷のタイ族の村のクワンシン寺と仏事の方面で往来と交流がある。たとえば、ハオワ期間のソンペン、カントーなどでは、これらの仏寺は互いに参詣、訪問しあい、過去に樹立した友好関係を保持しようとしている。ビルマのパンシタイは住持職の僧侶が師事して学ぶ場所であり、毎年訪ねてゆく。

チュートンクワ村がシュェンカン郷のクワンシン（広

信）村のタイ族仏寺と交流があるのはなぜかと、私はホールーに尋ねた。ホールーいわく、クワンシン村は八十数戸の人びとが住む村である。昔はチュートンクワ仏寺の仏爺が難題を解決してクワンシン村を助けてくれたことがある。だからクワンシン村はずっとその恩を忘れないのだ。

紹介によると、ハオワの時はこの村の老人たちはザールオファーン（仏寺から三百数メートル離れている）に集まる。集いの日であるワンピット（van^{2}phir^{8}）初日は午後五時に中高年が一緒に仏寺に行き、切花を捧げ仏像に礼拝するカオルーカオタン（kau^{5}lu^{5}kau^{5}tan^{2}）であり、二日目は読経の日ワンシン（van^{2}sin^{1}）である。朝七時に仏寺に行き仏像に礼拝して読経し、供物を献げる。ハオワの当日すなわち八月十五日は「大経の日」である。この日から読経と仏像への礼拝を三日間行うと同時に切花、菓子と食品などの供物を捧げる。

表 12–1　ハオワ期間の集いと読経の日

	集いの日（9 回）	読経の日（9 回）
ハオワの前	8 月 14 日	8 月 15 日
ハオワの後	8 月 22 日	8 月 23 日
	8 月 29 日	8 月 30 日
	9 月 7 日	9 月 8 日
	9 月 14 日	9 月 15 日
	9 月 22 日	9 月 23 日
	10 月 29 日	10 月 30 日
	11 月 7 日	11 月 8 日
	11 月 14 日	11 月 15 日

老人が紹介して言うには、ハオワの期間内には結婚することはできない。昔は期間中の若者の恋愛は禁止されていた。しかし今では若者の恋愛が禁止されるのは「集いの日」と「読経の日」の二日だけである。青年男女たちはこの二日間はドラや太鼓をたたきながら仏寺に行ってにぎやかにすごす。ハオワ期間の「集いの日」と「読経の日」は表12–1のように組まれている。

ツァオホーマン（村の守護霊）

チュートンクワ村の仏寺は村の最北部にある山の頂に位置する。山のふもとの樹林のなかで村民はセメントを使って高さが一メートルあまり、直径が七〇から八〇センチの円形の柱を建造した。中心の台の間には一本の鉄筋が突起している。ホールーによると、これをツァオホンマン（tsau^{3}xuang^{1}man^{3}）という。ツァオホンマンのタイ語の意味は「村の中の主」である。この神霊の名称は私のドゥホン州での調査において初めて耳にしたものである。ツァオホンマンよりも大きな神をツァオホーマンと呼ぶ。ツァオホーマンは仏寺の大きな入り口の右側に立っており、その形状はツァオホンマンと大差ない。

老人がいうには、ツァオホンマンとツァオホーマンは昔からあった。それらは悪い霊を防ぐことができ、集落の中に悪霊が入ったときに知らせてくれる。ハオワ（タイ暦八月一五日）、ワの中期（九月三〇日）、オクワ（ワの期間が満三ヶ月の時、すなわち一一月一五日、「ワを出る」ともいう）、水かけ祭などの日は、行事を行う前にこの二つの神を拝みに行く。村民は無病息災、健康平安、子孫繁栄、五穀豊穣を神に祈る（筆者註：ドゥホンのタイ族の土着宗教の中の守護霊にはツァオホーマン（村の守護霊）、セームン（社勐《シェームン》）、すなわちムン（ムアン）の神（地方の守護霊）、キエンツァオマン［(kian^{6} tsau^{6} man^{3}) 村の中心の神］などがあるが、ツァオホンマンはまれにしかない）。

私が調査した村にあった「村の守護霊」の情況は以下のとおりである。

一、ルーシー市サンタイシャン郷のチュートンクワ村には、ツァオホーマンとツァオホンマンがある。
二、ルイリー市ナンシャン村にはキエンツァオマンしかない。
三、ルイリー市クワンカー村にはツァオホーマンしかない。
四、ルイリー市ホーナンマオ村にはツァオホーマンしかない。
五、ロンチュワーン県フーロン村にはツァオホーマンとキエンツァオマンがある。

筆者の推測によると、チュートンクワ村のツァオホンマンの役割はその他の村のキエンツァオマンと同じである。毎年清明節終了後一〇日以内に、チュートンクワ村は水かけ祭を行い、三日から四日間続く。村の中間には広場があり、ザールオファーンがその傍らにある。それゆえ水かけ祭はそこで行われる。

どのようにして僧侶の生活の面倒をみるのだろうか？　二軒の家が僧侶の一日の飲食の責任をもつ。甑で米を蒸して順番に僧侶に贈る。朝七時に一回、正午に一回贈る。料理は村人が自分の家の家庭料理を作って僧侶に贈りに行く。ホールーには何の報酬もない。

カントーの期間には『カントー経』［リックカントー］を唱える。『カントー経』は以下のような内容に分かれている。すべての章の内容が唱えられる。

第一章：パラすなわち仏祖。

第二章：ピタカサムコン（$pi^{5}\ ta^{5}\ ka^{4}\ sam^{1}\ kuang^{6}$）『三蔵経』、タイ族仏教中の『三蔵経』は『スック（suk^{8}）』、経蔵三篇、『ウィレ（$vi^{4}le^{2}$）』、律蔵五篇、『ピタムマ（$phi^{4}\ tham^{5}\ ma^{5}$）』、論蔵七篇。

第三章：コンムすなわち仏塔。

第四章：ツァクト（$tsak^{8}\ to^{5}$）すなわち仏祖の足跡。

第五章：トンフントンハイ（$ton^{3}\ hung^{2}\ ton^{3}\ hai^{2}$）すなわち菩提樹。

第六章：パラペツェカ（$pha^{2}\ la^{2}\ pet^{9}\ tse^{6}\ ka^{4}$）（国際音標表記の一部脱落——訳者注）。

第七章：モンツァン（$mon^{6}\ tsang^{2}$）すなわち僧侶、年齢は二〇歳以上。

第八章：コンタオ（$kon^{2}\ thao^{3}$）すなわち老者、老人。

上述したものはみなカントーの対象である。したがってカントーにおいて、御恩に感謝することには懺悔、贖罪だけではなく、献上する、ぬかずく、という意味もある。

サンタイシャン郷のチュートンクワ村のドアン族の仏教信徒はワを出る一日前、すなわち「集いの日」［ワンピット（$van^{2}\ phit^{8}$）］に幡を立てる。幡を立てることをホールーは以下のように説明して言う。幡（ホン）は仏教の旗であり、「経幡」ともいう。仏寺の庭の左側は「青年男女の（出資した）幡である」。右側は主宰する僧侶クオリエワ（果列窪）氏の（出資した）幡である。けれども幡の竿の大龍竹は村の中で出資したものである。現在仏寺の入り口を入って左側の幡は二〇〇六年の正月に村の玉喜の父親の家が立てたものである。それは父母に献上するためであり、既に亡くなった父母の恩徳に感謝するものである。幡を立てるには日を選ばなければならない。ワを出る時に幡を立てる人もいれば、ポイをするときに幡を立てる人もいる。

一日目はパレードして祝賀し、さらに幡を立てる。二日目にはホールーが村の老人を従えて拝み、読経する。それは、そうした願望をモンシャンモンハム（muang^{2}siang^{1}muang^{2}xam^{2}）すなわち金玉のモン＝天国に幡が持ってゆくことができるということを意味する。生活にややゆとりのある人びとはポイ・サタ（puai^{2}sa^{6}tha^{5}）すなわち「経を献げるポイ」をする。彼らはビルマの仏寺に行って僧侶あるいは教養のある人に依頼してタイ語の経を筆写してもらう。『三蔵経』など量が多いものは一冊を筆写するのに人民元で二〇〇〇元の筆写費がかかる。三年前に、アイフ（岩府）の家が『三蔵経』を筆写してこの村の仏寺に献上したことがある。チュートンクワ村ではポイ・サタをしたことがある家は三、四軒であった。通常はオクワの後、農閑期にあたる冬や春の季節である。

初日は午後五時に、招待された全村民および外の村のタイ族（四から五人）が一緒になって経を捧げ持ち仏寺の中を三回まわってパレードし祝賀をする。二日目は朝から全村の老人一同がやってきて読経し、仏に供え物をする。準備する供え物には、大きな旗［トゥンロン（tung^{2}long^{1}）］、万民傘［ツォンパオ（tsuang^{3}pau^{2}）、装飾された紙製の仏教用品］、千個の紙の旗（切絵図案のある長方形の小さな紙の旗）、千本の切花があり、その他にも菓子、食品などの供物もある。初日には僧侶はやって来ないが、全村の人びとの招きがあれば、それに応じてやってくる。二日目の朝七時になって僧侶はようやくやってきて読経する。

謝辞：筆者がドゥホン地区で実施したドアン族の調査期間において、ドゥホン州統戦部、ドゥホン州民族宗教局、宗教科、ドゥホン州仏教協会、ルイリー市民族宗教局、ロンチュワーン県の関係諸氏から多大な援助をいただいた。ここに記して心からの感謝を表したい。

参照文献

『徳昂族簡史』編写組（編） 一九八六『徳昂族簡史』昆明：雲南教育出版社。

『徳宏傣族景頗族自治州概況』編写組（編） 一九八六『徳宏傣族景頗族自治州概況』芒市：徳宏民族出版社。

徳宏州文聯（編） 一九八三『崩龍族文学作品選』芒市：徳宏民族出版社。

李 家英 二〇〇〇『徳昂族伝統文化与現代文明』昆明：雲南民族出版社。

桑 耀華 一九八六『徳昂族』北京：民族出版社。

雲南省編輯組（編） 一九八七『徳昂族社会歴史調査』昆明：雲南民族出版社。

雲南省歴史研究所（編） 一九八〇『雲南少数民族』昆明：雲南人民出版社。

『中国少数民族』編写組（編） 一九八一『中国少数民族』北京：人民出版社。

祝 羅 一九九九「徳昂族的交往礼儀」『雲南民族報』一九九九年一一月二〇日。

訳者付記：中国語による原文ではドゥホン・タイ語の人名、地名、書名や行事名称などに関して国際音標記号がついたものと国際音標記号をつけずにタイ語に近い中国語音の漢字（現代中国語における簡体字）があててあるものが混在している。訳出にあたり、国際音標記号および中国語漢字の読みのカタカナ表記は以下のように行った。

国際音標記号がついている場合は、それにもとづいてカタカナをあてたが、特殊記号とローマ字表記の混在による表記上のゆれが見られる箇所については、中国国内における慣用的な表記形式（孟編著 二〇〇七）に従い、ŋ = ng、ɔ = ua、ɛ = ia によって統一し、ローマ字表記に改めた。ポイの表記については pɔi²、poi²、puai² があるが（楊 二〇〇二）、本文中のポイ（poi²）については原文のままにした。また、これ以外の特殊文字（ə、ɯ、ʔ）についても原文のままとした。国際音標記号がついていない場合は、原著者が原音にあてた漢字の中国語標準語音にもとづいてカタカナ表記によるルビを該当語にふり、括弧に入れて本文中に残すことにした。なお、表記に使用されている簡体字は日本の当用漢字になおした。ドゥホンの上座仏教各教派のカタカナ表記に関しては（長谷川 一九九六）を参照した。本文中に見られる原音表記のゆれ、カタカナ表記、地名などについては、孟編著（二〇〇七）、徳宏傣族景頗族自治州志編纂委員会編（一九九四）などを参照し、長谷川が校閲した。また、必要に応じて、訳者が若干の註を施した。

訳出時参照文献

徳宏傣族景頗族自治州志編纂委員会（編）　一九九四『徳宏州志』芒市：徳宏民族出版社。
長谷川清　一九九六「上座仏教圏における『地域』と『民族』の位相——雲南省、徳宏タイ族の事例から」林　行夫（編）『東南アジア大陸部における民族間関係と『地域』の生成』　文部省科学研究費補助金重点領域研究「総合的地域研究」総括班　七九—一〇七頁。
孟　尊賢（編著）　二〇〇七『傣漢詞典』昆明：雲南民族出版社。
申　旭・劉　稚　一九八八『中国西南与東南亜的跨境民族』昆明：雲南民族出版社。
楊　光遠　二〇〇二「徳宏傣族宗教祭儀的文化詮釈」『雲南民族学院学報』一九—一期：七二—七六頁。
楊　光遠・趙　岩社（編）　二〇〇二『雲南少数民族語言文字概論』昆明：雲南民族出版社。

第一三章　西南中国における功徳の観念と積徳行

——トン族の橋づくりの事例から

兼重　努

一　はじめに

功徳の観念および積徳行はヒンドゥ文化圏、上座仏教文化圏のみならず、チベット仏教文化圏や東アジア諸国においても広く分布している。本章では、西南中国における功徳の観念と積徳行の一端について、トン族という民族を対象に考察する。検討する事例は広西《クワンシー》チワン族自治区のサンジャン（三江）トン族自治県（以下、サンジャン県と略記）北部に住むトン族の人びとが民間で行う橋の建設・修理（以下、橋づくりと略記）という行為、および橋づくりに付随するタンチュウ（探橋）という儀礼である。

東南アジア大陸部の上座仏教文化圏に住む諸民族に関する人類学的研究においては、地元の人びとのあいだに功徳（merit）という観念、功徳を積むという行為＝「積徳行」（merit-making）が広く存在することが指摘されてきた（Spiro 1970；Tambiah 1970；石井 一九七五；Kammerer & Tannenbaum eds. 1996；林 二〇〇〇ほか多数）。ここでいう「功徳」とはヒンドゥ教の教義における梵語の punya や kusala あるいは仏教におけるパーリ語の punna や kusala に由来する観念である。またこうした功徳の観念は古代インドに源を発するカルマ（業）の論理すなわち輪廻業報観と結びついたものである（Keyes & Daniel eds. 1983; 丁 一九九九：四〇七—四〇八）。輪廻業報観と結びついた功徳の観念はヒンドゥ教をとおして南アジア一帯に現在引き継がれている。また、南伝仏教の伝播をとおして東南アジア大陸部の諸民族（中国雲南《ユンナン》省のタイ族、ドアン族などもこれに含まれる）にも大きな影響を与えている。さらにそれは北伝（大乗）仏教を媒介として日本を含む東アジアの諸国、そしてチベット仏教文化圏にも多大な影響を及ぼしている。

中国の北伝仏教文化圏における功徳の観念、積徳行の特色を考える際、以下の二点が重要である。第一に北伝仏教伝来以前に、中国には独自の応報観、功徳の観念が存在したこと（河野 一九九一：九五）である。仏教伝来以前、中国に存在した応報観とは誕生から死没までという一生あるいは、祖先から子孫までという範囲で応報の場を考えるものにすぎなかった。しかし、仏教では、前世・現世・来世という無始無終という時間、一切衆生という広がりのなかで応報をとらえていた（中嶋 一九九四：四三）。人間に死後の世界があり、その来世は現在の善悪の結果により善くも悪くもなると説いた仏教にたいして、中国に仏教が伝来した当初、死後の世界を念頭においていなかった当時の中国人は違和感をもったであろうと推測されている（河野 一九九一：九五）。

また、中国において「功徳」という漢語が広く流行するようになったのは、大乗（北伝）仏教が民間に普及して以降のことであった（丁 一九九九：四〇七）という。しかし、仏教伝来以前の古代中国にも、仏教における「功徳」の観念と類似する考え方もあった。すなわち、道教においても功徳や積徳という観念は重視されていた。仏教と異なり、道教において積徳行はこの世の長生や仙人になるために必要なものと捉えられていた（窪 一九八九：二一八―二一九、二四八、神楽岡 一九九四：一一八―一一九）。

第二に北伝仏教が中国にもともと存在した儒教や道教と融合してしまったこと（鎌田 一九九一：一一―一三）が重要である。とくに民間信仰のレベルでは、仏教と道教ははっきり区別されているわけではない（窪 一九八九：三四―三五）。したがって、中国における功徳の観念、積徳行も、北伝仏教系のもの、道教系のもの、さらにその他の系統のものが融合したものであると考えるべきであろう。

鎌田茂雄は中国、台湾や東南アジア華人社会の「生きた宗教」を考える場合、仏教とか道教とかを分けて考えるならば、その実態から遊離してしまうとして、教理学偏重の仏教学会の悪習を戒めている（鎌田 一九七九：一五〇）。鎌田の指摘を受けて、渡邊欣雄は、大多数の民衆が実際に観念している宗教信仰＝「生きた宗教」は、一般大衆の信仰生活のただ中に入り込んではじめて了解できるものとし、宗教研究者が研究対象としている神がみは、「文献に出てくる神がみなのではなく、神がみを祀っている寺廟のある地域社会の人びとの神がみなの」であり、漢民族の「人びとはその神がみが道教の神だから仏教の神だからといって祀っているのではな」いと指摘している（渡邊 一九九一：二四—二五）。中国の民間における功徳の観念、および積徳行の研究に関しても、道教や仏教の教理から演繹的に理解するのではなく、現地調査に基づいて帰納的にたちあげてゆくべきである。

功徳の観念、および積徳行に関する既往の人類学的な研究の大半は従来、東南アジア大陸部の上座仏教文化圏、とくにタイとビルマに集中していた。しかし、功徳の観念、積徳行の具体的内容、また積徳行によってもたらされる結果についての考え方は、ヒンドゥ文化圏、東南アジア大陸部そして東アジアにおいても多様であることが予想される。台湾の宗教学者丁仁傑は中国、台湾など中国人（漢民族）居住地域も射程に入れて、功徳の観念や積徳行を通文化的に比較研究することの必要性を強調している。丁が指摘するように、中国、台湾など中国人（漢民族）居住地域においては功徳を積むという観念は過去から現在にいたるまでもっとも流行し、影響力をもっていた。それにもかかわらず、その功徳の観念や積徳行に関する総合的な研究や報告はきわめて限られていた。また、行為（積徳行）を分析単位とした研究も多くなかったのである（丁 一九九九：四〇四、四一一—四一二）。

しかし、中国において、功徳の観念をもち、積徳行を実践しているのは漢民族に限定されるものではない。そこで本章では、中国の漢民族を対象にした功徳の観念と積徳行に関する既往の研究（趙 一九九一、丁 一九九一など）では扱われることのなかった、非漢民族を対象としてとりあげる。

中国は漢民族のほか五五の少数民族から構成される多民族国家である。そのうち西南中国（本章では、雲南省、貴州《クイチョウ》省、四川《スーチュワン》省、チベット自治区一帯に加えて広西チワン族自治区、湖南《フーナン》省の一部も含めることとする）[1]には、漢民族のほかに三〇以上の少数民族がモザイク状に居住することに特徴がある。彼らの言語や文化そして宗教もきわめて多様である。西南中国における宗教は、地元の諸民族が元来もっていた宗教に加え、仏教およびイスラム教、中原由来の儒教と道教、そして西洋伝来のキリスト教がすべて存在する。仏教にひきつけて述べるならば、タイ族、ドアン族、プーラン族などは上座仏教、プミ族などはチベット仏教の影響を強く受けている。一方、漢民族と比較的近接して居住する諸民族、たとえばトン族などは北伝仏教の影響を受けている。このように、西南中国は、多様な宗教が比較的近接した範囲内に並存しているところに特徴がある。

北伝仏教の影響下にある地域を本章では「北伝仏教文化圏」と呼ぶことにする。しかし、先に述べたように、中国の民間信仰のレベルでは、(北伝)仏教は道教、儒教、その他と融合してしまっている。ここでいう北伝仏教文化圏とは、あくまで仏教にアクセントをおいて便宜的につけた名称であることをお断りしておきたい。

本章で考察する広西のトン族居住地域も北伝仏教文化圏に含まれる。広西のトン族居住地域において、(北伝)仏教の伝播はかなり普遍的であり、各地に寺が建立され、一部出家して和尚になる人もいる(広西壮族自治区編輯組一九八七:一五三)。

筆者が掲げたいのは、西南中国の北伝仏教文化圏に属する少数民族のもつ功徳の観念と積徳行とはいったいどのようなものであろうかという問いである。従来、この問いに答えうる詳細な民族誌的なデータの積み上げはなされていない。そこで、本章では筆者が一九九四年以来調査を続けているサンジャン県のA村近辺のトン族の事例を提示し、西南中国の北伝仏教文化圏における非漢民族の功徳の観念と積徳行に関する民族誌的研究の端緒としたい。

上座仏教文化圏、チベット仏教文化圏そして北伝仏教文化圏における、功徳の観念や積徳行の違いを考える際、まず人びとの日常生活や人生における仏教のあり方の違いを明らかにすることが重要である。本書の性格上、北伝仏教文化圏と上座仏教文化圏との比較に重点をおくこととする。上座仏教文化圏において積徳行は仏教儀礼と緊密に結びついていることが指摘されている。たとえばタイ、ビルマ、ラオス、カンボジアでは、積徳行とはダーナを基調とする僧侶への喜捨・寄進によって、布施者が功徳を得て蓄積し、自らの幸せや近未来の境遇の向上に努めるものである。そして都鄙を問わず寺院は在俗信者が仏教功徳を積む舞台となっており、積徳行には僧侶が介在している（林　一九九一：一三一）。そのうち、東北タイでは、理念上、仏・法・僧の三宝に貢献することは、すべて功徳を生む行為とみなされる。仏陀に帰依し、戒律を遵守したり教説をきいたり学ぶこと、自ら僧になることはすべて功徳を得る方法である（林　二〇〇〇：一五五―一五六）。ビルマにおいても、功徳をもたらす行為は仏教儀礼と不可分である（田村　一九九一）。ビルマやラオスと国境を接する中国雲南省のシーサンパンナ（西双版納）州やドゥホン（徳宏）州に居住するタイ族、ドアン族、アチャン族も上座仏教徒である。ドゥホンのタイ族の場合、功徳の観念、積徳行もやはり仏教儀礼と不可分である（長谷　二〇〇〇）。ドアン族の事例については本書一一章を参照されたい。

しかし、筆者が調査を行っているトン族農村社会のような北伝仏教文化圏においては上座仏教文化圏の常識はあてはまらない（ここでは北伝仏教文化圏一般ではなく、筆者の調査地の状況に限定して述べる）。まず出家が一般人のライフサイクルのなかに組み込まれていない。出家する人は皆無ではないものの、非常に稀である。仏教関連の冠婚葬祭儀礼もない。また戒律を守ることは一般の村人には無関係である。仏教寺院は存在するが、上座仏教文化圏のように村ごとに建立されているわけではない。僧侶への布施を含む、寺院や僧侶と俗人の関係も日常的なものではない。僧侶は托鉢を行なわない。一部の人びとが寺院に赴いて布施をしているが、日々行なうものでも定時に行なうものでもない。葬儀の際に村人が呼ぶのは風水師であって僧侶ではない。年中仏教行事としては旧暦二月一九日（釈迦の出家日）などに寺院内で仏会が行なわれるが、各村からそれに参加する人数は少ない。以上のように、上座仏教文化圏とは、仏教寺院や僧侶と村人のかかわり方が著しく異なるのである。そのため、北伝仏教文化圏に暮らすトン族の人びとと上座仏教文化圏に暮らす人びとの間における功徳の観念と積徳行も大きく異なることが予想される。

中国の北伝仏教文化圏において積徳行はどのようにとらえられ、どのように実践されているのであろうか。その一端を理解するためのキーワードのひとつが「架橋修路」（「修橋補路」ともいう）という四字成語である。中国では歴史的に「架橋修路」（橋や道路の建設や修理）という行為が積徳行の典型のひとつとされており、現在もそうである（周一九九八）。四字成語「修橋補路」（「架橋修路」）は、辞書によると、「公益に熱心なこと、解嚢行善（筆者註：お金を出して善行するという意味）の比喩的表現」とされている（向・李・劉（主編）一九八九：一四四四）。中国において、橋と道路の建設・修理は公益的行為や善行の代表と位置づけられているのである。

このうち橋の建設・修理（橋づくり）に絞って先行研究をみておこう。中国において、人びとが橋づくりにとりくむ背景には、「善有善報」（善行にはよい報いがある）という考え方がある。善行の代表である橋づくりを行って功徳を積む（「修陰功」ともいう）ことにより、科挙に合格したり、子宝に恵まれたり、寿命が延びたり、来世の生まれ変わりがよくなったり、子孫が繁栄したりする、という考え方があったことが指摘されている（周一九九八：九〇―九二、二八八―二九〇、二九二―二九四）。

橋づくりを善行（積徳行）の代表の一つとするという意味づけは、なにも漢民族の専売特許ではない。トゥチャ族、トン族、スイ族、プイ族、ミャオ族、ヤオ族、ナシ族など少数民族にも共通することが指摘されている（周一九九八：二九〇―二九一）。ここで名前があがっている民族はいずれも西南中国一帯に居住する少数民族である。

本章では、トン族を対象に架橋修路を中心とした積徳行について考察する。調査地（サンジャン県A村近辺）のトン族の場合はまず、民間で行なう橋の建設・修理（橋づくり）への無償の寄付、協力というかたちでの積徳行が存在する。現在でも民間における橋づくりは行なわれている。橋づくりに関する地元民の意味づけは功徳の観念と不可分である。また、その背景には因果応報的な観念がある。

筆者は以前、一九九六年から一九九九年まで行なわれたA村大橋の修理の過程における人びとの橋づくりへの無償の寄付や協力という行為をとりあげてトン族の功徳の観念、積徳行の具体的内容、積徳行によってもたらされる結果についての考え方、橋修理完成後の一九九九年二月に行われたタンチュウ（探橋）という儀礼について論じた。地元の人びとはこのような行為をトン語ではウエスー（weex sul）[2]、漢語では「修陰功」という言葉で表現していること、タンチュウ儀礼とは、功徳を積んだことを「陰間」（あの世）に知らせることを目的とする儀礼であることをかつて指摘した（兼重二〇〇〇）。本章では兼重（二〇〇〇）で簡単にしか紹介できなかった、この儀礼についてやや詳しく論じることにより、現地の人びとの功徳の観念と積徳行の特徴を明らかにし、このテーマに関する通文化的研究を今後進めてゆくための材料を提供したい。論の構成の都合上、本章は兼重（二〇〇〇）と若干の重複があることをあらかじめお断りしておきたい。

二　調査地の概要

1　トン族の概要

侗族《トンズー》（Dong zu）とは漢語による他称であり、自称はカム（gaeml）あるいはチャム（jaeml）という。トン族は言語の系統からみるとタイ系民族に属する。タイ系民族は東南アジア大陸部において主要なグループの一つであり、タイを中心にラオス、ベトナム、ビルマ、中国そしてインドのアッサムにも分布している。中国領内にはチワン族、プイ族、タイ族（以上チワン・タイ語支）、トン族、ムーラオ族、スイ族、マオナン族（以上トン・スイ語支）、リー族（リー語支）など八民族、約二五〇〇万人が分布している。

トン族の人口は約二九六万人である。トン族はタイ系民族の中で最も東北部に位置する。主に貴州省（約一六三万）、湖南省（約八四万）、広西チワン族自治区（約三〇万）の三つの省にまたがって分布している。そこから少し離れた湖北（フーペイ）省にも約七万人が居住する。人口の半分以上が生活を営む貴州省がトン族の中心地とみなされることが多い。漢民族居住地域に隣接するため、漢字文化圏の影響を強く受けている。

中国では、総人口の約七五パーセントを農業戸籍保持者（農民）が占め、漢民族であれ少数民族であれ、総人口の大部分は農民である。トン族の場合、約九割が農民である（以上すべて二〇〇〇年の人口統計による）。

生業は水稲耕作中心である。またトン族居住地域は雨が多く広葉杉《コウヨウザン》の生育に適しているため、元来森林資源にも恵まれていた。広葉杉を使って高床式住居や「鼓楼《クーロウ》」と呼ばれる塔状の形態をした村の集会所、「風雨橋《フォンイーチャオ》」とよばれる屋根つき橋を建設することで中国内外において著名である。

2　サンジャン県の概況

サンジャン県は、広西壮《チワン》族自治区の北部、東経一〇八度五三分から一〇九度四七分、北緯二五度二一分から二六度〇三分の間に位置する。サンジャン県は省境に位置し、貴州省リーピン（黎平）県と湖南省トンタオ（通道）トン族自治県に隣接している。二〇〇〇年の統計では県の総人口は三四万二三四人。そのうちトン族一九万四八八一人（五六・九パーセント）、漢民族五万七〇二八人（一六・七パーセント）、ミャオ族（草苗《ツァオミャオ》[3]を含む）五万五五一六人（一六・二パーセント）、チワン族二万一八〇三人（六・三パーセント）、ヤオ族一万二七六一人（三・七パーセント）となっている（三江侗族自治県地方誌弁公室（編）二〇〇四：一）。

民国『三江県誌』（巻五）によると、仏教がサンジャン県に入ったのは、民国期の三百年余り前（一六～一七世紀ごろ）であり、もっともさかんだったのは清の咸豊・同治年間（一八五一～一八七四年）であった。道教は仏教よりも約百年前

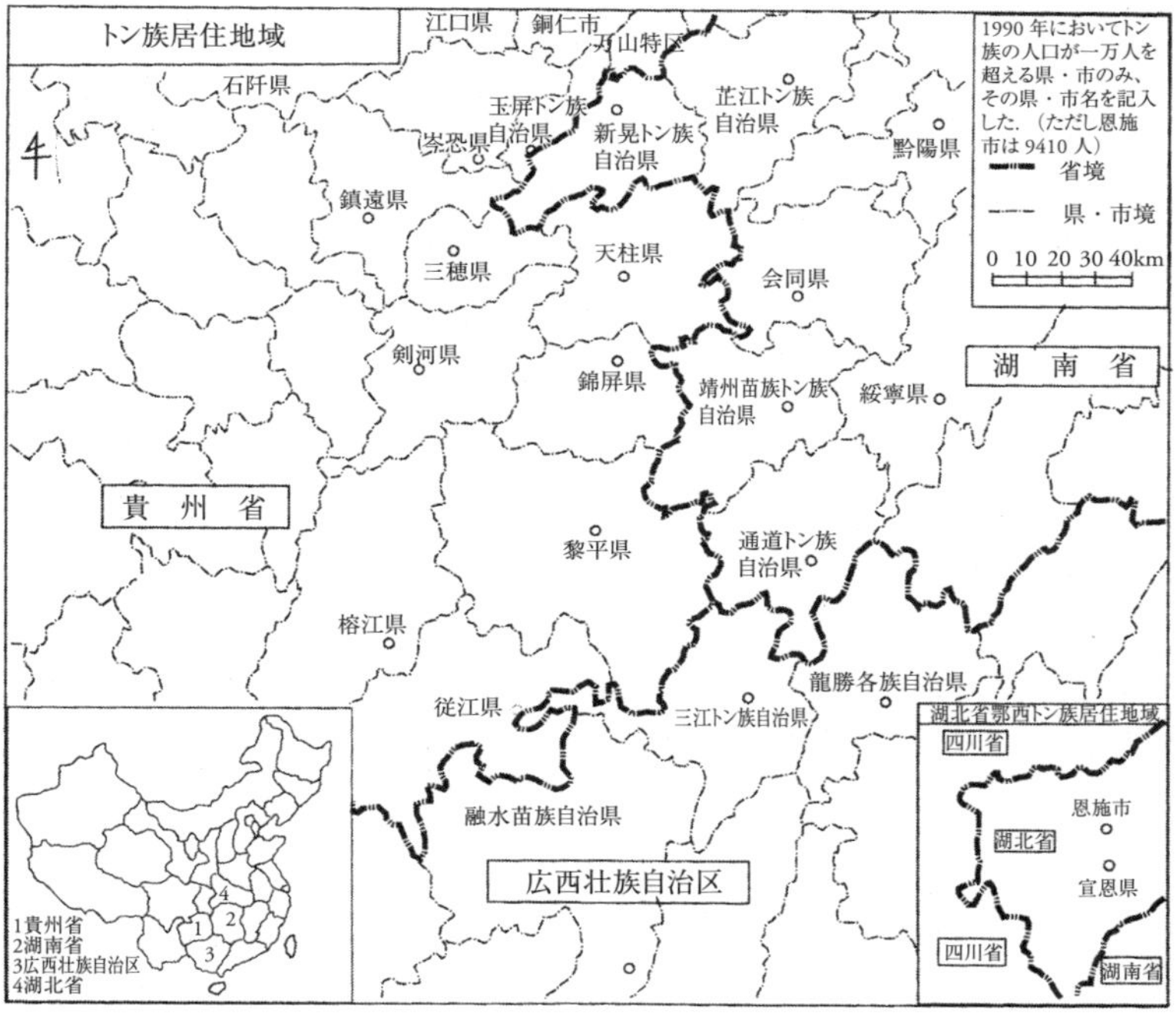

トン族居住地区

に入った。人びとは道教を敬虔に信仰し、道教は仏教に比べて人びとに与える影響力が強かったという。

3　林渓郷の概況

リンシー（林渓）郷は総面積が一五三・一一平方キロメートルで、人口（一九九〇年）は二万六一九九人。そのうちわけはトン族二万四九三六人、漢民族二〇七人、ミャオ族（草苗）一〇三四人であり、人口の九五％がトン族で占められている（三江侗族自治県誌編纂委員会（編）一九九二：五五、一三〇）。リンシー郷にはリンシー川という川が南北に流れている。この川沿いのマーアン（馬鞍）村からリンシー街にいたる一〇キロメートルの区間には大きな集落が多いばかりか、全部で一一本の橋がかかっている。そのうち七本が風雨橋（屋根つきの橋）である。すべて長さが四〇メートルを超える。サンジャン県の中で、規模の大きい風雨橋が最も多く存在するのがこのエリアなのである。

4 A村の位置と構成

筆者は上記のエリアのほぼ中間に位置するA村を調査地に定めた。A村はリンシー川の両岸にある二つの自然村と、そこから徒歩で四〇分ほど山道を登った山中にある自然村の、合計三つの自然村から構成される行政村である。A村は、全村の総世帯数四四七世帯、人口二、〇六四人で、ほぼ全員がトン族で構成されている。

リンシー川の両岸にある二つの集落のうち規模が大きい方の集落をａ大村、小さい方の集落をａ小村（あるいはa3村）と表記する。またａ大の方は内部が二つの村に分かれている。そのうち、上流側の集落をa1村、下流側の集落をa2村と表記することにする。

リンシー川を挟んでと斜向いに向かいあっているa3（ａ小）村とａ大村の間には全長約六〇メートルのA村大橋（風雨橋）が架かっている（写真13-1）。またa3集落側にリンシー街と県城を結ぶ自動車道路が通っている。

つぎに、調査地における死生観および民間宗教についておさえておくことにしよう。

5 地元民の死生観

地元の人びとは「陽間」（この世）のほかに「陰間」（あの世）があると考えている。人の誕生は陽間に来ること、人の死は陰間にゆくことであると表現される。

また転生の観念もあり、甲は乙の生まれ変わりだとしばしば語られる。調査地付近では、死者が赤ん坊としてこの世

写真 13-1　調査地に架かるA村大橋

に生まれ変わってくることを、漢語を使って「投胎」と呼んでいる。現地で投胎現象を信じる人は少なくない。普通の人は前世の記憶はもっていない（忘れてしまうとされる）が、中には前世の記憶をもつと自ら公言し、周囲からもそう認められている人がいる。そういった人は、自分は某村の某という名前の人の生まれ変わりで、前世ではかくかくしかじかの理由で死亡したと自ら語ることができる。筆者は前世を記憶していると村人から公認されている人物をa2村で一人、a3村で一人確認している。ともに中年男性であった。

陰間（あの世）が具体的にどうなっているのかということに関して、一般の人びとに聞き取りをすると、あの世にいる閻魔大王が、人びとのこの世の寿命を管理しているということが多くの人びとの共通の理解であるようだ。しかし、あの世の詳細について問うと、彼らの答えはあいまいであり、一般人は体系的な知識をもっていないようにみうけられる。

6 地元民の宗教

調査地付近では仏教寺院のほか、さまざまな神を祀る施設が混在しており、卓越した唯一神にあたる存在はない。A村から徒歩で一時間あまり山道を歩いた山中に清代末の光諸二（一八七六）年に地元の複数の村のトン族の人びとによって建設されたHL寺という大乗仏教寺院がある。その内部には飛山という神の廟も設置されている。

大躍進、文化大革命等で寺は破壊され、住持職の和尚も寺から追い出された。改革開放政策の実施にともない、一九八八年から再建がはじめられた。一九九〇年代半ばまでは尼僧が一人で住んでいたが、金銭トラブルで寺から追放されて以降、定着して住持する和尚がいない。現在近隣の村の俗人の男二人が、必要に応じて寺にでむき、代理の和尚として、仏会の時などに、簡単な読経や運勢占いなどを行なっている。彼らは専門的な仏教の知識はもっていない。以前の代理和尚の中には寺に来た婦人と関係をもったと噂され、「ニセ和尚」と人びとから陰口をたたかれた男もいた。

それでも周辺諸村の一部の熱心な老人たち（男性）の尽力で、旧暦二月一九日など、年に数回の定期的な仏会は維持されている。村ごとに見るならば、参加者の割合は高くない。しかし、リンシー郷に限らず広く、パージャン（八江）郷、ドゥートン（独峒）郷の諸村のトン族、ミャオ族（草苗）、漢民族の人びとの信仰を集めているため、仏会には老人たちを中心に近隣の諸村から女性を含めてかなりの数の人びとが寺に集まる。しかし、平日にその寺を訪れる人びとの数はきわめて少ない。

調査地では葬儀の時には風水師を呼ぶが、僧侶は呼ばない。また寺院で数年に一度行なわれる、タンガン（探庵）の儀礼（後述する）を行うのも彼らではない。

調査地付近では家屋内や集落内にさまざまな神がみが祀られている。各家の家屋内には、その家の父系の祖先神をまつる神棚が設置されている。また父系同姓集団のなかには共同で祖先の廟を建てている場合がある。また村によっては村の開祖神を祀る廟をもつ場合がある。ａ大村の場合、楊姓が村を開いたとされ、開祖神の祠が建てられている。

集落内を歩いていて、もっともよく目に付くのが土地公（土地神）である。土地神は橋のたもとや集落の入り口付近などの複数の地点に設置されている。そのほか、屋根つき橋の中央には必ず関帝、またその左右には文昌、魁星などが祀られている。さらに、集落ごとに異なった神廟を祀っている。たとえばa1集落では保山廟、a2集落では飛山廟、a3集落では三王廟をもつという具合である。(5) 三王廟内には観世音菩薩も祀ってある。

また、多くの集落ではトン語でサー（sax）とよばれる女神の塚が設けられている。サーとは父方の祖母という意味である。これはトン族独自の神であり、トン族居住地区の諸村落において比較的多くみられる共通性の高い神である。A村ではa2集落にのみ存在し、その塚は石という姓の人びとの一部が共同で建てたものである。

このように調査地付近には数多くの神がみが並存している。村人は平素毎月旧暦の一日と一五日に、また節句や冠婚葬祭においては、結婚の祝いの宴会、子供が生まれて三日目の祝いの時、大晦日の宴会の前などにそれぞれの神に供え物をしてお参りしている。

三　積徳行に関する言説

筆者の調査地付近のトン族の功徳の観念、積徳行に関する言説からみてゆくことにする。まず文献資料から伺うことができる、トン族の功徳および積徳行関連の言説について、時系列に並べてゆくことから始めよう。

1　文献資料における言説

橋づくり＝無量の功徳（一九二〇年代）

『苗荒小記』（一九二八年刊）という書物の著者は三江の苗（筆者註：現在のトン族をさす）は橋を作ることを「無量の功徳」（筆者註：量ることができないほど大きな功徳）としていると記述している[6]（劉　一九二八：一九）。

公益に熱心な精神（一九四〇年代）

民国末期（一九四六年）に出版された『三江県誌』（巻三）には以下のような記述がある。

トン族は橋梁、鼓楼や廟の建設には皆先を争い、老若男女や貧富を問わず、現金、材料（物品）や労働力を熱心に提供する。その公益に熱心な精神には本当に感服させられる。

ここには、「功徳」やそれに関連する文言はみえないが、あとに述べるように、橋梁、鼓楼や廟の建設への協力はトン語でウエスー（weex sul）と表現される。ウエスーとは積徳行に相当する行為である。注目したいのは、上記のような行為が「公益に熱心な精神」に基づくと、この記事の執筆者が評していることである。現地における積徳行が「公益」といかに結びついているのかについては、後ほど検討したい。

調査地のような鄙びた農村においては、鼓楼や廟そして、井戸などのインフラは、また幹線道路を外れた道や橋などは、従来政府が資金を投入して建設する対象となっていないのが普通であった。そのため、民間の人びとが自前で資金や労働力を出し合ってそれらを建設するのが慣例であった。近年、政府から資金が投入されることが増えてきたものの、まだまだ資金の一部、あるいは全部を地元民が供出するケースが少なくない。

仏教思想の影響（一九五〇年代）

また、一九五八年に書かれた、当時の広西におけるトン族の状況の報告書には以下のような記述をみることができる。トン族の人びとは仏教思想の影響を受けているので、生前に行った善と悪の報いにより、死後の世界において行き先が異なると考える。だから、死んで陰間（あの世）に行った時に極楽の世界に入ることができるように、生きている間に善事、好事を多く為し、盗みを働かず、修橋鋪（補）路を行い、邪悪な行いをしないように人びとに勧める（広西壮族自治区編輯組 一九八七：一五二）。

この記事からは生前の行いが死後の結果に影響するという、因果応報的な思考が看取される。死後の世界の行き先をよくするために人びとが行うべき善行のなかに「修橋鋪（補）路」があげられていることに注目したい。

2　地元の碑文の類

つぎに、現地の人びとが記した文字資料をもとに、功徳の観念、積徳行に関する地元の言説についておさえておくことにしよう。

『三江県誌』の記述にあったように、調査地付近では橋梁や鼓楼や廟は地元の人びとの現金、物品ならびに労働の寄付によって建設されてきた。それは現在でも同様である。橋梁や鼓楼や廟の建設への現金、物品ならびに労働の寄付に対しては、まずは赤い紙に黒い字で寄付者氏名、所属村、寄付金額（物品内訳、労働日数）を書いて掲示することにより顕彰される。これは功徳の速報である。建設が終わると、上記を木の板に書いたり石板に刻んだりしたものを建造物の傍らや内部にすえつけることもよく行われる。以上のような、赤い紙、木の板や石碑を現地の人びとは漢語を用いて「光栄榜」と呼んでいる。現地の橋や廟や鼓楼には光栄榜とならんで、漢字で書かれた碑文が備え付けられていることが多い。その碑文から功徳の観念、積徳行に関する地元民による言説について知ることができる。

A村大橋の序文（一九八六年）

「架橋修路」という四字成語はトン族の村落社会にも浸透している。a3（a小）村とa大村の間にかかるA村大橋は一九八六年に完成した。それを記念して設置されたA村大橋の石碑の序文には以下のような文言が刻まれている。「常にいうように、架橋修路は善行を好む人びとによるものであり、徳を積み、功を重ねることは、みな善良の士によるものである。橋や道は人びとが必ず通るものであり、功徳は陰、陽のいかんにかかわらず値段のつけようのない宝物である」(7)。陰はあの世、陽はこの世をさす。これに類似する表現は近隣のその他の橋においても見ることができる(8)。

A村大橋の上記の文言の後半部の「橋や道は人びとが必ず通るものであり、……」から、「架橋修路」が積徳行として高く評価されるべき理由に関する、地元の人びとの考え方の一端を読み取ることができよう。橋や道は多くの人びとが必ず通るものであり、日常生活において徒歩交通を主体としている地元の人びとの利便に役立つこと大であり、かつその受益対象者の数もきわめて多いのである。受益対象者の数の多さは、さきほどみた「公益に熱心な精神」のなかの「公益」という文言に通じるものと考えられる。

A村大橋はその後、一九九六年から一九九九年まで架け替え工事が行われた。架け替え工事終了後、村の一人の年配の男性は「架橋修路陰陽宝」（架橋修路は陰と陽の宝である）「架橋修路功名佳」（架橋修路は功名が佳である）などの文句を赤い紙に墨で書いて、橋の内部に貼付した。

飛山廟の序文（一九九五年）

また一九九五年に再建された、a2村の飛山廟の光栄榜には「作陰功陰祠有顧、陽居永安、存陽無涯」（陰功をなせば、陰祠は顧を有し、陽居は永らく安らかで、陽に涯《さいげん》なく存す）という文言のほかに、「好善神助」や「好善神扶」（好い善は神が助ける）という文言も書かれている。陰功を積むと陰（あの世）にいる祠（神）が善行にたいして、陽（この世）においてよい報いを与えてくれるという考え方が看取される。

3　地元の人びとの語り

つぎに、A村付近においては、橋づくりはどのように捉えられているかについて知るために、おもに老人たちを対象にききとりを行ってみた。

ウエスーと陰功

地元の人びとによると、橋建設・修理への無償の寄付、協力はウエスー（weex sul）というトン語で表現される。ウエは「～をする」を、スーは「良いこと」を意味し、直訳すると「良いことをする」という意味になる。重要なのは地元の人びとはスーを「陰功」、ウエスーを「修陰功」という漢語に言い替えていることである。修陰功とは「陰功を積む」という意である。その他、「公益事業」という漢語があてられることもある。

中国では一般に「陰功」とは「隠れた善行」をさすようである（趙 一九九一：一五二）。しかし、地元の人びとの説明はこれと異なっており、人びとが行う善行そのものをさす。この世（陽間）で人びとが行なう善行をなぜ陰功と呼ぶのか、と地元の人びとに尋ねると、答えに窮してしまう。

ウエスーに関する諺

ウエスーにたいして見返りは期待されているのであろうか？　期待されているとすれば、具体的にはどのような見返りであろうか？　それを知るためのひとつの手がかりとするために、A村付近に流布しているウエスーに関する諺を集めてみた。例えば「ウエスーだと神明（神）が保護してくれる」といわれる。「ウエスーだと、ふくよかな（健康な）子供が生まれる」ともいわれる。また「ウエスーだと長寿が得られ、病気をしない」ともいわれる。「ウエスーだと、来世の生まれ変わりがよい」ともいわれる。

林行夫によると、東北タイにおいて功徳は再生のための力である（林　二〇〇〇：二三二）。先にみたように、A村近辺の人びとのあいだには、あの世からこの世への生まれ変わり（投胎）の観念もある。彼らにとって、積徳行の応報はこの世における利益《りやく》も含まれており、来世での再生という目的に限定されるものではない。たとえば、筆者は、現地の諸村の橋、鼓楼、舞台、涼亭の修理・建設の際には、毎回寄付金を捧げてきた。それを知る、筆者の逗留先の家族は、私が現在の職を得ることができたのは、おまえのウエスーが多かったからだ、と折に触れて語る。

ウエスーにふさわしい具体的な行為

地元民にウエスーにふさわしい具体的な行為は何かとたずねてみると、かえってくる答えは、徒歩交通に関するものが多い。たとえば、道行く人のために橋や道を建設・修理することである。現在は行なわれていないが、解放（一九四九年）[9]以前はリンシー郷と湖南省トンタオ県のピンタン（坪坦）郷の境界にあるコーマ（科馬）という山を越える人びとのために無償で飲み水を運び、わらじを提供することなどもさかんに行われたという。

そして、ウエスーにふさわしい具体的行動として、地元の人びとに第一に連想されるのは、橋を架けたり、道を作ったりすること（「架橋修路」）である。トン語では gav《カー》 jiuc《チュウ》 xiaov《シャオ》 kunp《クン》 という。「架橋修路」は積徳行の代表として位置づけられている。

以上のように、現地の人びとにとってウエスーとは、橋や道路の修理・建設に関して、自発的に金品を捧げたり、労働を提供したりするといったかたちで、公益に資することにより、陰功（功徳）を積むことである。その結果、超自然的な存在（神）が、現世の子宝や長寿、来世のよい生まれ変わりという見返りを与えてくれるのである。

「架橋修路」のような行為は公（トン語ではワ＝ wagx）のための行為、すなわち「公益事業」（漢語）なのだとも語られる。

四　積徳行

ウエスーは誰がどのような機会に、どのような形式で行なうのであろうか。ウエスーには①個人単位で行なう組織化されていないものと、②鼓楼、橋、廟などの大型建築物の建設にともなう、一つの村あるいは複数の村を単位として多勢の人びとが共同で行なう、組織化された集団レベルのものに大別することができる。後者は関係者が共同作業を行うほか、建設の過程で大掛かりな建設儀礼が行われることが多く、外部の観察者の目にとまりやすい。一方、前者はなかなか観察する機会に恵まれない。

1　組織化されていない積徳行

組織化されてない積徳行としては、以下のようなものがある。筆者の調査地付近では小道の分岐点に「分路碑」（道しるべ）や簡易腰掛けが設置されていることが多い。また、小川に長さが一〜二メートル位の細い木の棒が何本も架けられているのも目に付く。地元の人にきくと、子供が健康を害した場合に、占い師（漢語では「鬼師」、トン語ではシャンソウ＝xiangh sout という）にみてもらう。占いの結果にもとづき、占い師は、東の方角に橋を架けろとか、南の方角の道を修理するようにとか、相談者に指示を与える。占い師の指示によって行なわれる以上の行為もウエスーに含まれると地元民はみなしている。

また、子供はその生年月日により様々な厄（漢語で関煞《クワンシャ》という）をもつ。その関煞を解くためにも個人的にウエスーが行われることもあるという。これを「ウエスー カイソイ（解罪）」という。個人が単独で行なうウエスーは以上の場合が多い。

上記はいずれも徒歩交通の利便性を増す行為であることが重要である。また、既存の橋の傍らに棒を一本くくりつけることなどは、実際に徒歩交通の利便性を増すわけではなく、象徴的な色彩の濃い行為である。いずれもすぐに終了してしまう行為であるため、その現場には筆者はまだ遭遇したことはない。またこれは、人びとが捧げる物品や労働を、記録係が詳細に記録し、光栄榜を設置して功徳を顕彰する、組織化されている積徳行とは対照的な匿名的行為であり、光栄榜を設置して、その人の功徳を顕彰することはない。

2　組織化された積徳行

組織化された積徳行には以下のようなものがある。

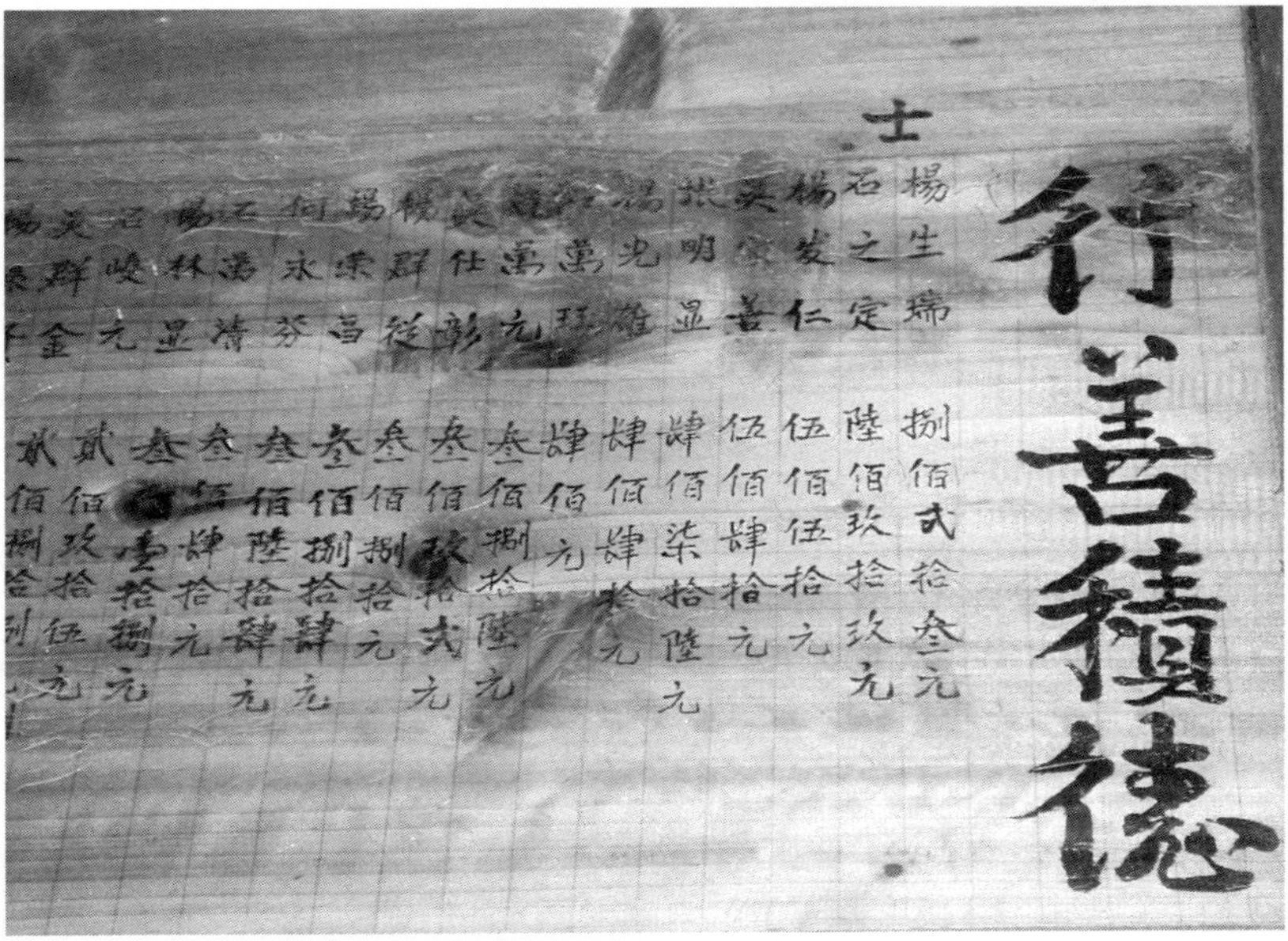

写真 13–2　人びとが積んだ功徳の顕彰（光栄榜）

道づくり

集落内外に道を開いたり、道に石板を敷き詰めたり、コンクリートで固めて舗装したりすることも調査地近辺ではよく行われる。その場合にも人びとから金品の寄付や労働力を募ることが行われ、光栄榜を設置することによって寄付者を顕彰する場合が多い（写真13–2）。

公共建築物の建設

調査地近辺では、人びとが現金、物品、労働力などを寄付して建設される公共建築物には橋や道路のほかに鼓楼、村門、舞台、井戸、涼亭、廟などがある。

鼓楼とは村の集会所である。多くの場合、楼閣建築の形態をとる。多くの村では集落の入り口に小さな木製の門が設置されている。a大、a小集落にもかつて複数の門が設けられていたという。解放前までは土匪が多く、集落を土匪から守る必要があり、集落の周囲に石垣をめぐらし、複数の村門を築き、夜は村門を閉め、男達が警戒に当たっていたという。解放後の土匪の掃討にともない、村門は村を守るという実用的な機能を失った。村門はa2集落に一つ、a3集落に一つ残るのみである。現存する村門は簡単な作りのものだが、ともに屋根がついている。しかし、近年、村の防衛とは異なった目的で、多くの村で簡単な屋根がついた村門が再建され始めている。二〇〇〇年夏に、a3村では装飾を施した立派な村門を新たに建設した。再建された村門の中には腰掛けが設置され、休息可能なものもある。

各集落には鼓楼の近くに舞台が建設されていることが多い。この舞台で、地元の人びとが村芝居や歌舞芸能を演じる。その他、各集落には複数の井戸設けられている。調査地付近の井戸は、地下深く掘り下げた深井戸ではなく、山からの涌き水が流れ出るところに設置した浅いものである。大多数の井戸には屋根が取り付けられており、井戸水の雨水などによる汚染を防いでいる。また屋根の下に簡易腰掛けが備え付けてあることも多く、休息および雨や夏の暑さを避ける場所としても人びとに利用されている。

現地の人びとの日常生活、とくに生業における主要な交通手段は徒歩である。

涼亭とは集落から離れた場所 —— たとえば山道など —— に設置されている屋根つきの休憩用の東屋である。調査村付近のトン語では涼亭は liangc《リャン》 dingc《ティン》 あるいは dingc《ティン》 sit《スー》 と呼ばれている（それぞれ、漢語の「涼亭《リャンティン》」と「亭子《ティンズ》」に由来する）。簡易腰掛けが備えつけられていることが多く、老若男女問わず利用されている。道端の飲料用湧水地近辺を選んで建てられている場合もあるし、涼亭まで近くからわざわざ飲料水をひいている場合もある。今は見られなくなったが、かつては一部の涼亭には道行く人のためにわらじが備えつけられていたという。A村付近には現在でもいくつか涼亭がある。それらのうち集落近辺にあるのは二つである。一つはa1集落から約一キロメートル離れたところの川沿いの旧街道ぞいにある、一九六二年に建設されたものである。後に対岸に自動車道路が開かれ、従来の街道とこの涼亭はほとんど利用されなくなってしまった。もう一つはａ大集落から山中の仏教寺院へむかって山道を一〇数分上がった所にあるもので、二〇〇四年に建設された。

リンシー郷に限らず近隣の郷のトン族居住地域には風雨橋のほかに涼亭や屋根つきの井戸などの公共施設が多く存在している。涼亭、風雨橋などの施設は徒歩中心の生活の負担を少しでも軽減する目的で建設されていると考えられる。筆者は重たい荷物を天秤棒で担いだ人びとが労働の行き帰りに涼亭や風雨橋で休息する様子を何度となく目撃している。

棟木の喜捨

橋、鼓楼、舞台、井戸や涼亭などの公共建築物の建設において、棟木を喜捨する行為は功徳を積む行為＝ウエスーのなかでも特別な意味をもっている。また棟木をあげる際は公共建築物のみならず、一般家屋の建設においても、多くの人びとが集まって盛大に儀礼を行う。儀礼の直後にモチまきも行われる。

A村大橋の竣工を前にした一九八四年一二月、A村大橋の三箇所に三本の棟木が上げられた。それらはA村の三人の男たちが一本ずつ喜捨したものであった。棟木を喜捨する人のことを漢語で「施梁人」といい、喜捨した棟木に施梁人の名前が墨で書き込まれる。この時の施梁人は、楊徳玉（a2村）、楊友興（a1村）、石天能（a2村）であった。地元の人の話によると、男の子宝に恵まれない人は男の子を授かるために施梁人に志願する。棟木を喜捨することにより功徳を積む結果として、男の子を授かるのだという。ただし、施梁人になるには、棟木を喜捨するだけではなく、棟上げ式のときに大工や風水師が行なう儀礼の供物も提供しなければならず、地元の人びとにとっては多額の負担が必要となる。

三人の施梁人の子どもの数と性別について調べてみた（表13-1を参照）。地元の人びとのいう通り三人とも、棟木を喜捨する前までは、子供はいるものの、女の子ばかりであった。とくに石天能氏は第一子から続けて七人が女の子（そのうち一人は死亡）であった。ところが、三人とも、棟木を喜捨してから男の子を授かっている。そのため地元では積徳行による利益を信じる人も少なくない。

注目すべきは生まれてきた三人の男の子の命名である（表13-1の下線部に注目）。以下みるように棟木を喜捨したこと

表 13-1　施梁人夫妻の子ども一覧表

楊徳玉 (a2 村)			楊友興 (a1 村)			石天能 (a2 村)		
続柄	氏　名	生年月	続柄	氏　名	生年月	続柄	氏　名	生年月
夫	楊徳玉	1950 年 1 月	夫	楊友興	1951 年 7 月	夫	石天能	1941 年 3 月
妻	粟坤愛	1956 年 4 月	妻	楊　純	1954 年 12 月	妻	呉坤妹	1947 年 10 月
長女	楊　梅	1983 年 10 月	長女	楊宜先	1980 年 4 月	長女	石利花	1966 年
次女	楊　柳	1985 年 10 月	次女	楊宜娃	1982 年 3 月	次女	石利梅	1969 年 8 月
三女	楊柳金	1987 年 5 月	三女	楊宜穹	1984 年 10 月	三女	石梅群	1971 年 9 月
長男	楊敏良	1988 年 10 月	長男	楊宜良	1987 年 11 月	四女	石群代	1974 年 6 月
						五女	石代英	1977 年 12 月
						六女	石六代	1981 年 3 月
						長男	石江梁	1985 年 3 月

により誕生したことを記念して名前づけられているのである。石天能の長男の名前には「梁」(棟木の意)という漢字が用いられている。「江」とは「川」、すなわち江梁とは、川(にかかる橋)の棟木なのだと名づけ親は説明した。楊徳玉と楊友興の長男にはそれぞれ「良」という漢字が用いられている。「良《リャン》」は「梁《リャン》」と漢語の発音において同音である。

石天能氏は一九八二年にa大集落に再建された園田化橋の施梁人になったが、その時にはすぐに男の子は授からなかった。しかし、その二年後、A村大橋建設の際に再び棟木を喜捨することによって、やっと念願の男の子を授かった。このことは近隣の村でも有名なエピソードとして多くの人に記憶されている。

人びとが男の子を切実に欲しがるのは、父系の子孫を残す必要と、老後に息子に面倒みてもらう必要があるからだ。父系制をとるトン族社会では女子は婚出してしまう。仮に婿養子をもらっても、実の息子ではないため、いつ実家の方に帰ってしまうかわからないので安心できないという。

五　タンチュウ(探橋)儀礼

先に述べたように調査地付近では橋梁、鼓楼、廟、村門、舞台、涼亭、井戸、廟の建設に際して、現金、物品ならびに労働の寄付を行った人びとに対しては、光栄榜により寄付者の功徳の顕彰が行なわれるのが普通だ。また寄付者には、寄付の領収書に相当する「執照」という紙が配られることも多い。

しかし、地元の人びとの話によると、橋、寺院と廟の場合は、その他の公共建築物への寄付の場合と異なり、「タン（tank）××」とよばれる特別な儀礼が行なわれる。××の部分には橋、庵（寺院の意）と廟が入り、それぞれタンチュウ（jiul）［探橋］、タンガン（nganl）［探庵］、タンミュウ（miuh）［探廟］と呼ばれる。タンは中国語の「懺」（現代標準漢語の発音ではチャン＝chàn）に由来するといわれる。「懺」とは現代漢語において、懺悔するとか自分の罪や過ちを悔いる、告白するという意味をもつ。

ここでは筆者が直接観察することができたA村大橋のタンチュウ儀礼とHL寺のタンガン儀礼のうち、前者の事例をとりあげて検討することにしたい。A村大橋の場合、橋修理もほぼ完成した一九九九年の二月二一日から二六日（旧暦正月七日から一一日）にかけての五日間、タンチュウ儀礼が老人たちを中心にA村大橋の上で執り行われた。

1　タンチュウ儀礼の意味づけ

調査地付近では解放前にいくつかの橋でタンチュウ儀礼が行われたことがあるという。[10] 解放後は共産党政権下で「迷信」行為が厳しく禁止されたこともあり、長らく途絶えていた。地元の人びとの話によると解放後はじめて行われたのがA村大橋のタンチュウ儀礼だという。

タンチュウとは人びとが陽間（この世）で積んだ功徳を陰間（あの世）に知らせるために行なわれる儀礼である。タンチュウ儀礼の専門家の一人（YYB氏）になぜこの儀礼をしなければならないかと尋ねたところ、この儀礼をしないならば、寄付者の名前がいくら「光栄榜」のうえに書かれていても、陰間の玉帝（玉皇大帝）は、積まれた功徳について知ることができないという答えが返ってきた。玉帝は道教における最高神である（窪　一九八九：三三）。一方、村人のなかには玉皇大帝の代わりに閻魔大王の名をあげる人もいる。

2　儀礼を司る専門家

タンチュウ儀礼を司った専門家は四人であった。ＹＨＺ（宗教名：楊明真　一九二五年生　a1村）が最も儀礼の知識に詳しく、儀礼を取り仕切る。その弟子二人が、儀礼の補助的な役割をする。その二人とはＹＹＢ（宗教名：楊真賢　一九三四年生　a2村）とＷＳＺ（宗教名：呉真文　一九三五年生　a2村）である。調査地近辺では上記の儀礼や安龍謝土儀礼（後述）を行うことができる専門家は仏門と道門という二つの流派にわかれるという。道門の道は道教に、仏門の仏は仏教に相当すると思われる。しかし、ＹＨＺたちの一派は仏道両門といって、道門と仏門の両方に属するという。一方、a3村の一派は仏門に属するという。しかし両者が行う儀礼を比較しても、実際、顕著な差異は認められない。また法門[11]という知識の専門家である、ＷＱＤ（宗教名：呉法賢　一九三〇年生　a2村）も儀礼の場において補助的な役割を果たした。日ごろ彼らは農業などに従事しており、人びとからの要請に応じて安龍謝土、開路儀礼などを行う。

3　安龍謝土儀礼

彼らが行う安龍謝土儀礼はタンチュウ儀礼と一部共通のテキストを使うだけでなく、儀礼のやり方も類似している。そこで安龍謝土儀礼について簡単に触れておくことにしたい。安龍謝土儀礼は現地のトン語でシャワ（xah wagx）、シャヤン（xah yanc）そしてシャウェン（xah wenc）の三つに分類されている。シャワとは村の中での穢れを払う、村の消災儀礼である。シャは漢語の「謝《シェ》」に由来すると思われる。ワは、この場合、村落共同体の成員の総体をさす。a1とa2村は共同で数年に一度の頻度で、a3村はほぼ毎年この儀礼を行っている。(12) 儀礼の内容や順序もかなり共通している。a3村ではYYM氏らが行う。a1とa2村ではA村大橋のタンチュウ儀礼と山中の仏寺のタンガン儀礼（後述する）を行った専門家が執り行っている。

シャヤンは個人の家の穢れを清めるために行われる。ヤンとは家の意。この儀礼は、専門家を招いて世帯単位で必要に応じて行われる。シャウェンのウェンとは墓という意味であり、儀礼を希望する家があれば個別に行われる。村人の話によると、この儀礼により、陰間（あの世）にいる祖先に金を送って豊かにさせ、陽間（この世）の我々を庇護してくれるように願うのだという。実際この儀礼では墓の前で多量の紙銭を焼く。両者の儀礼はともに、半日ほどで終わる。

4　タンチュウ儀礼の準備

タンチュウ儀礼についてよりよく理解するためには、儀礼の準備作業の様子から観察する必要がある。この儀礼では、事前の準備作業に十数日が費やされた。儀礼のために多量の漢字文書が作成される。こうした文書の作成はきわめて入念に行われる。漢字文書は儀礼の専門家が肉筆で丁寧に一字一字書いてゆく。その文書に記される漢字は旧字体で、しかも正しく美しく書かれなければならない。

さらに、色のついた紙を折ってはさみを入れて切り紙をつくったり、白い紙を切って糊づけし、書状を入れる封筒を作ったりする工程も含まれる。これらの書状にはあたかも昔の役所の文書のように朱印が押される。また、木版で馬と銭の図案が印刷されてゆく。この儀礼はまさに漢字の書写が不可欠であり、大量の紙の消費を伴う。文書の多くは、儀礼の各過程において順番に焼かれてゆく。柱や梁などに貼りつけられる対聯や文字を記した切り紙などは焼かれない。

準備段階において重要なのは、「陽牒」（トン語でヤンチック＝yangc jigx）という、功徳を積んだことの証明書の作成である。多量に作成しなければならない「陽牒」は村の男たちが手分けをしてガリ版原紙をきり、一枚一枚黄色い紙に印刷してゆく。その右半分（「陽化《ヤンファ》」と呼ばれる）と左半分（「陰化《インファ》」）の両側に一枚一枚、寄付者名、所属村落名と寄付の金額を肉筆で書き込み、さらに、両者の間に割り印を押して切り離す。このような手間がかかる作業を続ける。タンチュウ儀礼において陰化の方を焼いて陰間（あの世）に送る。

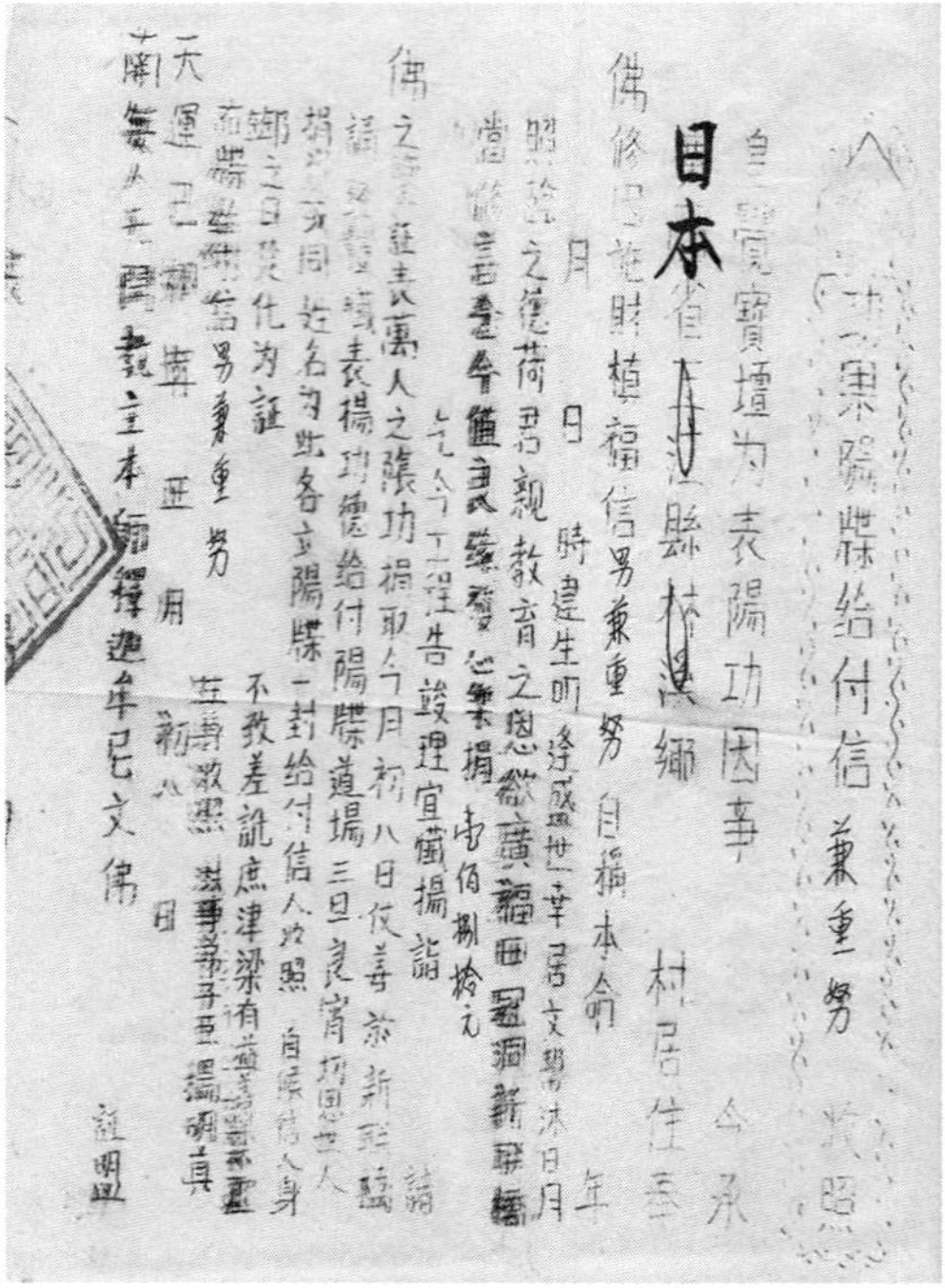

写真13−3　陽牒のうち陽化の部分

儀礼終了後、残った陽化は、A村大橋修理に現金、物品、労働のいずれかの寄付をした人びと全員に一枚ずつ配られた。陽化は「功果陽牒給付信士（女）●●●収照」（●●の部分は寄付者の名前が肉筆で書き込まれる。寄付者が男性の場合はその前に信士と書かれ、女性の場合は信女と書かれる）で始まり、末尾は「南無人天開教主本師釈迦牟尼文仏（筆者注：その後ろに若干の空白があって行の最後に）証盟」という文言で閉じられる。「釈迦牟尼文仏」の名は陽化と陰化の双方に記されているが、玉皇大帝の名は記されていない。なお陽化には「信人身御之日焚化為証」（寄付者が亡くなった日に焼いて証明と為す）とも印刷してある（写真13−3）。

陽牒は四千枚以上も作成されたという。このように枚数が多くなったのは一九八〇年代に行ったA村大橋の建設に寄付金を出した人の分までさかのぼって作成されたからである。

さきほど述べた、安龍謝土儀礼において陽牒は製作されない。この点から判断すると、安龍謝土儀礼は、人びとが積んだ功徳をあの世に知らせることを主眼とするものではないようである。安龍謝土儀礼とタンチュウ・タンガン儀礼との大きな違いはここにある。

5　タンチュウ儀礼の過程

タンチュウ儀礼はA村大橋の通路の中央にある関公（関羽）の祠の前に主祭壇を築いて行われた。中央にある関公像の、向かって右側には関平少将が、左側には周倉大将像が配されている。儀礼の間は橋の両側を塞ぎ、ザボンの木（トン語でメイパオ＝meix baoc）の枝をつりさげて結界とし、儀礼の参加者以外の人の橋の通行が禁じられた。儀礼に参加しない人びとの通行のためには、丸太を渡した仮設の橋が橋の傍らに設置された。橋の近くにある飛山宮は儀礼参加者の食事の準備をする厨房として使われたが、その入り口にも同じ木の枝がつりさげられ、関係者以外の立ち入りが禁止された。この儀礼は橋修理の募金に協力してくれた近隣諸村の老人たち（男）を招待し、共同で行った。儀礼の参加者はa大、a小村を中心に約一〇〇名で、全員が男性で、その殆どが高齢者であった。儀礼の合間の食事時に彼らは酒を酌み交わし、談笑しながら親睦を深めていた。

タンチュウ儀礼は全部で二二の過程を経て行われた（表13-2を参照）。基本的には殆どの過程において祭壇の前で、「科」というテキストを太鼓とシンバルの伴奏にあわせてよみあげる。この儀礼で読み上げられた科には「仏門××科」というように、「仏門」という言葉が冠されているものが多い。祭壇のうえには供物のほかに、「仏法僧三宝」と書かれた木製の牌も置かれる（写真13-4）。

さらに必要に応じて「表」という、書簡の形式をとる文書もよみあげ、神仏の名前を記した黄色の紙と一緒に川辺で

(663 頁からの続き)

	朝食	⑯ 12 時 37 分–14 時 15 分	「表」を 2 枚よみあげてから焼く.
⑦ 11 時 45 分–12 時 34 分	『仏門観音科』をよみあげる. 上奏文をよみあげる. 「観音表」(15 枚) を焼く.		昼食
⑧ 13 時 22 分–14 時 4 分	幡をあげる.	⑰ 16 時 20 分–17 時 19 分	『仏門諸天科』をよみあげる. 上奏文をよみあげる. 「諸天表」を焼く. 解関 ? を開始.
	昼食	⑱ 18 時 56 分–19 時 09 分	幡をおろす.
⑨ 18 時 55 分–19 時 18 分	『仏門迎八仙科』をよみあげる. 八仙を関公の祠のところに入れる.	⑲ 21 時 25 分–22 時 19 分	水灯を川に流す.
	夕食	＊正月十一 (2 月 26 日)	
⑩ 21 時 39 分–22 時 21 分	『仏門三官・三仙・監壇・監斎科』をよみあげる. 上奏文をよみあげる. 「十王表」(16 枚) を焼く.	⑳ 0 時 26 分–01 時 39 分	『謝土科』をよみあげる (0 時 26 分～ 01 時 02 分). 稲穂から米をむしって五方 (東方→南方→西方→北方→中央) に投げる (0 時 54 分～ 01 時 02 分). 上奏文 (土府太寧宮あて) をよみあげる (01 時 03 分～ 01 時 09 分). 川に行き「土府」(31 枚) と「陽牒」(陰化) を焼く (1 時 13 分～). 焼く時に『謝土科』の一部をよみあげる.
		㉑ 01 時 56 分–02 時 14 分	『送聖科』をよみあげる. 何も燃やさず. 最後にほら貝を吹いて, 爆竹を鳴らす. その後, 祭壇の撤収を始める.
		㉒ 03 時 10 分–03 時 30 分	豚肉の塊もってきて開斎 (肉食の禁を解く) する.

表 13‒2　タンチュウ儀礼の内容（1999年2月22日～26日）

＊正月初七（2月22日）		＊正月初九（2月24日）	
朝	橋の両側を塞ぎ，ザボンの木（meix baoc）の枝をつりさげ，橋の通行を禁止する．飛山宮（儀礼の食事の調理場所）にも同じ木の枝をつりさげ，儀礼参加参加者以外の立ち入りを禁止する．	⑪9時12分‒10時04分	『仏門星主科』をよみあげる．上奏文をよみあげる．「星主表」を焼く．
① 09時39分～10時31分	『功曹科』をよみあげる．上奏文をよみあげる．「功曹牒」(52枚）を燃やす．	⑫ 12時頃‒12時39分	『安壇接界科』『焼紙文』をよみあげる．幡をあげる．
② 21時38分‒22時40分	『仏門啓師科』をよみあげる．「祖師表」(19枚）を燃やす．	⑬ 13時23分‒14時59分	『安壇接界科』をよみあげる．村の中をねりあるく（遊寨）．道順：A村大橋→a小鼓楼下の土地祠→三王廟→飛山廟→園田化橋関公→薩殿→地主廟→A村大橋 『焼紙文』をよみあげながら紙銭を燃やす．
	夕食（これから儀礼参加者は肉食が禁止される．橋の上，飛山宮内で参加者が共食．）		昼食
＊正月初八（2月23日）		18時すぎ‒19時18分	都亮村からの参加者によるパフォーマンス．
③ 夜0時41分‒1時24分	『仏門三官・三仙・監壇・監斎科』をよみあげる．上奏文をよみあげる．「地蔵」(20枚）を燃やす．	⑭ 21時34分‒22時00分	『仏門散花科』をよみあげる．「散蓮花」の部分で，花をもってまわる．紙銭を燃やす．
④ 1時42分‒2時13分	『安壇接界科』をよみあげる．「迎五方」(5枚）を燃やす．東方→南方→西方→北方→中央の順．	22時47分‒23時14分	都亮村からの参加者によるパフォーマンス．
⑤ 2時31分‒3時49分	『仏門大請聖科』をよみあげる．上奏文をよみあげる．「諸仏」(24枚）を燃やす．	＊正月初十（2月25日）	
⑥ 9時00分‒9時24分	飛山廟に祭壇をもうけて『安厨科』をよみあげる．上奏文をよみあげる．「安厨」(6枚）を焼く．	⑮ 9時23分‒10時10分	『仏門三官・三仙・監壇・監斎科』をよみあげる．上奏文をよみあげる．「三官表」(10枚）を焼く．

写真 13−4　祭壇に置かれた木牌

焼く。焼くことによりあの世に送るわけである。この儀礼ではすべて漢語で書かれた「科」や「表」などのテキストが漢語でよみあげられる。このことを儀礼の各段階で繰り返すのである。

この儀礼において特に重要と思われるのが陰化の方が焼かれて陰間（あの世）に送られた過程⑳である。二月二六日に行われたこの過程⑳についてごくごく簡単に記すと次のようになる（表13−2を参照）。『謝土科』というテキストをよみあげながら以下の三つの行為が行われた。（一）モチ米の稲穂から米をむしって五方（東方→南方→西方→北方→中央の順）に投げる。（二）土府太寧宮あての上奏文をよみあげる。（三）橋の上から川辺に移動し、そこで『謝土科』の一部をよみあげながら、「土府表」（三一枚）と「陽牒」（陰化）を焼く。

以上のべたのはあくまで、儀礼の概要に過ぎない。土府太寧宮や謝土が何であるのかなど、儀礼内容の詳細に関しては、科、表や上奏文の内容の分析を待って、稿を改めて行いたい。先ほど述べたタン（トン語）＝懺（漢語）という語がさす具体的な内容も、科、表や上奏文の分析によって明らかになると思われる。

六　儀礼終了後の関連行事

タンチュウ儀礼後に行なわれた関連行事も功徳の観念や積徳行について知るうえで重要なものであった。Ａ村で行われた関連の行事は以下の如くである。

花を贈る：正月一一（二月二六日）

タンチュウ儀礼が終了した翌朝九時五〇分頃に、この儀礼に参加した老人たちはそろってa1村のＹＤＬ氏とＹＹＹ氏の家へ、この儀礼の⑭段階で用いた赤い花（造花）を贈りにいった。何故ならばこの花を手に入れると男の子が授かると考えられているからである。ＹＤＬ氏（一九六五年生）には二人の娘がいた。近年は少数民族でも計画成育（一人っ子政策）の適用が厳しくなっている。少数民族は漢民族より優遇され、二人まで生むことができるが、第三子を生むことは厳しく制限されている。彼の妻は二人目の出産を終えた後、不妊手術を受けた。しかし一九九八年に下の娘が、不慮の事故で亡くなってしまった。そこで再び子供を産めるようにわざわざ高い手術料を払って再手術し、今度こそは男の子を授かるようにと切に願っているのだという。ＹＹＹ氏（一九六三年生）には一九八九年生まれの一人娘がいる。第二子は男の子を希求しているのだという。

朝食が済んだ時点で、慶典大会会場の橋の周囲では、慶典に参加する人びとからの現金や物品の寄付の受付が行われていた。人びとは布・衣料品、また蒸したてのオコワなどの食料品も捧げた。調査地の習慣では、寄付された布・衣料品は後で村人に売却され、その売却益は橋づくりの費用にあてられるのである。[13] またオコワは儀礼のあとに開かれた屋外大宴会でホストとゲストによって消費された。

踩橋（渡り初め）：正月一一（二月二六日）

次に行われたのは踩橋（渡り初め）儀礼であった。まず一二時五五分から、正装した村人たちがa1、a2、a3の集落のなかを遊行（行進）した。行進終了後、踩橋が行われた。踩とは踏むという意。a1、a2、a3村から一人ずつ選ばれた三人の男が先頭をきり、その後ろを正装した老人たちがａ小側からａ大側に向かってA村大橋を渡った。ａ小側では男が一人待ち構えていて、橋を渡ろうとする三人と問答をする。先頭の三人の男は橋面に敷かれた三本の黒いトン布の上を吉祥の詞を述べながら橋をわたる。橋の中央にある関公の祠の前で立ち止まり、関公に向かって吉祥の詞がのべられた。またａ大側でも男が一人待ち構えていて、橋を渡ってきた三人と儀礼的な問答をする。このように三人は一四時〇四分から一四時一五分までの一一分をかけてゆっくりと橋を渡った。踩橋において地面に敷かれた布は、大勢の人びとの足で踏まれて傷つき汚れてしまった。

慶典大会の会食：正月一一（二月二六日）

老人たちが橋を渡り終えてから、慶典大会が始まった。あらかじめ近隣の諸村や関係する役所に招待状を出し、その日時を通知してあった。まず、参集した来賓に向かって挨拶が行われた。そののち、橋の下と橋の上にテーブルを並べて、数百人規模の大会食が始まった。参加者の中には、宴会で出された米をビニール袋に入れて持ち帰る人も少なくなかった。子供や老人に食べさせるのだという。地元の人びとは、この米をコウワ（goux wagx）と呼び、これを食べると健康で長生きできるという。コウワの直訳は「大勢の人びとの米」である。なぜコウワを食べると健康で長生きできるのか、とたずねると、それは大勢の人びとがウエスーとして捧げたものだからだという。また、鼓楼、劇の舞台、寺院などの建設・修理の際にも、人びとが捧げた米を人びとが共食することがあるが、そうした米もコウワと呼ばれ、その摂食により、同様の利益を得ることができるといわれている。

陽牒の配布：正月一二（二月二七日）

また慶典大会以降も、布の販売など、橋修理に関連する行事が続けて行われた。タンチュウ儀礼終了後の一連の行事においても人びとが、橋づくりを積徳行と関連づけて考えていることを示すいくつかの事例を観察することができた。

慶典大会の日の夜、タンチュウや慶典大会のよその村からの参加者の多くはA村の民家に宿泊し、翌正月十二（二月二七日）に各自の村に帰って行った。客人が帰る際、各村の陽牒（「陽化」）をまとめて渡して、該当者に配布するように依頼した。筆者もこの日自分の分の陽牒を受け取った。それを見ていたa2村の中年の男は「陽牒はしっかりと日本にもって帰っておまえが死んだ時に焼いてもらえ」と筆者に言った。

このように、片われの陽化は儀礼修了後に、橋修理のために現金、物品、労働のいずれかの寄付をした人びと全員（寄付後に故人となった人の分も含む）に一枚ずつ配られた。陽化は死ぬまで保存し、死後遺族にそれを焼いて陰間に送ってもらうべきと言われる。あの世で死者の持つ陽化と、先に送られた陰化の割り印が照合され、死者の積んだ功徳が認定されるのである。

布類の価格評定：正月一二（二月二七日）

この日には、捧げられた布や衣服を村人に売りだすための値段つけ作業が行われた。布と衣服の売り出しはこの翌日に行われるのにかかわらず、それらを買おうとする婦人たちが評定の現場につめかけ、熱心なまなざしをそそいでいた。

筆者はこの機会にトン族の民族衣装を一着入手しようと思い、布の価格の評定委員をしていた、私の逗留先の家の奥さんに、一着融通してもらえないかと頼んだ。しかし、トン族の衣装（トン服）を買いたいと願う婦人がとても多いので無理だといって断られてしまった。

彼女の言葉は本当であった。a3村の八〇歳過ぎの老婆が老体を押して値段評定の場にやってきて、「トン服を買いたい」と訴えていた。その服を着ると健康になるからという理由であった。とくに人びとが欲しがったのが、橋の渡り初め儀礼の時、橋の上に敷かれたトン布であった。これらの布は多くの人に踏まれて汚れ、傷ついたにもかかわらず、価格評定の前に一部の婦人たちが勝手に持ち去ってしまった。代金は持ち去った人が自分の判断でおいていったという。さらには橋の渡り初め儀礼のために自ら捧げた布を、儀礼終了後、自ら奪い取るようにして持ち帰った婦人もいた。その婦人の行為について村でしばらくの間、非難めいた評判がたった。

布類の売却：正月一三（二月二八日）

翌正月一三（二月二八日）にはA村大橋の上で、橋のために捧げられた布や衣類の売却が行われた。三〇分ほどで、ほぼ売り切れてしまった。買いに来ていたのは殆どが村の婦人たちである。傍らで見ていた筆者に対して数人の婦人たちは、自分が買った布や衣服を指さして、これを使えば健康で長生きできる、とうれしそうな表情で語った。

布や衣服の値段をつけた、筆者の逗留先の奥さんによると、捧げられた布にはあまりよい品質のものはない。だから品質のよくないその布は裏地に使い、表にはよい布を使って服を作るのだという。

儀礼の際に寄付された布・衣類を身につけたり、米やモチを食べたりすることにより、長寿・健康などの利益が得られるという考え方の存在が、地元民の実際の行動からみえてきた。功徳の利益は橋づくりのために寄付した人びとだけが享受できるのではない。このこともタンチュウ儀礼について考える際に重要だと思われる。

七　タンチュウ儀礼の位置づけ

タンチュウ儀礼の特徴をよく理解するために、まずは仏教寺院に対して行なわれるタンガンという儀礼と簡単に比較しておこう。ガンとは仏教寺院（庵）をさす。タンガンとタンチュウでは必要とされる儀礼の回数が異なる。同じ橋に対してタンチュウ儀礼は一回きりだと言われるのに対して、同じ仏教寺院に対しては三年に一度の頻度でタンガン儀礼を行う必要があると言われる(14)。何故なら寺院には、参詣する人が絶え間なく布施を捧げるので、定期的にそれらの功徳をあの世に報告しなければならないからだという。タンガン儀礼においても陽牒が製作され、その左半分が焼かれる。両者では、儀礼の内容・順序はかなり重複しており、多くの過程で同一のテキストが用いられている。一九九九年のA村大橋のタンチュウと二〇〇〇年春HL寺のタンガンは同一の儀礼専門家によって行われ、ほとんど同一の文言の陽牒が作成された。タンチュウやタンガンのほか、廟に対してもタンミュウ儀礼が行われるという話をきいたが、筆者はこの儀礼を実見したことはない。

一方、鼓楼や舞台などに対してはそうした儀礼は存在しない。鼓楼や舞台づくりに貢献した場合、光栄榜で功徳は顕彰されるものの、陽牒は作成されず、陽牒をあの世に送る儀礼も行われないのである。このことから、橋、寺院、廟の場合は積徳行の意味づけはその他の建築物・施設の場合と質的に異なると考えられる。同じく公共財の建設・修理への寄付であるのにかかわらず、それがあの世で功徳としてカウントされるか否か、差が出てしまうのである。何ゆえそうなってしまうのであろうか。現在のところその答えを筆者は持ち合わせていないが、おそらく以下のことが手がかり

表 13-3　建築物・施設による相違一覧表

建築物・施設	光栄榜	「探」の儀礼	陽牒の配布	祀られている神仏
橋	○	○	○	○関羽（関公）など
寺院	○	○	○	○釈迦，観音菩薩，飛山など
廟	○	○	○	○飛山，保山，三王など
鼓楼	○	×	×	×
舞台	○	×	×	×
村門	○	×	×	×
道	○	×	×	×

註：○は有り，×は無し

となるであろう。表13-3を参照いただきたい。この表からわかるのは橋、寺院、廟は、その中に神仏が祀られていることに、他とは異なる共通点をもつということである。

だからといって、地元の人びとは、「陽牒型」と「非陽牒型」の積徳行を明確に区別し、後者の功徳が前者に劣ると考えたりしているわけではないように見受けられる。最後にこのことも付け加えておきたい。

八　おわりに

本章では、西南中国の北伝仏教文化圏に属する非漢民族の功徳の観念と積徳行の一端を明らかにするために、タンチュウ儀礼を中心に、A村近辺のトン族の人びとの功徳の観念と積徳行の特徴を記述した。このことは同時に、功徳の観念と積徳行に関する通文化的研究を進めてゆくための材料を提供することをめざすものでもある。

A村近辺における功徳の観念と積徳行の特徴についてまとめておこう。積徳行の具体的内容は以下の三点である。一つには徒歩交通の助けとなるインフラ整備、具体的には橋、道、そして涼亭の建設・修理への貢献である。二つ目は、直接徒歩交通の助けとはならないが、鼓楼、村門、井戸など地元の人びとの日常生活において利便性の高いインフラとしての公共建築物の建設・修理への無償協力である。第三に、これらと性格がやや異なるのが、仏教寺院や廟などの宗教建築物の建設修理に対する寄付である。こうした建築物は村単位で、あるいは複数の村の住民たちが共有する公共建築物である。仏教寺院への寄付には僧侶の生活費を補助するという側面もあり、必ずしも寄付額のすべてが仏教寺院の建設・修理に使用されるわけではない。そうであるにせよ、総じていえば調査地における積徳行はインフラ整備のための積徳行が卓越しているといえるであろう。

積徳行は、光栄榜によって功徳が顕彰される場合とされない場合に分かれる。前者は組織化された積徳行、後者は個人レベルで行なう組織化されていないものであった。さらに、タンチュウ儀礼の検討を通して明らかになったのは、同じく物品、労働力や現金を寄付しても、寄付の対象となる公共施設の別によって、功徳があの世でカウントされる場合とそうでない場合に分かれることである。功徳をあの世に知らせるためには特別な儀礼が行なわれ、陽牒という功徳を積んだ証明書が作成される。このことから、調査地の積徳行を「陽牒型」(「証明型」)と「非陽牒型」(「非証明型」)に分類することが可能であろう。前者は橋、仏教寺院そして廟の場合に限定され、それぞれ神や仏が祀られている施設であるという共通項をもつ。

また、タンチュウ儀礼には、①ある個人が積徳行を行ったことによる、神からの見返りとしての利益のほかに、②儀礼に捧げられた布や衣服の着用、タンチュウや踩橋(渡り初め)のときに捧げられた米の摂食、儀礼に供えられた花の貰い受けによる利益が並存している。特定のモノがこの儀礼で捧げられ、供えられることによって、それらは、新たな力を帯びる。そして、これらのモノは媒介物として感染呪術的に人びとに利益を「転移」させるのである。ここで①を「積徳行による利益」、②を「媒介物による利益」と名づけておきたい。

最後にA村における積徳行の事例を上座仏教文化圏における事例と、大雑把ではあるが、比較検討することにより、A村における積徳行の特徴を相対化しておきたい。上座仏教文化圏の中にも地域差があると考えられるため、ここでは上座仏教文化圏における積徳行の最も詳細な民族誌的記述であるラオ人の住む東北タイのD村の事例(林 二〇〇〇)に依拠することにしたい。D村の場合、積徳行は男性であれば出家、女性であれば日常の僧への布施というかたちで行なわれる。また男女を問わず、年中仏教行事や葬儀を主催すること、あるいは、それに参加することによっても、功徳を積むことができる。すなわち、男女差はあるものの、功徳は日常的に積むことが可能である。さらに個人の人生時間のレベルでも積徳の機会が多い（林 二〇〇〇：一四六―一六〇、一七二―一三二）。D村においては、人びとが日常生活のなかで、また、生まれて死にゆくまで、さまざまな通過儀礼の中で積徳行を何度も繰り返して行うことが可能なような文化的仕掛けが仕組まれている。

A村近辺では、村ごとに仏教寺院を持つわけではない。歩いて一時間ほどの距離の山中に仏教寺院はあるものの、仏教寺院は村人の日常生活と密接に関わるものではない。冠婚葬祭を含めた村人の日常生活において僧侶が呼ばれることもない。積徳行は仏教僧を介在しない。また僧は人びとの功徳の源泉となりえる存在ではない。

A村近辺においては、人びとが積徳行とみなしうる行為はD村をはじめとする東北タイ社会における、仏・法・僧の三宝への貢献を主体とする積徳行（林 二〇〇〇：一五五―一五、二二八）と大きく異なる。A村近辺では、公共の利便性の向上に貢献度が高い、橋や道路に代表されるインフラ整備に貢献する行いこそ「無量の功徳」を積む積徳行なのである。D村と同様に、A村近辺でも、結婚、誕生、死亡の各節目に、物入りの当事者に対して、関係者は金銭、物品を持ち寄り援助する。当事者は彼らに対して食事を振舞い、共食が行なわれる。当事者の同族や親戚は食事の用意を手伝う。しかし、D村とは異なり、それらの行為は、A村近辺では積徳行の範疇には入らない。先に述べたように、A村近辺では積徳行は主として公共のインフラ整備への貢献によって積まれるのが普通である。個人の日常生活や通過儀礼において、人びとが積徳行を累積させることができるような文化的な仕掛けは仕組まれていない。人びとが功徳を積む機会はそれが日常的なものであるD村に比べると格段に少ない。

A村近辺では功徳を積む機会は、数年に一度、自村あるいはどこかの村で挙行される鼓楼、橋、涼亭、舞台などの建設・修理の際にほぼ限定されている。しかし、それに貢献した人びとの功徳を一回一回木の板や石に丁寧に記録し、後世にわたって末永く顕彰しようとする志向性がある。

また、D村において、積徳行は再生を実現する手段とみなされている。自ら功徳を積むことができなくなった死者のかわりに、生者が功徳を積む。功徳の源泉である僧が媒介となってそれを死者に転送し、死者の再生を助ける。このように再生の論理は功徳の授受、分配に関わっている（林 二〇〇〇：二二四―二二六、二五二）。一方、A村近辺では死者の再生（投胎）は信じられているものの、生者が故人に功徳を転送しようとする志向はみられない。たとえば、タンチュウ・タンガン儀礼は個人が生前に積んだ功徳の証明書の片割れを生前にあの世に送ることを目的とするものである。

タンチュウ儀礼における「媒介物による利益」はD村でみられる功徳の転送とはまったく別物である。先に述べたように、この儀礼に捧げられるモノは利益を「転移」させる媒介物の働きをしている。この世からあの世に「転送」するのでなく、着用や摂食によって影響力がこの世の人びとに及ぶ感染呪術的なものであることから、「転移」と呼ぶ方が適切であろう。そして、ここで転移されるのは功徳ではなくて、功徳の結果得られる利益である。この儀礼で使われた花をもらいうけたり、捧げられた布や衣服を身につけたり、コウワを摂食したりする人びとの行為は積徳行とはみなされず、彼らの名前が光栄榜に書き込まれることはない。

先にみたように「架橋修路」を中心とした功徳の観念および積徳行の実践は西南中国のいくつかの民族によって共有されている。今後、各民族における積徳行の民族誌的な研究の積み上げを待って、本格的な比較研究につなげてゆく必要がある。

謝辞：本章で紹介したタンチュウ儀礼の観察は平成一〇年度京都大学後援会助成金〈第一類第一種（海外派遣研究員）のうち若手研究者フィールドワーク〉の給付によって可能となった。ここに記して謝意を表する。

註

(1) 中国の行政区画においては、通常「西南区」は貴州省、雲南省、四川省、チベット自治区をさし、本章で取り上げる広西チワン族自治区は広東省、湖南省、湖北省などとともに「中南区」に属する。しかしこうした省・自治区の境界をもとにした区分では、貴州省、湖南省、広西チワン族自治区にまたがって連続的に分布するトン族が二つの地区に分断されてしまうことになる。そのため本章では便宜的に広西や湖南の一部も「西南」中国に含めることとする。西南中国の地域区分に関する検討は今後の課題としたい。

(2) トン語には九つの声調がある。トン語のローマ字表記において、各音節の末尾の一文字は声調を表わす。各声調記号は、l (55)、p (35)、c (11)、s (323)、t (13)、x (31)、v (53)、k (453)、h (33) である。以下これにならう。5は最も高い音、1は最も低い音を示す。たとえば13は一番低い音から真中の高さの音へ上がる声調を示す。

(3) ツァオミャオ (草苗) は、トン語に非常に近い言葉を話すにもかかわらず、民族識別においてミャオ族の支系として認定されている。トン族と草苗の両者は近接して居住するが、互いに異なった帰属意識をもち、女性の民族衣装なども異なっている。

(4) 中国でいう自然村とは景観的概念としての集落と同義に用いられている場合が多い (小島 一九九一:九)。

(5) 民国『三江県誌』(巻二) には、飛山については、サンジャン県内ではトン族とミャオ族が信仰している。飛山については唐の時代の蛮族の制圧者が神格化したものであるらしいが、詳細は不明と記されている。山王廟については、それが漢の武帝に殺された夜郎王の三人の息子に由来すると記されている。しかし、聞き取りをしてみると、地元の人びとがそうした神がみの来歴について知らない場合も少なくないことがわかる。

(6) 原文は「三江苗之苗。以造橋為無量功徳」。

(7) 原文は「常言架橋修路多由行善之家、積徳累功、皆是善良之士、而橋路為人們必経之途而功徳陰陽無価之宝者也」。

(8) たとえば、A村の約六キロメートル下流に架かっている永済橋の旧序文 (一九三五年) には「窃惟鳥道羊腸、前人修康庄之路、龍灘虎臂、先輩建済渡之橋、是知架橋修路之善心、誠為無量之功徳者也」という文言があった (呉・張 一九八五:七七)。

(9) コーマ山は広東方面に流れ出る珠江水系と上海方面に流れ出る揚子江水系の分水嶺になっている。自動車道路開通以前は、コーマ山は二つの水系をつなぐ要衝であった。特に日中戦争期、表の物資輸送路が日本軍に押さえられていた時には、裏の物資輸送経路としての重要度が増し、多くの物資がこの山を越えて運ばれたという。

(10) 老人たちの話によると一九三〇年代には、リンシー川流域のトン族諸村では橋が相次いで建設され、華夏橋→亮寨橋→合善橋→大田橋の順でタンチュウ儀礼が行われたという。

(11) 法門の専門家はかつて、物理的に不可能な魔術的行為を行う術=法術を行なうことができたと言われる。たとえば、かつては、竹で編んだ籠の中に水を入れても水が漏れなかったとか、一杯のお椀の水から水流を起こしたりすることができたとされ、WQD氏の十数代前の祖先が雲南省に修行に赴いて法術を村にもたらしたと伝えられている。

(12) a1とa2村は一九九五年と九六年に共同開催して以来、二〇〇一年に五年ぶりに開催した。その後二〇〇四年にも行った。
(13) 探橋と慶典大会の日に寄付された現金の総額は一万〇二二八・四一元、寄付された布と米を村内で売却した売り上げはそれぞれ一四八三・二〇元と一二七四・五五元であった。一方、総支出は六、四七七・七一元で、結局六、五〇八・四五元の黒字がでた。黒字分は、橋の修理費用にあてられた。なお、A村大橋修理の棟上げ式(一九九六年一一月末)の当日にも、現金のほか、布や衣料品、会食用の米や魚やモチまき用のモチなどが捧げられた。
(14) 実際にはきっちり三年ごとに行われているわけではない。廻龍寺では一九九四年春以降、タンガン儀礼は二〇〇〇年春、二〇〇四年春、二〇〇七年春に行われている。

参照文献

日本語

石井米雄　一九七五『上座部仏教の政治社会学――国教の構造』東京：創文社。
神楽岡昌俊　一九九四「功徳」野口鐵郎ほか(編)『道教事典』東京：平河出版社、一一八―一一九頁。
兼重　努　二〇〇〇「老人たちが再生させた橋修理――中国の少数民族トン族の民間公益活動における近所づきあい」福井勝義(編)『講座人間と環境　第八巻　近所づきあいの風景――つながりを再考する』京都：昭和堂、一九〇―二一三頁。
鎌田茂雄　一九七九「中国宗教よりみた神と仏――実態調査にもとづく問題の提起」『仏教思想史』第一号　京都：平楽寺書店、一二七―一五〇頁。
鎌田茂雄　一九九一「概説」鎌田茂雄(編)『講座仏教の受容と変容四　中国編』東京：佼生出版社、九―六二頁。
河野　訓　一九九一「固有の宗教と仏教」鎌田茂雄(編)『講座仏教の受容と変容四　中国編』東京：佼生出版社、六三―九六頁。
窪　徳忠　一九八九『道教百話』東京：講談社。
小島泰雄　一九九一「現代中国農村の生活空間――江蘇省六合県のばあい」『史林』七四(三)：三〇七―三三六頁。
田村克己　一九九一「『固有』の信仰と仏教」石井米雄(編)『講座仏教の受容と変容二　東南アジア編』東京：佼成出版社、六三―九八頁。
中嶋隆蔵　一九九四「応報観」野口鐵郎ほか(編)『道教事典』東京：平河出版社、四三―四四頁。
長谷千代子　二〇〇〇「功徳儀礼と死――中国雲南省徳宏タイ族のポイ・パラ儀礼」『宗教研究』七四(一)：六九―九二頁。
林　行夫　一九九一「仏教儀礼の民族誌」石井米雄(編)『講座仏教の受容と変容二　東南アジア編』東京：佼成出版社、一二七―一六一頁。
林　行夫　二〇〇〇『ラオ人社会の宗教と文化変容――東北タイの地域・宗教社会誌』京都：京都大学学術出版会。
渡邊欣雄　一九九一『漢民族の宗教――社会人類学的研究』東京：第一書房。

中国語

広西壮族自治区編輯組　一九八七『広西侗族社会歴史調査』南寧：広西民族出版社。
姜　玉笙（編纂）　一九七五（一九四六）『三江県誌』（リプリント版）台北：成文出版社。
劉　介　一九二八『苗荒小紀』上海：商務印書館。
丁　仁傑　一九九九『社会脈絡中的助人行為――台湾仏教慈済功徳会個案研究』台北：聯経。
三江侗族自治県地方誌弁公室（編）　二〇〇四『三江年鑑　一九八六―二〇〇〇』昆明：雲南民族出版社。
三江侗族自治県誌編纂委員会（編）　一九九二『三江侗族自治県誌』北京：中央民族学院出版社。
呉　世華・張　憲文　一九八五「程陽永済橋修建史料」『広西文物』総第二期、七七―七九頁。
向　光忠・李　行健・劉　松筠（主編）　一九八九『中華成語大辞典』長春：吉林文史出版社。
趙　道超　一九九一『中国善悪報応習俗』西安：陝西人民出版社。
周　星　一九九八『境界与象徴――橋和民俗』上海：上海文芸出版社。

英語

Charles F. Keyes and E. Valentine Daniel eds. 1983. *Karma: An Anthropological Inquiry*, Berkeley: University of California Press.
Cornelia Ann Kammerer and Nicola Tannenbaum eds. 1996. *Merit and Blessing in Mainland Southeast Asia in Comparative Perspective*, New Haven, Conn.: Yale University Southeast Asia Studies.
Spiro, Melford E. 1970. *Buddhism and Society: A Great Tradition and Its Burmese Vicissitudes*, New York: Harper & Row.
Tambiah, Stanley J 1970. *Buddhism and the Spirit Cults in North-east Thailand*, Cambridge: Cambridge University Press.

第一四章　タイ・ムスリム社会の位相

——歴史と現状

サオワニー・チットムアット（著）
高岡正信（訳）

はじめに

人口が六三〇〇万余りのタイ国には数多くの民族集団があり、それぞれ個性的な宗教文化を継承している。大多数のタイ人は上座仏教を信奉するが、それに次ぐのが「イスラーム」(*satsana islam*)である。とはいえ、二〇〇〇年の国勢調査で二七八万を数えるムスリムは、全国民の割合では四・五六パーセントにすぎない。(1) イスラームは世界で多数派宗教のひとつであるが、タイでは少数者の宗教である。そのムスリムの大半が、タイ最南端に位置する三県に集住する。その他は北部、東部、東北部、バンコクを含む中部地方に住んでいる。いずれの地域においても、タイ・ムスリムはコミュニティをなして暮らし、独自のアイデンティティを築いてきた。タイ・ムスリムの社会では、モスクがコミュニティの中心でありイマームが指導者である。モスクがあるところにはコミュニティがある。二〇〇五年現在、国内で登録されているモスクの数は三五〇七である。種々の理由により未登録のモスクがあるので、タイ・ムスリムのコミュニティの数はこの公称値を上回る。

タイ国内で少数派のムスリムは、南部の三県に限れば同地域の多数派であり、人口は一三九万人におよぶ(二〇〇三年)。かつて平穏な土地を意味する「パタニー・カールスラーム」という名で呼ばれていたこの地域は、一九三四年に現行のパタニー、ヤラー、ナラティワートの三県となった。以来、今日まで権力者の利権争奪や国土からの分離を望む集団の活動のために、不穏な事件が絶えることなく続く問題の地域とされてきた。

そして、米国で起きた二〇〇一年九月一一日である。この事件の直後、つなげられたショット映像と抱き合わせの仮説をもって、指導者ジョージ・ブッシュが世界にたいして米国側に立つことを訴えた声明は、地球上のムスリムを国際社会の被告とした。暴力的なイメージと米国側から発せられた仮説や非難は、世界の人びとに大きな影響を与えた。テロリストとして一括りにされた他地域のムスリムと同様、タイ・ムスリムもまたその被告となった。以前からの「南部国境県問題」は相乗的に激化し、日をおかず世界にタイのニュースを発信する地域となった。現在もなお（二〇〇六年九月のクーデタ後も）、三県に住む人びとは戒厳令と非常事態宣言下におかれ続けている。

筆者は中部タイ出身のタイ・ムスリムの一人である。このように混迷するタイ・ムスリムの状況を前に、大学教員ないし一研究者として、自分自身が属する社会を客観的な立場から描くことは難しい。イスラームは筆者にとって宗教であるとともに、多くのタイ人が信奉する仏教と同じく、自身の日常を築いている文化であるためである。また、筆者はムスリム問題に関わる行政組織の委員としても活動している。しかし、本章では、出口がみえない状況を政治的に解決しようとする議論を抑えて、タイ・ムスリムがおかれた現況を多面的に、より適切に捉えるために、その社会と文化について基本的な情報を与えることに努めようと思う。最初の二節では、タイ・ムスリムの系譜と来歴、社会変化をマクロな観点から整理しておく。続く二つの節では、筆者が調査した事例から変容するタイ社会におけるムスリムのコミュニティと地域社会の現実を、首都世界と南部地方を舞台にして、ミクロな視点からそれぞれ紹介する。なお、本文で言及する法制度の詳細については、本書巻末におさめた「タイ・ムスリム関連資料」を参照していただきたい。

一　タイ・ムスリムとその系譜

タイ・ムスリムにはタイ系民族を祖先とする人びともいるが、国家や地域の地政学的な事情により他民族に出自をもつ者が多い。非タイ系のグループは以下のようになる。

（1）マレー人を祖先にもつ系列。 最多のムスリム人口をなすグループである。後にパタニー王国となるランカースカ王国内のマレー人の多くがイスラームを受容してイスラーム国家であるとみなしたからである。歴史的な行政統治と地政学上の変化によって、マレー系のタイ・ムスリムは、今日のパタニー、ナラティワート、ヤラー、サトゥーンの四県とソンクラー県一部で多数派となっている。アユタヤーに移住した一群、そこから逃亡してトンブリーに定住地を築いた人びと、現ラッタナコーシン（バンコク）王朝（一七八二〜）になってから戦争捕虜としてプラナコン—トンブリー地区に強請移住させられた人びとを含む。

（2）ジャワあるいはヤワー人を祖先にもつ系列。 今日のインドネシアを出自とするグループである。歴史的にジャワ人はアユタヤー期（一三五一〜一七六七）以降、タイ領土内に入って定住地を築いていた。ヤワー・ムスリムにはマレー・ムスリムと通婚する傾向があったが、多くのヤワーの文化は食事、言語、建築、圃場整備などの習慣に保持されている。

（3）アラブ人を祖先にもつ系列。 スコータイ（一二四〇？〜一四三八）期以降、アラブ人はタイの領土内に渡来し、商交易で栄えた。商人として領土の全域に流入して定住し、各王朝にわたって居住してきた。依然としてアラブ風の容貌を湛えている。

(4) ペルシア人を祖先にもつ系列。 アユタヤー期に渡来し、ラタナコーシン（現バンコク王朝）期まで経済・政治的な役割、さらにイスラームの活動でも重要な役割を担った。チェークアマット一族出身の一三名はチュラーラーチャモントリーの職位を保持し、スルタン・スライマーン一族はタイの行政統治の役割も担い王族との通婚もあった。

(5) チャム人を祖先にもつ系列。 チャム人は原クメール人、インド人、マレー人、中国人との混血民族であり、ベトナムおよびカンボジア両国に居住地がある。アユタヤー期の軍隊に「チャム人義勇部隊」と呼ばれる部隊があったが、この系列のタイ・ムスリムのことである。王都アユタヤーの攻防戦で多くの戦死者を出し、その一部は逃亡してバーン・オーなどのトンブリーに定住した。しかし、他の多くはアユタヤーに残留した。

(6) クメール人を祖先にもつ系列。 隣接するタイとカンボジア間には、商業上の往来および戦争によってクメール人がタイ国内に流入し定住した。バンコクのバーン・クルアのタイ・ムスリムの祖先はこの系列である。ラーマ五世（在位一八六八〜一九一〇）時に仏教徒とムスリム双方のクメール人が大量に移住してきたが、定住地としたのがバーン・クルア界隈である。

(7) ラオ人を祖先にもつ系列。 クメール人同様、タイと領土が隣接しているので戦争、商業上の往来および婚姻によって、ラオ人ももう一つのグループを形成して、タイ国内の各地とりわけ東北部に流入して定住した。

(8) ビルマ人を祖先にもつ系列。 このグループもクメール人、ラオ人の場合と同様である。ビルマにも多くの民族集団があるが、その一部は中国やバングラデシュから移住しビルマを通過し、タイで商人となった。その多くは北部タイに定住する。国境地帯のいくつかのコミュニティは、危害を逃れてタイに流入したビルマ・ムスリムのコミュニティである。

(9) インド人、パキスタン人、バングラデシュ人、アフガニスタン人を祖先にもつ系列。 このグループは「パーターン」と呼ばれる。主に商交易で流入し定住した。多くが商売から派生したかつての職業に従事している。その一部はバンコクに生活の拠点を構えるが、末裔の多くはタイ国内各地に移住した。婚姻は、「パーターン」同士で、または、別系列のムスリム、さらには各地の地元在住の女性を娶った。例えば、北部では中国系ムスリムとの婚姻もあれば、北部の女性をイスラーム教徒にすることで婚姻する例もある。東北部では同地域在住の女性との婚姻が主であった。

(10) 中国人を祖先にもつ系列。 このグループのほとんどは、中国西南部から北部タイの領土に入り込んで来たムスリムである。一部は水上交通で流入して商売をし、南下して定住地を構えてムスリム女性と婚姻した。

以上のように、タイ・ムスリムは多様な民族の出自をもつ。多様であるが、それぞれに共通する特徴を要約すれば次のようになる。(1) 各系列の民族集団は、民族性や地政学的事情に応じて言語、食事、服飾の文化あるいは暮らしの様式を保持している。(2) タイ人または異なる出自のタイ・ムスリムはともに暮らしのなかでは同じイスラームである。イスラームは基本的かつ全体的な文化となっている。サブカルチャーは相違するとはいえ、それぞれが変容しつつも同じ礎すなわちイスラームの文化に吸引されている。ソロンやジャワ更紗、スカートやズボンを着用していても同じ立場に置かれると違ってくる。男性は膝を隠さねばならず、絹布や金の装飾品を身につけない。女性はヒヤープ一式を正装とする。縫製素材はバティック布、綿布、シルク布、テロー布などであっても規範には反しない。(3) どの民族の出自であれムスリムがタイ社会で共存していく上では、パーターン系列と中国系列の夫婦、パーターン系列とクメールないしマレー系列の夫婦、中国系列・マレー系列の夫婦などのように、異なる民族集団間での婚姻が生じている。(4) タイ・ムスリムはムスリム同士で婚姻するほか、以前から非ムスリムと婚姻することがあった。そのため新たなムスリムあるいはムアルラフが出現した。また、婚姻を契機とせずイスラームに帰依する者もいる。少なくはない新たなムスリムは信仰心から帰依し、イスラーム文化に順じている。

文化の次元で今日のタイ・ムスリムをみれば、その暮らしは、相互に関わりあう多種多様な文化のなかで築かれている。それらの文化は、イスラーム文化、タイ文化（地域文化も含む）、そして祖先がもたらした文化である。いずれにせよ全体的なタイ文化に順じる実践と祖先の民族性の文化に順じた実践の双方が、イスラーム文化と相容れないという状況は起こっていない。

イスラームには仏教のような出家制度がない。そのため、ムスリムは男女ともに家庭の保護者、教理の守護者となる。イスラームは、宗教にとどまらず生活様式でもあるため、暮らしを営む上での様式はイスラーム文化の規範に基づく。誕生から死、起床から就寝までイスラームの実践作法に従う。日々のレベルでは夜明けから薄暮までの間にアラーの神を五回礼拝する。これは通常はもちろんのこと、罹患時、移動中さらに戦時下にあっても必ず実践しなければならない。週ごとには、例えば金曜日に男性は集団礼拝を行い、教理・説法（クッバ *khutba*）を拝聴する。年中行事としては、陰暦に合わせて数えるイスラーム暦の第九月に当るロームポーン月に断食を行う。そしてサカート（*sakat*）という喜捨をする。財産所有者は、貧窮者やその八種類ある喜捨を受ける権利をもつ者にたいし、毎年の喜捨を定められている。生涯を通して、経済的余裕がある者はマッカへの巡礼（ハッチ *hatci*）に参加する。

必ず実践すべき日・週・年・一生を通じた文化と別に、イスラームの教義はほかに数多くの禁忌事項を定める。特定の様式を伴う様々な次元の清浄に関することがらとして、沐浴作法、犬の唾液に接触しないことなどがある。さらに、居住に関しては、教義に基づいて清掃することに加え、ムスリムのいるところでは自宅、モスク、教育機関を問わず、同一時間内にそれぞれの任務を為さねばならない、ということがらもある。

1　パタニー――イスラームの伝播とタイ国内のムスリム

イスラームは商交易とともに伝播した。アラブ・ムスリムの多くは商業者であった。商売で各地を往来しつつ、外国に定住した。アラブ・ムスリムはイスラームも携え、各地で人びとが教理への信仰により、あるいは婚姻によってムスリムとなっていった。タイへの渡来もまたムスリム商人によるものであった。

現在のタイ領土内へ最初にイスラームが伝播したのはパタニーである。かつてのパタニーは、現在の行政単位のパタニー県を越えて、パタニー、ヤラー、ナラティワートの三県とソンクラー県の一部のチャナ郡、テーパー郡をふくむ版図をもつ王国ないし独立国家のひとつであった。版図は、時期によってはクランタンカーヌーにおよんだ。パタニー王国は東南アジアで繁栄した王国のひとつであり、とりわけ一六〜一八世紀の二百年間は経済的繁栄と治安の安定を誇る大規模な港市であった。当時は優れた外交システムを備えていたため、周辺で植民地化を進めていたポルトガル、オランダ、英国などの西洋列強による植民地支配下におかれることがなかった。

独立国家のパタニー王国はイスラームとマレー文化発祥の地となった。一世紀以上にわたる文化・政治・経済の発展により、歴史的にマレー世界の要所であった。しかも、それはマレー世界に従属したというのではなくパタニー自体が中心をなしていた。たとえば高等宗教教育機関であるポーノは、南部国境県、マレーシアやインドネシアにもあるが、その発祥地はパタニーである（Saeni 1976: 173）。アユタヤー期にマレー半島内の地方都市はタイに従属したが、パタニーはムアン（都邑）としてマレー半島にある他の王国と同様、タイ領土内の一王国という地位を保持した。後にアユタヤーが衰退してその影響力が低下した時、パタニーは朝貢を停止した（Apay 1964: 3）。一七六七年にアユタヤーが陥落すると、パタニーは自由を得て他の都邑同様に独立する。しかし、現バンコク王朝を起こしたラーマ一世の治世下では再びタイの統治権力に従属するに至る。以後、パタニーの版図は現在のようにパタニー県、ヤラー県、ナラティワート県に分けられた。同地域の多くの人びとはイスラームないしマレーの文化を基層文化としたが、少数派の人びとは依然として自らの土俗信仰を保持しつつ、仏教や儒教文化の影響を受けていた。

港市としてのパタニーの繁栄は、インド洋と南シナ海の間の貿易航路上の拠点であったことによってもたらされた。一方で東南アジア大陸部の土地からの森林産物を商品とするセンターとなり、他方でインドネシア半島とマレー半島と極東地域に点在する大小の交易都市からの商品を集積分散する役割を果たし、諸外国の商人を引きつけた。東南アジアの他の地域同様、外国人がアユタヤー王国内に拠点をもつようになったのも、こうした交易によるものであり、ムスリムもそのネットワークの一部であった（Nanthawan 1987: 216）。

王都アユタヤーにはムスリムが渡来し、拠点となる都市を築いていた。当時のムスリムは、プラナコンとその周辺に多くの住居を建てて暮らした。おそらく、タイ国の歴史にかかわる多くの教祖の弟子を輩出したにちがいない（Khukrit 1978: 2-3）。アユタヤーに定住したムスリムは、アラブ、ペルシア、インド、チャム、ジャワ、マレー、パタニーなど、各地から渡来したムスリムであった。渡来後も貿易で往来しつつ、各地に拠点を築いたムスリムは、それぞれの地域で地元住民と結婚し、宣教活動はなくてもアユタヤーの在地住民をイスラームに帰依するよう勧誘したであろう。その過程でイスラームへの信仰を得てムスリムとなった者もアユタヤーで増えたことであろう。

この時期に海外から渡来してアユタヤーに定住したムスリムからは、各界で活躍する者も輩出した。チェークアフマッドとその一族、スライマン・スルタンとその一族などはペルシア系のムスリムである。一八六七年にアユタヤーがビルマ軍の攻撃で陥落すると、アユタヤーのムスリムは殺害されるか、他の民族やタイ人男性同様に戦争捕虜としてビルマへ強制連行された。そして、一部のムスリムはチャオプラヤー川に沿って筏で下り、トンブリー新王朝の王都付近に達する地点までの流域に一時期定住した。一方では、逃亡後にアユタヤーに戻って定住するムスリムもいた。

2　バンコク王朝

後にビルマ軍を平定したラーマ一世（一七八二～一八〇九）は、バンコク王朝初代国王となると王都をチャオプラヤー川右岸に遷都する。一七八七年と一七九二年の二度にわたって軍を派遣してパタニー王国を征圧し、パタニー王国の住民を王都に移住させた。そして後のラーマ三世治世時（一八二四〜一八五一）に、一八三二年と一八三九年の二度にわたってサイブリーを起点とした七つのムアンで大規模な反乱が起こる。反乱の周辺地域のサイブリーとパタニーのムスリムは、ナコンシータマラート周辺のほか、バンコクとその近郊県に移住させられた。すなわち、現在のバーン・ケーク交差点付近のトンブリーなどのバンコク都の外縁、プラプラデーン郡トゥンクル、バーン・コーレーム、マハーナーク、ペッチャブリー、アユタヤー、ターイット区のノンタブリーなどである。南部地方では、スラータニー県タートーングやナコンシータマラート県にも移住させられている（Direk 1974: 77; SND 1972: 294）。

ムスリムの国にしてこの地域のイスラームの中心であったパタニー王国が、シャムないし今日のタイ国の統治システムに組み込まれたため、タイにおけるイスラーム教徒の人口は増加した。パタニーとアユタヤー、そして初期のバンコク王朝との戦いは、断続的に一塊のムスリムを各地へ拡げる結果を伴った。南部地方では、その上部からより北にある他県、中部および東部地方、さらに王都周辺に拡散したことは、ムスリムの主要人口が南部の定住者のみならず、今日のような他地域に住むムスリムを生んだ。すなわち、現在のタイ・ムスリムの多数派はマレー系なのである。

二　タイ・ムスリム社会の変容

1　タイ社会の変化とタイ・ムスリム社会の変化（1）

過去二五年の間に、タイ社会は昔とは異なる社会に変化したといわれる。その変化の様相は、急速でないにしても今日も錯綜しつつ進行している。かつてタイ社会は農業社会であった。タイ国民としてのタイ・ムスリムも、他の一般国民と同様、農業を生業としてきた。仏教徒のタイ人とイスラーム教徒のタイ人の間には、異なる宗教と文化が伝統的な農業社会のなかで共存していた。今日、タイ社会は工業社会と欧米化を基盤とする近代社会に向けて変化している。世界を変化にまきこむグローバル化のなかでタイの社会・文化も変化する。グローバル化は、民主主義、自由資本主義、消費主義、物質主義、フェミニズム、性差などのさまざまな主義や思潮を急速に普及させた。タイ社会全体がこのような変化の只中におかれ、多様な社会問題が噴出する。タイ社会の一員であるタイ・ムスリムも同じくその渦中にある。いや、他宗教を信仰するタイ人以上にその影響を受けているといえよう。

その歴史的経緯から、タイ・ムスリムの多くは学歴が低い。そのため、工業とサービス業セクターの成長、大規模なハイテクを動員する資本家集団が自然資源を収奪して農地不足で農業を放棄せざるを得なくなると、タイ・ムスリムはたやすく失業者層または支払い能力が不十分な所得者層に転落する。女性は妻であれ娘であれ、年長者・年少者に関わりなく、世帯主である男性に代わって家の外で就労する仕事、とりわけ商売や地位の低い工場労働者やサービス業での仕事を担うことを余儀なくされる。農業の後退は学歴がものをいう社会的地位を顕在化させ、すべての家族成員そして多くの貧困層に打撃を与えた。人びとは自らの労働力を国内外に移すことでこの問題に対処した。すなわち、夫ないし妻があるいは夫婦そろって、バンコクや経済的ポテンシャルの大きい他県、さらには海外に出稼ぎにでて雇用労働に就こうとした。

他方で、欧米文化を模範とするグローバル化がもたらす「当世風の文化」には、イスラームと相容れないものが多い。時にはムスリムが定める禁忌と抵触するため、タイ・ムスリム文化との間に軋轢を生む。ところが、タイ社会全般はグローバル化の下で欧米や物質的に繁栄した国々の文化を進んで受容する。タイ・ムスリムはこうした状況に抗うように、より真正なイスラームたろうとする原理主義運動（Islamization）への動きがみられる。たとえば、ムスリムの幼稚園を数多く設置し、家族社会と宗教・教育機関をイスラーム色で繋げようとする活動である。これらは長老たちが牽引している。

すなわち、変容するタイ社会にあってタイのイスラーム文化には次のようなことが起こっている。それは、知識の普及で理解が広まることで、従来一般的ではなかった宗教的規定や「伝統」の実践を奨励することである。同時に、そうした動きはグローバル化を進めるタイ社会全般からの反発を受ける。この約三〇年の間に、タイ・ムスリム女性の関心をひいた「ヒヤーブ *hiyap*」という身体全体を包み隠す服装の場合もそうである。これを身につける女性と政府諸機関の間に摩擦が生じるに至り、平和的手段で権利を求める闘争が日常化した。また、代々継承されてきた冠婚葬祭にまつわる実践を禁止するよう勧告された事例もある。妊娠、出産、火髪剃り（新生児の頭髪剃り）など誕生や結婚式、葬礼などをめぐる習慣は、タイでイスラームの信徒であること、あるいは暮らしのなかにイスラームを様式として用いることを以前に増して実践することは、一般国民とりわけ十代の若者が欧米や他国の文化を従来のタイ文化に代えて動員するような現実を前に、文化面での葛藤をより顕著なものとしている。

2　タイ社会の変化とタイ・ムスリム社会の変化（2）

社会および文化

タイ・ムスリムの社会は、イスラームを暮らしの指針として統合された集団である。それは文化的に堅固である。さまざまな民族を出自にもつにせよ、また、以前にはバラモン―仏教の地であったかつてのパタニー王国の歴史的な経緯があるにせよ、タイ・ムスリムは長く仏教を多数派の宗教とするタイ社会で暮らすことで、その文化を混交的なものとしてきた。しかし、上述したように、この四半世紀の間でタイ・ムスリムはイスラームを軸にした生活様式をより一層強めるとともに、イスラームではない文化を削減し放棄しようとしてきた。

タイ社会においてムスリムの社会的地位を維持することとは、宗教教義を堅持し厳格に教義に順じつつ暮らすことである。しかし、社会が正負両面において急速に変化する只中で、社会の相互関係が増し生活様式への影響が増大したために、ムスリムであるという地位の維持は社会的に困難となる。もっとも、それでもなお他民族集団と比べると、これらのことはムスリムであるという社会的地位の維持にはさほど影響してはいない。タイ・ムスリムは、グローバル化とともに全国の各地域に適応して居住するため、量的にも空間的にも拡張しているからである。ＩＴによってその役割も増大した。そのことは社会面で明瞭である。食事や服飾で個性的な暮らしを営み、共同して参加・解決し、タイ社会を共同開発していくという立場で、タイ・ムスリム同士と他の民族グループ双方で情報交換が行われている。

また、タイ・ムスリムの間ではＮＧＯのような社会集団が増加した。自らをムスリムであるという社会的地位を維持するキャンペーン、社会開発への参加、麻薬問題などの社会問題の解決法を研究することでその役割を果たしている。麻薬問題では、イスラームの原理を導入して常習者を宗教的に治療する。さらに、タイ・ムスリムを扱う研究は日常世界と教義の双方を重視しつつなされ、より盛んにかつ広範なものとなった。ただし、世界と教義の両方面に関して該博な人材が不足するという問題にも直面している。

タイ・ムスリムの家族は、教育機関が扱う以上に、教義を厳格に堅持しつつ自己開発を行うことを家族内で感化しつつ継承している。そのため家族は一体感と温もりを保ちつつ、進行中の変化状況をその内部に抱える。農村社会を都市化する開発など、今日の急速で錯綜した変化がもつ衝撃力は、暮らしや人との関わりあいの位相、暮らしを営む様式を変えた。そのため、家族は同居上の問題に遭遇し、モスクによっては宗教儀礼や集会のために来訪する人が減少している。

経済と行政の局面

タイ・ムスリム社会には、一九九七年の「イスラーム組織運営法」に準じてイスラームに関わる活動を政府に助言する顧問的な役職が生まれる以前は、経済領域を管理するチュラーラーチャモントリーという役職が設置されていた。タイ・ムスリムの経済的発展は、他分野のビジネスに拡がる以前は商売が中心であった。たとえば、肉牛・水牛の商いを事業としていた東北地方在住のムスリムは、その後、観光業、建設請負業などを展開している。こうした事例はタイ・ムスリムがいる地域ではいずこでも出現した。タイ・ムスリムの今日までの経済発展については、経済を掌握する役割をもつには至らず、ビジネス面での経済的影響力はほとんどなく、集団としてのビジネス展開は少ない。

ムスリムが最も多く住む南部国境の三県では、農業を主とする経済的発展がみられたが、国家規模の経済開発は、総体的に工業開発をめざすものであった。技術を動員する資本家グループが進入して自然資源と農地を収奪した後に経済危機に行き当たった。国内外とリンクして経済的変化が急速に進行した時期、資本主義とグローバル化の潮流は、あらゆる社会に連続的に影響を与えた。こうした事態に、ムスリム社会内では経済面で特筆すべき発展もあった。無利息の事業、イスラームの規定に適う食材の消費など、宗教の教義原理と両立し得る事業をする協同組合を組織して結束した。しかし、同時に銀行や生命保険の業務など、イスラームの教義と反する事業内容から部分的に挑戦と干渉を受けている。

行政統治の面では、アユタヤー期から今日に至るまでタイ・ムスリムは国家運営、国家防衛、外交などの分野に参画してきた。とりわけ王室宮内官という地位の役割は、高い評価を受けている。国王とタイ・ムスリムとの関係は継続的に安定している。国内のあらゆる宗教を擁護する国王から援助を受けてきたので、タイ・ムスリムは共に国家を開発するために、行政統治面の意見を表明してきた。また、ムスリムに関連する法律や様々な規定もつくられてきた。過去には誤った政策もあったが、今日では改正されている。そのため、タイ・ムスリム社会の行方を定めるにあたってムスリムは参画できた。南部国境県に関する「国家安全保障政策」(一九九九〜二〇〇三年)は、タイ社会の一員として他の宗教の信者グループ同様に、タイ・ムスリムがタイ社会で「ムスリムらしく生きる」ことを重視したものであった。

タイ・ムスリムによる立法、運営・裁判の分野での行政統治面の参加も進展している。国家開発に関わる知識・能力・潜在性の面では信頼を受け、立法府の首長、大臣、主要な省の副大臣など、官僚としては最上級の行政運営者を輩出してきた。知識と能力が明瞭であれば、この領域でのタイ・ムスリムの参与は妨害されなかった。イスラームの活動の運営管理については、前述の「イスラーム組織運営法」の制定によって実践の原則が明確に存在する。タイ・ムスリムが自らイスラームの活動を運営するかたちでこの法律草案に参与した。政府セクターは支援者、便宜性の提供者に止まるが、チュラーラーチャモントリー、国・県・村の各レベルのイスラーム委員会の各種の活動を実施する上での役割は明瞭なものとなっている。

以上、タイ・ムスリムの経緯と現在の概要について述べてきた。次節からは、首都のムスリム・コミュニティ、および南部国境県のムスリム社会が直面している現実を、それぞれが経験した内外の社会変化との関連において記述する。

三　バンコクのクマールンイスラーム・コミュニティの変容

時代ごとの社会変化の波を受けて、多くのムスリムのコミュニティは危機に瀕した。バンコクのクマールンイスラーム・モスクのコミュニティもそのひとつであった。場所はクローン・サームワー郡サーイコーンディンタイ地区プラチャールアムチャイ通り五の一二番地である。クマールンイスラームとは、アラビア語で「豊かなイスラーム」を意味する。世界中のムスリムはモスクをアラビア語で命名するが、このコミュニティは、後にその名にふさわしい復興を遂げた。「人を開発し、社会を開発する」という信条に沿って、他の模範となるようなコミュニティとして蘇生したのである。

クマールンイスラーム・モスクはセーンセープ運河沿いに建つ。この運河は、ラーマ三世が農作物栽培に役立つように、そしてカンボジア、ベトナムとの戦時に食糧と武器兵力の輸送路とするために開削させた。パタニー、サイブリーからのマレー系ムスリムの一部がミンブリー、ノーンチョーク周辺に移住し、さらにチャチュンサオ県やナコンナヨック県へ移ったので、セーンセープ運河は残るムスリムが中心になって掘削した。以後、彼らは同運河沿いに住んだため、現在のコミュニティの住民のほとんどがムスリムである。訪れる人はクマールンイスラーム・モスクを含め、セーンセープ運河沿いに建ち並ぶモスクを目にすることができる。クマールンイスラーム・モスクが所有権をもつ土地は、寄付されたものをあわせて六五ライ(約一〇・四ヘクタール)になる。

歴史

ラーマ一世時の一七八七年と一七九二年の二度にわたり、パタニー人捕虜の中部地方への移送があった。また、前述したようにラーマ三世治世下の一八三二年と一八三九年に反乱が起きた。反乱はサイブリーを起点に七つのムアンに拡大した。このため、周辺地域のサイブリー、パタニーのムスリムは、戦争捕虜として南部のナコンシータマラートとその周辺、バンコクとその近郊県に再度、強制移住させられた。

筆者が親しくしたクマールンイスラーム・モスクのコミュニティの一人、サニー・マットムットさん(女性)はこのコミュニティで生まれたが、故地はサイブリーであることを母親から聞かされて育った。母親たちは、ラタンの蔓で縛られて中国式ジャンク船に乗せられた。半島の先端部から付け根まで送られ、人びとはそれぞれに下船させられた。母親とその家族は、現在のこの地でおろされたのである。

今も残っているトッキーユーソ・スラオ(トッキーユーソのスラオ(モスク))は、かつては木造建てで、人びとはここで礼拝（バーレー）をしていた。[2] さて、スラオを新築するとき、トッキーという名の男性がしゃがんで雑草を刈っていた。その近くで国王（ラーマ五世）を乗せた船のエンジンが故障し、国王は小舟を出させて岸に上がられた。トッキーたちは岸に上がった方が国王とは知らなかった。国王はトッキーらに何をしているのかと訊ねられた。スラオを建てようとしていることをご存知になられると、後になって人が大量の砂を運んで来て置いていった。しばらくして国王が再び通られる機会があったが、スラオは未完成であった。未だ資金不足であろうとお察しになられ、華人の職人をよこして建ててくださった。新築されたスラオは、木製の天井部分を除きコンクリート製の巨大なものだったので、「スラオ・ヤイ（大モスク）」と呼ばれるようになった。トッキーは一三〇歳まで存命し、他の親族も一〇〇歳を超えて生きた。

この「スラオ・ヤイ」こそ、クマールンイスラーム・モスクのことであり、この地域で最古のモスクである。コミュニティはバンコク都と同じ二〇〇年余りの齢を重ねてきた。現在、モスク周辺の面積はおよそ七ライ（約一・一二ヘクタール）で、建物面積が二ライ（約〇・三二ヘクタール）、残りの五ライ（約八ヘクタール）は土葬場（クボー *kubo*）が占める。モスク本体はその後増築拡張された。古い方は築後百年余りを経たため、解体できず増築されたのである。他の建造物としては沐浴、礼拝用の建物、運河沿いの休憩庵（サーラー）と学校旧校舎がある。木造二階建ての旧校舎は現在子供センターの学習施設と就学前の子どもの開発センター施設、モスクの管理人・清掃人の家屋として利用されている。これに隣接するのが土葬場である。そして近くに新校舎であるコンクリート四階建てで広い運動場をもつサーラーリームンイーナーン学校がある。モスクや他の公共建造物を増改築するにあたっては、コミュニティの篤信家が労力や予算を援助している。その予算は、個人的な寄金や喜捨（サッカート *sakat*）、イベント開催時の出店からの利益などで賄われる。こうした活動は、タイ・ムスリムに広く共通する。

組織運営

クマールンイスラーム・モスクは一九九七年の「イスラーム組織運営法」第三〇条に準じて運営されている（付録資料編二参照）。イマーム、コーテップ[3]（*khotep*）、ビラン[4]（*bilan*）と他に一二名の委員が構成するモスク常任のイスラーム委員会が運営する。クマールンイスラーム・モスクの指導者たるイマームは、ウィナイ・サマウン氏である。同氏は、イマームを任ぜられた一九八五年以来、コーランの「自己開発、社会開発」というイスラームに立脚する信条を座右の銘としてモスクの運営に参画してきた。二〇〇五年現在のクマールンイスラーム・モスクの信徒はおよそ一五〇〇世帯、人口数で一万人余りである。かつてはもちろん、今日も住人の生業の主流は依然として農業であるが、商売、公務員、公共企業体、工場での雇用労働者、職人なども増えている。

クマールンイスラーム・モスク・コミュニティー社会変化と現在

昔日を知る人びとによると、かつて（一九二〇年代半ばから一九七〇年代半ば頃まで）セーンセープ運河は日々の暮らしのなかで「路地」のようなものであった。人びとは舟を漕いで移動し、連絡しあってモスクにでかけた。都心部のプラトゥーナム船着場からモーターボートが運行される時代になると、バンコクへでかける者はセーンセープ運河に沿って往来した。運河の水は透明かつ清浄で何にでも利用できた。人びとの主な職業は稲作であったが、水中に危険物質はなかった。セーンセープ運河へ放水すると、タイワンドジョウ（pla chon; *Ophicephalus striatus*）、シャムゴイ（pla taphian; *Cyprinidae*）をはじめとする大きな魚やツメの大きいエビなど、多種多様な淡水生物であふれた。このあたりの地名は「魚の土地」を意味するミンブリーであるが、その名のとおり豊かであった。各家々は四つ手網を使って魚を捕っていたが幼魚はかえした。隙間や倒木に潜む大きな魚は素手で捕ることができた。新月の夜では、掌も見えないほど暗い闇にランプを暗めにともして、運河の支流に分け入って大きなエビを掬い捕った。池では蓮やクラッチェー、ソーンなど多種類の食用草木が採れた。有名なラーマカムヘン碑文のように、この周辺の運河にはたくさんの魚、エビがいて、水田には豊富なコメがあった。

このように、運河は人びとの暮らしのいわば心臓部であった。家屋の玄関口は運河向きに建てられた。家屋の裏が農地となった。稲作を生業とし、ほとんどの家屋は茅葺の小屋であった。幅が狭く奥行きが深い形状の土地だったので、細長い線状の水田であった。暮らしを営む人びとはさまざまな植物を栽培し、鶏・肉牛・水牛などの家畜を飼い、複合農業を営んだ。またジャスミン、鷹爪花（kradanga; *Annonaceae*）、ツルカメキョウチク（chomnat; *Vallaris glabra*）など芳香のある顕花植物も植え込んだ。シカクコンブレツム（sakae; *combretum guadrangurale*）など多種類の樹木も植えて元の場所で成長しているので、爽快で静謐な自然環境であった。充足を知る経済と爽快な自然の中で幸福に暮らしていた。

住人の関係は農村社会のそれであった。親戚兄弟のように互いを愛し、思いやり、ムスリムであることの自覚が親族の間で築かれていた。その紐帯は強く、モスクの建設など公共のために協同作業することは容易いことであった。布施をする際には、イーペ（*ipae*）という一〜二名が乗れる小舟を漕いで布施行事の宴に出向いた（パイ・キン・ブン *pai kin bun*）。一〇名を招待すれば三〇名に達した。当時日常食は魚であったから、一定の地位・身分のある家では鶏肉のケーンがふるまわれた（後に事情は正反対となり、三〇名を招待しても一〇名しか集まらない状況となった）。

夜間はランプがあるのみで、午後六時頃の夕暮れ時の礼拝（ラマート・マックリップ）の後、その一時間後の礼拝（ラマート・イーサー）の時間になると、コーランを朗誦する声が運河沿い一帯に美しく響いた。日課である最後の礼拝を終えると、野良仕事に向かう前に行う夜明け時の礼拝（ラマート・スップ）をして人びとは就寝した[5]。

稲作の作業では、家族ごとに助け合いが行われた。収穫時には「結（ロン・ケーク *long khaek*）」があって相互に労力を提供した。籾米は臼で脱穀し、その一部を自家消費用とした。その残りをサッカート（喜捨）に供したり、舟を漕いで買いつけに来る華人に売った。収穫がすむと、結婚式、タムマットクラアーン（子供がコーランを一冊読了した時の祝宴）、スナット行事（男子の割礼）などの行事や儀礼が開催される。(6) とりわけ結婚式は、労力を提供し、式に必要なモノの貸し借りを助け合って盛大に催されたが、互いの関係を密にする機会となった。結婚式前日からの宴、式の挙行、当日は特別なお菓子のカノンダーダー（kanong dada）、カオニオルアン・ナーカイなどがつくられた。

このモスクの大部分の信者は、系譜をたどるとタリーガット系のムスリムという。今日では「バーン・ヤイ」のフーセン・バーキーリー師を長としており、信者らにとって崇敬すべき人物である。この系列のムスリムには、一般的なスンナ派にはないシゲ忌、つまりアッラー・スップハーについて語り偲ぶ儀礼がある。別のホーン儀礼は、この系列は師の地位にある指導者への尊敬が強いが、その師を追悼するような儀礼である。また、死者がでると緑の布を着せて両手を交差させて胸を抑える。今日では他の系列のムスリムが移住・流入して、このコミュニティに定住しており、その比率は約一五％である。現在のイマームはタリーカット系ではないが、紛争・問題を生じることなく運営管理ができているばかりか、信者の間によりいっそうの協和・融和体制を築いている。

クマールンイスラーム社会における変化と復興

セーンセープ運河の両岸に位置するクマールンイスラーム・モスクのコミュニティは、バンコク郊外の農村社会と同じ形態をもつ。国家経済社会開発計画に応じて都市化が拡大する過程で、一九七八年頃にスウィンタウォン通り、プラチャールアムチャイ通り、ラーサドンウティット通り、ミニットマイ通りなどの道路が建設され、それに伴って電気、水道、電話が開通した。道路と電気がバンコク郊外の農村社会の風景を都市社会のそれへと変えていく時期である。

運河両岸に向き合う二つのコミュニティは、道路沿いの二つのコミュニティへと姿を変えた。その結果、人びとは運河に背を向け始める。コミュニティにとって価値ある財産であった運河は、汚濁と汚染水のために多種の水棲動物が減少し始める。主な原因はセーンセープ運河沿岸一帯の住民、とりわけ各種の工業やゴルフ場事業主にあった。工業化の過程がもたらした帰結である。コミュニティの人びとが所有権をもつ土地は、大切な稲作のために有効利用されてきたが、道路が開通した土地となったために地価が高騰した。コミュニティの一部の人びとの経済的地位と暮らしぶりは変貌をとげた。資産を運用管理する能力をもつ世帯もあったが、その力量のない世帯もあった。住人は、イスラーム型の経済と合致する充足を知る暮らしを営んでいたが、都市化、工業化、近代化、物質主義、消費主義の潮流は、人びとの暮らしの様式を変えた。職業も多極化した。かつて主婦だった女性が家庭の外に仕事を求める。国家の安全保障を揺るがす「麻薬問題」もコミュニティに入り込んだ。かつて透明清浄だったセーンセープ運河の水は変質し、魚が生息できないほど汚染された。こうした要因から、爽快で静謐な自然の中での、かつて日暮れ時に耳にしたコーランを朗誦する声やシゲ忌行事の声、ランプのほの暗い光は、ラジオやテレビの音声とともにけばけばしい光にとって代わった。運河沿いの他のコミュニティも同じような経験をし、多くはそのまま汚染されるままになった。

ところが、クマールンイスラーム・モスクは一九八五年にイマームとなったウィナイ・サマウン氏の指導の下によみがえる。イマームであり上院議員でもある指導者として、ウィナイ氏の二〇年余の再創造と改革が行われた。結果、クマールンイスラーム・モスクは顕彰され、調査研究の対象とさえなった。国内外から視察団が訪れ、メディアを通して紹介される。ウィナイ氏は「モスクは宗教活動のみで構成される施設ではなく、暮らしの様式、宗教、開発の総合センターとしての任務を果たす一組織のようなもの」と所見を述べた。

改革の根幹は、セーンセープ運河を暮らしの生命線としたことにある。何にでも利用することができず、多くの水棲動物は生息不可能な状態になっていたが、開発家でもあるウィナイ氏の言動と計画は、コミュニティを新鮮な緑と爽快な場とし、この運河を透明・清浄にした。時間を費やして運河の水の有効利用や魚の養殖ができるようになったことは、コミュニティの人びとの誇りである。コミュニティの福利厚生事業は、モスクを運営管理する援助業務としてなされた。それは協和と団結愛に向けて導入されたもので、同様に称賛を博すことがらとなった。

ウィナイ氏は、イスラームの原則を社会開発のために運用することに努めた宗教家であった。その人が開発によって行動、精神、知恵という要素が揃っていくと期待しつつ、先ず人の開発を最優先する。人こそがあらゆる開発の中心となる行為の要素である（SATR 1999: 6）。ウィナイ氏の指導下での、クマールンイスラーム・モスクの常任イスラーム委員会の任務と実践は、ウィナイ氏が社会と環境の開発に向けて活用するための人材を開発する教育マネージメントも運営したために成功した。それは「人を開発し、社会を開発する」という信条に沿った成功であり、その信条の導入が、最終的にコミュニティを堅固にしたのである。

クマールンイスラームとコミュニティの堅固さ

イマームと委員会の業務運営によって、家族（家）・教育（学校）・宗教（モスク）という三つの機関は、不変の親密さがあるような緊密な結合関係を調えた（図14-1）。クマールンイスラーム・コミュニティは、協力一致しての相互扶助で成立している社会であり、在来知で成り立つ社会である。良質で堅固なコミュニティとなるまで継続して学習プロセスを構築してきた。それは、人を開発の中心として位置づけて実施してきたからだが、それは第八、九次国家経済社会開発計画の理念とも合致していた。そして、第九次計画の方向性は「質の社会」に向けての開発を目指していた（図14-2）。

コミュニティを構成する重要な要素は人である。クマールンイスラーム・コミュニティでは人は二分される。指導者と信者とである。調査結果では、指導者は質と潜在能力と在来知を備え、価格ではなく価値体系を基盤に、土台そして重要な共有点としてイスラームを抱きつつ精神性をもつ者である。クマールンイスラームの住人は運営に参加し、導入した技術を有効に使うことで、継続的な学習過程におかれる。クマールンイスラーム・コミュニティを堅固にした要因は人と学習・参与の過程にあった。（図14-3）。

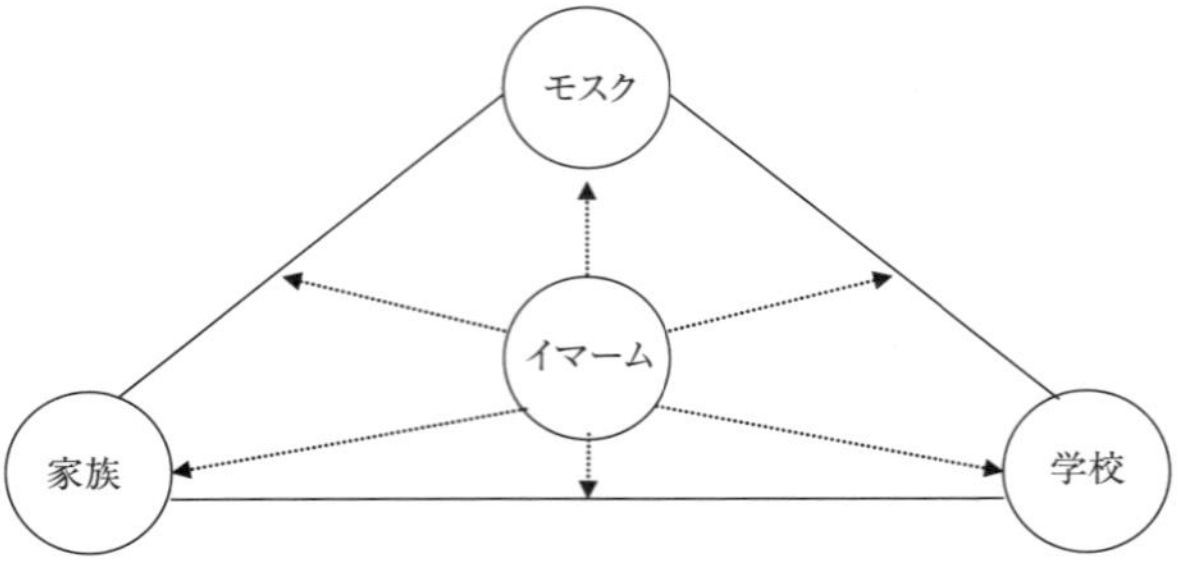

図 14-1　イマームと三機関

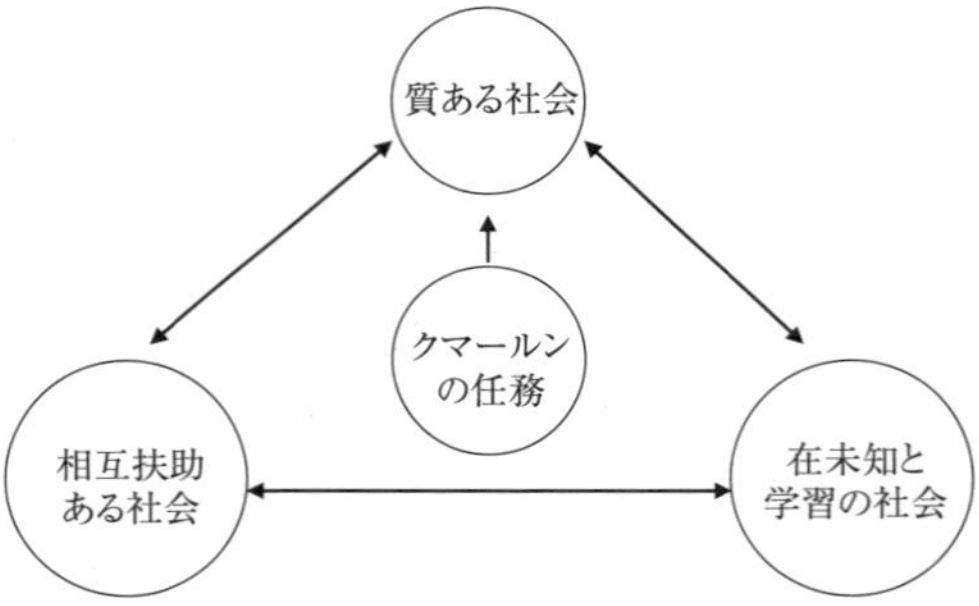

図 14-2　クマールンイスラームと第九次開発計画

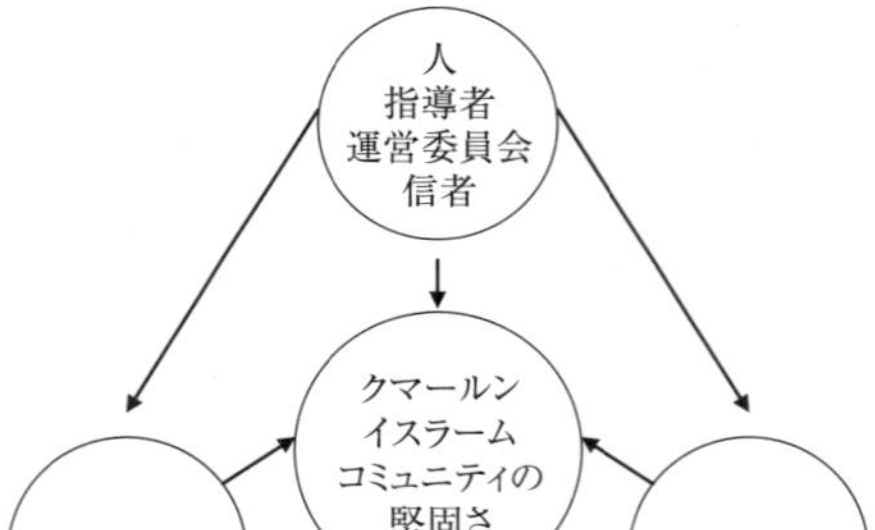

図 14-3　クマールンイスラームとコミュニティの堅固さ

一九九七年の「イスラーム組織運営法」は、モスクがイスラームの組織であることを承認している。同法は、チュラーラーチャモントリーを委員会代表とするタイ国イスラーム中央委員会から始まる位階的な運営構造を示した。現在三六県におかれたイスラーム中央委員会県支部と、モスク常任委員会である。同委員会がモスクを登録する。タイの統治制度に譬えるとモスクは行政区（tambon）の行政単位に相当する。しかし、法律条文に沿って人を罰する権限がなく、運営および予算の権限の分散によって政府に代わる予算の運用における権限がないという違いがある。だが、モスク単位の組織が行政区以上の意味をもたせているのは、コミュニティの人の精神性である。

今日のタイ社会は変化途上にあり、行政統治、教育方面で改革が進んでいる。したがってイスラームの活動を運営する三つのレベルの組織は、変化に対応すべく承認と発展のためにともに推進されなければならない。とりわけ、最高組織であるタイ国イスラーム中央委員会は、長短併せた期間の政策と実施計画面での態勢を整えなければならない。組織内部の運営と権限分散を得ている政府機関との連絡調整の局面では、タイ社会でより大きな役割を担う傾向にあるNGOとも連携する必要がある。

広大なクマールンイスラーム・モスク・コミュニティの全体を、無数の細胞よりなる人間の身体に譬えてみる。第一~七次開発計画の運用で派生した政策によって、身体内の一細胞である一コミュニティにすぎないクマールンイスラームにも開発に付随する負の影響、すなわち多様な社会問題がおよんだ。麻薬問題と環境問題である。しかし、クマールンイスラームには、潜在能力と長期的展望をもつ指導者イマームがいた。そのため「身体」すなわちコミュニティの内部に生じた問題を防止・解決するばかりでなく、イマームはこの大きな身体の細胞にくまなく分け入って清浄な精神を注ぎ続けることに努めた。統合的な教育によってコミュニティの人びとの心身をバランスよく開発するために、コミュニティ内部専用放送有線メディアを活用している。そのようにクマールンイスラームは人びとが安泰に暮らし、一定レベルの幸福が感じられる堅固なコミュニティとなった。それは、文字通りよい意味での「ヒッロ（変化）」といえよう。(7)

四　南部国境三県におけるタイ・ムスリム社会

以下では、国内で最大のムスリム社会の現状をみる。バンコクでのムスリム社会とは異なる世界である。同じムスリムであるが両者の間に往来はない。筆者が南部の国境県のムスリム社会を初めて訪れたのは、一九六七年のことで、それはタイ・ムスリム学生コミュニティ開発ボランティア・キャンプ要員としてであった。当時、同地域は共産主義、分離主義者の活動地域で様々な権力集団が充満していた。危険区域を意味する赤・ピンク色地域に指定されていたので、南部国境地帯は今日と変わらぬ恐怖の地であり、あえて活動しようとする組織のキャンプはなかった。しかし、実際に訪れて人びとと触れあうと、そこは当時のメディアが報道していたようなところではないことに気づいた。むしろ、筆者は静寂と爽快さを感じた。住民は素朴な暮らしと清浄心を抱いていた。海岸に住む人びとの生業は漁撈で、貧しくはあったが慈悲心に満ち、その心は豊かであった。筆者をみつめる彼／彼女らの眼差しは、愛情と清浄さに溢れていた。この時に得た経験は、その後の筆者の調査研究に大きな影響を及ぼしている。

一九八七年以降は研究者として訪れるようになった。それは、この地で相乗化して増殖する問題に直接触れる機会となり、同国の同胞にこの現実を伝えて知ってもらいたいという思いとなった。一九八八年に上梓した拙著『民族集団――タイ・ムスリム』で、不穏な問題の要因が宗教、文化、民族、歴史的経緯、経済、社会上の差異そして政府を代表する公務員の行動などにあり、それらが不公正を発現させていると論じた。その後二〇年近くを経過したが、この見方は今日でも変わっていない。

人びとと歴史・宗教・文化

南部国境の三県であるパタニー、ヤラー、ナラティワートは、地図でいうと斧の柄にあたり、その領土はマレーシア北部と接する。同地域住民の文化の様態は、国内の他地域とは異なり、イスラームを信奉する大部分の住民がマレー系民族である。三県に特定して実施された二〇〇三年センサスでは、全三県の人口は一七五万で、そのうちイスラームの信徒数一三九万人が三県の人口の七九・三パーセントを占め、同地域ではマレー系のタイ・ムスリムが圧倒的多数を占める。

かつて、マレー人は自身を「マラユー人 *khon malayu*」と自称し、仏教徒のシャムを「シエー人（*khon siyae*）」と呼んでいた。しかし、仏教徒のタイ人は自身を「タイの人 *chao thai*」と自称し、そして、イスラーム教徒あるいはムスリムを「ケーク（*khaek*）」と呼びならわした。こうした呼称は、それぞれのレベルで意味をもった。例えば、領土の主であることと／領土に踏み入れて居住させてもらっている者、一流市民であること／二流市民であることなど、である。

くりかえすが、イスラームは宗教であり文化であり、タイ・ムスリムの暮らしの営みの基本様式である。その意味でこの地域は世界の他のムスリムと同じである。ただ、マレー系の人びとである以上、マレーであることの文化を伝統的な習慣として保持する。日常言語はマラユー＝マレー語であるように、同地域の人びとのアイデンティティはイスラーム文化のみならず、マレー文化によっても造型されている。どの宗教を信仰しようと、祖先の出自がどの民族であろうが、この地域のタイ人はマラユー＝マレー語を使う。また、三県に流入し定住した華人、そしてこの地域の仏教信者もマラユーを用いる。また、マラユーを使う地域が広い。つまりタイ国の地政学的な圏域に限定されないため、各地域の語句、発音に差異が生じている。そのこともあって、タイの国内のマラユーについては、パタニー地域のマラユーと限定付きで呼ぶことができよう。文字言語としてのマラユーは、その筆記文字にアラビア文字を子音文字、母音符合を導入した「ヤーウィー *yawi*」を使う。ちなみにアルファベットを使用するマレー語では、文字を「ルーミー *rumi*」と呼んでいる。歴史的経緯から、マレー系のタイ・ムスリムはイスラーム文化とマレー文化を根本規範としている。そのため、タイ国内の他の地域よりも、往来するマレーシアのほうに親しみをもつ。国境を挟んで親戚兄弟をもち、二重に国籍を持つ場合もある。以下に、この地域のムスリムの特徴を整理しておく。

まず、(一)南部国境三県のマレー系のタイ・ムスリムは、東南アジア全域での多数派であるムスリムであることのアイデンティティ、マレーであることのアイデンティティを同時にもつ。(二)そのため、南部国境三県のマレー系のタイ・ムスリムは他地域のタイ人とは差異化される。また、タイ・ムスリムにおいても差異化される。前述したように、タイ国内の他地域のタイ・ムスリムには中国、インド、パキスタン、アラブ、ペルシア、チャム、クメールなどの系列をふくんでいる。(三)家族や親族が二つの国家に跨るため、マレー系のタイ・ムスリムの一部は二重国籍をもつ。(四)その立地条件から、同地域のタイ・ムスリムは、他地域のタイ人よりマレーシア人の方に物質と精神の両面でより強い関係性をもつ。(五)メディアについては、その立地条件、言語、宗教ゆえに、マレー系タイ・ムスリムはタイ国内のメディアよりもマレーシアからのメディアをより多く受容し消費している。(六)就業や所得事情により故郷を離れる場合、マレー系タイ人は越境してマレーシア国内を就労先とすることが多い。高学歴者は移って永住し、低学歴者は一時的移住である傾向が強い。(七)現王朝初期の時代に南部国境三県に渡って定住した華人は商売を生業とした。そのため今日も華人系タイ人は、多様な規模の商業の事業主であることが多い。他方のタイ・ムスリムは、雇用者ないし消費者となりがちである。華人系タイ人の一部は、昔から今日に至るまで公務員に就くことが多いので支配者層の地位にあり続けている。経済的地位がよいので高学歴者グループをなし、行政統治、経済面での役割を担う。だが、同地域のマレー系タイ・ムスリムと華人系タイ人との間の関係は文化の壁を越えた通婚もあって概して良好である。華人系と混淆したマレー系タイ・ムスリムも少なくない。(八)過去のパタニー王国の領土は海岸部を多く有し、パタニー湾は渡航、交易の便に恵まれた地であった。そのため、同様に渡航・移住して貿易のために定住した華人以外の他民族=

アラブ人、ペルシア人、インド人などのムスリム＝がいた。南部国境三県のタイ・ムスリムの一部は多様な種族のアラブ人、ペルシア人、インド人を祖先としている。それは身体的特徴に明らかに現れている。

すなわち、南部国境三県の多数派は元々マレー系の民族で、イスラームや仏教を信仰していた。しかしこれまで述べてきたように、過去のある時点から他の民族が渡来し定住したので、タイ・ムスリムについてはタイ・ムスリムやマレー、ジャワ、アラブ、ペルシア、インド、中国からの各系列の民族との混淆を経て、現在の地域でタイ・ムスリムを形成してきた。

経済的側面

南部国境の多くのタイ・ムスリムは、漁業、ゴム園、田畑などの第一次産業に従事する。人口は増加しているが、全般的にタイ・ムスリムの教育、経済事情は向上してはいない。むしろ国家全体の経済成長からすれば低下している。今日のパタニー、ヤラー、ナラティワートは、地域別の所得では貧困者占有率の上位にランクされ、三県中ナラティワートの所得が最も低い。所得分配が公正ではないという次元の問題が根強く、とくに農業部門で失業者が最も多い。漁業ではタイ・ムスリムが最も多く、地場漁業を営む。一方で、工業の拡大・成長が生じて、漁業は近代的技術によって工業化された。そのため、過去同様に充足を知る経済型の漁業を営みつつ天然資源を利用する機会が失われ、他所の資本家によって問題が引き起こされ、住民の貧困問題が累加されている。水、森林、農地に関わる天然資源についても同様で、開発がもたらしたネガティブな問題を抱えている。

低学歴にとどまりがちなタイ・ムスリムは就労機会が不足するため、家庭で家族の世話役であるべきタイ・ムスリムの女性が商売や工場労働など、家庭の外に出て就労しなければならなくなった。この変化は当然ながら子どもの養育・しつけに影響をもたらした。加えて、南部国境三県のタイ・ムスリムは少なからず外国へ渡航して仕事を得ており、マ

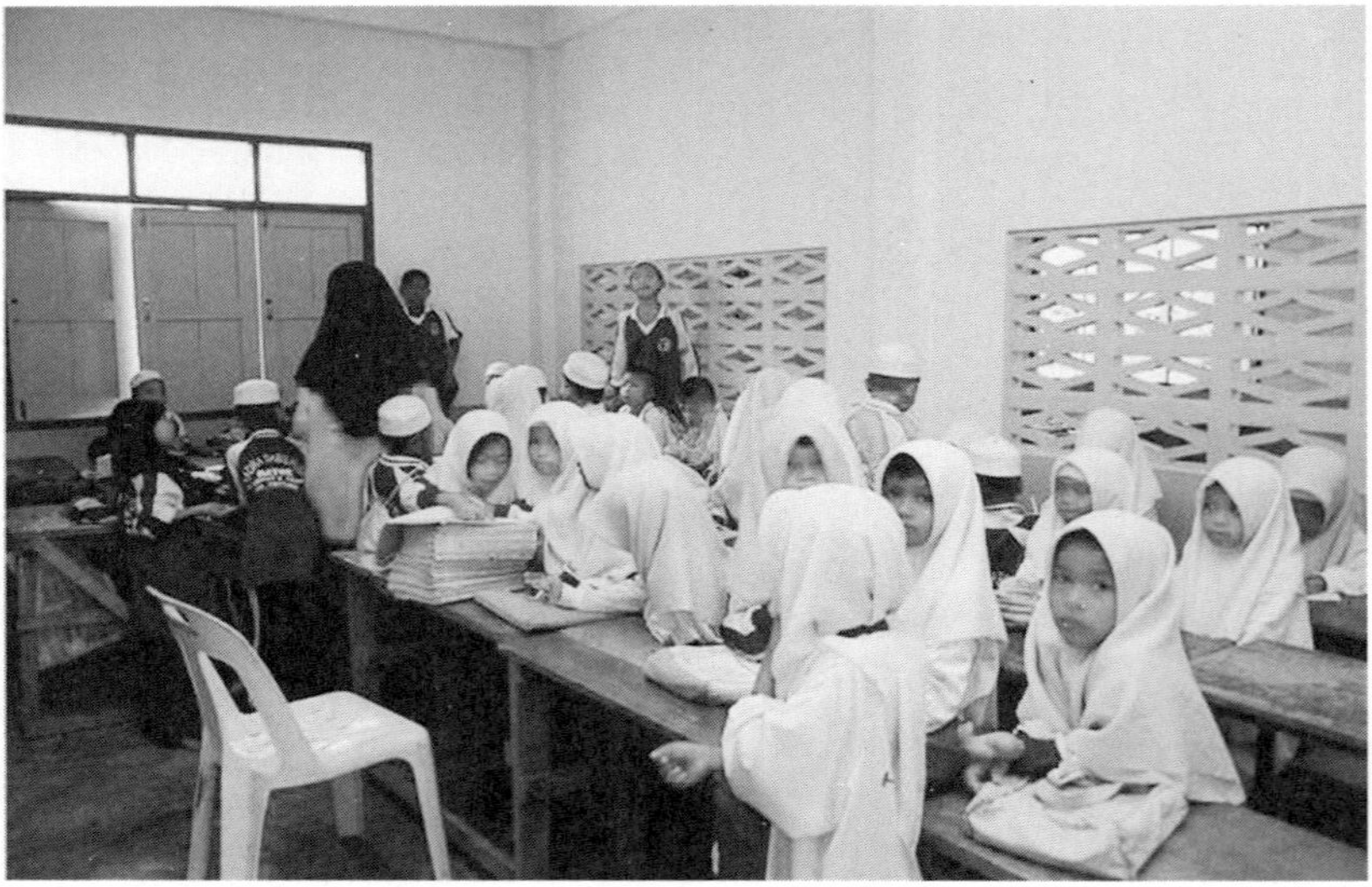

写真 14-1　モスクが運営する学校での週末の「日常教育」（パタニー県）

レーシア国内での就労が特に多い。

教育面

旧来より国民に提供されるタイの教育システムは、各地域の社会・文化的文脈が検討されることなく全国一様に整備されてきた。義務教育やその上位レベルでの教育では、全生徒にとって仏教が必修のカリキュラムとなっている。すなわち、タイ・ムスリムのイスラーム文化とは相反する多くの事項と内容を学び教えることが必須となってきた。そのために南部国境三県では、子弟が宗教から取り残された者の地位に置かれることを懸念して、タイの教育システムでの就学を拒否する傾向が生じることになる。

他方で、イスラームは教育を重要視し、単なる知識の詰込みと試験の通過だけを教育とみなしていない。教育である以上、それは実践に向けてなされるべきものでなければならない。昔日のパタニー・カールスラームはこの地域のマレー世界の教育センターでもあったが、こうした経緯のために、南部国境三県のタイ・ムスリムは「ポーノ *pono*」と呼ばれる教育機関を依然として保持する。それは、学校と家庭のもつ機能が複合した教育機関である。南部や他地方そしてバンコクでも高名な有識者にはポーノの卒業者が少なくない。例えば、前述の元上院議員ウィナイ氏やアッシット・ピタッククムポン氏が挙げられるが、両氏はともに政治面での役職への就任経歴をもつほか、学者でもありイマームでもあった。また、元外務大臣のスリン・ピィトスワン博士も同じくポーノでの就学歴をもつ。

　宗教教育の重要性ゆえに、南部国境三県のタイ・ムスリムは依然コミュニティごとに教育を運営している。つまりムスリム児童に土曜・日曜日にモスクでイスラーム、コーランを教える。今日ではそれをイスラームモスク日常教育（ターディーカー *tadika*）と呼んでいる。ムスリムの学童は、幼少期から一般科目と宗教を同時に学習する。「道徳心と対になった知識」を築くためであり、「家庭の保護者にして教理の守護者」という大人の地位に向けて自己を鍛錬するためである。

写真 14−2　タイ・ムスリム女性の宗教実践（礼拝）

だが、そのために、南部国境三県では以下のような教育整備にかんする問題がおきている。

　（一）学習カリキュラム、メディアがムスリム生徒の暮らしの営みと合致しない。（二）学び教える際に用いる言語の障碍。南部国境三県の住人の日常言語は、マレー語方言である。しかし、国家が要求する教育学習の言語はタイ語である。配備される学校校長の多くは地元出身ではないためマレー語を話せない。コミュニケーション上のギャップのため、効率的に学び教えることができない。その結果生徒が義務教育を終えても、タイ語の読み書きができないままに終わるという事態を招来する。（三）ムスリムである生徒は、公立学校のシステムでは敬虔なムスリムとしての実践（礼拝、宗教規定に順じた服装など）ができない。服装については、今日では宗教規定に準じた身なりは許可されているが、多くの教育現場ではその実践には未だなお問題を抱えている。（四）ムスリム国の第三国での学業修了者を受け入れないため、高学歴者グループの一部は永住するかたちで外国に渡航・就労せざるを得ない。とりわけ隣国マレーシアでの就労が多い。留学組には宗教面での学業修了者が多いが、無給のポーノで宗教教員となって戻ってくるか、学歴よりずっと低い報酬を受けるかといった権利しかない。

したがって、子弟が一般義務教育を受けることを認めないケースにはじまり、この地域の人びとにとっての教育事情は問題を抱え続けている。教育機会を与えても失業問題に遭遇するか、外国に渡航して生活せざるを得なくなる。他方で、子弟に高等教育を受けさせる学資がない貧困状況も教育に影響を及ぼす。経済と教育の問題は相互に関連しあい、例えば、公衆衛生、麻薬、暴力の行使、人間の安全保障などの他の問題に行き着くことにもなる。

行政統治

かつて南部国境三県では、同一民族と宗教による統治が長く続いた。バンコクに権力が集中し、異なる宗教（仏教）を信奉する「異民族」がこの地域を統治することで生じたものは、疎遠あるいは無理解、重層化した暴力の増大である。この地域に赴任する公務員には、中央当局が罰を与える状況で送り込まれたという意識があったため、多くの公務員はこの地域の人びとの暮らしの中に深く入り込もうとはしなかった。彼らが得たのは、偏見と不公正、自己保身のための利権追求とかき集めだった。そのために、この地域には「開発」が実現することはない。今日に至り、各種各様の問題、錯綜し重層化した問題に満ちた地となっている。また、政治が全てのレベルで相互的に激しく競合・分裂することで、権力者グループを生みだし、住民は難渋を極めている。国政自体が真意をもって配慮ある庇護をせず、誤った政策をとりつづけたことが、各種の問題をさらに増加させている。

南部国境三県の不穏な問題につながった要因・条件

筆者は一九九八年に「南部国境五県問題調査特別代表委員会」のワーキング・グループの役職に就いた。五県とは、パタニー、ヤラー、ナラティワートに加えて隣接するソンクラー、サトゥーンを含む。上院議院は五県の問題を調査する任務を得た。その調査は次のような仮説を持っていた(KK 1999: 3/1–2)。

南部国境五県の問題には、タイ国内の他地域で発生している問題と類似する問題が基底にある。加えて、南部国境県の地域には、民族、宗教、文化面での差異に由来する社会心理上の問題もある。それらが無理解と警戒心、長期にわたって蓄積された政府権力へのマイナス感情を惹起して根本的な土壌をなしている。したがって、発生したあらゆる問題は相互に関連してこの基本問題にたえず入りこんでいる。

この仮説は、社会心理上の問題を重要視し、問題分析上の指針として導入され調査の枠組を規定した。調査チームが重要視した問題の構成要因は七項目であった。すなわち、基本教育、貧困、麻薬、分離主義運動、地域権力、政治的紛争、政府の機能に関わる問題である。これらの問題は、社会心理上の問題との関連性を有している(詳細はKK 1999を参照)。

二〇〇〇年、筆者は内務省副次官パラーコン・スワンナラット氏の指揮下にある「南部国境県行政指令センター」の顧問職に就いた。ところが、同センターはその後、市民、軍人、警察隊から成る四三混成部隊とともに廃止された。数十年の間、恐怖感と注目の必要性とを築くために、複数の側から不穏な事件が間歇的に惹き起こされてきた。政府、国会、裁判所を経由したムスリムの闘いは、多数の住民をも含めて、統治者側から被った不公正に対する闘いである。ラーマ六世（一九一〇～一九二五）が、公務員の業務や実践の指針を布告されることがあったとはいえ、公務員は住民の中に深く入り込むことを長らく等閑視してきた。その公務員に対する闘いである。多くの関係機関が政府に提示した、あるいは政府が定めた見栄えのよい調査業務と提案項目は、不動の計画とされたり、あるいは図書館か書類棚に収められるだけの飾りものになりがちで、実践に向けて導入されることはない。確かに、真意をもって熱心に業務に就く立派な公務員や関係機関が存在することはあった。しかし、住民の信用を誘引して住民を収奪するような喧伝のツールとなり果て、のうのうと寝そべる不公正と闘うことはできなかった。とくに、別のスタイルで不公正の軛を外すことを望む少数派集団の若者が収奪されたのである。

いずれにしても、南部国境地帯は多数の人びとがさまざまな思惑で利権を追求する土地なのである。その衝撃や困難を被るのは、多数の潔白な人びとである。政府と人びとの間にある上下の関係性から派生した出来事は拡大し、住民同士の水平的な関係性に転移し、相互の警戒心を生んで変容している。かつて「われわれ同士」であったことが、「彼／彼女たち」と「われら」となり、仏教徒とムスリムとなり、華人とケークなどと分断され、人びとの関係は相互的な憎悪へと拡大・変容するに至るかもしれない。この水平的な関係をめぐる問題を政府が無視し、早急に防止と解決に努めなければ、大事にいたる危機をつくることになろう。

二〇〇四～二〇〇五年の間に生じた状況

だが、二〇〇四～二〇〇五年に生起した事件は、過去のものとは異なる形態をもつ。潔白な人びとが闇討にあい、その対象も仏教徒、ムスリム、僧侶・見習僧、ムスリムのリーダーへと拡大した。問題はこれらの事件への対処法である。当時タックシン政権は暴力行使による対応を強めた。とりわけ二〇〇四年四月二八日にソンクラー、ヤラー、パタニーの三県、そして同年一〇月二五日にナラティワート県タークバイ郡で発生した出来事がそうであった。二〇〇四～

二〇〇五年に生起した主な事件を列挙すると以下のようになる。

二〇〇四年一月四日：犯人がナラティワート県チョアイローン郡のナラティワート・ラーチャナカリン王室連隊兵営第四開発大隊に侵入して銃を強奪。四〇三丁の銃を入手し、兵士四名が死亡。同時間帯にはナラティワートの二二箇所で警察宿舎に放火。

二〇〇四年一月二二～二四日：ナラティワート県バーチョ郡で僧侶一名が首を絞められる。その二日後には、ヤラー県で僧侶三名が加害され、二名が死亡。

二〇〇四年三月一二日：国境県出身のムスリム主犯による犯罪事件を二〇年以上にわたり献身的に取り組んできたムスリム法曹界代表のソムチャーイ・ニーラパイチット氏が、警察に拉致されて行方不明となる。タックシン・チナワット首相（当時）は、二〇〇六年一月九日木曜日、ソムチャーイ氏の行方不明事件に対する判決のあった日にようやくインタビューでコメントを出す。特別犯罪事件調査局の警察は、ソムチャーイ氏が死亡しており、事件に対する判決の結果、警官が一名のみ三年の禁固刑となり、残り三名については裁判所は訴えを却下した、と報告した。

二〇〇四年四月二八日：南部国境三県のパタニー、ヤラー、ソンクラー（サバヨーイ郡）にて同時発生事件。タイ・ムスリムの一部が武器として普通型の鉈を用いてパタニーの政府施設を攻撃。異なる事件を含めて計一一ヶ所にて発生。タイ・ムスリムの住民が一〇六名死亡。政府職五名死亡。この長引いた事件に関してメディアは間歇的にニュースを提供。つまり、クルセ・モスクに立て籠もったグループ粉砕のために、当局は暴力的手段を行使し、パタニー県内の歴史的な宗教施設のクルセ・モスク内を銃撃。その結果、クルセ・モスク内にいた計三二名のタイ・ムスリムが死亡。そのため、二〇〇五年四月二八日事件はクルセ暴力事件と呼ばれる。その日は他の箇所でも事件が発生し、とくにサバヨーイ郡ではムスリムの若者のサッカー・チームが撃たれ一六名が死亡した。一九四八年四月二八日に、住民のドゥソンヨーが力を結集して政府権力と闘った史実にちなんで、「ドゥソンヨーの反乱」とも呼ばれている。

写真 14-3　ムスリムのクルセ・モスク

二〇〇四年一〇月二五日：多数の地域から集まった人びとが団結し当局にたいして、村落治安団のタイ・ムスリム六名の保釈を要求。当局側は、相応しくない手段で集会を粉砕。その結果、いろんな発動措置によって、その集会では六名が死亡し、約一二〇〇名が逮捕されたとの報告があった。集会参加者という立場にいる人間に対する有り得ない、発動されるべきでない措置によって、タイ・ムスリムが七九名死亡。背中に交差で手を縛られてナラティワートからパタニー県インカ作戦運営基地の部隊に搬送するトラック荷台上に、投げられ積重ねられたまま搬送されたことが主な死因。

二〇〇五年四月三日：ハジャイ空港、カールフー・デパートなどソンクラー県内の複数箇所で爆破事件発生。一名死亡。負傷者多数。

二〇〇五年七月一四日：ヤラー県内で騒動発生。停電、五箇所で時限爆弾、放火が起きた。仏教徒、ムスリムともに負傷し、当局側は二名死亡。その結果、政府は戒厳令に代えて緊急事態運営措置法の施行を告示した。

二〇〇五年八月三〇～三一日：ナラティワートのイマームが突然銃撃さる。当局職員に死体を見せないようにそのイマームは命令。そのため住民は村を閉鎖して職員を立ち入らせなかった。その結果、多数の場所からのタイ・ムスリムが危険を逃れてマレーシアに滞在。その数は一三一名。

二〇〇五年九月二〇〜二一日：ナラティワート県ラゲ郡トンヨンリモーにて、地元住民が銃殺、海兵隊軍人が人質にされたのち殺害された。

二〇〇五年一一月一六日：ナラティワート県内で住民が撃たれ、村長、十代の女性、八歳の子供、八箇月の乳幼児を含む計九名が殺害される。

二〇〇四〜二〇〇五年の間ずっと、南部国境三県では多くの住民が死亡ないし負傷した。男性／女性、子ども／大人、仏教徒／ムスリム、僧侶／イマーム、教員／ウスタート、公務員／市民ともども犠牲となった。政府の安全保障筋の報告では、二〇〇四年一月四日から二〇〇六年一月四日までの二年間で、南部国境県で生じた暴力は市民、当局関係者、武器を手に事件を起こした当事者を含む一〇七六名の生命を奪い、一六〇〇人の負傷者であった（Bangkok Post, 5 January 2006）。その後も、ムスリムと仏教徒を問わず、学校の放火をはじめとする事件が日常茶飯事のようにして起こり続けている。

南部国境三県における問題の根源

南部国境三県の住民の多くは独自のアイデンティティをもつ。それは、国内の多くの人びととは異なる。つまり、民族性、歴史的、宗教と文化で構成されたアイデンティティ、その多数がマレー系であるというタイ・ムスリムのアイデンティティである。そのため、この地域では、宗教とイスラーム文化の型が流し込まれて、マレー文化が徴表となっている。このアイデンティティを維持するものは、アッラーとアキーラット、つまり、アキーラットにいるアッラーあるいは永遠である来世、神からの報酬として天国の受容を望むことである。この理由で宗教教育は重要なことがらとなり、ターディーカーやポーノという学校が創設された。そして、過去から現在に至るまで、マレー語が知識の扉に通じる鍵になっていることである。同時に、過去のこの地域のタイ・ムスリムには一組のパラダイムがあった。それは、学校システムのなかでタイ語を学習し一般科目を勉強すると、子孫が他者になってしまう、あるいは、ムスリムではなくなるという図式であった。いずれにしても、教育が劣悪になると、さらなる不公正を生むことになる。

マレー系イスラームのアイデンティティを保持することは、同地域のムスリムの理想である。同時に、この地域の少数のムスリムは、国の独立または「パタニー国」の独立を目標としつつ国土を分離させるという理想を抱いている。人びとが被った、あるいは継続的に派生する不公正は、政府の誤った政策決定によるものである。そのことは、南部国境県行政指令センターと市民・軍人・警察から成る四三混成部隊の廃止命令にも窺われる。住人が最も好まない公務員である警察が保護管理権力を得たが、問題を解決するのに原告を誤って任命し、問題を解決する上で暴力行使による戦術をとるに至った。南部国境三県のパッタニー、ヤラー、ソンクラー県内で起きた、クルセ・モスクと他の場所での二〇〇四年四月二八日事件、ナラティワート県タークバイ郡での二〇〇四年一〇月二五日事件がそれである。したがって、不公正は煙をだして赤々と燃え広げようと発火点を利用して事件発生を企図する集団の燃料となり、潔白・無実な人びとの多くがその餌食となった。殺害され負傷しても補償金や治療を受けることのない餌食、実行犯の道具となる餌食、同輩と分類される。つまりムスリムならば、過激派、分離主義者、事件の実行犯連中として告訴され、恐れられて信用されない。この時の事件では、市民、当局関係者、僧侶、見習僧、イマーム、イスラームの教師、学校教員、教授、男性、女性、子供、老人、タイ人仏教徒、タイ・ムスリム、検事、県副知事などさまざまな社会的地位をもつ人びとが犠牲者となった。

国家共同融和のための独立委員会と南部地方における状況

二〇〇四年以降の南部国境三県での事件は、事態を収拾する政府機関が暴力を行使したために、却ってその暴力性を増大させた。暴力を伴う傾向が増加する事態を収拾するため、元首相のタックシンは、有識者の提言に応じて国家共同融和のための独立委員会を設置した。この独立委員会の代表は元首相のアナン・パンヤラーラチュン氏が務め、四九名よりなる委員会を設立し、二〇〇五年三月二八日から一年間の任務で稼働し始めた。また、チャイワット・サターアナンは、時間をかけて暴力問題を解決することをめざす共同・融和戦略を提示した(二〇〇五年五月六日)。その任務は、相互に関わる三つのレベルに分けて遂行されねばならないとした。(一)原則。タイ社会の融和の指針は九つの基本的な考えで構成される。事実の公開、公正、説明責任、赦しを供すること、宗教・文化の多様性への尊敬、平和的手段、記憶、想像力と信頼感を促進するための社会リスクの承認。(二)具体的措置。後押しして可視化される措置は、タイ社会の融和を促進する。なぜなら、全九項目の基本的な考え方を反映するからである。さらに、マスコミの関心をひく社会的論点となり、協和・融和方針の「真剣さ」に対する社会の確信を構築することを促進することにもなる(例えば、クルセ事件やタークバイ事件の報告書の公開、あるいは、容疑者の逮捕・拘留システムの提案準備など)。(三)タイ社会教育の提供。タイ社会教育のトータルな提供による持続的な協和・融和性の構築。ここでいう「教育」とは、社会内の協和融和の促進にとって障害となる教育システムを変革することである。映画や協和・融和の考えを奨励する内容をもつ小説など、多様な芸術文化の媒体を通してタイ社会教育を提供し、対話と意見交換を奨励して社会内に共同融和の方向性を創造し、さらに、紛争や加害との直面に関連する社会内の人材にたいして平和的手段に関する訓練システムを整備すること、である。

国家共同融和のための独立委員会が課題とし、実行を目的とする三レベルで遂行される業務方針に基づき、それぞれの作業を分担する以下の六つの小委員会が生まれた。

（一）「信頼・公正・基本的人権促進小委員会」。タイ社会に信頼を築くことを目標とする委員会である。真実を公表すること、赦しによって過去における傷を癒すこと、責任を取る態勢準備を促進すること、協和・融和への公正な過程に対する堅固さを築くことを目標とする。代表はチャトゥロン・チャーイセーン氏である。

（二）「平和的手段による紛争処理小委員会」。紛争を解決するために、今日の暴力的条件を緩和すること、平和的手段でタイ社会の潜在性を促進することを目標とする。委員会の代表は、元NGOの仏教僧パイサーン・ウィサーローである。

（三）「安全保障の発展と方法を調査する小委員会」。望ましい社会の将来を建設する者の構想力を用いて奨励することを目標とする。代表は、アムマーン・サヤームマーラー博士である。

（四）「タイの文化的多様性を促進する小委員会」。文化的多元主義がタイ社会の抱える脅威を克服する協和・融和の力となることを確信し、タイ社会の多様な文化の理解を促進することを目標とする。代表はプラウェート・ワーシー医師である。

（五）「地域における調停と協力のための小委員会」。平静化によって地域における協和・融和を構築すること、双方の死傷者をめぐって相互の赦しが孕むポテンシャルを重視すること、地域住人が決定する自らの将来の共有を奨励することを目標とする。代表はナロン・デーンウドム陸軍大将（元第四区司令官）である。

（六）「メディアと社会小委員会」。それぞれの側に立つメディアに協力一致する考えへの理解を築こと、委員会の活動を社会に発信することを目標とする。委員会の代表は、ピポップ・トンチャイ氏である。

さらに、上記の小委員会のほかに、別の実行主体となる委員会が組織された。それは一五名の委員よりなる「国家共同融和のための独立委員会」を代表する実行委員会である。いずれも、政府の職務であるため、独立委員会の協同協調路線は、日々生起している当面の暴力問題を解決することにはなかった。しかし、同独立委員会は、前述の三次元での任務を考慮して、長短期の時間的射程で調整と交渉を並行させつつ、その責務を遂行しようとした。同独立委員会は、政府が戒厳令に代えて非常事態宣言を布告することが共同融和の作業を実行する上での障害となることを熟知し、委員会は宣言が布告されると、不公正と暴力事態の悪化に繋がる宣言の発効項目を緩めるために責務を実行し、予防措置の提言も行った。

民族・宗教・文化の面で異なる六〇〇〇万人以上の国民の各層の間での共同融和は、同独立委員会が職務を遂行する上での方法であり目的である。タイ社会に安寧を創出する上での目的でもあるが、この融和と安寧という双方の目的は、同独立委員会の職務遂行上の目的に限定されるべきものではない。タイ人全員、各層が協力しあって創出し、実現されねばならない目的であり、同独立委員会は、それを推進する水先案内人という有効期限付きの代理人にすぎないのである。この目的にたいするタイ人全員の作業には終わりはない。ともあれ、同委員会の作業実施過程にある報告案には、「融和の力による暴力への勝利」が冠されていた。

2　タイ・ムスリムが政治状況から被った影響

二〇〇一年九月一一日事件の影響

テロリストとして一括りにされたタイ・ムスリムが受けた影響のほとんどは次に挙げるような「負」の結果であった。多くの場所で皮肉られ、非難を浴びせられ、タイ人同胞のぶしつけな行為を見せられた。例えば、タイ・ムスリムの男性はある会議の席上で、九・一一事件後に、彼が受けたタイ人同胞の卑劣な言動への反応を涙しながら語り聞かせた。キリスト教系の学校に通学するムスリム生徒の一部は、学友や教員の言葉遣いや態度による抑圧に耐えかねて自主退学した例がある。また、疑心暗鬼で警戒され、行動を追跡されて、国内外で当局職員の調べや拘束を受けた。容貌や服装や顎鬚などを一瞥しただけでムスリムと解され、身柄の拘束・拘留・家宅捜査を受け、空港では旅券の検査・詳細な身体点検を受けることになった。また、外国人が牽引したJI関連報道のせいで、タイ・ムスリムは国内にいようが国外にいようが拘束の憂き目に遭い、JI報道による「冤罪」が生じた。

そして、さらに悲劇的なことは、イスラームの教育施設がテロリストの養成所として目をつけられたことである。世界の他のムスリム国での学業修了者も監視下におかれる。NGOのスタッフやリーダー、イスラームの教師はとりわけその対象となった。必然的にムスリムの生徒、学生たちは、自身がムスリムであることを公言できなくなる。理由なき就労拒否もおこる。就労申込書類の「信仰する宗教」を記す欄によるものである。一方で多くのタイ・ムスリムが初めて知ることになった容疑者「ビンラーディン」は、巨大な権力をもつ国家に対して闘う象徴として英雄に変化した。ビンラーディンのイメージは称揚するために作り上げられるほか、Tシャツに刷りこまれるイコンともなった。筆者の個人的見解では、九・一一事件を実行したとされるビンラーディンは暴力で不公正と闘う模範へと変容している。

ただし九・一一事件にはプラスの影響もまたあった。学者、メディア、学生など多様な職種にあるタイの人びとの一部は、イスラームやムスリムのことについていっそう知りたいと望んだ。そのために、仕掛けられた学術的な仕事を含めて、いろんなスタイルで討議されるステージがさまざまな場所で以前より多く開催されるようになった。また、一般のタイ人の一部、とくに限定された学者やメディアが、その数が多くなくても、イスラームとムスリムについてより多くを知って理解したので勝手な決めつけを回避してムスリムを代弁して語るグループであり続けた。タイ・ムスリムは、そのことに温もりを感じ、確信をより深めた。よき理解が構築され、同時に誤解に陥る機会を減ずることを助ける機会となった。そしてタイ・ムスリムの結束を強めた。とりわけ米国がアフガニスタンに侵攻した時などはそうであった。真実を提示するセミナーの開催、米国の行為への異議申し立て、共同で祝福するためのハヤンへの礼拝、歪曲されたニュースへの回答を実行するとともに関心を寄せる人びとへ知識やデータを提供するための情報センターの開設、などの各活動を共同で展開し、平和を要求する活動を展開していく上で、より多くのタイ人同胞とネットワークを得た。また、米国製商品への不買による抗議によって、多品目の製品売上げが減ったものの、それは国民経済にとっては部分的に良好な結果をもたらした。

南部タイ事件での暴力行使がもたらした影響

南部国境県のパタニー、ヤラー、ナラティワート、ソンクラーの四県で二〇〇四年四月二八日に発生した「クルセ事件」では、市民が武器として刀を使い、事件が起きて戦闘が生じた。その結果政府当局が暴力を行使し、国家権力と闘った市民と潔白な市民がともに一〇六名に及んで亡くなり、負傷者が別に生じた。同年一〇月二八日にタークバイ郡警察所前で、身柄を拘束されていた村落安全監視自警団員の釈放を求めた抗議集会に対しても、当局は同じように暴力を行使した。その結果、七九名に及ぶ死者と多数の負傷者が生じ、逮捕されて法的措置を受けた者が別に五〇名いる。この重大な二つの事件では暴力を行使して市民を制圧したが、これら以外にも別のかたちをとって他の事件で暴力が顕在化した。モスク内でコーランを朗誦し礼拝する者が発砲され、学校経営者の子弟だけが死亡した事件、市民の多くが拉致されて行方不明となる事件などである。

こうした暴力事件は、多くの点で多岐にわたる影響をもたらした。箇条書きにしてみよう。(一)政府への信頼をなくした市民が政府に対する敵へと回る場合の増加。(二)潔白な市民が分離主義者グループに勧誘され、不公正と闘うことを望んでその戦線に加わるケースの増加。十代の若者の場合は復讐のためという動機も起因する。(三)当局職員が、特に警察官と兵士が、待ち伏せ発砲、時限爆弾など各方法で危害を受ける標的とされる場合の増加。時に別の公務員も危害を受けている。(四)仏教徒であれ、イスラーム教徒であれ、潔白・無実な市民とりわけ教員が危害を受けるケースの増加。ビラの文面に見られる理由により、潔白・無実な市民が危害を受けて死亡することがあり得ると、他の潔白・無実な市民も当然ながら同じように危害を受ける。（五）市民がより大きな恐怖感の下に置かれた。タイ・ムスリムは、当局職員全体、特に兵士と警察を恐れ、不穏事件の実行犯を恐れている。そのため、人びとはより警戒して過ごさねばならず、「知らないふりや見てないふりをしてやり過ごし、喋らない、答えない」ように身を構えた。そのせいで、政府側には情報が不足し、市民側は事件が起こると捕らえられた。一般庶民が彼／彼女らが無実であると知っていても、証人を探すことは困難となった。というのは、証人になった場合、当局側の過誤が真実として浮かび上がると、一般庶民も同様に無事ではいられなくなるからである。仏教徒の方は、不穏事件を起こしたグループについて一体誰が何者なのか知らず、疑心暗鬼となる。そうなると、全般的にタイ・ムスリムの同胞を警戒して信頼をおかなくなってしまう。

（六）当局は様々な暴力を行使し、地域で特に兵士などの当局職員を増員し、政府とタイ・ムスリム市民との関係が制度面で脆弱化した。理解を欠いたまま、軽蔑的な言葉遣いと態度で任務を実行し、人間しての尊厳性への敬意を示さなかった。異なる文化をもつ集団がより緊密に同居しているが、権力を行使される側の宗教と文化への理解が離反していた。（七）仏教僧侶や見習僧が殺害され寺院が焼かれた。イマームやイスラームの教員が殺害され、モスクが銃撃されて、その内部にいた者らが闘う手段がないまま皆殺しにされた。異なる宗教と文化をもつ市民同士の間の関係性は、そのかつての良好な関係から相互に恐れ合い不信感をもつ関係へと変わった。（八）恐怖感の下に置かれ、仏教徒や華人系で、他所に移住する機会のある市民は居住地を出た。ソンクラーとハジャイとの間に位置する一画が新たな定住先ないし一時の居住先となっている。（九）タイ・ムスリムの家族もまた、チャンスがあれば、子弟を他所の地域に通学させる準備を進めるケースが増えた。場所によっては、安全確保のためにティーンエイジャーの子弟を他所に居住させている。（一〇）一三一名のタイ・ムスリム家族は、同時期にマレーシアに避難した。（一一）ゴム樹液採取労働などの就労が困難になり雇用数が減少した。ムスリムの就業機会はより厳しくなっている。そのため、市民はより深刻な貧困問題に直面して、マレーシアに渡航して就労するタイ・ムスリムが増えた。（一二）寡婦、孤児、庇護者をなくした親族親戚の増加。負傷者や不具になって仕事が不可能となる者もいる。二〇〇四年四月二八日事件における死者の家族についていえば、いかなる補償を受けることもなく、未だに実行犯の家族という立場で法廷に立たねばならない。したがって、精神的な傷跡はよりいっそう深くなっていく。家族の主が亡くなった時、妻のほとんどは無職であり、各家庭には子どもがいるので、苦悩と恐怖感だけが残されることになる。(一三)二〇〇四年四月二八日および一〇月二五日事件での負傷者のほとんどは、治療を受けることがなかった。(一四)地域経済は全体的に廃れ、ホテル業などビジネスが成立たない事業が生じた。観光業は重大な影響を被った。(一五)ソンクラーナカリン大学のパタニー・キャンパスでは、選択し入学する他県からの学生数が減少し、中途退学を申し出る学生もいた。

右に列記した一連の暴力事件は、同時に南部国境三県の研究に関心を寄せる人びとを増やした。関連する領域の研究調査予算が増えて、当該地域の研究者は恩恵を得た。当該地域の開発予算も増加することで、各機関や組織運営者の海外視察を支えた。各メディアによる当該地域での取材も増え、一般の人びとがこの地域の暮らしぶり、宗教、文化をより多く知り理解することを促している。そして、国家共同融和のための独立委員会が設置されるに至り、表層レベルではいくつかの問題解決が促進され、長期的な問題予防・解決の方向性が研究されようとしている。同委員会は度重なる事件の解決に際して、政府と市民の双方に平和的手段を用いることの考え方を普及・勧誘しようとしている。

五　むすびにかえて――タイ・ムスリムの展望

四〇〇〇万人以上におよぶタイ・ムスリムは、多様な民族の出自に祖先をもつタイ社会の一国民である。彼/彼女らはタイの領土を防衛し、国の地歩を助け合って築き今日に至るまで国家の開発を支えてきた。世界社会の一部であるタイ社会では、今日そして将来において各方面での変化がより迅速にかつ錯綜して生じている。将来におけるムスリムの暮らしの営みも、ムスリムであることを保持しつつ、世界の変化を察知して変化の潮流の只中で進めていかざるをえない。かつての暮らしにおいては、タイ人であることとムスリムであることにはさほどの差異はなかったが、今日ではムスリムであることを保持することが一層の困難を伴う。

社会・文化面についていえば、工業社会の下で、イスラーム文化を継承する場としての家族の機能は限定されていく。家族と母親の役割が変化すれば、宗教と新たな変化のなかで従来とは異なる自己を構築する新世代の若者に影響する。グローバル化が進んだ結果、一部の若者は宗教と世界が分裂した暮らしを迫られる。そして、暮らしを営む上での考え方や実践において、新旧の世代間の間隙はより大きくなる。ムスリム社会が抱える課題は若い世代にたいする教育、学習をどのように維持してゆくかにある。

南部地方については、このまま不穏な事件が続くと、寡婦や孤児の犠牲者が増えていく。生活、精神面での補償やケアがなければ将来に問題は一層嵩んでいく。暴力行使の結果、不具者や行方不明者や身柄を拘束される者を抱えることになった家族や、農地がなく天然資源を収奪されている農家にもこのことはあてはまる。現時点では国家共同融和のための独立委員会がこの問題を担当し解決の手助けをしている。したがって、同独立委員会が任期を終えると、ムスリム社会はこうした問題を相互に助け合って解決していくことを継承しなければならない。

他県に生活の拠点を移すムスリムが増えている。とりわけ東北地方への移住が目立っている。このことは、ムスリム・コミュニティとモスクが増えて、モスクのなかった県がモスクのある県となり、モスクが既にある県ではモスクの数が増えるという現象を生んでいる。近い将来イスラーム中央委員会県支部の数は三六県を上回るであろう。同時に、モスクごとの信者を勧誘して礼拝に行かせるダッワが励行されると、モスクで五回の礼拝のために足を運ぶタイ・ムスリムの数は増えるだろう。その結果、モスクには宗教、文化、教育面での任務が増えることだろう。また、それに応じてコミュニティ協同組合の設立や食事センターなど公共福祉、経済面での任務も増える。イスラーム組織運営法に順じたムスリム組織の任務遂行、とりわけモスク常任イスラーム委員会は効率的に作業をしなければならない。その場合、前述のクマールンイスラーム・モスク・コミュニティの経験が参考になるだろう。

タイ・ムスリムの高学歴化が進み、タイの教育改革の成果と並行して宗教、一般教育、職業面での学習機会が増えれば、総合知のようなかたちでの学習・教授と宗教的基礎を処方していく方向性がより高レベルの学習・教授を備えていくだろう。文化面では、一部のムスリムがイスラーム文化に順じた実践に専念することが増えていくと思われる。そのことは、多数のタイ人が馴染む欧米文化を基盤とする「近代」との衝突を伴うかもしれない。とりわけ、ムスリム女性がその衝突を経験するだろう。タイ社会が文化的多様性を認める上で間口をより広く構えるなら、彼女らが信頼して安定して立つポジションを得ることが可能となる。しかし事態が逆行すると、例えば、南部タイにおける不穏事件によって「ムスリムであること」「ムスリムのアイデンティティ」を多数派のタイ社会が否定し始めたり受容しなかったりすれば、女性であるが故に社会に占めるスペースが縮小化する。となると、自身の承認と地位を求める女性は、ムスリムとしてのアイデンティティを放棄しなければならなくなる。可視的なものとしては服装の変化というかたちをとるが、こうした現象は、信仰心の弱い女性たちには確実に増えていくだろう。

社会変化の文脈でのタイ社会における人との関係においては、ムスリムであることのアイデンティティを失うことなく、多様な差異性において自身を刷新しなければならない。変化がムスリムに寄与する事例がある。ハラール食品がその一例である。それは広く知られるようになり、選べるほどにハラール食品の数は増えた。また、政府・民間部門や教育機関などの公共の場で礼拝する場を整えることも増えている。

タイ・ムスリム社会は、情報通信テクノロジーを通して、世界のムスリムのみならず、タイ社会の他の民族集団や世界社会と一層連接する傾向にある。文化間の継承、学習面でその傾向は強まり、異なる宗教の信者が共存して暮らす機会が増えていくだろう。プラス面の結果となって現われていることは、共同での助け合いや問題解決、共同開発が蜘蛛の糸状のネットワークとなって連接していくことである。それはタイ社会と大きな社会に全体的な調和を築き上げる。マイナス面については、依然として相互に異なった考えや信仰に摩擦が生じると、迅速に蔓延・拡大し、その後には社会問題になり得ることである。

次に経済面についてみよう。タイ・ムスリムの経済的地位は、全体としてみれば将来も貧困なままであろう。農地所有は縮小する現実があるのに農業は生業の中心であり、競合を強いるグローバル化のために小規模な小売業はさらに困窮化している。資本の集中・独占のためにタイ・ムスリムの暮らしの営みは苦しくなっている。だが、もしイスラームの教理を堅持するならば、シンプルで慎ましい充足を知る経済によって困窮の度合いを緩和できる。

都市部のムスリムが土地を所有する機会は減少しているか、開発の結果として自身の土地を売却しなくなっている。通過する道路に当る土地を売却したために、ムスリムの一部は新長者となった。しかし、金銭の使途や運用・管理を知らないせいで、一部の人びとは将来再び貧困者となるかもしれない。

利息制度を介さないイスラーム銀行や、政府が開業したWindow Islamという銀行があるため、事業に乗り出して不動産を購入するムスリムが増加している。同時に、ムスリムは依然としてイスラームの教理に相反するいくつかの事業、たとえば、各種の傷害保険などに関わってしまうことに直面している。

タイ・ムスリム社会のハラール企業は、世界でより認知されるようになっている。南部国境三県のムスリムは、職業的な事情での困難が増えている。就労機会が減り、経済上の機会を求めて、国内外を問わず他所へ渡航・移住しなければならないことが増えていくと思われる。

行政統治の面では、一九九七年タイ王国憲法によりタイ・ムスリムは同憲法に準じた権利をより多く享受し、政府の対ムスリム政策はより良好となった。しかし、もしも政策をいざ実行のために導入するにあたって、以前同様の誠実さを欠いたままであれば、ムスリムは然るべき益を受けることがない。そのことは、将来に各種の問題を残したままにするであろう。

南部における不穏事件や九・一一のために、一部のムスリムは政府当局による容疑人物となり、国内のタイ・ムスリムが社会の被告と化している。偏見に基づく眼差しによってテロリストや分離主義者とみなされ、タイ・ムスリムとタイ人同胞の間には分裂が生じている。政府が現況において知識と理解を築くことを早急に遂行しなければ、その分裂は将来にはより大きくなってしまうかもしれない。南部地方の事件の問題解決に政府が投入した予算は多い。だが実際には困窮する市民は全く受けなかったか、わずかしか受けとっていない。市民の多くが受けたものは、誤解そのものだった。国内の市民が理解した不満は、ムスリムの御機嫌をとっているというものだった。そのために、将来により多くの問題を惹き起こすことになりかねない。

ただ、すべてのレベルでのイスラーム組織運営法に順じたイスラーム組織の運営においては、質の伴った運営が管理されていけば、すべてのレベルのリーダーが効率性を得てムスリム社会は一層発展していくと思われる。行政改革の結果、各省庁に属さないかたちでイスラームの活動運営のための独立組織が設立可能で、ムスリム人口に応じた予算配分が許可されるなら、ムスリムの利益となって将来的に可能な限りの開発を享受することになろう。例えば、ムスリムが年間恒例の喜捨から「バイトゥラマーン *baitulaman*」(一種の慈善基金財団)を設立できるならば、ムスリムの生活の質を開発するための資金となってムスリム社会の問題緩和や開発に貢献するだろう。政府は喜捨による基金あるいはバイトゥラマーンへの金銭の拠出は、政府への納税に相当するとみなすべきである。つまり、ムスリムは税金も喜捨金も支払う必要はないが、喜捨金は政府に支払うべき税金に相当するということである。

ムスリム社会の要望を、法律ならびに実践の双方での目標に向けて推進していくことを支える職務を遂行する国レベルの政治家、つまり「ワダ・グループ *klum wada*」のことであるが、今日ではこのグループの政治家はタイにはほとんどいなくなってしまった。野党側の政治家の多くは新参者の政治家であり、推進していくことを重視しての役割や指針を未だ備えていない。それ故に、将来において法律を発効する上での政治的推進は困難かもしれない。

タイ・ムスリムの特質と役割を基盤にしたこれまでの開発によって、タイ・ムスリムは大いに国家開発に共同参与してきた。しかしながら、将来のタイ・ムスリム社会は、自身のもつ特質を依然保持して、世界とイスラームの原則である教理の間にバランスを生みだすとともに、新たな変化に向けて自己を改変していくことを、繰り返し重点化すべきである。そして「多様性に立つ調和」という考えに基づいて、自分たちの暮らしに影響を及ぼす政策決定においては全面的に参与していくべきである。その考えは、持続的な平和のある多元的社会へ向かうが、タイ社会にすでにある潜在能力のすべてを緊急に使っては築き足して、調和的に使っていくべきであろう。

註

(1) ムスリム系の研究者は、タイのムスリム人口は、国勢調査の結果を上回る数があり、モスクに集う在家信者数から推定して、全国人口の約七%にのぼるものとみている。

(2) バーレーはマレー語であり、集団礼拝に使用したり、コーラン、宗教を教えたり各種の活動を行ったりする場所を意味し、モスクまたはスラオと同様である。

(3) モスクに常任して教理を示す役職にある者。

(4) ムスリムが時間通りに宗教活動を実践するべく勧告する役職にある者。

(5) 暮らしをかたちづくるのは、イスラームの原則に従って進行する日々の勤めである。すなわち毎日コーランを読み、五回礼拝する。時間に合わせて急いで礼拝し、静寂な時間帯の翌朝の礼拝に間に合うよう早く就寝する。夜明け時の礼拝の後に、自分たちの暮らしを維持する活動にでかける。これらをもれなく実践すれば心身の健康によい結果をもたらす。

(6) ムスリムの人々は、各種の行事のことを一般に「功徳を食べる *kin bun*」とよび、行事に出かけることを「功徳を食べに行く *pai kin bun*」という。

（7）「ヒッロ *hitro*」とは、変化、移住の意。

参照文献

Apai Canwimon. 1964. *Panha kiaokhong kap si cangwat phak tai*. Lopburi: Sun kanthahan khai Somdet Phranarai.（『タイ南部四県に関する問題』）

Diraek Kulsirisawat. 1974. *Khwam samphan khong muslim thang prawattisat lae wannakhadi thai lae samphao kasat Sulaiman*. Phranakhon: Samakhom phasa lae nangsue haeng prathet thai nai phraborommaratchapatham.（『歴史・タイ文学・「スレイマンガジ航行記」にみるムスリム関係史』）

Khukrit Pramot, M. R. W. 1958. *Khwam pen ma islam nai prathet thai*. mo. po. tho.（『タイ国内のムスリム史伝』）

________. 1978. *Sangkhom muslim thai thi khaphacao rucak*. krungthep: Uthichai.（『私（ククリット・プラモート）の知るタイ・ムスリム社会』）

KK (Kong Kammathikan). 1999. *Raingan phittcarana khong khana kammathikan wisaman sueksa panha ha cangwat chaidaen phak tai khue Pattani Narathiwat Songkhla lae Satun Uthisapha*. Krungthep: Samnakngan Lekhathikan Uthisapha.（『南部国境五県問題の特別研究員会審議報告』）

Nanthawan Phusawang. 1987. "Sathanaphap khong muslim nai ayuttaya samai khristsatawat thi sipcet." *Warasan Thammasat* 15 (December. 1987): 215–236.（「一七世紀アユタヤーにおけるムスリムの位相」）

Saeni Madakakun. 1976. "Prawat lae phatthanakan khong thai muslim (kunng sangkhom kan mueang) in *Muban lae ruan thai muslim nai cangwat chaidaen phak tai*, pp. 115–185. Pattani: Mahawitthayalai Songkhlanakharin Witthayakhaet Pattani.（「タイ・ムスリムの歴史と展開」『南部国境県のタイ・ムスリム村落と住居』所収）

Sanamchan haeng Chat. 2006. Ao chana khwam runraeng duai phalang sanamchan khana kammakan itsara phuea khwam (Raikan ko. o. so.).（「融和の力による暴力の克服」）

Saowani Citmuat. 1984. "Kan nathi khong masit to sangkom muslim nai phak klang." M. A. Thesis, Culalongkon Mahawitthayalai.（「中部地方ムスリム社会にたいするマシットの責務」）

________. 1988. *Klum chatiphan chao thai muslim*. Krungthep: Kongthung Saka Rucira amphon.（『民族としてのタイ・ムスリム』）

________. 2001. *Khwam samret nai kan patibat pharakit khong masit kmalun islam khwaeng saikongdintai khaet khlong samwa Krungthepmahanakhon*. Krungthep: Samnakngan khanakammakan kansueksa haeng chat.（『モスクの任務とその達成──首都クローンサームワー区のイスラームクマールン・マシットから』）

________. 2005. *Sanamchan*. Krungthep: Official Press.（『融和』）

Saowani Citmuat lae Danai Musa. 1998. Kan phatthana thang sangkom khong klum hatphan: chao thai muslim. Krunthep: Samnakngan khanakammakan watthanatham haeng chat.（『民族としてのタイ・ムスリムの社会的発展』）

SATR (Sathaban Rajabhat Cankasaem) 1999. "Raigan kanwichai ruang khwam samret nai kan patibat pharakit khong masit kmalun islam khwaeng saikongdintai khaet khlong samwa Krungthepmahanakhon". Krungthep: Samnakngan khanakammakan kansueksa haeng chat（「研究報告――バンコク都クローンサームワー区のイスラームクマールン・マシットにおけるモスクの任務とその達成」）

SND (Somdet phracao brommawongthoe caofakromphraya Naritsaraanuwattiwong lae Phracaobrommawongthoe kromphraya Damrongrachanuphap) 1972. *Sansomdet*. Phranakhon: Khurusapha.（『書簡集』）

法令

Phraratchabanyat kanboriharn ongkon islam pho so 2540 (1997). *Ratchakitcanukitubaeksa*, lem 114: tonthi 65 ko, Phruetsacikayon 1997.（「仏暦二五四〇（一九九七）年イスラーム組織運営法」官報告示）

第一五章　北タイにおけるイスラーム環境の形成過程

――中国雲南系ムスリム移民の事例から

王　柳蘭

一　北タイにおけるムスリム――雲南系とインド・パキスタン系

仏教国タイにおいて、マイノリティであるムスリムをとりまく政治的歴史的状況は地域によって異なる様相を呈しているばかりではなく、宗教別人口構成にも地域差がある。二〇〇〇年現在、タイ国内におけるイスラーム人口は、二八一万五九〇〇人であり、タイ人口の約四・六四パーセントを占める。本章が対象とする北タイでは、当該地域に占めるムスリム人口は約一・五三パーセントであり、従来研究で注目されてきた南タイのムスリムに比べて相対的に人口は少ない(1)。

北タイのイスラーム社会は、主に外来者から構成される移民社会である点に大きな特色がある。ムスリム移民としてタイに移住してきた人たちは、どのように異郷の地でコミュニティを形成してきたのだろうか。本章では、中国雲南省《ウンナン》を祖籍にもつ雲南系ムスリム(2)を対象にし、宗教施設の建築に着目しながら、彼らが定着した北タイでイスラーム環境をいかに構築してきたのか、当該地域におなじく移民として定着したインド・パキスタン系ムスリムとの社会関係も考慮にいれつつ、その形成過程を描くことを目的とする。

従来、タイにおけるイスラーム社会のなかで、北タイ地域ではフィールドワークにもとづく体系的な現地調査・研究はほとんどなされてこなかった(3)。おもな研究はムスリム人口が多い、南タイやバンコクをはじめとする中部タイに集中してきた。しかし、北タイを訪問し、そこに設立されている複数のモスクを調べてみると、それらは異なるさまざまな歴史的経緯から形成され、かつ、モスク周辺に住むムスリムは、タイ生まれのムスリムよりは、むしろ移民としてタイに定着したムスリムの方が圧倒的多数を占めていることに気づく。

筆者は一九九八年以後、チェンマイ県を中心にイスラーム社会について調査を行ってきた。二〇〇八年現在、チェンマイ県にはイスラーム委員会が管理しているモスクが一七ヶ所ある。表15-1には一七ヶ所のうち、モスクの名前、成立期、ならびに教区員の数について筆者が把握している一三ヶ所について示している。[4] チェンマイ県のモスクは、大きく二つの異なる民族的背景をもつ集団によって構成されている。一つは、雲南系であり、もう一つはインド・パキスタン系である。このうち、雲南系の人びとは「ホー(Ho)」、インド・パキスタン系の人びとは「ケーク(Khaek)」とタイ社会で呼ばれている。このインド・パキスタン系ムスリムについては詳述しないが、彼らにはインド、パキスタン、バングラデシュ、アフガニスタンなどのさまざまな背景をもつ人々が含まれる。彼らの先駆者は、雲南系ムスリムより先にチェンマイに定着し、モスクを建築した。インド・パキスタン系の初期の移住者は、一九四七年のインドとパキスタンの分離独立以前に、タイに移住してきた人たちである。

当時の彼らの職業は、牛、ヤギ、羊の精肉業や行商人であった。[5]

……もっともチェンマイに古くからいるのは、一八七〇年に創設されたチャンクラーン・モスクの人たちで、そのつぎがチャンプァクの人たちである。この人たちの出身地はそれぞれ異なるが、今のバングラディッシュ、むかしのパキスタンが一九四七年に独立する前にやってきた人たちであり、いまチェンマイにいるのは、その末裔で四、五代になる。チェンマイには、このインド・パキスタン系以外にも、パータン系が一部含まれている。この人たちは、インド・パキスタン系より後にやってきた人たちで、たとえば、アフガニスタン、パキスタン、ミャンマー、インドがいる。職業は、商売と肉屋で、いまのチャンプァク・モスクにいる。……

表 15-1　チェンマイ県内のモスクの設立時期、世帯数、人口

	郡	地区名（通称）	設立期[1)]	世帯数（戸）①	人口（人）②	世帯数（戸）人口（人）③	中国語名
●1	メーアーイ	タートン	1974	23	128	15/68	慈恵
●2	ファン	ファン	1975	16	—	13/75	信徳
●3	〃	フォファイ	1985	28	160	26/178	吉慶
●4	〃	アンカーン	1987	14	58	18/74	極遠
●5	〃	バーン・ヤーン	1970–1980 年頃	62	278	58/275	善美
●6	チェンマイ市内	バーン・ホー	1890/1915/1917	152	955	150/1500	王和
●7	〃	サンパコイ	1970	91	365	107/500	敬真
△8	〃	チャンプァク	1877	100	551	125/650	
9	〃	チャンクラーン	1870	181	1060	200/1200	
10	〃	チェンマイ	—	32	111	42/200	
11	ドーイサケット	ドーイサケット	1972	22	117	34/120	
△12	サンカンペーン	サンカンペーン	—	22	112	30/150	
13	サーラピー	ノンベーン	1950	64	321	55/250	
計				807	4088	873/5240	

1) 資料②を基本に、不明な点を③と聞きとり調査により補充。
●：雲南系モスク
△：創設に雲南系が関与したモスク
—：不明
①：SMC [n.d.] にもとづく
②：県イスラーム委員会の会議資料（1998 年開催）
③：MBH [1996] にもとづく

表15－1に示したチェンマイ県にあるモスクの中で、雲南系の人々のモスクは七ヶ所、雲南系の人々が創設に関与したモスクは二ヶ所ある。残りのモスクは、インド・パキスタン系の人たちによって創設されたものである。表では、雲南系のモスクには●印、雲南系ムスリムが創設に関与したモスクには△印を示した。印のない場合は、インド・パキスタン系などを示している。チェンマイでもっとも古いモスクは、さきにも引用したチャンクラーン・モスクであり、それはインド・パキスタン系の人たちによって一八七〇年に創設された[6]。このように、北タイでは民族の出自を基準にして、ムスリム間でモスクが認識されており、この傾向はチェンマイ県のほか、チェンラーイ県やメーホンソーン県においても共通に見られる。

実際、こうした民族の出自によるモスクの識別は、そこでつくられる社会関係にも反映している。雲南系のモスクでは、モスクに通う教区員の圧倒的多数が雲南系ムスリムによって占められている。インド・パキスタン系の場合においても同様である。モスクに何度か通えば、モスクで管理されている人口統計の資料を調べなくても、参加者の顔ぶれをみるだけで、モスクが雲南系かインド・パキスタン系かの見分けがつく。とくに、金曜日に開かれる週一度の集合礼拝では、その地域の教区員が多数集まるので、自分が眼にしているモスクがどの民族のモスクに属するのか見当がつく。

また、言語もモスクを見分けるひとつの基準となる。モスクの礼拝に参加してみれば、そこで使われる言語によって、雲南系かインド・パキスタン系かどうかの区別が耳で分かる。雲南系のモスクでは、モスクにおける説教にはタイ語と雲南語が併用されている。たとえば、チェンマイ県チェンマイ市にあるバーン・ホー・モスクでは、筆者が約一年の間に参加した金曜礼拝の説教では、基本的にタイ語が使われていたが、説教が始まる前後の事務的報告などには、タイ語に加えて、雲南語による説明が毎回補足されていた。また、チェンマイ県ファン郡にあるバーン・ヤーン村では、金曜日の説教は雲南語でされていた。このように、説教に雲南語が使われる理由として、移民一世の古老の中には、タイ語による説教を聞きとれない人たちがいることと関係している。移民一世たちの日常語は基本的に雲南語であり、二世た

写真 15-1　チェンマイ県チェンマイ市バーン・ホー・モスクの写真.

ちになるとタイ語の方が雲南語に比べて生活の中でより日常的に使われるようになる。

もっとも、モスクにおける使用言語の違いは、説教者がタイ系か雲南系かによっても異なってくる。バーン・ホー・モスクでは、金曜の説教を担当する人は一定ではなく、そのとき時に応じて入れ替わっていた。たとえば、説教者としてしばしば登場していたのは、バーン・ホー・モスクに附属する宗教学校の校長であった。彼は南タイ出身のムスリムのため雲南語が話せないので、必然的にタイ語を使わざるをえない様子であった。しかし、おなじモスクであっても、中国から雲南系ムスリムの来賓がある場合には、金曜日礼拝ではその中国からきた人が説教を担当する場合もある。このときには、モスクでの説教は雲南語で行われる。

しかし、こうした教区員の顔ぶれや使用言語以外にも、モスクを区別するための重要な指標がある。それはモスクの創設者、歴代イマームの継承者、モスクの名前である。雲南系モスクでは、モスクの創設者が雲南系ムスリムであり、歴代のイマームも雲南系によって継承されている。また、モスク名には中国語名がつけられている。

以下、ここでは筆者が調査を行ったチェンマイ県にある雲南系ムスリム人口が最も多いバーン・ホー・モスクを事例としてみてみたい。聞きとり調査と彼らによる記録書から、以下のようなイマームの系譜があることが分かった。

彼らの記録書[7]によると、二〇〇五年現在まで、イマームは歴代九人である。このうち、初代から第四代までについては名前のみが記録されているだけで、その詳細は分かっていない。以下では、現在把握できている第五代以下について聞きとり調査の結果を加えながら紹介する。

第五代：馬イーティン（漢字不明）［一九二五〜一九四七］[8]

推定出生年は清朝末期の一八八五年である。雲南省トンハイ（通海）県のナークー（納古）鎮で生まれ、その後は省都の昆明《クンミン》で育った。キャラバン交易で約四〇歳のとき（およそ一九二五年）に中国を出国しビルマで滞在中に、バーン・ホー・モスクにすでに定着していた先駆者の鄭崇林から声がかかり、バーン・ホー・モスクのイマームとして招聘をうけ、北タイに南下し定着する。

第六代：李エンプ（漢字不明）［一九四七〜一九七六］

推定一八九〇年代生まれ。出身は、雲南省コーチュウ（個旧）市サーティエン（沙甸）出身。雲南にいるときからツーション（楚雄）市にあるリーホー街と呼ばれる村のモスクでイマームになったことがある。すでにアラビア語と中国語に長けていたという。その後、シーサンパンナ（西双版納）のモンツェー（勐遮）で白という姓の人物とともに茶園を経営した。一九二〇年代に雲南を出国し、ビルマのタンヤン、ケントゥン、ターキーレックをへて、北タイ国境のメーサイに南下した。北タイに来た理由は商売のためであったというが、キャラバン交易ではなかったという。いずれにせよ、アラビア語と中国語ができるということで、バーン・ホー・モスクのイマームに選ばれた。

第七代：楊ケンファ（漢字不明）［一九七六〜一九八四］

雲南省ターリ（大理）市出身。詳細不明。

第八代：納順興［一九八五～一九九八／一九九九］

一九一九年、雲南省通海県を祖籍とするが、生まれはシンピン（新平）県である。雲南にいるときから、ターツウァン（大庄）や沙甸といったムスリム居住地域にあるモスクで宗教知識とアラビア語、中国語を学ぶ。その後、故郷の新平にもどり商売に従事、一九四五～四六年に雲南を出国する。移動経路は、西双版納からビルマのケントゥン、ターキーレックをへて、北タイ国境のメーサイを通過して、チェンマイ県のドーイステープ山に至る。ビルマは通過しただけで、最初の定着地はドーイステープ山に住む山地民モン族の村で、そこで約二〇年間、日用雑貨店を営んで生活していた。モン族の村で生活している最中に、イマームとして招聘したい旨、バーン・ホー・モスクより声がかかった。当時、納氏のほかには、バーン・ホー・モスクのイマームにふさわしい宗教知識をもった人物がいなかったからだという。

第九代：納仲偉［一九九八／八九～現在］

約三〇年前に雲南からビルマをへてバーン・ホー・モスクの近辺に移住。納氏の父はすでに日中戦争終結前後に、キャラバン隊としてビルマのラシオ方面に移住し、現地のムスリムを妻とする。納氏は、この父を追って、毛沢東政権当時の中国を逃れて妻とともにビルマへ移住することに成功する。第八代のイマームが亡くなった後に、モスク教区員の選挙によって選ばれた。

以上、雲南系モスクと認知されているバーン・ホー・モスクの場合、歴代のイマームがすべて雲南省に出自をもっていることが分かる。このような民族的出自によるモスクの区別は、近年創設された他の雲南系モスクについても当てはまる。たとえば、チェンマイ市内に一九七〇年に創設されたサンパコイ・モスクについても同様である。サンパコイ・モスクの初代イマームは、忽然茂である。彼は、雲南省ウェイサン（巍山）県出身者である。彼は新中国誕生後の一九五〇／五一年頃に雲南を逃れ、ビルマをへてタイに定着した。彼の社会的背景やモスク建築の経緯の詳細については後に述べる。その後、忽然茂が亡くなり、現在では中東諸国に留学経験のある彼の息子がイマームを継承している。

ここから、近年建てられた雲南系モスクにおいても、在職するイマームは雲南系の人びとによって継承されている点をひとつの特徴として指摘できる。

二　雲南系ムスリム・コミュニティの成立過程

それでは北タイにおける雲南系ムスリム社会はどのようなプロセスで形成されたのだろうか。雲南系ムスリムの移住が大量に始まったのは、二〇世紀後半であるが、それ以前にも若干ながら北タイに定住を始めていた先駆者がいた。それぞれの時期における個人の移住形態はじつに多様であるが、ここでは紙幅の関係上、二〇世紀前半のコミュニティの形成の流れをまず概観し、その後、二〇世紀後半において生じた雲南系ムスリム移民の典型的な移住例をひとつ紹介する(9)。

1　二〇世紀前半までの雲南系ムスリム社会

筆者が聞きとり調査から得た情報では、二〇世紀前半までに来住した雲南系ムスリムは、チェンラーイ県チェンラーイ市、チェンマイ県チェンマイ市、メーホンソーン県メーサリアン市などの山間盆地に居住していた。図15-1は、筆者が調査した雲南人集落について、その住人を漢人とムスリムとの区別にもとづいてあらわしたものである。本章では、漢人についての移住については述べない(10)。さて図15-1には、雲南人のムスリムが住む集落が一四ヶ所示されている。

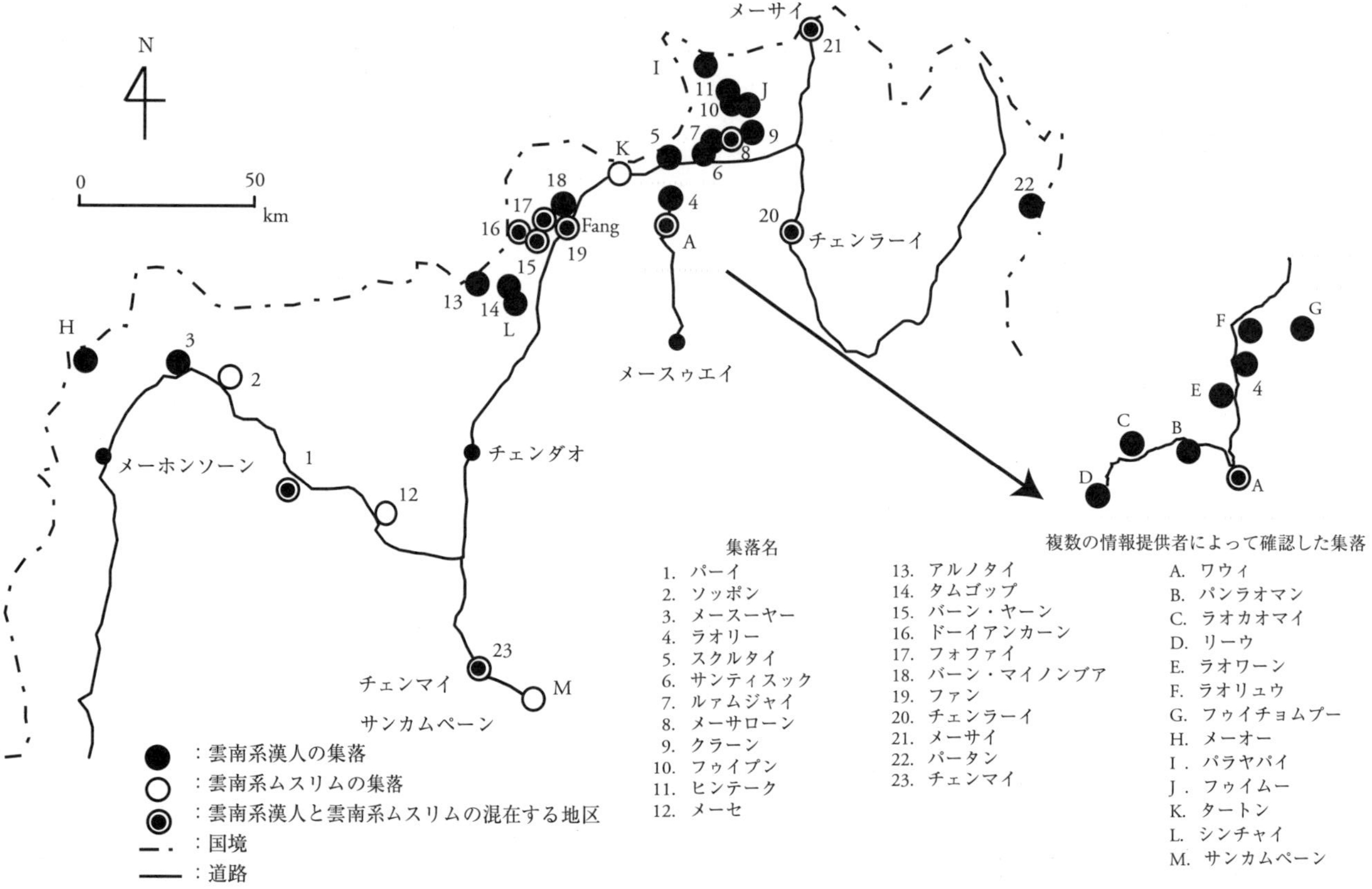
N
0
50
km
メーサイ
21
I
11
J
10
5
7
9
8
K
6
22
18
17
Fang
16
19
15
4
A
20
チェンラーイ
13
14
L
H
3
2
メースゥエイ
G
F
E
4
C
B
D
A
メーホンソーン
チェンダオ
1
12
23
M
チェンマイ
サンカムペーン
：雲南系漢人の集落
：雲南系ムスリムの集落
：雲南系漢人と雲南系ムスリムの混在する地区
：国境
：道路
集落名
1. パーイ
2. ソッポン
3. メースーヤー
4. ラオリー
5. スクルタイ
6. サンティスック
7. ルァムジャイ
8. メーサローン
9. クラーン
10. フゥイプン
11. ヒンテーク
12. メーセ
13. アルノタイ
14. タムゴップ
15. バーン・ヤーン
16. ドーイアンカーン
17. フォファイ
18. バーン・マイノンブア
19. ファン
20. チェンラーイ
21. メーサイ
22. パータン
23. チェンマイ
複数の情報提供者によって確認した集落
A. ワウィ
B. パンラオマン
C. ラオカオマイ
D. リーウ
E. ラオワーン
F. ラオリュウ
G. フゥイチョムプー
H. メーオー
I. パラヤパイ
J. フゥイムー
K. タートン
L. シンチャイ
M. サンカムペーン

図 15-1　雲南人集落における漢人とムスリムの分布

このうち、聞きとり調査にもとづくと、集落二三のチェンマイに相当するバーン・ホー・モスク、チェンラーイにある集落二〇の雲南系のモスクが、二〇世紀前半までにそれぞれ形成された。また、図にはメーサリアンについて示していないが、その理由は、この地には雲南系ムスリムの交易者の末裔は住んでいるが、雲南系ムスリムの人口は少なく、今日に至るまで雲南人集落が形成されていないからである。また、ランパーン県にも、雲南系ムスリムが少数ながら住んでいるということを、チェンマイ市の雲南系ムスリムからの聞きとりから分かった。

このうち、筆者が長期的に住み込んだチェンマイ市についてその集落形成過程についてみてみよう。現在、チェンマイ市内には雲南系ムスリムとインド・パキスタン系ムスリムのモスクがあわせて五カ所ある。インド・パキスタン系ムスリムについては、すでに述べたように、彼らは雲南系ムスリムと同様に一九世紀ごろから北タイに移住し、今では北タイのムスリムの一派を形成するに至っている。この五ヶ所のモスクのうち、二〇世紀前半までに設立されたモスクは、両グループあわせて三ヶ所ある。もっとも早期に建てられたのがチャンクラーン・モスクで一八七〇年である。つぎに古いのがチャンプァク・モスクで一八七七年である。その後がバーン・ホー・モスクで一八九〇年あるいは一九一五／一七年である[11]。

これら二〇世紀前半までに成立した三ヶ所のモスクのなかで、雲南系ムスリムが関与していたことが分かったのは二ヶ所である。このうちもっとも早期には、「納パーサン」と呼ばれる人物がチャンプァク・モスクの創建に関わっていた。

この納氏について北タイの古老たちがしばしば口にするのは、彼がチェンマイに滞在中、交易によって一躍資産家になったことである。納氏は古老たちの間では、「納パーサン」という呼び名のほかに、「納大人」「納百万」という通称で記憶されていた。このうち、納パーサンの意味についてはそれが彼の本名なのか、あだ名なのか分からない。これに対して「納大人」というのは「偉大な納さん」、また「納百万」というのは「百万長者の納」という意味をもつ。こうした呼び名から、移住地で富を築いた納氏は、後からタイに来住した雲南系ムスリムによって成功者としてみなされていることが分かる。

しかし、彼の移住経緯や個人的な情報について知っている古老たちは残念ながらほとんどいなかった。おそらくその一因は、彼が先駆的に北タイに定着し、当時雲南系ムスリムに対して貢献したにもかかわらず、彼の末裔が北タイに住んでいないことと関係していると思われる。このように後継者がチェンマイに住んでいないため、納パーサンについて唯一知ることができる手がかりは、『チェンマイの宗教遺産』（一九九六）の中に記録されている次の一節である。ここには、チャンプァク・モスクの歴史に関連づけて、納氏についてつぎのように記述している箇所がある。(12)

「チャンプァク・モスク」は、インド・パキスタン系のムスリム・コミュニティの中では古い教区のひとつである。ここには最初四、五家族が住んでいた。彼らはパキスタンとインドから移住してきて、いわゆるトゥンサーリーとして知られている今の場所に根をおろした。この場所は水に恵まれ、フェイケオ渓流とフェイチャンキェン渓流から絶えず水が流れてくるので、家畜を飼ったり、野菜などの栽培に適していた。まだ、恒久的な形でモスクが建設されていなかった当初は、ムスリムは金曜の集合礼拝をチャンクラーンで行っていた。その後、この地は各地から来た交易人に知られるようになり、インド・パキスタン系や雲南系のムスリムが定着するようになった。その後、この地でモスクの建設に貢献したのは、納パーサン、あるいは交易人同士の間で「納大将」(13)と呼ばれていた人物である。彼は経済的に恵まれた地位にあり、チャンプァク・モスクの改修とモスク再建のリーダーであった。以前のモスクは、竹竿とバイトーンという葉(14)で屋根が作られ、床はなかった。それを彼は板張りにし、モスクはそれによって恒久的な形に完成された。その後、彼はチャンプァク・モスクのイマームとして選ばれた。

さきにも述べたように、チャンプァク・モスクは一八七七年に今のチェンマイ市に建てられた。引用の中で述べられているトゥンサーリーは、おそらく、現在モスクが建っているチェンマイの旧市街の城壁のうちのひとつである、チェンプァク・ゲート以北一帯を指すのだろうと思われる。現在このあたりは、住宅地に加え、個人商店や小型のスーパーマーケットがある小さな商業地区になっている。上述の引用から、かつてこの地は、家畜や野菜栽培のできる水と土地に恵まれた肥沃な場所であったと想像できる。納パーサンも、雲南からの交易人としてその土地に定着し、交易のために使った馬やラバを放牧していたのであろう。

納パーサンがいつごろ雲南を出国したのかについては、聞きとり調査においては知っている古老もおらず、現在のところ分からない。少なくともモスクが建てられる以前にタイに南下していたと想定されるので、彼のタイへの移住時期は一九世紀後半であったことは容易に推察できる。また、北タイで納パーサンについて知っていると答えた古老により、納パーサンは、雲南の昆明から南東に位置する通海県ナーチャイン（納家営）村出身であることまでは分かっている。そして、納家営村は、雲南の中でもムスリムが集住する地域として知られ、現在チェンマイや北タイの各地に住んでいる雲南系ムスリムの中にもこの村の出身者が多くいる。

納パーサンが生まれたこの村は、古くは一四世紀、元代に経緯をもつムスリム集落である。中華人民共和国成立前後の時期では、村内の人口は約一八〇〇人から二〇〇〇人である。その後、人口は増加しつづけ、一九九九年の記録では、一八〇九世帯（七三四七人）のうち、ムスリムが六〇八一人、漢人が一二六六人となっており、依然としてムスリム人口が多くを占める（高主編　二〇〇一）。この村を含め、雲南南部（滇南）のムスリムは古くから、交易商人として活躍し（cf. 栗原　一九九一）、納家営村民も、雲南からビルマさらに北タイにまで商売のために南下していた。たとえば、後に述べる筆者がチェンマイで親しくしていた八〇代のインフォーマントの一人も、おなじく納姓を名乗っていたが、この人の祖父や父も納家営村の交易商人であり、父は一九二〇／二一年に交易のためにチェンマイに南下し、その途上で亡くなった。この納姓を名乗る古老の父がチェンマイで亡くなった時、彼は納パーサンが建てたチャンプァク・モスクに埋葬された。このように、納パーサンが生まれた雲南の納家営村は、かつてもそして二〇世紀後半においても、北タイに移住者を排出していた移民母村のひとつであったといえる。その中でも、納パーサンは北タイと中国を橋渡しした交易人としては先駆的な人物であったといえよう。

納パーサンは一九三〇年初頭にチェンマイで亡くなった。遺体は彼が建設したチャンプァク・モスクのそばにある墓地に埋葬された。しかし、彼が亡くなった後、雲南に住む彼の親族がチェンマイにやってきて、彼の遺体を雲南にまで持って帰ったといわれている。一般に、ムスリムの慣習からいえば、亡くなった遺体は当事者が亡くなった場所で供養を受け、埋葬される。こうしたムスリムの規範から考えると、納パーサンの雲南に住む遺族たちの行動は宗教的には逸脱した行為であり、本来ならば許されるはずはない。このようにムスリムの規範を破ってまで遺体を中国に搬送した遺族の行動は、移民をめぐる故地と定住地における帰属意識の重層性を示す上で興味深い事例である。

さて、納パーサンの事例は、雲南からの交易者が北タイに南下し、当時、チェンマイに来住していたインド・パキスタン系ムスリムと協力してモスクを建てたことを示している。しかも、モスクはインド・パキスタン系ムスリムと共同利用されていた。これらの点を考えると、当時の雲南系ムスリム社会の人口は、まだそれほど大きくなかったといえる。今日のように民族の出自を異にするムスリム同士がモスクを別々に建築し、相互に別のイマームを選んで礼拝をするほどには、イスラーム・コミュニティとしてはまだ成熟していなかったのだろうと思われる。

納パーサンがチェンマイに来住した後、雲南系ムスリムのコミュニティの創設に欠かせないもうひとりの人物、鄭崇林が雲南からやってきた。鄭氏は雲南のユーシー（玉渓）市出身のムスリムであった。彼はチェンマイ県内で雲南系ムスリムとしてはもっとも規模の大きいバーン・ホー・モスクを創設したひとりである。二〇世紀後半に来住した雲南系ムスリムによって作成された「バーン・ホー・モスク記念集」には、鄭氏の移住経緯について、おおかたつぎのように示してある。[15]

鄭崇林は一八八七年ごろ、雲南を出発し、ビルマのシャン州で複数のキャラバンと交易したのち、北タイに入境してきた。ビルマから北タイへは、まずその国境付近にある交易地メーサイに入り、そのまま南西に下って、ランパーン、ランプーン、ターク、チェンマイというようにいくつかの地点を通過した。その後、ビルマと国境を接するターク県まで移動した。鄭氏はタークでタイ人の女性を娶った。この女性は、以前タイの首相であったタノーム・キティカチョンと親戚関係にあたる一族である。そこで鄭氏は一人の娘を授かったが、二、三年後に死亡する。その後、五男五女にめぐまれた。鄭氏はそれからタークから東に位置する北タイのメーチェムなどで交易を行った。一九一五年にはタークを離れ、現在のチェンマイのバーン・ホー・モスクの正面にある敷地に定住することになった。その後、一九六四年にマッカ巡礼に出かけたとき、その地で亡くなった。

以上の内容より、鄭氏もさきの納パーサンと同じように、北タイには交易を目的として南下していたことが分かる。彼が北タイに定着するまでに通過してきたビルマのシャン州ならびに、タイのランパーン、ランプーン、タークは、二〇世紀前半まで、雲南からタイに南下してきた多数の雲南系ムスリムが交易のために利用したルートである。[16] とくに、鄭氏がチェンマイに定着する直前までに住んでいたターク県は、当時ビルマの交易港として栄えていたモーラミャインの対岸に位置する。[17] おそらく、鄭氏はタイとビルマの交易における利便性を考えて、北タイでは最初にタークに定着したのだろうと推察される。

さて、鄭氏はタイで商売に従事する一方、さまざまな公益活動に関与した。彼は一九二〇年にはじまった、ランパーン県における鉄道開通工事[18]のため、馬やラバを使って材料輸送の下請けを手伝った。また、北タイ各地への郵便業も請け負っていた。さらに、当時ラバや馬の放牧キャンプに使っていた一〇〇ライほどの土地を、チェンマイ空港建設の敷地として政府に寄付したといわれる。こうした各種の事業により、彼はタイの政府から、クンという勲位を授かったばかりではなく、ウォンルーキェットというタイの姓をもらうことになった。このタイ語の名字は、今にいたって彼の末裔に継承されている。(19)

このように鄭氏はさきにみた納パーサンと異なり、一九世紀後半から二〇世紀半ばにかけて、約半世紀も北タイに住み続けた。その結果、彼の活動は単に雲南系ムスリムとしての交易活動にとどまることはなく、深くタイ社会とも関わっていたことが分かる。加えて、タイ政府からタイの勲位を授与されていたことは、鄭氏がタイ当局の庇護を得て暮らしていたことが推察される。

さて、鄭氏は当時、チェンマイに来住していた他の雲南系ムスリムと協力して、雲南系ムスリムが共同で利用できるモスクを最初に作った。設立年は、すでに述べたように資料により違いがあるが、一八九〇年／一九一五／一九一七年である。鄭氏はモスク設立の際、自分の住んでいた敷地の一部を提供した。当時のモスクは木造の一階建てであった。それ以前には雲南系ムスリムが主体となるモスクはチェンマイにはなかった。

鄭氏をはじめとした雲南系ムスリムによるモスク建築の動きは、当時の雲南系ムスリムがしだいにタイへ定着化を進めていたことを示唆している。当時、鄭氏を中心にモスクの建築に協力した人びとは、チェンマイにおける雲南系ムスリム・コミュニティの形成にきっかけをつくったばかりではなく、その後、コミュニティの発展に寄与していく中核人物となった。

鄭氏の実の娘にあたる女性（一九九八年調査当時七一歳）からは、つぎのようなエピソードを聞くことができた。彼女はかつて鄭氏が住んでいたといわれるバーン・ホー・モスクの真向かいの屋敷に住んでいる。家屋は北タイ様式の高床式の二階建ての木造である。娘によると、敷地一帯はいまでは小さな駐車場となっているが、建物はかつての面影をそのまま残していると聞いた。

鄭氏の娘によると、鄭氏は二〇世紀後半にあらたに移住してきた雲南系ムスリムと交易活動をともにし、生活で困っている彼らをめんどうよく世話していたという。当時、二〇世紀後半の移住者たちは、まだタイでの定着もままならず、交易のために山岳地域とチェンマイを往来する生活が続いていた。交易先の山に寝泊りをしたり、チェンマイに交易物資を持ち運んでくるという不安定な生活であった。そうした中、鄭氏の住む北タイ様式の高床式建築の一階部分は、雲南系ムスリムたちが馬や荷物を置く場所として使われていた。そして、二階部分には長いひとつづきの部屋があり、交易者たちが寝泊まりをしていたという。通常、二〇から三〇人前後の雲南系ムスリムが寝泊りをし、多いときでは四〇から五〇人は泊まることができた。鄭氏とその家族たちは、彼らに大きな鍋で作ったごはんとおかずをみんなにふるまい、大忙しであったという。現在では駐車場となっている敷地には、以前、馬やラバ専用の置き場と宿泊場をかねた建物があったとのことである。

このように鄭氏の存在は、同時代に生きる雲南系ムスリムに対して影響力をもったのみならず、二〇世紀後半以後に、避難民として移住してきた雲南系ムスリムがタイで定着する上でも、重要な足掛かりを提供した。その結果、バーン・ホー・モスクには北タイの各地からの雲南系ムスリムが再移住し、定着することになった。

このほか、葉氏や沐氏といった人物も、鄭氏と同時代を生きた雲南系ムスリムの先駆者として伝えられている。一九世紀後半から二〇世紀前半にかけて北タイにやってきた雲南系ムスリムはこの他にも大勢いた。名もなく交易の途中で死んでしまった者や、北タイには定着せずそのまま雲南に帰っていった人などがいる。

2　二〇世紀後半以後――雲南系ムスリムをとりまく社会情勢の変化と避難民的移住

以上のように、二〇世紀前半までに雲南系ムスリムがタイに移住した時代は、中国、ビルマ、タイといった国民国家による国境の管理は厳しくなく、彼らは交易を中心にして域外交易を比較的自由に行うことができた。しかしながら、二〇世紀後半にタイに移住してきた雲南系ムスリムの移住をとりまく社会環境は、それ以前とは大きく変化した。この時期の移住をうながした要因は複数にわたるが、とりわけ一九四九年の中華人民共和国成立前後に生じた内戦や村落社会をめぐる社会変動が移民の運命に直接的に大きな影響を与えた。雲南系ムスリムは、中国の政治的経済的変動期における社会生活の疲弊と不安、恐怖から避難民として雲南から脱出した。しかも、移民たちは、移動過程にあたるビルマで、同時期に中国で敗戦した国民党軍の軍事活動に巻き込まれる。この時期の詳細についてはここでは述べないが、雲南系ムスリムは、おおむね一九五〇年代初頭から一九六〇年代初頭にタイに避難民として定着した。[20] この時期の移住によって、北タイには雲南系ムスリムの集落が、従来の交易盆地以外にも、タイ／ビルマ国境の山間部にも成立するようになった。先の図15-1のうち、漢人とムスリムが混住することを示す白地に黒色の二重丸は、すべて、一九五〇年代から一九六〇年代に形成された集落である。この時期に一斉に北タイ国境沿いに作られた雲南系漢人と雲南系ムスリムの集落は、彼らの避難民的な移住の経緯を反映し、彼ら自身によって中国語で「難民村」と呼ばれている。[21]

以下では、この時期の移住のうち、中国からの出国経緯を示す典型的な事例の一つである馬氏を通して、移住者の動きをみていきたい。

事例　交易者から避難民へ――馬氏の場合

馬氏は、雲南のホーシー（河西）県にあるシャオフゥイツゥン（小回村）で生まれた。調査した二〇〇〇年現在で六六歳であったので、生まれは一九三四年と思われる。小回村はムスリムがまとまって居住している地区で、馬氏以外にも北タイの雲南系ムスリムにはこの村の出身者が複数いる[22]。馬氏の家族は、ムスリムの父と、もともと漢人で結婚後にイスラームに改宗した母と、兄一人、姉一人、弟二人からなる七人家族である。馬氏は上から三番目である。

馬氏一家は、交易を専業とする家族であった。祖父の代から交易をやりはじめ、彼は七〇頭ほどのラバをもち、西双版納のムェンハイ（勐海）に出かけていった。父の代になると、ラバは四〇頭ほどに減少した。馬氏によると、「祖父の代は、商売はよかったが、父の代になると（交易の）商売をやる人が増えて祖父の代ほどの稼ぎにはならなかった」という。こうした家系にいる馬氏は、生まれてから一度も農業をやったことがない。その後、馬氏がちょうど一歳の時、父が雲南の交易を続けるため、一家は小回村からさきにあげたムェンハイに移住した。

しかし、一九四九年一二月、馬氏は父と一緒に中国から逃げ出した。当時の中国では、村人は共産党の人に無理やり捕まえられて、「この村でお金のある人は誰だ、言ってみろ」と脅迫的に尋問された。村人が名前を教えると、共産党はその人たちを調べて、彼らの財産を没収した。当時、おなじ村に住むタイ族の人たちはあまり逃げなかった。しかし、村のタイ族の村長はやはり捕まえられた。こういう状況をみて、馬氏は出国を決意した。

兄がすでに一九四六年にビルマのケントゥンに移住し、そこの料理店で手伝いをしていた。そこで、馬氏は中国から逃げ出した時、ケントゥンに行くことに決め、この兄の店でしばらく働かせてもらった。当時馬氏の二人の弟は一二歳と一〇歳であったが、彼らは母の面倒をみないといけなかったので、ケントゥンには来なかった。母は纏足で歩くことが困難だったので脱出をあきらめた。馬氏は一九九〇年に中国に帰郷したとき、自分の弟の前歯が全部入れ歯であったのにびっくりした。理由を聞くと、弟も共産党の尋問で殴られたということであった。

その後、馬氏は、ビルマのケントゥンからモンハンを経由し、タイのファン郡にある「難民村」のひとつであるバーン・ヤーン村を経て、最終的にチェンマイ市に定着するようになった。バーン・ヤーン村は、一九五〇年代初頭にビルマを経てタイへ定着した漢人とムスリムから構成される雲南人避難民によって作られた。馬氏は、当時の雲南系ムスリムの例にもれず、中国からビルマへの移動過程で国民党軍の軍事的影響を受け、タイへ再移住してきたと考えられる[23]。それまでの間、馬氏はビルマでずっと交易活動を行ってきた。

交易活動は単独では決して行わず、いつも自分の主人と一緒に行動を共にしてきた。彼の主人は、雲南のトンハイ（通海）県にあるの納家営村出身で、馬氏はいわゆる雇われの身であった。馬氏がこれまで交易で移動してきた場所はつぎのようである。ケントゥン（ビルマ）—ターキーレック（ビルマ）—メーサイ（タイ）—ドーイプイ（タイ）—モンハン（ビルマ）—ファン（タイ）—チェンマイ（タイ）—メーホンソーン（タイ）である。このように、馬氏はある時はビルマ・タイ国境を往復し、またある時はタイ国境付近のいくつかの県を横断しながら、交易活動を行ってきた。しかし、馬氏は決して当時の交易内容について詳しくは教えてくれなかった。「何を運んでいたのですか」という筆者の質問に対して、馬氏は「当時は物を運ばずに、銃を運んでいたんだよ」とぽつりと答えただけであった。筆者もそれ以上は質問することができなかった。当時の商売の状況については、他の雲南系ムスリムから聞いた話を重ねると、銃の運搬はビルマにおける交易人の仕事の一つであったようである。

馬氏は北タイに再移住した後、北タイ人の女性と結婚した。妻はもともとチェンマイ市の近郊のメーリム出身であったが、幼いときに母を亡くし、父が離婚していたため、彼女は幼少の時から雲南系ムスリムのある一家の養子として育てられてきた。馬氏はこの家族の紹介を受けて、妻と結婚することになった。妻は雲南語がほとんどできないが、結婚後は仏教徒からムスリムに改宗した。タイに定着後も、しばらく山岳地域で交易活動をしていたが、その後しばらくバーン・ホー・モスクの料理人として働いた。ちなみに、馬氏の父は、タイには南下せず、そのまま最初の移住地であるケントゥンで死亡した。兄は、馬氏より後からチェンマイに再移住してきて、馬氏の近所に家を構えた。しかし、チェンマイに三年間ほど住んでまもなく死亡した。その遺体はチェンマイ市内の墓に埋められた。

三　イスラーム環境の構築過程——宗教施設の建築をめぐって

二〇世紀後半に起こった雲南系ムスリムの避難民的な移動は、それまで北タイに居住していたムスリム人口の増加をもたらした。他方、こうした流れを受けて、彼らはしだいにタイへ定着化を進めた。その際注目すべきは、雲南系ムスリムの間で主体的にイスラーム環境を構築していく動きが生じたことである。移民一世の多くは、彼らが生きてきた中国やビルマからタイに移動する過程でいくたびかの戦乱に遭い、生きるか死ぬかといった生存問題に直面してきた。そのため、彼らの移住過程においては経済的余裕はなく、なによりも食べること、生きることがまず優先されてきた。しかし、彼らは定着後、自らのネットワークを利用して、これまで劣位に置かれていた社会的環境を改善しはじめた。このうち、それぞれのコミュニティで顕著にあらわれた宗教活動のひとつは、モスクの建築であった。

以下では、彼らの初期におけるムスリム・ネットワークの構築の動きを、モスク建築の事例をとおしてみていく。

1　モスク建築の動き

北タイでイスラームの環境を整えていく動きは、チェンマイ市のバーン・ホー・モスクから始まった。バーン・

ホー・モスクは最初、一八九〇／一九一五／一九一七年に建設されたが、後に二〇世紀後半の移住者によって一九六六年に再建された。こうしたチェンマイ市におけるモスク建築の動きは、やや遅れながら山岳地域にある雲南系ムスリム・コミュニティの間でもおこりはじめた。そこでもう一度表15-1をみてみよう。

表15-1において、雲南系ムスリムの設立時期についてみてみると、バーン・ホー・モスクを除いて、すべて一九七〇年代以後に建てられていることが分かる。これらは、いずれも山岳地域の集落あるいはその近郊に建てられたものである。それらは五ヶ所あり、チェンマイ県メーアーイ郡とファン郡である。年代的な内訳は、一九七〇年代には三ヶ所、一九八〇年代には二ヶ所である。

このように北タイに相次いでモスクが建てられるようになったことは、雲南系ムスリムがタイをもはや移住の通過点や一時的な居留地ではなく、永住地として認識しはじめていることを意味していた。チェンマイに住む七〇歳過ぎのある古老はいう。

われわれがタイに来る前にも、たくさんの雲南人がタイにやってきていた。しかし、彼らはモスクを建てなかった。その必要がなかったからさ。彼らは交易者で、中国とタイをいったりきたりしているだけで、タイに住むことを考えていなかったんだよ。モスクを建てるということは、その地に住みはじめたこと、恒久性を意味するんだ。

また、モスク建築は、同時に自らのムスリムとしての出自をタイ社会の公の場で表出する最初の機会でもあった。しかし、雲南系ムスリムにとっては、モスクの建築に至る道は、外部の者が想像する以上に苦労と困難があったようである。当時、彼らの多くは一時的な避難民にすぎず、タイ社会から差別的なまなざしでみられがちであった。そのため、宗教的な目的からモスクを建てるといっても、タイ政府から信頼を得るのは難しかったという。

チェンマイ県ファン郡のモスクの創建に関わった七〇歳過ぎの金氏がいる。金氏は四〇歳過ぎのころ、彼と親しい友人一人とともに発起人としてファン・モスクを建てた。表15-1にあるように、ファン・モスクは一九七五年に建設された。金氏はその後、モスクを建設すると同時に、イマームに就任した。金氏はその頃を振り返りつぎのように述べている。

タイ政府は南タイを援助し、タイ北部にはぜんぜん援助しなかった。タイ政府は、南タイのムスリムが独立するのを恐れて、それを手なずけるために、彼らに金を与えている。私たちは自分で金を探してきて、自分でモスクを建てるのです。わたしは当時、モスクを建てたいと考えて、政府と打診していた。しかし、その時タイ政府は、「どうしてモスクを建てるのか、南タイとおなじように何か政治的な意図があるのか」と厳しく問いただしてきた。わたしは、「わたしたちはそんな独立などややこしい問題はいっさい考えていない、平和な活動そのものです」と答えた。私たちは何か政治的な目的でモスクを建てるのではないかと、タイ政府に疑われたのです。南タイの人たちとおなじように、政府から金をもらおうと思えば本当はもらえるのです。けれども、その手続きといったら本当にややこしい。簡単ではない。それだったら、自分たちで建てようということになった。とくに田舎でモスクを建てるのはやっかいだから……。

このように、雲南系ムスリムの宗教活動に対して、当初タイ政府は冷たい対応をとり、その目的に疑いさえもっていた。その結果、金氏の場合、モスクを建てるための財源は、金氏と友人一人がその大部分を出資し、残りを他地域に住む雲南系ムスリムから調達したという。金氏自身は、当時自分がはじめていた茶や養鶏ビジネスで蓄積した財をモスク建築の資金源にしたという。すなわち、金氏は、一九五〇年、新中国誕生後の社会的混乱を逃れるため、タイに避難民として移住してきた。その後、彼が住んでいたファンで、茶の栽培から流通までの経営にとりかかった。ファンの近隣をはじめ、北タイは標高が高いため、気温が低く、茶の栽培には適していた。金氏の茶のビジネスは、従業員一〇〇人を抱えるまでに成長し、金氏が商売で取り扱っていた茶は、タイ国内のみならず、香港などにも輸出された。金氏はまた、養鶏のビジネスも行った。この二つのビジネスで金氏は大成功したのである。

以上の金氏の事例は、移住当初のモスクの建設は経済的にめぐまれた一部の裕福な人たちが率先して行ったことを示している。そして、この金氏が語るように、雲南系ムスリムがモスクを建築する場合、その財源はタイ政府からではなく、おもに彼ら自身のネットワークによって調達された資金に依存していたのである。

それでは雲南系ムスリムは、モスクをはじめとした宗教施設の建築をめぐって、実際どのように協力し、どのようなネットワークを利用したのであろうか。ここでは、チェンマイ市にあるサンパコイ・モスクならびにイスラーム学校の創設を事例にして、具体的に彼らの相互扶助にみられるネットワークについてみていきたい。

2　サンパコイ・モスクと敬真学校の開設と指導者の動き

位置と背景

サンパコイ・モスクと敬真学校はともにチェンマイ市内の住宅地の中に建てられている。このあたりは、ちょうどチェンマイ市を南北に流れるピン川の東側に位置し、サンパコイ地区と呼ばれている。この二つの宗教施設は、サンパコイ地区を走る小道をはさんで両側に立っている。そこは、チェンマイ市にあるバーン・ホー・モスクからピン川を渡ってほぼ対岸に位置し、両地点は歩いて二〇分ほどの距離にある。

サンパコイ・モスクはタイ語の通称で、アラビア語ではマサジット・アッタカワーという。中国語名ではタイ語のサンパコイの地名にちなんで、文字通りサンパコイ清真寺と呼ぶ。[24]一方、敬真学校はイスラームを専門に教える学校

写真 15–2　チェンマイ県チェンマイ市にあるイスラーム学校敬真学校の看板．学校名はアラビア語，タイ語，ランナー語，英語，中国語による多言語表記である．

で、タイ語では通称タッカワー、アラビア語ではモスクと同様にアッタカワー学校と呼ばれている。サンパコイ・モスクは、一九六九年末に建物が完成し一九七〇年に竣工式が行われた。また、敬真学校は一九七二年に創設された。

　こうした二つの宗教施設の創設にあたり、リーダー的な存在となったのは、忽然茂氏である。バーン・ホー・モスクとサンパコイ・モスクの教区員の間には、日常的なつきあいから宗教行事に至るまで、頻繁な往来がある。そして、聞きとり調査の結果、サンパコイ・モスク周辺に住む雲南系ムスリムは、もともとバーン・ホー・モスク周辺に住んでいた人たちであったが、雲南系ムスリムの移住人口の増加によって、新たに広まった居住区であることが分かった。その火付け役となったのが、忽然茂であった。彼は移住後、タイ国籍を取得した。タイ語名をヨン・フーアナンという。彼は、もともと住宅地にすぎなかったサンパコイ地区に、つぎつぎと宗教施設を建てることによって、北タイにイスラームの活動拠点を築きあげた。

忽然茂はすでに死亡しているが、彼の妻やその息子がいまでもサンパコイ・モスク周辺に居住している。筆者は、バーン・ホー・モスクの教区員の紹介を受けて、忽然茂の親族に会うことができた。また、彼の影響を受けてイスラームを勉強し、いまではタイ国内の宗教学校の教師をしている人やその学生たちにも出会った。そこで以下では、忽然茂がどういう経緯でサンパコイ地区にあらたにモスクと宗教学校を建設するようになったか、そうした背景を知るために彼のライフヒストリーからみてみよう。(25)

忽然茂のプロフィール

忽氏は、一九一四年三月二〇日、雲南省ウェイサン県にあるムスリム集落(27)の商売人の家に生まれた。忽氏は小さい時から村で中国語とアラビア語について勉強したが、当時の多くの子供たちがそうであったように、「高いレベルの教育をうけないまま(28)」、一九三三年に一九歳で結婚した。

一九三八年、忽氏が二四歳の時、家の商売を兄弟にまかせ、馬という名の宗教従事者について Yi Sey 村(29)に勉強のために出かけていった。しかし、ほどなく村に帰り商売を再びはじめた。彼の商売は、〝trading business along the Burma-China border〟であった。結婚後もしばらく家の商売を手伝うのに忙しかった。忽氏の商売は繁盛し、一九四七年には、彼は認められて地区の行政委員長(30)に選出された。二年間の勤務のあと、彼はさらに地区の代表(31)に選ばれた。イスラームについての勉強には専念できなかったが、彼は商売に従事するかたわら、穆光学校(ムハンマドの光)というイスラーム学校を設立した。この学校には六〜七人の教師と約一〇〇人の学生が在籍していた。その後、雲南の各地で国共内戦がはげしくなり、治安が悪くなってきた。彼の村もついに一九四六年、共産党軍の攻撃にあった。彼は司令官として任命され、戦いに身を投じた。

しかし、忽氏は、戦乱のはじまった村の状況に耐えられなくなり、家族を残して中国からビルマに逃げた。その出国年は不明である。忽氏は当時の状況をつぎのように記している。

多くの人は貧しく、金持ちは一握りだった。この階級による違いは嫉妬と嫌悪を人びとの間に生み出した。これが中国に共産主義を生み出した理由である。私はいつもその中間に立っていた。私はいかに共産党の人びとが残酷なのかをみてきたのである。

忽氏はビルマに脱出後、一九五〇年代末までそこで商売を続けた。さらに一九五一年には、彼はビルマから逃げてチェンマイに下りてきた。一九五〇年代初頭といえば、すでに中国から国民党軍がビルマに逃げて駐屯をはじめていた時期である。忽氏は、いち早くビルマにおける国民党軍の戦乱から逃れて、チェンマイに移住したと思われる。その後、チェンマイに移住してから、一九五三年二月一九日、忽氏は北タイ人の母とインド・パキスタン系ムスリムの父をもつ女性と結婚した。その後、商売のため一時的にバンコクに移住した。

一九五七年はじめには、忽氏は再びチェンマイに戻ってきた。彼はチェンマイに戻ってきた理由として、バンコクでは「新しい環境に適応できなかった」と書いているが、その理由ははっきり分からない。忽氏以外の雲南系ムスリムにも、チェンマイから一時的にバンコクに移住し、ふたたびチェンマイに戻って生活をはじめる人たちが複数いた。バンコクからチェンマイの移動は、おそらく彼らの商売と関係していたのだろうと思われる。チェンマイでは、現在バーン・ホー・モスクがある付近に家を定め、家族とともに生活をはじめた。

以上のように、忽氏のライフヒストリーを見てみると、彼は中国ではもともと交易に従事する商売人の出で、その後、自分の村で役人にまでのぼりつめたエリートであったことが分かる。そして国共内戦がはじまると、その難を逃れて北タイに移住してきた。こうした経緯は個人によって若干の違いがあるが、忽氏の移住は北タイにすむ雲南系ムスリムの移住史とおなじ流れを汲んでいることが分かる。ただし、忽氏において特筆すべきは、彼は雲南にいた時から、宗教従事者について一時的に他の村で宗教を勉強したことや、商売に従事しながらも、宗教学校を設立したことから推察されるように、タイに移住する以前からイスラームについて熱心な信者であったことである。このように、忽氏はすでに中国において宗教的指導者としての素性とその経験をかね備えていた人物であるといえる。

それでは、どうして忽氏はタイに移住してから、二つもの宗教施設をつぎつぎと作るようになったのだろうか。当時の心境について、彼はつぎのように記録している。「チェンマイにいるムスリムは、中国、パキスタン、インドなどから来ているのに、彼らは自分がムスリムであることは知っているが、彼らのほとんどはイスラームの教えを知らない」[32]。この言葉から、人一倍宗教心の強かった忽氏は、タイに移住してから、イスラームの精神を忘れてしまった雲南系ムスリムの日常生活をみて、残念どころか、大変憂慮していたことがうかがえる。

しかしこうした問題を目にしていても、タイに移住した当初の忽氏には、まだ、宗教活動にエネルギーを注ぐ余裕はなく、生計をたてることをまず解決していくことが大事であった。彼は記録の中で「神のおかげで自分は共産党から逃れることができ、また仕事も成功した。自分はイスラームのために働こう、そのように決意した」と書き残している[33]。それは、タイにおけるビジネスの成功、すなわち、経済的な基盤があって、ようやく宗教活動にエネルギーを注ぐことができるようになったことを示唆している。このように、商売によって経済力をもった人物がイスラームの振興を指揮していく姿は、さきにみた金氏の場合にも共通している。

モスク・イスラーム学校の設立

それでは、モスクとイスラーム学校を設立するに至るまでの経緯をみてみよう。忽氏が敬真モスクを設立するのは一九七〇年、敬真学校という名のイスラーム学校を創設するのは一九七二年である[34]。

忽氏は、バンコクからチェンマイに移り住むようになって、まず、バーン・ホー・モスク周辺にすむ雲南系ムスリムの長老たちに、長年温めてきた自分のイスラーム教育を実践するための宗教学校設立の計画を彼らに打診した。忽氏はもともとバーン・ホー・モスクの教区員だったので、そこに住む人びとと親睦をすでに深めていた。しかし、その計画は難問が山積みであった。

そのひとつは、「言葉の壁」で、もうひとつは、雲南系ムスリムにとっての宗教学校の必要性という問題であった[35]。後者については、「イスラーム学校よりも普通の学校で勉強した方が生活は簡単ではないのか」という点であった。一方、「言葉の壁」とは、実際どういった問題であったのか、忽氏は直接には言及していない。しかし、当時の状況を考えると、アラビア語で書かれたクルアーンをはじめとしたイスラームの知識を、どのように中国語とタイ語を話す雲南系ムスリムの子供たちに教えるのかという問題であったと推測される。

言語問題と宗教問題はしばしば移民社会でとりあげられる課題のひとつである。雲南系ムスリムにおいても同様である。雲南系ムスリムの子供たちは、当時、中国からきた一世の父とともに生活していたこともあり、日常的には中国語とタイ語を併用していた。このような言語環境におかれた子供たちに、宗教知識を教える人材は不足していた。なぜなら、移民一世の中には、中国で宗教的な知識を移住前に身につけた者もわずかながらいたが、中国語が話せても、宗教的な知識を教えるほどのレベルには達していなかったからである。似たような問題は、すでにバーン・ホー・モスクで起こっていた。バーン・ホー・モスクでは、平日の夕方に子供たちにアラビア語やクルアーンの勉強が雲南系ムスリムの二世たちに対して行われていた。当時、バーン・ホー・モスクで勉強していた、現在では四〇歳過ぎになる女性インフォーマントによると、バーン・ホー・モスクでは、雲南生まれのムスリム一世がなまりのある中国語でクルアーンを教えていたという。当時を振り返り、教師たちが正しくクルアーンの発音を教えていなかったと、彼女は批判的に筆者に説明してくれた。

第二の問題、すなわち、「イスラーム学校よりも普通の学校で勉強した方が生活は簡単ではないのか」という点は、当時もっとも慎重に対処すべき課題であったと思われる。なぜなら、一九六〇年代といえば、まだ多くの雲南系ムスリムの生活は安定せず、一部の人たちは依然として、非合法な商売などによって生計を立てざるを得ず、目先の商売を成功させることが最優先される時期であった。そうした苦境の中で、莫大の資金を宗教学校設立のために投資することは、ある意味大きな賭けであったといえる。

こうしたいくつかの問題を抱えながら、忽氏はより実現可能な方向性をさぐるために、タイ国内にあるイスラーム学校を視察したり、各方面から情報を収集していった。

計画を遂行するために、忽氏はまず一九六四年に、中部タイのアユタヤーにあるタイ人ムスリムによって作られたイスラーム学校を訪問した。そこでは、ムサー・ハナフィーという名のイマームによって、タイ語とアラビア語が教えられていた。忽氏は、このことをチェンマイに戻って若いムスリム達に伝え、彼らの中から、そこで勉強を希望する人たちを募った。彼は何人かの人を説得し、候補者を選び出すのに一年もの月日を要した。その結果、一九六五年に選ばれた三人がアユタヤーで勉強することが決まった。その後、その学校で勉強する学生は増え、一九六六年には学生は一〇人になり、一九六七年には一五人にまでになった。

忽氏は、その後も、北タイにおけるイスラーム教育の模範となるような学校をタイ国内で探しつづけた。その結果、ついにチャチュンサオ県で高レベルなアラビア語を教えている宗教学校を見つけ出した。しかし、この学校へ入学するためには、授業料を払うことが定められていたばかりではなく、年ごとの入学者が一定数に決められていたことが分かった。彼は、最初になんとか一九人をその学校で学ばせ、資金的に援助することにした。その後、チェンマイに住むムスリムの支援もあり、学生は順調に増えた。

一九六四年以後、チェンマイのムスリム子弟をイスラーム学校へ送りこむプロジェクトが順調に進む一方、忽氏は、北タイにイスラーム学校を建設するに際してふさわしい場所を探す必要を感じていた。おりしもこの当時、彼が属していたバーン・ホー・コミュニティの間で、古くなったモスクをあたらしく改築する動きが高まっていた。それがすでに述べた、一九六六年におけるモスクの再建である。チェンマイ市内へ来住する雲南系ムスリムの数が増え、旧来のモスクでは彼らをもはや収容できなくなってきた。その結果、一九六六年、約一〇ヶ月間を経て、バーン・ホー・モスクは再建された。忽氏もこのモスク修築運動に関与していた。

しかしその一方で、忽氏は自分の夢であるイスラーム学校を建てることは決して忘れていなかった。彼はあたらしく建設されたモスクをみながら、「バーン・ホー・モスクはビジネス街にあるため、それ以上敷地を拡大することはできない[36]」と考え、イスラーム学校の建設には、それより広い敷地を見つけ出す必要があると感じていた。

幸いなことに、忽氏はそれ以前にすでにある土地の一角を、イスラーム学校を建てる名目で五〇〇〇バーツの前金を払い、手付けしていたのを思い出した。この土地が、今のサンパコイ・モスクと敬真学校が建っているところである。その土地の所有者はムスリムでMr. Erng[37]という。忽氏はすぐにその前金がまだ有効かどうかを所有者に尋ねた。Mr. Erngの好意により、その金はまだ有効とされた。さらに、土地代は忽氏が最初に契約した時の価格のままでいいということになった。彼は土地代の全額を支払って、その土地の所有権を確保した。また、この近辺には、すでに一部の雲南系ムスリムが住んでいた。彼はそのうちの三人に、自分の計画について相談し、協力してもらうことを頼んだ。工事着工までの金銭面での援助も彼らにお願いした。

その後、彼はこの土地にイスラーム学校とあたらしいモスクを建てることに決めた。一九六六年一〇月四日、彼とその家族は、バーン・ホー・モスク付近にある家から引越し、あたらしく購入した土地の一部分に家を建てた。翌年の一九六七年、モスクを建てるための地面を埋める工事がはじまった。一九六八年には、モスクの壁ができあがり、一九六九年にモスクが完成、続いて翌年の一九七〇年一月に竣工式が行われた。一方、モスクとは道路を挟んで向かい側の敷地に、イスラーム学校用の建物、寄宿舎、さらに食堂を作る計画をはじめた。イスラーム学校は一九七二年に完成した。

以上の経緯から、宗教施設の建設をはじめるにあたり、忽氏はさまざまな問題をかかえながらも、事前に北タイの雲南系ムスリムやインド・パキスタン系ムスリム、さらに、タイ国内のタイ・ムスリムとの連携をとりながら計画を進めていたことが分かった。それでは、こうした彼らのネットワークは実際どのような範囲にわたり、どのような人びとがそこに関与していたのであろうか。ここでは、宗教施設の建設にいたるまでの寄付金の調達をめぐる彼らのつながりをみてみたい。

3　寄付金の分析

寄付者リスト

サンパコイ・モスクならびに敬真学校の設立に際しては、各方面から寄付金ならびに物品が集められた。これらの資金ならびに物品の寄付状況については、敬真モスク・敬真学校記念集[38]に詳しくリストとして記載されている。モスクとイスラーム学校の寄付金は、別々に調達されたようで、別個のリストが作られている。モスクについては全二一六ページ中八ページ、宗教学校については一四ページがさかれている。

リストにはそれぞれ（一）中国語名、（二）タイ語名（あるいは外国語名）、（三）継続して寄付をした年数、（四）寄付額、（五）所属するモスク名が記載されている。雲南系ムスリムの場合、すでにタイ国籍を持っている者には、中国語名以外にもタイ語の名がそれぞれ記されている。一方、正式なタイ語名をもっていない雲南系ムスリムの場合には、タイ語名の欄には、中国名のタイ語の読みが表記されている。また、雲南系を除くインド・パキスタン系やタイ系などの場合には、中国語名の欄には、タイ語名が当て字で記されている。また、苗字がなく、呼称で「老二（次男）」と書かれていたり、「K医師」というようにタイ語で苗字と職業が組み合わされている場合もある。このように、名前の表記方法は必ずしも厳密ではないが、中国語名が記載されているので、少なくとも寄付者が雲南系かそうでないかは区別できるようになっている。

寄付金についてはいずれの場合も、個人によって金額や、寄付の継続年数に違いがある。単年度だけで行っている人から、数年間連続して行っている人もいる。リストは寄付額の多い順に縦書きに並べられているので、誰がどのくらい寄付したのか一目で分かるようになっている。そこに掲載されている寄付者の中には、すでに死亡した人たちもかなり含まれているというが、筆者が調査中に知り合った人たちの名前も載っている。ちなみに、雲南系ムスリムの間では、その寄付額によって自分と他人の順位を比べたりすることは、寄付にまつわる関心事のひとつである。いまでも雲南系ムスリムのモスクでは、寄付活動が行われた際には、必ずといっていいほど、モスクの掲示板には寄付者氏名と寄付額が大きな紙に書かれて、教区員全員が目に留まるように公表されることが慣わしになっている。彼らは信仰への熱心さ以上に、寄付額の多寡がそのまま雲南系コミュニティにおける名声と威信につながることを信じているのである。

それでは、二つの宗教施設の建設にあたり、どのようなネットワークが活用されながら資金が調達されたのか。リストを詳しくみていくと、その資金は国内外のさまざまな人たちから集められていることが分かってきた。以下、ここではまず国内における寄付活動について、その具体的な内訳についてみてみよう。

サンパコイ・モスクの寄付リスト

サンパコイ・モスクの寄付リストには、一九六四年一月二〇日から一九七三年五月二〇日まで、九年間にわたって寄付をした人の名前が載っている。すでにみたように、忽氏がモスク建設準備のためにサンパコイに引越ししたのが一九六六年である。その後、モスクが完成したのは一九六九年末で、竣工式は一九七〇年に行われた。こうして寄付が行われていた時期をみると、忽氏はこのプロジェクトに着手する二年前から、着々と資金集めをしていたことが分かる。

それでは、サンパコイ・モスクの建設に際してどこから資金が集められたのかみてみよう。それを示したのが表15-2である。表には、サンパコイ・モスクに集められた教区名と寄付者数、その寄付額をそれぞれ示した。寄付は、リストの表記にもとづいて、寄付者が所属する教区ごとにまとめた。寄付の方法にはさまざまあり、一個人を単位にした場合から、おなじモスクに所属する人たちが数名で協力して寄付を行う合同的なもの、さらに家族レベルのものもある。家族レベルのものには、夫婦、親子や母子などもあるが、このうち、「○○の妻（"○○太太"）」という表現を使っている者もある。この場合、○○の妻とあえて当時者が使うのは、夫が死亡した場合に多いという。彼らの間では、残された妻やその家族が夫の名を後世に残すために、あえて寄付するときに夫の名を使い続ける慣わしがあると聞いた。その他に匿名によるもの、銀行の利子や募金箱に集まった金などがある。家族や個人のいかんを問わず、それらを便宜上一口と考えた。

表から分かるように寄付金は、国内外から集められている。このうちまず国内からの寄付についてその傾向をみてみよう。国内の合計は、九〇万六七一二バーツである。それは、チェンマイ県、チェンラーイ県、メーホンソーン県、ランパーン県、バンコクの五つの県にわたっている。

このうち、もっとも寄付が多かったのは、サンパコイ・モスクからの寄付である。その金額は計六〇万八八三バーツで五二口にのぼり、国内寄付額の六六・三パーセントを占めている。サンパコイ教区は、その名から分かるように、モ

表 15-2　サンパコイ・モスクの建設に集まった寄付（1964 年から 1973 年まで）

国内	教区名	寄付内訳	人数（人）	寄付額（バーツ）	国内割合（%）
チェンマイ県					
市内	サンパコイ	52 口（個人 49 口，団体 1 口，募金箱 1 口，銀行利息 1 口）	21	600,833	66.3
	バーン・ホー	59 口（個人 58 口，団体 1 口）	211	244,756	27
	チャンクラーン	3 口（個人 2 口，団体 1 口）	34	4,071	0.4
	チャンプァク・サンパトーン	1 口（団体 1 口）	67	1,602	0.2
	プラトゥーチェンマイ	1 口（団体 1 口）	19	602	0.07
	ノンベーン	1 口（団体 1 口）	34	570	0.06
北部	バーン・ヤーン	3 口（個人 2 口，団体 1 口）	28	3,025	0.3
	フォファイ	1 口（団体 1 口）	18	865	0.1
	ファン	1 口（団体 1 口）	11	780	0.09
	タートン	1 口（団体 1 口）	2	85	0.01
チェンライ県	チェンラーイ	4 口（個人 3 口，団体 1 口）	35	3,350	0.4
	メーサイ	7 口（個人 6 口，団体 1 口）	30	17,915	2
メーホンソーン県	メーサリアン	1 口（団体 1 口）	14	556	0.06
ランパーン県	ランパーン	1 口（団体 1 口）	16	900	0.1
バンコク	バンコク	18 口（個人 17 口，団体 1 口）	23	26,802	3
国内計			563	906,712	
国外					
サウジアラビア		1 口（個人 1 口）		102,500	
国内・外合計				1009,212	

出所：TQYQ 1988 をもとに作成

スクの建設予定地であるサンパコイ周辺に住んでいた教区員たちのことである。サンパコイ地区について二番目に寄付額が多いのは、バーン・ホー・モスクの教区員である。その寄付は計五九口で、総額二四万四七五六バーツである。

　これら二つの教区の構成員は、少数のインド・パキスタン系を除いて、大多数が雲南系ムスリムである。そのことを反映してか、実際に寄付をした人たちも雲南系がほとんどである。

　具体的にはサンパコイ教区員のうち、忽氏を含めた雲南系ムスリムからの寄付は三五口あった。それは、サンパコイに集められた寄付合計五二口のうちの六七・三パーセントを占めている。また、バーン・ホー・モスクからの寄付についても同様である。バーン・ホー・モスクに集められた寄付は五九口であった。そのうち匿名による合同寄付一口を除く五八口のうち、五三口が雲南系ムスリムから集められた。これは集められた総寄付数の八九・八パーセントも占めている。

以上、サンパコイ・モスクとバーン・ホー・モスクからの寄付の合計金額は、八四万五五八九バーツになる。それは、タイ国内の寄付額九〇万六七一二バーツの約九三パーセントも占めていることになる。

以上の二つの教区員からの寄付に加えて、おなじチェンマイ県内にある他の雲南系ムスリムの教区員達からも、はるばる寄付が集められている。すでに述べたように、リストに示したチェンマイ県バーン・ヤーン、フォファィ、ファン、タートンの四つの教区は、山岳地域にある雲南系モスクである。

この山岳地域にある雲南系モスクのうち、寄付がもっとも多いのはバーン・ヤーンで、そこからは三口（二人の個人と二六人による合同寄付）の寄付があり、総額は三〇二五バーツであった。その次は、フォファイからで一八人が合同で八六五バーツである。つぎに、ファンのからは一一人が合同で七八〇バーツ、最後にタートンから二人が合同で八五バーツである。以上、四つの教区員からの合計は六口で五九人となり、総額は四七五五バーツである。寄付額だけをみると、四つの教区はさきにみたサンパコイやバーン・ホーに比べると圧倒的に少ないが、それは四つの教区はもともと教区員が少ないことや、それらは山岳地域にある雲南人集落一帯に位置し、都市に住む雲南系ムスリムに比べて経済状況が豊かでないことなどの要因が考えられる。

チェンマイ県以外からの寄付については、教区名だけで寄付者を雲南系かどうか特定することはできない。というのも、いずれの教区にも雲南系、インド・パキスタン系やタイ系が混住し、その人口比率がよく分からないからである。ただし、リストの寄付者名から、雲南系であることが分かるケースがある。たとえば、チェンラーイ県メーサイ教区の場合である。表にはメーサイ教区からの寄付は七口ありその合計は一万七九一五バーツと示されているが、このうち六口（実質も六人）が苗字から判断して、雲南系からの寄付であることが分かった。彼らは六人で一万五八〇〇バーツ寄付している。

さて、以上にみた雲南系寄付者の中で、もっとも多く寄付をしたのは、忽氏であった。彼はたんに発起人として人びとに寄付を呼びかけただけではなく、寄付者として自ら積極的に貢献した。彼一人で六年間継続して寄付を行い、総額は二四万三三〇五バーツにのぼる。これはタイ国内から集められた寄付総額の二六・八パーセントを占める。

ところで、このような雲南系ムスリムによる活発な寄付活動とは対照的に、おなじ地区に住むインド・パキスタン系ムスリムたちの反応はやや冷たい。チェンマイ市内およびその近郊には、複数のインド・パキスタン系のモスクがある。それらは、チャンクラーン、チャンプァク、サンパトーン、プラトゥー・チェンマイ、ノンベーンのモスクである。これら五ヶ所の地区からの寄付は計六口、六八四五バーツで、これはタイ国内寄付額の約〇・八パーセントにすぎない。このうち個人単位で寄付をしたのは、わずか二人（二口）だけで、残りはみなモスクの教区員の合同的な寄付という形をとっている。チャンクラーンでは三二人、チャンプァクとサンパトーンを合わせて六七人、プラトゥー・チェンマイは一九人、ノンベーンは三四人が一緒になって合同寄付をしている。個人の寄付者と合同寄付者を合わせると、寄付をしたのは合計一五二人である。これを彼らの寄付総額で割ってみると、一人あたりの寄付額はわずか平均四五バーツに過ぎず、相対的にインド・パキスタン系からの寄付額は少ないことがいえる。こうした背景には、すでにチェンマイ市内にはインド・パキスタン系によって建設された複数のモスクがあり、彼らにとって雲南系ムスリム主導のモスク建築はみずからの宗教的利害に直接影響を与えることとして強く認識されなかったことが考えられる。

このほか、北タイにおいては、ランパーン県から合同で一六人による寄付が九〇〇バーツ、メーサリアンからの合同寄付が一四人で五五六バーツあった。しかし、いずれもその民族的背景は分からない。

さらに、こうした北タイからの寄付以外にも、バンコクに住むムスリムからの寄付が集まっている点が興味深い。バンコクからは一八口の寄付があり、そのうち一七口が個人で、一口が六人からなる合同寄付である。リストに載っている個人寄付者をみると、それらすべてが中国語以外の名前である。ここから、バンコクからの寄付者は非雲南系ムスリムたちによって支えられていたことが分かる。しかし、彼らは雲南系ムスリムではなくても、その寄付額は高く、一八人で計二万六八〇二バーツにもなり、タイ国内寄付額の約三パーセントを占める。このように寄付額が高い背景には、ムスリムとしての同胞意識といった宗教的側面も強く影響していたと思われるが、それ以外にも、バンコクの経済的な生活水準がチェンマイを含めた北タイ地区に比べ圧倒的に高いことが関係あると思われる。

以上、サンパコイ・モスクの建設をめぐって、タイ国内においてどのように資金が調達されたのかをみてきた。タイ国内における状況をみるかぎり、その資金の担い手は、あくまでも雲南系ムスリムたちが中心であった点に特徴がある。加えて、北タイやバンコクにすむその他インド・パキスタン系ムスリムを加えたネットワークも若干ながら活かされていたが、寄付そのものについては消極的であることが分かる。そして、もうひとつ指摘すべきは、モスクの寄付者はみな民間人であったということである。すなわち、先に述べた金氏が苦言していたように、タイ政府をはじめとした公的な援助はいっさい含まれていなかったのである。

敬真学校の場合

それでは、敬真学校の設立においては、誰からどのようにして寄付が集められたのであろうか。資金はモスク建築前から呼びかけられ、建築後も随時集められていたようである。リストには、継続年数が記載され、一年間だけの寄付者から一五年間も続けて寄付をした者などさまざまである[39]。

筆者が参照している寄付リストには、学校建築そのものへの寄付に限らず、敬真学校が設立されてから一五年間に寄

表 15-3　国内ムスリムから敬真学校の建設・運営に集まった寄付 (15 年間)

寄付者	教区名	寄付内訳	人数 (人)	寄付額 (バーツ)	割合 (%)	計
国内ムスリム	サンパコイ	146 口 (個人 146 口)	146	6,735,436	82.8	
	バーン・ホー	76 口 (個人 75 口, 団体 1 口)	196	1,389,425	17.1	
	市内その他	1 口 (個人 1 口)	1	1,480	—[1]	
	サンカンペーン	1 口 (団体 1 口)	8	1,060	—	
	チャンプァク	1 口 (団体 1 口)	4	200	—	
	バーン・ヤーン	1 口 (団体 1 口)	3	1,800	—	
	ドーイアンカーン	1 口 (団体 1 口)	不明	1,100	—	
	タートン	1 口 (団体 1 口)	7	700	—	
	ファン	1 口 (団体 1 口)	3	300	—	
	チェンラーイ	1 口 (団体 1 口)	不明	2,400	—	
	バンコク	1 口 (団体 1 口)	3	2,187	—	8,136,088
その他収入	家賃収入			1,794,696		
	サンパコイモスクの補助			768,087		
	銀行の配当金			462,043		
	教区員から教材印刷費補助			63,000		
	教区員から外国留学費補助			61,810		
	教区員から電熱費補助			232,900		2,701,053
合計						10,837,141

1) 国内ムスリム寄付額のうち 0.1%未満は—で表示した.
2) 出所：TQYQ 1988 にもとづき作成.

せられた各種教材費、電気代、留学費などへの補助を目的とした寄付やその他の収入もまぜこぜで記載されている(40)。また、寄付や支援金以外にも、サンパコイ・モスクの建築残金、敬真モスクの収入、銀行の配当金や、学校の周りに建設されたアパートメントの賃料による収入金も寄付リストの中に記載されている。そこで、筆者は彼らが作成したリストを整理しなおしてみた。それを示したのが表15-3である。ここでは、モスクの建築の事例と同様に、タイ国内における寄付の動きだけをさきにみる。

この表に示したように、先に述べた建築以外の目的に利用された寄付額を除いて計算すると、建物の建設に寄せられた資金の総額はタイ国内で八一三万六〇八八バーツである。

その内訳を詳しくみていこう。敬真学校付近に住んでいるサンパコイ・モスクの教区員からの寄付が圧倒的に多い。計一四六口集まり、その額は六七三万五四三六バーツとなっている。これはタイ国内の寄付額の約八三パーセントを占めている。二番目に多くの寄付が集まったのは先の事例と同様に、バーン・ホー・モスクからであった。バーン・ホー・モスクからの寄付額はあわせて計七六口、一三八万九四二五バーツになっている。

さて、この二つの教区からの寄付者には、やはり雲南系ムスリムが多い。サンパコイ地区に寄せられた寄付一四六口のうち、リストの中から明らかに中国語の姓名を持つと判断できたのは、九五口であった。これはこの地区の寄付者の六五・一パーセントを占める。残りはアラビア語名やインド・パキスタン系の人びとの苗字がありそれらは四七口である。その他、三口は不明で、残り一口は、中国語名を冠した民間企業であった。バーン・ホー教区員においてもおなじ傾向がみられる。バーン・ホー地区からの寄付七六口の内訳は、その名前から判断して、雲南系個人による寄付が七二口、インド・パキスタン系個人が三口である。残りは、一二一人のバーン・ホー・モスクの教区員による合同寄付が一口である。

そして、二つの教区の中で、やはり発起人である忽然茂の果たした役割は大きい。彼は一人で一五年間にわたり、一五四万八四八二バーツも寄付をしている。これはタイ国内寄付額の約一九パーセントにあたる。リストに記載されている寄付額を概観してみると、多くの人が四桁から五桁台の寄付であるのに対して、忽氏のこの寄付額は群を抜いている。しかし、忽氏にはかなわないが、やはり高額の寄付をした者もほかにいた。たとえば、サンパコイ・モスクでは、忽氏以外にも一三〇万バーツを寄付した人が一人いたほか、一〇万バーツ以上の寄付者は八名いた。しかも、これら高額寄付者のうち、単年度の寄付は一人だけで、それ以外の人は数年継続して寄付している。寄付継続年数については、二年が一人、八年が一人、一一年が一人、一四年が二人、一五年が三人である。同様に、バーン・ホー教区員においても、三〇万バーツの寄付者が一人、一〇万バーツ台の寄付者が三人、いずれも寄付を継続して更新しており、六年、七年、一四年、一五年となっている。彼らはとても熱心な寄付者であることが分かる。

以上は、チェンマイ県チェンマイ市内に住む雲南系ムスリムからの寄付である。このほか、さきのモスク建築のときとおなじように、チェンマイ県の山岳地域にある避難民集落の一帯にある教区からも寄付が集められている。バーン・ヤーンから三名、ファンから三名、タートンから七名とドーイアンカーン（人数不明）からの寄付があった。これら四地区から集められた寄付額を合わせると三九〇〇バーツである。

また、はっきりとは断定できないが、雲南系ムスリムによる寄付と考えられるのが、サンカンペーン・モスクからの合同寄付である。八人で一〇六〇バーツの寄付があった。なぜなら、サンカンペーンのモスクは、雲南系ムスリムがインド・パキスタン系ムスリムと協力して建てたモスクといわれ、いまでも複数の雲南系ムスリムの家族がそこに住んでいるからである。加えて、サンカンペーンのモスクの教区員は、チェンマイ市内の雲南系ムスリムとの間にも、宗教行事などを通じて往来がみられるからである。当時、寄付金を送った人たちは、おそらく雲南系ムスリムであったと考えてもいいであろう。以上の点を考慮すると、チェンマイ市の二つの教区を除いた、チェンマイ県に住む雲南系ムスリムからの寄付の合計は、多く見積もって四九六〇バーツになる。

これまで述べたのは、雲南系ムスリムからの寄付についてである。このほかにも、チェンマイ市内にあるプラトゥー・チェンマイ、県外のバンコクやチェンラーイ教区からの寄付者もいる。しかしながら、これらの教区員については、リスト中にも個人名が記載されておらず、寄付者の民族的背景は特定しがたい。

このように、タイ国内における敬真学校設立にまつわる寄付の動きをみてみると、やはり、彼らの宗教活動を支えたのは圧倒的に雲南系であったことが分かる。

しかしながら、敬真学校の設立と運営に関して特筆すべき点は、タイの公的機関からも寄付が行われた点にある。それを示したのが表15-4である。この表には四つの機関が載っている。内務省、教育省宗務局は、タイにおける宗教学校と宗教施設を管轄をしている省庁で、それぞれの寄付額は一万三六六〇バーツと一万バーツとなっている。イスラーム委員会というのは、敬真モスクおよび学校を県レベルで管轄している公的なイスラーム組織である。そこからは、ラマダーン行事（断食）に対する支援として二万四七〇〇バーツが寄付された。チェンマイ市は敬真学校が立地している市町村であり、そこからの寄付は二万五〇〇〇バーツとなっている。以上、タイの公的機関からの寄付の総額は七万三三六〇バーツとなる。

表 15-4　タイ国内の公的機関からの補助

寄付団体	金額（バーツ）	備考
チェンマイ市長	25,000	
内務省	13,660	
イスラーム委員会	24,700	ラマダーンへの補助
宗務局	10,000	
合計	73,360	

出所：TQYQ 1988にもとづき作成.

しかし、これはタイ国内の総寄付額の一パーセントにも満たない(41)。

海外ムスリムたちからの寄付

さて以上は、サンパコイ・モスクならびに敬真学校の設立にあたって、タイ国内におけるムスリム間の協力関係を寄付の動きからみてきた。しかしながら、忽氏のリーダシップは、国内のムスリム・ネットワークを結びつけただけでな

表15-5　国外のムスリムから敬真学校の設立・運営に集まった寄付（15年間）

国名	口数	寄付額（バーツ）
サウジアラビア	3	10,163,521
カタール	2	1,428,729
リビア	1	1,151,193
アラブ首長国連邦	3	913,559
マレーシア	2	656,747
クウェート	2	463,035
チュニジア	1	346,106
バーレーン	2	213,629
台湾	10	119,840
オマーン	1	57,753
ビルマ（ミャンマー）	1	2,500
ユーゴスラビア	1	300
不明	1	1,000
計	30	15,517,912

出所：TQYQ 1988にもとづき作成.

く、海外に住むムスリム同胞との連携にも大いに発揮された。忽氏はこのことを意識していたようで、回顧録の中にも“The income of the school was received from muslims both in the country and overseas. I tried every means to obtain support from the muslim countries”と書いている。[42] そこで、表15-5には、敬真学校に寄付した海外ムスリム達の国名と金額を示した。

　前述したサンパコイ・モスクの建設は、表15-2から分かるように基本的に国内のムスリムによる寄付者が多く、外国からの寄付はサウジアラビアからの一国だけである。もっとも、一国だけではあるがサウジアラビアは単独で一〇万二五〇〇バーツという多額の寄付をしている。

　一方、敬真学校の建設には、諸外国からの寄付が集められている。分かっているだけで一二ケ国ある。寄付額の多い順に国名を列挙すると、サウジアラビア（一〇一六万三五二一バーツ）、カタール（一四二万八七二九バーツ）、リビア（一一五万一一九三バーツ）[43]、アラブ首長国連邦（九一万三五五九バーツ）、マレーシア（六五万六七四七バーツ）、クウェート（四六万三〇三五バーツ）、チュニジア（三四万六一〇六バーツ）、バーレーン（二一万三六二九バーツ）、台湾（一一万九八四〇バーツ）、オマーン（五万七七五三バーツ）、ビルマ（二五〇〇バーツ）、ユーゴスラビア（三〇〇バーツ）、不明（一〇〇〇バーツ）である。これらを総額すると、一五五一万七九一二バーツになり、外国からの寄付額の合計は、タイ国内から集められた寄付額の約二倍弱である。とくに、中東諸国からの寄付が多いことが分かる。

とりわけ、サウジアラビアのアルアンサーリ一族との関わりは重要であった。一族の長であるアブドゥラヒーム・アルアンサーリという人物とその四人の息子たちや彼らの親戚と友人たちが中心になり、積極的にサンパコイ・モスクと敬真学校の設立準備に資金援助を行った。

ただ残念ながら、この一族の出自に関する詳細な情報はないが、サウジアラビアのマディーナ出身の商人であることが分かっている。

ただし、宗教学校設立記念集には、この一族が北タイの敬真学校に訪問した時の写真や、忽然茂や生徒達と交流している数多くの写真、それに加えてその一族から送られた手紙などが掲載されている。その中の一通の手紙には、アルアンサーリ一族がサンパコイ・モスクと敬真学校に関わるきっかけとなった内容が次のように書かれている[44]。

一九七七年、私がチェンマイに住むムスリム兄弟たちに出会ったとき、私は兄弟たちのモスクと宗教学校の状況をみました。この状況はとても私を悲しくさせました。それをみて私はなんとか彼らを助けたいと思いました。最初に、私は一〇万バーツをチッパクディー学校[45]に寄付しました。その後、わたしの父や兄弟や友達もこの地のムスリム、とりわけ、ハッジ・アブドゥラマーン[46]が管理しているチッパクディー学校に協力するようになりました。そして私は支援が必要と考えられるこの地に住むムスリムに対して、資金援助をする能力のある人たちに声をかけ協力を頼みました。

一九七七年にこの一族がチェンマイを訪れた時、敬真学校の建物は完成していた。しかし、彼らは建てられた学校をみて、不十分だと思い[47]、敬真学校のさらなる拡張と改良に向けて具体的な支援をしようと考えたようである。この一族は通算、一一年間に渡って敬真学校に対して、寄付活動を行ったのである。

この一族による寄付活動の第一歩は、一九七八年にアブドゥラヒーム・アルアンサーリの息子であるタルハがチェンマイを訪れ、一〇万バーツを忽氏に手渡したことから始まった。二〇〇五年一二月に現サンパコイ・モスクのイマームを務めている忽然茂の息子からの聞きとりによると、タルハはチェンマイに来る以前に、すでに中部タイのアユタヤーのモスクに対して寄付活動を行っていたという。

その後、一九七八年、タルハはサウジアラビアに帰国し、父のアブドゥラヒーム・アルアンサーリに対し、北タイにおけるムスリムの宗教環境がいかに不十分であるのか報告した。父は、息子の話を聞き、学生が寝泊りする寄宿舎の一部の拡張などの資金を地元で集め、敬真学校に寄付した。[48]

タルハによる視察の中で、彼がとりわけ北タイのムスリムについて憂慮していたことは、ムスリムの女性たちにイスラームの知識が欠けていることであった。忽氏はタルハの言葉を借りてつぎのように記録している。

> 女性はもっとも子供に近く、それゆえに彼女たちがもっとも子供に大きな影響を与える。したがって、母親は子供が強い信仰心を形成するようにイスラームの知識を持たなければならない。

敬真学校が設立された当初、そこには女子学生用の寄宿舎はなく、男子を中心にした教育が行われていたのであった。実際、忽氏もその点については憂慮していた。そこで、タルハは既存の校舎に、女性にもイスラームを勉強する機会が与えられることを希望した。資金援助については、父と相談してみるが、もし援助が難しい場合には、彼のいとこや友達に相談すると忽氏に約束したのである。[49]

しかしながら、女性用の建物に関する計画は土地探しと資金面で難航した。忽氏は、最初はすでに設立された学校の裏の土地を購入しようとしたが、断られる。その後、学校の前の土地を一ライあたり七万バーツの単価で計五ライまで、教育を目的とした利用であれば売っても良いという地主との約束を取り付けた。一方、忽氏は敬真学校の委員会側に対しては、タルハからの寄付が足りなければ、自分とその他数人の雲南系ムスリムで残額をまかなうと約束した。忽氏は金をとりあえず何とか工面し、一九八〇年一月二二日に地主と契約を結び、前金五〇万バーツを支払った。その地に住んでいた五七家族は再移住した[50]。

その後、約束したとおり、タルハは寄付金を集め忽氏の元に送金してきた。タルハは寄付金を、サウジアラビアのマディーナやジッダに住む彼の一族ばかりではなく、カタール、アラブ首長国連邦、バーレーンにすむタルハの親戚や友人からも集めた。先にあげた国外からの寄付の一部は、タルハを中心としたネットワークによるものであった。さらにこの時に、チュニジアからの寄付もあった。こうしたアルアンサーリ一族の強力な援助とチェンマイからの有力な一部の雲南系ムスリムの合同により、一九八〇年六月二日、土地代三五〇万バーツを地主に支払うことができた。その結果、忽氏は、女性用の建物用の土地権をようやく手に入れることができたのである[51]。

その翌年の一九八一年六月一日、再びタルハがチェンマイにやってきた。タルハの父アブドゥラヒーム・アルアンサーリは「土地をいったん購入したら、即座に女性用の建物の建設を開始しないといけない」と息子を通じて忽氏に伝えた。さらに彼自身や親戚、友人から集めた寄付金を息子に持参させた。忽氏もすぐにこの要求に答え、一九八一年六月一二日から建物の着工が始まり、約一年半後の一九八二年一一月一四日には晴れて女性用の建物の竣工式を開くことができたのである。このセレモニーには、アブドゥラヒーム・アルアンサーリとタルハを含めた息子たちが祝いに駆けつけてくれた[52]。

以上、雲南系ムスリム一世の資金力とネットワーク力によって、北タイにはじめてムスリムのための宗教教育施設が建設された。その結果、雲南系ムスリム二世は、一世たちがタイでは経験することができなかった、恵まれ宗教環境のなかでイスラームについての専門知識を習得していく場が与えられた。加えて、敬真学校の設立によって、北タイのムスリムは、海外で宗教を勉強するための留学の機会も獲得した。表15-6は、宗教学校設立記念集をもとに、学校創設

表 15−6　敬真学校生徒の海外留学先（1973 年から 1987 年まで）

年度	性別による人数		計（人）	国名
	男	女		
1973	1		6	サウジアラビア
	5			リビア
1974	4		8	マレーシア
	4			モロッコ
1975	4		4	リビア
1976	0		0	
1977	1	1	5	エジプト
	3			サウジアラビア
1978	2	1	3	エジプト
1979	4		4	エジプト
1980	2		2	エジプト
1981	2		2	エジプト
1982	2		2	エジプト
1983	1		1	エジプト
1984	2		11	エジプト
	9			サウジアラビア
1985	2		5	カタール
	0	3		エジプト
1986	4		4	サウジアラビア
1987	1			エジプト
合計	53	5	58	

出所：TQYQ1988 にもとづき作成.

以後の一九七三年から一九八七年の約一五年間にわたる海外への留学生の派遣状況を示している。[53] 彼らの留学先はリビア九人、サウジアラビア一七人、エジプト一七人、カタール二人、マレーシア四人、モロッコ四人で、計五八人にのぼる。また、生徒数も開校当初から順調に伸びているようである。開校時の一九七三年は男子三六名から出発したが、その後、一九七七年には女子も含まれるようになり、一五年後の一九八七年では男子一〇四人、女子四四人の計一四八人にまで達している。

四　むすびにかえて

以上から、北タイにおけるイスラームをめぐる環境は、二〇世紀半ば以後ようやく本格的に整えられ、その際、雲南系ムスリムの果たした役割はけっして小さくはないことが分かる。一九世紀末から北タイへの定着化がみられた雲南系ムスリム社会は、二〇世紀後半以後に大きな転換を迎えた。二〇世紀後半以後に流入したあらたな移住者は戦乱のなかで一時的に避難民として生活を余儀なくされたが、タイへの定着化を進める中で、宗教を軸にしたネットワークを編み出していった。忽氏をはじめとする移民一世、とりわけ経済力をもった一部の階層の人が、イスラームの復興への火付け役となり、その核を築いていった。さらに、こうした一世の動きに呼応するかのように、雲南系ムスリム二世への教育もしだいに充実してきた。

宗教施設の建築、とくに、北タイで最初に建てられたイスラーム学校の設立資金のほとんどが雲南系ムスリムたちの寄付によってまかなわれた。しかも寄付金集めは、チェンマイ市にすむ雲南系ムスリムのみならず、山岳部にすむチェンマイ県のいくつかの郡やチェンラーイ県の雲南系ムスリムなど、彼らのネットワークが十分に活かされたのであった。また、雲南系ムスリムは、タイに住んでいたインド・パキスタン系ムスリムや、中部タイのムスリム、さらに中東のムスリムとの宗教的ネットワークを活用してきた。

このように雲南系ムスリムは、モスクやイスラーム学校などの宗教施設の建設を通して自らの地縁的・民族的凝集性を高めていくと同時に、他方で出身地域を越えたムスリム・アイデンティティを再構築していくことによって、タイという異郷においてイスラーム環境を生成し、コミュニティの存立基盤を固めていったのである。

註

(1) 南タイにおけるイスラーム人口は当該地域の約二八・九三パーセントを占める（林　二〇〇五）。
(2) 本章が対象とする雲南系ムスリムは中国における回族に相当する。回族の定義については中田（一九九二）を参照のこと。
(3) 北タイの雲南系ムスリムについては、以下のような先駆的研究がある（Hill 1998, Imanaga 1990; 今永　一九九二、Suthep 1977）。
(4) この表は、一九九八年に筆者が出席した、チェンマイで年一度開かれるイスラーム委員会の定例会で配られた資料を中心に、一部を聞きとりや他の資料より補充することによって作成したものである。
(5) ＫＣＭ (1996: 13–14) を参照。引用部分は一四ページに相当する。
(6) 一三ヶ所のモスクのうち、チェンマイ、ドーイサケット、ノンベーンのモスクの創設者の民族的背景については不明である。
(7) ＭＢＨ (1996): 33.
(8) イマーム在職期間をあらわす。
(9) 王（印刷中）では、雲南系ムスリムの一九世紀後半から二〇世紀後半にかけての越境経験と交易をめぐる定着の歴史について口承史から掘り下げて論じている。
(10) 王（二〇〇四）、王（二〇〇六ａ）。
(11) ＳＭＣ [n.d.] においては一九一五年と記載されている。他方、バーン・ホー・モスクの看板には民国六年、すなわち一九一七年と記載されている。一八九〇年とは、バーン・ホー・モスクの創設者の一人である鄭崇林氏の自宅で礼拝が行われていた時期をさすと思われる。
(12) ＫＣＭ (1996): 129.
(13) タイ語ではポーリエンラオナに対応する。
(14) タイ語で、バナナの葉を指す。
(15) ＭＢＨ (1996): 29–31.
(16) Forbes (1987), Forbes and Henley (1997).
(17) Forbes (1987): 45.
(18) タイ語でタムクンターンという。
(19) 一ライは一六〇〇平方メートル。
(20) 王（二〇〇四）Wang (2006)、王（二〇〇七、二〇〇八ａ）など。

(21) 北タイ国境の「難民村」の設立経緯とコミュニティの展開については、王（二〇〇八b）を参照のこと。

(22) 例えば、筆者が北タイメーホンソーン県で出あった雲南系ムスリム二世の父親は、雲南河西県の出身者であった。

(23) 王（二〇〇四）。

(24) 三佰塊などのあて字がある。

(25) 忽氏のライフヒストリーは、ＴＱＹＱ（1988: 175–179）の中に書かれている。

(26) モンファア［蒙化］と当時はよばれていた。

(27) 英語でSaew Wei Kerng villageと書いてあった。

(28) A high standard of education could not be obrained と書かれている。

(29) ＴＱＹＱ（1988: 175）の文中に記されている。ユーシー（玉渓）と思われる。

(30) Chairman of the Administration Commitee of the District と書かれている。

(31) District representative と書かれている。

(32) ＴＱＹＱ (1988): 177.

(33) ＴＱＹＱ (1988): 175.

(34) サンパコイ・モスクと敬真学校の設立経緯の詳細は年表として王［二〇〇六b：八三八―八四〇］としてまとめている。

(35) ＴＱＹＱ (1988): 175–176.

(36) ＴＱＹＱ (1988): 175.

(37) この苗字から雲南系ムスリムであるとは判断しにくい。民族の出自は不明である。

(38) ＴＱＹＱ (1988): 137–156.

(39) 記述のスタイルはモスク建築の場合と同じである。

(40) たとえば、リスト一覧には、教材印刷費として四八人による合同寄付が六万三〇〇〇バーツ、電熱費二三万二九〇〇バーツ、学生の外国留学を補助するための資金援助が六万一八一〇バーツあったことが記載されている。

(41) 〇・〇〇八九パーセントである。

(42) ＴＱＹＱ（1988: 176）。muslim は本来なら大文字のMと表記すべきであるが、原文のままにした。

(43) マレーシアのリビア大使がチェンマイに訪問。

(44) TQYQ (1988: 20–21) のうち、アラビア語文がタイ語で訳されている箇所。

(45) 敬真学校のアラビア語名。

(46) 忽然茂のアラビア語名。

(47) TQYQ (1988): 177.
(48) TQYQ (1988): 177.
(49) TQYQ (1988): 177.
(50) TQYQ (1988): 178.
(51) TQYQ (1988): 178.
(52) TQYQ (1988): 178.
(53) 資料には若干の違いがあり、おなじ資料の別のページには、彼らの留学先はリビア九人（もともとモロッコへの留学生四人をリビアに変更した結果）、サウジアラビア一六人、エジプト一九人、カタール二人、マレーシア四人で、計五〇人となっている。

参照文献

Forbes, Andrew D.W. 1987. The 'Cin-Ho' (Yunnanese Chinese) Caravan Trade with North Thailand during the Late Nineteenth and Early Twentieth Centuries. *Journal of Asian History*, 21 (1): 1–47.

Forbes, Andrew; and D., Henley, 1997. The Haw: Traders of the Golden Triangle. Chiang Mai: Teak House.

高　発元（主編）　二〇〇一『雲南民族村寨調査——回族　通海納古鎮』雲南大学出版社。

林　行夫　二〇〇五「三　イスラーム」文化庁編『海外の宗教事情に関する調査報告』、七四—七六頁。

Hill, Ann Maxwell. 1998. *Merchants and Migrants: Ethnicity and Trade among Yunnanese Chinese in Southeast Asia.* (Monograph 47). New Haven: Yale Southeast Asia Studies.

Imanaga, Seiji. 1990. *The Research of the Chinese Muslim Society in Northern Thailand. Hiroshima:* Hiroshima University in association with Keisuisha.

今永清二　一九九二『東方のイスラム』風響社。

KCM (Khana Thamngan fai Ruap ruam Prawat lae Watthanakan khong Satsana nai Chiang Mai) (ed.). 1996. *Moradok Satsana nai Chiang Mai.*（『チェンマイの宗教遺産』）

栗原　悟　一九九一「清末民國期の雲南における交易圏と輸送網——馬幇のはたした役割について」『東洋史研究』五〇（一）：一二六—一四九頁。

MBH (Matsajit Ban Ho. 1996. *Nangsu Sucibat Nuang nai Ngan 50 bi Tha Khrong Thai Chiang Mai 700 bi 80 bi Matsajit Islam Ban Ho Ho So 1417.*（『回暦一四一七年チェンマイ七〇〇周年・バーン・ホー・モスク八〇周年記念プログラム』）

中田吉信　一九九二「中国における回族問題」『就実論叢』二二（二）：一三一—一五九頁。

王　柳蘭　二〇〇四「国境を越える『雲南人』——北タイにおける移動と定着にみられる集団の生成過程」『アジア・アフリカ言語文化研究』六七：二一一—二六二頁。

王　柳蘭　二〇〇六a「『難民』から『華』人への道――戦乱と越境に生きる北タイ雲南人の民族誌」京都大学大学院人間・環境学研究科博士学位論文。
王　柳蘭　二〇〇六b「北タイにおけるイスラーム環境の生成過程――雲南系ムスリムの事例から」林行夫編『東南アジア・西南中国の宗教と社会変容――制度・境域・実践』（平成一五―一七年度科学研究補助金・基盤研究（A）［一］課題番号一五二五二〇〇三研究成果報告書）、八〇一―八四五頁。
王　柳蘭　二〇〇七「移動をめぐる歴史的経験の重層性――タイ・ビルマ国境の雲南系漢族・雲南系回族の事例から」『社会人類学年報』三三：一七一―一八三頁。
王　柳蘭　二〇〇八a「『難民』を通じて移動を考える――北タイ雲南系華人の事例から」李仁子・金谷美和・佐藤知久編『はじまりとしてのフィールドワーク――自分がひらく、世界がかわる』、一一九―一三五頁、昭和堂。
王　柳蘭　二〇〇八b「北タイにおける雲南人『難民』定着初期過程における生存戦略――国籍取得と台湾とのネットワーク構築をめぐって」『年報タイ研究』八：五一―七〇頁。
王　柳蘭　印刷中「口承史からみた越境経験と交易の変容――中緬泰国境を渡った在タイ雲南系ムスリム移民の展開」『アジア・アフリカ地域研究』八（一）。
SMC (Samakhom Muslim Chiang Mai). n.d. *Nangsu Chaek nai Ngan Anuson Ruam Jai su Samakhom Muslim Chiang Mai 35 bi.*（『チェンマイイスラーム協会三五周年記念本』）.
Suthep, Soonthornpasuch. 1977. Islamic Identity in Chiengmai City: A Historical and Structural Comparison of Two Communities. Ph.D. Thesis, University of California, Berkeley.
TQYQ（泰国清邁伊斯蘭敬真清真寺）（編）　一九八八『泰国清邁伊斯蘭敬真清真寺廿二・敬真學校一五週年紀念特刊』。
Wang Liulan. 2006. Hui Yunnnanese Migratory History in Relation to the Han Yunnanese and Ethnic Resurgence in Northern Thailand. *Southeast Asian Studies* 44(3): 337–358.

付録一　「ラオス・サンガ統治法」および宗教関連資料

吉田香世子

以下に訳出したのは、現行の「仏暦二五四七年ラオス・サンガ統治法」（*Thammanun pokkhong song lao*, ongkan phutthasatsana samphan lao, pho.so. 2547. 以下、「凡例（年代）」に示した西暦換算に基づき「二〇〇五年法」と記す）および「仏暦二五四一年ラオス・サンガ統治法」（*Thammanun pokkhong song lao*, sunkang naeo lao sang sat, pho.so. 2541. 以下、「一九九八年法」と記す）である。後者を掲載する理由は、社会主義を採択したラオスが最初に成文化したサンガ基本法として歴史的意義をもつためである。なお、同法制定以前の旧体制下でのサンガの組織構成と国家との関係は、一九五九年公布の「サンガ規則を定める勅令第一六〇号」で規定されている（石井米雄 一九七九「ラオスのサンガ法――一九五九年サンガ勅令全訳および解説」『仏教研究』八：六九－八六）。

「一九九八年法」を採択した第四回全国サンガ代表者大会（一九九八年）に先立つ一九八九年の第三回大会において、「ラオス仏教連盟協会」（ongkan phutthasatsana samphan lao）が正式に発足した。ラオスは一九八六年に経済の自由化と開放政策を導入し、新たな国家運営の時期を迎える。これを受けて採択されたのが「一九九八年法」である。同法は、ラオス・サンガを統括する仏教連盟協会の責務と民主主義的な組織運営を強調する一方で、党政府による「保護と育成」を謳った。また、出家者に対して特定寺院への所属と身分証明書の携行を義務づけ、戒律と国法、伝統慣習に従うほか、教育や医療、社会福祉などの世俗の諸活動に積極的に関わること、および国家の発展に寄与すべきことを明記した。

この「一九九八年法」を基本的に踏襲しつつも、「二〇〇五年法」は、仏教連盟協会の各部局の業務と管理職の条件規定および出家資格制限を明確化し、出家者の管理や宗教資産運用に関する地方レベルの権限を拡大している。「一九九八年法」同様、八戒を日常的に遵守する男女の修行者（男＝ポー・カオ *pho khao*, 女＝メー・カオ *mae khao*. 以下の訳文では男女を含めた「持戒修行者」と記す）を、僧侶や見習僧とともに出家者とみなす一方、出家と還俗に関する申請と手続において、僧侶を郡レベル、見習僧と「持戒修行者」は村レベルの管轄として差異化した。また、出家者の行為について裁断する裁判委員会（khana winai thon. 字義通りには「律師団」）と審理委員会（khana thamma thon.「法師団」）に関する規定が割愛されている。この変更については、サンガ自体の法的自治体制との関連で、今後検討を要するものといえよう。さらに、いずれの前文でも記載されているラオスへの仏教伝来の年について、「一九九八年法」では仏暦一九二二年であったが、「二〇〇五年法」では仏暦一九〇二年にまで遡っている。

現行法はサンガへの世俗権力の介入を強化したようにみえる。しかし、旧体制下のサンガ法では地方行政が事実上の拒否権をもち、警察が還俗強制権を行使しえた点を鑑みれば、穏健路線に留まるものであり、サンガに一定の自治権を認めて国家開発に積極的に利用しようとする党政府の姿勢がより鮮明かつ顕著に打ちだされたといえる。

訳文に入る前に、これまで入手できた統計値、仏教・非仏教政策に関わる資料を、以下に紹介しておく。

ラオスの宗教布置

ラオス人民民主共和国は、一九九一年八月に初の憲法を採択、全民族が等しく人権をもつことを宣言した（現行憲法は、二〇〇三年五月改正）。国章もかつての鎌と槌から仏教寺タートルアンに変更されている。二〇〇五年の宗教統計では、全国人口の六六・八％を仏教徒と公称する。

ラオスの宗教布置（2005 年）

仏教	キリスト教	バハイ教	イスラーム教	その他	無回答
3,755,156	84,750	1,826	1,044	1,739,009	40,197
66.8	1.5	0.0 [*sic*]	0.0 [*sic*]	30.9	0.7

出所：ラオス仏教連合協会．2008 年活動報告書より．

出家者及び寺院の数（2007 年）

僧侶（比丘）	見習僧（沙彌）	ポー・カオ	メー・カオ	寺院
8,055	11,740	4	410	4,140

出所：国立統計センター．2005 年センサスより．

サンガ機構変遷概略

ネオラオハックサート（「ラオス愛国戦線」naeo lao hak sat 一九五六年編成）・ラオス国家建設戦線（「ラオス国家建設戦線」naeo lao sang sat 一九七九年編成）以後のラオス・サンガ統一組織への歩み

・**一九五四―一九五五** 「僧侶・見習僧・『持戒修行者』の連帯結束機構」（ongkan thao hom khwam samakkhi phasong samanen pho khao mae khao）設置

・**一九五五** 「ラオス仏教連携機構」（ongkan phutthasatsana samphan haeng pathet Lao）を革命党傘下に設置

・**一九五六　第一回全国サンガ大会**（kong pasum nyai song lao thua pathet）

当時の解放地区にて開催〈注：当時の王党派サンガと別：このときには王党派のサンガ統治機構（ongkan pokkhong song）は法王（somdet sangkharat）とラックカム（lak kam）をおいて

いた〉。二派のサンガが併存した時期。初代ラオス・サンガ議長はカムタン師（Acan Pha Khamthang Thepburi）。同師は革命派サンガ組織を設立した最初の僧侶（一九八二年に還俗し結婚。功徳が尽きたため *mot bun satsana* といわれた）。

・**一九七六　第二回全国サンガ大会**（kong pasum nyai song lao thua pathet thuea thi song）

一九七五年の「解放」後、タートルアン寺にて開催。二代目議長はマハー・トンクン師（Pha Acan Maha Thogkhun Anantasunthon）。同会議において、旧体制下での在来派（マハーニカイ）とタマユット派の区別を廃止し、ひとつの「派」（*nikai*）とする。結界の有無による寺院の法制度的区別も廃止される。スポーツを除く世俗教育カリキュラムとの提携を企図する。マハー・トンクン師は一九八三年に死去。

・**一九八九　第三回全国サンガ代表者大会**（kong pasum nyai phuthaen phasong thua pathet thuea thi saam）

ウモーン寺（Wat Umong）にて開催。「ラオス仏教連盟協会」が正式に発足。同協会中央委員会議長に、タートルアン寺住職のマハー・ウィチット師（Pha Acan Maha Wicit Singharat）を選出。同師はチャンパーサック生まれ。一三歳でバンコクにて見習僧として出家、二二歳で僧侶として得度。タイからスリランカ、インドを経てヴィエンチャンに戻る。一九九〇年にタートルアン寺に止住。本大会では、毎年一二月に年次例会を開き、各県から二-三名の代表者を呼び状況報告をすること、教育整備の推進、五年に一回の頻度での大会の開催、すべての委員を選挙で選出することなどを決定。

・**一九九八　第四回全国サンガ代表者大会**（kong pasum nyai phuthaen phasong thua pathet thuea thi si）

同年三月三一日、ソックパールアン寺（Wat Sokphaluang）にて開催。僧侶の役割についての討議。「律師」より成るサンガ裁判委員会（khana winai thon）および「法師」から成る審理委員会（khana thamma thon）を編成し、不適切な実践をする僧侶や見習僧を審議により還俗させる責務を担わせる。各末端寺の住職の上に、郡、県レベルの仏教連盟協会議長を配し、最上位にあたる仏教連盟協会中央委員会（ヴィエンチャン）に地方末端の寺院を統合する位階機構を完成。仏教関連教育として見習僧の出家年齢を一〇-一一歳以上とした。仏教教育初等課程（pathom song）三年、同中等課程（mathanyom song）三年を設け、最高学府の仏教大学（witthanyalai song: 一九九六年オントゥ寺（Wat Onghue）内に設置）に進学する一連のカリキュラムを整備。

・**二〇〇四　第五回全国サンガ代表者大会**（kong pasum nyai phuthaen phasong thua pathet thuea thi si）

同年六月一〇日、ソックパールアン寺にて開催。改訂版の「ラオス・サンガ統治法」を討議、採択。「ラオスにおける宗教活動の管理・保護に関する首相令第九二条」（二〇〇二年公布）の確認。各種施策の実施や出家者の管理に関する郡及び個別寺院レベルの権限を強化。

＊非仏教に対する政策＊

二〇〇二年現在、信徒数が仏教に次ぐキリスト教、イスラーム、ヒンドゥを擁護するほか、海外からの宗教団体の活動も、外務省経由でラオス国家建設戦線に通達され審議の上で制限つきで許容する。ちなみに、国内のカトリック系の学校は、一八五八年の「聖母学園」（Honghian Khun Mae）の開設を嚆矢とする。プロテスタント系では、山地民社会での布教を目的とした学校が一九〇二年に創設された。一九七三年、フィリピン人を経由してサタデー・セブンデイズが入っている（二〇〇二年九月現在教会1）。二〇〇〇年から〇一年までのキリスト教徒数は推定一四万人余り。一九五七年、Dr. Thair というイラン人がラオスで英語教育を始めるという名目でバハイ教が入った（二〇〇二年現在信徒数約千、寺院3）。イスラームは、一九六八年、インド、パキスタンからの商人を介して入り、一九八四年から八五年にかけて、ラオス国籍を有するカンボジア系移民が「クメール系ラオス・イスラーム協会」（Samakhom Islam Khamen Lao）を設立して急速に増加したとされる（同年、信徒数約四百。モスク2）。また、新たなオフィスを一九九七年に開設した。ほかに、ヴェトナム大乗系仏教寺院4（ヴィエンチャン2、チャンパーサック2）、比丘尼をおく中国大乗系1がある。

また、二～八人程度の規模の信奉者数が認知される宗教団体は以下である。

Phayan Phra Yaowa（samanak phoeiphae 1、一九六二～六四年に韓国経由で入る。）

Pha Khit（Pay of Life）（米国より一九七五年以降に入る）

Sapha Thephachao（at somebody of god）（米国より一九八七年頃入る）

Mol-mon（モルモン教。米国より一九七五年以降に入る）

一九七五年以前のキリスト教信徒は少なかったが、その後一九九一年にかけて増加した。「金やモノを使い、ラジオ、自転車などを買って布教する。米ドルや薬をもって入る」といわれるように、物質、財政面での援助とともに参画した。また、キリスト教は、仏教と異なって精霊祭祀を廃止するように布教をする。いかなる宗教であれ、布教活動、寺院や教会の建設は、他宗教信徒との連帯が守られる範囲で許可することを原則とする。なお、日本関係では、一九九五年にオウム真理教が幹部信徒三五名を送り、首都のタートルアン寺に一〇万米ドルを寄進した。立正佼成会も、仏教施設の修復援助で事実上の布教活動の布石を築いた。これらは仏教交流の一環として認知されている。

出所：ラオス国家建設戦線での林行夫による聴取（二〇〇二年九月）および吉田による補記

資料Ｉ　「仏暦二五四七年（西暦二〇〇五年）ラオス・サンガ統治法」

二〇〇四年六月一二日、第五回全国サンガ代表者大会において採択
二〇〇五年二月二日、首相令第二二号により公布

（吉田香世子［訳］・林　行夫［校閲］）

前文

ラオスの出家者（*phasong*）は過去も現在も国家と多民族からなるラオスの俗人信徒に対して重要な責務を負ってきた。ラオスの歴史は、戦時中も、国家が全土に平和と独立、統一を獲得したときも、出家者が全身全霊を捧げて国家の建設と統治に参画してきた仏教の闘争について言及している。ラオスのサンガの闘争の歴史は、神聖にして偉大なるファーグム王の時代に始まった。勇敢で賢明なる王が帰依して真の仏弟子となり、上座仏教をランサーン王国の領域にもたらしたのは仏暦一九〇二年、すなわち西暦一三五九年のことである。ラオスの出家者は倫理道徳をもって多民族からなるラオスの俗人信徒に独立の気概と愛国心を抱かせ、王が「くに」（*mueang*）を統治する基盤として倫理道徳を用いるよう導いた。

このような重要な責務によって、寺院は知識の宝庫そして人類の資源の中心となり、古典文学と美術、彫刻、語学、芸術、文芸等を生みだした。しかし、現在その蓄積が僅かなものとなったのは、封建制の時代に奪い去られ、焼き捨てられたためである。

何百年にもわたる国家と仏教の発展を鑑みるに、「仏教は国家から切り離されては存在できず、ラオスの僧侶と見習僧も多民族からなるラオスの俗人信徒から切り離されては存在できない」ことは明らかである。ラオスの歴史が記すには、ラオスの

出家者はあらゆる時代において忠信から国旗を抱き、戒律をもってラオス全土の独立運動に参加してきた。そして、多民族からなるラオスの俗人信徒の幸福と国家の文明化のために、党政府による国家建設の進展を支持してきた。

ラオス仏教連盟協会（ongkan phuthasatsana samphan lao）は、新たな情勢に対応する倫理道徳と活動の統一を図るため、第三回および第四回全国サンガ代表者大会（kong pasum nyai phuthaen phasong thua pathet）において承認された「ラオス・サンガ統治法（thammanun pokkhong song lao）」を発展的に継承し、改正する。

第一章　一般規定

第一条　サンガ統治法は、ラオスの出家者の規範（*lak*）と施行細則（*labiap*）、組織体制、活動内容を規定する。本統治法は「仏法と律」（*thamma winai*）、「国法」（*kotmai*）、「伝統慣習」（*hitkhong papheni*）に基づいて、仏教の僧侶と見習僧、多民族からなるラオスの俗人信徒を団結せしめる責務を負う。本統治法は、ラオス人民民主共和国の実情に即して信仰と実践を合致させるべく、日々の生活のあらゆる行為に及ぶ。

第二条　仏教に帰依する僧侶と見習僧とともに、（八戒を）日常的に遵守する「ポー・カオ（*pho khao* 男性の「持戒修行者」）およびメー・カオ（*mae khao* 女性の「持戒修行者」）（以下、男女共に「持戒修行者」と記す）、多民族からなるラオスの俗人信徒は「受戒と禅定、智慧によってあらゆる悪行を避けて善行をなし、清浄な心を保つべし」とする仏陀の教えを規範とし、伝統慣習に基づいて実践し、安寧と功徳を得る。

第三条　仏教は、仏教徒がそのレベルに応じて遵守すべき戒律を次のように規定する。

・僧侶は二二七戒
・見習僧は十戒
・「持戒修行者（男女）」は八戒
・優婆塞（清信士。俗人男性修行者）、優婆夷（清信女。俗人女性修行者）は五戒

仏教徒はそれぞれの戒律を厳格に守り、「仏法と律」、サンガ統治法、サンガの施行細則、その他の決定と法規（*labiap kotmai*）に従い、心身と言動を慎まなくてはならない。

第四条　ラオス人民民主共和国における仏教は、祖先の時代から国家と関わってきた。仏教は党政府の方針と合致し、僧侶と見習僧は多民族からなるラオスの俗人信徒と連携する。党政府はラオス人民民主共和国の憲法及び法規に基づいて仏教ならびに僧侶と見習僧を保護・育成する義務を負う。

第二章　出家の請願

第五条　仏教における出家には以下の三種類がある。
五―一・僧侶の得度（*upasombot*）は二〇歳以上の男子が行いうる。
五―二・見習僧の出家（*banphasa*）は一〇歳以上の男子が行いうる。
五―三・仏教に深く帰依する優婆塞、優婆夷が剃髪して白衣をまとい、八戒を日常的に遵守して寺院に止住する場合、出家者と同様の「持戒修行者」とみなす。

第六条　僧侶としての得度を希望するものは、その保護責任者とラオス国家建設戦線（以下、「ラオス国家建設戦線」と記す）の村支部、村の行政委員会の許可を得た後、ラオス国家建設戦線の村支部の申請によって郡長が交付する出家許可証（*nangsue anunyat buat*）を取得する。
　外国人については、ラオス及び当人の出身国の外交機関の許可を得た後、ラオス国家建設戦線中央委員会の申請によって首相府が交付する出家許可証を取得する。この場合、申請者はラオス語による出家の請願を単独で行えるようラオス語に習熟している必要がある。

第七条　見習僧または「持戒修行者」としての出家を希望するものは、その保護責任者の許可を得た後、ラオス国家建設戦線の村支部の申請によって村の行政委員会が交付する出家許可証を取得する。
　見習僧または「持戒修行者」としての出家を希望する外国人については、ラオス国家建設戦線の郡中央委員会の申請によって郡長が交付する出家許可証を取得する。この場合、申請者はラオス語による出家の請願を単独で行えるようラオス語に習熟している必要がある。

第八条　僧籍にあるもの（*samanaphet*）である僧侶、見習僧、「持戒修行者」は、親教師（*upatsa*）が発給する身分証（*nangsue suthi thaen bat pacamtua*）を携帯し、僧務に関わるもの（*sangkari wat*）は公安委員会が発給する身分証（*bat pacamtua*）を所持しなくてはならない。

第九条　僧侶が還俗するには、寺院の住職の許可を得て、ラオス仏教連盟協会の郡管理委員会による承認のもとに還俗許可証（*nangsue anunyat lasikkha*）が交付された後、その委員長に還俗請願書（*nangsue sutthi khuen*）を提出する。還俗後は還俗許可証を村の行政委員会に提出して確認を受ける。

見習僧および「持戒修行者」が還俗するには、寺院の住職の許可を得て還俗許可証が交付された後、還俗請願書を住職に提出する。還俗後は還俗許可証を村の行政委員会に提出して確認を受ける。

第一〇条　寺院に止住する僧侶、見習僧、「持戒修行者」を当該寺院の成員（*samasik khong wat*）と称する。全ての成員は特定の班に所属して寺院の運営に携わる義務を負う。毎月一四日間ないし一五日間ごとに会議を開いて審査と評価を行い、各寺院の団結と治安、規律保持の向上を図る。

第三章　出家者の義務

第一一条　出家者は以下の基本的な義務を負う。

一一-一．仏教を保護し、仏陀の教えの研究と研鑽に努め、読経（*sut*）や説法（*thet*）、「仏法と律」の学習と実践によって自己鍛錬の成果を上げるとともに、真に社会に役立つ優れた伝統慣習を保護・奨励する。

一一-二．社会の治安維持に協力し、多民族からなるラオスの俗人信徒を教導して迷信と享楽、浪費を止めさせ、倫理道徳と法規の実践により、貧富の差なく平等で清浄な社会を実現する。

一一-三．無知蒙昧を根絶して文化を振興すべく、サンガ教育における世俗教育ならびに経典学習を質量ともに改良し、僧侶と見習僧、「持戒修行者」、多民族からなるラオスの俗人信徒の知識と能力を向上させる。

一一-四．多民族からなるラオスの俗人信徒の器量に応じて、貝葉、書籍、口答により、一所あるいは移動しての説法など、様々なかたちによって戒律を伝道する。瞑想の指導者を育成し、瞑想訓練に励むとともに、規範に適った仏教儀礼の作法を学習する。

一一-五．医薬の研究に励んで実用に供し、様々な生薬をかけ合わせて効果を高めるとともに、その時々の状況と自らの力量に応じて、多民族からなるラオスの俗人信徒に対して病気を防ぎ、三つの清潔（食事、睡眠、生活する場の清潔）を保つよう指導するほか、生態環境の保全に努める。

一一-六．土地や寺有地（*thoranisong*）を活用して薬用や食用、美化用ないし商業用の樹木や苗木を植え、俗人信徒に分与して栽培させる。これにより、経済を振興させるとともに森林や山、河川、湖沼等の天然資源を守り、多くの動物や植物の住処として、国家の富に貢献する。

一一-七．建造物（*sathapanik*）や芸術品（*sinlapa*）、歴史資料（*honghoi pawatsat*）、古代遺物（*watthu buhan*）、彫刻（*patimakam*）、装飾品（*luatlai*）、その他国家的特徴を有する文化資産を保護する。

一一-八．「仏法と律」ならびにサンガ統治法、サンガ規則（*kamnot kotlabiap song*）、その他サンガ及びラオス仏教連盟協会の決議（*mati*）や布告（*khamsang*）に従い、厳格に自身を律するとともに国家の法律や規則を遵守する。

第四章　サンガ管理委員会の構成

第一二条　ラオスの出家者の宗教活動を管理し指導する集団を「ラオス仏教連盟協会」と称し、略称はオーポーソー（o pho so）とする。同協会の中央委員会（sunkang）は国家の首都、あるいは党政府中央委員会の事務局と同じところに設置する。協会のシンボルには「法輪軸」（*kathammacak*）を採用し，印章として用いる場合には上部に「ラオス仏教連盟協会」、下部に当該レベルを記し、中央に「法輪軸」を配する。また、仏教の旗として「全方光輪」（*sapphannarangsi*）のシンボルを採用する。

第一三条　ラオス仏教連盟協会はラオスの出家者の最高統括機関であり、民主主義に基づいて運営される。集団での運営に個人が責任を果たし、満場一致を原則として下位から上位に至るまで全員が少数を多数になるよう働きかけて、最終的にはサンガ代表者大会において決定する。

第一四条　ラオス仏教連盟協会の組織は四つのレベルより構成される。

・中央レベル
・県（khwaeng）、首都（nakhon luang）、特別区（khet phiset）レベル
・郡（mueang）レベル
・寺院レベル

一四-一．ラオス仏教連盟協会の中央レベルでは、僧侶ならびに見習僧三〇〇名につき一名の比率で管理委員会を構成し、議長（pathan）、副議長、各部局長（huana khana kammathikan）、事務局長（huana khana hongkan）、顧問委員（kammakan thi pueksa）、ならびに常任管理委員（khana kammakan borihan ngan pacam）を有する。ラオス仏教連盟協会の中央委員会は、議長一名、副議長五名、各部局長四名、事務局長一名とし、顧問委員ならびに常任管理委員については適当な数を配置する。

一四-二．ラオス仏教連盟協会の県、首都および特別区レベルは一一名から二五名によって構成され、そのうち五名から七名を常任委員とする。また、一名を常任の議長、四名を副議長とし、その他は一般の僧侶とする。

一四-三．ラオス仏教連盟協会の郡レベルは、七名から一五名によって構成され、そのうち三名から五名を常任委員とする。また、一名を常任の議長、三名から四名を副議長とし、その他は一般の僧侶とする。

第一五条　各レベルにおける管理委員や常任委員、顧問委員となる条件は以下の通りである。

一五-一．徳と年齢、法臘（出家年数）を重ねたラオスの僧侶。中央レベルでは十年以上の出家年数を有するものとする。

一五-二．当該レベルに相当する「仏法と律」やその他の知識と能力を有するもの。

一五-三．担当するあらゆる業務に対して真摯に取り組み、完遂するもの。

一五-四．四無量天すなわち無上の慈悲をもち、人徳と道徳、美徳、文化を備え、先祖伝来の作法に従い、思慮分別と誠実さを有するもの。

一五-五．自己犠牲の精神をもち、強い連帯意識のもとに活躍しうるもの。

一五-六．大衆の信任が厚く、社会的・宗教的な指導経験を有するもの。

第一六条　ラオス仏教連盟協会は以下の四つの部局を有する。

・サンガ統括部（kammathikan pokkhong song）
・サンガ教育部（kammathikan sueksa song）
・道徳・瞑想実践伝道部（kammathikan phoeiphae sintham lae patibat kammatthan）
・施設整備部（kammathikan satharanupakan）

第一七条　中央レベル、県、首都、特別区および郡レベルのラオス仏教連盟協会は、それぞれ議長の同意のもとに事務局を設けて本部とする。

第五章　ラオス仏教連盟協会の権利と義務

第一八条　ラオス仏教連盟協会の役割、権利と義務
ラオス仏教連盟協会はサンガの管理と倫理道徳の啓蒙、サンガ教育、宗教施設の修復や築造、「仏法と律」の実践に関する役割と権利、義務を有する。その任務の枠内において、多民族からなるラオスの仏教徒の団結と宗教に関する国際的な連携を図る。

第一九条　議長は以下の権利と義務を有する。

一九-一．全国サンガ代表者大会において可決され、ラオス国家建設戦線が承認したサンガ統治法を首相に提出し、認可を得て正式に公布するほか、常任会議や定例会議、臨時会議において可決された規約（*kamnot*）、規則、決議を公布する。

一九-二．常任管理委員会の推薦に基づき、ラオス仏教連盟協会の各部局長と部局員、事務局長と事務局員、「律師」による裁判委員長（pathan winai thon）、「法師」による審理委員長（pathan thamma thon）、各県ならびに首都、特別区のラオス仏教連盟協会の長を任命、罷免する。

一九-三．あらゆる宗教活動、特に毎年一度開催される「仏法と律」の実践やサンガの管理に関する集会セミナーについて助言、指導する。

一九-四．全国の宗教活動とラオス仏教連盟協会中央委員会の国際的な活動を指導、助言するとともに合意と規約・規則の遵守を促し、書類に署名する。

一九-五．毎月の各部局の定例会議や年に一度の全国サンガ代表者大会など、あらゆる会議において議長の席につき、特に重要な事項の決定に際しては裁判委員長ならびに審理委員長がともに議長を務める。

第二〇条　ラオス仏教連盟協会中央委員会副議長は以下の権利と義務を有する。

二〇-一．ラオス仏教連盟協会中央委員会議長が不在となり、権利と義務を移譲した場合、代わりにその責務を果たす。

二〇-二．常任管理委員会の承認に基づき、あらゆる業務に責任を果たす。

第二一条　サンガ統括部は以下の権利と義務を有する。

二一-一．その任務の枠内において、「仏法と律」ならびに国法に適った規約や規則、決議、布告を立案し、常任管理委員会の

会議において可決された後、議長に提出して認可を求める。

二一-二．僧侶ならびに見習僧、「持戒修行者」がその行為や服装、宗務、儀礼に関する規則を遵守し、「仏法と律」ならびに国法に従うよう監督、管理する。

二一-三．僧侶ならびに見習僧、「持戒修行者」が「仏法と律」ならびに国法に反した経済活動や利得の拡大を行わないよう監督、管理する。

二一-四．「律師」で構成される裁判委員会（khana pha winai thon）ならびに「法師」よりなる審理委員会（khana pha thamma thon）の人事について、常任管理委員会の承認を得てラオス仏教連盟協会中央委員会の議長に提案し、認可を得る。また、裁判委員会ならびに審理委員会の人事と活動に関する規則を定める。

二一-五．その権利の枠内において、ラオス仏教連盟協会、僧侶ならびに見習僧、「持戒修行者」、宗教資財（*sangkha watthu*）、宗教施設用地（*satsana sathan*）、寺有地などに関する匿名の手紙や注進を紹介して道徳を喚起し、その軽重に応じて審査、審問して解決を図るべく担当部局に差し渡す。

二一-六．ラオス人民民主共和国における聖職者と多民族からなるラオスの俗人信徒の団結を強化する。

二一-七．外国において仏教を宣揚するため、「仏法と律」などの知識や能力をもつ有徳の僧侶や国家の美的伝統慣習を調査して上層部に報告する。

第二二条　サンガ教育部は以下の権利と義務を有する。

二二-一．サンガ教育を改善し、「仏法と律」、パーリ語、サンスクリット語、英語の教育ならびに発展する社会に対応する世俗教育を実施する。

二二-二．進展する世界情勢に対応すべく、「仏法と律」、パーリ語、サンスクリット語を容易に学習し、その他の科目を早く習得する技術を採用する。

二二-三．ラオス仏教連盟協会の各寺院、郡、特別区、各県、首都ならびに中央のレベルにおいて図書館を設置する。様々な知識を学習・研究して教育のネットワークを拡充するべく、各県に少なくとも一つか二つ以上の設置を目指す。

二二-四．適切な寺院において若者向けの日曜学校を開設し、仏教科目や英語、世俗科目を教授して、国家を担う若年層をよき仏教徒として育成する。

二二-五．僧侶の教師を育成して質量ともに充実させ、全国のサンガ学校に派遣する。

二二-六．国内ならびに国外において就学中の出家者を監督し、外国に留学する学生の試験や選抜に責任を負う。

二二-七．毎年、国内ならびに国外において後期中等教育ないし高等教育を修了した僧侶ならびに見習僧を審査し、出家者が不足している全国の各県、首都、特別区、各郡ないし寺院に派遣して仏教の活動や教育に従事させる。

第二三条　道徳・瞑想実践伝道部は以下の権利と義務を有する。

二三-一．伝道者を訓練して様々な方法・形態によって全国に展開するに当たり、道徳の伝道活動に関するサンガの規則や規約を整備し、常任管理委員会の承認を得て議長に提案し、認可を得る。

二三-二．演説者及び瞑想の指導者を質量ともに拡充し、県、首都、特別区に配置するに当たり、各県に少なくとも二名から三名以上を配置する。

二三-三．ラオス仏教連盟協会中央委員会の方針に基づき、長い出家経験を有する演説者を採用し、道徳の理論と実践、その他の科目を普及させる。

二三-四．多民族からなるラオスの俗人信徒として成長の過程にある若年層に対する教育と訓練、道徳の啓蒙を行う班を設置する。

二三-五．常任管理委員会の承認に基づき、演説ならびに瞑想の指導者を審査し、選抜して外国における仏教の教育や学習、宣伝活動の見聞を深めさせる。

第二四条　施設整備部は以下の権利と義務を有する。

二四-一．法律や規則、規範に基づき、永久耐用物（*thavonwatthu*）、宗教財（*satsana sombat*）、旧跡（*buhan sathan*）、古代遺物（*buhan watthu*）、崇拝物（*busaniya watthu*）、寺有地その他の資産を保護し、拡充するための規約や規則を整備する。

二四-二．寺院の築造と移転、解体、仏像の製作、僧房や講堂の建設、結界の設置と撤去が「仏法と律」ならびに国家の独自性に適うよう、規約や規則を整備する。

二四-三．宗教資財を恒久的に保ち、拡充するための基金を設置し、その活動計画に関する規約や規則を整備する。

二四-四．貝葉や書物、その他、仏教に有益なあらゆる古い文書の収集に率先して取り組む。

二四-五．今日の社会状況に適した仏教の教えに基づき、生薬の復興に励み、医療用や商業用の樹木や苗木を栽培するとともに、三つの清潔を守り、生態環境を保護して病気やその他の問題の発生を防ぐ。

第二五条　ラオス仏教連盟協会中央委員会は以下の権利と義務を有する。

二五－一．ラオス仏教連盟協会中央委員会の議長に対し本部としての義務を履行するとともに、その他の部局と協力連携して活動業務を円滑に進める。

二五－二．ラオス仏教連盟協会中央委員会の予算を立案し、管理、使用する。

二五－三．出家と還俗に関する書類を管理し、議長に提出する。

二五－四．毎月、毎年および五年ごとにラオス仏教連盟協会中央委員会の活動を総括し、活動計画を立案する。

二五－五．ラオス仏教連盟協会中央委員会の職員を選抜し配置するに当たり、常任管理委員会の承認を得る。

二五－六．ラオス仏教連盟協会中央委員会の諸外国と関わる宗教活動について、ラオス人民民主共和国政府の外交方針ならびに仏教規範に基づき、ラオス仏教連盟協会中央委員会議長の承認のもとに展開する。

二五－七．県及び郡レベルのラオス仏教連合協会事務局も、中央レベルの事務局と同様の権利と義務を有する。

第二六条　各県、首都、特別区、各郡、各寺院におけるラオス仏教連盟協会は以下の権利と義務を有する。

二六－一．それぞれの責任の枠内において僧侶ならびに見習僧、「持戒修行者」を監督し、宗教施設用地と宗教資産を管理する。

二六－二．僧侶ならびに見習僧、「持戒修行者」が「仏法と律」、サンガ統治法、宗教的慣例、国法を遵守するよう教導、監督する。

二六－三．あらゆる側面のサンガ教育を進展・拡充させ、僧侶ならびに見習僧、「持戒修行者」、多民族からなる仏教徒に仏教の教えを啓蒙し、理論と実践の理解を促す。

二六－四．サンガの管理運営や宗教施設の建造、改築、修理に関して「仏法と律」、サンガ統治法、国法に反しないよう規則を定め、各寺院において民衆の積徳が円滑に行われるようにする。

二六－五．僧侶ならびに見習僧、「持戒修行者」、寺院起居者が当該寺院に在籍ないし離籍する際には、その寺院の管理委員会または住職の許可を得る。僧侶ならびに見習僧、「持戒修行者」を寺院から追放する場合には、その寺院の管理委員会の承認を必要とする。

二六－六．各県、首都、特別区、各郡のラオス仏教連盟協会の議長または親教師に選出される僧侶は、十年以上の法臘を必要とする。

二六-七. 五年以上の出家年数を有する僧侶は、儀軌導師(kammawaca)または住職になる権利を有する。

第六章 ラオス仏教連盟協会の会議

第二七条 中央、各県、首都、特別区ならびに各郡のラオス仏教連合協会は、以下の規約に基づいて各レベルにおける会議を開催する。

二七-一. 五年に一度全国サンガ代表者大会を開催し、過去五年間の活動状況を総括するとともに次の五年間の活動計画を定める。また、サンガ統治法の改正と管理委員会の人事を承認し、顧問委員ならびに常任管理委員を選出するほか、それぞれの長と各部局長、事務局長を推挙する。

二七-二. ラオス仏教連盟協会の各レベルの管理委員会は年に一度の定例会議を開催し、その年の活動状況を総括するとともに、翌年の活動計画を定める。

二七-三. ラオス仏教連盟協会の各レベルの常任管理委員会は月例会議を開催し、活動状況を審議するとともに合議によって活動計画を定める。

二七-四. 緊急を要する場合には、臨時会議を開催することができる。

第二八条 ラオス仏教連盟協会の各レベルの管理委員ならびに常任管理委員は、それぞれの定例会議ならびに臨時会議に出席する。

第二九条 ラオス仏教連盟協会の各レベルにおける管理委員、顧問委員ならびに常任管理委員は次の場合に職を辞する。

一. 還俗したとき
二. 辞任したとき
三. 罷免されたとき
四. 出家者の「律」や世俗の法律に著しく違反し、有罪が確定したとき
五. どこで何をしているのか三ヶ月以上知れないとき
六. サンガ代表者大会において新しい委員が選出されたとき
七. 死亡したとき

第七章　仏教資産

第三十条　仏教の資産は次の二種類に区分される。

一．特定の寺院や個人のものではない中立的な仏教資産

二．特定の寺院が所有する仏教資産

第三一条　仏教資産には次のものが挙げられる。

一．自然環境や相続によって得られたもの

二．政府の支援によるもの

三．出家者の組織的活動から得られたもの

四．俗人信徒の寄進によるもの

五．サンガ基金によるもの

六．寺有地からの収益

七．サンガの土地における生産物や奉納（*kan busa*）によるもの

八．特定の立場にある個人からの寄進によるもの

第三二条　仏教の資産は次のように管理、使用する。

三二‐一．在俗信徒総代（*tha nyok tha nyika*）が特定個人に寄進した財産は寄進されたものが法に則ってこれを管理し、使用する。

三二‐二．在俗信徒が寺院のサンガに寄進した財産は、当該寺院のサンガ管理委員会の合意のもとにその寺院がこれを管理し、使用する。

三二‐三．寺院と村の共有財産については、寺院と村の合意のもとにこれを管理、使用する。

三二‐四．仏像や仏塔、聖地、古代遺物、その他の中立的な資産については、サンガと行政体が協力して管理、保全、修理、活用する。

三二‐五．地上または地下から発見された資産はその土地すなわち国家の所有となる。

第八章　支援金ならびに福利金

第三三条　ラオス仏教連盟協会の各レベルが獲得した政府の補助金ならびに個人による寄付金については、財務に関する規則・規範ならびに常任管理委員の承認のもとに、当該レベルのラオス仏教連盟協会がこれを管理、使用する。

ラオス仏教連盟協会を支援するため各寺院において三ヶ月ごとにその成員や在俗信徒から集めた金はその寺院の管理委員会を介して郡のラオス仏教連盟協会に提出する。郡のラオス仏教連盟協会はそのうち二五％を得て、残りを各県、首都ないし特別区のラオス仏教連盟協会に提出し、福利厚生の基金に加える。

第三四条　ラオス仏教連盟協会の出家者全員が、事故や病気の際にその容態に応じて福利金を受けることができる。

第九章　最終規定

第三五条　本サンガ統治法に基づき、各部局は規約や規則、布告その他を変更する権利を有する。規範としての「仏法と律」ならびに国法を遵守しつつ、それぞれの権利ならびに義務の枠内において全国の仏教に関わるあらゆる業務を指導し実践するためである。

第三六条　本サンガ統治法の査定、改善、補足はラオス仏教連盟協会の全国サンガ代表者大会における満場一致によってのみ行われる。

第三七条　本サンガ統治法は、首相が承認して布告を発し、正式な公布がなされた日から効力を有する。

第五回全国サンガ代表者大会
西暦二〇〇四年六月一二日
於首都ヴィエンチャン

資料Ⅱ 「仏暦二五四一年（西暦一九九八年）ラオス・サンガ統治法」

一九九八年四月三日、第四回全国サンガ代表者大会において採択
一九九八年九月七日、首相令第一八二号により公布

（吉田香世子［訳］・林 行夫［校閲］）

前文

ラオスの出家者は過去も現在も国家と多民族からなるラオスの俗人信徒に対して重要な責務を負ってきた。ラオスの歴史は、戦時中も、国家が全土に平和と独立、統一を獲得したときも、出家者が全身全霊を捧げて国家の建設と統治に参画してきた仏教の闘争について言及している。ラオスのサンガの闘争の歴史は、ファーグム王の時代に始まった。勇敢で賢明なる王が帰依して真の仏弟子となり、上座仏教をランサーン王国の領域にもたらしたのは仏暦一九二二年、すなわち西暦一三七九年のことである。ラオスの出家者は倫理道徳をもって多民族からなるラオスの俗人信徒に独立の気概と愛国心を抱かせ、王が「くに」を統治する基盤として倫理道徳を用いるよう導いた。

このような重要な責務によって、寺院は知識の宝庫そして人類の資源の中心となり、古典文学と美術、彫刻、語学、芸術、文芸等を生みだした。しかし、現在その蓄積が僅かなものとなったのは封建制の時代に奪い去られ、焼き捨てられたためである。

何百年にもわたる国家と仏教の発展を鑑みるに、「仏教は国家から切り離されては存在できない」ことは明らかである。ラオスの歴史が記すには、ラオスの多民族からなるラオスの俗人信徒から切り離されては存在できず、ラオスの僧侶と見習僧も出家者はあらゆる時代において忠信から国旗を抱き、戒律をもってラオス全土の独立運動に参加してきた。そして、多民族からなるラオスの俗人信徒の幸福と国家の文明化のために、党政府による国家建設の進展を支持してきた。

国家の独立により、ラオス仏教連盟協会が設立された。新たな情勢に対応する倫理道徳と活動の統一を図るため、第三回全国サンガ代表者大会の決定に基づいて、「サンガ統治法」を布告する。

第一章　一般規定

第一条　サンガ統治法は、ラオスの出家者の規範を定めて統括するための法規である。本統治法は、「仏法と律」、「国法」、「伝統慣習」に基づいて、仏教の僧侶と見習僧、多民族からなるラオスの俗人信徒を訓育し、団結せしめる責務を負う。本統治法は、ラオス人民民主共和国の実情に即して信仰と実践を合致させるべく、日々の生活のあらゆる行為に及ぶ。

第二条　仏教に帰依する僧侶と見習僧、（八戒を）日常的に遵守するポー・カオおよびメー・カオ（男女の「持戒修行者」）、多民族からなるラオスの俗人信徒は「受戒と禅定、智慧によってあらゆる悪行を避け、善行をなし、清浄な心を保つべし」という仏陀の教えを規範として、伝統慣習に基づき実践し、安寧と功徳を得る。

第三条　僧侶は二二七戒、見習僧は十戒、「持戒修行者」は八戒を遵守し、サンガ律（*pha winai song*）とサンガ統治法、サンガ規則、国法に従って心身と言動を慎まなくてはならない。「法師」で構成されるサンガの審理委員会ならびに「律師」で構成される裁判委員会は、出家者の不適切な行為を明らかにし、当該地域の行政責任者に法律に基づく裁判を行わせる義務を有する。仏陀が遺した「仏法と律」をラオスのサンガの指針とする。ラオスの仏教徒は戒律と国法によって仏教を保護し、ラオスのサンガを清浄に保つべく、これを学び、実践しなくてはならない。

第四条　多民族からなるラオスの俗人信徒は、その祖先が仏陀の戒律を日常生活の基盤、社会統治の規範、ラオスの文化慣習の基盤にして以来、仏教との関係を保ち続けてきた。仏教は国家と連携し、僧侶と見習僧は多民族からなるラオスの俗人信徒と連携する。党政府はラオス人民民主共和国の憲法及び党の基本方針に基づいて仏教ならびに僧侶と見習僧を保護・育成する義務を負う。

第二章　出家の請願

第五条　信心を抱くラオス人民で、僧侶や見習僧への出家、「持戒修行者」になることを希望するものは、その保護責任者ならびに行政機関、郡のラオス国家建設戦線（以下、「ラオス国家建設戦線」と記す）の許可を得て郡長に申請し、出家許可証（*bai anuyat buat*）を取得する。外国人はラオス及び当人の出身国の外交機関ならびにラオス国家建設戦線中央委員会の許可を得て、首相府の執務担当官に申請し、出家許可証を取得する。

第六条　七日間ないし十五日間の出家を希望するラオス人民は、その保護責任者と村のネオホームの許可を得て、村長から出家許可証を取得する。ラオス国籍を有する外国人は、郡のネオホームの申請による郡長の許可を得て出家することができる。
第七条　出家した僧侶、見習僧、「持戒修行者」は、親教師が交付する証明書（*bai sutthi*）を携帯し、僧務に関わるものは公安委員会が交付する身分証を所持しなくてはならない。
第八条　僧侶、見習僧、「持戒修行者」が捨戒する際には、サンガ律とサンガ規則、国法に則り、寺院の住職と村長の両者から還俗許可証を取得する。
第九条　同じ寺院に止住する出家者は、長幼や身分に関わらず団結して寺院の運営に当たり、一四日間ないし一五日間ごとに律や施行細則への違反を申告する。

第三章　出家者の義務

第一〇条　出家者は以下の基本的な義務を負う。

一〇-一．仏教を保護し、僧侶ならびに見習僧を管理し、読経や説法、「仏法と律」を学び、仏陀の道徳的教えを研鑽するとともに、迷信による伝統慣習を解明して改善させ、有用な美的慣習を保護、奨励して真に社会に役立てる。

一〇-二．社会の治安維持に協力し、多民族からなるラオスの俗人信徒を教導して迷信と享楽、浪費を止めさせ、倫理道徳と法規の実践により、貧富の差なく平等で清浄な社会を実現する。

一〇-三．無知蒙昧を根絶して文化を振興すべく、僧侶と見習僧、多民族からなるラオスの俗人信徒の知識と能力を絶え間なく向上させる。経典学習と世俗教育の両分野の質を高めるため、サンガ学校には社会的に有意義な科目を積極的に取り入れる。

一〇-四．多民族からなるラオスの俗人信徒の器量に応じて、貝葉、書籍、口答により、一所あるいは移動しての説法など、様々なかたちによって戒律を伝道する。将来を見据えて瞑想の指導者を育成し、規範や戒律と心理学に適った正しい瞑想の訓練を継続する。また、仏教儀礼の作法を学び、仏教規範に反した儀礼を改善する。

一〇-五．独自の歴史と特徴、価値を有する名刹古寺とその宝物を損なうことなく良好に保護するため、それらを記録するとともに、ラオス仏教連盟協会と情報文化省との間で責任を共有する。寺院本堂、僧坊、布薩堂、宗教資財を管理し予算に応じて整備する。無駄な出費を避け、寺院の本堂と僧坊、布薩堂、宗教資財を破棄、あるいは新造する場合は勝手に判断せず、サンガの施行細則ないしサンガ規則に従う。

一〇‐六．医薬の研究に励んで実用に供し、様々な生薬をかけ合わせて効果を高めるとともに、その時々の状況と自らの力量に応じて、多民族からなるラオスの俗人信徒に対して病気を防ぎ、三つの清潔（食事、睡眠、生活する場の清潔）を保つよう指導する。さらに洪水や旱魃が起こらぬよう生態環境の保全に努める。

一〇‐七．寺院の敷地は有効に活用し、出家者が止住しない寺有地は、これを保護・管理する党政府と行政諸機関が許可する限りにおいて、野菜、果実、樹木ならびに商業用の樹木、果物と苗木を植え、俗人信徒に分与して栽培させる。これにより、経済を振興させるとともに河川、池、湖等の水系の天然資源を守り、多くの動物や植物の住処とする。

一〇‐八．「仏法と律」ならびにサンガ統治法、サンガ規則、その他、ラオス仏教連盟協会の決定に基づく法規と施行細則を厳格に実践する。

第四章　サンガ管理委員会の構成

第一一条　ラオスの出家者の宗教活動を管理し指導する集団を「ラオス仏教連盟協会」と称し、略称はオーポーソーとする。第三回全国サンガ代表者大会の決定に基づき、「法輪軸」をそのシンボルとして採用し、印章として用いる場合には上部に「ラオス仏教連盟協会」、下部に当該レベルを記し、中央に「法輪軸」を配する。ラオス仏教連盟協会の中央委員会は国家の首都、あるいは党政府中央委員会の事務局と同じところに設置する。

第一二条　ラオス仏教連盟協会は民主主義に基づいて運営される。集団での運営に個人が責任を果たし、満場一致を原則として下位から上位に至るまで全員が少数を多数になるよう働きかけて、最終的にはサンガ代表者大会において決定する。全国サンガ代表者大会はサンガの中央管理委員会を選出する。地方の代表者大会では満場一致か、数人の合意のいずれかによってサンガ管理委員会を選出する。

第一三条　ラオス仏教連盟協会の組織は四つのレベルより構成される。

・中央レベル
・県、「首都」（中央直轄市 kamphaeng nakhon）、特別区（khet phiset）ないし自治区（thetsaban）レベル
・郡ないし自治郡レベル

・寺院レベル

一三‐一．ラオス仏教連盟協会の中央レベルでは、全国の僧侶三〇名から四五名によって管理委員会を構成する。そのうち一一名は常任委員であり、議長一名、副議長四名のほかは一般の僧侶とする。

一三‐二．ラオス仏教連盟協会の県、「首都」、特別区レベルは、一一名から二五名によって構成される。そのうち五名から七名は常任委員であり、一名を常任の議長、四名を副議長とし、その他は一般の僧侶とする。三ヶ月に一度上層部に活動状況を報告するほか、年に一度、その年の活動を総括し、次年度の計画を立案する会議を開催する。県や郡レベルでは、当該地域の状況に応じて管理委員会がその責務を果たす。

一三‐三．ラオス仏教連盟協会の郡ないし自治郡レベルは、七名から一五名によって構成される。そのうち三名から五名は常任委員であり、一名を常任の議長、三名から四名を副議長とし、その他は一般の僧侶とする。年に一度、活動の良い点、悪い点を踏まえて翌年に活かすべく会議を開催するほか、三ヶ月に一度上層部に活動状況を報告するが、緊急の場合には早急に報告する。

第一四条　ラオス仏教連盟協会は以下の四つの部局を有する。

・サンガ統括部（kammathikan fai pokkhong song）

・サンガ教育部（kammathikan fai suekusa song）

・道徳・瞑想実践伝道部（kammathikan fai phoeiphae sintham lae patibat kammatthan）

・施設整備部（kammathikan fai satharanupakan）

議長はラオス仏教連盟協会中央委員会の事務局長一名と、三名から五名の裁判委員会、三名から五名の審理委員会を選出する。

第五章　ラオス仏教連盟協会の権利と義務

第一五条　ラオス仏教連盟協会の中央委員会は以下の権利と義務を有する。

・ラオス仏教連盟協会中央委員会の議長

一．全国サンガ代表者大会において可決されたサンガ統治法、ならびに常任会議や定例会議において審議し、可決されたサンガ規則やサンガ布告、施行細則、その他の事項を首相に提出し、正規の許可を得る。

二．ラオス仏教連盟協会中央委員会における各部局長、裁判委員長、審理委員長、各県及び「首都」、特別区のラオス仏教連盟協会の長を任命、罷免する。

三．あらゆる宗教活動、特に「仏法と律」に関する集会の開催について助言、指導する。

四．全国の宗教活動とラオス仏教連盟協会中央委員会の国際的な活動を指導、助言するとともに、あらゆる書類に署名する。

五．毎月の各部局の定例会議や年に一度の全国サンガ代表者大会など、あらゆる会議において議長の席につき、特に重要な事項の決定に際しては裁判委員長と意見を交換する。

第一六条　副議長及びサンガ統括部の責務
一．議長が退任あるいは譲任した場合、代わりにその責務を果たす。
二．統括部はサンガ規則、サンガ布告、施行細則、その他の事項を立案する。全部局による会議ないしその年の定例会議において可決された後、ラオス仏教連盟協会中央委員会の議長がこれを承認する。ただし、出家者に関するあらゆる法規は「仏法と律」、国法に合致するよう考慮しなくてはならない。
三．出家者が「仏法と律」、サンガ統治法、サンガ規則、施行細則ならびに国法に従うよう監督する。特に、辺境地域においてはより細心の注意を払い、秩序を保つ。

第一七条　サンガ教育部の責務
一．サンガ教育を改良し、「仏法と律」、パーリ語、サンスクリット語、英語の教育ならびに世俗の教育を実施して社会に関する知識を向上させる。

二．「仏法と律」、パーリ語、サンスクリット語の学習を容易にする部局を設置して理解を助け、他の科目の学習にも応用する。

三．学習・研究を行う図書館を各県の都市部に少なくとも一つか二つ設置し、教育のネットワークを拡充する。

四．若者向けの日曜学校を開設し、倫理道徳を啓蒙するとともに外国語や世俗の科目を教授する。

五．僧侶の教師を育成し、ラオス人民民主共和国全体における質と量を充実させる。

六．サンガ中学、高校ないしサンガ大学を卒業した出家者を、その学校の規則に基づいて全国の僧侶不在寺院ないし各県、各郡に派遣し、宗教活動に従事させる。

第一八条　道徳・瞑想実践伝道部の責務

一．様々な方法で全国に道徳を広め、経典を啓蒙するためにサンガの規則や布告、施行細則を整備する。

二．演説者及び瞑想の指導者を質量ともに拡充し、毎年一〇名以上を育成する。二〇〇〇年以降は、各県ならびに特別区に二名から三名以上を配置する。

三．ラオス仏教連盟協会中央委員会の方針に基づき、僧俗の知識によく通じた演説者を採用し、道徳とその他の科目を普及させる。

四．仏教の教えに基づき心から社会の利益と世界の平和を望み、見返りを求めぬ個人や団体の寄進を受ける。

五．教育に有用な古い貝葉、書物、物的資料等を集め、道徳の学習と啓蒙に用いる。

第一九条　施設整備部の責務

一．寺院、永久耐用物、宗教財、旧跡、古代遺物、寺有地その他の資産を保護するため、法律と規範に則って規約を整備する。

二．仏教を保護するための基金を設立し、崇拝物、儀典、個人的な信心、出家者の寄付による資金を集め、中央委員会の宗教活動に備える。

三．伝統医療の復興に励み、医療用の樹木のほか、果物の樹木と苗木、商業用の樹木を栽培する。仏陀の教えを今日の社会に適用し、病気や中毒性の薬を避け、三つの衛生を守り、生態環境を保護する。

第二〇条　サンガ規則における県、郡、各寺院のラオス仏教連盟協会の責務

（＊訳者註：本条項は空白のままで記載がない）

第二一条　ラオス仏教連盟協会中央委員会事務局の責務

・必要に応じて出家者あるいは一般の職員ないし秘書を採用し、ラオス仏教連盟協会中央委員会の議長と各部局長、裁判委員長、審理委員長を補佐する。

・諸外国と関わる宗教活動の担当部局は、ラオス仏教連盟協会中央委員会の事務局内に設置される。ラオス人民民主共和国の外交方針に基づき、ラオス仏教連盟協会中央委員会議長の指示に従って活動を展開する。

・出家者の国内ならびに国外での諸外国と関わる活動については、担当部局で十分に審議した後、ラオス仏教連盟協会中央委員

会の議長に申請して承認を得るほか、関連する全ての部局の認可を得る。規範に基づいて活動し、円滑化を図るためである。

第六章　裁判委員会と審理委員会

第二二条

・裁判委員会は出家者の法的措置を決定する。偏見によらず戒律規範と国法に基づき独立して活動する。諍事の審理と判決は、郡における審議、県における審議、中央における最終判決という段階を経る。

・中央の裁判委員会は三名ないし五名の僧侶から構成され、出家歴が長く有徳の僧侶を委員長とし、それより短い出家歴で有識の僧侶を副委員長とするか、あるいは本法の第一四条に則って委員長が副委員長を選出し、本部は中央におかれる。

・地方の裁判委員会については県、「首都」、特別区、郡それぞれのレベルにおいて中央と同様、三名ないし五名の僧侶を選出し、サンガ管理委員会の内部に設置する。

第二三条　サンガ統治法の第二二条に基づき、「法師」より成る審理委員会を設置する。

第二四条　裁判委員会と審理委員会は、以下の権利と義務を有する。

二四-一．

・審理委員会が報告した事案について議論、審査し、判決を下す。

・裁判委員長はあらゆる事案に対して指示・助言を与え、率先して任務を遂行する。裁判委員会の全役職を任命し、各部・各委員会の会議における承認に基づき空席地位に復職させる。裁判委員会の僧侶を免職させる際、（免職を通告された本人が）ラオス仏教連盟協会の議長に申し立てするのに一五日間の猶予を与えるが、一五日間を経過したら職を辞さなくてはならない。

二四-二．外国の出家者や裁判委員会の代表に関わる政策ないし党政府に関する重大で特殊な事案について審議する場合には、ラオス仏教連盟協会中央委員会の議長を招聘し、ともに座長の席につく。これらの事案について判決を下し、以後に延ばすことなく厳格に結論を出すためである。それらの事案に詳しい行政官や専門家を招聘して意見を聞くこともできるが、彼らに判決を下す権利はない。

二四‐三．中央の審理委員会は国家の首都に本部をおき、様々な事案について研究・調査し、あらゆるレベルの審理委員会に報告する権利と責務を有する。

二四‐四．中央における審理委員長は、裁判委員長と同じ権利と義務を有し、同様の任務を遂行する。

第二五条　地方の裁判委員会と審理委員会は、諍事の統計と現状を六ヶ月ごとにそれぞれの委員長に報告する義務と権利を有する。緊急の場合には、問題解決のために速やかに報告し、報告書の原本はラオス仏教連盟協会の統括部に送付する。

・裁判委員会と審理委員会はあらゆる業務に関してラオス仏教連盟協会中央委員会の議長と連携し、六ヶ月ごとに報告書を提出するほか、毎年年末の会議で挙げられた全内容を総括して報告する。

・県および郡の会議によって、県および郡の裁判委員会を設置し、サンガ規則における責務と活動を実践させる。

第七章　ラオス仏教連盟協会の会議

第二六条　ラオス人民民主共和国の出家者は、ラオス仏教連盟協会中央委員会の議長の決定に基づき、年に一度の定例会議に参集する。その年の宗教活動のよい点と悪い点を総括するとともに、翌年の活動計画と問題点を話し合うためである。

第二七条　五年に一度全国サンガ代表者大会を開催し、サンガ管理委員会を新たに選出する。また、県や郡の大会では、各地方の管理委員会を新たに選出する。大会では、過去五年間の活動状況を総括した後、人徳があり健康に優れた高僧を立候補させるか推薦する。もし誰も立候補するものがいない場合には、次の二つの方法を実施する。

一．三〇名あるいは四五名の僧侶を候補にあげ、秘密投票あるいは満場一致により、最も多くの支持を得た僧侶をラオス仏教連盟協会中央委員会の議長とし、その後、その議長が四名の僧侶を選出して副議長とする。

二．ラオス仏教連盟協会中央委員会が三〇名あるいは四五名の僧侶のなかから秘密投票あるいは満場一致によって議長を選出し、それに次ぐ支持を集めた四名を副議長とする。その後、議長と副議長は協力して事務局長一名と裁判委員会に三名あるいは五名、審理委員会に三名あるいは五名を選出する。

第二八条　ラオス仏教連盟協会中央委員会の前議長はラオス国家建設戦線の常任中央委員会と連携して新議長の名を速やかに党政府に報告し、承認された後、新議長は委任状に署名して各部局長と四名の副議長、ラオス仏教連盟協会の事務局長一名、裁判委員会ならびに審理委員会の僧侶に順次付与する。

第二九条　ラオス仏教連盟協会の委員は、中央から地方に至るまで次の場合に職を辞する。

一．還俗したとき

二．罷免されたとき

三．出家者の「律」や世俗の法律に反したことを指摘されたとき

四．どこで何をしているのか三ヶ月以上知れないとき

五．サンガ代表者大会が委員を一新したとき

六．死亡したとき

第八章　仏教資産

第三〇条　仏教資産には次のものが挙げられる。

一．政府による寄進

二．出家者の組織的活動から得られたもの

三．清浄な信心をもつ個人による寄進

四．俗人信徒の積徳行による寄進

五．出家者による寄進

六．寺院の土地から得られた収益

七．出家者が止住する土地における生産物による収益

第三一条　仏教資産は次のように使用される。

一．在俗信徒総代（*tha nyok*）が特定個人に寄進した財産は寄進されたものが法に則ってこれを使用する。

二．在俗信徒が寺院のサンガに寄進した財産は、当該寺院のサンガ管理委員会の合議によってこれを使用する。

三．寺院の新築のために寄進された財産は、出家者とその村の俗人信徒が共同で管理し、寺院の新築あるいは補修に用いる。

四．仏塔や古寺名刹において人々が寄進した財産は公共のものとなり、ラオス仏教連盟協会ならびに郡のネオホームの共同

管理下におかれる。三ヶ月ごとに各寺院の管理委員会とその村の俗人信徒がともに帳簿を検分し、最寄りの銀行に預ける。その際、四つの帳簿を用意し、ひとつは郡のラオス仏教連盟協会に、ひとつは金銭を管理する郡のネオホームに、ひとつは当該寺院の財務担当者に、ひとつは金銭を管理する村長に送付する。その後、郡のラオス仏教連盟協会に全額を報告し、銀行に預けるか、郡のラオス仏教連盟協会ならびに郡のネオホームの同意を得て使用する。

地上または地下から発見された資産はその土地すなわち国家の所有となり、郡レベルから中央レベルに至るまで五つの帳簿を作成する。その資産を回収して保管した後、報告して指示を受け、その指示に従って処理する。

第九章　支援金ならびに福利金

第三二条　ラオス仏教連盟協会の各レベルが獲得した政府の補助金ならびに個人による寄付金については、財務に関する規則ならびに合議に基づき当該レベルのラオス仏教連盟協会がこれを使用する。ラオス仏教連盟協会を支援するため各寺院において三ヶ月ごとに出家者と在俗信徒から集めた金は、一〇パーセントをその寺院の管理委員会が得て、郡のラオス仏教連盟協会に提出する。郡のラオス仏教連盟協会は一五%を得て県ならびに「首都」、あるいは特別区のラオス仏教連盟協会に提出する。県、「首都」、特別区のラオス仏教連盟協会は二五%を得てラオス仏教連盟協会中央委員会に提出する。これらの金は基金として管理し、福利厚生のために使用する。

第三三条　ラオス仏教連盟協会の出家者全員が、事故や病気の際にその容態に応じて福利金を受けることができる。

第一〇章　最終規定

第三四条　本サンガ統治法に基づき、各部局、裁判委員会、審理委員会は規約や規則、布告その他を変更する権利を有する。「仏法と律」を規範とし、国法を遵守して全国の仏教に関わるあらゆる業務を指導し実践するためである。

第三五条　本サンガ統治法の査定、改善、補足は、ラオス人民民主共和国の全国サンガ代表者大会によってのみ行われる。

第三六条　本サンガ統治法は第四回全国サンガ代表者大会において可決され、政府が承認し、首相が署名した日から効力を有する。

第四回全国サンガ代表者大会

「首都」ヴィエンチャン　一九九八年四月三日

付録二　タイ・ムスリム関連資料

サオワニー・チットムアット（作成）
高岡正信（訳）

資料I　タイ国内のイスラーム関係組織と活動運営に関する基本資料

一九三二年に最初の憲法を制定して以来、タイは今日まで立憲君主制をとっている。この統治形態に至る以前の時期を含めて、タイ社会には、勅令および国会が制定し国王が署名する法規定が存在する。以下、タイ・ムスリムとタイ国内のイスラームに関わる法規定を年代順に列挙する。

一．親書、法律、勅令

一九二三年　七月六日付親書三／七八号(※)
一九四五年　イスラームの擁護に関する勅令
一九四六年　パタニー、ナラティワート、ヤラー、サトゥーン県におけるイスラーム法行使についての法律（法律に準じて公正裁判所代行）
一九四七年　イスラーム・モスク法
一九四八年　イスラームの擁護に関する布告（第二版）
一九七八年　裁判官方面の公務員規定法（法律に準じて公正裁判所代行）
一九八一年　マッカ巡礼活動奨励法
一九八八年　マッカ巡礼活動奨励法（第二版）
一九九七年　イスラーム組織運営法
一九九九年　チュラーラーチャモントリー役職への助成金法
二〇〇二年　タイ国イスラーム銀行法

二．省令

一九九七年　一九八一年マッカ巡礼活動奨励法に基づき制定する省令第三号

二〇〇五年　一九九七年イスラーム組織運営法に基づき制定する省令第四号
二〇〇四年　タイ国イスラーム銀行の順調資産に関する省令
二〇〇四年　タイ国イスラーム銀行の基金維持に関する省令
一九九九年　タイ国イスラーム銀行の株券取得に関する省令
一九九九年　一九九七年イスラーム組織運営法に基づき制定する省令第三号
一九九九年　一九九七年イスラーム組織運営法に基づき制定する省令第二号
一九九九年　一九九七年イスラーム組織運営法に基づき制定する省令第一号

三．規定・規約

一九四九年　モスク（スナオ）常任イスラーム委員の任命・罷免とモスク（スナオ）の宗教関連活動の実施方法に関する規定
一九七八年　中等教育後期課程レベルでの南部タイにおけるイスラーム国民学校教育整備の規律決定に関する教育省規定
一九八〇年　イスラーム国民学校にとっての三～四レベルの全体型成人教育課程の成果評定に関する教育省規定
一九八一年　第二学区におけるイスラーム国民学校への下賜賞に関する教育省規定
一九八一年　南部タイの中等教育後期課程を開設するイスラーム国民学校にたいする最低基準の設定に関する教育省規定
一九八二年　南部タイのイスラーム国民学校の制服に関する教育省規定
一九九七年　県支部イスラーム常任委員代表、イマーム、コーテップ、ビランへの報酬金の引出・支払に関する内務省規定
一九九七年　一九八一年制定のマッカ巡礼（ハッチ）活動奨励法第五条に準じて、巡礼活動における輸送運営の処理請負業務の管理、巡礼関連の他の便宜調達、巡礼活動の関連広報あるいはその他の行為に関するタイ国巡礼活動奨励委員会規定
一九九七年　モスク常設イスラームならびに倫理教化センターに関する宗務局規定
一九九九年　モスク常設学童年齢未満の児童養育センターに関する宗務局規定
二〇〇五年　パタニー、ヤラー、ナラティワート県におけるモスク常設（ターディーカー）イスラーム研究センターに関する教育省規定

二〇〇五年　県支部イスラーム常任委員代表、イマーム、コーテップ、ビランへの報酬金の引出・支払に関する内務省規定（第二版）

（＊）ラーマ六世による「パタニー州（monthon Pattani）の統治に関する親書」をさす。イスラームに言及する近代タイ最初の法令文書であり、当該地域の治安に関する六項目より成る。第一項と第五項には、今日特筆すべき以下のような内容が記載されている。

（第一項）「イスラーム（*satsana islam*）が虐待ないし抑圧されていると当該住民が感じるような行政措置や手段がとられた場合、即刻それを停止ないし改正しなければならない。新たな内容をもついかなる統治も、イスラームの考え方に離反してはならないのみならず、ムハマッド教（*satsana muhammat*）にとって有益なものとして受けとめられなければならない。」

（第五項）「配置換によりパタニー州に赴任する官吏は、誠実かつ冷静沈着なる性格を有する人物のみを抜擢すること。官吏の配置は、単に職位を埋めることや、あるいは劣悪な官吏であるが故に処罰として派遣するものであってはならない。配置が確定すれば、その赴任直後の官吏にたいしては、第一項と第四項で述べた原則を踏まえ、望ましい公務が果たせるように諭さねばならない。当該地域において権勢ある者は、先に誤りを犯すのをまって咎め処罰するのではなく、事前の十分な配慮と監視の下、官吏にたいする道徳的教化の訓練と薫陶を不断に行わなければならない。」

今日の政府とりわけ政府当局の官吏が、親書にある全六項目の勅令を引き続き誠実に実務に導入してきていたならば、昨今の南部地方における不穏な事件は生起しなかったはずである。ただ、法規定については、さほど多くないとはいえ良好な進展もあった。とりわけ一九九七年の王国憲法施行後はそうであり、一五回も制定された過去のどの憲法よりもあらゆるグループのタイ国民に配慮し、権利を与えた。具体的には、タイ国イスラーム銀行法については相当長期にわたってタイ・ムスリム社会がその要求行動を続けた結果、二〇〇二年に同法が発布されている。なお、法律は、その法律に関する内容において、勅令、省令、規定ならびに布告へと細分化され区別されている。今日タイ・ムスリム社会は、イスラームそしてタイ・ムスリムに関連する活動における便宜と効率性を求めて政府の認可を得るべく、法律や規定を発布するための働きかけを推進している。例えば、チャーリーア裁判所の利用、タイ・ムスリム女性向けの公務員制服の着用、タイ・ムスリムの公休日としてのイート休日の設定などに関するものである。

資料Ⅱ　タイ社会におけるイスラーム組織

一九九七年イスラーム組織運営法に基づく運営組織

アユタヤー王国のソンタム王の治世（一六一〇—一六二八）において、ペルシア人ムスリムのチェークアフマッドは、ブオンラーチャ・ナーヨックという副王とチュラーラーチャモントリーの役職を執行したが、それはタイ・ムスリムの指導者という地位に当る。それ以来、チュラーラーチャモントリーは今日に至るまで継承されてきている。一九九七年イスラーム組織運営法におけるその地位は、第六条に準じる。

国王は、タイ国内のイスラーム活動の指導者のために、チュラーラーチャモントリーを任命される一人であられる。チュラーラーチャモントリーに就任する候補者は国内全域のイスラーム中央委員会県支部の委員からの承認を受けて、国王が任命して下さることを願うために、首相がその候補者名を献上する、という手順を取る。

現役のチュラーラーチャモントリーは、サワート・スマーンサック氏で、一九九七年に就任した。

一九九七年イスラーム組織運営法は、イスラームの活動運営組織を次の三つとした。

（一）タイ国イスラーム中央委員会

同委員会は、同法に基づく法人組織であり、チュラーラーチャモントリーが委員会代表を務める。委員会は四八名から構成され、そのうちの二名の委員は、三六県に存在するイスラーム中央委員会県支部の代表が務める。また、そのうちの一二名の委員は、チュラーラーチャモントリーに任命される。同委員会の任期は六年である。

（二）イスラーム中央委員会県支部

同委員会県支部は、同法第四章第二三条に基づくイスラーム組織運営の一部である。重要な点は、第一三条に基づいて、タイ国イスラーム中央委員会が、イスラームを信仰する国民と三つ以上のモスクのある県に対して、同委員会県支部の設置を布告することである。九名以上三〇名以下の委員で構成され、同委員会県支部の任期は六年以下である。現在、同委員会県支部は計三六県に置かれている。その各県支部では、タイ国イスラーム中央委員会に加わる代表を選ぶ。同委員会県支部のある県は次の通りである。

・バンコク
・中部地方　ノンタブリー、パトゥムタニー、アユタヤー、アーントーン、ロッブリー、サラブリー、サムットプラーカーン
・西部地方　カンチャナブリー、ラーチャブリー、ペッチャブリー、プラチュアップキーリカン
・東部地方　チャチュンサオ、ナコンナヨック、チョンブリー、ラヨーン、トラート
・東北地方　コンケン
・北部地方　チェンラーイ、チェンマイ、ターク、ナコンサワン
・南部地方　パタニー、ヤラー、ナラティワート、ソンクラー、サトゥーン、ナコンシータマラート、プーケット、パンガー、クラビー、パッタルン、チュムポン、トラン、ラノーン、スラータニー

同委員会県支部が未設置の県については、隣接する県が職務を負う。その職務は区別されて、いずれの同委員会県支部であろうとも、どの県の活動の世話をすると明言されている。

(三)イスラーム・モスク常任委員会

現在(二〇〇五年)、国内全域で登録されているモスク数は三五〇七ヶ所である。したがって、イスラーム・モスク常任委員会は計三五〇七組織存在する。各モスクの信者による選挙で委員が選出されて､その任期は一期四年である。同委員会は、イマーム、コーテップ、ビランならびに一二名以下の委員で構成される。

イマームは二名以上いる礼拝指導者の呼称であるばかりでなく、モスクの運営・管理面で、各モスクにはそのコミュニティ運営職務を行うイマームがいなければならない。同委員会は合計一五名以下で構成される。

なお、タイ・ムスリムのモスク・コミュニティは、政府が組織するコミュニティとは意義が異なるが、一九九七年タイ王国憲法で述べられるそれとは同一の意義をもつ。政府のいうコミュニティの語義は狭く、組織されるとコミュニティの運営者組織が必要となる。

モスク・コミュニティは、預言者ムハンマドの時代から存在し、モスクは、宗教面のみに限らず、さまざまな面で職務機能を有していたといえる。教育、経済、政治、文化、社会援助、公衆衛生などに加えて他の職務機能を依然として有している。

中部地方のモスクのもつ職務機能に関する調査(Saowani 1984)(本書第一四章文献参照)によれば、タイ中部地方のモスクは、ムハンマドが実践した方針に基づく宗教面以外の各方面での職務機能を依然として実行している。モスクの最大の職務機能は

教育であり、最少の機能は政治である。コミュニティ内の信者が抱える将来的なモスクの職務機能に対する期待を上位五位挙げると、①若者にコーランと宗教を定期的に教説すること、②モスクで計五回の共同礼拝を設けること、③教義についての討論と講義を定期的に開催すること、④モスクをイスラーム普及におけるセンターとすること、⑤バイトゥンマーンあるいはサッカート基金を設立すること、であった。

それぞれのモスクのメンバーもしくはモスクに属するタイ・ムスリムを在家信徒 *sapprut* と呼ぶが、各自が一つのモスクに属している。あるいは氏名を登録している。よって、モスク数とモスク毎の信者数を検討すると（今日ではこの作業は委員会が行う）、ムスリムを研究する学者たちは次の見解を抱くことになる。すなわち、その精査の結果では、タイ・ムスリムは四五〇万人、全国民の七パーセントに達し、政府機関が国勢調査に基づいて挙げる四・五パーセントにすぎないという事実と一致しない。

モスク数の多い県は、南部地方と中部地方の諸県であるが、その他の地方にあるノンタブリー、パトゥムタニー、アユタヤー、チャチュンサオ、ナコンナヨックなどの県では、モスクが郡・行政区・村落のすべての行政レベルに分布している。

登録済みのモスク数のみを県別に示す。表中の番号は原文に沿ってのタイ文字のアイウエオ順に並べるための便宜的なものにすぎない。

地方別にみたモスク数は次の通りである。

・バンコク	一七五
・中部地方（バンコクを除く）および西部地方	一九五
・東部地方	一一四
・東北地方	一七
・北部地方	三七
・南部地方上半部（九県）	七二七
・南部地方下半部（五県）	二二四二

モスクの運営では、イマーム、コーテップ、ビランの役職がモスクの宗教面での指導者の地位にある。間接的には、それぞれのモスクの多くに、（とりわけ南部地方では）住民の宗教的指導者、すなわちト・クルー（*to khru*）あるいはウッサタート（*ustatat*）がいる傾向が強い。宗教を教説する者として職務を行い、住民が敬意を払って信仰上の尊敬を置く存在である。ちなみに、彼ら

タイ国内の登録モスク数（2005年現在）

番号	県名	モスク数
1	クラビー＊	173
2	バンコク＊	175
3	カンチャナブリー＊	6
4	カラシン	1
5	コンケン＊	3
6	チャンタブリー	1
7	チャチュンサオ＊	65
8	チョンブリー＊	28
9	チャイナート	1
10	チャイヤプーム	2
11	チュムポン＊	6
12	チェンラーイ＊	4
13	チェンマイ＊	13
14	トラン＊	130
15	トラート＊	12
16	ターク＊	4
17	ナコンナヨック＊	25
18	ナコンパトム	1
19	ナコンラーチャシーマー	2
20	ナコンシータマラート＊	116
21	ナコンサワン＊	5
22	ノンタブリー＊	19
23	ナラティワート＊	616
24	パトゥムタニー＊	30
25	プラチュアップキーリカン＊	10
26	プラチンブリー	2
27	パタニー＊	635
28	アユタヤー＊	59
29	パヤオ	1
30	パンガー＊	90
31	パッタルン＊	91
32	ピチット	1
33	ピサヌローク	1
34	ペッチャブリー＊	14
35	ペッチャブーン	2
36	プレー	1
37	プーケット＊	50
38	メーホンソーン	2
39	ヤラー＊	436
40	ラノーン＊	29
41	ラヨーン＊	8
42	ラーチャブリー＊	3
43	ローイエット	1
44	ロッブリー＊	3
45	ランパーン	1
46	ランプーン	1
47	ルーイ	1
48	サコンナコン	1
49	ソンクラー＊	354
50	サトゥーン＊	201
51	サムットプラカーン＊	12
52	サムットソンクラーム	1
53	サラブリー＊	4
54	シンブリー	1
55	スパンブリー	1
56	スラータニー＊	42
57	スリン	1
58	ノーンカーイ	1
59	ノーンブアランプー	1
60	ブリラム	1
61	アーントーン＊	3
62	ウドンタニー	1
63	ウボンラーチャタニー	1
64	ウタラディット	1
	総計	**3,507**

［註］……県名の後部に＊印を付した県にはイスラーム中央委員会県支部がある．計三六県

［出所］統治局国内安全保障活動事務局（当局との連絡業務における）内部資料．二〇〇五年七月三〇日現在

の中にはモスク内での組織運営上の役職に就く者がいるし、モスク内での役職に就いていない者もいる。
二〇〇〇年国勢調査（一〇年毎に実施）のデータに基づく県別のタイ・ムスリム人口は次頁の表のとおりである。

資料Ⅲ　二〇〇二年行政改革によるイスラーム関連業務の運営

国家のイスラーム関連業務の運営については、一九九七年タイ王国憲法と同年のイスラーム組織運営法の枠組みの下で当局関係機関を通して、政府はイスラーム関連業務を次のように運営・管理してきた。

一．内務省統治局（国内安全保障業務事務局、公務調整部門、イスラーム関連業務課）
二．文化省宗務局（宗教保護育成部、イスラーム業務連絡部門）
三．教育省。民間教育・教育後援委員会、私立イスラーム学校、ポーノおよびターディーカー研究所
四．公正省。公正裁判所事務局事務総長が南部国境四県におけるイスラーム法の適用と公正さを監察

二〇〇二年十月より行政改革による省庁再編で文化省が新設された。かつての教育省宗務局が担当していた部局は、文化省の統轄下へ異動している。イスラーム関連業務は文化省に属し、図のような運営配置となっている。

文化省

二〇〇三年上院議院の宗教・芸術・文化代表委員会は、一〇名の委員よりなるイスラーム業務運営小委員会を設置した。そのうちの五名は上院議員ではない者が委員となった。小委員会が検討を加えて文化省大臣ならびにウィシット・クルアガーム副大臣に提出したことは、次々頁の図下段に示すように、イスラーム業務連絡部門をイスラーム関連業務部とし、その業務内容の再編である。

イスラーム業務運営組織

現時点では、小委員会は作業を終えて、上院議院の任期満了（二〇〇六年六月）が迫りつつある（本稿執筆時点）。しかし、政府に提出したイスラーム業務運営改革提案には一切の変更点がないままとなっている。

内務省

二〇〇二年十月の行政改革による省庁再編以前では、内務省が関与するイスラーム関連業務は統治局の管轄下にあり、二つに

2000年国勢調査によるタイ・ムスリム人口

地方／県	イスラーム信者数
国内全域	**2,777,542**
バンコクおよび首都圏	**332,646**
—バンコク	262,023
—サムットプラカーン	15,473
—ノンタブリー	32,955
—パトゥムタニー	19,284
—ナコンパトム	1,694
—サムットサーコン	1,217
中部地方	**43,817**
—アユタヤー	35,025
—アーントーン	3,807
—ロッブリー	1,356
—シンブリー	832
—チャイナート	912
—サラブリー	1,885
東部地方	**84,995**
—チョンブリー	16,729
—ラヨーン	5,500
—チャンタブリー	850
—トラート	6,049
—チャチュンサオ	40,162
—プラチンブリー	787
—ナコンナヨック	14,124
—サケーオ	794
西部地方	**20,979**
—ラーチャブリー	1,733
—カンチャナブリー	1,896
—スパンブリー	1,124
—サムットソンクラーン	870
—ペッチャブリー	10,735
—プラチュアップキーリカン	4,621
北部地方	**30,637**
—チェンマイ	7,583
—ランプーン	600
—ランパーン	881
—ウタラッディット	659
—プレー	279
—ナーン	459
—パヤオ	592
—チェンラーイ	3,184
—メーホンソーン	1,243
—ナコンサワン	5,129
—ウタイタニー	526
—カンペンペット	461
—ターク	5,936
—スコータイ	493
—ピッサロヌローク	771
—ピチット	816
—ペチャブーン	1,025
東北地方	**18,069**
—ナコンラーチャシーマー	3,464
—ブリラム	1,487
—スリン	1,025
—シーサケート	1,032
—ウボンラーチャタニー	836
—ヤソートーン	299
—チャイヤプーム	879
—アムナートチャルーン	243
—ノーンブアランプー	236
—コンケン	1,962
—ウドンタニー	1,428
—ルーイ	725
—ノーンカーイ	596
—マハーサーラカーム	656
—ローイエット	840
—カラシン	957
—サコンナコン	577
—ナコンパノム	373
—ムクダハーン	454
南部地方	**2,246,399**
—ナコンシータマラート	929,721
—クラビー	116,528
—パンガー	54,058
—プーケット	42,547
—スラータニー	17,003
—ラノーン	17,556
—チュンポン	2,857
—ソンクラー	289,924
—サトゥーン	167,447
—トラン	81,308
—パッタルン	55,094
—パタニー	480,456
—ヤラー	285,695
—ナラティワート	542,954

［出所］国家統計局による2000年国勢調査。

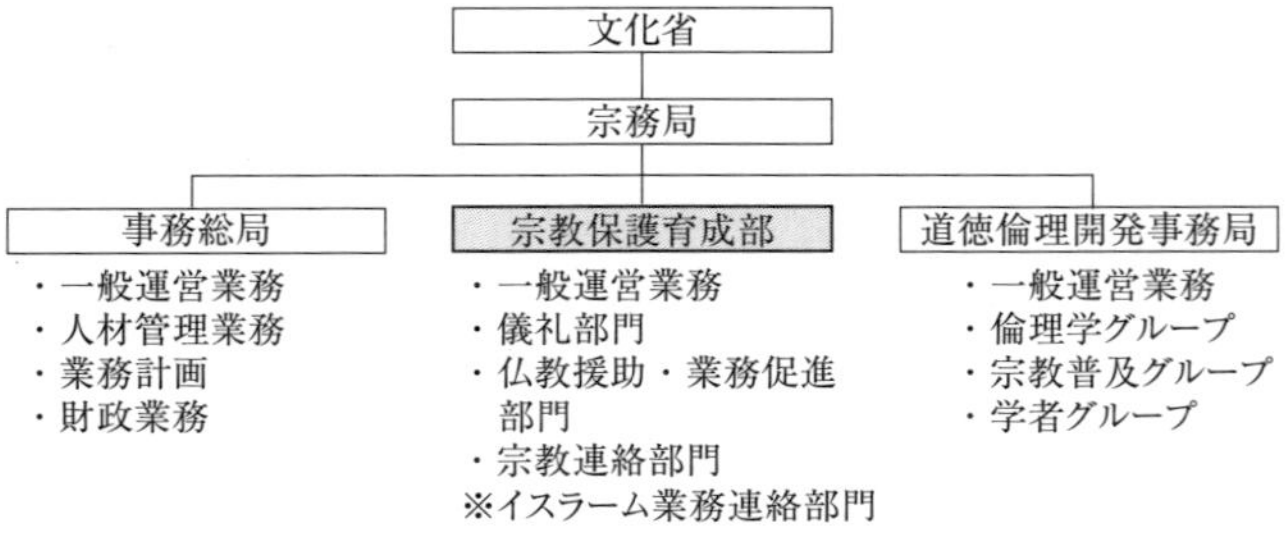

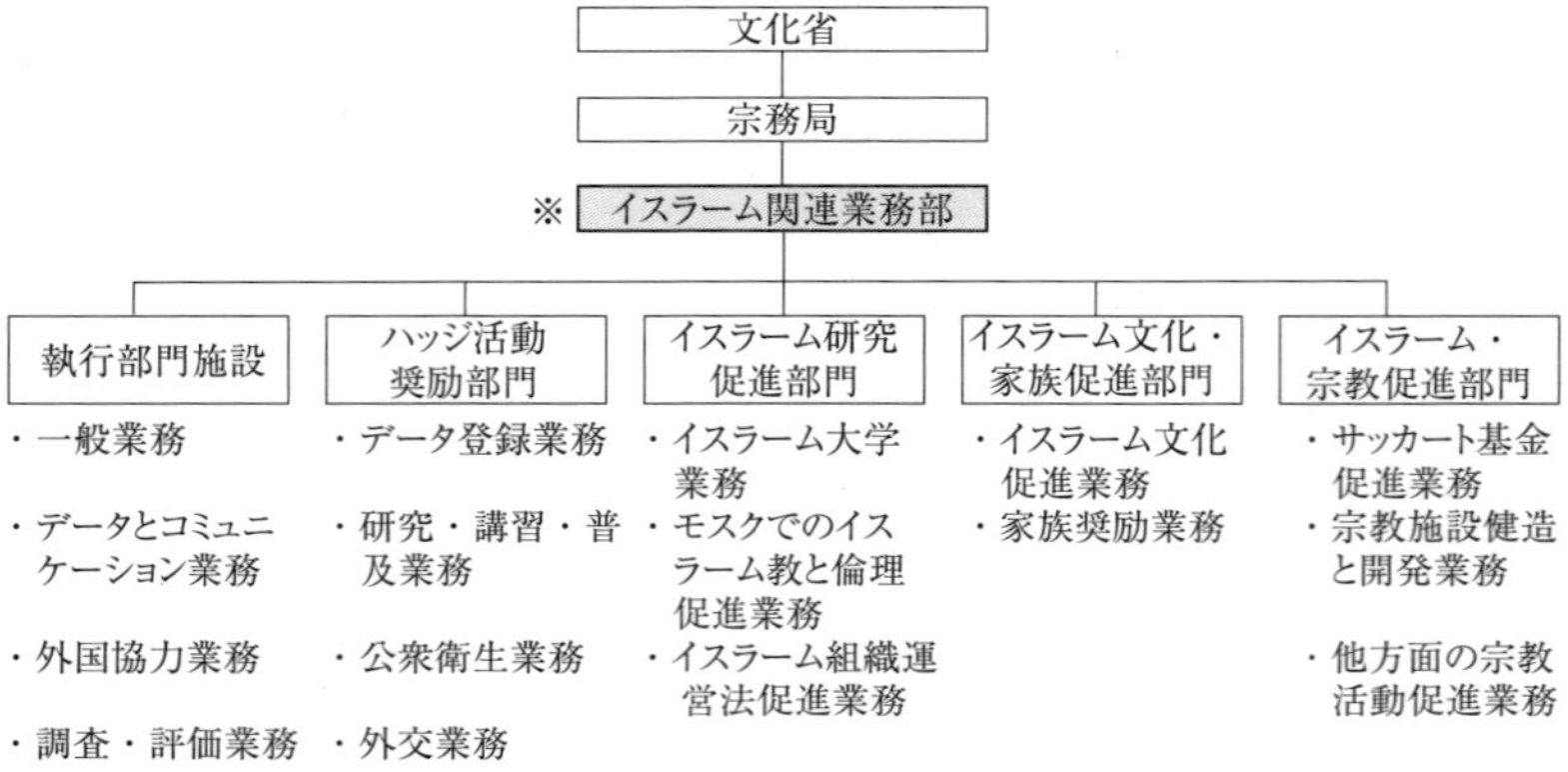

分けられていた。

一．公務調整部。南部国境県管理執行センターの前線という地位にある。

二．南部国境県管理執行センター。

タックシン・チナワット元首相政府による行政改革と政策変更によりそれら二つの機関はともに改組された。

一．公務調整部は、公務調整担当となってその地位が低下し、左に示す仕組みの中で国内安全保障業務事務局の傘下に置かれた。

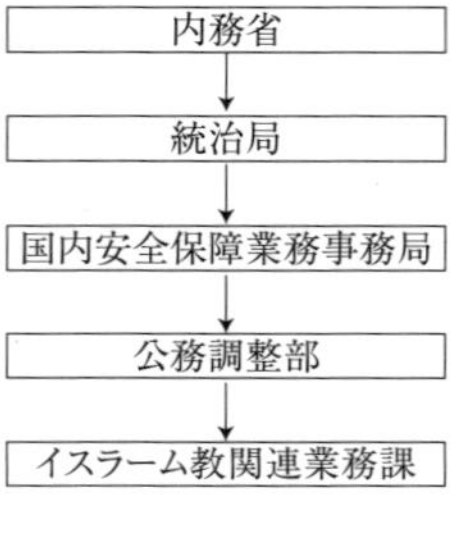

・宗教連絡業務

・チュラーラーチャモントリーならびに国王慶祝国家イスラーム業務運営センター業務

・イスラーム関連業務運営促進業務

二．タックシン・チナワット元首相が政権を担当していた二〇〇三年、南部タイにおける二つの主要機関、内務省副次官パラーゴン・スワンラット氏がセンター代表となっていた南部国境県管理執行センターと市民・警察・軍四三混合部隊とが廃止された。

教育省

二〇〇二年九月まで教育省傘下にあった宗務局は、行政改革で同年翌月以降新たに設立された文化省のなかに再編された。それ以降も現在の教育省に残された職務としては、教習管理カリキュラム整備、モスク常設のイスラーム研究センター、ターディーカー、教育機関ポーノ、私立イスラーム学校など、イスラーム研究・教育に関わる予算面での職務である。

公正省

ラーマ五世時に家族と財産に関する勅令「七地方統治のための一九〇一年規定」が発布されて以来、タイ社会におけるイスラーム法を通しての公正化プロセスの方針は、間歇的に改正されてきた。今日の南部国境四県（パタニー、ヤラー、ナラティワート、サトゥーン県）では家族と財産に関するイスラーム法が施行されている。それは、裁判官の役職で任務を実行する「公正 *khato yutitham*」によって、公正裁判所の仕組みにおける公正化プロセスを経ていくものである。しかし、この法には、地域面での制限項目と内容面での制限項目がある。

（一）家族と財産にのみ特定されてイスラーム法が適用される。

（二）裁判所に事件が訴えられた場合のみイスラーム法が適用される。

（三）南部国境四県のタイ・ムスリムだけに法が適用される。

タイ・ムスリムが近い将来に実現を要望するのは、国内全域で宗教裁判（チャーリーア裁判）を公認のものとして合法化することである。また、行政改革後の関連諸機関の現況＝各機関で職務を遂行する担当者数やイスラーム関連業務への援助予算など＝は、全国で仏教徒に次ぐ信徒数を擁するタイ・ムスリムの現実にみあうものではなく、さらなる改革が求められている。

あとがき

序文でふれたように、本書の母胎となったのは二〇〇三年度から〇五年度にかけて実施された科学研究費補助金基盤研究（A）［1］「東南アジア大陸部・西南中国における宗教と社会変容 —— 制度・境域・実践」（代表：林行夫／課題番号15252003）である。

このプロジェクトは、まさにすべりだしの初年度にSARS禍と遭遇した。さらに、タイ南部地方では当時のタックシン政権による「鎮圧」の結果、二〇〇四年度以降の政情不安を招来し、外国人による調査が事実上できなくなった。編者自身も公私ともにおおきな変化と遭遇し、複数回を予定していたラオスへの渡航なども一度きりに終わった。研究という活動は、このような偶発的にさえみえるような事態の重なりのなかで実践されている。当然のことのように予定をたてて計画し、対象となる国々での調査研究を正面玄関から入って実現することの難しさはもちろん、それらが無事に成就すること自体が、ある種の奇跡的な出来事の連なりの結果であるという思いを、以前にも増して痛感することとなった。

当事者にとって、実践は常にある状況のただ中の出来事である。外からみれば突然起こっているようにもみえ、あるいは逆にプログラムに従うかのように自動化された活動にもみえるが、常に特定の空間に流れる時間と行為者のその都度の目論見とともに、確実に進行する。そのような実践の痕跡は、時の重なりとともに当事者の身心を変形させるほど明瞭に刻まれる。しかし、その刻まれたものを日々の暮らしのなかで他者に伝えようとする努力がおおかた徒労に終わることが多いように、異なる社会で導かれ目の当たりにした他者の実践を、自分自身の実践の無反省的な節目からささくれだつように生じている「共感の物差し」をもちだしつつ、その渦中の状況とその結果を当事者の実感をふまえて（あるいはふまえたつもりになって）了解することは難しい。とりわけ、似たような色合いをみせる歓びの経験よりも、個々に表情が異なる苦渋の経験は、それをうけとめようとする者の物差しを邪険にも遠ざける。個人的なものであれ、人道主義的なものであれ、共感を理解のための手段としてもちだすその時点で、そのような尺度は陳腐なまでに一般化されてしまう。そもそも実践とは、そのように記述して了解する対象ではありえないからであろう。当事者の身心とその身心の行く末とも関わるものにたいしては、やはり身心をもって共鳴・共感し、そして共に行動するほかはない。その延長線上に、民族誌ないし社会誌が生まれるように思う。

本書の主題には「実践宗教」とある。実践宗教は、対面状況での会話言語やブログにならぶ書き言葉、自らを標榜する制度のコードで定義される「宗教」と同じように描くことができない。言説のアリーナとなる制度の論理からすれば、それは制度の外縁ないし周縁にみられる宗教的なるもの、あるいは制度が回収しきれない制度の裾野や隙間にみいだされるような、一種の残余や夾雑物として位置づけられる。もちろん、それらが夾雑物めいた代物ではないことは、本論集の執筆者の身心を築いてきた個々のフィールドが告げている。実践の「場」に踏み込んでいながら、ただ外側から視線を注ぐばかりの記述に終わる印象を与えるものであっても、そのことを含めて自他の「営み」が伝わればと願うのみである。本論集は、了解することよりも伝えることを最大の課題としていた。宗教という日本語がおぞましい「カルト」と同義語になり、日々の暮らしでの意義がきわめて限定されている現代の日本で、しかも、知的理解においては未だ日本人にとって気の遠くなるほど隔てられた東南アジアの、その一隅の人びとの生きる方途とその構築物を描くことの意義は、伝える責務という一点に求めることができるだろう。主題にある〈境域〉とは、編者を含む執筆者がまさにその身をおく場でもあった。

本書で使用された一次資料は、いずれも各国政府諸機関からの調査許可やその場に暮らす関係者の理解と協力を欠いては実施しえなかった臨地調査で収集されたものである。タイでは同国学術研究会議外国人研究部、旧教育省宗務局、新設された国家仏教庁、文化省宗務局にお世話になった。ラオスでは情報文化省博物館考古局、ネオラオ・サーンサート宗教局、カンボジアでは宗教省、プノンペン市宗教局、仏教研究所、クマエ・クラオム友好協会、ミャンマーではミャンマー連邦宗教省、中国では云南民族大学東亜言語文化学院からそれぞれ絶大なる支援をいただいた。記して謝意を表したい。

本書が西南中国をふくむ東南アジア地域の研究にささやかなりとも貢献しえているとすれば、それは一重に若い世代の研究者の尽力によるものといわざるをえない。ここでいう若い世代の研究者とは、地域研究の制度整備が進む現在において、逆説的にも減りつつあるようにみえる長期定着調査の経験者である。彼／彼女らのナイーブでアクティブな活動がなければ、本書はうまれなかった。また、外国人としての調査が事実上不可能となったタイ・ムスリム社会については、国家のムスリム政策や実務にも参画しているトンブリー・ラーチャパット大学のサオワニー准教授が、プロジェクトの途中から参加してインフォーマティブな論考を寄せてくださった。ともに深く感謝したい。なお、ラオスの「サンガ統治法」は、ラオス北部農村で二年余りのフィールドワークを終えた吉田香世子が全訳し、サオワニーによるイスラーム法制度関係の訳出資料とともに巻末付録として掲載した。本編でとりあげることができなかった地域を補うデータとして活用されることを願っている。

翻訳者をふくむそれぞれの著者は、上記の関連機関のほかに、隣地調査での資料収集や執筆の過程で多くの方々にご協力いただいた。林行夫は、アネーク・サナームチャイ氏（タイ国家仏教庁）、タウィー・プロムテーウォー師（タマカーイ本寺）、チュンポン・ネオチャンパー氏（ウボン県高等教育視察局）、トンサー・サヤヴォンカムディ氏（ラオス情報文化省博物館考古局）、カオポム・ワンナブット氏（ネオラオ・サーンサート宗教局仏教課）ならびに東北タイのNK村、DB村のみなさんに感謝申し上げる。小林知は、故マイ・ジャム氏、コンポントム州宗教局、同州内の調査寺院ならびにサンコー区の皆様に感謝申し上げる。小島敬裕は、調査に協力いただいたミャンマー連邦宗教省のスタッフおよび助言をいただいた中西嘉宏氏（アジア経済研究所）にたいして御礼申し上げる。村上忠良はタイ・メーホンソーン県のプラアティカーン・アヌラットアピワッタノー師（ムオイトー寺）、プラクルー・アヌチットスタートーン師（パーアーン寺）、そしてトゥンキャン氏（カーハーン村）に感謝申し上げる。高橋美和は、バッドンボーン州宗教局の各機関および調査対象寺院・仏教塾の修行者、出家者、寺院関係の皆様方、および調査の全期間を通じ助手を務めていただいたハック・ティー氏に謝意を表したい。原田正美は、レーディー尊師に関し直接間接的に理解の指針を与えていただいたミャッスムン氏に深く感謝申し上げるとともに、これまでのビルマ語仏教文献研究を支えてくださったビルマ内外の仏教僧、先生、作家、研究者、友人の皆さんに心からのお礼を申し上げる。吉田香世子は内部資料を提供していただいたマハー・トーンカム氏（サンガ教育部）、アチャーン・ウェート氏（サンガ大学）ならびに調査に同行していただいたブンタヴィー氏（ネオラオ・サーンサート宗教局）に感謝申し上げる。

本書の編集作業は二〇〇五年度より開始されたが、様々な理由によって遅々としてはかどらず、遅れに遅れて二年目に入ることになってしまった。これは、幾重にも編者の怠慢の故である。編集作業そのものも、一人編者のみがなしえたものではない。片岡稔子さん（京都大学東南アジア研究所）には、本書がうまれるまでのあらゆる局面で編者をサポートしていただいた。また、収録論文が依拠する調査地を全貌できる巻頭の「全体地図」は、小林知が中心となって作成したものである。同じく巻頭の「凡例」の作成は文字通り執筆者全員による共同作業となった。京都大学学術出版会の鈴木哲也さんと斎藤至さんには、大部のものとなることが予想された本書の草稿段階から出版にむけて的確な助言と励ましのお言葉をいただいた。それぞれ異なる立場でも、忙しさが募るばかりの環境にあって、このように多方面からの尽力と厚意を得られたことは、編者の幸運というほかはない。改めて、感謝の気持をここに表したい。

なお、本研究プロジェクトの研究分担者であった黒田景子（鹿児島大学）、柳澤雅之（現京都大学地域研究統合情報センター）および研究協力者の森博行（フリーランス）は、種々の事情によって残念ながら本書に寄稿することができなかった。同プロジェクトの科研成果報告書（林編　二〇〇六）には、三氏をふくめた全員の調査報告を納めているので参照していただきたい。

本書の刊行にあたっては日本学術振興会より平成二〇年度科学研究費補助金（研究成果公開促進費）をいただいた。託されたこの幸運に、末尾ながら記して感謝する次第である。

二〇〇八年十一月一五日　林　行夫

[や行]

[ら行]

[わ行]

[は行]

[ま行]

[た行]

[な行]

［さ行］

索　引

編著者略歴
林　行夫（はやし　ゆきお）
1955年　大阪府生まれ
現職　京都大学地域研究統合情報センター教授、京都大学博士（人間・環境学）
専攻　文化人類学・東南アジア民族誌学
1988年龍谷大学大学院文学研究科社会学専攻博士課程単位取得退学。国立民族学博物館研究部助手、京都大学東南アジア研究センター（現東南アジア研究所）助教授、同教授を経て2006年より現職

主要著作
『ラオ人社会の宗教と文化変容』(2000) 京都大学学術出版会
Practical Buddhism among the Thai-Lao. Trans Pacific Press and Kyoto University Press, 2003.
Inter-Ethnic Relations in the Making of Mainland Southeast Asia and Southwestern China [共編]. Amarin, 2002.
『タイを知るための60章』[共編] (2003) 明石書店
『講座世界の先住民2―東南アジア』[共編] (2005) 明石書店
『くらしの文化人類学5―カネと人生』[共著] (2002) 雄山閣
『ラオス概説』[共著] (2003) めこん
『岩波講座宗教6　絆』[共著] (2004) 岩波書店
『変容する東南アジア社会』[共著] (2004) めこん
等多数

〈境域〉の実践宗教 ― 大陸部東南アジア地域と宗教のトポロジー
（地域研究叢書19）

平成21（2009）年2月25日　初版第一刷発行

編著者　林　行夫
発行人　加藤重樹

発行所　京都大学学術出版会
京都市左京区吉田河原町15-9
京大会館内（〒606-8305）
電話（075）761-6182
FAX（075）761-6190
Home page http://www.kyoto-up.or.jp
振替 01000-8-64677

ISBN 978-4-87698-769-6
Printed in Japan

印刷・製本　㈱クイックス東京
定価はカバーに表示してあります